Topos
of Social
Welfare

社会福祉のトポス
社会福祉の新たな解釈を求めて

岩田正美

有斐閣

目　次

序　章　社会福祉の新しい解釈を求めて ── 1

1　背　景　2
2　本書の研究視角と方法　6
　2.1　社会福祉の解釈　6
　2.2　表層にある「事実」からの出発　10
　2.3　資料と分析の方法　12
3　社会福祉はフィールドか原理か？　17
　3.1　英国の漸進的社会改良の伝統と社会政策論　17
　3.2　日本的文脈　20

第1章　社会問題から社会福祉ニードへ
　　　　──ニードの「オモテ」と「ウラ」── 25

1　社会福祉と社会問題　25
2　社会的ニード──最適基準とその操作的・分類的アプローチ　27
3　ニードの「オモテ」と「ウラ」　33

第2章　ニードと資源
　　　　──ニード充足手段・ニードの分類・判定基準・受給資格── 43

1　ニードの充足手段と社会福祉資源の性格　44
2　社会福祉ニードの分類区分──福祉の分業　51
3　ニード判定基準　57
4　社会福祉を要求できる資格　64

第3章　誰が何を根拠に決めるのか──権力と「弱者の武器」── 73

1　公式の過程──法令と行政　73
2　実際の決定者と「現場裁量」　80
3　権力とその根拠　86

i

4　抵抗──「弱者の武器」　89

第4章　白書分析の前提
　　　──視点と資料，厚生白書前の〈事業集合〉の特徴───── 97

1　分析の視点と資料の詳細　97
2　戦後社会福祉のいわゆる「段階」設定について　104
3　1945〜1955年（第1回厚生白書以前）　110
　3.1　占領期のGHQ社会福祉政策の基本方針と行政機構改革　110
　3.2　具体的事業のいくつかの異「集合」　119
　3.3　失業対策年鑑（1946〜1955年度）　125
　3.4　小　括　132

第5章　戦後日本の社会福祉事業の異集合（1）
　　　──国民皆保険・皆年金と福祉6法体制の光と影（1956〜1972年）
　　　──────────────────────── 135

1　時期区分と厚生省の問題認識　135
　1.1　時期区分　135
　1.2　厚生省の問題認識　136
2　厚生白書（1956〜1972年版）の集合区分と序列　140
　2.1　簡略版で見た概観　140
　2.2　国民皆保険・皆年金体制の分立的対象区分と
　　　「福祉年金」の配置　148
3　「社会福祉」施策の専門的拡大　153
　3.1　多様なニードと「社会福祉」の専門的拡大　153
　3.2　新3法による対象拡大と「個別専門対応」　154
　3.3　精神薄弱者福祉から心身障害者対策基本法へ：「専門化」の意味　156
　3.4　児童福祉における対象カテゴリー変化　164
4　公衆衛生，疾病対策等とその手法　167
5　「地区改善事業」と「特別失業対策事業」　170
　5.1　「地区改善事業」の位置と意味　170
　5.2　「失業者多発地域」と「特別対策」　173
　5.3　小　括　176

第6章 戦後日本の社会福祉事業の異集合（2）
——福祉元年以降の社会福祉事業集合の変化（1973～2010年）―― 203

1 1973年以降の時期区分　203

2 高度経済成長の終焉からバブル経済へ（1973～1987年）　205
　2.1 厚生省の問題認識　205
　2.2 厚生白書における事業集合，対象カテゴリー，序列の変遷　207
　2.3 他の白書による補足：失業対策年鑑　219
　2.4 他の白書による補足：犯罪白書　232

3 転換と試行（1988～2000年）　238
　3.1 問題認識　238
　3.2 事業集合とその配列　241
　3.3 他の白書による補足　255

4 21世紀に向けての社会福祉像？（2001～2010年）　260
　4.1 厚生労働省の問題認識　260
　4.2 事業集合とその配列（2001～2010年）　261
　4.3 制度の概要で見る事業集合　273
　4.4 雇用対策・労働条件整備・職業能力開発　281
　4.5 文部科学白書・犯罪白書　284

5 小　括　289
　5.1 厚生白書（厚生労働白書）　289
　5.2 失業対策年鑑（厚生労働白書），教育白書（文部科学白書），犯罪白書　293

第7章 社会福祉のトポス ―― 359

1 異集合とその変遷の意味　359
　1.1 社会福祉の多様な事業集合とその変遷　359
　1.2 異集合とその変形を促したもの　362
　1.3 対象カテゴリー　365

2 社会福祉のトポス　367
　2.1 「一般化」形式によるトポス　368
　2.2 「特殊化」形式によるトポス　372

2.3 「一般化」「特殊化」形式のトポスの統合としての社会福祉　378
　　3　空間からみた社会福祉のトポス　382
        3.1 社会空間と社会福祉のトポス　382
        3.2 特定の問題をもつ地域空間　384
　　4　社会福祉の現代的トポスとワークフェア　385
        4.1 「就労自立」と「地域における個別支援」　385
        4.2 現代社会福祉のトポス　390

終　章　社会福祉の基本問題 ──────────── 395
　　1　なぜ「一般化」形式と「特殊化」形式があるのか　395
　　2　「社会の利益」　399
　　3　「個人の利益」　403
　　4　セーフティネットの意味　407
　　5　「地域」の「個別支援」と「見知らぬ他人」との連帯　414

　　文　献 ─────────────────────── 421
　　あとがき ───────────────────── 427
　　索　引 ─────────────────────── 433

iv

図表一覧

表 4-1　厚生白書（厚生労働白書）編別構成の変遷　100
図 4-1　社会保障制度の変遷　105
表 4-2　古川孝順による戦後社会福祉の歴史区分　106
図 4-2　法類型と行政課題のシフト　108
表 4-3　厚生白書以前（1945年8月～1955年）　112
表 4-4　東京都民生局年報及び民生局事業概要　116
表 4-5　失業対策年鑑（1946～55年度版）　126
図 5-1　戦後人工妊娠中絶数と対出産比率の年次推移　139
表 5-1　厚生白書（1956～72年版）簡略表　142
図 5-2　国民年金受給権者数の推移（拠出制年金と福祉年金）　151
図 5-3　国民年金受給額の推移（拠出制年金と福祉年金）　152
表 5-2　教育白書（1953, 59, 64, 70年度版）　160
表 5-3　失業対策年鑑（1960～70年度版）　162
表 5-4　犯罪白書（1960, 65, 70年版）　166
表 5-5　厚生白書（1956～72年版）　182
表 6-1　厚生白書（1973～87年版）簡略表　208
表 6-2　失業対策年鑑（1974, 75, 80, 85, 90, 95, 2000年度版）　220
表 6-3　教育白書（1975～2000年度版）　229
表 6-4　犯罪白書（1975, 80, 85, 90, 95, 2000, 05, 10年度版）　233
表 6-5　厚生白書（1988～2000年版）簡略表　242
表 6-6　厚生白書（2001～10年版）簡略表　262
表 6-7　資料編簡略表（2001～10年版）　274
表 6-8　文部科学白書（2001, 05, 09, 10年度版）　285
表 6-9　厚生白書（1973～87年版）　298
表 6-10　厚生白書（1988～2000年版）　320
表 6-11　厚生労働白書（2001～10年版）　338
図 7-1　社会福祉のトポス　383
図 7-2　「自立支援」・「地域における個別支援」と社会福祉のトポス　391

本書のコピー，スキャン，デジタル化等の無断複製は著作権法上での例外を除き禁じられています。本書を代行業者等の第三者に依頼してスキャンやデジタル化することは，たとえ個人や家庭内での利用でも著作権法違反です。

序章

社会福祉の新しい解釈を求めて

　あれこれの方法を包含している社会政策が，必ずしも貧困者，いわゆる労働者階級，老齢年金生活者，女性，剥奪された子どもたち，あるいは社会的貧困の他のカテゴリーにとって，さらに福祉や利益をもたらすような意味で，有益である，あるいは福祉指向であるという結論に必ずしも飛びつくべきではない。再分配の社会政策は，貧困者から金持ちへの，あるエスニックグループから他のエスニックグループへの，稼働生活期から老齢期への物的・非物的な資源の分配にも及ぶことがありうる。たとえば，中間所得層の年金制度やその他である。
　多くの人びとが福祉の受益者としては認められていないアパルトヘイト下の南アフリカにも社会政策はある。いくつかのラテンアメリカの国々，とくにブラジルでは，社会保険プログラムは，貧困者から金持ちへの資源移転の不平等を覆い隠す機能をもつ。ナチス・ドイツのヒトラーは社会政策を開発したが（それらは実際社会政策と呼ばれた），それらは精神障害者や知的障害者，そしてユダヤ人や他のエスニックグループに関してのものであった。世論はこれらの社会政策の手法，その最終目的が，人間を医学研究や断種，そしてガス室のために用いることであったことを非難した。
　それゆえ，われわれが「社会政策」という用語を用いるとき，それに利他主義の高貴な雰囲気，他者への関心，平等への関心，その他を付与するような自動的反応をすべきではないのである。同様に，われわれは，イギ

リスが，あるいは他国が，社会政策や社会サービスを発展させ，それらが進歩的な再分配や平等と社会的利他主義という目的に向かって実際に作動していると，安易に結論づけるべきではない。ある集団にとって「welfare」であることが，他の集団にとっては「illfare」かもしれない。

　　（Titmuss, R. "What is Social Policy," in Alcock, Glennerster, Oakley and Sinfield eds. 2001: 211, Titmuss, R. M.〔Abel-Smith and Titmuss, K. eds.〕1974: 26-27)[1]

1 背　景

　社会福祉をどのような範囲で捉えるかは，社会や時代によって異なる。とはいえ，社会福祉と呼ばれる諸活動や制度の「事実」が現にあり，そこで活動する人びとの養成を含んだ教育・研究が行われているとすれば，「社会福祉」の定義やアイデンティティを探ろうとする作業を避けて通ることは難しいようにも思われる。むろん，そうした作業が「社会福祉学」の構築を意味するのか，あるいはそのような作業自体に意味があるのかどうかについては，少なからぬ異論があろう。この点はこの章の最後の節で議論したい。

　本書は，これまでの日本のあれこれの著名な「社会福祉理論」や他の国の社会政策，ソーシャルサービスなどの見方に取って代わるような新たな理論を提示することを，むろん意図していない。ただ，それらとはやや異なった角度から，現代社会福祉を，なるべく包括的に，あるいは首尾一貫して説明したいという，若干の「野心」からスタートしている。

　だが，「社会福祉」という言葉を使った途端，その言葉がいったい何を指しているのかが，曖昧であるという，不幸な壁に突き当たる。社会福祉を示す用語は多様にある。社会福祉，社会（福祉）サービス，社会政策，社会福祉政策，社会保障，社会行政，ソーシャルワーク，コミュニティ・ケア，ヒューマンサービス等々のさまざまな類似の用語は，互換的に使われることもあれば，それぞれ独自性を主張して使われることもある。しかも，これらの類似の概念自体も，論争的なものである。冒頭のリチャード・ティトマスの引用にあるように，社会政策もあれこれの方法を包含しており，社会保障やソーシャルワークの定義も一定していない。総じていえば，社会福祉は，異形の目的や手法をもつ制度や活動の寄せ木細工のようなものであって，したがって，たとえば広義と狭

義への区別でこれを乗り越えるしかなかったのかもしれない。

　一般に福祉国家論の系譜では，社会福祉は広汎な領域を含む国家の社会政策の総称として使われやすい。この場合は「広義の社会福祉」ということになる。たとえば戦後福祉国家の青写真として名高いベヴァリッジ報告にある5つの社会問題領域（窮乏，疾病，無知，不潔な環境及び無為）への諸政策（所得保障，医療保障，教育政策，住宅・都市政策，雇用政策）を包括するものとして捉えるようなやり方である。

　もっとも，ハロルド・ウィレンスキーのように，所得分配に対して不平等な影響を与えるという意味で，教育政策は福祉制度の分析から除かれるべきだと考える研究者もいる（ウィレンスキー=下平訳 1984: 36-42）。このウィレンスキーとチャールズ・ルボーは，アメリカの social welfare に支配的な2つの考え方として，①家族や市場のノーマルな供給が機能しなくなったときに展開される「残余的な」社会福祉と，これとは反対に，②近代工業社会のノーマルな "first line"（最初に使われるもの）としての「制度的な」社会福祉を区分した（Wilensky and Lebeaux 1958: 138-139）。前者は経済個人主義，後者は平等やヒューマニズムという異なった価値を表しているという（同上: 138-139）。なお，周知のように，ティトマスは，この「残余的」モデルに加えて「業績達成」モデルを加え，「制度的モデル」を「制度的再分配」モデルとした3類型を，社会政策の「混乱した事実」を分析するための助けとして，提示している（Titmuss, R. "The International Perspective," in Alcock, Glennerster, Oakley and Sinfield eds. 2001: 211, Titmuss, R.〔Abel-Smith and Titmuss, K. eds.〕1974: 30-32）。「業績達成」モデルは，経済活動に付随する社会福祉制度の重要な機能であり，インセンティヴや努力と報酬，階級や集団のロイヤリティに結びついているという（同上: 211, 同上: 30-32）。「制度再分配」モデルは再分配を基礎とする。

　なお，ティトマスは「業績達成モデル」で「職業上の福祉システム」を視野に入れたが，さらに税制度の重要性[2]にも言及しており，その結果，次の3つの社会福祉を社会福祉の分業として把握している。すなわち，①社会福祉，②企業福祉，③財政福祉である（Titmuss, R. "The Social Division of Welfare: Some Reflection on The Search for Equity," in Alcock, Glennerster, Oakley and Sinfield eds. 2001: 63-70, Titmuss, R. 1958: 42-40）。

　この税による移転と，「混合体制による福祉」（多元主義）という観点から，ニール・ギルバートらは「福祉資本主義システム」という，さらに包括的な概

念を使用している（ギルバート／ギルバート＝伊部監訳 1999）。同様に，グスタ・エスピン＝アンデルセンは，「福祉の生産」が国家，家族，市場の間に割り振られる方法に着目して，福祉国家や個々の政策ではなく「福祉レジーム」という概念で分析を行うことが有効だとしている（Esping-Andersen 1999: 73-74）。ここで社会福祉は狭く市場の外，とくに国家に限定されたものではなく，営利企業や家族を含んだ領域にまで押し広げられ，それらの相互関係全体を包括する言葉になり，ますますその輪郭を曖昧にしていく。

　他方で，1960年代から1970年代にかけて，「6番目」の社会福祉サービスという言葉が出現し，上記の多様で一部互換的な社会福祉諸概念の再解釈が始まる。「6番目」というのは，英国では，ベヴァリッジの5つの巨大悪とされた社会問題領域とそれへの対策に加えて，パーソナル・ソーシャルサービスに注目が集まり，米国では，従来の5つのソーシャルサービス（教育，所得移転，保健医療，住宅，雇用訓練）に，従来は「その他」の領域にあった雑多なサービスが，一般ソーシャルサービスまたはパーソナル・ソーシャルサービスと呼ばれるものに独立，成長したことを意味している（Kahn and Kamerman 1976: 3-4）。ポール・スピッカーは，このパーソナル・ソーシャルサービスという「奇妙なカテゴリー」をソーシャルワークとコミュニティ・ケアの2つの手法で発展してきたものだと解釈している。また英国でいうコミュニティ・ケアは必ずしも「コミュニティ」に限定されず，「在宅支援」と関連していると注意を促している（スピッカー＝武川ら訳 2001: 79-80）。

　シーラ・カマーマンとアルフレド・カーンは，米国の6番目のサービスとして，児童に関わる福祉サービス，家族サービス，高齢者へのサービス，退役軍人向けサービス，矯正や非行少年サービス，コミュニティ・センターとセッツルメントやグループ・プログラム，これらのサービスへのアクセスを保障するサービス（情報，相談，送致など），移民労働者やネイティブ・アメリカンへのプログラム，精神障害者のコミュニティ・プログラムなどを列挙している（Kahn and Kamerman 1976: 7-16）。彼らの強調点は，これらのプログラムがシステムとして確立していくこと（政策や行政による支持），非市場基準で行われるべきこと，サービスを①「普通の標準的な人びと」の日常生活を支えるユニバーサルな公共事業的サービスと，②虐待等の特定問題を取り上げる「ケース・サービス」に区分していることである（同上: 503-505）。米国では，1974年法（Social Security Amendments）の第20章（タイトルⅩⅩ），がこれまで公的

扶助受給者に限定されていたサービスを中間層にまで広げ，連邦政府による補助金の配分を定めて，地方分権の下でヒューマンサービス制度が広がる幅広い枠組みを生み出したといわれている（Katz 1996: 270，ギルバート／ギルバート＝伊部監訳 1999: 50-53）。

英国のパーソナル・ソーシャルサービス，カマーマンらの「非市場基準」によるサービスは，日本では三浦文夫によって，「非貨幣的ニード」に対応する現物または対人福祉サービス（人的役務サービス）の重要性という表現に置き換えられ（三浦 1985: 129-133），高度経済成長を経た日本の社会福祉の主要課題，とくに高齢者のケアニーズへの対応として把握された。この点については次章以降で詳しく触れることにしたい。

ところで，パーソナル・ソーシャルサービスへの焦点化とも関わって，日本の社会保障制度審議会（1948年に総理府の所管で発足。2000年で終了）は1980年代末に社会保障研究会を発足させ，後にその報告書を公刊している。この座長を務めた隅谷三喜男によれば，社会保障は社会保険を中心に概念構築されてきたが，1980年代のヨーロッパでは新たな失業問題によって完全雇用の前提が崩れ，また年々社会保障財政負担が大きくなっていくことから，批判が高まった。この批判をめぐる論争の過程で，そもそも社会保障とは何かについての理論構築が，ヨーロッパでも日本でも，実は著しく遅れていたことが明らかになったという（隅谷 1991: 15-16）。

ちなみに，この社会保障制度審議会の最初の勧告（1950年）は，戦後日本の福祉国家の方向性を示したともいわれるが，この冒頭3段落目では，「いわゆる社会保障制度とは，疾病，負傷，分娩，廃疾，死亡，老齢，失業，多子その他困窮の原因に対し，保険的方法又は直接公の負担において経済保障の途を講じ，生活困窮に陥った者に対しては，国家扶助によって最低限度の生活を保障するとともに，公衆衛生及び社会福祉の向上を図り，もってすべての国民が文化的社会の成員たるに値する生活を営むことができるようにすることをいうのである」（社会保障制度審議会 1950[3]）として，社会保険，国家扶助，公衆衛生，社会福祉の4つの種類を位置づけている。だが，その後審議会事務局が毎年公表してきた社会保障統計年報では，社会保障の定義について「学説も分かれており，その取り扱いも区々にわたっているが」と断ったうえで，社会保険，公的扶助，医療及び公衆衛生，社会福祉を「狭義の社会保障」，これに軍人恩給，遺家族援護，留守家族引き揚げ者援護を加えたものを「広義の社会保障」とし，

失業対策，住宅施設（第二種）を加えて関連制度としている（社会保障制度審議会 1960: 4）。つまり，この広義あるいは関連制度を加えると，社会保障も，福祉国家の諸政策に近い，上位概念になることになる。ここで社会福祉は，社会保障の一構成要素と把握されていたことになる。

1980年代に戻ろう。隅谷がいうように日本ではヨーロッパほど社会保障の財政支出が大きくなかったし，バブル期までは失業は大きな社会問題にならなかった。だが，高齢化，家族の変化の中で，先に述べたようなパーソナル・ソーシャルサービスの中間層までの拡大や貧困線の上昇が続いていく。この結果，「狭義」の社会保障の構成要素であった公的扶助や社会福祉の性格が変容していかざるをえない。後に介護というパーソナル・ソーシャルサービスをも社会保険制度で受け止めた日本において，社会保険制度とは何か，社会保障とは何か，社会福祉とは何かの，「その取り扱い」はますます混乱を深めていったように見える。

20世紀に出現した福祉国家の諸政策・サービスは，一方では国家の外の市場や家族を含めた「システム」や「レジーム」として大きく捉えられ，他方でパーソナル・ソーシャルサービスとしての現物・役務サービスの中間層までの拡大傾向が，社会福祉をはじめとするその類似概念の整理や限定を促しながら，しかしますますその「限定」の困難は深まっている。日本はバブル崩壊後，1980年代のヨーロッパが経験した若年層をも含んだ失業問題に，10年遅れで直面した。また少子高齢化や非婚化がさらに深化していく中で，社会保障財政の危機は，21世紀初頭の日本の重要課題であり続けている。今のところ，新たな問題の受け皿として唯一機能しているのが公的扶助＝生活保護制度であり，また社会保障財源削減のターゲットとなっているのも生活保護制度であるというのは，まことに皮肉な現象である。

2　本書の研究視角と方法

2.1　社会福祉の解釈

前節で述べたことは，社会福祉の「事実としての表層」の混乱や曖昧性の大まかなスケッチにすぎない。もっと細かく見ていけば，それぞれの制度や事業

の目的や手法が多様であるばかりでなく，相互に矛盾していることも少なくないことに気がつくだろう。「システム」や「レジーム」による拡大解釈は，この矛盾や混乱といった微細な状況にはあえて触れないで，大枠を示す指標から国際比較や歴史的推移を見る場合に有効な方法である。が，だからといって曖昧で矛盾だらけの社会福祉がここから説明できるとは思われない。他方で，パーソナル・ソーシャルサービスやヒューマンサービスを，ソーシャルワークとコミュニティ・ケアという構成で，あるいはソーシャルサービスとその「運び手」としてのソーシャルワークという分類ができれば，いわゆる狭義の社会福祉の現代像に近づけると考えるのも，妥当とはいえまい。スピッカーが指摘しているように「コミュニティ」それ自体の解釈は広く，またパーソナル・ソーシャルサービスやヒューマンサービスが，どこまで必要とされるのか，それらと一般公共サービスとの違いを説明するのは，やはり困難に違いない。

この点に関わって，やや長くなるが，ラメッシ・ミシュラの1977年（ここでの引用は第2版1981年）に公刊された"Society and Social Policy"の結論部分に書かれた一部を引用してみたい。ミシュラは，次節で検討する，社会福祉が「フィールド」か「ディシプリン」かの議論では，後者の立場で，社会福祉の本質，アイデンティティを探りたいという目的でこの本を著している。

> われわれは，（これまでの章で：筆者注）福祉という概念を多様な視点から辿り，また，資本主義社会と社会主義社会の双方で，その確かな発現を見てきた。この一連の探索―異なった福祉観とその多様な制度の形態―から，福祉の本質的なアイデンティティが浮かび上がってくることを，私は望んでいた。しかし，このアイデンティティは，他の社会制度と同様に，シンプルからはほど遠い。それは，物体のように既知のものではない。社会と福祉の関係を通して福祉の本質を理解しようとすると，われわれはまったく矛盾した，多くの一般概念に遭遇する。たとえばコミュニティとコンフリクト，階層化と統合のように。加えて，これらの諸概念それ自体がきわめて曖昧なので，われわれはそれらの異なった意味を調べることができない。社会生活（そして人間の生活）が本質的に二面的なものだと考えている人びとは社会制度に矛盾した目的，機能，そして感情が詰め込まれていることに驚きはしないだろう。…（略）…
>
> 福祉という制度に組み込まれている目的，動機，そしてその諸結果も同

じような二重性をもっており，あるいはもっと複合性をもっている。社会統制と社会統合，利己的な専門職あるいは他の集団の利益と同じように利他主義が，正義と同様に効率性が，コンフリクトと同様に連帯が，「福祉」という諸制度として知られているものによって，次々に育まれてきたのである。（Mishra 1981: 167-168）

　本書の目的は，ミシュラがいう「シンプルからほど遠い」社会福祉の「表層」に組み込まれている諸矛盾を，なるべく首尾一貫した説明を試みることにある。とりわけ，日本のこれまでの社会福祉の議論における（あるいは日本だけではないとも思われるが）次のような傾向に，筆者は長年違和感を持ち続けており，それでは社会福祉の多様性や矛盾を全体として解釈できないと考えるからである。
　① 社会福祉の領域には多様な手段や資格付与，あるいは給付水準の設定がある。これらは単純に利用者のニーズそれ自体の違いとして，あるいは社会変化の結果として，機能的に解釈されることが少なくない。が，本当にそうなのだろうか。
　② 社会福祉の手段やニーズ判定の基準，あるいはまた資格付与の要件や給付水準等は，時代による変化もあるが，むしろ同時代に矛盾した内容で併存していることが少なくない。日本では，ほぼ神話化さえしている，「救貧から普遍主義」までの，あるいは「措置から契約」へといった，いわゆる福祉発展段階の考え方やパラダイム転換観からは，このような矛盾は十分説明できない。
　③ ミシュラのいう「シンプルからほど遠い」社会福祉の表層には，その目的や機能，手段が相互に矛盾を含みつつ，複数の制度や事業が埋め込まれている。それらはどのように関連づけられ，また，社会総体とはどのような関係になっているのだろうか。社会福祉を解釈しようとすれば，「福祉」ではなくまさに「社会福祉」として，社会一般との関連の中で，このように矛盾をはらんだ諸事実の「位置」とその関係「形式」を確かめることが肝要である。
　④ ある種のソーシャルワーク論に典型的なように，社会福祉を援助関係に集中化して把握する見方がある。だが，むろんそうした関係は真空管の中に存在しているわけではない。援助[4]は，援助者それ自体を含んだ援助資源とその配分決定をコントロールする権力を含んだ社会的な仕組みの中に存在している。この仕組みは，たとえば厚生労働省がすべてを決めるというほど単純なもので

はなく，介在する多様な組織（その中には利用者が作った組織も含まれる）と，そこに配置された資源配分やコントロールを行う権力のあり方，援助者の裁量，それに対抗する「利用者」の多様な戦略などを含んだ長い道程があり，この中で，相互に矛盾する現象が生まれてくると考えられる。

　したがって，ここでは，相互に矛盾を含んで展開され，異なった価値づけで序列化された具体的な制度や事業の展開を前提に，それらの社会への異なった配置とその「形式化」の違いに注目したいと思う。ここではこのような，社会総体への社会福祉の配置形式を，「事業集合」と「トポス」という2つの概念を使って解釈してみたいと思う。「事業集合」とは，社会福祉の事業の集合的なまとまりを指す。すなわち，1つひとつの事業は，それぞれ単独で位置しているのではなく，ある集合を形成し，その要素集合として存在していると仮定する。どのような「事業集合」が形成され，その集合に含まれる事業の内容と序列はどのようなものか。さらにそれらの事業対象カテゴリーの定義等に着目し，そのような「異集合」とそれらの関連，及びその変化を示してみたい。このため，上に述べてきた「制度や事業」という表層に現れた社会福祉のあれこれを，あえて「事業」として単純化して括ってみる。制度はむろん法制度のみを意味しているわけではないが，事業よりは「制度化」された意味をもつので，本書では年々の行政報告である白書に示される実際の事業の括り，名称，その対象の定義とその変遷を見ていく。

　他方，トポス（topos; τόπος）とは，もともとは「場所」や「位置」を意味するギリシア語である。このトポスは「位相空間」（異なった局面をもつ空間）の性質を調べる現代幾何学においては，トポロジーとして展開されてきており（野口 2007: 16-17），他方で，たんに物理学的な空間を意味するだけでなく，修辞論上の場所，すなわち何かを論じる際の基本的論述形式，あるいは論題を蓄えている場所（『ブリタニカ国際百科事典』）をトポスとして称することもあるという。ここでは，社会福祉の「事業集合」なりその要素事業が，社会総体とどのような「形式化」をもって結びつき，社会のどのような「場所」に配置されているのかを，社会福祉のトポスとして把握してみたい。社会福祉を構成するトポスは，むろん位相幾何学とは異なり，その位相を決定していくのは，直接には政策主体であり，すでに述べたような利用者や第一線の援助者を含めた複雑な権力構造の作用がある。さらにいえば，当該社会の対立する価値が存在しているに違いない。この意味で社会福祉のトポスは，複数あるものと仮定され

る。ちなみに，Toposの複数形はTopoiであるが，Toposesと英語風に使用する場合もある。トポイはトポスほど使われている言葉ではないので，ここでは単数，複数の区別をつけず，トポスと表すことにしたい。

2.2 表層にある「事実」からの出発

ところで，「表層に現れた事実」としての社会福祉の曖昧さからは，社会福祉を「限定」できないとして，これを弁別する「原理」を，「事実」のあれこれを積み上げた経験主義から離れて，「先験的な認識方法」で求めようとしたのが，周知のように「個人の主体的存在」に注目した岡村重夫であった。岡村は，福祉国家の拡大の果てに登場したパーソナル・ソーシャルサービスのあれこれからは社会福祉の「限定」は困難であり，「個人と環境の全体，すなわち個人のもつ社会関係の全体を視野に入れた保護的サービスないし支持的サービスでなくてはならない」（岡村 1983: 64）と述べる。

近年の若い研究者の間では，岡村の先験的方法よりさらに哲学的ないしは倫理学的な手法で，社会福祉の規範や価値に取り組もうとする傾向も強くある。もちろん，筆者はそれらの研究を否定しないし，学ぶことも多い。表層に現れた「社会福祉」という事実の中にある諸関連や矛盾は，そうした価値規範の選択の結果でもある。だが，それらの規範や価値を事実と切り離して探求しても，表層に現れた社会福祉という領域の諸活動の関連や矛盾の姿を，全体として説明し，解釈することは難しい。第一，それらの背後にある価値や規範すら矛盾して存在している場合がある。したがって，そのようなあれこれの規範が探求されれば，社会福祉のあれこれを説明できるというわけでもない。逆に，そのような過度な抽象や福祉哲学への回帰を出発点にすると，ますます多様化し複雑化する「事実」としての社会福祉を説明することが困難になるおそれがある。

冒頭に引用したティトマスは，同じ本の「価値と選択」と題した最後のパートにおいて，社会政策の中心課題として，もっとも基本的な価値＝「分配的正義」に言及しているが，それを達成するためにどのような方法がよいだろうかと，疑問形のままで講義を終えている。すなわち有名な，「各人のニードに応じて各人へ」「各人の真価に応じて各人へ」「各人の功績に応じて各人へ」「各人の働きに応じて各人へ」，そしてティトマスは「われわれのニーズに応じて各人へ」という5番目も加えるべきかもしれないと述べつつ，もし，社会がより平等な社会をめざして進む意思があるなら，これらのいずれの福祉供給を増

やすべきなのだろうか？　と疑問形で結んでいる（Titmuss 1974: 141, Alcock, Glennerster, Oakley and Sinfield eds. 2001: 218）。

　ピート・オルコックは，2001年のティトマスの論文集のコメンタリーにおいて，社会政策の学術的研究は，一方的な判断や規範を示す魔法の道具ではないし，「正しい答え」を語るようなものでもない，と指摘している。ティトマスのメッセージは，社会政策研究の基礎に価値があることを明らかにしたが，研究を通して価値を押しつけることはできないし，すべきでもないということを示しているのだと解説している（Alcock, Glennerster, Oakley and Sinfield eds. 2001: 198）。

　本書が出発点に置くのは，社会の表層に現れた，「社会福祉」という領域の中で営まれている，あれこれの具体的な諸活動＝事業であり，またその背後にある法制度や組織，資源のありようであり，それらを決定する権力の諸段階である。あるいは，それらにおける「援助の担い手」と「利用者」，ある組織と別の組織，の相互関係や対立・矛盾の生きた姿である。社会福祉が，異なった形態で，あるいは曖昧なまま，多くの国に存在している背後には，異なった価値や選択があるに違いない。だが，それらの価値選択自体は，社会の表層にストレートに現れない。表層に現れているのは，矛盾に満ちたあれこれの諸事実だけである。それゆえ，結局のところ，社会福祉とは何かを考えることは，さしあたり，この表層に現れた諸事実を手がかりとして，そこからいわば帰納的にその背後にある価値やその選択の闘争を含めて解釈していくしかない。それをせずに，あらかじめ「べき」論を用意してしまうと，用意された範疇に入らないものを振り落としてしまうことになる。ミシュラは，先に引用した社会福祉制度の二重性や多重性の指摘に続けて，次のように述べている。

　　この多重性を理解することが研究の目的ではない。それは，その後に本当の研究が始められるべき準備段階なのである。つまり，ある社会におけるある具体的な福祉制度の本質は先験的に決めることはできない。その諸目的や諸結果は，たとえばティトマスがヘルスに関してなしたように，あるいは他の文脈でいえばマルクスが工場制度についてなしたように，研究され，立証されねばならない。とはいえ，準備段階の研究は以下の2つの理由で重要である。

　　1つは，説明が求められるべきかもしれない可能な範囲を一般的方法で

示すことができる．2つ目には，1つの社会制度としての福祉のアイデンティティを確立する，社会構造と福祉のつながりを指摘することができる．準備研究を通じて得られた動機と結果の一覧，福祉と社会構造との特別な関係は，福祉を社会に「統合」するために役立つ．そのときから，社会政策の固有の調査と解釈はその「肉体のない」存在を取り去り，深い意味で社会と「接合」する．福祉はその「異質な」性格―非社会的，アドホックでテクニカルな―を取り去り，社会の他の諸制度と並んだ，その正しい位置を獲得する．(Mishra, 1981: 168)

本書も，確かにミシュラのいう準備段階の研究にあたるのかもしれない．それはともあれ，社会福祉が多面体であり，いくつかの異なった事業集合と，社会総体の中での異なった「トポス」をもって，現代社会に存在し続けている意味を，表層から出発し，しだいにその社会との関係，つまり社会への位置づけを探っていく方法で確かめてみることは，社会福祉とは何かを考えるうえで不可欠な作業ではなかろうか．

2.3 資料と分析の方法

本書における「事実」の収集は，類似の現象について欧米の研究書からの引用を含むかもしれないが，原則として，日本の社会福祉に限定する．しかも，中心は戦後の福祉国家段階の社会福祉である．「事実」を収集するにあたり，もっとも大きな問題は，すでに縷々述べてきたような社会福祉の輪郭の曖昧さにある．そこで，ここでは思い切って，総理府に置かれていた社会保障制度審議会が定義した広義の社会保障（社会保険，公的扶助，社会福祉，医療・公衆衛生，援護）に「関連制度」として位置づけられることが多く，なおかつ戦前も含めた日本の社会福祉の形成過程において，実際に重複して当時の社会事業（救済事業）の内容ともなっていた雇用政策，教育政策，刑事政策の一部を加えたものとしておきたい．なお住宅政策を入れるべきであるが，今回は含まないこととした[5]．

さらに，従来社会福祉の分野では，あまり議論されていない戦災，自然災害，公害，薬害などの補償や援護，及び公衆衛生における優生保護や「ハンセン病」，結核対策等を含めた感染症対策，その他保健事業をここでは積極的に取り上げてみたい．援護や補償は，自然災害もしくは人為的に生み出された不可

逆的な生活破壊や死亡，障害等に対して社会が行う「贖罪」であり，当該被害者の福祉というだけでなく，むしろ社会統合的な社会福祉の機能を果たすと仮定できる。公衆衛生，あるいは保健事業はそれ自体社会福祉に包含されたり，逆に社会福祉の一部を包含している。たとえば高齢者保健福祉や母子保健などがその例である。しかし，それに留まらず，感染症患者の扱いや優生保護は，「隔離」を伴った社会防衛的な側面が強い。

　ただし，これらのすべての領域で社会福祉に関わった事実を正確に収集することは不可能に近いので，さしあたり主な資料源として厚生省（→厚生労働省）の厚生白書（→厚生労働白書）を中心に置き，これを補充するものとして，教育白書（→文部科学白書），犯罪白書などを利用する。労働白書は労働経済分析が中心で年々の施策の変遷の記述がないため，労働省職業安定局が1946年から発表している失業対策年鑑における失業と職業訓練対策，及び厚生労働省になってからの雇用対策のみ取り上げる。なお，失業対策年鑑を除くと，利用する白書は占領期が終了した後に発刊されているので，それを補うため，占領期については『厚生省20年史』，GHQ及び東京都民生局事業概要を一部利用する。

　白書を利用する意味は，それぞれの白書の性格によっても異なるが，基本的にそれが「行政年次報告」として発表されていることによる。後述するように，社会福祉の「発展段階」論をはじめとして，社会福祉・社会保障は，「法律」を主軸として把握されてきた。しかし，実際の社会福祉は，その「法律」の区分に従って実施されているわけでなく，行政レベルでは，いくつかの法律の境界上の問題を，連携して，あるいは対立しながら，取り扱うことがしばしばある。また，法律の制定は，必ずしもその目的にあるような内容を伴って実施されているわけでもない。したがって，法律から見るよりは，その時々の「行政年次報告」で示される「事業（活動）」を扱うことが本書の目的からして妥当と考えたわけである。

　他方，白書の限界は，あくまで国家が「公認した」福祉に限定されることである。また，ティトマスの提起した税制度や企業福利制度も除外される。さらに，地方政府の独自な試みも，中央政府がこれを追認したり，事例として取り上げている範囲でしか把握できない。また地方政府だけでなく，多様な市民社会における自発的活動実践も，中央政府がこれを good practice と位置づけ，「いいとこ取り」をしたり，市民動員の道具として位置づけるような場合にしか，中央政府の白書には示されない。それは本書の限界でもあるが，逆にいえ

2　本書の研究視角と方法　13

ば，たとえば「革新自治体」や「NPO の地域活動」それ自体から，社会福祉を説明するのではなく，これらの活動が，中央政府の社会福祉行政にどう「投影」されていくかが，本書の核心になる。

これ以外にも厚生省（→厚生労働省）及び他省の白書を利用することにはいくつかの注意が必要である。すなわち，それはあくまで中央政府による社会福祉の理解，中央政府による価値選択を反映するものであり，また白書の記述は，社会福祉政策が多様化していくにしたがって，図表や事例をカラーで多用し，政策選択を国民に「やさしく」説得することを意識した，レトリカルな表現が多くなっていく。これは副題や各章・節のタイトルがしだいに，近年のテレビ番組のように，長々しくなっていることによく現れている。また，すでに述べたように，自発的に活動してきた団体の活動や，反対意見，抵抗運動などは，あくまで政府の選択の対岸にあるものとして，あるいは一部取り込まれたものとして見ることになる。ただし，本書では必要に応じて，なるべくその対岸にある人びと，とりわけ制度の「対象者自身」が書いた文章や「言葉」を引用して，対岸からはどう見えているかも挿入してみたい。

筆者のような貧困論をベースとした研究者は，こうしたいわば「上から見る」手法を批判してきたのであるが，それにもかかわらず，今回この方法を採るのは，福祉国家段階において，社会福祉が1つの社会制度として，どう判断され，またその事業の区分や序列がどうつけられていったかを探るうえで，国家という権力装置が下した価値選択はきわめて重要であり，その結果としての諸事業の集合形成やその変化と，それらが社会総体にどのような「形式化」を通じて，社会福祉のトポスとして承認されていっているかに，まず素直に目を向けることが必要だと考えたからである。この点で白書はかなり大きな価値をもっている。

坂田周一は社会福祉の資源配分（割り当て論）について「ニーズ→政策→財政」という従来の見方に対して，「一定の財政制約→実行可能な政策→福祉ニーズの選択」という逆の見方に立つ必要性を説明している（坂田 2003: 9）。このような見方は，日本では三浦文夫をはじめとした社会福祉経営論の系譜で議論されてきたが，社会福祉研究全体の中ではおそらくあまり大きな位置を占められずにいる。それはニーズ・オリエンテッドな社会福祉解釈の影響力があまりにも大きいからであろう。社会政策の多様性，曖昧性を強調した先のミシュラでさえ，「目的や結果がどのようなものであれ，集合的アクションの重要性

は，近代社会におけるヒューマン・ニードという概念を中心にしていることは疑いようがない」(Mishra 1981: 169) と，あまりにも簡単に述べているのには驚きを禁じえない。本書は，このような見方をさしあたり横に置いて，表層の「事実」に向き合ううえで，国家によって決定され誘導された社会福祉の姿を，坂田に倣って，従来の図式を逆にして見ておきたい。ただし，本書はニーズについて，この社会福祉経営論の系譜とはいくつかの異なった見方をもっており，それは次章以降で明らかにしたい。また坂田の分析では「社会福祉の資源制約性」が強調され，分析の中心は予算の配分プロセスになる。ここでは社会福祉の諸事業の目的，手段，対象区分に焦点を当てるが，財政問題それ自体は取り上げない。

　ところで，白書が本書の目的にとってどのような利用価値があるかは，その使い方にかかっている。ここでは，次の5点を意識して，「事実」収集を行うこととした。①福祉課題の認識の状況，②ある事業がどのような「集合」として位置づけられ，どういう名称で記載されているか（集合の名称），またその集合に含まれる要素間の序列や変遷，③政策が扱う問題（福祉ニーズ）あるいは「対象者」のカテゴリーとその変遷，④③との関連で供給手段の種類と選択の状況，⑤①〜④から得られる異なった社会福祉事業「集合」の析出と変遷。

　繰り返し述べるように，社会福祉をある個人や家族，または地域の「ニーズ」から発し，それに応じて供給手段が選ばれ，その充足によって「自立」が達成される，あるいは「自立」が支えられるというような通常の社会福祉の「物語」は否定されている。逆に，社会福祉は，むしろそれを仕掛ける主体が，「ニーズ」や「対象者」を創造し，また資格要件や供給基準の細かい設定と資源の「適正配置」を調整しながら，社会福祉をいくつかの異なった事業「集合」として，あるいはその「集合」をさらに包含する「集合」を形成しつつ，異なった場所＝「トポス」として社会に承認され，位置づけられてきたと仮定する。むろん，これを攪乱する要因はいくつもあり，たとえば当事者の抵抗や社会問題の深刻さによる政権維持の危うさ等があらかじめ想定されよう。したがって，事業も事業集合も形成・解体・転形といった変遷を辿る。

　次に上記のような社会福祉事業の社会への位置づけは，同じ「トポス」ではなく，意図的に，異なった「トポス」に異なった手段や意味づけをもって行われていると仮定する。つまり，手段や保障水準や，資格要件，さらには資源配分のあり方の多様性やその矛盾は，政策意図によって権力的に生み出されてい

ると考える。したがって社会福祉の「トポス」は多様であるが，本書では，社会総体が社会福祉のトポスを容認していく形式を，「一般化」形式と「特殊化」形式という概念で大別してみたい。「一般化」とは，「一般の労働と生活」の様式に沿って，それらを維持する目的で社会総体に社会福祉が位置づくことを意味し，「特殊化」とは，これとは「距離」をもったいくつかの「特殊」な社会福祉が異なったトポスを獲得していくことを意味している。社会福祉は，これらの「一般化」と「特殊化」という異なった二重の形式をもって社会にそのトポスを与えられていくのではないかと仮定しておく。ただし，この「一般化」と「特殊化」は，いわゆる「普遍化」と「選別化」や，「制度モデル」と「残余モデル」の区別とは意味が異なることに注意されたい。ミーンズテストを伴っても，「一般的な労働と生活」の様式に従った扶助などは「一般化形式」で社会と結びつくと判断する。また「特殊」の意味は多様であり，その中にも異なったトポスがある。詳しくは第7章の考察の冒頭で説明する。

　さらに事業の目的や手段は，事業集合と一致することもあるが，多くは一致しない。そこで，文中では必要に応じて〈系列〉として，これを示唆した。たとえば〈補償の系列〉，〈施設収容系列〉，戦前の〈経済保護の系列〉のような具合である。

　こうした分析の前提として，次の第1〜3章では，社会福祉とニーズの二面性及び社会福祉手段の選択と資源，またその分類や判定基準，さらにそれらをめぐる権力構造についてあらかじめ整理しておく。第4〜6章で，主に厚生白書（→厚生労働白書）と他の白書を使った，戦後日本の社会福祉事業の異なった事業集合とそれらの位置，及びそれらの変遷を記述していく。第7章では，第4〜6章を踏まえて，戦後日本の社会福祉の事業集合の形成・解体・転形の意味を明らかにし，さらにその社会総体との関係を先の「一般化」形式と「特殊化」形式という概念を用いて考察する。最後に終章で，本書の分析から得られた社会福祉の基本問題に触れてみたい。

　なお，本書で使用する用語について，あらかじめ述べておく。すでにこれまでの叙述においても散見されるように，いくつかの用語は，統一せずに使用している。たとえば，ニードとニーズ，クライアントとクライエント，シティズンシップとシチズンシップなどである。これらは，英語の日本語表記が引用文献によってまちまちなために，とくに統一せず使用することとした。英語文献ではneedとなっていても，邦訳がニーズとされていることもある。したがっ

て，ここでは引用の範囲で適当な語を選んでいる。社会福祉と関連する多様な用語も，その時々で引用する文献に応じて使い分けている。総じていえば，あらかじめそれらの用語の定義を用意しない，というところに本書の意味があるので，いわば，「書かれたように」書くということになる。

また，素材として使用する白書の表現についても同様である。今日では「差別的」な表現もあえてそのまま使ったが，これは本書が採用した研究としての性格に基づくものであることを理解していただきたい。

3 社会福祉はフィールドか原理か？

3.1 英国の漸進的社会改良の伝統と社会政策論

すでに示唆したように，社会福祉を1つの「学（原理）」としてみるか，多様な社会科学，あるいは保健学や心理学，教育学などの手法を使って，分析する「フィールド」なのかは，日本だけでなく，また社会福祉の類似概念においても，いまだに決着がつかない問題として横たわっている。本書が，その答えを意図しているわけではないことはすでに述べた。とはいえ社会福祉をなるべく首尾一貫して説明したいという本書の目的にとって，この問題を避けてしまうのもおかしいに違いない。そこで本節を，あくまで補論的なものとして，挿入しておこう。興味のない読者は，ここは飛ばしてもいっこうにかまわない。

さて，2節で引用したミシュラの著作の目的は，社会政策，あるいは「福祉」という概念が，その多面的で矛盾に満ちた姿でなぜ存在するのかを，「社会との関係」で把握することであり，それによって，正当な社会制度としての社会福祉の研究を可能にしたいということであった。言い換えれば，そのような研究が1970年代末はまだ少なく，英国でも，その影響を受けた北米でも，社会政策や社会福祉は，体系だった学問領域というよりは，多様な学問的バックグラウンドやスキルをもつ研究者たちが貢献する，たんに「フィールド」だと把握される傾向が強かったことが背景にある。それは，今日の福祉国家形成に大きな足跡を残した，チャールズ・ブース，シーボーム・ラウントリー，ウェブ夫妻，ウィリアム・ベヴァリッジらに従って，個別の社会問題とその漸進的改革による問題解決をめざそうとする経験主義的な伝統が英国では強く，他

の国でもこの影響を受けて，同様の状況が広がっていったからだと，ミシュラは指摘する (Mishra 1981: 3-4)。

すなわち，レセフェールを擁護するような間違った経済諸理論へ対抗するために，改革者たちは，対抗理論ではなく「事実」を「主な武器」として使ってきたわけである（同上: 4）。ロバート・ピンカーも，「英国の social policy・social administration は，実態調査で始まり，道徳的なレトリックで終わりがちである。そこには個々の問題がそれぞれどのように関連しあっているかを明らかにし，全体としてそのプロセスを明らかにするような説明的理論がいまだに欠如している」と自身の従来からの考えを主張している（ピンカー＝栃本訳 1983: 139）。

以上について，あらかじめ3つの補足をしておきたい。第1は，経験主義的なアプローチが理論それ自体を欠いていたというわけではないということである。社会政策の個々の分野では，実態調査に基づいて，あるいはその仮説として，理論化がなされ，またその理論自体の論争があった。たとえば貧困論の領域はその典型である。しかし，social policy とか社会福祉といった全体を体系的に理論化していこうとする動機づけが弱かったと，ミシュラやピンカーが述べているのはそのとおりであろう。

第2は，ミシュラもピンカーも，多領域の学問を摂取し，応用すること（折衷ではなく）を否定しているわけではない。ミシュラは，先の著書で社会学アプローチを利用したと述べており，したがって，これは後述するような副田義也らの「福祉社会学」とでもいうべきかもしれない。しかしミシュラは，社会学アプローチは社会福祉に取って代わろうとするものではなく，むしろそれを豊かにしていくものだと「微妙な言い方で」述べている (Mishra 1981: 173)。またピンカーも「社会政策・行政の学問分野は他の社会科学の学問分野と問題を共有しているけれども，この学問分野独自の主題を持っており，その立場は確立したものである」（ピンカー＝栃本訳 1983: 141）と述べる。

第3に，その後，優れたいくつかの体系だった social policy や社会福祉の著作が出されてはいるが，基本的に多領域の手法を使う「フィールド」だという認識は，後退しているわけではなく，現在まで根強く続いている。たとえば，英国の社会政策を学ぶ学生の必携の書として出版された *The Student's Companion to Social Policy* (Alcock, Erskine and May eds. 1998) において，Part I-1 で，ピート・オルコックが「social policy は社会科学の中の1つの学問 (Discipline)である」と明快に述べたのに対して，続く Part I-2 では，アンガス・アースキンは，Part I-1 でオルコックが discipline といっているが，そうではなくて inter-disciplinary field だと嚙みついている。ちなみに，この本の構成は，Part I が What is Social Policy，Part II が Values and Perspectives でキー概念とネオリベラリズムからフェミニズムまでの視点の披瀝，Part III は，福祉の生産，組織，消費，Part IV は Issues in Social Policy で，子ども，青少年，高齢者　障害者，ひとり親というグループ別問題とサービス別問題として，所得維持，雇用，ヘルスケア，教育，住宅，パーソナル・ソーシャルサービスを列挙している。こうした「ごちゃまぜ」ないしは列挙的な構成は social policy の教科書に採用されるような他の本もよく似ている。

　こうした中で，スピッカーの *Social Policy*（邦訳『社会政策講義』）はよく考え抜かれたスマートな構成の好著である。ただしスピッカーも「社会政策は何を研究するかによって定義されるもので，どのように研究するかによって定義されない」（スピッカー＝武川ら訳 2001: 9）と明言する。また「主張の正しさを説得すること」（同上: 10），「社会の変革に関わっている」ことに特徴があるとして，英国経験主義の伝統への依拠を明確にしている。ところが，彼は同時に「いろいろな学科のアプローチを利用する結果，社会政策学は，時として，ほかのどの学科にも正式には『所属』していない，固有の概念を作り出すことがある…（略）…社会政策学に特徴的な文献や独特の概念理解があるということである」（同上: 10）と，これまた「微妙な言い方」もしているのである。

　なお，オルコックは，2001年のティトマスの論文集のコメンタリーにおいて，あらためて先のアースキンとの議論をもちだし，原理というものが，たんなるフィールドより格上だと考える人もいるかもしれないが，そのこと自体論争的なものだとしたうえで，オルコックが「原理」だと述べたのは，それがすでにそれ自身の学部と学位プログラムをもっているからにすぎない。そのことと，社会政策の発展が英国の学術界に影響を与えているようには見えない，ということとは区別されるとし，アースキンもオルコックも社会政策の学術的な重要性と実質的内容については合意していると述べている。また，オルコックは，ディビッド・ライズマンが社会政策・行政の「原理」に焦点を当ててティトマスの研究を分析していること，及びティトマス自身，全般的に彼の研究を社会政策の"subject"研究としてきたことにも言及している（Reisman 1977: 11, Alcock, Glennerster, Oakley and Sinfield eds. 2001: 194）。

3.2 日本的文脈

　日本の「社会福祉学」に話を移してみたい。英米の伝統とはまったく異なって，日本では「社会福祉」の原理的探求が伝統としてある。一般には，戦前からの社会政策の本質論争を背景に，その一方の論客であった大河内一男が，主著『社会政策の基本問題』(1940) において，社会政策と社会事業との関係を述べたことが，その発端の1つにある。周知のように，日本の社会政策は 3.1 で述べた英国の social policy とは異なって，労働問題を基軸として展開されてきたが，とりわけ大河内は，社会政策の本質を「労働力」に対する「保全」と「配置」のために経済機構の内部から必然的に出てくるもの，といういわゆる「生産力説」を唱えた。社会事業との関係は，1938年に書かれた論文がこの著作の後編に収録されている。ここで大河内は，社会政策が，国民経済における要救護性（あるいは要保護性）にその課題を見いだす，つまり生産者たる「資格」で問題となるのに対して，社会事業は，一般消費者として，あるいは生産者たる資格を永久なり一時的なり喪失し，このため資本主義経済の再生産機構から一応脱落した，いわば「経済秩序外的存在」だといえようと述べた（大河内 1940: 352-353）。ここでの「経済秩序外的存在」という規定を1つのきっかけとして，戦後社会福祉論争が繰り広げられたことはよく知られている。

　大河内については「経済秩序外的存在」ばかりが強調されるが，大河内は社会政策が「生産力保全」の範囲として限界をもっているのに対して，社会事業にはそれがなく，したがって，不整備な社会政策を代替する役割をもつ。あるいは戦時統制下においては，成年男工の不足に伴う女子労働者の工場進出や少年工等によって，託児所や児童保護ないし「教護」が社会政策的特性を帯びることもあるとも述べている（同上: 367-368）。さらに社会事業は社会政策を代替補強するばかりでなく，「一般的な視野から，社会の文化生活一般の増進のための諸施設へ向かうであろう」（同上: 376-377）と，かなり幅広い捉え方をしている。最後の部分は，論文の時代背景を考えると文字どおりに解釈できるかどうかは疑問ではあるが，いわゆる経済保護事業を念頭に置くとうなずけるところがある。

　ともあれ，日本的な社会政策の本質論争と，そこで述べられた社会事業の位置づけ問題が，戦後の社会福祉（とくに社会福祉政策論）にも受け継がれ，英国的な経験主義による「事実」による「反証」に向かわず，社会福祉の「本質

論」に向かいがちになったことは確かであろう。敗戦後に短大，大学（ただし，私立）の中に取り入れられた社会事業ないし社会福祉教育の場では，一方で，こうした社会政策との「仕切り」を主軸とした「社会福祉政策」の本質論が問われ，他方で北米から輸入されたソーシャルワークの技術論との間では，政策か技術かの論争を回避することができなかった。さらに，政策か技術かを別の観点から折衷させていこうとした研究者1人ひとりの名を冠した「○○理論」が数多く登場した。これらの学説史的検討はここでは省く（岩崎 2011 などを参照されたい）。

　ところで，こうした日本的文脈での多様な原理論の存在は，英米の教育に詳しく，そこでの social policy＝学際的フィールドの理解に立つ星野信也には，理解不能であった。そこで星野は，本来学際的な「領域」であることが「国際標準」認識であるはずの社会福祉を，1つの独自な「学問」と錯覚し，「『社会福祉学』とは何か」を問い続けてきたことによって，日本は「社会福祉学の失われた半世紀」を演出した（星野 2002: 70-75）と手厳しく批判したのである。その批判は，これまで述べてきたように，背景としての社会改良を重視する経験主義的な英米の伝統と，ドイツ社会政策論を批判的に摂取しつつ，大河内理論（あるいはその批判としての岸本理論[6]）などに結実した，理論＝本質重視の日本的伝統との違いにあったといえないだろうか。

　ともあれ，この星野の批判を歓迎しつつ，このところますます新たな仕事でわれわれを刺激し続けている副田義也が，近年『福祉社会学宣言』という刺激的な著作を世に問うている（副田 2008）。社会学的アプローチを採用したミシュラが「福祉社会学」と書いたことを，日本で現実のものにした「福祉社会学会」が設立されたのは，つい先頃のことである。副田の著書は，この設立と関わっており，理論社会学，一般社会学を基礎とした，連字符社会学の1つとして「福祉社会学」を宣言したというわけである。「社会福祉学」にとってはきわめて挑戦的な書といえよう。

　副田は，社会福祉学が「学際的」科学であれば，福祉社会学と社会福祉学は共通するともいえるが，理論社会学，一般社会学との関係をもたない社会福祉研究とは異なることに拘る。たとえば，アメリカ直輸入の技術論とマルクス主義理論による政策論の対立と共存という奇妙な状況の中に登場し，1つのシューレを作り上げた，（社会学出身の）三浦文夫の社会福祉政策研究を一方で評価しつつ，他方で三浦が社会学の方法を「一貫して拒否の姿勢をとった」（副田

2008: 311) と批判する。「一貫して拒否の姿勢をとった」かどうかは疑問であるが，そのように見えるのは，むしろ三浦がその出自を脱ぎ捨てて，まさに「社会福祉学者」の道を選び取った結果でもあるといえる。だが，副田にしてみれば，三浦が「政策を論じながら権力を論じない」，あるいは，国家権力の内部の対立等の「暴露」をめざさなかった（同上: 313）ことが，「福祉社会学」の成立，したがって「福祉社会学会」の設立を遅らせることになった，と批判する。

なお副田は，同じ著書の冒頭では，いわゆる「福祉川柳事件」を取り上げ，これに関しての大友信勝の著作を評価しつつも，これを社会学の方法で見れば，公的扶助ワーカーの問題であるというよりは生活保護という制度に織り込まれている権力関係に行きつく。社会福祉研究者は，規範科学としての価値に邪魔されて，そこまで踏み込んだ分析ができないと述べてもいる。

確かに，前節で述べたように，「価値選択」は社会福祉にとって避けて通れないものであるが，だからといって，社会福祉学として研究する場合も，制度の事実とその背後にある「価値選択」の間に，多様な機関とそれぞれに委ねられた権力の範囲が存在し，それらを丹念に解きほぐしていくことができないわけではなかろう。あえていえば，そこに踏み込まないのは，社会福祉学だからではなく，個々の研究者が，当該制度や実践について社会科学としての徹底的な探求を怠って，「権利」や「利用者本位」「エンパワーメント」などを，いわば水戸黄門の印籠のごとく，いきなりもちだして，処方箋を書く方向に走ろうとするからではなかろうか。

なお，副田が，社会学者ではない星野に共感するのは，社会福祉は，諸科学がそれぞれの方法で参入して，それを解釈・批判，あるいはそこから提言を行っていく「領域」にすぎないという点であるに違いない。そうであればこそ，副田のいう連字符社会学としての「福祉社会学」が十分成立し，貢献しうる。実際，副田や星野の指摘を待つまでもなく，社会福祉領域は，すでに経済学，政治学，法学，教育学，保健・医学等をバックグラウンドとする多様な研究者の「学際領域」であり，ますますそうなりつつある。そのような現実を素直に認めたうえで，筆者にとってとりわけ興味深いのは，それらが社会福祉のある分野を取り上げて，研究作品にする場合，「〜の社会学」「〜の経済分析」というタイトルになることがきわめて多いことだ。それほどにも日本では，「錯覚」の上に成り立つ「社会福祉学」が横行し，それゆえ，それとは違うということ

を，念のため付け加えないと，誤解されると恐れているのであろうか。もしそうだとすれば，あらためて，社会福祉の社会福祉学が試みられる必要があると考えるのは，筆者1人だけではなかろう。むろん，それはいわゆる「狭義」の社会福祉領域にのみ目を向け，その「固有性」を論じるのではなく，星野がいうように，社会保障はむろんのこと，労働や教育分野，保健，犯罪などの多分野の広がりの中に現れている社会福祉の「事実」を前提に，それを社会福祉学としてどのように解釈できるか，という試みを意味している。

☆ 注

1) R. Titmuss の著作は，周知のように，講義ノートや講演録から編んだものが多く，同じ論文が改良されて別の論文集に収録されていることもある。その死後も，妻や娘，同僚の努力でいくつかの論文集が出版されている。また2002年の Palgrave Macmillan の全集もある。このため，ある論文をどの書物のどの版から引用するかの判断がたいへん難しい。生前のものはむろん本人によって改定されているが，死後の論文集でも，内容に微妙な違いがある。本書は，基本的には2001年の"Welfare and Wellbeing: Richard Titmuss's Contribution to Social Policy"に収録されている論文（1953～1987年までの出版物から選択）については，読者が原文に戻りやすいという観点から，ここから引用訳出した。この2001年のティトマスのアンソロジーは，著名な英国社会政策研究者（娘である Ann Oakley を含めて）のコメンタリー付きで編集されたものである。出版の意図として，ティトマスの業績は幅広い領域をカバーしており，現代的課題にとっても重要であるが，すでに絶版になっているものもあるためとされている。本書冒頭の引用に使った論文"What is Social Policy"は"Social Policy: An Introduction"(1974) から引用しているが，この1974年版それ自体も B. Abel-Smith と K. Titmuss（妻）が，彼の死の直前3カ月の講義ノートを編集したものである。本書では念のため，2001年のアンソロジーが参照した原著の頁も併記する。他の箇所の引用も2001年アンソロジーに取り上げられているものは，同様に扱った。また全集から採ったものは，元の出版物と全集出版年を＝で結んで示した。なお"Social Policy: An Introduction"は三友雅夫監訳『社会福祉政策』（恒星社厚生閣，1981）として邦訳されている。また立教大学の坂田周一教授がそのホームページでティトマスの小伝や著作についての紹介をしており，冒頭引用の1974年編集本も講義調で翻訳されている。
2) この点を最近もう一度強調したものとして，ティトマスの『福祉の社会的分業』60周年を記念しての副タイトルのついた坂田周一「社会政策と租税支出」(2015) がある。
3) 社会保障統計年報は，現在，国立社会保障・人口問題研究所が，そのHP上でライブラリーとしてすべてを公開している。
4) 古川・岩崎・稲沢・児島共著『援助するということ』(2002) は，表題とは異なり，真空管の中ではなく，援助関係を問おうとした好著である。とくに岩崎の「なぜ『自立』社会は援助を必要とするのか」は近現代社会における社会福祉の位置を問うもので

あり，その意味で「援助というシステム」ではなく，「社会福祉というシステム」とすべきではなかったかと思う。「自立社会」との対比を浮き立たせたかったためなのかは，よくわからない。「自立社会」と社会福祉は，対比されるだけでなく，はじめから一蓮托生のものとして把握すべきというのが筆者の立場である。
5) 戦後日本の住宅政策が「持家政策」に大きく比重をかけ，公営住宅政策，改良住宅政策，雇用促進住宅等は，きわめて限定されたものとなったためである。ただし，近年の「地域福祉化」の流れの中で，サービス付き高齢者住宅等の新たな展開もある。これらについては他日を期したい。
6) 岸本英太郎の社会政策論。

第1章
社会問題から社会福祉ニードへ
ニードの「オモテ」と「ウラ」

1　社会福祉と社会問題

　社会福祉という諸事業は，何らかの社会問題の構築によってその成立を促されていく。何もないところに，社会福祉が生まれることはほとんどないといってよい。より正確に書くとすれば，何もない場合でも，何らかの理由を「でっち上げ」て，それを社会問題とすることによって，はじめてその解決の一端を担うものとして社会福祉の事業や実践が出現していく。

　社会福祉と関わる社会問題の基礎には，多くの場合，ある集団や個人・家族の経済苦・傷病苦，障害苦などの「ある社会で生きていくうえでの困難」やその連鎖・複合化があり，またこれへの差別，承認の拒否，負のレッテル，自己否定の感情などが存在している。これらは，近年「生きづらさ」などという，一般受けはするかもしれないが，曖昧な言葉で表現されることもある。が，むしろ当該社会で生きていくことを阻むはっきりとした「困難」やその循環が存在しているといったほうがよい。

　とはいえ，そのような「困難」があれば，すぐそれが社会問題となるわけではない。多くの場合，社会の誰かが（そのただ中にいる人も含めて），それらの「困難」を受け止め，その解決を社会に求めることによって，はじめて社会問題が生まれていく。したがって，社会の誰が，どのような「困難」を，社会に

どのように「問題だ」として提起するかによって，社会問題の態様やその受け止め方も変わっていく。

　この場合，ある社会集団が，その集団に共通する，はっきりした「困難」を基礎として，その解決を「要求」するような形で「問題」が提起される場合もあれば，何らかの「出来事」をきっかけとして，多様な不満が爆発する民衆騒擾のような形で問題が現れることもある。日本の社会事業の公的行政機構が「米騒動」を契機に本格的に整備されていったのは，後者の典型であろう。同様な例として，阪神淡路大震災・東日本大震災や原発問題等による社会の不安が，ボランティアや多様なNPOによる社会福祉実践を生み出していったことも記憶に新しい。むろん，結核等の感染症，障害・難病等の状況に置かれ，病院や療養所に隔離された人びとの「困難」については，それらの「困難」を自ら引き受けざるをえなかった当事者や家族，その支援団体等の具体的な要求運動があり，これによって新たな制度やサービスが導入されていった経緯についても，多くの例を思い浮かべることができよう。

　さらに注意すべきは，先にも指摘したように，「問題」構築には何らかの「でっち上げ」や「誇張」が施されることも少なくない。これは社会問題の構築論でもしばしば取り上げられている。たとえば「少年非行が増えた」とか「生活保護の不正受給統計は氷山の一角にすぎない」などの言説が，必ずしも十分な根拠を示さずに意図的に作り上げられていくような場合があり，これに対しても意図的な制度や実践の対応がなされることがある。

　このように，社会問題は多様な形で構築されていくが，いずれの形であっても，社会問題を社会福祉制度に結びつけるうえで大きな役割を担う主体として，政治家，行政官僚のほか「有識者」「当事者」社会運動団体などがある。またこれらとも結びつきながら，問題の構築・操作に大きな影響を与えるのは，マスメディアや，今日でいえば，インターネットなどを介した新たなソーシャル・メディアである。

　社会福祉は，社会問題の構築のないところではほとんど生まれないと書いたが，実は3つの例外がある。第1は市民に対して何らかの弾圧立法や増税などが意図されたときに，その反対給付として，つまりよく知られた「飴と鞭」の手法で，なされる場合である。第2は公平性の問題で，ある社会集団に何らかの福祉的利益が与えられる場合，他の集団に公平性の観点から利益が及ぶことがある。第3は，選挙などの政治の争点として，政党が意図的に社会福祉を取

り上げる場合である。すなわち，政権を批判するための「医療」や「年金」，「こども手当」等の争点化などがこの例である。

　社会問題の構築は，したがって人びとの「困難」の解決の一部を社会福祉につなげていく大前提ではあるが，いわゆる「運動論」のように「要求によって勝ち取られる」というばかりでなく，政治やマスメディアに操作されたうえで，特定の問題が焦点化されたり，反対給付がなされたりする場合もあることを念頭に置く必要がある。また，社会問題が提案されても，無視されたり，取り上げられないまま放置されることも，むろん数多くある。

　ところで，こうした社会問題への対応として社会福祉が登場する場合，後に詳しく見るように，主に4つの「正当化」があらかじめ仮定できる。第1は，文字どおり，何らかの「困難」へのストレートな対応である。これがどのように正当化できるのかは，少し後で議論する。第2は何らかの「困難」が，社会（あるいはその中の特定集団）からの被害の結果であった場合，これへの補償という「正当化」がある。たとえば，戦争犠牲者，公害被害者，薬害被害者，労働災害などへの補償がこの系譜に位置づく。第3は，一種の慰撫手段として，すなわち，先にも述べた「飴」としてなされる場合の飴としての「正当化」である。増税への低所得層対策などがこれにあたる。第4は，社会の安全や統合の手段としての「正当化」。たとえば民衆騒擾などへの対応，公衆衛生的観点からの感染症者の隔離に付帯する生活保障などがこれにあたる。これらの異なった「正当化」は，1つの制度の中に混在していることもまれではない。

2　社会的ニード
最適基準とその操作的・分類的アプローチ

　社会政策の本質が「シンプルとはほど遠い」と述べたミシュラでさえ「目的や結果がどのようなものであれ，集合的アクションの重要性は，近代社会におけるヒューマン・ニードという概念を中心にしていることは疑いようがない」(Mishra 1981: 169) と，あっさりと結論づけてしまっているのには，やや拍子抜けすると先に述べたが，さほどに「ニード」は社会政策や社会福祉にとっての，中心概念とされてきている。日本の「独自な」社会福祉の理論化，とくに政策論においては，社会問題を社会的問題ないしは「生活問題」と読み替えることによって，大河内理論からの脱却を図ろうとした経緯があるので，ニード

よりは生活問題という言葉が一般的な時代があった。たとえば一番ヶ瀬康子や真田是らの社会福祉論の基盤がこの「生活問題」である。

むろん，ソーシャルワーク論の領域では，ニードは基本概念として早くから使われていた。この場合社会問題との違いは，ニードが主として「個人」や「家族」にとっての必要の不足を表す用語であり，その意味で個別的な援助としてのソーシャルワークの前提になるという点にあろう。言い換えれば，社会問題は「社会」にとって解決が迫られる問題であるが，ソーシャルワークなどにとってのニードは「個別的な解決」がそのゴールに置かれる。

ソーシャルワークそれ自体を，独自に社会福祉原論として理論化したともいえる岡村重夫においては，アブラハム・マズローなどの心理学の一般的なニーズ・ピラミッド論や「人間の基本的要求」概念では，「社会的存在としての個人」の「必然的であると同時に，社会それ自体の存続のためにも避けることのできない最低必要条件」を満たせないとして，「社会生活の基本的要求」という概念を明確にした。岡村はその内容を，次の7つに要約している。すなわち，①経済的安定，②職業的安定，③家族的安定，④保健医療の保障，⑤教育の保障，⑥社会参加ないし社会的協同の機会，⑦文化・娯楽の機会，である（岡村 1983: 78-82）。

この岡村を引き合いに出しつつ，ソーシャルワークではなく社会福祉政策研究に，「ニード」という言葉をストレートに持ち込んだのは三浦文夫の『社会福祉政策研究——社会福祉経営論ノート』(1985) である。三浦がニード概念を重視したのは，「社会生活の基本的要求」という日本語表現で，社会福祉を「限定する」生活問題把握の方法を示した上記の岡村重夫が，「『生活困難』とか『生活問題』という言葉は極めて多義的であり，人によってその意味が異なる」とし，「さらに『生活困難』とか『生活問題』という現象が客観的に存在するのではなくて，ある生活に関する事象に対して，これをみる人が一定の解釈ないし意味を与えて，これを『生活困難』ないし『生活問題』と規定するからである」と述べていることをまず引用し，そこから続けて「社会福祉の対象も『貧困』とか『生活困難』という集合名詞で表現せずに，『ニード』と捉えるのも，これと同様の問題意識に基づくものであった」（三浦 1985: 58）としたのである。

確かに岡村は，三浦の引用した『社会福祉原論』(1983) の第4章の冒頭，「1. 対象の意味」において，「本章の課題は，社会福祉のとりあつかうべき主題と

しての生活困難とは何か，を明らかにすることである」に続けて，三浦の引用した文章とほぼ同様の文章を配している。だが，岡村が主張するのは，「生活問題」や「生活困難」が多義的だから「ニード」を用いようということではなく，岡村のいう社会福祉としての固有領域の限定，すなわち「社会関係の主体的側面」という固有の視点に立って「生活困難」や既存の生活関連施策の欠陥を指摘し，「この立場から社会制度の改善を行うのである」(岡村 1983: 106) ことが前提の議論であった。したがって，岡村は「生活問題」，「生活困難」などの言葉を必ずしも否定せず，その後の記述においても使用している。

　しかし三浦は，岡村の前段の「生活問題の多義性」を生活問題という用語の否定に一足飛びに結びつけて，これに代わるものとして「ニード」概念をもちだしたわけである。他方，三浦は岡村の「社会生活の基本的要求」というアプローチそれ自体も「何が基本であるかについていろいろ意見がありうるとすれば，その政策アプローチも多義的となる危険がある」(三浦 1985: 59) と批判して，結局，「社会的ニード」概念に辿りつく。

　三浦の「社会的ニード」とは，「一方においては歴史的，社会的な規定を受けつつも，他方，個人的，地域社会の態様と構造との関連で現れる『状態』とこれらの『状態』を改善しなければならないという社会の『判断』との結合として捉える考え方を持っている」(同上: 59) と規定される。ここで注意すべきは，社会福祉の中心概念であるニードが，個人や地域社会の「状態」と社会の「判断」という二重構造の中に存在しているという側面，すなわち，ニードではなく社会的ニードであることを三浦が強調していることである。これは，ソーシャルワークや心理学などの個人ないしは人間一般の「ニード」ではなく，先に述べた社会問題の構築同様，「社会の判断」を強調していることになる。

　三浦の社会的ニードの定義は，「『ある種の状態が，ある種の目標や一定の基準から見て乖離の状態にあり，そしてその状態の回復・改善等を行う必要があると社会的に認められたもの』というぐらいな操作的概念(傍点筆者)としておきたい。そして『ある種の状態が，ある種の目標や一定の基準から見て乖離の状態にある』ものを仮に依存的状態(dependency)あるいは広義のニードと呼び，この依存的状態の『回復，改善等を行う必要があると社会的に認められたもの』を要救護性あるいは狭義のニードと呼ぶことにしておく」というものであった(同上: 59-60)。ここでも，「依存的状態」が客観的状態，「改善を社会が認める」というのは「社会の判断」という仕分けがある。

しかし，三浦はこの社会的ニードを「『……その状態の回復・改善等を行う必要があると社会的に認められたもの』というぐらいな操作的概念」と表現している。岡村等の定義を多義的だと批判したわりには，曖昧な表現である。この「操作的」という表現には，1970年代の英国のソーシャル・アドミニストレーションの基本概念の1つとしてニードを論じたアンソニー・フォーダーの影響が見て取れる。

　フォーダーは，ソーシャルサービスにおいてニードを語ることはソーシャルサービスのゴール，ゴールからの測定可能な不充足状況，そしてそのゴールに達するための手段を意味しているとする。すなわち，ロナルド・ウォルトンが指摘したように，ニードはあたかも客観的事実のように扱われるが，その定義は常に価値の問題を含んでいる。すなわち，xがニードをもっているということは，次の3つに分解できる。①xはyの状態にある。②yという状態はzという社会にある価値と相容れない。③それゆえyという状態は変えられなければならない。①は調査などで証拠づけられるような事実の提示だが，②以降の社会によるその承認は，社会における価値が多様であるだけに簡単ではないという（Forder 1974: 40）。

　たとえば，まず社会に広く受け入れられるような理想的な基準をソーシャルサービスのゴールに据えてニードを定義すること，たとえば理想的な健康，個人の最適な成長のように定義することは，「最適」（optimum）の判断が困難になるとフォーダーは指摘する。実際には，病気の診断はできても，最適な健康のための栄養の判断はほとんどわかっていない。かえって動物のほうが簡単で，たとえば乳牛ならば，（人間に売る商品として：筆者註）1年に平均どのくらいのミルクを生産できるかを考えて育てればよいが，人間の場合はそうはいかない。したがって，そのような理想的なゴールに代わって，それを操作的なものに転換するしかない。この操作的なニードのアプローチには以下のような5つが考えられるとした（同上: 42-43）。

　すなわち，①基本的最低基準（basic minimum standards），②比較ニード（comparative need），③フェルト・ニード（felt need），④専門技能による判断（definitions in terms of specific techniques），⑤ナショナル・ニード（national need）の5つである。

　フォーダーは，このいずれのアプローチも，操作的なものにすぎない以上，それぞれ一長一短があることを強調している。この有名な操作的類型化は，ほ

ぼ同時期にニードを分類学的に整理したジョナサン・ブラッドショウの類型, すなわち①規範的ニード, ②フェルト・ニード, ③フェルト・ニードのうち表出されたニード, ④比較ニード, ともほぼ重なり合う (Bradshaw 1972)。ブラッドショウは, この4つの要素は, 実際のニードの中に重なり合って存在するとも述べている。後に彼は貧困基準のアプローチ法としても, 1つではなく3つぐらいの異なったアプローチを試すべきだとし, フォーダー同様, 唯一の正しいアプローチを求めるのではなく, それぞれの長所・短所を見極めながら複合的な用い方をすべきことを強調している (Bradshaw 2001)。

　三浦のニード測定法も, おおむねフォーダーに沿っている。ただし三浦の場合は, 比較ニードを, 横断的比較, 時系列的, 比較統計的比較法に区分している (三浦 1985: 67-71)。また, 三浦は, 潜在的ニードと顕在的ニードの分類や, ニードをもつ人の属性別の分類, またニードの充足主体との関わりでの分類等をランダムに挙げている。なお, 後に見るように, フォーダーらの「操作的定義」分類は, 福祉国家の社会的合意が頂点に達した黄金時代の遺産ともいうべき, ソーシャル・アドミニストレーション, すなわち政策価値よりも, ニードと手段のマッチングに焦点化できた時代の特質ともいえるかもしれない。

　しかし実は, 三浦のニード把握の特徴は, このような英国の操作的・分類学的「ニード」それ自体のおさらいをしたうえで, ひとまずこれらを横に置き, 「ニードの充足方法」との関係で捉えなおしたことにある。すなわち, 有名な「貨幣的ニード」「非貨幣的ニード」という二分法である。この二分法が唐突に出てくるのは, 上に述べたさまざまなニード分類の1つとしてであるが, これを詳しく展開しているのが上記ニード論を展開した第4章に続く「社会福祉におけるサービス―ニード充足の方法」の第5章である。三浦は, 社会的ニードの充足方法を, 現金給付と現物給付に分け, 前者を「仮に貨幣的ニード」, 後者を「仮に非貨幣的ニード」と「称することにしたい」(同上: 77) と述べる。この分類と, 前章での他の社会ニード分類がどのように関連しているかはまったく触れられず, なぜそうなるかといえば, ニードの充足方法は「基本的にはニードの性格と種類あるいはニードをもつ人間の属性に規定されることはいうまでもない」(同上: 77) からであるという。同時に現金給付は受給者の「自由」を保障するが, 他に流用されるおそれがある。現物給付はその逆である点にも, 注意深く言及している。すなわち, これは価値選択の問題である。しかし, 「一般的にいってサービスが任意に行われる場合には, 金銭給付がより適

合的であるのに対して，給付を強制したりする場合には，現物がより適切であるなどという判断も必要になってくる」(同上: 78-79)。この点の記述は，1962年の社会保障制度審議会の「総合調整に関する勧告」の文章が下敷きにあると説明している。

　三浦が慎重に，「仮に呼ぶ」というためらいを残しつつ使用した「貨幣的ニード」「非貨幣的ニード」の分類は，主として高齢者の介護サービスの普及が「社会的合意」を高めていくにしたがって，日本では広汎に普及していく。たとえば先に引用した坂田周一は，三浦の「仮に呼べば」をむしろ厳密化して，現金給付と現物給付を「市場での調達可能性」を軸に分類する。この場合，自由の要素を取り払ってしまう(傍点筆者)と，「現物給付」には「現金の代替としての現物給付（バウチャーなど）」(市場調達可能な場合)，と「市場ではそのような商品が流通していない」ためにこの「不完全な財市場を補うために」行われる「市場補完的な現物給付」があるという (坂田 2003: 152-154)。坂田は続けて，この「市場補完的現物給付」が三浦のいう「非貨幣的ニード」であり，その要点は「貨幣的に測定困難」という性質にある(同上: 155)。つまり，「非貨幣的ニード」への対応とは，現物給付一般を指すのではなく，さらに限定されたものだと考えるわけである。なお，坂田の場合は，「今日の有料福祉現象を整理し理解するためには，市場補完型から現金代替型への移行という考え方も重要になってくる」(同上: 154)と，三浦とは異なった「貨幣」「非貨幣」の相互乗り入れ関係も示唆することになる。

　また，平岡公一も，ニード概念を，三浦のウォルトンやフォーダーに従った定義と，ブラッドショウのニード類型を取り上げたうえで，貨幣的ニード，非貨幣的ニードについて触れている。だが平岡の場合は，坂田が捨象した選択の「自由」の観点から，貨幣か非貨幣かの給付方法が選び取られる傾向が強くなったことを示唆している (平岡 2001: 142)。なお，平岡は社会的ニーズであるのに，ニードの類型論に「フェルト・ニード」が入っていることに違和感を示している (同上: 134-136)。確かに，フォーダーにしてもブラッドショウにしても，社会的判断といいながらフェルト・ニードを強調している。

　この点についてフォーダーは，ウォルトンがこれを使っているのは，コミュニティ・ディベロップメントにおいて，クライエントのモチベーションを上げるためにソーシャルワーカーが協同性を強調するような場合だと説明している。つまり，フェルト・ニードは，ソーシャルワークにおける「自己決定」原則の

ように,あるいは患者が医師のもっている知識や判断基準をよく理解したうえで,「自己決定」をすべきだというような,そういう位置にあるという(Forder 1974: 51-52)。だが,利用者が実際にサービスの範囲や基準の決定に関与する役割は,かなり限定されているし,ニードがあるにもかかわらずそれを認知していない人びとが存在することが多くの調査で明らかにされているとも,フォーダーは述べている(同上: 52)。つまり,フォーダーの操作的定義は,あくまで社会福祉供給者の側からのニード把握の手法であって,その手法の1つとして利用者のフェルト・ニードを取り入れる,と考えれば,違和感はなくなる。つまり,ここでもニードはその充足を考える側からアセスメントされるものだということになる。

なお,フォーダーのナショナル・ニードのアプローチも,すっきりしない類型である。彼の説明では,ナショナル・ニードとは国民1人ひとりが,国民として共通にもつ利益を足し上げたものだと説明しているが,同時に異なった集団間で利害の対立もあると付け加えている。

3 ニードの「オモテ」と「ウラ」

さて,以上述べたニードについての議論から,次の重要な論点が浮かび上がってくる。すなわち,第1に,社会福祉が要請される前提としての社会問題は,社会福祉の領域では,しばしばニード=人間の個別の必要という異質な概念に,それとは知らずに,「変換」される。第2に,このニードへの「変換」は,ある社会問題の社会的解決の正当性を,人間に共通なニードという概念で正当化しようとする側面をもっている。誰もが充足すべきニードが充足されていないことは,その充足を「社会の誰かに」要請する正当性をもつ,というわけである。第3に,だが,この共通のニードの決定には社会の中にある異なった価値の対立を孕むので,その価値判断や論争は避けて,現実には一長一短のある,複数の「操作的」定義や分類学的アプローチを使わざるをえない。その操作定義や分類には,主観的なフェルト・ニードから,ナショナル・ニードのアプローチまで,十分整理されているとは思えない手法が列挙されている。

第4に,三浦がいみじくも貨幣的ニード・非貨幣的ニードという区分をしたように,社会福祉ニードとは,実は社会福祉の供給側の充足手法と一体的に定

義するとすっきりするところがある。かつてジンメルは、「社会学的に見れば、貧困がまず最初にあって、それから扶助が生じる―これはむしろ彼の個人的な形式より見た運命にすぎない―のではなく、扶助を受けたりあるいは社会学的な状況よりしてそれを受けるべき―たとえまだそれが生じなかったとしても―者が貧者と呼ばれる」（ジンメル＝居安訳〔下〕1994: 96）と看破した。すなわち「貧困はそれ自体で独立に量的に確定されるべき状態としてではなく、たんに一定の状態によっておこる社会的反作用によってのみ規定される」（同上: 97）にすぎない。この社会的反作用を、ここでのニードの充足方法と見なせば、社会福祉ニードとは、その充足方法から、「反作用的」に規定しているにすぎないともいえよう。先にも指摘したように、フォーダーやブラッドショウのフェルト・ニードも供給側からの「反作用」としてのニードの操作的アプローチの一環に組み込まれたものと解釈できる。

スピッカーもニードは、「単なる問題でなく、何かに対する必要である。……必要は問題の観点からだけでなく、対応の観点からも理解しなければならない。ある人が必要を抱えていると見なされるのは、彼がたんに問題を抱えているだけでなく、その問題を取り除く手段を持っていない場合である」（スピッカー＝武川ら訳 2001: 49）。ちなみにこの本の訳者である武川らはニードを必要と訳し、あるいは武川の他の著書ではニーズに「生活の必要」とルビを振って使っている。この必要の「社会的定義」はスピッカーによれば、「問題と対応のあり方（傍点筆者）をさしている」（同上: 49）のであって、社会問題の社会的構築とは異なることを強調していることは興味深い。「人びとが経験する問題と、講じるべき対応の関係は、単純でもなければ、固定的でもない」が、「必要はサービスに対する要求の形式として捉えることもできる。これは社会福祉政策の議論では、対応策を資源の問題から切り離して議論することが難しいことを示唆している」（同上: 50-51）。ここでも、先の平岡や筆者の社会的ニードとフェルト・ニードの疑問は、あっさりと回避され、ニードはその充足手段との関係で捉えることが「社会的定義」だということになる。先のブラッドショウも、後に1972年の分類への批判も踏まえたうえで、なおこれを使うことができるのは、具体的な社会政策の場におけるニーズ・アセスメントをよりしやすくするためであると述べている（Bradshaw 1994: 46-47）。

ソーシャルワークを独自の実践的観点から論じてきた窪田暁子も、近著において「当面の困難に名前を付ける」という興味深い表現で、ソーシャルワーカ

ーによるクライアントの問題整理について述べている（窪田 2013）。窪田は，ニードや生活問題ではなく，「生の営みの困難」という表現で問題を捉えているが，これを抱えたクライアントに対応するワーカーは，一方で生活の全体性の理解が不可欠だが，同時にまずもって援助課題に命名することが重要だと説く（同上: 120-121）。その理由は，第 1 に「取り扱い可能な問題の認識に一歩近づくということ」，第 2 は「中心的な問題を一つ選んで処理するという作業を通して，クライアントは自分自身の課題が一般化され，それによって同じ問題を持つ他の人びととの共通の土俵にあがることが可能になる」（同上: 121）。そうすることによって，援助する側も，「一見，当人と全く異なるように見えた問題を持っている人が利用している社会資源を活用する可能性が出てくる」（同上: 121）ことになるからである。窪田は，クライアントは利用可能な援助資源の情報を得たいという「当然の要求を持っている」（同上: 102）とさえ表現している。

　筆者は，これまで三浦の貨幣的・非貨幣的ニード区分が，日本であまりに流布されたことに危惧をもち，それはニードではなく，充足手段にすぎないと批判してきた（岩田 1986）。だが，ニードはその充足方法と一体的に，その手法とともにしか捉えられないものだと考えれば，筆者の批判は的外れであったと，自己批判すべきかもしれない。すなわち，社会福祉の制度や実践で供給されている手段と，それが形式上前提としているニードの種類との相互関係の総体が，社会福祉のニードだと考えるほうが実態に合っているからである。

　むろん，坂田，平岡，スピッカーらが注意しているように，手段は変更可能である。否，ジンメルがいう「社会的反作用」の形式や帰着点は，たんに財の市場や自由との関連だけでなく，もっと多様であろう。今日においても公的扶助のあり方が「本当に必要な貧困者」と「不正受給者」の区分を再定義したがるように，また要介護や要支援の判定方法や，判定によって利用できるサービスや負担のあり方が変化すれば，介護や障害者のニード概念も変更を迫られることになる。坂田が述べたように，ニードは出発点ではなく，むしろ終着点を示すのかもしれない。ニードを規定する充足手法の形式やその帰着する特定の社会空間への誘導のあれこれについては，次章以降で詳述したい。

　上記が社会福祉の世界でいうニードの現実的側面だとすれば，それでは，人間のニード一般から社会福祉を正当化したり，批判することができないことになるという反論が出よう。たとえば英国の伝統的なソーシャルポリシー研究が

積み上げてきたような「事実」からの反証，たとえば貧困者の数を数え上げる，などは意味をもたないことになり，困難の渦中にある人びとの異議申し立ての根拠も失われていく。それなしには生きていくことができない，という意味の「人間の基本ニード」を一般的な意味で否定する人は，おそらくいないだろう。あるいは，フォーダーが前提にはしたが，価値判断の観点から巧妙にこれを回避して，操作的定義に変換してしまった「最適基準」を，普遍的に考えることができるとする人びともいるかもしれない。岡村の「社会生活の基本的要求」もその1つである。

　英国では1970年代のフォーダーやブラッドショウ等の操作的・分類学的定義に代わって，80年代以降，ヒューマン・ニーズやベーシック・ニーズの倫理学的・哲学的議論が盛んになる。これは先に述べた福祉国家の黄金時代が去って，ソーシャル・アドミニストレーションだけでは福祉が語れなくなったことを意味する。またアマルティア・センがケーパビリティ概念を提起したことは，資源の分配や不平等だけではなく，むしろ人びとが選択し行為できる能力と，これを可能にする自由の確保が必要とされる，という異なった見方を示すことになった[1]。

　センの影響を受けつつも，独自に普遍的な「人間のニード」を追求したのが，レン・ドイヤルとイアン・ゴフの『人間のニードの理論』である（Doyal and Gough 1991）。この著作は，よくなされるニードとウォントとの違いやニードの客観性，あるいは相対主義をことごとく退け，あくまで「基本的ニード（basic needs）」の概念化をめざそうとしたものであった。彼らは，まず人間の「基本的ニードは，人びとが持続的でシリアスな危害を避けて，彼らが達成すべきものを示す言葉だ」（同上: 50）という。危害を避けるとは，人間の活動や相互関係の前提条件であり，社会参加を達成させるものでもある（同上: 50-51）。彼らは続けて，「肉体的生存＝健康」と「自律」の2つを「基本的ニーズ」として取り上げる。「自律は何を為すべきか，それをどのように為すべきかを，十分な説明を受けた上で選択できる能力を持つことであり」（同上: 53），自己認識や文化の理解である。つまり「肉体的生存と個人的自律は，どんな文化のどんな個人の行為においても前提条件であり，行為者たちが他の価値ある目標を達成するために，彼らの人生に効果的に参加出来る前提として，ある程度充足されていなければならないような，もっとも基本的なニーズなのである」（同上: 54）。

このような「個人的自律」をニーズとすることは，ニーズ定義に強い個人主義を持ち込んでしまっているように見えるが，「個人的自律」は当該社会の文化の中で通常の方法で遂行できる個人の能力の最低限を意味するという。さらに彼らは，以上より高いレベルの「自律」として，「批判的自律」と名づけた「自律」も提起している。これは，個人が受け継いできた文化を越えて批判したり行動できる能力を含む。すなわち，政治的自由を要求するようなものである，という（同上：76）。

　上記の「健康」と「自律」（個人的自律と批判的自律）のニーズは普遍的ではあるが，これらを充足する財やサービスは文化によって多様である。そこでこれを「充足させるもの」と呼ぶとすると，それらは相対的なものとなるが，普遍的な「基本的ニーズ」と，この文化相対的な「充足させるもの」を架橋する媒介概念を作るとすれば，以下の 11 のカテゴリーを挙げることができるとしている。すなわち，①十分に栄養のある食料と水，②安全な住宅，③危険のない労働環境，④危険のない物理的環境，⑤安全な出産と子育て，⑥適切なヘルスケア，⑦子どもの安全，⑧重要な親密関係，⑨身体の安全保障，⑩経済的保障，⑪適切な教育，である（同上：155-159）。

　ドイヤルとゴフの議論は，「基本的ニーズ」のユートピア性を乗り越えて，誰でも必要なものとして納得できる「健康」をまず第 1 に挙げ，次いで 2 つの「自律」を配したところに，その革新性がある。とりわけ，「健康」と「自律」との関係は科学的に証明されていること，この 2 つが誰にとっても「最適」であるべきこと，媒介概念によって文化や時代の相対主義を取り入れて，文化相対主義者の「普遍ニーズ」批判をかわしている。とはいえ，ここには少なくとも 2 つの疑問がある。

　その 1 つは「充足させるもの」となる「媒介概念」は「適切」「安全」「危険のない」などの形容詞に表れているように，先に述べた充足手段との一体化から把握される社会福祉ニードとは，反対の方向を向いている。すなわち充足手段の水準や内容[2]，あるいはその優先順位等は不問にされ，そこに「相対主義」のベールをかぶせてしまうことで，共通性・普遍性が担保されていると見ることもできる。もっともドイヤルとゴフは，「媒介概念」の内容は，当該社会の人びとの経験知に訴え，すべての集団がそれらの調査に加わり，政策形成に貢献できると，あくまで楽観的である（同上：141）。

　2 つ目は，「自律」概念のうち「批判的自律」はニーズなのかという疑問で

ある。個人的自律は，人びとの啓蒙がベースとしてあり，「決定できる自己」に重点がある。この点について，ドイヤルとゴフは，重い精神障害のために「決定」すらできないケースを取り上げ，そうした場合でも認知能力や感情の「回復」を語ることはできるはずだと，いくつかの研究を例示している（同上: 63-65）。ここでは治療や教育による「自律」の獲得がめざされており，他者のそれを侵害しないかぎり，またどのような状況下でも「自律」できる自己を獲得する道はあると考えるのである。このような「強い自己」へのニーズという啓蒙的・治療的考え方への批判は別として，個人的自律の場合は，これを獲得保持するためのニーズという言い方はできよう。たとえば日本の障害者福祉や教育分野の「発達保障」の要求に近い。だが，「批判的自律」はどうだろうか。これはニーズなのだろうか。ここでは，いわば「政治」へ積極的に参加しうる自律が想定されており，自己や置かれている社会環境への批判的なまなざしを含んでいる。このような批判的自律への要求を，いったい誰に「ニーズ」として要求できるというのだろうか[3]。

ドイヤルたちのニーズ論のベースは，文化相対主義を乗り越えた「普遍的」かつ「最適な」ニーズである。彼らの現実的戦略は，国家への市民としての要求，国家にその充足を迫る市民の義務に重点がある。だが，そのようなことが不可能な国や地域は数多くある。ドイヤルたちは，それらについても他国が干渉したり，国際的な機関を形成することによって達成できると考えるのである（同上: 108, 298-300）。だが，『ニーズ・オブ・ストレンジャーズ』を著したマイケル・イグナティエフは，こうした共通の人間的ニーズに根本的に懐疑的であり，ドイヤルたちのような楽観的な見方には立たない。

むろんイグナティエフも，共通の人間的ニーズが存在しており，「いかなる生活を送る上でもそれらは前提条件であるというそれだけの理由で普遍的である」ために「多くの社会がおそらく権利として承認するであろう要求は，普遍的ニーズに由来するものである」と，まずは普遍的ニーズとその権利性を認める（イグナティエフ＝添谷・金田訳 1999: 6）。しかし，彼は「このような権利は実際のところ共通善の実に『薄っぺらな』理念にすぎないということである。このような合意の核となる部分から一歩出てしまえば，共通善の理念はすぐばらばらになってしまう。……私たちの道徳的状況は多元的なものであり，つまり基本的原理について合意したとしても，それらの間で相対的にはどれが重要なのか，どれを優先させるべきか，また特定の状況にどのように適用すべきか，

これらのことには合意し得ない」(同上: 8)。

　だから彼は,「ニーズ論に出来ることは『わたくしたちはどういう点で合意できないのか,なぜ合意できないのか』を説明することでしかない。ニーズ論は見解の一致を表現する言語体系になるとは考えられない」ときっぱり述べる (同上: 7)。イグナティエフが見ているのは,国家をもたず,「たんに一人の人間として保護を要求せざるを得なくなったとき,そのような個人こそ本当に無防備なのだ」というような,祖国を失った人びとや多数派民族に支配されている少数派の人びとである。これらの人びとの権利とニーズを満たすのは「自分たちの民族国家」を与えることか,国際機関がそれらの要求に応えるしかない。そのときはじめて「ニーズの言語体系は普遍的権利の言語体系のための不可欠な支柱を提供する」という (同上: 8)。

　イグナティエフのニーズ論は国家や社会への個人の帰属という根本的な問題を扱っており,ドイヤルとゴフの普遍的ニーズ論のような,人間の自律性と望ましい「倫理的」基礎から出発して,その充足手法は「批判的自律」によって達成できると楽観視する立場とは大きく異なる。イグナティエフの強調点はニードの要求への応答責任であり,充足すべき責任者という現実的な問題である。なぜなら,ニードと欲望を分かつのは,ニードが責務と結びついているからである。これを,先のニードを充足する手段とニードの一体的な見方に加えると,ニードはそれ自体として論じられるだけでなく,むしろその要求をどのような方法で,誰が受け止めていくかということと同時にしか論じられないということになる。

　ニーズをめぐる言説を取り上げたナンシー・フレイザーもまた,たとえば食料とか寝場所のように,一般的な,あるいは「薄っぺら」なニードを,「無条件」に考える場合は,何の問題も起きないが,この一般性をより細部に下りるや否や,ニーズの要求はきわめて論争的なものとなる (Fraser 1989: 163) という。フレイザーはホームレスの「寝場所」の例を挙げる。ホームレスの寝場所の具体的供給を,もっと「深く」考えると,寒さから身を守るためには何が必要とされるのか? 街角の排出口からの熱気と隣り合わせで寝る忍耐を要求するべきか? 地下鉄のトンネル空間やバス停? 一時的宿泊所のベッド? それとも定住的な住宅か? たぶん最後の定住的な住宅が賛同されるかもしれない。それではホームレスの人びととはどういう種類の定住できる住宅のニードがあるのか。安い店や就業機会から遠ざけられた高層賃貸住宅か,ひとり親家族向け

の，あるいは両親そろった家族のための家か？　ホームレスの人びとはこれらの定住できる住宅を得るために，他に何を必要としているのか。家賃補助？　所得保障？　仕事？　職業訓練や教育？　デイケア？　住宅政策は何をすべきか？　低家賃住宅へのインセンティヴを高めるために税制度はどうあるべきか，公的住宅政策？　家賃統制？　都市住宅の脱商品化？　（同上: 163）

　フレイザーは，これらを「〜のために」関係の「無限につながる鎖」と表現している。この「鎖」を政治的論争の中で解きほぐそうとすると，反対意見が弱まるのではなく，むしろ強くなる傾向がある。「〜のために」関連の論争的なネットワークを考慮しない「薄っぺらな」ニーズ理論は，ニーズは所与のもので問題がないと解釈する。またそのニーズを誰がどのような観点から，何の利益のために解釈するのかを不問にする。さらに社会的に権威づけられた公的言説によるニーズの解釈を適当で，公正なものと考えてしまう。それゆえ，社会のどこで，どのような状況の中で権威づけられたニード解釈が展開されてきたのかというような重要問題をネグレクトしてしまうというのである（同上: 164）。

　確かに，この意味では，普遍性を強調するドイヤルとゴフも，ニーズの政治を回避してその操作的定義の類型化に走ったフォーダー等も「薄っぺら」ということになろう。ただし，操作的定義をニーズ充足手段との関係で捉えようとすれば，たちまちフレイザーのいうニーズの政治に巻き込まれることになる。三浦が述べたような，操作的な「貨幣」「非貨幣」の分類もまた，所与のものでは決してなく，日本の社会福祉におけるニードの政治の一端を示すものと考えるべきであろう。

　ともあれ，社会福祉のニードは，あたかもヤヌス神のように，人間の普遍的ニードがあるという確信と，だがそれを受け止める主体や充足する方法と一体になって，あるいはその政治的論争（ニードの政治）の中でしか，具体的に論じられないという現実の，2つの顔をもっているともいえる。人間の権利を論じた樋口陽一の表現[4]（樋口 1996）を借りれば，普遍的ニードはニードの「オモテ」の顔であり，社会福祉の議論においてもこの「オモテ」のみがクローズアップされることがある。しかし，その細部を具体的に詰めようとすると，ニードは，ニードそれ自体としてではなく，その充足する手段や主体，さらには，これをめぐる政治的論争まで含んだ「ウラ」の顔をさらさざるをえない，という矛盾を孕んでいる。坂田の資源からの逆コースでニードを見るという指摘は，

そのコースを規定していく政治状況まで含んで考えることができるという点で，矛盾に満ちた社会福祉の現実を説明する重要な手法となろう。

　本書の方法は，当然この「ウラ」の，その時々の結果として提示される，社会福祉によるニード把握や判定基準が，どのような社会福祉事業を，どのような形で社会に配置しているかに焦点がある。そこで，次章では，この結果としての社会福祉ニードを確定する，一連のニード充足手段の選択，これを提供するためのニード判定基準，また社会福祉利用資格の設定プロセスを，その決定権力と背後にある資源制約という枠組みによって整理しておきたい。

☆ 注
1)　近年の英国のニーズ論を教科書的にとりまとめたものとして，ハートレィ・ディーンの *Understanding Human Need*（邦訳『ニーズとは何か』）がある。この本は，ニーズ論だけでなく，あちこちに主題が飛んでおり，著者の意見と別の研究者の意見との差異がわかりにくいところがあるが，圷洋一が『福祉国家』(2012) の中でうまくまとめて紹介している。ただし，ディーンはブラッドショウが分類学的といって分類したアプローチを「解釈学的」としたり，また「絶対／相対」を乗り越えた概念化を強調している点に，筆者は疑問をもった。後者は貧困概念にはあてはまる。これに対してニード論でいわれてきた絶対的ニード（categorical needs）と手段的ニード（instrumental needs）との違いは次の点にある。すなわち，絶対的とは，「ニードそれ自体から由来し，最優先の，人間それ自体にとっての」ニードを指し，手段的とは「〜するための」ニードを指す（Wiggins 1987, Megone 1992）。前者は，日本の障害者運動などでいわれてきた「存在」それ自体を充足させるニードともいえ，ドイヤルらのニーズ論と対比しても，かなり重要な対比であると思う。
2)　ブラッドショウも 1994 年の論文で，ドイヤルとゴフの自律概念について，賛同はしているが，政策の議論においては，どの程度の健康，栄養，どの程度の人間の発達が要求されているのか想像できにくく，文化相対主義の言葉で逃げられてしまうと，集合的または個人的なニード充足の道徳的責任について何もガイダンスが与えられないことになると批判している（Bradshaw 1994: 48）。
3)　政治的に目覚めること，現代社会への批判は，ドイヤルたちが書くような理性的な自律やその集まりから生まれるのだろうか。
　　最近の新聞のコラムで，池澤夏樹は，すでに社会主義は凋落し，「保守にしてリベラルにして寛容」が今日の言論世界の中心にあると述べている（『朝日新聞』2013 年 11 月 5 日「終わりと始まり」）。社会福祉言論界においても「参加と承認」が流行である。だが，池澤は「いいかもしれないが，そこに欠けているのは怒りだ」と指摘する。「目前のあまりの不正と矛盾に対する抑えようのない怒り」，そのような「怒りはどこへ行った？」と反問する池澤に，筆者はまったく同感する。同時に，そのような理性では制御できない「怒り」を人間の基本的ニーズという概念に押し込めてもよいのだろうか，

3　ニードの「オモテ」と「ウラ」　　41

と考え込むのである。たとえ「オモテ」のニーズに押し込められたとしても，「ウラ」にある現実のニーズ概念は，むしろそのような怒りから発する社会問題を，制御しようとする企ての中に登場するしかないのだから。

4) 樋口の人権の「オモテ」と「ウラ」という表現の源は，内野正幸『人権のオモテとウラ』（1992，明石書店）であると述べている。ただし，その意味は異なるとしている。

第2章

ニードと資源
ニード充足手段・ニードの分類・判定基準・受給資格

　前章で述べたように，社会福祉のコアにあるはずのニードは，それをどのような手法で，誰が受け止めていくかということと同時にしか論じられないという現実がある。言い換えれば，社会福祉の供給側が，ニードを，その充足手段と共に「社会福祉のニード」として定義していくということである。そうであるとすると，社会福祉の供給側には，まず5つの課題が与えられる。
　第1は，ある社会問題の解決にどのような社会福祉手段が動員しうるか。第2に，その手段と結びつけ，解決を図るニードをどのような問題群として分類するか。第3に，ニード判定基準をどう作るか。第4は，誰をニーディとするか（社会福祉を要求できる資格）。第5に，以上の正当性の提示。
　社会福祉を供給する主体が，公共団体であれ，民間団体であれ，たとえ小規模なボランタリーなグループであっても，その厳密さを別とすれば，この5つの課題をクリアしてはじめて，社会福祉事業や実践がスタートすることになる。むろんフォーマルな法制度や行政が関わる事業ほど，この5つの課題の明確化や明文化が求められ，とりわけ問題群の分類区分は，行政内の事務所掌区分と関わって，重要な意味をもつ。半ばインフォーマルな活動においては，分類やニード判定基準はある程度曖昧にして実践をスタートさせることもできよう。とはいえ，それは厳密さの程度の違いでしかない。実践活動がよりフォーマルになり，行政の補助金を受けて何らかの事業主体になれば，行政の定めた分類や判定基準等に従うことになる可能性が強い。

そこで，本章ではある社会問題がどのような充足手段と一体化され，分類整理されて「社会福祉ニード」と定義されていくのかを，次のような資源構造の中で考えてみたい。すなわち，その問題解決に動員しうる資源としての財源，土地建物，人材である。社会福祉に動員されうる資源の質量と，次章で述べるその編成を左右する権力構造によって，この5つの課題は大きく制約され，結局ニードはその制約の中で定義・再定義を繰り返すことになる。なお，供給サイドの社会福祉論では，このような過程を，サービスの配給過程（rationing）と呼ぶが，ここでは，その配給過程が，たんなる配分だけでなく，その中で「社会福祉ニード」カテゴリーが定義・再定義を繰り返していくことに注目する。すなわち，ニード論として配給過程を論じることになる。

1　ニードの充足手段と社会福祉資源の性格

　社会福祉の歴史的展開は，ニードを充足する手段の多様な開発であるともいえる。今日の段階では，先進諸国は社会福祉の充足手段としてすでに多くのメニューをもっている。したがって，たいていの場合は，ある「問題」解決の手段を選び，メニューの中からこれらの手段と一体化して「～の福祉ニード」と定義すればよいということになる。

　しかし，すでに開発されたものだけ見ても，社会福祉のニード充足手段は多様である。今これを類型的に示せば，①規制・禁止・防止，②個人や家族の施設収容保護（場合によって隔離），③個人や家族への金銭給付，④個人や家族への具体的な物財やバウチャーの供給，⑤金銭や物財の貸付，⑥個人や家族への直接的なサービスの供給（ハードなサービス），⑦個人や家族への相談や調整サービス（ソフトなサービス），⑧地域社会の開発・整備などがある。なお，⑥の個人や家族への直接的なサービス供給（ハードなサービス）とは，たとえば保育，介護，介助などのケアサービスから，就労支援，社会参加支援，更生援護などと称される「問題」解決に直接働きかけるサービスを意味している。これに対して，⑦は，相談から充足手段調整過程や他の機関への送致に至る，いわゆるソーシャルワークである。

　これらの手段は，組み合わせで提供されうる場合と，排他的にいずれかが提供される場合がある。また，社会保険や公衆衛生のように，当該手段の利用を

強制するものから，選択・契約的なものまでの幅があり，さらに一時的な供給と比較的長い供給がありうる。

たとえば，①の規制・禁止・防止は，社会福祉＝サービス給付という「常識」から忘れがちであるが，児童福祉法34条における児童の酷使の禁止，児童虐待防止法における虐待防止，売春防止法における売春行為の禁止・防止などがある。これらは②の収容保護や⑥としての「育成・更生サービス」，⑦の相談・調整サービスを不可避とすることによって，法違反者の更生や，被害者の救済を福祉機能として織り込むことになる。近年注目されている刑余者の更生保護や非行問題への社会福祉のアプローチもこの系列で捉えられる社会福祉手段であり，実は社会福祉の歴史を振り返れば，犯罪やそのおそれのある児童の処遇は社会福祉が積極的に引き受けてきた長い伝統がある。

②の収容保護は，一時的なものから強制長期隔離まで幅広い歴史をもつが，徹底的な強制隔離の例としては，ハンセン病療養所があり，かつては結核療養所や精神病院への長期収容もあった。また一時的隔離としては各種感染症病床や，DV，児童虐待などの被害者の一時保護がある。ハンセン病や結核，精神病院などは治療や公衆衛生の施設であるが，その程度が十分福祉的であるかどうかはともかくとして，衣食住の提供や，福祉相談サービスがセットになるのが普通である。障害者の福祉コロニーなどは，「自発的隔離」の場として位置づけることが可能かもしれない。ここでは②が⑤⑥⑦を含んで展開されていると見ることができよう。

③の金銭給付は，生活保護のような最低生活保障だけでなく，就学援助や児童手当，特別児童扶養手当，児童扶養手当などがあり，税や公的サービス料金の減免なども加えれば，多様な方法がある。また広く社会保障を含んで考えると，社会保険による年金や雇用保険給付金がある。社会保険給付金は保険料拠出が前提になるので，生活保護のような公的扶助（社会扶助）がこれを補完して最低生活保障を行ってきたと理解されている。なお，周知のように公的扶助には資産・所得調査があり，それをどの程度厳しくするかも，ニード定義の大きな要素となる。児童手当をめぐる選別主義の考え方の対立は日本だけではなく，福祉国家の歴史の中で金銭給付の条件をめぐる大きな論点であり続けてきた。さらに，公害や災害被害者への「補償」の場合は，医療給付と共に金銭給付としてなされるのが普通である。遺族などへの補償は，命を元に戻せない以上，金銭手段の選択しかありえないからであり，市場社会では，命も貨幣算定

1　ニードの充足手段と社会福祉資源の性格　　45

されるしかないことは，この補償や民間の生命保険等によく示されている。

一般に③の金銭給付は，②④⑤とは，組み合わせではなく，どちらかが選択されるような排他的関係にある。先に三浦の論を紹介したように，たとえばケアのニーズには直接ケアサービスが妥当であり，貧困には金銭給付が妥当であるというような説明がこの排他性の一端を示している。確かに，たとえば乳幼児の保護や災害時の緊急援助，急迫保護等において必要なものは，直接ケアであり，温かい飲食物であり，医療であり，避難所であることは間違いない。坂田のいうように市場の制約で市場から入手できない場合も確かにある。だが，なぜ貧困には金銭給付なのだろうか。近年においては，貧困にも金銭給付ではなく別の手段が必要だとの声も大きい。たとえば就労訓練，バウチャー，現物（モノ）の給付等々。この場合，金銭か現物か，バウチャーか，就労訓練かは，選択の問題になるのが普通である。

そこで，まずケアのニーズには直接ケアサービスが必要という「常識」について考えてみたい。このためには，社会福祉の充足手段の前提にある社会福祉資源の性格について考えておくことが重要である。資源とは，本来は天然資源を指すが，今日の市場経済社会を解明する経済学では，生産に用いられる異なった性格の資源として，資本，労働，土地の３つが区分されている。社会福祉においてもしばしば「カネ」「ヒト」「モノ」などと称されて，類似の区分が使われてきた。

先にニード分類で引用した，フォーダーは，社会福祉の資源を「財源（マネー）」と，これとは異なった「リアルな資源」，つまりここでは「ヒト」のサービスと土地建物を含んだ「モノ」を区別している（Forder 1974: 13-14）。フォーダーによれば，「財源（マネー）」はそれがどのような「商品」とも交換可能であるという「象徴」にすぎず，ニードの充足は「リアルな資源」すなわち土地建物を含んだ具体的な「モノ」と「ヒト」のサービスによってなされる。つまりニードの充足は直接的にはこの「リアルな資源」によってなされるということである。三浦等の「非貨幣的」福祉サービス論を支える基礎が，この「リアル」にあることが確認される。

だが，そうであれば，金銭給付の意味はなくなる。もっといえば，市場経済の意味もなくなる。だがフォーダーは，金銭給付の妥当性を普通の生活物資が出回る経済市場における「マネー」の「柔軟性」と絡めて説明する。市場に出回る一般的な生活物資の供給は，需要に対して「柔軟」である。たとえ一時的

に供給が追いつかなくても，たとえば社会福祉の金銭給付が増大することになって需要が増えると，外国の低賃金労働力を利用するなどの方法で，より低コストで生活物資商品の供給量を増やすことができるし，あるいは安い「代替品」を供給することもできる。むろんインフレーションによって金銭給付の価値が下がることもある。こうした，不安定ではあるが「柔軟なマネー」の性格は，一般的に市場で調達される生活物資の需要に対しては，有効だということになる。このフォーダーの整理からすれば，市場経済社会の「経済貧困」にはその「柔軟な性格」の金銭給付が第1選択肢となるのが妥当である。これも，三浦の「貨幣的ニード」という整理，あるいは坂田の市場の制限説を裏づける。

　他方で，「リアルな資源」のうち，社会福祉に動員される土地建物といった不動産と人材は「マネー」のような「柔軟性」がない。土地はいうまでもなく「有限」である。同時に移動させることが難しい。利便性の高い，良い環境の土地や建物は，経済市場との競合関係に置かれ，価格が上昇するため，社会福祉の資源として利用しにくい。社会福祉施設建設には，近隣社会からの反対もある。

　他方でいったん建てられた施設などの建物は，需要が減っても簡単にその使用目的を変更しにくい。また人材，とくに専門職もまた簡単に増減できない。その養成には時間がかかり，また資格などの制約があるため，需要の増減によって簡単に調整ができないことになる。フォーダーのいう「マネーの柔軟性」の対極に「土地建物と専門職の非柔軟性」があると表現することが可能であろう。

　今，仮に社会福祉に充当できる財源（マネー）が一定だとしても，この「マネー」で，ダイレクトに「リアルな資源」，とくにサービスや施設などの提供を行おうとすると，「リアルな資源の非柔軟性」に阻まれて，問題解決の効果が上がらないこともありうる。ここでは社会福祉財源が拡大すれば，確実にニード解決が進むとは限らないことが示唆されている。

　ところで，フォーダーの議論は，福祉国家の黄金時代であり，工業社会の経済市場が前提にある。今日のようなポスト工業社会においては，社会福祉と競合するようなサービス商品は市場に豊富に出回っており，また，福祉多元主義の下で，社会福祉政策がその利用を奨励する傾向にある。他方で，貧困状況にある人びとへの，悪質な商品やサービスが出回ることもある。市場はまさしく「柔軟」であり，所得階層や地域の特性に応じて，多様なサービス商品，施設，

住宅を，その質の善し悪しを別にすれば，十分用意している。したがって，金銭給付で，これらの「リアル」なサービス商品を購入する可能性の幅はむしろ広がっているといってよい。

ジョエル・ハンドラーは，フォーダーの「柔軟・非柔軟」ではなく，「分割可能性」と権利の保障という角度から金銭給付と財・サービス給付を区別している。年金などの金銭による給付は，極端にいえば「無限に分割可能」であり，年金権はその意味で保障される。他方で公営住宅や保育所，施設などは「分割」不可能である。このため入居資格があっても漏れる人びとが出てくる。後述する「待機者」である。その意味で，ハンドラーは財やサービスへの権利は，たんに「列に並ぶ権利」にすぎないと，鋭く指摘している（Handler 2004: 248）。

そうであるとすると，③の金銭給付か②④⑤の手法かは，ある程度市場の制約に影響されるが，それだけでなく，むしろ別の理由で選択されていくと考えたほうがよい。つまり，「貨幣的ニード」になるか「非貨幣的ニード」になるかは，社会福祉供給側の価値判断に委ねられていると考えるのが妥当である。一般に，高度な貨幣経済社会において「ノーマルな生活」であるということは，貨幣で商品を市場から自発的に選択・調達して，その「リアル」な生活資源を得るというスタイルであることはいうまでもない。したがって，福祉国家による所得保障が社会構成員全体を対象に行われれば行われるほど，その給付は金銭給付の形を取ることが一般的になってくる。市場社会の公平性，自己決定，自由の尊重といった価値とも調和するからである。

とはいえ，教育，医療，住宅，狭義の社会福祉サービスなどが，多くの国で「リアル」な手法で供給されていることも事実である。福祉サービス専門職による一定のサービスの質の保証を，「社会市場」として区分けすることもある。エスピン＝アンデルセンが強調するように（エスピン＝アンデルセン＝渡辺与訳 2001: 124-134），ポスト工業社会の福祉国家が，リスクへの社会保険的対応では維持できなくなって，むしろ多様な生活資源，とくに行為者としての個人の能力とライフチャンスの拡大に焦点が移っている，と考えるとすれば，ますます個人の自立を支える就労支援や再教育などの「リアル」な手段，あるいはソーシャルワークが重要なものになってくるかもしれない。

そうなると，ここに需要に対する「リアルな資源」の「非柔軟性」や「非分割性」が立ち現れてくる。現在の日本のような，保育所や介護施設へのニーズの高さ，住居をもてない低所得層の拡大に対しては，社会福祉の財源の拡大だ

けでは容易に追いつかない。先に述べたように，稀少な資源である土地建物の確保は市場競争の中にあり，良い場所と建物を社会福祉の供給者が入手することはまれであろう。また専門職の養成には時間がかかり，その確保が一気に進むことも難しい。とりわけ，直接サービスを供給するケア従事者の賃金が相対的に低いか，長時間労働や人的サービスに伴いがちな緊張を放置している日本では，資格をもった人びとが他分野へ流出してしまう傾向が強い。ここでも労働市場における競争が社会福祉分野への良質な労働力の確保を困難にしていく。

　施設から在宅へ，あるいは「規制緩和」による市場の利用が奨励されていくのは，この「リアルな資源」の「非柔軟性・非分割性」のためでもある。「リアルな資源」の「非柔軟性・非分割性」は，需要増のときには「待機者」というカテゴリーでのニード把握を不可避なものとする。「待機者」とは，言い換えれば，ハンドラーのいう「列に並ぶ権利」しか保障されない人びとの新たな社会福祉カテゴリーである。これを解消するために，市場の参入がさらに促されていけば，「認可外」施設サービス利用者への助成金という形での金銭給付が選択されることも少なくない。たとえば，本書執筆時の厚労省レベルの保育所「待機児童」緊急対策は，「ハコ」「ヒト」の充実と「認可を目指す認可外業者」への助成などを中心としているが，当然その充実は資源の「非柔軟性」に阻まれて「緊急」には実現するはずもない。したがって，都市部自治体の中には「保育所待機者」で認可外施設利用者への助成金という金銭給付で対応しているところが数多くある。「列に並ぶ権利」では容認できない人びとが増えていけば，そうならざるをえないといえよう。

　他方で，需要が減少した分野の施設や専門職のサービスは，本来の目的や機能を超えて，新たなニーズを「掘り起こし」，「非柔軟・非分割」的な「リアルな資源」を他の目的に流用することもある。社会福祉法人や NPO 法人の施設資源が，新たな問題領域への公的資源の投入をにらみながら，「生き残り」をかけて「多角経営」に転じることは，よく見られる現象である。また，過疎地域の施設を都市部の自治体が利用することも知られている。「非柔軟・非分割的資源」を前提に，利用者側の地域移動や施設側の利用者種類の移動が「柔軟に」促されざるをえないと考えてよいだろう。

　なお，社会市場として整備されることの多い医療サービスや介護・介助サービスにおいても，国によっては医療保険の償還払いや，介護保険の（家族介護者への）現金給付を行っている場合もある。日本でも障害当事者などから主張

されてきた「ダイレクト・ペイメント方式」つまり障害者が自治体などから直接介護費用を受け取ることにより，障害者自身が介助者を直接雇用する手法があることもしだいに認知されてはいる。これらは，ケアの充足が必ずしも「リアル」な直接サービスの提供ではなく，金銭給付を選択することも可能であることを示している。また，先に述べた公害や災害被害者への「補償」は無料医療のような「リアルな資源」提供を行うこともあるが，「柔軟な」金銭給付の形を取ることが一般的である。繰り返しになるが，取り返しのつかない命への「補償」は「柔軟な」貨幣によって換算せざるをえないのが，市場社会の現実である。

歴史的に見れば，救貧法の院内救済（施設内救済）から福祉国家段階の公的扶助の現金給付への変化は，貧困者の救済もその自由や市民権の制限を伴う「リアルな資源」方式から，普通の市民と同様のノーマルな生活を媒介する金銭給付へ変化していることを示している。もっとも日本の場合は，ヨーロッパのような救貧院は一貫して拒否されており，戦前の救護法も居宅・現金給付を原則としていた。これは日本が自由や市民権を尊重していたからではなく，第1に施設のための土地建物を市場から買い取る財源が十分なかったからであり，第2に「家族の美風」，つまりは家族資源への依拠が強かったからにすぎない。戦後福祉国家の進展の下で，他国では施設から地域への移行時代に入った頃に，日本では施設を整備し続けてきた。それは，一部ハンセン病などを除けば，財源等の制約で施設などのハードな資源の整備をしきれなかった時代が長かったことと無縁ではなかろう。

他方で，「柔軟な資源」である金銭給付が就労支援サービスとしての⑥⑦とセットで行われることもある。言い換えると，⑥⑦を条件として③の金銭給付が正当化されるという傾向である。これは稼働年齢層への公的扶助や，日本で新たに導入された求職者支援法などの，いわゆるワークフェア路線における新たな「組み合わせ」の適用である。先のエスピン＝アンデルセンの個人の能力の最大化の強調とも重なる。

なお，社会福祉としてはなじみにくいように思われがちな「貸付」も金銭給付よりは「マシ」な手法として採用されることがある。利子や償還期間をどのように考えるかは制度によってまちまちである。また，同じく金銭給付を避けて，いわゆるバウチャー方式については，近年盛んに奨励する声がある。金銭給付は「不正」を拡大すると見られる風潮が強いからである。

以上の例のように，社会福祉が何らかの社会問題へ対応し，それを「社会福祉ニード」へ転換するためには，これらの異種の手段の選択や組み合わせが編成されていくことになる。ここでは「問題」と「手段」の関係は必ずしも固定していないし，「自然」につながっているわけではない，と考えておくことが重要である。そこに手段や組み合わせの「編成」と決定の重要性がある。この資源「編成」は，一般には福祉財源自体の大きさに左右されると考えられがちであるが，同時にここで述べた資源の「柔軟・非柔軟」な性格，「分割可能性」の問題，あるいは問題解決要求の強さ，「待機者」カテゴリーに仕分けされた人びとからの突き上げ，社会の意識，問題解決の正当性などに影響されつつ，国家や自治体の福祉官僚制の内部で，あるいは民間の供給組織の内部でなされていくことになる。この具体的な編成・決定については，次のニード分類及び判定基準，さらに受給資格を議論した後，検討することとしたい。

2　社会福祉ニードの分類区分

福祉の分業

　社会福祉のニード充足手段の選択がさしあたりは既存の手段の中から選ばれるように，社会福祉のニード分類区分も既存の制度枠組みの中に当てはめられるのが一般的である。あるいは，「一時的な問題」として見なされ，臨時的な措置として扱われるかもしれない。それもうまくいかなくて，とりあえず市民社会の中にあるボランタリーな活動や，「当事者」の切羽詰まった活動に委ねられることもあるかもしれない。そのいずれの場合も，社会問題のレベルではほとんど意識されずに済んだニードの「分類」やそれを担う主体間の「社会福祉の分業」が登場することになる。

　ある社会問題の社会的解決を，どのような機関が，どのようなニードとして扱うかも，先の充足手段同様，一定しているわけではない。同じ問題やニードが，医療の問題とされるか，教育のニードだとされるか，司法問題だとされるか，狭義の社会福祉の問題とされるかは，ある歴史的文脈の中で，この問題解決に責任をもつ主体の側から構築されていく。したがって，あるニードが「何」として扱われるのかは，時代や社会によって変化していくのが普通である。また狭義とされる社会福祉の中にも分業があり，たとえば日本の社会福祉6法の範囲や近年その上に重ねられたさまざまな法律による，込み入った区分

が存在している。本書が，あらかじめ社会福祉を「理論的に」定義してかからなかったのは，社会福祉という範疇自体が，所得保障や，労働，教育，医療保健などの社会サービスとの間でなされる「社会的分業」の「途中経過」でしかなく，分業にも矛盾や混乱があり，したがってしばしばその分業が組み替えられていくのが普通だからである[1]。

　社会福祉は，歴史的には貧困や浮浪，災害などの救済からスタートしているが，そこでの「貧困」の中には疾病，障害，失業，不安定就労，虐待（子どもを売る，働かせるなど），教育機会に恵まれないこと，住宅環境や衛生条件の悪さ，住居喪失，孤老など，多様な問題が包含されていた。したがってそのニードも多様であり，対応する「リアルな資源」も多様である。

　福祉国家の青写真を描いたといわれるベヴァリッジの報告では，この貧困の中に包含されてきた諸問題を，社会が解決すべき5つの巨大悪（Five Giant Evils），すなわち，Want（窮乏），Disease（疾病），Ignorance（無知・無教育），Idleness（無為・失業），Squalor（不潔な生活環境），として区分し，それぞれへの社会政策による予防の必要が説かれた。後に，6つ目の悪として，Care（ケア）が付け加えられるべきだとの説も出てきたことは序章で述べたとおりである。いずれにせよ，これは「貧困」という包括的な問題の中に隠されてきた問題の異なった局面に注目した区分だといえる。実際の政策や実践レベルでも，これに従った都市・住宅政策，教育政策，所得保障，雇用対策，医療・保健政策など，広義の社会福祉政策分類がよく使われており，また行政の所管区分も類似の枠組みを取ることが少なくない。

　他方で，このような問題の局面とは別に，年齢・性別，ライフステージなどを基軸として，児童，高齢者，家族の福祉（政策）という区分もあり，近年では「若者」政策という分け方をすることもある。むろん，何歳までを児童と呼び，何歳からを高齢者と呼ぶかは，時代や社会によって異なる。近年日本で浮上した「若者対策」の「若者」定義は34歳までとしてきたが，欧米などでは10～20代前半が「若者」であろう。高齢者福祉の高齢者とは，かつて60歳を概ね境としていたが，今日では65歳であり，おそらく近い将来70歳になる可能性は高い。

　こうした性や年齢による区分は，福祉国家の1つの源流であった救貧法における分類に早くも見られる。著名な英国のエリザベス救貧法は，有能貧民，無能貧民のほか，子どもを区別していた。1834年の改正救貧法は厳しいワーク

ハウス・テストで有名だが，その展開の中で「一般混合ワークハウス」を破棄して分類収容へ移行することが奨励されるようになる。英国福祉国家の社会史を著したパット・セインによれば，こうした混合型に代わって「老人，青年，病人，精神障害者が互いに分離」されていき，さらには「ワークハウス附属診療所」が建てられ，また児童に対しては少人数を対象とする「分散型ホーム」が奨励され，老人も「独立施設」か「独立棟」へ入所させるようになっていったという（セイン＝深澤ら訳 2000: 44-47）。日本では大規模救貧院は作られなかったが，比較的大きな施設として明治期から事業を継続してきた東京養育院などでもやはり分類収容が進められ，「虚弱児童」のための「安房分院」，非行少年「感化事業」のための「井之頭学校」，児童のための「巣鴨分室」などが分岐していく（東京都養育院 1974: 167-176）。英国の分類収容は 19 世紀末から 20 世紀初頭の社会改良事業の進展を背景にしており，とりわけ公衆衛生的観点が背景にあるが，養育院などにおいても「リアルな資源」の直接供給において，対象年齢の違いへの注目や，混合することによる風紀の悪化や病気等の伝染を防ぐという現実的な判断に基づいていたと考えられよう。

　病気や障害それ自体もむろん区分されて把握されていく。この分類基軸は性や年齢と異なり，主に病名，障害部位やそれによる機能障害の分類によって，きわめて細かい区分が存在している。公害や災害被害者の場合も同様である。とくに，問題を抱える人びとの側からは，それぞれの微妙な「問題」の差異が強調されやすい。同じ病気や障害でも，当事者の年齢や性別，また疾病や障害の経過によって，その必要が異なると感じられているからであろう。なお，性別・年齢と傷病・障害は当然重なり合うので，すでに述べた歴史的な事実にもあきらかなように，「虚弱児童」とか「要介護高齢者」などの分類が可能である。

　この場合，何を上位に置いて分類していくかは，社会によっても時代によっても異なる。たとえば「障害児」は，疾病や障害にウエイトを置く，教育の一部として捉える（特別教育など），児童福祉として捉えるなどの方法がありうる。日本の狭義の社会福祉で「障害児」は児童福祉法に包含されているが，次章以降で見ていくように，実際の福祉供給においては障害を上位にもっていき，人生の一貫した支援が強調される傾向がしだいに強くなっている。「障害をもつ高齢者」は，介護保険優先方針であったが，障害者団体の反対にあって，一時はこれを撤回した。だが，現在の障害者総合支援法では，同一サービスについ

ては介護保険優先としている。すぐ後で述べるように，現在，障害と要介護高齢者，難病は，類似の分野として再定義されようとしている。

　非行や犯罪はその年齢によって児童福祉の範疇か刑法の範疇かに識別され，またそれに対応する「リアルな資源」は教育と福祉の境界をさまよう。いわゆる「刑余者」は司法の更生事業と生活保護をはじめとする貧困対策の境界線にある。女性は，日本の場合，母子として児童範疇に組み入れられてきた伝統があり，他方で売春防止法の女性政策，あるいは男女雇用機会均等法の対象に区分されることもある。母子も死別母子と生別母子の区分がなされてきた経緯がある。母子の年齢が高くなると実践現場では「準母子」などと称してきた。このほか「浮浪母子」「逃げ母子」（DVなどから）などユニークな分類を実践の遂行の便宜上行う場合もある。また事情に応じて，同じ母子が児童福祉法の母子生活支援施設（母子寮），売春防止法による婦人更生施設，生活保護法による更生施設や宿所提供施設をたらい回しにされることもある。したがって，社会福祉は，必ずしもニードや年齢性別などですっきり分業が成立しているのではなく，分業は試行錯誤の結果でしかなく，常に「経過的」なものであり，変化している。

　こうした多様な軸をもち，可変的な社会福祉の分類をある一定の軸によって整理しようとする試みもなかったわけではない。たとえば一番ヶ瀬康子は，社会福祉事業体系試案を提示している（一番ヶ瀬 1964: 111-115）。ここでは，まず①問題別事業と②総合的事業（連絡・調整・助成・推進）の２つが大別される。①はより「対象中心」であり，②は「機能的」であると述べている。①の問題別事業が対象中心であるのは，これを「問題の類型または対象の性格」によって基本的に分類しているからである。「問題の類型または対象の性格」は大きく３つに分かれる。(a) 原初的な問題（貧窮者＝労働力の破壊），(b) 分化した問題（児童＝未来の労働力，婦人＝市場価格の安い労働力，老人＝衰退した労働力，疾病＝一時的な欠損労働力，身体障害＝永続的な欠損労働力，精神薄弱＝永続的な欠損労働力，非行＝社会的不適応労働力），(c) 一時的な問題（戦争被害，災害）である。②は小地域，地方，国家が調整主体として挙げられている。一番ヶ瀬の特徴は，「問題別事業」を市場から見た「労働力」類型を基軸として整理していることである。いってみれば，社会福祉は常に労働市場の「正常な機能」に配慮し，それとの関係で成立することを端的に示した分類ともいえる。

　だが，一番ヶ瀬のこの分類への批判も，労働力類型に一本化しているところ

に集中している（古川 2013: 45-48）。このような一番ヶ瀬の分類軸は1964年という時代を背景に，社会福祉事業を論じる際に，やや図式的なマルクス経済学の枠組みに当てはめることによって「科学性」を担保しようとしたことの影響であるかもしれない。後にも述べるように，社会福祉の労働市場への配慮は，社会福祉の「対象」を捉える際の1つの大きなモメントであるが，それは1つの要素にすぎない。また何歳からを衰退した労働力とするか，何歳までは教育されるべき年齢とするかは可変的であり，「欠損労働力」の定義もまた一様ではないだろう。

1つの軸による理論的な整理の可能性が否定されないにしても，現実の政策や実践においては，異なった基軸での分類が混在していることを直視することは，本書のように，帰納的に社会福祉を捉えようとする場合，とりわけ重要である。英国などの社会政策の教科書などでも，ベヴァリッジ的な問題局面のグループと，年齢・性別など属性別カテゴリーのグループの両方を併記して，ニード理解を促すのが一般的なようである。

日本の狭義の社会福祉＝いわゆる福祉6法は，ミーンズテストと呼ばれる所得・資産基準によって判断される生活保護法，年齢軸による児童福祉法（実は母子が一部入っている），老人福祉法，障害種類による身体障害者福祉法，知的障害者福祉法，母子と寡婦という基軸による母子及び寡婦福祉法で構成されている。この6法の分類にも異なった基軸が混じっているが，さらに広げて見れば，国民皆保険・皆年金による医療保険と年金保険（老齢，遺族，障害）があり，労働者への雇用保険があり，低所得世帯への生活福祉資金貸付制度，母子世帯への貸付制度，あるいは介護保険，身体障害，知的障害，精神障害の3障害を統合した障害者自立支援法→障害者総合支援法，またホームレス自立支援法，若者対策や求職者支援法，生活困窮者自立支援法などの新たな低所得者支援政策の展開など，多様な分類による政策が交錯し，実施されている。

ところで，戦後日本の狭義の社会福祉分類の展開を，終戦直後から1959年頃までの「救貧段階（3法時代）」と，1960年代以降，高齢者，児童，障害者などの「対象の一般カテゴリー化（6法時代）」，さらには介護保険以降の「パラダイム転換」というような「発展段階」として把握する傾向は現在でも強い。三浦，坂田らと同様に，社会福祉の供給システムに関心を寄せていた高澤武司は，かつて，「福祉行政の戦後体制」からパラダイム転換までを，もっと丁寧に5段階に整理したことがある（高澤 2000: 182-197）。

すなわち，①「一般救貧法の近代化＝一般扶助法と特別扶助法の分化～1949年」，②「防貧的予防策の拡張と組織法の成立＝体系化～1959年」，③「特別育成法の多様化＝個別属性重視～1964年」，④「既存法の部分改正と弾力運営化（地方単独事業と普遍主義的理想主義の普及～1970年代）」，⑤「臨調行革と法体系の再整備＝行政の拡張と高齢社会への対応～1982年以降」の5つである。①がいわゆる3法時代，③が6法時代，⑤がパラダイム転換期である。②は厚生省設置法，社会保障審議会勧告，国民皆保険・皆年金などの制度の拡充と組織の確立が示されており，④はいわゆる革新自治体における先取り的な「普遍主義的」福祉拡張の時期である。この段階規定については第4章でまた言及することになるが，ここでは高澤の「カテゴリカルなニーズ」の掘り起こしに着目しておきたい。

高澤の強調点は，①の3法時代の児童福祉法，身体障害者福祉法はあくまで特別扶助（カテゴリカルな公的扶助）でしかなく，「たとえ所得能力とかかわらないカテゴリカルなニーズに着目して政策対象を設定しても」（同上: 185）最低生活保障という水準とそのための法運用方式の枠組みに閉じ込めてしまったことにある。これに対して③以降の「育成法」が「今日的な意味での福祉サービス法制が本来の目的を発揮するためには，非物財的なニーズの掘り起こしとその財源確保が可能となった高度経済成長期まで待たねばならなかった」と述べる（同上: 185）。ここでの高澤の「カテゴリカルな」という言葉は，貧困・低所得の下位概念ではなく，「年齢，身体的・精神的な障害の属性，生活上の障害の種類等に区分」（同上: 191）することを意味している。しかし，先述したように，何が上位にくるか下位にくるかは可変的であり，貧困という枠組みを脱ぎ捨てさえすれば，自然に独自なニード・カテゴリーが現れ，区分できるというものでもなかろう。「年齢，身体的・精神的な障害の属性，生活上の障害の種類等に区分」できるというカテゴリーは異なったいくつかの軸をもっており，同一軸上で区分できるものと，別の軸であるために重なり合う場合が当然ありうる。そうした場合は，どのような区分がありえるのだろうか。

たとえば年齢区分は同一基軸の上で相互排他的である。もっとも，先にも述べたように，何歳までを児童とし，何歳からを高齢者というかは，固定的ではない。今後も定義が変わることは十分考えられる。異質な基軸による分類の中では，たとえば高齢者が年金の不足分を生活保護で補う，障害者が障害年金と障害者福祉のサービスを両方利用する，あるいは生活保護と障害者福祉サービ

スを利用することは普通のことである。65歳以上の障害をもった高齢者が障害者総合支援法のサービスを利用するか，介護保険法を利用するかは，先に見たように論争的である。結果的には，介護保険優先原則，つまり年齢が上位にいくことになった。類似の問題として，障害をもつ児童を児童の福祉と区分するか，障害をもつ人として生涯を見通して区分するかも大きな論争点である。現実には「一貫性」の観点での行政展開があるが，法制度上は年齢によって区分けされてきた。

　他方で，かつて生活保護法の保護施設であった「養老院」は老人福祉法で養護老人ホームに転換したので，両者は排他的である。養護老人ホームは経済困窮の高齢者を対象としているにもかかわらず，生活扶助が適用されるわけではなく，老人福祉法で生活扶助部分は（むろん税金で）賄われる。これが高澤らのいう「一般カテゴリー化」であるが，別の面から見れば「貧困隠し」であるともいえる。現実の保護施設（救護施設，更生施設，宿所提供施設など）や第2種社会福祉事業の宿所提供施設の中には，高齢者や障害者が多数存在している。現実から見れば，老人福祉法だけが老人を対象としているわけではない。「一般カテゴリー化」の中で切り捨てられた高齢者や障害者のニードは，相変わらず貧困の枠組みがそのセーフティネットを担っている。

　なお，障害も種別によって相互排他的であるが，重複もありうる。これらの障害区分は，障害者自立支援法及びこれを改正した障害者総合支援法の支援区分では「総合」の方向へ向かおうとしている。ちなみにこの障害者総合支援法は，上の保護施設利用者や刑余者の地域移行支援も対象としている。それはこの法律のねらいが「地域移行支援」にあるからでもある。また，この改正法によって障害者の日常用具支援事業に所得制限が設けられたので，このサービスにおいては「カテゴリカルな福祉」は，皮肉にも，低所得基準を前提にせざるをえなくなったことになる。

3　ニード判定基準

　以上のように複合的な基軸によるニード分類は，社会福祉の「分野」「分業」を作り出し，またその「対象」の「定義」「再定義」を繰り返していくことになる。このうえで，さらに個別の「ケース」が当該分野のニードとして適当か

どうか，さらにはどの程度の保障や支援が妥当かという「程度」を決定する判定基準が作られていく。

繰り返し述べているように，社会問題がその輪郭を曖昧にしておけるのに対して，「必要の充足」として出現するニードの判定基準は，ニードの「ある・なし」や，その性質，またそれへの社会福祉給付等の程度の範囲の明確な線引きの役割を果たすことが期待される。この線引きをどうするかは，供給側にとっても，きわめて「やっかい」な課題として出現する。これがどのくらい「やっかい」な課題かは，敗戦直前に投下された原子爆弾の被害者認定基準や，1956年に公式確認された水俣病などの患者認定基準がいまだに裁判にもちこまれ，その判定基準が変更され続けていることを見ても推察できよう。あるいは「難病の医療費助成」においても，2015年以降その範囲基準の「見直し」によって，医療費の助成対象を306疾患に広げているが，これまで自己負担のなかった重症者にも所得に応じて負担を求め，対象の病気でも軽症者は助成対象から外すことをめぐって議論がなされるなど，多くの「やっかいな」事例を示すことができる。

また，生活保護や障害手帳の「不正」受給がマスメディアによってスキャンダルとして扱われることによって，基準の見直しが急に要請された経緯も記憶に新しい。これらのことは，ある時点で供給側の設定したニードの分類や判定基準が唯一正しいわけではなく，また未来永劫続くわけでもなく，これをめぐって新たな社会問題の提起がなされると，あるいはその不合理性が誰かに指摘されることによって，線引きが変化させられることが少なくないことを示している。逆に，財源縮小や政策変更による線引きの見直しも，むろんある。この意味で，供給側にとっても，線引き問題は「やっかい」な課題なのである。

ところで，ニード判定基準には基本的に異なった2つの性格がある。1つは，この線引きによって，問題やそれを担う人びとが誰かを明らかにする基準としての性格であり，もう1つはニード充足手段の当てはめの「程度」の基準としての機能である。たとえば，貧困基準は貧困状態にある人びとの数や性質を明らかにするために設けられることがある。他方で，多くの国の公的扶助基準は，具体的な最低所得保障の「程度」を決める基準として機能している。日本の生活保護基準は政府公認の貧困基準であり，同時にその貧困を緩和救済する「程度」を決める基準でもある。したがって，仮に財政上の理由で保護基準を下げると，政府公認貧困基準も下がることになる。これに対して，米国のように連

邦政府（国勢調査局）が毎年貧困の閾値を公表しているが，これは国勢調査局が貧困者・世帯を数えるためのもので，最低生活保障のための貧困線ではない。保健福祉省は，この閾値を参照して簡便な貧困ガイドラインとしている。このガイドラインは，多様で断片的な合衆国の公的扶助プログラムのミーンズテストとして使われることがあるが，必ずしも保障の「程度」にリンクしているわけではない。この方法は，貧困の閾値の公表と，予算を伴う事業の給付水準は異なるという現実をオープンにした，その意味で「正直」な方法である（http://aspe.hhs.gov/poverty/faq.cfm#developed）。

　日本の身体障害者手帳は，1949年に制定された身体障害者福祉法15条で規定されたものだが，これは4条の障害者の定義「『身体障害者』とは，別表に掲げる身体上の障害がある18歳以上の者であつて，都道府県知事から身体障害者手帳の交付を受けたものをいう」に基づいている。障害等級は，施行規則別表に示されているが，手帳は，その保持者がこれのどこに当てはまる障害者かを「証明」する手段である。むろん手帳によって利用できるサービスや税の減免などはあるが，それは地域によっても，鉄道・公共料金などの免除はそれぞれの供給主体によって異なり，手帳に明記されているわけでもない。その意味で手帳は，アメリカ合衆国の貧困基準に類似して，公認の障害等級を示す基準を「手帳」として具現化しているだけで，社会福祉の給付や支援の「程度」を示すものになっていない。

　ところで今身体障害者手帳を「公認の」と表現したが，身体障害者福祉法における障害等級とは別に，「給付の程度」を示すものとしての，やはり「公認の」障害等級が別に存在している。公的年金制度による障害等級，労災保険法による障害等級がそれである。たとえば，身体障害者手帳の視覚障害1級とは，「両眼の視力の和が0.01以下のもの」，聴覚障害2級は，「両耳の聴力レベルがそれぞれ100デシベル以上のもの」，上肢障害1級は，「両上肢の機能を全廃したもの」「両上肢を手関節以上で欠くもの」，体幹機能障害1級は，「座っていることが出来ないもの」を指すが，公的年金制度の場合は，視覚障害1級は「両眼視力の和が0.04以下のもの」，聴覚障害1級は「両耳の聴力レベルが100デシベル以上のもの」，上肢障害1級は，「両上肢の用を全く廃したもの」「両上肢のすべての指を基部から欠き，有効長が0のもの」「両上肢のすべての指の用を全く廃したもの」であり，体幹機能障害1級は，「座っていることが出来ない程度，又は立ち上がれない程度の障害」か，これらと同程度で「日常生

活の用を弁ずることを不能ならしめる程度のもの」となって，微妙なズレがある。さらに，労災法では，前記例の障害種別で1級に入るのは「両眼失明」「両上肢を肘関節以上で失っているもの」「両上肢の用を全廃しているもの」と規定されている。このため，たとえば両眼視力の和が0.04の場合では，身体障害者手帳では2級，公的年金制度では1級，労災保険法では第4級に該当することになる。

　公的年金制度や労災法の障害等級区分は，それらの社会保険としての制度の性格と，それらが支給する保障の程度とリンクしている。労災法は年金給付と一時給付に分かれるが，この給付の「程度」を労働能力喪失率によって等級づけしており，労働能力喪失率56%を年金給付と一時金給付の線引きに使っている。つまり労働能力が労働災害によって損なわれたことへの「補償」の意味での支給基準である。公的年金制度では1級は主に「日常生活の用を弁ずることを不能ならしめる程度」で他人の介助を必要とする状況，2級は「必ずしも他人の助けを借りる必要はないが，日常生活は極めて困難で，労働により収入を得ることができない程度」，3級は「労働が著しい制限を受けるか又は労働に著しい制限を加えることを必要とする程度」によって等級分けされている。ここでは労働制限と日常生活の制限の2つの基準が使われており，それによって年金額が異なっていく。

　制度利用者としての市民の側から見ると，同じ障害等級という言葉が，制度区分によってこのように別々に解釈されていることは，障害当事者にならないかぎり，気がつかれることは少ないし，気づいたときには戸惑いを覚えるのが普通であろう。つまり，同じ障害状況がもたらすニード＝「生活の必要」は，社会福祉の分業の中では必ずしも同じように規定されず，異なって解釈されているという事実がもたらす戸惑いである。

　手帳は，身体障害者だけではなく，知的障害者や精神障害者にも交付されている。その性格は身体障害者手帳同様，基本的に障害をもっていることの認定証明書である。これらの手帳のあり方については，障害者自立支援法から総合支援法への改正過程で，障害者の定義，手帳制度についての見直しの必要が明記されており，障害者総合支援法では，障害の範囲を難病も含め（つまり手帳がなくてもよい），「障害の程度（重さ）」ではなく，標準的な支援の必要の度合を示す区分＝「新しい障害支援区分」を設定するとされている。

　この障害支援区分の認定は，「支援区分」と明示されているように，「障害の

多様な特性その他心身の状態において必要とされる標準的な支援の度合を総合的に示すものとして厚生労働省令で示すもの」と定義している。ここで「障害の多様な特性その他心身の状態において」の文言が意味するところと，「標準的な支援の度合」の意味するところは，常識的に考えれば矛盾があり，必ずしもスッキリと納得できるものではなかろう。だが，ここで明確なのは，「支援区分」に軸足をより移動させていること，またこの「支援区分」は，障害者自立支援法では齟齬があった知的障害者や精神障害者の特性に配慮しつつ「身体障害，知的障害，精神障害，難病等の共通の基準」として作成できると判断されていることである。これまで「障害の多様な特性」ゆえに，障害種別や難病の病名によって異なったニード判定基準を，一気に「共通基準」としようということになる。この共通基準としての「支援区分」は，12群80項目の評価指標によって，たとえば身体介助関係，日常生活関係では「できる・(見守り的な支援が必要)・部分的な支援・全面的な支援」，行動障害関係は「ない・希にある・月1回以上ある・週1回以上ある・ほぼ毎日ある」の調査結果をコンピュータによって1次判定し，次に市町村審査会で「特記事項」「医師意見書」の内容を総合的に勘案した審査判定(2次判定)を行い，必要なサービス手段とその「程度」が決められていくことが，一応工程表として示されている[2]。

　この「支援区分」の手本となったのは，いうまでもなく，社会福祉のパラダイム転換の中心を担った介護保険における要介護認定である。要介護認定は，認定調査員の訪問調査による本人の心身状況の調査結果のコンピュータ判定(1次判定)と，特記事項，主治医の意見書を含めた，保健，医療，福祉の専門家による介護認定審査会の判定(2次判定)によって，どのくらいの「介護の手間がかかるか」を示す要介護状態区分が要支援2段階，要介護5段階で判定され，それによってサービス利用の種類と上限額が定められていく。非該当者は予防事業に割り振られる。

　障害者総合支援法も介護保険も，その利用者を施設から地域へ移行させる方針をより明確にし，当然このニード判定基準もその方針を支持する方向で作成されている。また，先述したように高齢の障害者は，同じ内容のサービスであれば介護保険優先原則によって，障害者福祉と介護保険は，より共通のものとして，つまり「支援」の必要な65歳未満と65歳以上の年齢区分で，仕分けられるような制度分野として，統合の方向を明確にしたともいえる。このような統合化は，一面でこれまでの障害者証明を無用化し，たんにロングターム・ケ

アの必要な人びとというカテゴリーによって，「差別的でない」支援を実現するかもしれない。先の高澤の「カテゴリカルな対象区分」をさらに超えて「利用者本位」ならぬ「サービス本位」の方向である。他面で，これまで障害当事者やその支援者たちが，障害の「特性」を強調しつつ，「勝ち取ってきた」諸制度の前提が崩れることも確かであろう。ここでは，明確に「ニーズ」判定基準は，誰にでも開かれた，公平で標準的な「支援（というよりサービス）」判定基準に転換し，「カテゴリカルな特性」は結局のところ背後に退くことにならざるをえない。

　冒頭に例示した被爆者対策においても，「被爆者」としての「被爆者健康手帳」（被爆者であることの認定）の交付基準と，「原爆症」（原爆による疾病）の認定基準を区別しているが，「被爆者」認定は爆心地からの距離（地域限定）が中心となり，「原爆症」認定は，地域限定と放射性起因疾病の組み合わせの判断となっている。水俣病などの公害被害の認定も，地域限定と典型症状の種別や数が判断基準となってきた。このため，その線引きから漏れた人びとが訴訟を起こすなどの行動が起こり，その結果，認定地域の拡大や典型症状の見直しなどがなされてきている。こうした地域限定＋典型症状の組み合わせによる認定の矛盾に満ちたプロセスは，東日本大震災と原発被害の二重の被災者の認定においても繰り返されていくに違いない。

　上記の疾病や障害，地域限定基準以上に，その設定が困難なものとして貧困基準がある。福祉国家の最初の貧困基準として参照された有名なラウントリーの「マーケット・バスケット」による最低生活費の基準から，タウンゼントの相対的剝奪指標による基準設定，あるいは近年 OECD など国際機関によって使われている，等価所得の中央値の50％水準などの相対所得基準まで，さまざまな方式が試みられてきた。ブラッドショウは，今日に至っても，唯一正しい基準があると考えるのではなく，いくつかの異なった手法を組み合わせて検証していくしかないと述べている（Bradshaw 2001: 8-10）。

　「正直に」毎年連邦政府が公表しているアメリカ合衆国の貧困の閾値は，1960年代に農務省の栄養指導の「低額プラン」と「節約プラン」による食料費を利用し，エンゲル係数によって最低消費水準を設定したモリー・オーシャンスキーによる基準開発がベースにある。これが1968年に「公認」されて以来，学術的批判はあるものの，毎年消費者物価等によって改定されて今日まで続いている。なぜ同じ基準がこのように長期に続けられているかについて，ハ

ワード・グレナスターは，いったん制度化された基準を変えるのは困難なうえ，この閾値の「所有者」である国勢調査局が一義的に貧困に関心をもっているわけではないからだと述べている（Glennerster 2000: 3-4）。これに対して，ヨーロッパでは上記のような多様な貧困基準設定の議論や測定がさまざまに試みられてきた。現在では国際比較可能な相対所得基準がよく用いられているが，たとえば等価所得中央値の 50% といった相対基準は，格差が拡大すれば，実質的に貧困線を押し下げてしまう可能性もある。

　日本の生活保護制度においても，第 8 次改定時に導入されたマーケット・バスケット方式から，エンゲル方式，格差縮小方式，水準均衡（方式）と変遷を遂げてきたことは周知のところであろう。しかも最後の水準均衡の検証を行う検討会が 2004 年以降 3 回実施されているが，いずれも異なった検証方法を採用している。すなわち，水準均衡をどの所得レベルの一般世帯と比較するか，所得レベルだけであると高齢者の経済水準が過小に見積もられる点をどう考慮するか，年齢や世帯人員によるスケールメリットをどう考慮するかなどが，そのつど焦点を代えて検討されているのである。なぜ検証方法が異なるかは，その検証に政府が求める生活保護改定の内容が異なるからである。たとえば，加算に焦点を当てるのか，生活扶助に当てるのか，住宅扶助に当てるのか等々。

　また近年の生活保護利用人員の増大や，いわゆるワーキングプアなどの「低所得」対策への再注目についても，どのような所得水準を「低所得」と呼ぶかは，かなりのところ曖昧である。かつては，生活保護基準の 1.4 倍などの「目安」が存在したこともあるが，しだいに「課税台帳」の転用が主流となってきている。とくに社会福祉サービスや医療サービス利用時の利用料金や自己負担の軽減において，課税情報がそのまま転用されている。先述したように障害者総合支援法による日常生活用具給付事業も課税情報による低所得「世帯」に限定されることになった。

　田中聡一郎と駒村康平は，とくに現行制度で「住民税非課税世帯」を「低所得世帯」と見なすと，「低所得世帯」が高齢世帯に偏る危険を実証的に警告している（田中・駒村 2013）。全国消費実態調査（2009）で世帯主年齢別の住民税非課税世帯の割合と，生活保護基準で測った低所得世帯割合を比較すると，世帯主年齢 65 歳以上で前者の割合が後者に比べて大幅に伸びている。その理由として田中らは，課税所得算出時の公的年金控除の効果を挙げている。

　2013 年に成立した「生活困窮者自立支援法」もその「対象」を「現に経済

的に困窮し，最低限度の生活を維持することができなくなるおそれのある者」とし，生活保護の手前の「第2のセーフティネット」をねらうが，「おそれのある者」の具体的定義は法文の中にはない。すると，どのような状態を「生活困窮・経済困窮」と呼ぶかは，その実施を担う行政と民間機関の判断に委ねられることになろう。結局，具体的な実施レベルで掬い取られた人びとが，結果として「生活困窮者」と呼ばれることになる。

　すでに引用したジンメルの「貧困はそれ自体で独立に量的に確定されるべき状態としてではなく，たんに一定の状態によっておこる社会的反作用によってのみ規定される」（ジンメル＝居安訳〔下〕1994: 97）という言葉が，ますます現実味を帯びてくる。他方で，生活保護などの「濫給」を警戒する人びとが口にする「本当に必要な人へのみ」という常套句もまた，「本当の必要」というニードの「オモテ」の顔だけを振りかざして，その「ウラ」を隠すレトリックでしかないことが露呈されていかざるをえない。こうして，ニードは，社会福祉の供給側で用意される判定基準によって決定され，また事情に応じて変更されていく。もっといえば，社会福祉ニードとは，まさに障害者総合支援法のいう「支援が必要か，毎日必要か，月1回必要か」等という，支援側の支給判定の用語としての性格をより明確に示しつつある。日本の社会事業，社会福祉事業がしばしば用いてきた「要援護」「要支援」「要保護」などの言葉は，この点を的確に表している。だから，ニードに適当な名前がつけられない場合には，「要援護」「要支援」としておけばよいわけである。

　なお，第1節で述べたように，判定基準には当てはまりながら，「リアルな」ニード充足手段の供給が不足している場合，「保育所待機児童」とか「特養待機高齢者」等と呼ばれるカテゴリーが登場する，逆に施設などに空きがある場合は，「要保護者」の範囲は融通無碍に拡大されていく可能性もあることもすでに述べた。さらに，どの制度の判定基準からも微妙にずれていく人びとは「制度の谷間」のニードと，現場ではしばしば呼ばれることになる。言い得て妙である。

4　社会福祉を要求できる資格

　以上のように，ニード判定は，ニードをもつ人の数や性格の判断だけでなく，

それを充足するための手段の「支給・支援」の程度を決定する基準として機能していく。しかもこの「支給・支援区分」には，個々のニーズの特性に沿いながら，標準基準として設定するという離れ業が要求されているから，結局のところ，人びとはそのニードを充足してくれるかもしれない制度やサービスを探しあて，そこに自らのニードを当てはめていくことになる。たとえば，しばしばネット上で見るような質問：

　「私は身障手帳2級ですが，どのようなサービスが使えるでしょうか？」
　「失業したのですが，どのような制度がありますか？」

　その答えとしていくつかの制度やサービスが示されたとしよう。だが，質問者がそれらの制度やサービスを利用するためには，ニード・テストだけでは十分ではない。同時に「資格」要件がクリアされねばならない。ニードをもつ（と考えられる）人の受給資格の認定である。この資格は，制度によっても異なるが，おおよそ以下の4つにまとめることができる。すなわち，①拠出履歴ないしはそれに代わる証明（あるいは費用支払い能力），②稼働能力の有無，③帰属証明と居住履歴，④品格である。

　もっとも簡単に説明できるのは，①の拠出履歴である。これは社会保険という仕組みで所得保障やサービス保障がなされる場合，その条件として保険料拠出履歴が十分かどうかを確かめるということである。日本の皆保険・皆年金制度あるいは雇用保険や介護保険は，いうまでもなく，それぞれが規定する拠出条件に従って，給付がなされる。とりわけ公的年金制度の老齢給付は最低25年から，基礎年金の満額を受給するには40年にもわたる拠出履歴の証明が必要であるため，年金保険料をたとえば20年支払ってきても，年金は支給されない。あるいは，先の質問者の場合，すでに公的年金制度に加入していたとか，労災事故によるということが「証明」されれば，先述したような異なった基準での所得保障や医療給付がなされる。20歳未満に発症した傷病による障害であっても，初診時の記録によって「証明」されれば障害基礎年金が支給される。日本では，これらの拠出履歴証明やそれに代わる「初診時記録証明」などは，もちろん「自発的」に申請しなければならない。それによって，はじめて受給資格が生じることになる。

　失業時の保険給付も同様に一定の拠出履歴が求められる。そのほか，日本の雇用保険の場合は，「離職票」をもって，求職申し込みにハローワークへ行かねばならない。これによって，受給資格の有無が決定されるわけである。求職

活動と「失業認定」は，所定給付日数の限界がくるまで繰り返し行われる。ちなみに，「失業者」の定義は，「就職の意志と能力を持ち，就職活動をしている人」であるから，結婚・出産による退職，傷病による退職などは「資格」に該当しないとされている。

　1980年代のフランスなどヨーロッパ諸国で若年者の失業問題がクローズアップされたのは，失業保険制度が整っていても，その制度にカバーされない人びとが増えたからである。つまり，学校卒業後すぐ就職口がなかったとか，離職前の保険加入期間が足りない，あるいは保険にカバーされるだけの労働時間が確保できなかった，保険給付期間が終わっても就職できなかった等。このような事態は，ポスト工業化やグローバリゼーションに伴う雇用慣習の変化が理由とされているが，同時に「完全雇用」を前提に設計された社会保険制度の限界が露呈したともいえる。フランスはこのため，急遽若年失業者用の失業扶助（職業訓練付き・連帯失業手当）を新設せざるをえなかった。英国でも社会保険と，保険から漏れた人びとへの扶助を両方含んだ求職者手当制度が存在している。

　日本でも2000年頃から若年失業者や非正規雇用の問題がクローズアップされているが，雇用保険の限界から，第2のセーフティネットの必要性が議論されるようになった。日本の場合は1980年代のフランスとは異なって，生活保護は一般扶助主義を取ってきたので，生活保護が対応することができる。だが，稼働年齢層の生活保護受給拡大という方向は「警戒」され，第2のセーフティネットという位置づけで「求職者支援法」が制度化された。ここでは雇用保険の適用外であること，職業訓練への参加，一定所得・資産以下の場合に「給付金」が支給される。また生活困窮者自立支援法とこの中にある「住居確保給付金」も，失業＋住居を失った人びとへの第2のセーフティネットという位置づけで対応されることになった。とはいえ，実際のところ生活保護人員は拡大し続けており，とくにリーマンショック後は稼働年齢の貧困層の受け皿として生活保護が機能したことは記憶に新しい。むろん，そのような傾向が続くことへの強い「危惧」が，第2のセーフティネットを発想させたともいえよう。つまり第2のセーフティネットとは，それが十分機能しているかどうかは別として，一応「雇用保険未満，生活保護超」の稼働年齢層を念頭に置いている。なお，求職者支援法は今のところ雇用保険法の枠内に事実上の失業扶助として取り込まれ，「住居確保給付金」も含めて，ミーンズテストが要求されている。

　ところで，社会保険の場合も，税によるリアルな資源の給付の場合も，自己

負担が伴うことがある。医療費の3割負担や，介護保険の1割負担などは，応益負担の性格が強い，定率負担である。他方で保育所やその他社会福祉サービス利用にあたっては応能負担として，費用徴収されるか，低所得層に限定される場合がある。先述した，田中・駒村の述べる課税台帳転用による「低所得」定義の困難がここでも繰り返されることになる。入院する場合も，「空きが個室しかない」といわれれば，高い個室料を払えない人びとは，別の病院を探すか入院治療をあきらめるしかない。これらの費用徴収や所得の線引きは，形式上は「資格」ではないが，現実に制度利用の「程度」や利用そのものを，あらかじめ制限しているという意味で，一種の「資格」の意味をもっていることになる。

②の稼働能力による「資格」認定は，多様な社会福祉制度にとって，過去においても現在においても，本質的に重要なものである。先に述べた新たな失業扶助の広がりと，それへの新たな対策も，この点と深く関わっている。失業者の定義が就業の「意志」と稼働能力，就職活動の3点セットで行われるとすれば，それは稼働能力有りを資格としたものであり，要するに労働力政策の一部を新たな職業訓練付扶助や相談支援サービスが担うことになった，と見なすことができる。

保育所もまた児童福祉であると共に労働力政策でもある。なぜなら，児童福祉法24条では「保護者の労働又は疾病等その他の事由により，その監護すべき乳児，幼児その他の児童について保育を必要とする場合」に利用できるとしているからである。次章で詳しく述べるように需要増にある地域の市町村は，この「事由」にグレード付け（点数化）をしているが，このうち労働事由は「日中8時間以上，月20日以上勤務」の場合がもっとも「点数」が高い。つまり「昼間常勤労働者」への支援の側面が強いのである。他方で，「保護者の不在」「入院」「障害1級〜2級」の場合も同様に「点数」が高い。これは，保育所がすでに労働市場への参入に成功し，かつ「昼間常勤労働者」である保護者への支援と，逆に労働市場から明確に脱落したと見なされる保護者の子どもへの支援の両極端の機能をもっていることを示している。この両極端の間にある人びとは，その資格がないわけではないが，点数は低いという，きわめて曖昧な立場に置かれる。

先に一番ヶ瀬が社会福祉事業区分の軸として労働能力の種別を用いていることを示したが，社会福祉（広義でも狭義でも）と労働市場との関係は一番ヶ瀬の

明快な区分への当てはめとは異なって，実際には，きわめてデリケートである。社会福祉は一方で労働市場をより円滑にしていくような労働力政策の一端を担いながら，他方で労働市場から「脱落した」人びとのみを救済することで，労働市場へ余計な干渉を行わないように気を遣う。とりわけ，稼働能力があると見なされる貧困者への所得保障の拡大は，「怠惰」を増長させ，労働市場の競争力を弱めると考えられやすく，その支給対象の認定には，常に労働市場への配慮が伴わざるをえない。日本の生活保護法ではこれを「保護の補足性」として規定している。すなわち「その利用し得る資産，能力その他あらゆるものを，その最低限度の生活の維持のために活用することを要件として行われる」という４条の規定がある。

　制定当時の保護課長であった小山進次郎らが著した，名著『生活保護法の解釈と運用』では，この規定の解釈として，「資本主義社会の基本原則の一つである自己責任の原則に対して，生活保護制度が云わば補足的意義を荷うという事実を前提として構成されている」（小山 1976〔復刻版〕：118）としている。この４条は，（実質的には）「資格」を規定しているが，「正面から受給資格を規定する形を採らなかった」のはすぐ後で述べる品格に関わる「欠格条項」を新法では設けないことにしたためであり，「要件」規定で「多少の弾力性を持たせることにした」のだと同書は説明している（同上：119）。さらに続けて，「その利用し得る資産，能力その他あらゆるものを活用」という言葉は，この配慮の下で選んだが「各方面で評判が悪い」「この点衷心から心苦しく感じている」（同上：119）と正直に告白しているのは興味深い。なお「能力の活用」とは「勤労の能力」（同上：121）でありこれを「現在直ちに発揮できること」であり「当人の意思だけで左右できることである」（同上：121）と説明されているので，先に述べた失業者認定に近い感覚をもって作成されていたとも考えられるが，小山はあくまで「弾力的な運用」を強調している。だが実際には，後述するように，「労働能力がある」という認定には医師の判断，また「活用」には，求職活動が条件づけられて運用されてきた実態がある。後の章で述べるように，現在の「自立支援・就労支援」の方向は，あらゆる社会福祉利用者へ，「その能力の活用」を求める傾向を示しているといえる。

　③の「帰属証明」は，T. H. マーシャルが，そのシティズンシップ概念で説明したような，「ある社会の完全な成員」であるという資格である。この場合「ある社会」とは日本の社会保険でいえば「勤め先（職域）」でもよいし，「住

民（地域）」でもよい．日本のように住民登録と戸籍によって二重に国民をコントロールしてきたような社会では，国民とは厳密には戸籍が確認されればよく，住所がない場合でも生活保護のような国の生活保障を請求する権利が付与されることになる．もっとも，実際の運用レベルでは，福祉事務所はそこが管轄する福祉区内での貧困者への責任をもっているので，たとえば「住所不定」というような場合は，「住所不定だが3日ほど市内に寝泊まりしていた」などの基準を設けて，受け付ける自治体も出てくる．

狭義の社会福祉サービス（カテゴリカルな）や生活保護制度の運用は，次第に「住民に身近な」基礎自治体が行うことが適当だとされてきたので，多くの制度や事業は基礎自治体が，少なくともその窓口をもつし，また窓口だけでなく各種福祉計画も策定している．このように基礎自治体の範囲で行われる社会福祉の利用は，その資格要件として，当該自治体の正規のメンバー＝住民登録をしている人びとを設定するのが普通である．たとえば，子どもの医療費助成を行う場合は，「市に住民票があり，国内に居住する中学校修了前（15歳に達した日の属する年度内）の子どもの保護者で，生計の中心者」とか，高齢者の憩の家などは「市内在住の65歳以上の方」がその対象となる．この基礎自治体が実施する社会福祉が，「非柔軟」性をもつ住宅やその他施設サービスなどの場合は，さらに居住歴を問うこともある．家賃助成などでは「1年以上の居住」を資格として求める場合が多いが，市や区の高齢者向け集合住宅の場合は3年〜5年の居住歴を必要とする場合もまれではない．

他方で「急迫」状態にある「弱者」の保護の場合は，例外的にそのメンバーシップを問わないで，一時保護や相談にのる．この例としては女性や子どもが暴力等で「逃げてくる」場合，あるいは遺棄，保護者の傷病，収監等による「被害者」の保護である．子どもや母子，女性の福祉を実施決定するセンターは，より広域的な都道府県に置かれ，そうした事情からむしろ「身近な社会」へのメンバーシップをわざと問わないわけである．

「社会の構成員」としての資格については，外国人をどう扱うかがもっとも困難な例として挙げられよう．日本の戦後福祉国家の要となった国民皆保険・皆年金制度も生活保護法も「国籍」要件をもって発足した．その前提には憲法25条があるといわれている．児童扶養手当にも国籍条項があった．ちなみに，いわゆる狭義の社会福祉法（カテゴリカルな）では，国籍要件は置いていない．ただし，身体障害者手帳を取得するには外国人登録によって居住地が明らかで

あるという前提がある。また児童福祉法による児童養護施設等には、日本国籍以外の子どもも受け入れることができ、処遇も変わりはないが、在留資格をもたない場合は、退所後は在留資格を取得するか、または在留特別許可が必要とされている。

　移住労働者や難民への門戸を固く閉ざしてきたといわれる日本も、1979 年の国際人権規約、1982 年の難民条約批准を契機に、国民年金制度、国民健康保険制度や児童扶養手当法などの国籍条項は撤廃されていった。ただし、この場合も、在留資格が問題となり、「違法滞在者」は適用されない。堤健造によれば、「違法滞在者」であっても労働する事業所で常用的雇用関係にある者には健康保険が適用される可能性はあるが、事業主が罰則を恐れるために加入させない、という（堤 2008: 110）。なお、生活保護法の国籍要件は撤廃されず、しかし、早い時期から定住者への「準用」が行われてきた。

　こうした日本の「国籍」へのこだわりや在留資格の設定問題については、EU 統合を進め「多層シチズンシップ」（宮島 2004: 134）の模索が進められてきたヨーロッパなどとの比較で批判されてきた。だが、そのヨーロッパでも近年移民排斥の傾向が強くなり、また難民制限に動いている。水島治郎は、オランダモデルとして賞賛されてきたオランダの福祉国家でさえ、国民の包摂と移民・難民排除の 2 面が同時進行していると指摘する。それは、ポスト工業社会において重要な能力である「コミュニケーション」能力（言語と文化）の厳しいシチズンシップ・テストが重要な意味をもってきたからだという（水島 2012: 206-207）。ここでは、単純な「帰属」ではなく、言語や文化をも共有する社会へのより「深い帰属」が福祉国家を享受する資格として求められているともいえよう。

　なお、以上の帰属証明という資格に拘るのは、むろん公的制度や行政であって、民間、とくに NPO やボランタリーな支援グループの場合は、むしろ公的制度から漏れた外国籍あるいは無国籍者、またはホームレス等の支援を行ってきたことにも注目しておきたい。民間は、公的制度による資源の制約は受けるが、むしろ公的制度が排除した問題を取り上げ、支援を行いながら、その「社会問題化」を進めていくという役割を果たすことが少なくない。

　最後の④品格は、旧生活保護法のもっていた「欠格条項」に類似したものであり、犯罪歴をはじめとした、当該個人の「品格」を問うものである。多くの公的なサービスで現在進行中の品格条項は「暴力団」である。元暴力団の場合

も，要注意マークがつけられることが少なくない。他方で，受刑者の中に高齢者や障害者が増えていることが明らかになると，「刑余者」の保護や自立支援が社会福祉のテーマの1つになっていく。非行少年への施設保護，売春防止法による婦人保護の場合も含めて，これらは「更生」という価値判断で正当化しうるわけである。

「暴力団」のように「反社会的」とラベリングされたもの以外にも，一種の「品格」と見なせるような区別が存在している。たとえば雇用保険制度では，「特定受給資格者」（会社の倒産や解雇），「特定理由離職者」（期間満了で次の労働契約に至らないか，「正当な理由」がある）の場合と「自己都合離職」を区別している。失業給付基本手当の支給期間や給付までの待機期間は，前者に有利で後者に不利である。後者は労働者の「勝手な」ふるまいであるが，前者は倒産や人員整理，定年制度の「被害者」であるという「品格」判断がここには含まれていると見てよい。

また，この雇用保険から排除された稼働能力者への「求職者支援法」では，ミーンズテストを前提に，「職業訓練受講給付金」という名の事実上の失業扶助が支給されるが，その条件として，「すべてのカリキュラム」に「全出席」あるいはやむをえない事情がある場合は「8割以上の出席」を義務づけている。つまり「求職への真剣さ」という道徳判断である。

このほか，制度に明確な規定がない場合でも，実際の運用過程で「品格」が問われる場合がある。生活保護法やホームレス自立支援法の施設利用者の無断退所の場合は，その後の入所希望を受けつけないなどの対応がなされることがある。また，ひとり親世帯の所得保障は，「死別母子」と「生別母子」の区分で法整備がなされた。下夷美幸は，「まず（死別母子に）母子年金が設けられ，つぎにその補完的制度として母子福祉年金が設けられ，さらにその補完的制度として（生別母子への）児童扶養手当制度が設けられた」（下夷 2008: 22）と述べている。「死別母子」「生別母子」の区分があり，前者が先行したのは，戦争未亡人対策であろうが，離婚を非難する当時の道徳感情があったことは否めない。

☆ 注
1) なお，すでに述べているように，ティトマスのいう福祉の分業において重要な要素である職域で提供される企業福祉と税制度による再分配については，残念ながら本書では

目配りできていないが，第6章で指摘する現在の社会保障の構造改革（狭義の社会福祉も含めた）は，一方で企業・家族を含めた民間に期待し，他方で税制との一体改革を不可避のものとしている。
2) 支援区分とはいうものの，視聴覚障害はあいかわらず障害程度区分である。また，何よりも障害を社会関係の下で捉えていないことは全般にいえる。このため，結局のところ医師の意見書が強いことでは従来と何も変わっていない。

第3章

誰が何を根拠に決めるのか
権力と「弱者の武器」

　以上述べてきたような，社会福祉の「供給サイド」による問題区分やニード判定基準，あるいはその資格規定は，いったい誰が，どのような構造の中で作っていくのだろうか。ここではその構造を，権力とそれへの抵抗＝弱者の武器という観点から考えてみたい。

1　公式の過程

法令と行政

　1つは，スピッカーが「公式の過程」（スピッカー＝武川ら訳 2001: 123-127）と呼んでいるような法律，あるいはこれから委任を受けた政令など，いわゆる法令が形成される過程である。福祉国家以降の段階では，その具体的な方式に差はあれ，国レベルでの社会福祉の法令の制定や改正が，地方政府，民間団体を含めた社会福祉の大枠を形成していくことはいうまでもない。日本の場合は一応三権分立になっているので，法律は国会の議論に付されるが，政令（施行令）は内閣が，省令（施行規則）は各省大臣が，法律の範囲内で定めることができる。また，社会福祉の多くのサービスを実施する地方自治体は，その議会で条例を，自治体の長は規則を，定め改正することができる。したがって，第2章で述べてきたような社会福祉の区分やニード判定基準，資格等の多くは，これらの法令や条例・規則によって決められていくことになる。

たとえば保育所（認可）への入所決定を例に挙げてみよう。2012年いわゆる「子ども・子育て関連3法」が成立し，2015年より施行されている。これにより従来の児童福祉法も一部改正され，保育所の位置づけも影響を受けているが，まずは，改正前児童福祉法の下での保育所入所決定を取り上げてみたい。改正前の児童福祉法では，その39条で「保育所は，日々保護者の委託を受けて，保育に欠けるその乳児又は幼児を保育することを目的とする施設とする」と定められてきた。「保育に欠ける乳児又は幼児」の判断は，同じ法24条で「市町村は保護者の労働又は疾病その他政令で定める基準に従い条例で定める事由により，その監護すべき乳児，幼児又は第39条第2項に規定する児童の保育に欠けるところがある場合において，保護者から申し込みがあつたときは，それらの児童を保育所において保育しなければならない」と定められていた。つまり，国会の関与する法律レベルでは，「保育に欠ける乳幼児」と「保護者の労働又は疾病その他政令で定める事由」「市町村の義務」まで規定されているが，「判定」の具体的基準は政令，つまり時の内閣に委ねられたことになる。

「保護者の労働又は疾病その他政令で定める事由」は，当時の児童福祉法施行令27条で，①昼間労働することを常態としていること，②妊娠中であるか又は出産後間がないこと，③疾病にかかり，若しくは負傷し，又は精神若しくは身体に障害を有していること，④同居の親族を常時介護していること，⑤震災，風水害，火災その他の災害の復旧に当たっていること，⑥前各号に類する状態にあること，の6つが規定されていた。この①～⑥のさらに具体的基準や優先順位づけなどについては省令にあたる児童福祉法施行規則でも定められておらず，結局，児童福祉法24条で，この保育所に責任をもつと規定された「市町村」＝基礎自治体が，それぞれの入所基準を条例で作ることになっていた。

市町村の条例は，上記①～⑥を引用しているだけの場合もあれば，①～⑥を再定義している場合もあった。いずれも，申し込みが当該地域の保育所定員（非柔軟な資源である保育所と保育士配置）を上回った場合の「選考基準」を別表，もしくは「事務取扱要綱」として作成したところも少なくなかった。これらが先述した細かい点数や指数による基準表である。さらに具体的な申込者をこの基準に当てはめ，判定する「選考会議」を開くとしているところもあった。「選考会議」は保育所を所管する部署の行政職員で行う場合と当該保育所で選考するなど，市町村により多様であった。

このように，法それ自体のレベルで議論されるのは，ごく曖昧な範囲であり，

具体的基準は政令や条例に委ねられてきた。しかも実際の選考基準や基準に基づいた個別判定は，市町村と個々の保育所という「現場」が行ってきたことに注意しておきたい。

　「子ども・子育て関連3法」施行以降は，公式の過程はかなり複雑になっている。まず法律レベルでは，児童福祉法と子ども・子育て支援法の両者が関わることになる。子ども・子育て支援法は，認定こども園，幼稚園，保育所を通じた共通の給付（施設型給付）及び小規模保育等への給付（地域型保育給付）などから児童手当までをも包括した法律で，従来の児童福祉法の枠組みとはまったく異なる。全般的にいえば，「子ども・子育て関連3法」が，既存の児童福祉法はじめ，関連諸法を変えていくという手法となっている。したがって，保育所についても，児童福祉法が改正され，また政令省令等については，内閣府と厚生労働省の両者が調整する仕組みが作られた。

　具体的には，「保育所」定義は児童福祉法を用いるが，改正児童福祉法では「保育に欠ける」を「保育を必要とする」に変更している。この変更は，保育所入所判定ではなく，保育必要の認定をまず行う仕組みになったからである。保育必要認定は，(1) 保育が必要な事由，(2) どの程度の保育の必要性（時間）があるか，(3) 認定の有効期間の3つが構成要素となる[1]。とはいえ，「家庭において必要な保育を受けることが困難」がそれらの前提にあることは変わらない。

　すなわち子ども・子育て支援法19条は，①満3歳以上の小学校就学前子どもであって，保護者の労働または疾病その他の内閣府令で定める事由により家庭において必要な保育を受けることが困難であるもの（2号認定区分），②満3歳未満の小学校就学前子どもであって，前号の内閣府令で定める事由により家庭において必要な保育を受けることが困難であるもの（3号認定区分）と規定しており，その具体内容は厚生労働大臣と協議のうえ内閣府令で定めることとなった。この結果，児童福祉法施行令27条の事由は削除され，内閣府令子ども・子育て支援法施行規則1条による以下の規定が作られた。

　①ひと月において，48時間から64時間までの範囲内で月を単位に市町村が定める時間以上労働することを常態とすること，②妊娠中であるか又は出産後間がないこと，③疾病にかかり，若しくは負傷し，又は精神若しくは身体に障害を有していること，④同居親族の常時介護または看護，⑤災害の復旧にあたっていること，⑥求職活動を継続的に行っていること，⑦次のいずれかに該当

すること（教育・職業訓練中），⑧次のいずれかに該当すること（児童虐待のおそれ，DV による保育困難），⑨育児休業中に，それに関わる子ども以外の子どもの継続保育が必要と認定される場合，⑩その他市町村の認める事由，である。先の児童福祉法施行令に比べて，労働時間の下限規定が具体的に置かれたこと，虐待や DV が明記されたこと，職業訓練等が明示されたことなど，むしろ府省が関与できる施行規則レベルで細かい規定になっている。

保育必要量（時間）もこの規則に定めがあり，ひと月当たり平均 275 時間まで（1 日当たり 11 時間まで，フルタイム型）又は平均 200 時間まで（1 日当たり 8 時間まで，パートタイム型）の区分がある。

この施行規則による基準は，必ずしも市町村において条例化する必要はない，というのが内閣府の説明である（「27 年度施行に向けて市町村で行うべき準備事務について」2014 年 9 月，内閣府）。この資料では，(1) 保育の必要性の認定基準は上記①の労働時間の下限設定は規則で行い（ただし 10 年の経過措置あり），(2) 利用調整（優先利用）の運用方針としては，国の「子ども・子育て会議」で示された項目をもとに，優先利用の項目について検討を行い，優先度その他のルールをガイドラインや内規等で定める，との記載がある。

各市町村では，たとえばこの施行規則どおりに条例を作ったところもあるし，条例は廃止したところもある。ただし，前章でも触れたように保育需要の多い都市部自治体が優先順位のためのランク判定表を設けているのはこれまでと同様である。若干異なるのは，優先順位とか選考基準という表現ではなく，法に従って「保育必要の判定」→「保育所等の利用調整」というステップをまず示し，次いで調整基準表という表現で実際の選考基準を示す自治体も出てきたことである。その場合，先の施行規則①〜⑩は調整基準表の大枠でしかなく，点数はその枠をさらに細分化したものによって付けられている。たとえば，家族員が介護を必要とする場合，要介護度ランクが点数付けに転用されている等である。さらに，保護者個人に関わる調整点数も考案され，「総合点＝母の指数（保護者の指数＋保護者個人に係る調整指数）＋父の指数（保護者の指数＋保護者個人に係る調整指数）＋世帯に係る調整点」といった細かい計算式が示されている。

こうした選考基準ないしは調整基準の公開も，内閣府令及び改正児童福祉法で明文化された。つまり，これまで市町村が「現実」から行ってきた入所児童の自主的「選考」を，より「公式の過程」に組み込み，公正なものとしたとはいえる。だが，それにもかかわらず，需給バランスのとりにくい自治体では，

さまざまな独自基準が考案されざるをえず，その意味で市町村の選別権限が大きいことには，変化はない。

　この保育所同様，地方自治体の自治事務である障害者福祉サービスや母子への支援なども自治体による差異が大きい。それは地域におけるサービス基盤の整備に差異があるだけでなく，当該サービスへの自治体の積極性とも関係しているからであろう。たとえば障害者自立支援法に代わって2013年から施行されている障害者総合支援法は，「障害程度区分」を「障害支援区分」に改め，「難病」をその対象に含める等の内容を盛り込んだ。具体的なサービス給付のうち，「地域生活支援事業」は，介護保険同様，市町村の「裁量」による事業とされているが，「必須事業」「任意事業」の区別やその内容について，法，省令，施行規則，指針などにそれぞれ規定がある。つまり，法律及び中央政府による「公式の過程」で「裁量的」に自治体が実施することが決められているという奇妙な構図がある。この「地域生活支援事業」について，たとえば新たに対象となった難病患者が利用できるサービスの具体例について細かいQ＆Aが厚生労働省と自治体担当者の間でやりとりされている。自治体の質問「既に身体障害者手帳を所持している難病患者等で日常生活用具の給付の目安となる身体障害者程度等級表の要件を満たしていない場合でも，医師の診断書等で総合的に必要と判断されれば，給付可能と解釈してよいか」。厚生労働省の回答「地域の特性や利用者の状況に応じて，給付対象者，給付種目，基準額，利用者負担額等を，実施主体である市町村の判断で決定できる」。また，質問「移動支援事業，日中一時支援事業などについて，具体的な実施方法を示してほしい」に対しては，回答「実施主体である自治体の裁量により実施方法を定めていただきたい」と「裁量」を促している（難病患者等における地域生活支援事業等の取扱いに関するQ＆A 2013年3月15日現在）。この「裁量」の促しは自治体による積極度に濃淡を付け，また任意事業については「やらない」という判断もむろんありうることを示している。

　では，「国が本来果たすべき役割」を，あくまで「第一号法定受託事務」として地方自治体が実施している生活保護制度の「実施決定」はどのように定められているだろうか。生活保護法では，その「基準及び程度の原則」（8条）として「保護は，厚生労働大臣の定める基準により測定した要保護者の需要を基とし，そのうち，その者の金銭又は物品で満たすことのできない不足分を補う程度において行うものとする。2　前項の基準は，要保護者の年齢別，性別，

世帯構成別，所在地域別その他保護の種類に応じて必要な事情を考慮した最低限度の生活の需要を満たすに十分なものであつて，且つ，これをこえないものでなければならない」と規定している。つまり基準は厚生労働大臣が定めること，最低限度の生活の需要を満たすに十分で，かつこれを超えない，という抽象的な規定に終始している。先述のように，この基準改定においては，さまざまな最低生活基準の試みがあり，現在のところ一般低所得世帯の消費水準との水準均衡を目安としている。

　もちろん，これらの具体案を決めてきたのは，大臣個人ではなく，行政官僚がリードする審議会（中央社会福祉審議会，社会保障審議会福祉部会，同生活保護基準部会），及びそれ以外の社会・援護局保護課の研究会（2007年）である[2]。これらの「審議会」「研究会」の役割は，「科学的証拠」づけであり，あるいは効果測定である。この点は先に述べた介護認定や支援区分などのスケール作成も同様で，何らかの「科学的証拠」を持ち出して正当化される。だが，こうした「科学的根拠」以前に，保護基準については，財政難や，年金，最低賃金との「相互参照」から，あらかじめ水準切り下げが閣議決定されてしまうのが近年の「常識」である。逆に「所得倍増計画」の時期には，一般世帯との格差縮小が，この「計画」に沿って打ち出された。いずれも内閣の政策変更による決定である。

　この「第一号法定受託事務」としての生活保護を具体的な個々の世帯からの相談申請を受けて決定実施するのは，福祉事務所である。生活保護法は，その19条で，都道府県知事，市長及び社会福祉法に規定する福祉事務所を管理する町村長が，保護を決定し，かつ，実施しなければならないと定めている。つまり国の事務であるが，地方自治体の福祉事務所にその実施決定が委ねられていることになる。この場合，念のために付け加えておくと，国は生活保護利用者に支給される保護費，保護施設の事務費及び委託事務費の4分の3を負担するが，4分の1は地方自治体の負担となる。また地方自治体には，福祉事務所と職員を確保し，事務を執り行う行政コストが発生する。生活保護事務の安定のためには，この2つの地方負担分を国が補う必要があり，これに充てられるのが地方交付税である（林 2010: 19-20）。つまり正式の4分の3の国庫負担＋地方交付税で地方の負担を減らしていることになっている。だが，林正義によれば，地方財政に占める生活保護支出は地域差が大きく，10％を超えるのは「大都市地域（東京都，大阪府），旧産炭地，地方の中心都市」であるという（同

上: 19-20)。このため，財源負担の大きな地方自治体から生活保護基準や実施のあり方，国の負担増の要求が大きくなる。

　それはともあれ，基準それ自体と財源を別とすれば，生活保護の実施決定で力をもつのは福祉事務所である。この福祉事務所は，社会福祉法（旧社会福祉事業法，2000年改正）で，その設置，組織，所員の数，服務，資格等を定められており，生活保護法だけでなく，いわゆる福祉6法の援護，育成または更生の措置に関する事務を取り扱う，社会福祉の第一線機関である。これを設置する地方自治体は，それぞれ条例でこれを定めることになっている。このうち設置する福祉事務所の数＝所轄する区域は，一部事務組合や広域連合の範囲で決めてもよく，また当該自治体に1つ置くところから，いくつかのエリアに分けて複数設置するところまで，多様である。また現業員（いわゆるケースワーカー）の数は，2000年改正で「法定数」から「標準数」に変更されたので，これも自治体の都合で変えることができる。

　さらに生活保護行政のやり方も，それぞれの地域や福祉事務所によって微妙に異なり，それぞれの「慣行」が存在している。たとえば，特定対象について「住所不定者取り扱いマニュアル」のようなものを作成している事務所も少なからずある。さらにいえば，生活保護と，いわゆる「法外援護」と呼ばれる法以外の「緊急人道」支援の実施方法も自治体によって異なる。これらも保育所同様，金銭給付以外の使える資源（たとえばホームレス自立支援法によるセンターの有無，保護施設の有無，簡易宿泊所の有無，病院との関係等）の状況，相談者や申請者の数，ケースワーカーの数，またそれぞれの福祉事務所の「慣行」が影響を与えていると考えられる。厚生労働省は通知，課長会議等で厚生労働省の方針を徹底させるようにしているが，「法定受託事務」としての生活保護制度であっても，現実のニード判定や実施決定権は地域の福祉事務所がもつことになる。

　なお，この例で示した「住所不定者」は「ホームレス自立支援法」以前は，福祉事務所のマニュアル・レベルのカテゴリー区分であった。それが，2002年に特別措置法という時限立法ではあるが「ホームレス自立支援法」が成立したため，「ホームレス」の定義が新たになされた。この法律は厚生労働省と国土交通省が所管するものとなっているが，実際は厚生労働省社会・援護局の地域福祉課が窓口となっており，定期的な実態調査も地域福祉課が実施している。ところがこれとは別に，いわゆる「ネットカフェ難民問題」が派遣労働者の失

業問題と共に浮上したとき，いち早く「住居喪失不安定就労者等の実態に関する調査報告書」(2007) をまとめたのは厚労省の職業安定局である。ここでは「不安定就労者等」が重要であり，そのためか，部局が違うためか，ホームレスとあえて使わず「住居喪失」と呼んでいる。英訳すれば，むろんホームレスである。第1章で述べたように，社会問題はそれを捉える政策主体によって，それぞれの枠型の中にはめ込まれ，定義されるが，その典型例であろう。

2 実際の決定者と「現場裁量」

　以上は，フォーマルな法令と行政機構による決定の側面である。民間社会福祉事業の場合は，むろん何も決めずに向こうからやってきた問題を，すべて受け入れていくという団体がないわけではない。とはいえ，そこには資源（カネ，モノ，ヒト）の制約があるから，おのずとやれることに限界があり，それを見定めて事業範囲を一応区切り，それに対応する問題を主に扱うということになる可能性は高い。ボランティアから生まれてきたNPOは「すべて」方式を取ることが多いが，フォーマルな組織に移行するにしたがって，何らかの決定や制限を設けざるをえない。繰り返し述べるように，行政からの委託を受ける場合は「公式の過程」に組み込まれる。

　セミプロ的な団体の場合はむろんのこと，上に述べてきた「公式の過程」においても，実際にある個人や家族のニード判断や分類，サービスやモノの供給を決めていくのは，さしあたり「窓口」にいる人びとである。他方，その「窓口」にいる人びとの判断を支える「基準」を提供するのは，「公式の過程」で定められた「審議会」「選考会議」，施設，そして専門家の判定である。

　この専門家は「審議会」などでは「有識者」として参加する多様な人びとがいるが，実際の個々の判定においてもっとも大きな役割を果たすのは，なんといっても医師である。医療サービスはむろんのこととして，雇用保険，労災保険の傷病認定，障害年金の認定，要介護認定，障害者総合支援法の支援区分認定など「ニード・支援・給付判定」において，さらには保育所入所の親の疾病，また生活保護の実施決定における「資格」判定にまで，医師の書く診断書が大きな力をもつ。それは，先に述べたように稼働能力の有無が「資格」に大きな意味をもつからであり，同時にその能力判定の実際の困難を，いわば医療判定

にすり替えているからである。またその背景に，医師資格が日本社会の中ではもっとも社会的威信の高い専門資格の1つとして認知されていることがあろう。

　これを狭義の社会福祉サービスの専門性，すなわちソーシャルワークとの関係でいえば，ニード判定や資格判定の「窓口」にいるのはソーシャルワーカーか，行政職か，ボランティアであるかもしれないが，それらの人びとの判断に「正当性」をもたせるのは，医師の書く「診断書」であるともいえる。第6章で詳しく述べるように，とりわけ日本における高齢者福祉サービスや介護保険の拡大は，医療・保健と狭義の福祉の分業を大きく変化させ，まさに医療・保健が福祉サービスを飲み込んだ形となっている。福祉事務所が「診断書」を頼りにするのは，生活保護支給などの決定について「稼働能力なし」の「正当性」を主張する根拠となるからであろう。本来「貧困」判定であるはずの生活保護行政も，「診断書」が欠かせないのである。これは，日本の生活保護財政の半分を医療扶助が使っている結果と呼応しており，まことに皮肉なことである。

　突然原因不明の難病を発症した若い女性（自称：難病女子）が入院中，病院至近距離での地域生活を始めることを自ら決意し，住居の設定や住民票の移動，及び福祉サービスの手続きに奔走していたとき，「主治医の意見書」に「ブチ切れた」経緯を『困ってるひと』に綴ったのは大野更紗である。

　　退院日が迫っているということで，ひとまず最低限の，月40時間すなわち1日約1時間の在宅ヘルパー支援を，Q区の担当ワーカーさんたちが暫定的に緊急決定してくれた。ヘルパーさんの支援を受けられる時間数は，正式には「主治医の意見書」をもとに，Q区の審議会で決定される。エクストリーム難病女子ライフを維持できるかどうかにとって，生死の境を分ける，超重要なペーパーである。…（略）…クマ先生（註：主治医）は，この「主治医の意見書」について，わたしに一切何も聞かず，相談もしなかった。「発覚」は6月のある日。別の用件でもクマ先生に何枚か診断書を頼んでいたので，進捗状況を確認しにオアシス（註：入院先の病院空間のこと）の書類担当窓口へ行った。窓口のおねえさんが，わたしのファイルを取り出す。そこで，偶然に，ファイルの隙間から見えてしまった。すでに書かれて，本来であればわたしが見ることもなくQ区に送られるはずだった「主治医の意見書」を。ちらりと見て，一瞬で，身体がぶるぶると

怒りで震えた。移動に助けが必要か，入浴に介助がほしいか，食事の用意や家事に支援が必要かどうかなど，さまざまある支援項目の，ほとんどの欄に，「必要ない」のチェックマークが並んでいたからである。1日たった，1時間。その最低限のヘルパーさんの支援すら，この紙1枚で，受けられなくなるかもしれない。（大野 2012: 323-324）

　難病女子は，このあと主治医に，なぜ自分に聞いてくれなかったのかと啖呵を切るが，「医学的に正しいことを書いた！　本人に聞く必要はない！」と返されてしまう（同上: 325）。この本を読んでいない読者のために，念のため付け加えると，この主治医はきわめて誠実な医師であり，大野も主治医としては深い信頼を寄せている。だが「医学的に正しい在宅生活とはどういう意味なのか。はっきり言って，意味不明だと思った」（同上: 325）と大野は怒る。実際，意味不明なのである。社会福祉は人びとの生活から問題を見，医療は治療という観点から人びとの心身を見るとは，医療ソーシャルワークなどでまことしやかにいわれるフレーズである。だとすれば，医師の診断書は，病名や治療経過以外必要ないはずだ。在宅生活のあれこれや，生活保護における労働の可否をなぜ医師に委ねてしまうかは，まさに意味不明というしかなかろう。

　むろん，上記の大野の引用は障害者総合支援法にかなりの難病を加えるようになる前の話である。幸いこの時点で大野は東京都の難病指定疾患に合致したため，当該疾患についての医療費は軽減されたが，差額ベッド代や他の疾患の治療による経済的負担は大きかったと述べている。さらに大野は医療ソーシャルワーカーの助言で身体障害者手帳も取得しているが，当時は「肢体不自由」での取得であり，指定医が「メジャーや分度器で関節が曲がる角度を測る。何メートル歩行できるかを書く。そ，それだけである」（同上: 169-170）と驚くのである[3]。実際，当事者になってみると「それだけ？」と「驚くこと」は無数にある。

　ところで，実際の決定が行政の第一線機関や，保育所等の施設など，いわば「現場」で行われるのは，ある意味で，利用者の個別ニードと判定基準や資格のもつ「標準性」との矛盾を「現場裁量」にある程度委ねることで，解決していこうとするからだともいえる。だが，この「裁量」が常に「利用者本位」になされているとは限らない。一般に「裁量」については，その手続き公正の観点から，一定の統制がかけられるべきだという意見が多い。たとえば秋元美世

は，本章でも言及した保育所入所基準の点数化などのように，できるだけ基準化し，公開が必要不可欠であり，それは手続き的公正の原則から要請されると述べている（秋元 2007: 124-126）。また，利用者が決定の理由を知ることができることが重要である点も指摘している（同上: 130）。

これとは異なった角度から，なぜ裁量の領域が「現場」に作り出されるのかを論じたのは，イースケル・ハッセンフェルドである。とくにその政策が「問題をもつ人々の行動変化」を目的とするサービスの場合，行動変化を目的とする政策は以下の「4つの前提により構成されている」と述べている（ハッセンフェルド＝木下訳 2011: 155）。

まず，①あるイメージをもった問題集団を社会的に構築し，②原因としての問題と行動の因果関係の説明（たとえば診断）を採用し，③自助や家族機能の改善のような望ましい行動結果を明示すると共に，④その望ましい成果を生み出すと期待される一連の手段（たとえば治療）を指示するが，③④の「望ましい行動結果」についての道徳的合意は曖昧で，また②の原因-結果のつながりは複雑で不確かである。こうした曖昧性や不確かさは，「現場組織」が一方で「公式の過程」で作られた制度論理に大きく制約されながらも「組織やそのワーカーが，その制度論理をどのように解釈し，別の道徳前提を支持し，一般に政策によって規定された実践を修正して，裁量を行使する機会」を作らざるをえない（同上: 155-156）からだという。つまり，一般には「公式の過程」で形成された政策とその結果を「一直線のものと考える傾向」にあるが，実はその結果は，「不確実性の管理」をする「現場組織」とワーカーによって「しばしば予測できないものに」（同上: 167）されてしまうことになる。むろん，こうした「裁量」がどのように発揮されるかは，①「現場」が利用可能な資源（サービス・プログラムの選択肢の多少，ケース数，時間など），②成果の評価や報酬の構造，③ワーカーの専門能力（専門的価値）によって影響されると指摘する。

この結果，「裁量」には，客体としてのクライエントを分類・カテゴリー化し，そこに定められた明確な基準でサービスを当てはめていくタイプ（官僚的措置）から，クライエントの特定のニーズや境遇を考慮し，もっともふさわしいと考えられるサービスの選択肢を選び，クライエントと共同でサービスを決定するというタイプ（専門的措置）を両極端とした連続体が存在するという（同上: 165-166）。前者においては，クライエントの「従順さを求めるために，ほとんどの場合脅しを通して，権限の優位性をワーカーは行使している」（同

上: 165)。後者においては，クライエントの「従順さを得るために，説得や誘引の手段に頼っている」（同上: 166）という。もちろんどちらも「現場」ワーカーがその「裁量」領域で発揮する「権力」の出方の違いでしかないという解釈もできる。この点は，すぐ後で述べる。

　社会福祉の利用者が，さしあたり出会うのは，「窓口」の人びとであり，そのサービスに大きく依拠している。この場合，秋元のいうように，基準や手続きが常に，わかりやすく公示されているかどうかは，重要な点である。介護や保育所などについては，たいていの市町村では窓口だけでなく，ホームページで基準を見たり，申請書自体をダウンロードできる。

　これに対して，生活保護基準はそのモデル例が厚生労働省のホームページをはじめ，各市町村のホームページにも公開されているが（公開なしの市もある），その個別の当てはめ計算式や申請手続きについては公開しているところと，していないところがある。申請書のダウンロードはほぼない。多くの場合，相談窓口が示され，相談に来るよう書いてあるだけである。自治体によっては，生活保護は社会福祉に区分されず，「くらし，仕事，生活相談」という括りの中を辿っていくと，ようやく見つかることも少なくない。ちなみに，よく比較されるが，英国のインカム・サポート（日本の生活扶助に近い）は郵便局に申請書が置いてあり，郵送すると，呼び出しがきて面接となる。

　また，障害者への福祉サービスについては，障害者総合支援法施行以降サービスの詳細や申請書をホームページ上においてダウンロードできる自治体が増えたが，むろん，ダウンロードはサービス等利用計画のセルフプラン様式程度にとどまっているところが多い。その前までは，たとえば障害者手帳を取得する手続きを聞きに行き，書類をもらい，医師に記入してもらうため病院へ足を運び，手帳ができたと知らされてから受け取りにいく。その際，「障害者福祉サービスのしおり」が手渡されるが，この中の何かを利用する場合は，再び窓口に赴き，書類をもらい，また病院に行き，書類を提出する，という繰り返しをしなければならない。社会福祉領域の給付事業におけるこうした公示やアクセスのしやすさの濃淡の違いは，住民の「多数派」ないしは「期待される住民」であり，「声」も大きい若い家族や高齢世帯への扱いと，比較的「少数」であり，個別性が大きいと考えられる障害者サービスの扱いの違いを反映しているのかもしれない。また生活保護の場合は，あまり来てもらっても「困る」ので，なるべく一般には知らせず，「相談窓口」に来るよう指示するのであろ

う。もっとも，生活保護などの支援団体がこれに対抗して申請書などをホームページに置いたりしているが，これについては後で述べよう。

　さて，こうした「窓口」での裁量が個別ニードをどう掬い取るかは，ハッセンフェルドがいうように，ピンからキリまである。一般的にいえば，一般行政職採用が多く，3年程度で別の部署に移るような福祉事務所職員は「官僚的措置」にならざるをえないであろうし，福祉事務所組織もそれを支持するだろう。これに対して，ソーシャルワークをよく学び，社会福祉士などの資格ももって，それを実践したいと考える職員によって構成される組織の場合は「専門職的処遇」を心がけるかもしれない。だが窓口での個別的な対応は，たんに「官僚的措置」か「専門的措置」かの差異だけで，サービス決定が利用者本位になるかというと，そういうわけでもなさそうである。

　三井さよは，「障害児」の就学運動に長く関わってきた人びとの集まりに出席した際に，「個別ニードって言葉が最大の敵よね」といわれたことがあり，それをきっかけに，「個別ニードという言い方は，一見『利用者』のことを考えているようで，その人を自らのかかわる他者として捉えていないのではないか」と述べている（三井 2011: 9）。この発端となった「最大の敵よね」という言葉の意味は，就学相談等の場において，教育委員会や学校がしばしば用いるのが「この子の個別のニーズを満たすには，特別支援学校や特別支援学級の方がふさわしい」とう言い方であり，それがもっとも親を揺るがさせる言葉なのだという」（同上: 9）。三井は，このような，ある人に（個別）ニーズがあり，それを前提に支援を構築するようなまなざしを「個別ニーズ視点」と名づけ，それは2つの点を見失わせると考察している。1つは「個別ニーズ」のある人へ支援する側がどう関わっているのかを問い返す視点がない。第2に当事者に関わる主体として，親か特定の支援者しか視野に入ってこない。この2つは関連しており，結果として「当事者に対して『望ましい』対応をすることが重要だということになれば，当事者を取り巻く人たちは『理解』ある優れた人たちに限定した方が良いと言うことになってしまう」（同上: 11）ということになる。

　高齢者介護においても当然同居・近居の家族親族らとの関わりまで広げて，そのニードを見る必要があることはしばしば指摘されてきた。だが，コンピュータによる「できる・できない」という「手間のかけ方」の測定がめざすのは，公正な個人単位の「標準基準」であり，それとの充足手段との結びつけである。たとえば，要支援から要介護まで利用できる訪問介護（ホームヘルパー）の支援

内容はあらかじめ決められており，食事，入浴，排せつ，更衣，移動などの支援はできるが，話し相手や来客の対応などはできないことになっている。また，同居家族がいる場合は，炊事，掃除，洗濯，買い物などの家事援助はできない。「現場裁量」における「専門的措置」が，この「標準基準」にどこまで「かかわりの視点」をもちこめるだろうか。1つの方向は，ハッセンフェルドのいう「共同による決定」の重視であろう。障害者総合支援法などは当事者の決定への参加を強調しているが，それとて「個別ニーズ視点」で説得されてしまう可能性は少なくない。とはいえ，これへの異議申し立てなしには，一見個別化され，しかし標準的充足手段と一体になった社会福祉ニードを脱構築していく道はないのかもしれない。

3 権力とその根拠

　第1節の公式過程にせよ，第2節の現場での決定や裁量にせよ，それらが可能なのは，もちろん上記の国会，内閣，中央省庁，地方政府官僚，審議会，福祉事務所，児童相談所など社会福祉の第一線機関や，施設を含めた「現場」とそこに配置された行政職員やソーシャルワーカー等の専門職が，その決定の権力をもっているからである。これまで述べたように，日本の社会福祉は，中央政府から基礎自治体まで行政機関の役割が大きいが，同時に「現場」機関や施設，またその職員やソーシャルワーカーに判断の裁量がかなり任されることもある。だが，ハンドラーは「これらの裁量的な判断は決して真空管の中で行われているのではない。それらは，政治的，経済的，社会的なそして組織化されたフィールドの一部でしかない」（Handler 2004: 261）と注意を促している。

　では，このような強い権力の根拠はどこにあるのだろうか。国の法令形成過程における国会や，あるいは地方議会のメンバーは，形式的には「主権」をもつ国民・住民によって民主的に選出された議会の代議員として，その権力を行使する。その選挙にペテンがあろうと，低い投票率であろうと，いったん当選すれば，国民の主権は代議員の権力へ移動する。議員の政策への関与，あるいは「非関与」は，当該本人や政党の価値規範だけでなく，選出母体や「地元」の利害が色濃く反映されることになる。ホームレス自立支援法は2002年に議員立法として成立したが，それを主に推進したのは，大阪や東京を選挙区にも

つ，自民党や公明党の議員たちであった。ある権力行使への対抗が裁判という形を取れば，司法の権力が登場する。生活保護における，たとえば「朝日訴訟」等，多くの公害訴訟，原爆被害訴訟等が司法の場に持ち込まれていく。これも民主主義に組み込まれた権力である。

　これらに対して，行政や多様な主体による「現場」組織の権力の根拠は何か。行政の権力は，議会で決められた法律・条例等を，政令・省令等に変換し，またそれを実行する官僚制度のもつ権力である。この場合，個々の公務員の権力は官僚組織に依拠している。彼・彼女らは，官僚組織の一員として，社会福祉の規制や給付を行う（先にハッセンフェルドが述べた「官僚的措置」）。他方で，この官僚組織もNPO等も含めた民間団体の場合も，「専門職」を配置，あるいは動員することによって，その専門性を基礎とした権力をも行使しようとする（「専門的措置」）。この専門性とは，「素人」とは異なった，高い専門知識の体系やスキル，価値等を意味するが，先に医師の例を出したように，専門性への国家の認定や社会におけるその威信にはグレードがある。そのようなグレードによる差異はあるが，「専門家」の権力行使の基礎には，その「専門性」の内実と社会による認定が要求される。このように，組織内部の権力を背景にもつ官僚制と，組織外部の社会的認知を基礎とした専門職制度の権力は，まったく異なったものであるが，社会福祉の一連の決定は，この異なった両者が組み合わされて推進されていくことになる。

　さらに，上記のいずれのレベルの権力も，社会福祉の規制や多様な給付の資源を内部にもっており（あるいは委託されており），それゆえ，その資源に依存しなければならない利用者より，常に「上位」に立つことができる。なかばインフォーマルなNPO団体でさえ，給食サービス，居場所提供，制度の情報提供などの資源によって，相談者に権力を行使できる立場に立つ。このような関係図式をハンドラーは次のように表現している。

　　ワーカーの権力の一次的な源泉はその機関によってコントロールされている資源とサービスに由来している。クライアントがその資源を欲すれば，彼らは彼らの運命をある程度コントロールするものに屈服しなくてはならない。資源のコントロールに加えて，ワーカーたちは他の権力ももっている。すなわち，専門知識，説得力，そして正当性である。これらのすべての権力の源は，多様な組み合わせで，クライアントをコントロールするた

めに使われる。こうした，組織の大きな権力はその標準的な手続きによって実施される。…（略）…同時に，環境上の問題として，ゴールは，その機関のキーとなる資源をコントロールする人びとの利害を代表する。
(Handler 2004: 259)

ところで，権力のもっともよく知られた定義は，ロバート・ダールの「AがBに対して権力を持つとは，そうでなかったらBがしなかったであろう何かをAが（Bに）させることができること」というものである (Dahl 1968)。ピーター・バラックとモートン・S.バラッツは，この定義はBに影響を及ぼす具体的決定にAが直接関与していることが明白な場合であるという。だが，権力は，Aにとって無害な争点だけに決定範囲を制限するように行使されることもある。この場合，Aの不利益となるような争点は表沙汰にならないように阻止される「非決定」がありうるともいう (Bachrach and Baratz 1970: 7)。
このような権力の2面性に加えて，スティーブン・ルークスは，Bが望まないことをAがさせることではなく，Bが自ら望むように，つまりBの欲求として行わせることに権力の至高の行使があると指摘する。つまり統治者は被支配層の選好を作り出すのだと指摘している。「争点にならなければ合意があるというのは間違っている。彼らに不満を抱かせないことこそが権力の行使である」というわけである (Lukes 2005: 52-53)。ルークスは，権力は価値評価的，あるいは政治的立場から発生し，その中で作動するものであり，AとBの利害が対立しているにもかかわらず，Bの真の利害は表出されることがないし，意識されることがないだろうと主張する。
たとえば先に引用したハッセンフェルドのいう，クライエントの従順さを求めるために，ほとんどの場合脅しを通して，権限の優位性をワーカーが行使しているとすれば，それは「観察可能な」権力の行使であり，「争点」は見えやすい。だが，バラック／バラッツの「争点が表に出ないように」するとか，さらに進んでルークスのいうAによる行使をBが「望んでいる」と思わせるように仕組むという，クライエントへの説得や誘引の手段，あるいは三井が述べるような「個別ニーズ視点」によって，利用者は進んで，その権力の行使を歓迎してしまう可能性がある。これらの場合，権力の本質，つまり「AがBに対して権力を持つとは，そうでなかったらBがしなかったであろう何かをAがさせることができること」という姿はほとんど表に出てこない。したがって，

この権力の行使は，AとBとの間の「争点」として出現してこない。

　だが，ハンドラーは，こうしたルークスの権力理解は広く知れ渡っているが，常に政治的強者が人びとをコントロールするという意味で，やや「覇権的」でありすぎるという，ポスト構造主義からの批判があることにも言及している。つまり，ここには一方的な権力の行使があるように見えるが，同時にコントロールされる側の「弱者の武器」(抵抗，交渉，操作，ペテン等)もあり，それによる対処や抵抗が生まれてくる。そこには権力を行使する側とそれへ対抗する側の，つまりAとBの関係があり，その関係の中で権力の現れ方も変化していく(Handler 2004: 255)。

4　抵　抗

「弱者の武器」

　社会福祉を必要としている人の側からの「抵抗」の最近の例として，「待機児童」カテゴリーに仕分けされた母親たちが，市長や区長に直談判に押しかけたという「事件」があった。これは大きく報道され，そのことによって各地の同様なカテゴリーの母親たちに「運動」が広がった。この場合，「待機児童」カテゴリーは，目に見える判定→利用調整という「公式の過程」の結果であり，したがって「争点」は明白である。このため，母親たちの行為は，そのような行政決定への異議申し立てとなり，行政は「待機児童」解消のための何らかの政策を約束させられることになるし，議員もその「争点」から無関心ではいられなくなる。「待機児童」カテゴリーは今日だけに固有なものではなく，いつの時代も働く若い父母たちを悩ませていた問題であるが，近年の「少子化対策」「女性の労働力活用による経済活性化」などの政治的アジェンダを背景として，この政治的「争点化」はより確かなものになったといえる。加えて，「待機児童」問題は，一般の稼働年齢層の家族を巻き込んでいくため，これを放置することへの批判の「声」は大きく，反対運動の組織化もなされやすい。ここではAとBの権力関係は，この明白な「声」と政治的「争点化」によって動揺し，変化させられていく。同様のことは，学校での「いじめ」による自殺をめぐる保護者からの告発などがある。

　公害や大災害の被害者の医療保障や補償についても，その原因解明に長い時間がかかることが少なくないが，「争点」は明白になりやすい。これらの政治

的「争点化」を進めていった結果，先に示したように，「被害者」認定の判定基準は変化せざるをえなくなる。

　しかし，自分自身の問題や役所の対応，ワーカーとの関係を「争点化」しにくい人びとも多数存在する。「争点」が明白な「待機児童」の保護者たちでさえ，抗議の傍で，調整点数を上げるための「保活」も怠らない。まして制度などの情報にも疎く，その日の暮らしを維持することだけでいっぱいな人びとや，容易に仕事や住居を奪われたり，サービスから遠ざけられると考えてしまう人びとは，「声」を上げることができない。これらの人びとはむしろ「従順」を装うか，第一線機関のワーカーやボランティアへの依存を強めていく可能性が高い。むろん「抵抗」する場合もないわけではない。しかし，それは，ちょっとした収入を申告しないとか，嘘をつく，相手の要求に調子よく合わせたふりをする等の，日常のささやかな「抵抗」に終始してしまうことが少なくない。

　たとえば，住居を失ったり，寮や施設，病院などから出た後，都内のアパートで生活保護を利用して暮らそうとする場合，一番の問題はアパート設定の問題がある。2009～2010年にかけて，われわれが行った東京都内の被保護世帯へのインタビュー調査[4]では，次のような話が頻繁に出てくる。東京都の住宅扶助の特別基準上限額は単身世帯で当時5万3700円であった。これは管理費別の，家賃だけの上限額である。そこで福祉事務所としては，当然この金額内で部屋を探すようにという指示を出す。ところが，なかなか金額内で，適当な物件が見つからない。見つかってもとても住めるような物件ではなかったりする。5万3700円という基準が，老朽アパートの家賃さえつり上げているという場合もありえる。

　「A（保護施設）の担当の人に，（退所するにもアパートを）もう探せないし，お金もあれだからと言ったら，こういうステップハウス（施設から地域へ移行する中間に利用するアパート）があるから，そこでやってみないかということでここを紹介してもらったんですよ。……（アパートはご自身が探してみたのですか？）いや，探さない，全然。知らないけど，こういうあれがあるからというので，その人に全てお任せ。もう1つあるんですよ。家賃。5万3700円。あれきつい。我々じゃ探せないですよ。100％無理ですね。5万3700円じゃちょっと無理ですよね。探せないですよ。うちもときどき病院とか自分の前住んでた近くに，Nのほうへ行くから見るけど，あそ

こに貼ってるのも10万とか。5万なんてのはないですよ」(60代男性)。
　「当初はここ(今住んでいるアパート)，5万8000円の，管理費が3000円いくらかなんですよ。だけどおれらが5万8000円で，役所に持っていくとだめなんですよ。5万3700円なの。管理費別で。役所から出る金が。だからはっきり言ってここの契約，帳簿があるでしょう。あれだって二重帳簿をやっているの，おれら。役所に出すやつは，5万3700円だしね。実際は……。ここ，風呂とかみんな付いているからさ。その辺，おれも助かるんだわ。そのほうがいいんじゃないかと，不動産屋が話してくれたの。差額は，おれが(生活扶助を切り崩すか，働いた収入で)払うんだし。」(30代男性)

　特別基準より高い家賃のアパートへの住宅扶助支給を，福祉事務所が認める，認めない，は福祉事務所によっても異なるが，われわれの調査時点で，この基準額の大体2000～3000円オーバーした家賃を実際に支払っているケースが少なくなかった。だが，これは住宅扶助特別基準を上げようというような「争点」にはなりにくい。生活保護基準はマスメディアなどでは，しばしば「高い」と批判されているし，何よりも「個別判定」であるからだ。被保護世帯のニードは，その範囲で充足されるべきだし，それ以下の家賃で住んでいる「一般住民」もいるという価値観が背後に存在している。このため，ある福祉事務所が家賃額で住宅扶助の可否を決定している場合は，30代の男性のように，あらかじめ不動産屋から助言を受け，5万3700円の契約書を作るようなことが「個別に」生じる。これは厳しい決定とそれへの個別的で「ささやかな抵抗」という関係である。他方，60代の男性の場合のように，「探すのは無理」とあきらめて，施設職員や福祉事務所ワーカーへ全面依存するのが得策だと考えることもある。「お任せ」というのは，こうした人たちの常套句であり，これもまた現実から学んだ，パワーレスな人びとの示す「従順」の一側面といえるかもしれない。
　こうした「争点」にならない「日常的な抵抗」に対して，障害者たちの「抵抗」と「争点化」の歴史は，日本の社会福祉史の中でも燦然と輝いている。障害者の「抵抗」運動には2つの種類があった。1つは「親の会」「家族会」などの運動が，マスメディアを動員し，あるいは国会議員，厚生省・厚生労働省の担当部署と一体になって，「公式の過程」の変更を迫っていくようなタイプ

である。しかし鋭い政治的「争点化」の提起は，その親からも「自立」していきたいと考える障害者たちの，いわば身体を張った地域での自立生活運動型[5]の，もう1つのタイプによる生死をかけた「抵抗」であったことは，今さら確認するまでもない。自立生活運動や障害者運動については，個々の自立生活やセンター組織のヒストリーとも絡めて多くの文献が出され，また現時点でのその総括もなされつつあるので，詳しくはそちらに譲るが（横塚・立岩 2007，村田 2009，定藤 2011，山下 2008，深田 2013 など），ここでは2つのことをとくに記しておきたい。1つは，政治的「争点化」の前に，あるいはそれと並行して，個別の重度障害者による，医療や看護の専門性を無視したという意味で，素人ボランティアによる「ほぼ違法な」ケアの動員がなされていたということである。多くのルポルタージュや本人・家族の記録がこのことを示してきた。

　たとえば，進行性筋ジストロフィーと「拡張型心筋症」を抱えた重度身体障害の鹿野靖明が気管切開後，人口呼吸器を装着しての在宅生活を主張し，「本来は医療行為」（現在は介護職に容認）であった喀痰吸引を，「例外的に医療行為が許される『肉親・家族』を拡大解釈することで活路を見いだした。つまり，ここに来るボランティアは，鹿野にとって『広い意味での家族』なのである。…（略）…鹿野が『ボランティアは僕の家族』という以上，誰も口出しはできない。吸引ミスなどで最悪の事態が起きても，ボランティアの責任は問わないという強い決意の元で成り立っている」（渡辺 2013: 32-33）。

　この鹿野とボランティアの地域自立生活を描写したルポルタージュ『こんな夜更けにバナナかよ』によれば，「呼吸器管理，カニューレ交換，カフエアの調整など常に微妙なケアが必要な状態だった」から，当然主治医は退院に大反対であった。これに対して鹿野は自分の生い立ちを綴った手紙を主治医に渡したり，主任看護婦に語ったりした結果，退院が認められ，なおかつ「在宅人工呼吸器講習会」を病院で実施してくれたという。これはこの病院にとっても大きな賭けだったが，万が一事故が起きても病院側の責任を問わないという誓約書を鹿野と取り交わしたそうである。この講習会に出なかった新たなボランティアに対しては，鹿野自身が講師となって「研修」を行っていたという（同上: 286-313）。

　類似の話は数多くある。柳本文貴は，川口由美子とのトークセッションの中で，「青い芝の会」のボランティアで泊まり介護に行った日に，いきなり長い柄の浣腸をするよう文字盤で指示されたときのことを語っている。

介護職は今，薬局で売っているチューブの短い浣腸ならやってもいいことになっていますが，長いのはやってはいけない。でも澤田さん（筆者註：兵庫青い芝の会の澤田隆司さんのこと）なんかまったくおかまいなしで「やれ」って言うので，まあしょうがないんでやるわけです。…（略）…まだ，資格とかそういうのはまったくなくて，むしろ，生きていくために，お互いの人間関係の中で何とか支え合っていこうやないかみたいな，素朴なスタイルの介護をやっていました。（川口・柳本 2013: 144）

　こうしたエピソードは，医療制度の縛りへの「抵抗」であると考えることができる。しかも，待ったなしの生存[6]をかけた「抵抗」であり，さらにいえば「病院の責任にはしない」と誓約書を交わしての「抵抗」である。むろん，鹿野の場合は主治医への手紙や看護師への説得などの「懐柔策（泣き落とし）」もある。鹿野や澤田ら障害者の，いわば命をかけた「抵抗」は，専門職や制度の側にあった権力の「基準」を突破する力があった。だが，この柳本とのトークセッションの相手であった川口は，24時間介護の必要なALS（筋萎縮性側索硬化症）の母を抱えて，全身障害者介護人派遣事業を利用していた。介護保険制度の導入で，ボランティアで来てくれていた人びとを，介護保険の事業所に登録してもらって，当初は両制度を併用していたが，介護保険の使いづらさに困惑する。

　　介護保険で使っている時間帯は，吸引，経管栄養は一切させないでくださいということで，その時間はできないけれど，過ぎると同じ人がやっていいわけです。まあそんなこと関係なく家ではやっていたわけですが，とにかく，介護保険は非常に使いにくい。ALS協会に全国から苦情が殺到したんです。（川口・柳本 2013: 140）

　ALS協会は，喀痰吸引を必要とするあらゆる患者会をさそって，運動を展開していくが，CIL（自立生活センター協議会）は入ってこなかったという。

　　もうその頃は，厚労省と（CIL）は内約を取っていて，彼らはグレーゾーンを作っていたのですね。私たちが大騒ぎをすることによってグレーでなくなってしまうから止めて欲しいといわれましたが，こちらにすれば，介

護保険は最初からグレーではないので，きちんと使えるためにはやはり国にやっていいですと言って貰わないと困るということがあった。(川口・柳本 2013: 141)

　この川口の述懐の意味するところは，先鋭的な運動で一歩先んじていた自立生活センターの活動の中で，自治体や国の「譲歩」があり，それがグレーゾーンという形で「ほぼ違法」が「ほぼ黙認」されていたということであろう。だが介護保険は公的保険制度であり，規模も桁違いに大きい。そこではグレーゾーンをグレーゾーンにしておけない変化があったということである。この「争点化」によって 2003 年以降，喀痰吸引や経管栄養の一定の「容認」がなされ，結局 2012 年度の法改正によって，正式に介護職にこれを認めることとなった。
　以上のような，医療や看護の専門性を無視した障害者たちによる「ほぼ違法」な「抵抗」は，いわば個別突破→その模倣→黙認の連続体であり，川口のいうように，政治の争点化をむしろ回避する。制度を待っていたら自立生活は覚束なくなるからである。これに対して，川口のいうような「グレーにしない」ということは，バラッツらのいう「争点化」を明白にするということである。むろん，先述したように，自立生活運動が「争点化」してこなかったわけではない。むしろ逆である。同時にこの運動は，当事者による当事者の介助の組織化と事業化にも乗り出していく。これがもう 1 つの注目すべき点である。
　もともと当事者による地域での自立生活には，鹿野の例のように多くの介助者の募集と編成が不可欠となる。鹿野の場合は札幌市のホームヘルパー制度，全身性障害者介護人派遣事業，生活保護他人介護加算の 3 つを利用していたそうであるが，これでは足りなくて，無数のボランティアを調達組織し，さらには鹿野自身による「研修」もしてきたわけである。こうした当事者によるサービス資源管理を事業として認め，さらに他の障害者へもサービスを提供するという事業化が進んでいく。この背後には，介護保険や障害者自立支援法等による「パラダイム転換」，すなわち多様な事業者の参入促進やいわゆる NPO 法の制定などがある。とはいえ，重度の障害者の全面的な介助をやってくれる事業所は少ない。先の川口は，事務所を立ち上げたばかりの ALS 患者の橋本みさおに相談して，自身も事務所の設立に至っている。橋本が事務所を起こしたのは，居住区の障害福祉課長から，経管栄養から全部自由にやってくれる事業所はないので，「自己責任で自分の責任で橋本さんが立ち上げてくれないと対

応する事務所がありません」と言われたからだという（川口・柳本 2013: 142）。こうして，家族や自分自身のやむにやまれぬ事情からとはいえ，障害当事者個人の資源管理から他の障害者へのサービス提供事業，あるいは研修事業などが広がっていく。

　このような障害者運動における「争点にしない抵抗」と，「争点」にしながら制度を要求するだけでなく，その権力行使（資源管理）の一部を自らの事業として取り込むという２つの側面で，障害者運動は特異な位置を占めている。もっとも，尾上浩二のいうように，後者の実践は，国の障害者自立支援法→障害者総合支援法の中に組み込まれ「換骨奪胎」されるおそれもある（尾上・岡部・山下 2008: 218）。

　1990年代半ば以降の「反貧困運動」や「若者支援」は，その「代弁者」（地域活動家，労働問題専門家や弁護士など）によってリードされてきた点で障害者運動とは決定的に異なるが，貧困を「争点化」した点と，NPOなどによる地域実践が先行した点では似通っている。前者についていえば，貧困は老人福祉法以降の社会福祉の領域ですら「忘れられて」きたのだから，「福祉政治としての争点化」に一応成功したことの意味は大きい。生活保護基準問題は，伝統的に訴訟という対抗措置がとられてきた。またさまざまな支援団体がホームページ上に生活保護の申請書を掲載するなどの「抵抗」も見られる。ただし，こうした「活動家」の動きに対して，個々の貧困当事者の声はなかなか聞こえない。先の生活保護の例のように，多くは「ささやかな抵抗」に終始しているかのようである。

　後者のNPOによるホームレス，不安定就労の若者，貧困家庭の子どもたちへの多様な地域実践も，国の注目するところとなり，パーソナルサポートサービスのモデル事業を経て，2013年の生活困窮者自立支援法に組み込まれることとなった。ここでは現場での「相談」と資源との結びつけの「計画策定」が行政の権力をバックに，受託したNPOや社会福祉法人などによって担われることになる。ハッセンフェルドが述べた「官僚的措置」の手前に「親切なNPO」等が配置されることになり，そのことによって，権力の「争点」は見えにくくなる可能性は大きい。Bが喜んで「就労自立」に乗り出すよう，Aが働きかける構造が，見え隠れしている。その意味で，障害者総合支援法以上に「換骨奪胎」の危険は大きいかもしれない。

☆ 注
1) 新制度は，決定ではなく，介護認定と同様，認定と必要量を明らかにすることにねらいがあるが，社会保険ではないので，その財政支援（民間施設には委託費）に際して，消費税などによる財政計画をたてる必要が生じる。この財政支援の額＝「内閣総理大臣が定める基準により算定した費用の額」（＝「公定価格」）－「利用者負担額」という計算式が示されている。
2) 社会保障審議会は，もともとは社会保障制度審議会として内閣総理大臣の下に置かれ関係行政部局とは一定の距離を保ってきたが，2001年に廃止され，省の中に「審議会」が取り込まれた。中央社会福祉審議会は，そのメンバーの人選も当該部局が行うようになった。駒村康平・菊池馨実はその共編著で，包括的な社会保障を長期的に考えるには，かつての社会保障制度審議会のような組織が望ましいが，しだいに経済財政政策が社会保障改革をリードするようになった，と苦言を呈している（駒村・菊池 2009: 36-38, 220）。経済財政政策にリードされるとは，財源の確保や政権の経済成長政策などによって，これに従属する社会福祉の大枠が「経済財政諮問会議」や「閣議決定」などによって定められてしまうことであり，この決定は常に「財源」制約によって「正当化」されてきたともいえる。
3) 筆者も聴覚障害4級の障害者手帳を取得したが，その検査は「音」が聞こえると，ボタンを押すという，あの古典的なやり方だけであったのには心底驚いた。むろん，音が聞こえることと，言語を聞き取ることは同じではない。だが言語の聞き取り検査までいくのは，たとえば補聴器両耳装用を希望したときだけだった。標準では片側の補聴器しか助成されないからである。片側だけ，ということにも，驚かされた。聴覚障害を詐称した自称作曲家が話題になったが，ある意味では障害等級を上げるのは簡単である。全部ボタンを押さなければよいのだから。しかし，中途難聴の場合，聞き取れるはずだ，聞こえたいと，かすかな音でもボタンを押すのが普通であろう。その結果の障害等級と，実際「自立生活」のために「使える補聴器」の高難度には差が生まれてくる。筆者は等級より1段高い補聴器を自費で購入し，かつFM波などの補聴補助システムを使ってはじめて，社会でなんとか生きていくことができている。
4) 日本女子大学（2010）「生活保護施設等利用者の実態と支援に関する研究」（特別区人事・厚生事務組合委託）。
5) これも1つになったものではなく，いくつかの異なった運動に区分されるようである。深田耕一郎によれば，1960年代に同時多発的に生じた全身性障害者の自立生活運動は，いくつかに枝分かれしている。とくに自立生活センターCILと公的介護保障運動は対比的な理念をもち，さらに後者も分裂していくことになる（深田 2013）。
6) 鹿野だけではなく，多くの障害者や，結核，難病，ハンセン病患者たちの「抵抗」は，そのぎりぎりの生存をかけざるをえない。終章の新田らの公的介護保障要求も参照。

第4章

白書分析の前提

視点と資料，厚生白書前の〈事業集合〉の特徴

1　分析の視点と資料の詳細

　すでに序章で簡略に述べているが，第4〜6章における白書分析の視点と利用する白書について，あらためて，詳しく説明しておく。

　ここで取り上げる白書とは，当該省庁の年次行政報告であり，基本的には過去1年に実施した事業を記載したものである。すでに法律となっている事業もあれば，そうでないものもあり，今後の計画という「予告」や，その「説得」も混在している。一般に社会福祉政策の歴史や政策分析においては，その政策の「形成過程」やその結果の「評価」が重視され，なぜそのような政策が出現したのか，またその意図と結果の乖離などに焦点が当てられることが多い。このような研究の場合は，むろん白書などは主たる分析資料にはなりえない。埋もれた資料の発掘，審議会議事録，国会審議資料，当事者へのインタビュー等が利用されるのが普通である。

　しかし，本章から第6章までの白書の分析において焦点を当てるのは，①福祉課題の認識の状況，②ある事業がどのような「事業集合」の中に位置づけられているか（集合の名称），またその集合に含まれる要素間の序列や変遷，③事業が扱う問題（福祉ニーズ）あるいは「対象者」のカテゴリーとその変遷，④③との関連で供給手段の種類と選択の状況である。さらに①〜④を分析するこ

とによって，異なった社会福祉事業の「集合」の析出とその変遷を明らかにする。したがって，そうしたものを形成していった政治的力学や，中央政府の真の意図それ自体を捉えようというわけではないし，またその事業のパフォーマンスを検証しようというわけでもない。むろん，それらにまったく触れないわけではないが，白書の記載から読み取れる範囲のことでしかない。

　このように，本書の作業の中心になるのは，いくつかの，異なった種類の社会福祉事業の集合やその要素間に序列や組み替えがあることを，中央政府の公式の「年次行政報告」の1年ごとの記載内容から確認することにある。ここで，1年ごととしたのは，たとえば『厚生省50年史』のような「回顧」録では，その年ごとの問題認識や事業の序列づけ，その変遷が「回顧」によって，つまり後の視点から整序されてしまっている可能性が高い。本章では，いわば，同一集団を繰り返し調査するパネル調査の縦断データに近似した，その年度ごとの，細々とした報告がなされている「事業」とその変化を縦断的に積み重ねてみたい。

　上記目的のために，中心に据える縦断データは厚生白書・厚生労働白書の，1956年版（第1回）から2010年版までの記述である。日本には社会保障・社会福祉を全体として統括する省は存在していないが，中心になってきたのは厚生省・厚生労働省であることには異論はなかろう。ただし，この利用にあたっては，以下に述べるような重要な課題が存在している。

　まず第1に，厚生白書出版第1回の1956年版は，すでに戦後被占領期における社会福祉，社会保険，労働政策，教育制度，公衆衛生等の基礎が築かれた時期からかなり時間が経っており，敗戦直後から1955年度までをどのようなデータで埋めることができるか，という難問がある。

　ここでは，回顧データではあるが，なるべく近い時期の『厚生省20年史』を優先し，また1946年度版から存在している失業対策年鑑，GHQとの関係については近年著しく蓄積された被占領期社会福祉研究（菅沼 2005，寺脇 2008，2010 など）を参照して「事業」を拾い上げ，さらに1946年度から民生局年報（事業概要）を発表している東京都民生局の民生事業内容を参考に添付することとした。

　第2に，1956～2010年版までの厚生白書・厚生労働白書は，当然ともいえるが同じ編別構成を取っていない。表4-1はこの編別構成の変遷を示したものである。まず1967年と1994年版は欠けている。また，カッコ書きにしてある

のは，表示のある限りでの白書発表年月である。1956年から66年版までは「年度版」という表示であるが，必ずしも4月～翌3月の財政年度を意味していない。1968年以降は「年度版」ではなく「年版」表示になるが，このように，時期が必ずしも定まっていないので，次章以降の分析では，厚生白書（厚生労働白書）は年版表示に統一しておく。

　白書の編別構成内容そのものについては，主に「問題認識」や「課題」を表明していると考えられる「総説」「総論」と実際の事業展開を述べた「各論」が明確に分離記載されているのは，1958～1961年，1968～1981年版である。ただし，1956年版は序章，57年版は1章が総説の役割を果たし，1964年版は第1部第2部構成で，第1部が行政の背景，第2部が「厚生行政の現状」に分けてあるので，「総説」「総論」と各論の区別と同じ扱いが可能であろう。1965年版もほぼ同様に扱える。これらについては「総説」ないしは「総論」部分から，「問題認識」や「課題」を取り出し，具体的な事業の動向については，各論を見ていけばよいことになる。問題は1962年版の扱いである。1962年版は，きわめて異例で，素直に事業・制度の実施がわかる編成とはなっておらず，1～7章の編成はむしろ問題認識であろう。また，「厚生行政の動き」が他の年版とは異なって，審議会答申等の記載となっているため，一応表に記入はしてあるが，除外して見ていくことにする。

　さらに，1982～1984年版までは「本編」「指標編」「厚生行政の動き」という3構成，1985～1989年版の第1編（総論的），第2編第1部「制度の概要及び基礎統計」，第2部「主な法案の審議状況」，第3部「主な審議会等の動き」という構成がある。指標や基本統計は，制度とその実績を示したもので，大まかに事業連合が摑めるものの，基本的には，行政部署の所掌事業別実績図表なので，これらのどの部分を使って，各年度の「問題認識」や「課題」と実際の事業把握を行うかは，判断が難しい。基本的には第1編を問題意識とし，「指標編」及び第2編第1部「制度の概要及び基礎統計」は細かい章立て構成があるものに限って，ここから事業集合を見いだすこととした。ただし，1985～1989年版の5年間については，第1編のいくつかの章を「厚生行政の動き」と読み替えて使っている。

　1990～1999年版までは第1編第1部が「特集」であり，その年の「問題認識」，ないしは障害，高齢，児童，医療など何かに焦点を当ててあり，実際の事業は，第2部「厚生行政の動き」に記載されている。2000年版のみ第1編

1　分析の視点と資料の詳細　　99

表4-1 厚生白書（厚生労働白書）編別構成の変遷

年版（発行年月）	厚生白書（厚生労働白書）
1956年 (56.12)	序章問題意識，1章，2章構成，終章課題
1957年 (58.1)	1章問題意識，2章，3章構成．生活と健康を守るための手引き．厚生省所管一般会計予算額．厚生省の機構及び所掌事務
1958年 (59.12)	序章．第1部総説．第2部各論．付表．厚生省の機構及び所掌事務
1959年 (60.1)	第1部総説．第2部各論．付表
1960年 (61.1)	第1部総説．第2部各論．付表
1961年 (62.1)	1章～7章．1章冒頭で副題の意味．主な厚生行政の動き．資料[1]
1962年 (63.2)	総説なし．各論のみ1～15章．厚生関係主要日誌．統計資料
1963年 (64.5)	第1部行政の背景．第2部厚生行政の現状．厚生関係日誌．付表
1964年 (65.9)	序章が総説を兼ね，1～10章構成．資料[1]
1965年	総説復活1～13章構成．資料[1]．厚生関係主要日誌
1966年 (67.11)	欠
1967年	
1968年 (68.12)	総説．1～3章構成．資料[1]
1969年 (69.12)	総論．各論．統計資料[1]
1970年 (70.12)	総論．各論．統計資料[1]
1971年 (71.11)	総論．各論．統計資料[1]
1972年 (72.11)	総論．各論．資料[1]
1973年 (74.1)	総論．各論．資料[1]
1974年 (74.11)	総論．各論．資料[1]
1975年	総論．各論．資料[1]
1976年 (76.11)	総論．各論．資料[1]．厚生省関係主要日誌．（生活と健康を守るための手引き[2]）
1977年	総論．各論．資料[1]．厚生関係主要日誌．（生活と健康を守るための手引き[2]）
1978年	総論．各論．資料[1]．（生活と健康を守るための手引き[2]）
1979年	総論．各論．（資料[1])．（生活と健康を守るための手引き[2]）
1980年 (80.12)	総論．各論．（資料[1])．（生活と健康を守るための手引き[2]）
1981年	本編．指標編[4]．第1部厚生行政の現在の姿（1社会保障基礎資料，2社会福祉，保健医療及び生活環境，年金保障）．第2部厚生行政の動き[3]
1982年	本編．指標編[4]．第1部厚生行政の現在の姿（1社会保障基礎資料，2社会福祉，保健医療及び生活環境，年金保障）．第2部厚生行政主要日誌[3]．参考・厚生行政の組織
1983年	本編．指標編[4]．第1部厚生行政の現在の姿（1社会保障基礎資料，2社会福祉，保健医療及び生活環境，年金保障）．第2部厚生行政主要日誌[3]．参考・厚生行政の組織
1984年	第1編総論的，指標的．第2編第1部制度の概要及び基礎統計[5]．第2部主な法案の審議会等の動き．第3部主な審議会等の審議状況．第4部参考（行政組織等）
1985年 (85.11)	第1編総論的，指標的．第2編第1部制度の概要及び基礎統計[5]．第2部主な法案の審議会等の動き．第3部主な審議会等の審議状況．第4部参考（行政組織等）
1986年 (86.1)	第1編総論的，指標的．第2編第1部制度の概要及び基礎統計[5]．第2部主な法案の審議会等の動き．第3部主な審議会等の審議状況．第4部参考（行政組織等）
1987年 (87.1)	第1編総論的，指標的．第2編第1部制度の概要及び基礎統計[5]．第2部主な法案の審議会等の動き．第3部主な審議会等の審議状況．第4部参考（行政組織等）

年	各制度の実績（統計）。国民向けに、尋ねたいこと、尋ねたいところ（窓口）をまとめている。
1988年	第1編総論的．第2編第1部制度の概要及び基礎統計[5]．第2部主な法案の審議状況．第2部主な法案の審議状況．第3部主な審議会等の動き．第4部参考（行政組織等）
1989年	第1編総論的．第2編第1部制度の概要及び基礎統計[5]．第2部主な法案の審議状況．第3部主な審議会等の動き．第4部参考（行政組織等）
1990年	第1編第1部特集．第2部第1部制度の動き．第2編第1部制度の概要及び基礎統計[5]．参考（1厚生行政の組織、2年表）
1991年	第1編第1部特集．第2部平成3年度の主な出来事．第3部厚生行政の動き
1992年(93.3)	第1編第1部特集．第2部第1部制度の動き．第2編第1部制度の概要及び基礎統計[5]．第2部成立した法律．参考（年表、厚生の機構、主な審議会・懇談会等の動き、第3部厚生行政関連の動き
1993年(94.4)	第1編第1部特集．第2部第1部タイトルなし．内容は制度の概要及び基礎統計
1994年	欠
1995年	第1編第2部制度の概要及び基礎統計
1996年(96.5)	第1編第2部制度の概要及び基礎統計．第2編第1～4章．第2編世界の社会保障
1997年(97.6)	第1編第2部厚生行政の動き1～7章．主な厚生統計一覧
年表．厚生省の機構．主な厚生統計一覧
1998年(98.6)	第1編第2部厚生行政の動き序～4章．2制度の概要及び基礎統計．2制度の概要及び基礎統計．第2編世界の社会保障．3参考（成立した法律、厚生行政関連の動き
年表．厚生省の機構．主な厚生統計一覧
1999年(99.8)	第1編第2部厚生行政の動き1～7章．2制度の概要及び基礎統計．第2編世界の社会保障．3参考（成立した法律、厚生行政関連の動き
年表．厚生省の機構．主な厚生統計一覧
2000年(00.7)	第1編第2部社会保障構造改革に向けた取組み1～6章．第2編世界の社会保障．第3部健やかで安全な生活の確立．3参考
厚労省	
2001年(2001.9)	第1部特集．第2部第1部厚生労働行政の動き1～11章構成．資料編1制度の概要及び基礎統計[7]．2参考
2002年(2002.9)	第1部特集．第2部第1部厚生労働行政の動き1～12章構成．資料編1制度の概要及び基礎統計[7]．2参考．巻末資料
2003年	81～83年版の厚生行政の動き．厚生行政の主要目次は、審議会等の状況．指標類は、制度・施策の体系整理、節．内容は章、節．
2004年	第1部特集．第2部第1部厚生労働行政の動き1～10章構成．資料編1制度の概要及び基礎統計[7]．2参考．巻末資料
2005年	第1部特集．第2部第1部厚生労働行政の動き1～11章構成．資料編1制度の概要及び基礎統計[7]．2参考．巻末資料
2006年	第1部特集．第2部第1部厚生労働行政の動き1～11章構成．資料編1制度の概要及び基礎統計[7]．2参考．巻末資料
2007年	第1部特集．第2部第1部厚生労働行政の動き1～11章構成．資料編1制度の概要及び基礎統計[7]．2参考．巻末資料
2008年	第1部特集．第2部第1部厚生労働行政の動き1～11章構成．資料編1制度の概要及び基礎統計[7]．2参考．巻末資料
2009年	第1部特集．第2部第1部厚生労働行政の動き1～9章構成．資料編1制度の概要及び基礎統計[7]．2参考．巻末資料
2010年	第1部第1部現下の政策課題への対応1～2章構成．節多し．資料編1制度の概要及び基礎統計、節多し．2参考．巻末資料

注：
1. 各制度の実績（統計）。
2. 国民向けに、尋ねたいこと、尋ねたいところ（窓口）をまとめている。
3. 81～83年版の厚生行政の動き、厚生行政の主要目次は、審議会等の状況。
4. 指標類は、制度・施策の体系整理、節。内容は章、節。
5. 第2編、または第2部「制度の概要及び基礎統計」は、1995年まで注4の指標編と同じ。
6. 1997年版以降の「制度の概要及び基礎統計」は注5より簡略化。
7. 厚労白書では、資料編「制度の概要及び基礎統計」は注6とほぼ同じ。

1　分析の視点と資料の詳細

が3部構成である。ただし，第2編第1部として「制度の概要及び基礎統計」がある。上述したように，これは各事業の実績図表であるが，一応大まかな分野分けがあるので，「動き」から排除されているものも含めた集合や配列が把握できると考え，それも参照することにした。2001年以降，厚生労働省になってからの編別は，第1部特集，第2部「厚生労働行政の動き」と資料編（制度の概要及び基礎統計）の構成である。この「厚生労働行政の動き」は，合併によって事業も増えたことから，章の数も多い。ここではまずこの「動き」から事業集合の配列を取り出し，資料編でこれを補足する方法をとった。

このように，年版によって，取り上げる箇所が変動しているが，なるべく事業集合とその配列を示す「事実」を拾い集めることに主眼を置き，あえて形式を揃えることはしなかった。したがって，長い年表形式でまとめた表4-3及び次の第5章，6章の表は，この編別構成の違いが反映されており，細かい制度を網羅している場合と，そうではない場合で記載がやや異なる。なお，第1編第1部が特集となってからは，年々の「問題認識」は，中央政府や厚生省（厚生労働省）が社会問題から掬い上げたものというよりは，中央政府または厚生省（厚生労働省）としての方針や方向性を表明する，ないしは独自に問題を構築するステートメントの位置にあることには注意が必要である。

第3に，事業内容の範囲であるが，厚生省（厚生労働省）の行政範囲すべてをカバーすることはむろん念頭になく，純粋な医療制度，薬事制度，環境衛生などの多くは取り上げなかった。また海外との比較がしばしばあり，また何かの記念の年度では，これまでの歴史の振り返りがあるが，それらもここでは無視した。狭義の社会福祉といわれているものの諸事業，社会保険制度，戦争・災害・公害・薬害などの援護救済（補償），雇用対策事業（雇用〔失業〕保険，雇用〔失業〕対策事業），職業能力開発（職業訓練）のほか，公衆衛生（保健）の一部として扱われることが多い，結核，ハンセン病，血液事業，優生保護，難病，精神衛生（のち精神保健）など，また同和問題，スラム，ホームレス等の社会問題への対応については，どこに記載されているか（どのような事業集合の一要素となっているか）に注目して，追うこととした。ここでの注目点は，何がどのような名称の集合要素として配置されているか，あるいはその序列づけ，対象カテゴリーとその区分方法である。この場合，事業集合は，白書の章，節，項に従った。つまり，章が大集合，節，項はその要素集合と考えることにした。表での並べ方は白書どおりであるが，取り上げなかった項目があるため，番号

づけは白書の編，章，節番号とは一致していない。なお詳細表，及びその簡略版では，網掛け項目が，ほぼ白書の章を意味し，1, 2, 3……が節を，①②③……が項を示している。また，詳細表の濃い網掛け項目は，副題とその問題意識，各論としての制度・事業の括りを表している。ただし，部・編を設けている年度もあり，記載方法が一定していないために，そのように読み取った年度もある。

　第4に，以上から漏れる問題は，厚生省（厚生労働省）管轄外の，あるいは他の省庁との境界線上に出現している何らかの社会問題への対応である。これについては，すでに述べたように失業対策年鑑は，厚生白書以前を意識して，1946～1955年度までは毎年のデータを使い，その後は，基本的に1960年度から5年おきのデータを使ったが，1963年度，1966年度，1974年度は，重要法の成立があったため加えている。なお，失業対策年鑑は「年度」表示である。2001年以降の雇用政策に関しては，厚生労働白書の中の事業として扱っている。

　そのほか犯罪白書は1960年版から5年おき2010年版までを利用する。犯罪白書の内容としては児童福祉法とも重複する青少年犯罪，売春防止法との関係での婦人更生保護，刑余者の更生保護，その他精神障害と犯罪などの項目に注意しながら，白書の記載する更生保護カテゴリーとその変遷に注目した。文部行政との関連では，1953年度版から発表されている教育白書（→文部科学白書）がある。だがこの白書は1970年度以前の発表は，1953, 59, 62, 64年度版のみである。また厳密にいえば，教育白書というタイトルで出版されていない。「わが国の教育の現状（1952）」「わが国の教育水準（1959～80）」及び「我が国の文教施策（1988～2000）」等というタイトルである。ただし，文部科学省のデータベースでは「教育白書」として括られているので，本書でもそのように表示している。またその内容も年度によってかなりバラツキがあり，たとえば62年度版は「教育発展の経済効果」というタイトル，副題が「教育の展開と経済の発展」とされ，その内容も「教育発展の経済的効果」に絞られているので，この年度版は使用できなかった。そこで1953, 59, 64, 70, 75, 80, 88, 90, 91年度の発表年はすべてカバーし，その後は5年おきで1995, 2000年度版データを採用した。教育白書以降は，文部科学白書の，2001, 2005, 2009, 2010年度版の第2部「文教・科学技術施策の動向と展開」のうち主に小等・中等教育の部分，ないしは教育機会均等，及び学校保健の記述に着目した。取り上げた年度は，

何らかの制度変更のあった年度である。なお，教育白書（文部科学白書）の表示は「年度版」，犯罪白書は「年版」である。

　第5に，序章でも述べたように，文中で〈系列〉としたものは，事業集合そのものではなく，その目的や手法から推測されるある種の系列を，挿入したものであり，〈　〉は事業集合とは異なることを意味して用いた。

2　戦後社会福祉のいわゆる「段階」設定について

　戦後の社会福祉や社会保障の展開の時期区分とその意味についての一般的解釈については，第2章で若干指摘しておいたが，白書を読み込んでいく前に，もう少し詳しく紹介しておきたい。たとえば，かつては社会福祉の「3法時代」「6法時代」「措置から契約へのパラダイム転換」のような手放しの「発展説」も多かったが，さすがに今日ではこのような右肩上がりの発展としての時期区分は少ない。むしろ，戦後処理ないしは基礎→発展→見直し→構造改革のような「段階」設定がなされるのが普通である。その1つの典型として，厚生労働省政策統括官付社会保障担当参事官室が作成した，図4-1をまず挙げておこう。

　これは国民皆保険・皆年金制度による日本の福祉国家の基本基盤の形成（防貧）とその拡大を基軸として，その前段階における緊急援護時代（いわゆる救貧），外部環境変化（高度経済成長の終焉と行財政改革）によって，年金制度改革，在宅福祉，老人保健制度の創設，被用者医療保険本人の1割負担などの「見直し」がなされた「昭和50～60年代」，さらに「少子高齢社会」の下で「社会保障の持続可能性」を高めるために，福祉3プラン（ゴールドプラン，エンゼルプラン，障害者プラン），介護保険制度創設，老人医療1割負担，健康保険本人3割負担，後期高齢者医療制度の創設へ向かう「平成以降の構造改革」を区分したものである。必ずしもバラ色の発展段階ではないが，21世紀に突入した日本が選択してきた「変化」，あるいは選択すべき「変化」をコンパクトにまとめてあり，国民への説明にはわかりやすいモデルであろう。ただし，ここでの「段階」は，たとえば老人保健法，「見直し」，構造改革等のトピックスに基礎づけられているが，それらが全体としての社会福祉の集合変化やそれらの社会への位置づけの変化を示しているわけではない。

　研究者の多くも，ほぼこの筋書きを辿っているが，その場合最後の段階をど

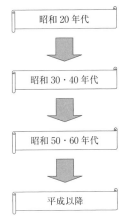

図4-1 社会保障制度の変遷

出所）厚生労働省政策統括官付社会保障担当参事官室作成。厚生労働省ホームページ，政策レポート（2009）http://www.mhlw.go.jp/seisaku/21.html 2015.10.29

う評価し，展開させるべきかが議論の中心になっている。たとえば古川孝順は，戦後社会福祉の歴史段階として，時期と内容をもう少し明瞭にした表4-2のような区分を試みている（古川 1998: 28-53, 2009: 218-240）。

　表4-2は古川の記述から筆者が作成したものであり，古川のこの区分が叙述された著書は構造改革の始まりの時期でもあるので，比較的近年の著書（古川 2009）から古川の表現を適宜カッコで筆者が挿入している。なお，この古川（2009）は，古川（1998）がやや大繰りとなっているのに対して，Ⅰ～Ⅳ期をさらに前期後期に区分しており，表内カッコは，必ずしも前期，後期に厳密に対応していない。

　高澤武司は，戦後社会福祉の展開を，「戦後体制の根強い残存」とその「システム・ブレイク」という概念装置によって描いて見せた。高澤は，「戦後体制」を，次のように説明している。「戦中に蓄積され残存していた，厚生行政におけるすべての『全体主義的＝軍国主義的な』法律と行政体質を破壊するために取られた占領軍の措置は，間接統治の形を取って行われた。しかし，緊急の代案づくりに必要な理念と原則は，その出発点においては，ほとんどが占領軍の手中から出てきたものである。その結果として，『戦後福祉行政』は1945年以前の体制とはまったく断絶しているように認識され，その断絶の深さゆえに，いまだに『戦後体制』は継続しているという基本認識があって当然であ

表 4-2 古川孝順による戦後社会福祉の歴史区分

歴史区分		年	内容
第Ⅰ期 定礎期	前期〈戦後改革〉	1945～1951	福祉3法と社会福祉事業法 民生委員法
	後期〈機能限定(確定)〉	1952～1959	戦傷病者戦没者遺族等援護法 母子福祉資金貸付 更生医療・育成医療制度等 国民皆年金・皆保険
第Ⅱ期 社会福祉発展期	前期〈基盤整備〉	1960～1964	福祉6法体制の完成 (生活保護からの分離，生活障害の形成，サービス適用範囲の一般化・普遍化の萌芽)
	後期〈拡充発展期〉	1964～1973	自治体単独事業の発展と国庫補助 社会福祉施設整備緊急五カ年計画 児童手当 老人医療支給制度
第Ⅲ期 社会福祉調整期	前期〈費用抑制〉	1976～1980	在宅老人福祉対策 身体障害者雇用促進法等 武蔵野福祉公社
	後期〈調整改革〉	1981～1987	身体障害者家庭奉仕員制度 老人保健法 国の補助金等の整理合理化臨時特例 社会福祉士及び介護福祉士法 精神保健法
第Ⅳ期 社会福祉転換期	前期〈機能改革〉	1989～1995	福祉関係三審議会意見具申 社会福祉八法改正等 エンゼルプラン・新ゴールドプラン 障害者プラン
	後期〈構造改革〉	1997～	児童福祉法改正 介護保険法 中央社会福祉審議会「社会福祉基礎構造改革について」等 (社会福祉の普遍化・多元化・分権化・自由化・計画化・総合化・専門職化・自助化・主体化・地域化)

出所　表は筆者が作成。内容は古川 (1998: 28-53, 2009: 218-240)。

る」(高澤 2000: 60)。しかし，そのような「単一に憲法的規範のみから組み立てようとする理論的方法」(同上: 60) では，急速な外部環境変化への対応は不可能である。実際には「経済成長発展に引っ張られて福祉行政の外部環境が急速に変動していくことに順応できない形で，いわゆる『戦後体制』という観念と法秩序だけが長時間にわたって残存し続け」，結局「福祉行政における『戦後は終わっていた』，あるいは『忘れてしまった』ということにだれもが気づ

くのは，高度経済成長が終焉することによってであった」（同上: 61）と指摘する。そのうえで，1973年（福祉元年）を境に1981年（財政再建元年）前後までの時期を，「『戦後』福祉行政における，いわゆる『システム・ブレイク』の顕著であった時期にあたる」（同上: 61）と位置づけた。「システム・ブレイクとはトレンドの急激な変化が起こり，次の新しいシステムの安定が生ずるまで続くような，ある程度規則性を持った現象を指している」と説明されている（同上: 62）。

　高澤は，まず戦後の法類型と行政課題のシフトを区別しながら，図4-2に示した図を描いている。ここでは，Ⅰ～Ⅴまでの5期区分がなされているが，高澤のいうシステム・ブレイク期の顕著な時期は，さしあたりⅣと判断できる。

　Ⅰ期は，占領軍による間接統治の下で「一般扶助法と，特別扶助法」が新たに形成され，緊急保護としての「最低限度原則の確立」がなされた時期であり，児童福祉法も身体障害者福祉法も，その「せっかくのカテゴリカルな属性への普遍主義的な対処を，扶助が目的とする最低生活保障という水準と，そのための法の運用形式の枠に閉じ込め」（同上: 185）た時期として描かれる。Ⅱ期は新憲法によって新生活保護法が登場し，また公私の社会福祉事業を管理していく組織法としての社会福祉事業法が成立することによって，新生活保護法をトータルに編成し直した時期である（同上: 187）。さらに新生活保護法の成立によって，「防貧的予防策の拡張」があるが，両者は相互補完的に規定し合うので「螺旋的にしかその水準を引き揚げることは出来ない」（同上: 187）と述べる。Ⅲ期は，このような生活保護水準にひきつけられていた法体系が，そこから離陸し，多様化していく「育成法」の萌芽が形成される。高澤によれば，いわゆる「福祉6法体制」とは，法律が6つという意味よりも，「公的扶助法を基盤に五つの育成法制がそれぞれの福祉ニーズ・カテゴリーを属性別に管轄し，それらを福祉事務所が総合的なフロント福祉機関となって，いわゆる『社会福祉事業』を展開する体制」として理解すべきであるという。

　これを引き継いだのが，古川も指摘する地方単独事業の発展であり，高澤はこれをⅣ期に区分する。この時期には地方自治体単独事業のほか，いわゆる「福祉元年」（1973年）以降の，第3セクター方式による施設ストックの飛躍的増大，専門家集団のアドボカシー活動，国際的なトレンドによる影響（普遍主義，在宅福祉等）があり，オイルショックの影響にもかかわらず福祉水準の向上への要求が高まっていく。このため高度経済成長の果実を，「戦後体制」を

図 4-2　法類型と行政課題のシフト

法類型と展開	行政課題のシフト
Ⅰ　一般救貧法の近代化 　　＊一般扶助法と特別扶助法の分化 ・1946　旧生活保護法 ・1947　児童福祉法 ・1949　身体障害者福祉法	Ⅰ　最低限度原則の確立（緊急保護） 　　→一般扶助主義的生活保護 　　　（無差別平等の原則） 　　SCAPIN 775など 　　各種占領軍指令
Ⅱ　組織法の成立 　　＊行政体系の確立 ・1949　厚生省設置法（社会局・児童局） ・1950　新生活保護法 ・1951　社会福祉事業法（福祉3法体制） 　　・シャウプ勧告 　　・社会保障制度審議会勧告 　　・地方行政調査委員会会議勧告	Ⅱ　防貧的予防政策の拡張（生活保護） 　　→低所得階層（不安定就労）対策 ・1952　母子福祉資金貸付法 ・1953　日雇健康保険法 ・1956　売春防止法 ・1958　国民健康保険法 ・1959　国民年金法，最低賃金法
Ⅲ　特別（育成）法の多様化 　　＊カテゴリカル対策の展開 ・1960　精神薄弱者福祉法 ・1963　老人福祉法 ・1964　母子福祉法（母子福祉資金貸付法改正） 　　福祉6法体制	Ⅲ　個別属性重視（低所得階層対策）の多様化 　　→老人・母子・障害者施策 　　高度成長による社会福祉の拡大 　　▼
Ⅳ　既存法の部分改正と弾力運用 　　＊地方単独事業と通達行政 　　　（モザイク行政） 　　革新自治体（社会福祉運動） 　　当事者組織と運動	Ⅳ　普遍主義的理想主義の普及（ハンディキャップト保護対策） 　　→自己実現条件整備行政（normalization）
Ⅴ　法体系の再整備 　　＊人生50年法体系の終焉 ・1982　老人保健法 ・1984　健康保険法改正 ・1985　各種年金関係法改正 ・1986　補助金カット一括法 ・1986　行革一括法（機関委任事務整理法） ・1987　社会福祉士・介護福祉士法 ・1987　精神保健法（精神衛生法改正） ・1990　福祉関係8法改正 ・1997　介護保険法 　　・第2次臨時行政調査会 　　・行政・財政改革 　　・年金改革・医療改革 　　・福祉改革	Ⅴ　行政の拡張と高齢社会への対応 　　（自己実現・自立・在宅福祉の戦略） 　　→包括的福祉システム形成の模索 ・総合社会政策・計画行政（関係調整） ・ボトムアップの政策形成 ・最適化・成熟化への過渡期の挑戦

出所）高澤（2000: 184）。

根本から見直そうとする新たな法体系に振り向けられず，小手先の改革のみによる「目標なき福祉国家」の膨張にほかならなかったと高澤は強調する（同上: 193）。この小手先の改革を，より包括的社会福祉システムに転換させようとした時期が，行財政改革を背景とし，高齢化社会への対応を掲げたⅤ期である。

なおシステム・ブレイク時期について高澤は，同著の別のページで「社会福祉行政の転換過程と環境変化の構図」と題された俯瞰図を示し，福祉システムのモデルチェンジが「選別主義から普遍主義への移行」「ノーマライゼーションへの挑戦」「ボトムアップの戦略的施行・計画」（分権化，分散化，小規模化，自主参加型化，ファジー化）の3段階を経ているとしている（同上: 70-72）。しかし，むろんこのシステム・ブレイクは，先のⅤ期の法体系の再整備を経て現在なお進行中であり，しかもマクロ環境のさらなる大きな変化の中で，たんなる分権，分散ではなく中央政府による制御の問題に収斂していかざるをえない点を示唆している。

古川と高澤の時期設定の違いは，古川が第Ⅱ期後期と第Ⅲ期前期としたところが，高澤のⅣ期，つまりシステム・ブレイクが明瞭になった時期である点と，古川がさらに第Ⅴ期の改革を強調していることぐらいであろうか。これは高澤が法体系と行政を区分しているためでもあり，「戦後体制」が何故かくも強固に残ったのかという問題意識が強かったからであろう。だが全体の戦後社会福祉の展開の筋道に大きな違いはない。また，厚生労働省の社会保障制度の展開とも大きくずれているわけではない。それはこうしたトレンド分析は，「アナログ的変化」ではなくこれを「デジタル的変化」に置き換えて行うほうが有効だという高澤の表現で説明がつく（同上: 62）。

ところで，本書が追究しようとするのは，むしろ「アナログ」の積み上げである。それは高澤らと目的が違うからであり，社会福祉のトレンド変化というよりは，同時代にある，異なった事業のカテゴリー化や序列化をも見てみようとするからである。もちろんトレンド変化も念頭に置く必要はあるが，資料の制約もある。そこでまず第1回厚生白書の発表される前の時期を最初のデータとして遡上にあげてみたい。1945〜1955年の期間は，占領期とその終結，朝鮮戦争特需を経て，経済自立化を掲げ，高度経済成長に向かおうとする時期までである。古川の第Ⅰ期前半と後半の半ば，高澤のⅠ期とⅡ期の半ばにほぼ該当する。つまり「近代的救貧」から「防貧」へさしかかる時期になる。

3　1945〜1955 年（第 1 回厚生白書以前）

　厚生白書発表前の時期に利用する資料は先述のとおりであるが，ここでは，それらを 2 つの表にまとめた。すなわち，表 4-3 は『厚生省 20 年史』と被占領期社会福祉・社会保障研究，及び参考として 1946 年からの東京都民生局の事業年報（事業概要）の事業集合の配置がわかる表 4-4 を示した。この場合，「問題認識」は取り上げようがないので，時代背景を簡単に示し，また政策当事者は占領期においては GHQ と日本政府の二重統治（間接統治）であったことから，両者のやりとり，審議会報告のほか，この時期の大きな変化として行政機構の変更を加えた。事業は，年々のものではないので，表 4-3 の序列にはあまり意味がない。この点は東京都民生局の表 4-4 が参考になる。表 4-5 は，失業対策年鑑の 1946〜1955 年度までの記述から，労働省職業安定局の行政業務を，白書記述のとおりの名称と順序で並べたものである。ここでは，GHQ の指示の下であれ，ともかく「何を課題としていたか」はある程度把握できる。またこの資料は 1 年ごとの「生の」事業報告であり，同様のものは表 4-4 の東京都民生局の報告だけである。この点を考慮に入れて，高澤のいう「戦後体制」を「アナログ」的に見ていくことにしたい。

3.1　占領期の GHQ 社会福祉政策の基本方針と行政機構改革

　まず表 4-3 に簡単に示した社会情勢から，この期間が敗戦直後の戦災者，傷病者，引揚復員者たちの飢餓や住宅難，「浮浪者・児」問題だけでなく，軍需工場の閉鎖に始まり，やがて経済・財政自立のためにとられたデフレ政策や企業の合理化による人員整理の下で，解雇・失業や労働条件をめぐって労働争議が多発していたことが確認できる。また，各種伝染病の発生，結核の蔓延，ヒロポン中毒問題，あるいは，はやくも水俣病，森永ヒ素ミルク事件などの発生も見られる。他方で戦後の第 1 次ベビーブーム（1947〜49 年）が始まって，すぐ終了する。

　この期間の中で，1945 年ポツダム宣言受諾後から 1952 年の講和条約発効までは，占領軍は間接統治を採用したので，ここでの社会福祉政策も，とりわけその初期には，GHQ の指示と日本政府の回答というやりとりを経て形成されていった。菅沼隆の詳細な実証研究『被占領期社会福祉分析』（菅沼 2005）に

よれば，GHQ の福祉改革についての指示は「行政機構と手続きの民主化に重点が置かれ，福祉水準の改善には関心が払われなかった」とし，GHQ をともすれば「善意の福祉改革者」とする見方に注意を促している（同上: 12）。

そこで，表 4-3 の主な GHQ 指令，日本政府の対応の欄に記載した 1945 年の SCAPIN151 とナンバリングされた GHQ 指令（軍用物資の民生転換）と，続く 333（軍用物資配分による生活困窮者のための緊急救済原則）にまず注目してみたい。151 はそれ以前に指令されていた旧日本軍保有物資を GHQ の指令まで良好に保存しておくこと，そのうち民生に転換できるものは GHQ から内務省に引き渡すという手続きについての指令を前提に，その物資は民生用にのみ向けることを内容としていた（同上: 106-107）。さらに 333 は，対象物資の配分計画を立てる際の条件（中央政府の統制，資格条件は家計の困窮による，物資配分には GHQ の許可が必要等）を示したものである。菅沼は，占領軍の日本の救済福祉計画は，もともと「自力更生」原則に基づいていると指摘しているが（同上: 74-75），この 2 つの指令は，この自前資源の活用を強調したものであるといえよう。これへの回答が「生活困窮者緊急援護要綱」の閣議決定となる。

他方で GHQ は SCAPIN404 で，失業者を含めたより包括的な救済計画の策定を日本政府に求めた。さらに翌年に出された SCAPIN775 は「社会救済（公的扶助）」と名づけられた有名な指令であるが，これによって全国的政府組織によるすべての困窮者への無差別平等な給付，民間団体への委任禁止，困窮者の必要充足，救済財政最優先」（同上: 127-129）等の原則が明確なものとなった。

ただし菅沼によれば，この 775 指令が直接旧生活保護法に結びついたというわけではなく，GHQ は旧法の内容と救護法との類似性に関心を払ってもいなかったという（同上: 127-130）。GHQ にとって重要であったのは軍事救護体制の解体や国家主義的中間団体の排除であり，つまり，775 指令の原則にある無差別平等なニーズ充足が，必ずしも達成できることを見通していたり，また救済責任を GHQ が引き受けようとしていたわけでもない。菅沼は，「自力更生」の念頭に置かれていたのは飢餓ギリギリの 1200 キロカロリー，ないしは社会不安防止のための 1700 キロカロリー水準でしかなく，したがって日本の福祉水準を上げようという積極的意図があらかじめあったわけではないことを資料から示している（同上: 73-74）。この点は，旧生活保護法の第 8 次改訂でマーケット・バスケット方式が採用されながら，扶助基準は最低カロリーを下回っていたという，岩永理恵の実証研究とも照応している（岩永 2011: 89）。この段

表4-3 厚生白書以前（1945年8月〜1955年）

年	1945	1946	1947
時代背景・社会問題	ポツダム宣言受諾 食糧不足，物価高騰，タケノコ生活，極度の生活難，栄養失調，餓死	メーデー復活，食糧メーデー大会 ハイパーインフレ，失業，浮浪等 発疹チフス，天然痘流行	労働争議多発，2・1ゼネスト中止 物価値上げ続く ベビーブーム始まる
日本政府の対応，審議会等の動き，主なGHQ指令	GHQ総司令部（間接統治方式） 占領基本政策，憲法と5大改革指令 SCAPIN151（軍用物資の民生転換） SCAPIN333（軍用物資配分による生活困窮者のための緊急救済原則） SCAPIN404（救済福祉に関する件） 日本政府の主な回答 CLO372, CLO1092, CLO1484 救済分配の保有物資，救済福祉の件 要援護世帯生活実情調査（12/31現在）	金融緊急措置令公布（旧円預金封鎖） 経済安定本部設置，傾斜生産方式 復興金融公庫による重点融資 新憲法公布（11/3），地方自治法 SCAPIN775「社会救済」 無差別平等・公私分離・必要充足 SCAPIN945（保健及び厚生行政機構改革） SCAPIN642（公娼廃止に関する件） CLO2223「救済福祉決定事項」	経済安定本部新物価体系（戦前の約65倍） 新憲法施行（5/3），地方自治法施行 ワンデル社会保障調査団来日・勧告 過度経済力集中排除法（時限立法） 民法改正，教育基本法 結核対策強化に関する覚書 フラナガン神父来日，共同募金 社会保障制度審議会設置法案
機構整備・変更	厚生省管制改正 衛生局 保険局 社会局復活，保護課，福利課，住宅課，引揚援護課（新） 日本政府の主な回答 軍事保護廃止，保護院，医療局（国立療養所・らい療養所等） 労政局	医務局 予防局 公衆保健局（栄養課） 社会保険制度調査会 社会局に庶務課 社会局に物資課 引揚援護院 労政局・勤労局・職業安定局	内務省廃止（12/31） 社会保障制度要綱答申 児童局設置（企画・養護・母子衛生＋保育課） 社会保障制度審議会設置 労働省設置（厚生省から分離，労政局，職業安定局，労働基準局移行，婦人少年局新設） 地方自治法改正（都道府県に衛生部・民生部設置）
付属機関	国立少年教護院		
事業・制度	戦災孤児等保護対策要綱（次官会議） 住宅緊急措置令 生活困窮者緊急援護要綱（閣議決定） 浮浪児・浮浪者の一斉収容 労働組合法公布 軍人恩給廃止 労務充足に関する件（厚生省令） らい療養所患者に選挙権	生活保護法（旧） 民生委員令（民生制度設置） 浮浪児その他児童保護応急措置 引揚者 ララ物資始まる 警保局長通牒「公娼廃止」 婦人保護要綱設置 （売春婦の保護） 公共事業実施（閣議決定） 緊急失業対策要綱	労働基準法，労働者災害補償法 失業対策本部設置（閣議決定） 失業保険法 職業安定法（職業安定所，職業補導所） らい予防法 事務警察から地方衛生部へ 児童福祉法 日本社会事業協会設立 共同募金（赤い羽根運動） 災害救助法 保健所法改正

1948	1949	1950
戦後最大の首切り強行 東京裁判，逆コース ヒロポン中毒，日本脳炎流行	デフレ不況（ドッジ不況） 企業整理増大，国鉄人員整理 三鷹事件，下山事件，松川事件	朝鮮戦争勃発，特需景気
GHQ，経済安定9原則を指示（予算均衡，徴税強化，資金貸出制限，賃金安定，貿易改善，物価統制，増産，食料集荷改善，物資割当改善） マニトフ大佐による結核軽症患者退院方針 医療法，医師法，看護婦助産婦法等 ヘレン・ケラー来日（盲人福祉法キャンペーン） 社会保障制度審議会設置法施行	ドッジ経済安定政策（ドッジ・ライン），超均衡予算，単一為替レート（1ドル＝360円），戦時統制の緩和，自由競争の促進 シャウプ勧告（1）税制改革案 経済安定9原則に伴う物価政策の方針 厚生省体系整備の6原則（厚生省GHQ合同会議・行政地区制度） 人口問題審議会 「人口調節に関する建議」 失業対策審議会設置（答申第1号）	公務員のレッドパージ閣議決定 国勢調査実施 物資配給・価格統制撤廃 シャウプ勧告（2） 警察予備隊令 行政事務配分の件 社会保障制度審議会 「社会保障制度に関する勧告」 失業対策審議会意見具申
	公衆衛生局（保健所）	
建設院→建設省設置 社会局に更生課（傷痍者対策専管） 社会局に生活課（福利課廃止）		社会局に施設課
引揚援護庁		
国立光明寮	国立教護院，国立身体障害者更生指導所	
生活保護基準第8次改訂（マ・バ方式） 改正保健所法施行，予防接種法 浮浪児根絶緊急対策要綱 （閣議決定） 改正少年法公布 母子衛生対策要綱 優生保護法 （不良な子孫出産の予防と母体保護） 消費生活協同組合法 らい治療薬国内製造開始 風俗営業取締法	労働組合法・労働関係調整法の改正 緊急失業対策法 失業保険法改正 日雇労働者保険創設 優生保護法一部改正 （経済的事由による中絶認める） 青少年問題対策協議会設置 児童福祉法改正（少年法との調整） 身体障害者福祉法（更生援護）	新生活保護法 社会福祉主事設置 精神衛生法 （予防・私宅監置禁止・精神薄弱者及び精神病質者に拡大） 小児保健指針 保育所運営要綱 母子寮運営要綱 学校給食及び保育所給食について

	1951	1952	1953
時代背景・社会問題	全国ハンセン病患者協議会 桜木町事件 異常渇水で電力不足深刻	第23回メーデー（血のメーデー事件） 第1回全国戦没者追悼式 韓国, 李承晩ライン設定	南北朝鮮休戦協定 石炭合理化, 本格的鉱山閉山始まる らい予防法改正反対ハンスト, 水俣病
日本政府の対応, 審議会等の動き, 主なGHQ指令	GHQマッカーサー解任 サンフランシスコ対日平和条約調印 日米安保条約調印 ユネスコ加盟 ILO加盟 住民登録法	対日平和条約・日米安保条約発効 講和条約発効（4/28） 日本主権回復 国際通貨基金加入 国際復興開発銀行（世銀）に加入 公職追放令廃止・追放解除 経済安定本部廃止→経済審議庁 警察予備隊→保安隊へ改組 経済審議会設置	恩給法改正 スト規制法 独占禁止法改正 世銀より火力発電借款 潜在失業に関する調査報告（失業対策審議会） 売春問題対策審議会設置
機構整備・変更			
付属機関		国立精神衛生研究所	
事業・制度	新結核予防法施行 社会福祉事業法 （社会福祉事業の種類, 福祉事務所, 社会福祉法人） 児童憲章制定宣言 公営住宅法公布 覚せい剤取締法 新入学児童への教科書無償給与の部分実施	戦傷病者戦没者遺族等援護法 全額国費による補装具交付と更生医療, 国立療養所2カ所設置 母子福祉資金貸付制度 世帯更生運動開始 社会福祉協議会 児童福祉法改正 （児童街頭労働禁止） 義務教育費国庫負担法 栄養改善法	軍人恩給復活 第1回結核実態調査 らい予防法改正（勧奨入所, 外出許可制, 所長による謹慎処分, 義務教育, 家族への福祉措置） 社会福祉事業振興会法 混血児問題対策要綱 精神薄弱児対策基本要綱（次官会議） 公共事業等による失業者吸収措置強化 未帰還者留守家族等援護法

1954	1955
第五福竜丸事件（米水爆実験被爆） 結核患者団体座り込み ヒロポン撲滅運動	春闘の始まり 神武景気，家庭電化時代へ 森永ヒ素ミルク中毒事件
改正警察法 学校給食法 人口問題審議会「人口の量的調整に関する決議」	経済自立5カ年計画閣議決定 （特需に依存しない国際収支均衡，輸出産業の競争力強化）
引揚援護局	
国立らい研究所	
改正厚生年金法 結核対策強化要綱 青少年覚せい剤対策要綱閣議決定 精神衛生法改正 （覚せい剤中毒者含む） 精神衛生実態調査実施 優生保護法一部改正（精神病，精神薄弱者の配偶者に拡大，優生保護相談所義務設置） 児童福祉法改正（育成医療） 身体障害者福祉法改正 （更生医療の給付）	社会保障制度審議会 「結核対策の強化改善」勧告（全額国庫負担） 世帯更生資金貸付制度 授産施設運営要綱 養老施設運営要綱 救護・更生施設運営要綱 社会保障5カ年計画 （国民皆保険・皆年金へ） 日本住宅公団設立

表 4-4 東京都民生局年報及び民生局事業概要

1946～1947 年 7 月	1947～1948 年 3 月	1948～1949 年 3 月	1949～1950 年 3 月
1 保護事業 ①民生委員事業 ②一般保護事業（生活保護，浮浪者，行路病人） ③応急的保護事業（戦災者，引揚者） ④医療保護事業 ⑤児童保護事業（児童収容保護，母子保護，特殊婦人保護，保育） ⑥養育院事業 ⑦復員事業 2 福利事業 ①経済的福利事業（授産・職業補導，公益質屋，外食券食堂，浴場） ②生活指導事業（生活改善事業，娯楽慰安事業）	1 保護事業 ①民生委員事業 ②一般保護事業（生活保護，浮浪者，行路病人，傷病者） ③応急的保護事業（戦災者，引揚者） ④医療保護事業 ⑤児童保護事業（児童収容保護，保育，母子保健） ⑥特殊婦人保護事業 ⑦結婚相談所事業 ⑧養育院事業 ⑨復員事業 2 福利事業 ①経済的福利事業 ②生活指導事業（生活改善事業，娯楽慰安事業，貯蓄奨励） ③社会保険事業	1 保護事業 ①民生委員事業 ②一般保護事業（生活保護，浮浪者，行路病人，傷病者，生業資金給付，外地引揚者） ③養育院事業 ④児童保護事業（児童収容保護，母子保健，保育，浮浪児保護・児童の不良化防止） ⑤特殊婦人保護事業 ⑥結婚相談所事業 ⑦復員事業 2 福利事業 ①生活指導事業（生活学校） ②経済的福利事業 ③社会保険事業 ④生活協同組合事業	1 保護事業 ①民生委員事業 ②一般保護事業（生活保護，浮浪者，行路病人，身体障害者保護，引揚，外地引揚者） ③養育院事業 ④児童保護事業（浮浪児保護・児童の不良化防止，児童養護，母子福祉，保育） ⑤特殊婦人保護事業 ⑥結婚相談所事業 ⑦復員事業 2 福利事業 ①生活指導事業 ②経済的福利事業 ③社会保険事業

注）　年報の時期については岩田ほか（2002: 188）参照。

階を簡単に「救貧法段階」と名づけたり，あるいは「せっかくのカテゴリカルな属性への普遍主義的な対処を，扶助が目的とする最低生活保障という水準と，そのための法の運用形式の枠に閉じ込め」たという先にも引用した高澤解釈の妥当性は，当時の最低生活保障の形式とその実質水準の乖離についてのより深い研究によって再検討されねばならないのではないか。むろん，これは本章のねらいからは，やや脱線した議論ではある。

　表 4-3 に戻って，行政機構の改編を見てみよう。厚生省では，いちはやく管制改正があり，まず社会局が復活し，軍事保護院が廃止された。軍事保護院が管轄していた国立療養所，らい療養所等は医務局へ移り，1947 年には労働省が厚生省から分離独立し，内務省が廃止された。新設された引揚援護課は引揚援護院→引揚援護庁→引揚援護局と変化していく。また 1948 年には建設省が設置されている。1949 年には予防局と公衆保健局が統合され公衆衛生局となった。すでに 1947 年に地方自治法改正により都道府県に地方衛生部が設置され，1948 年には改正保健所法も施行されていたことから，母子保健，「らい」等も含んだ伝染病予防等はこの地方保健所に委ねられることになる。なお，1947 年の地方自治法改正は民生部の設置も含んでおり，1951 年の社会福祉事

1950～1951年3月	1951～1952年3月	1952～1953年3月	1953～1954年3月
1 保護事業 ①民生委員 ②一般保護事業（生活保護，浮浪者，行路病人，身体障害者保護，引揚，外地引揚者） ③養育院事業 ④児童保護事業（保育，母子福祉，児童養護，浮浪児保護・児童の不良化防止） ⑤特殊婦人保護事業 ⑥結婚相談所事業 ⑦復員事業 2 福利事業 ①生活指導事業 ②経済的福利事業（生業貸付資金，理容学校，洋裁学校等） ③社会保険事業	1 保護事業 ①民生委員 ②一般保護事業（生活保護，浮浪者，行路病人，身体障害者保護，引揚，外地引揚者） ③養育院事業 ④児童保護事業（保育，母子福祉，児童養護，浮浪児保護・児童の不良化防止） ⑤特殊婦人保護事業 ⑥結婚相談所事業 ⑦復員事業 2 福利事業 ①生活指導事業 ②経済的福利事業 ③社会保険事業	1 保護事業 ①民生委員 ②一般保護事業（生活保護，浮浪者，身体障害者援護，引揚者援護，戦没者遺族援護） ③養育院事業 ④児童保護事業（保育，母子福祉，児童養護，浮浪児保護・児童の不良化防止，婦人福祉） ⑤復員事業並に補償事業 2 福利事業 ①生活指導事業（結婚相談所） ②経済的福利事業（授産・内職斡旋，生活協同組合，第2種住宅管理） ③社会保険事業	1 保護事業 ①社会福祉事業（福祉事務所の運営） ②一般保護事業（生活保護，浮浪者，行路病人，身体障害者援護，戦傷病者援護，引揚者援護，戦没者遺族援護） ③養育院事業 ④児童保護事業（保育，母子福祉，児童養護，婦人福祉） ⑤復員及び援護 2 福利事業 授産・内職斡旋 生活改善，民生食堂 都民葬祭，生活館，その他

業法による福祉事務所は地方ごとの社会福祉事業の第一線機関として位置づけられた。

　この行政改編で注目しておきたいのは，第1に，復活した社会局に保護課のほか，福利課，住宅課が置かれていたことであり，48年に福利課は生活課となり，50年に施設課が設置されている。この福利課は，戦前期社会事業の1つの中心でもあった〈経済保護事業系列〉に連なるものであり，48年の消費生活協同組合法による生協を含めて，消費者庁のある現在もなお社会・援護局地域福祉課の所掌業務になっている。この点は，表4-4の東京都民生局の業務を見るとさらに明白である。東京都の場合，民生局事業は大きく2つの集合に区分され，「1 保護事業」，「2 福利事業」となっており，2には，その要素として「経済的福利事業，生活指導事業，社会保険事業，生活協同組合」などが列挙されている。東京都民生局は1946年版で，「一定水準以下の要保護者を保護する保護行政」と「この水準以下への脱落を防止するための福利行政」という区分をしており，これも戦前の〈経済保護事業系列〉と同じ位置づけである。ただし，戦前の経済福利事業の中心でもあった住宅事業は建設省が別に設置されていった経緯から，経済保護の内容は縮小しているが，それでも東京都の場合，公営住宅第2種の管理業務を1952～1960年までは福利事業の中に加えて

いる（岩田ら 2002）。つまり，「戦後体制」は戦前社会事業の全否定のうえに形成されたわけではない。実際，戦前から継続された事業を含めて所轄する福利課，ないしは生活課という組織が，厚生省社会局に置かれていたわけである。

第2に，1947年に児童局が設置され，翌48年に社会局に更生課（傷痍者対策専管）が置かれている。この更生課は旧福利課から分離してできたもので（寺脇 2008: 16)，福利課は生活課と更生課の2つにさらに枝分かれしていく。児童局設置と更生課は，それぞれ児童福祉法，身体障害者福祉法に結びつくものである。とくに児童局設置は，児童福祉行政を，社会局と同格の局として実施することを示しており，企画・養護・母子衛生・保育をその管轄業務とした。次節でも触れるが，局の管轄事業として母子衛生を含むという意味からか，非行問題への焦点からか，児童局は社会局の扱う社会福祉事業とは区別されて扱われている。なお，寺脇によれば，更生課も当初「局」としての設置も構想されていたという（同上: 16）。それは実現しなかったわけであるが，更生課設置を基盤に傷痍軍人対策から「一般身体障害者事業集合」への形態転換が図られていく。なお社会局更生課は当初は「傷痍者保護更生」という名称で問題を捉え，法律案に着手するが，同年10月の法律案から「身体障害者」という対象カテゴリーが使用されている。これらの法律案の展開と帰結については，上記寺脇の論文が詳しい。

さらに1949年の身体障害者福祉法より前に，国立光明寮が設置され，また児童福祉との関連でいえば国立少年教護院，1949年度の少年法改正を受けて改編された国立教護院も存在している。国立教護院設置は，GHQ及び日本政府ともに，非行問題を児童問題の中でも重く考えていた証左でもある。国立光明寮は『厚生省20年史』によれば，民間で経営されていた旧失明軍人寮が厚生省所管の国立光明寮として再出発したものであるという（厚生省20年史編集委員会 1960: 409-413）。国立施設について付け加えると，「らい」患者については，選挙権が与えられ，その管轄も警察から地方衛生部へと変更され，治療薬の国内生産も開始されたにもかかわらず，なお全患者の国立療養所収容を前提とし，外出規制，所長による謹慎処分などを含んだ「らい予防法改正」を行い，翌年には「国立らい研究所」が設置されている。「らい」への国家管理の意欲はまったく衰えていない。戦後の「らい療養所」での患者運動，「らい治療薬」プロミンによる軽快退所者の出現にもかかわらず，プロミンが療養所でしか投与できなかったこと，GHQ・公衆衛生福祉部局も，「らい」にはほとんど関心

をもたず，療養所継続を黙認していたこと等については，藤野豊の『ハンセン病と戦後民主主義』に詳しい（藤野 2006）。「らい」だけでなく，「国立精神衛生研究所」の設立も同様に，国家による直接管理のためだったと考えられよう。

3.2　具体的事業のいくつかの異「集合」

　この時期の前半は，簡単に「救貧」という形容詞をつけて語られることが多いことはすでに繰り返し述べた。GHQ の指令を見てもわかるように，貧困救済がこの時期の中心であったことはむろんのことである。ここではまず，生活困窮者緊急援護要綱から旧生活保護法，新生活保護法へと「形態変化」していく「生活保護事業」の存在が確認される。この最終形態である「新生活保護法」は，労働能力者をさえ排除しない無差別平等の一般扶助として完成し，生活扶助，医療扶助をはじめとする7つの扶助の組み合わせで，形式上あらゆる生活困難に対処しうるという意味で，「パーフェクト」な法体系を作り上げた（岩田 2012: 36）。日本の社会福祉・社会保障の「戦後体制」は，この理想的ともいえる完成法を拠り所として進んでいったことは間違いない。だが，同時に日本政府は「補足性の原理」によってその一般扶助に実質的な制限をかけ，またその扶助水準を高められなかっただけではなく，「自立助長」という名の自助努力を促すことによって，日本政府自体の「自力更生」努力を，国民に転化していったともいえる。この生活保護事業が国民皆保険・皆年金体制とどう組み合わせられていくかは第5章のポイントの1つである。

　他方で，当時の深刻な生活難，失業，結核等の諸問題に対処した法律や事業を広く見ると，生活保護事業だけで，この時代の社会福祉の有り様を説明するのは当然無理がある。貧困問題に限定したとしても，「浮浪者・児の一斉収容」が1945年から行われており，この一斉収容とは施設への収容を意味していた。この収容施設の法的根拠は，当初は「生活困窮者緊急援護要綱」，その後旧生活保護法，及び新生活保護法による保護施設（救護施設，更生施設，ないしは宿所提供施設）と児童福祉法による養護施設，母子寮等の位置づけになる。だが，東京都民生局の事業内容を見てもわかるように，生活保護と「浮浪者対策事業」「行路病人対策」は区分されており，東京都では，更生施設を長く「浮浪者収容施設」と呼んでいた。『都政10年史』の記述では，1946年度は「児童施設四，浮浪児収容施設二，浮浪者収容施設八，母子寮四，戦災者引揚者収容施設八，授産施設十三，医療施設二を復興修理または新設し，…（略）…たん

に法定の扶助金を被保護者に支給するだけでなく，個別的に保護救済を与えた」とある（東京都 1954: 223）。これら収容施設は，近代的公的扶助が掲げる居宅原則，現金給付による方法から見て，明らかに「傍系」であり〈施設収容系列〉とも呼ぶべき位置にある。東京都と大阪市は，「浮浪者」の生活保護適用にあたっては，施設保護優先の原則をこの時期に作って今日に至っている（岩田 1995a: 81-83）。なお，住宅難に対しては，戦災者引揚者寮や後に公営住宅法による住宅供給があったが，次の章で見るように東京など大都市には不法占拠によるスラムが数多く形成され，後には公営住宅ないしは施設への誘導がなされていくことになる。

　詳しくは表4-5で確認するが，当時の緊迫した状況の中では，少なくとも貧困対策と同様に失業対策が急がれた。生活保護が稼働能力者を排除していないとしても，解雇された人びとが求めるものは，所得保障だけではなく，適当な職業であったことはいうまでもない。政府もまた授産や職業対策を，所得保障より「積極的なもの」と見なしていた。表4-3の範囲で見ても，緊急失業対策要綱，失業対策本部の立ち上げ，失業保険法，職業安定法，緊急失業対策法に加えて，日雇労働者保険の創設が見いだされる。なお，身体障害者の失業，職業補導についても，社会局更生課が身体障害者福祉法にこぎつける前に，労働省の職業安定局がいち早く対応している。『厚生省20年史』は「厚生省としては総司令部の制約もあり，一般障害対策としての失明者保護を中心とする更生援護についての通達指導をする程度で，…（略）…主として生活保護法の適用により生活困窮者を救済するという消極策に頼ることになったのである。昭和22年に発足した労働省では，この消極策に終止符を打ち，同年12月重要施策として身体障害者職業安定要綱を定め」たと述べている（厚生省20年史編集委員会 1960: 410）。したがって，この「失業対策事業集合」の一要素として，身体障害者の「職業補導」も含まれていることに注意したい。

　ちなみに，その後ようやく成立した身体障害者福祉法は，「生活費支給や重度障害者の施設保護や宿所提供は生活保護の役割とし，あくまで『更生援護』を基本としたこと，また障害の範囲を視聴覚言語障害，肢体不自由，中枢系神経障害とし，結核など内部障害は予算の面からも含めることが出来なかった」としている（同上: 409-413）。身体障害者の職業補導を労働省へ「取られ」，生活費支給を生活保護に，施設収容を「傍系」の生活保護施設に委ね，さらに障害児童は児童福祉法の一部とした結果，身体障害者福祉法の内容はきわめて希

薄なものとならざるをえなかった。その意味では、確かに高澤のこの時期の評価（＝カテゴリカルな福祉を最低生活保障という水準と、そのための法の運用形式の枠に閉じ込めた）は、身体障害者福祉事業に限ってみれば、当たっていなくもない。が、障害者の職業対策に労働省が素早く対応したこと、法制定時期がドッジライン不況とシャウプ勧告の時期であったことにも考慮する必要があろう。

　同じく「育成法」と高澤によって仕分けされた児童に目を転ずると、すでに指摘した児童局によって児童福祉法が制定され、その後の改正もなされている。児童局の所掌範囲や手法はかなり広い。まず公衆衛生や周産期医療と重なった一連の母子衛生事業があり、児童福祉法による児童相談所における要養護児童や非行少年の相談・判定、乳児院、養護施設、教護院などへの措置、それらの施設における収容保護、保育所、一般児童の健全育成（非行予防）、さらに障害児のすべてが含まれ、母子寮も児童福祉法の範疇である。『厚生省20年史』によれば、保育所は当初旧生活保護法による託児事業として位置づけられたが児童福祉法によって保育所となった。この時はその対象を「必ずしも『保育に欠ける』乳幼児に限定していなかった」（同上：785）という。「すなわち乳幼児全般を保育の対象とし、そのうちで市町村長が保育に欠けると認めるものには入所措置を執り、公費負担の対象とするという考えにたつものであった」（同上：785）。だがこの考えに立つと幼稚園との混同が問題になったので、1951年度の改正時に「保育に欠ける」との対象規定をおき、幼稚園との差異化を図ったと述べている。また1952年度の改正では児童の街頭労働の禁止が掲げられ、また占領期終結とも関わって、その翌年には混血児問題対策要綱が出されている。これらの児童福祉事業の対象と手法の多様性は、少なくともこの時期においては、社会局更生課の障害者福祉事業とは相当異なる点であり、高澤の指摘とは一致していない。

　さらに、教育行政との関連では学校給食が1946年より部分的に導入されていったとされるが（GHQ/SCAP＝菅沼訳1998：69-70）、1950年頃までに学校及び保育所での給食が普及したようである。これは全児童への教育課程としての一般サービスであり、文部省が所管し、厚生省が協力するという形をとった（同上：69-70）。また学校給食による児童一般の栄養改善に加えて、1951年からの教科書の無償給与の部分的実施、翌年度の義務教育国庫負担が続き、教育の機会均等の実質化が進められたと見られる。社会福祉の近傍にある、この文部省の「一般教育事業集合」、すなわちその要素として幼稚園も含めたこの事業集

合の「普遍主義」としての性格との関係で，その「普遍」を犯さないような「児童福祉事業集合」の位置取りが枠づけられたともいえる。保育所の対象規定がその一例である。

　次章に掲げる表5-2教育白書の1953年度版データを先取りして加えると，義務教育における不就学者として，障害を理由とする就学免除者の数，長期欠席者（いわゆる長欠児童）の割合とその理由が掲載されている。この長欠児童への暫定的な教育措置としては夜間中学を挙げている。なお夜間中学以外にも，教師たちの自発的取組みで，貧困地域等に「学級」が設けられた事例もあるが，白書には記載がない。また，先にも述べた混血児問題と学校給食についても言及されているが，GHQ資料とは異なり，この時点での学校給食の普及の度合いには地域差が大きく，費用負担も大きいとしている。

　1953年度版教育白書には，障害児に対する「特殊教育」は独立項目として記載されている。すなわち，「一般教育事業集合」との境界に生まれた障害児対策＝「特殊教育事業集合」である。特殊教育はすでに明治半ば頃より多様な試みが各地でなされてきているが，1890年の改正小学校令で「盲聾教育」の規定が，1923年には「盲学校及聾啞学校令」が制定されるなど法規上の位置づけも明確になりつつあった。また戦時中の国民学校令で，「身体虚弱，精神薄弱，その他心身に異常ある児童で特別養護の必要あると認められる者のために，特に学級または学校を編制できる」とされたため，主に身体虚弱児のための養護学校，養護学級の編成が進んでいたという（文部省 1972: 608）。しかし1953年度版教育白書では，特殊学校も養護学校も戦前以下の設置状態（壊滅状態）であり，数少ない学校へ入学するには寄宿舎に入ることを余儀なくされることから，家庭の経済的負担が大きいため，就学率はきわめて低かったとしている。

　その他で重要なものは，国民優生法に代わる優生保護法及びその改正である。次章で本格的に取り上げることになるが，失業問題，ベビーブームを背景に，人口問題（生産年齢層を中心とする人口の圧力）が当時の政府の大きな関心事であった。1949年に人口問題審議会が「人口調節に関する建議」を行っているが，その前年に優生保護法が成立し，またすぐその一部改正が行われている。ここでは人口増加の防止及び母性保護の見地から人工妊娠中絶是認の主張が強まり（厚生省），強制優生手術，母性保護の見地からの人工妊娠中絶の是認，優生結婚相談などのための相談所の設置を内容とする法が制定されたのである。先の

人口問題審議会の建議で受胎調節の必要が説かれたが、改正法では、優生結婚相談所における受胎調節指導を入れたのみで、むしろ経済的理由による人工妊娠中絶の範囲を拡大した。この中絶は、一般的な人口増への警戒＝人口コントロール（近代的間引き）による貧困の予防、及び「らい患者」、1950年の「精神衛生法」の対象であった「精神病患者、精神薄弱者、精神病質者」の「予防」とも関わっている。なお1954年に人口問題審議会が再度「人口の量的調整に関する決議」を行っているが、同年「優生保護法」の一部改正があり、その対象は精神病者、精神薄弱者だけでなく、その配偶者も含むとされた。この人口調節＝「優生保護事業」は、「公衆衛生事業集合」の要素集合をなすが、後に見るように、その位置はしだいに変化していく。

続いて、伝染病、中でも性病や結核対策がある。これらも「公衆衛生事業」集合の要素事業である。上の「優生保護」も含めて、「公衆衛生事業」集合の位置は、社会への脅威の削減＝社会の福祉の確保としてあり、また、低所得層の罹患率が高かったことから、検診費、医療費の負担（医療保険と公費負担）、入院生活費の負担、回復者の社会復帰の支援を含んでいた。さらには後年の予防接種被害救済制度などまで関連していくため、広い意味での社会福祉集合の一局面を構成するものと位置づけることができる。1948年の予防接種法は、感染予防の一手段であり、まず予防、次いで集団検診による<u>早期発見、早期治療と患者管理</u>という手法、〈予防・早期発見・早期介入〉の第1段階であることが見て取れる。こうした手法は、公衆衛生や障害対策、介護や難病対策の標準手法であり、今日まで保健及びこれに包含された福祉領域を貫くものである。

新結核予防法が施行されたのは1951年とやや遅い。結核予防法の眼目も、むろん〈予防〉にあり、BCG接種、集団検診と結核療養所における治療、患者管理を網羅したものであった。こうした感染予防の第一線機関は地域に置かれた保健所である。保健所は結核など各種感染症だけでなくハンセン病も含んだ予防管理の最前線であった。またすでに公私の結核療養所への患者収容・治療が行われており、社会福祉運動の中でも名高い日本患者同盟の全国的な結成も1948年になされている。ところで、その48年には、軽症患者の強制退院の指示がGHQマニトフ大佐によってなされたことから、患者同盟はこれを同盟つぶし（マニトフ旋風）と捉え、都や厚生省への陳情・座り込みを行っている。1951年法はこうした経緯の上に成立し、1953年には第1回目にあたる患者調査を全国210地区、5万1011人を対象として行っている。

1955年になって社会保障制度審議会「結核対策の強化改善」勧告（全額国庫負担）があった。51年の結核予防法では，従来から，命令により入所した者に対しては，その負担能力に応じて医療費の全部または一部を公費で負担することになっていたが，その負担割合が生活保護の場合と比較して地方公共団体には重かったため（生活保護法は国8割，結核予防法は国5割），都道府県は財政的理由からその措置に積極性を欠き，生活保護医療扶助等の負担を重くしていた。この点についての改正は1961年度まで待たねばならなかった。

　性病予防と関わる「公娼廃止に関する件」は1946年に指示され，日本政府も公娼関連法令を廃止した。表4-3にある1946年警保局長通牒「公娼廃止」及び「婦人保護要綱」設置（売春婦の保護）等がそれにあたる。「しかし，これよりさき，公娼廃止に伴う措置として，一月十二日警視庁保安部長の通達で貸座敷指定地域をそのまま私娼黙認地域として認め，三月一日から旧遊郭は特殊喫茶として日本人に再開されることになった。公娼制度は法的には廃止されたが，特飲街を黙認したことによって街娼発生の一因をなし，性病の蔓延や風紀上の問題等多くの弊害が発生したため，政府は婦人福祉対策の必要に迫られてきた」と『厚生省20年史』は述べている（厚生省20年史編集委員会 1960: 416）。つまりいわゆる「赤線」地域の黙認である。こうした事態から，東京都民生局事業にあるような「特殊婦人保護」事業が実施されていくことになる。すなわち「特殊婦人」＝「婦人保護事業集合」の形成である。中央政府レベルでは，1953年の売春問題対策審議会設置以降，ようやく本格的な売春防止法の議論が開始されることになる。

　最後に表4-3からは，占領終結から「軍人恩給」が復活するだけでなく，本格化する戦傷病者戦没者遺族等援護法，未帰還者留守家族等援護法など，今日まで続く戦争補償としての「援護事業集合」が社会福祉集合の一局面をなすものとして出現していることに注目しておきたい。また「母子福祉資金貸付制度」，民生委員の世帯更生運動の成果としての「世帯更生資金貸付制度」は，その後の「低所得層対策」の中核となるものであり，戦前〈経済保護事業系列〉に連なる「低所得層対策事業集合」である。東京都の福利事業の一部とも重なる。ここで，同じ資金貸付制度でありながら「母子」と「世帯更生」が区別されていることにも注意が必要である。

　母子福祉資金貸付制度は1950年における全国未亡人会協議会結成を契機とする母子福祉対策の要望を前提に1952年に母子福祉のための一手段として，

母子相談員制度と共に法制化されたものである。他方，世帯更生資金貸付は，都道府県社会福祉協議会の運営となった。身体障害者はこの世帯更生資金貸付の中の下位項目として（すなわち，集合の一要素として）区分されたにすぎない。ここでも，児童（母子）カテゴリーと身体障害者カテゴリーは別扱いである。なお社会福祉協議会については，その全国組織である全国社会福祉協議会も，「日本社会事業協会」→「財団法人中央社会福祉協議会」→「社会福祉法人全国社会福祉協議会連合会」と合併や名称変更を経て，1955年に「社会福祉法人全国社会福祉協議会」となっている。さらに，この最後の時期は，1954年の改正厚生年金法によって「養老年金」が「老齢年金」に改められ，報酬比例だけの年金を，定額と報酬比例の2つで構成するなど，国民皆保険・皆年金への道筋が描かれつつあったが，これについては次章で述べたい。

3.3 失業対策年鑑（1946〜1955年度）

先に指摘した「失業対策事業集合」について，表4-5の失業対策年鑑から，詳しく確認しておこう。1946年度年鑑によれば，すでに1945年に復員，徴用解除，工場等の整理による離職者に対する職業斡旋を行うこととし，政府は「失業対策委員会」を設置していた。この委員会は「失業対策として早急に措置すべき事項に関する意見」として4つを挙げている。すなわち，①民需産業の急速なる振興，②労働者の勤労意欲振起のための措置，③知識階級の失業対策，④女子の失業対策である。これに基づき1946年度には表4-5にあるような「緊急失業対策要綱」が策定され，事業の内容として，土木事業，帰農の促進，基幹産業の振興等のほか，知識階級の失業対策として，調査研究等が挙げられている。これは戦前の昭和恐慌時の失業対策ときわめて類似している。

だが1946年5月にはGHQの「公共事業計画原則」が示され，強力な公共事業を実施するよう指示された。公共事業は，①必需品生産・配給増加にまず重点を置くこと，②経済復興に失業者を優先的に吸収すること，の2つが示されている。このように，GHQのいう公共事業とは，第1に食料等の増産を，第2に失業対策としての公共事業を目的としたものであった。民需振興や帰農を掲げた政府の要綱に対して，国費による公共事業としての失業対策へ転換することが求められたわけである。当初公共事業は経済安定本部の管轄とされ，「労務者は公共職業安定所紹介者」で，また「被扶助者で労働能力のあるものを優先」と記されている。この後者は，「生活保護事業」に括られながら「失

表4-5 失業対策年鑑（1946～55年度版）

1946	1947	1949
社会労働情勢	**社会労働情勢**	**社会労働情勢**
復員，徴用解除等による失業者の拡大，食糧難 食糧メーデー	労働争議多発 2.1 ゼネスト中止	経済9原則の自立化政策による行政整理等のため失業者拡大
制度・事業	**制度・事業**	**制度・事業**
緊急失業対策要綱 土木事業の推進 帰農の促進 基礎産業の振興 諸生活関係組織の整備 徴税 統計関係職員の拡充 調査研究 社会福祉関係施設の整備 知識階級失業応急事業 　→公共事業の一環として 公共事業 簡易公共事業開始 知識階級失業救済事業 GHQ指令（公共事業計画原則） 必需品生産・配給増加に重点事業 経済復興に失業者を吸収 （失業者優先） 経済安定本部の管轄 労務者は公共職業安定所紹介者 被扶助者で労働能力者を優先雇用 政府・公共事業処理要綱 失業対策を第1目的とする 併せて食料等増産等効果 （土地開拓事業，運搬道路建設，配電線の架設，住宅建設，戦災地片付け） 失業対策実施本部（8月） （関係各省の連絡，公共予算調整等）	勤労署を公共職業安定所へ 緊急経済対策決定（6月） ①公共職安の効率的運営 ②職業補導施設の拡充強化 ③輸出産業その他民需産業振興による雇用量拡大 ④公共事業への失業者の吸収 ⑤失業保険制度乃至失業手当制度 労働省設置（9月） 職業安定局労働省所管 失業保険法（11月） 6カ月の拠出期間 職安での失業認定を要件 支給日数180日，給与の60～80% 失業保険委員会による運営 職業安定法施行（12月） 公共職業紹介 身体障害者を含めた公共職業補導所	緊急失業対策法 従来の公共事業を，以下の2つに分類 ①失業対策事業の創設 簡易公共事業を吸収 基本的には公共職業安定所紹介失業者 事業は国，地方公共団体の直営 賃金は同種地域/作業の賃金の80～90% 1日8時間週48時間を超えない ②公共事業の失業者吸収率の法制化 失業対策審議会の設置 失業保険法の改正 保険給付金増額 適用範囲拡大 日雇労働者失業保険の創設

126　第4章　白書分析の前提

1950	1951	1952
社会労働情勢	社会労働情勢	社会労働情勢
職安への日雇い求職者増大 求職闘争の激化，朝鮮戦争勃発	特需ブーム，講和条約 行政改革（人員整理） 求職闘争松坂事件	講和条約発効 血のメーデー事件
制度・事業	制度・事業	制度・事業
緊急失業対策 強化合理化 ①就労日数の均等化 輪番制の実施 ②作業規律の確立 就労不適格者・不良就労者の排除 　適格者＝主たる家計の担当者 　　　　　失業者であること 職安登録者を体力検査で厳選 身上調査票，米穀通帳等の提出・判定 　→日雇労働者被保険者手帳に押印 当初被保護世帯は排除，のち削除 地方独自の失業応急事業も実施された	公共事業 経済安定本部と大蔵省の協議 失業者吸収設定事業 無技能者と有技能者の設定 失業対策事業 民間企業，公共事業への斡旋 事業費目の選定と資材費補助 失業者発生地域の近くで選定 不適格者／不良就労者の排除 　適格認定の継続実施 主たる家計担当者のみ 不良者排除 失業者地域差あり 継続紹介の採用 輪番制等の採用	経済安定本部廃止 緊急失業対策法，一部改正 （公共事業の失業者吸収率を労働大臣が決定） 失業対策事業就労者の民間雇用その他への就職促進 作業能率，職場秩序の確立 経済効果の確保 日雇労働者の福利施設の推進 （宿泊所託児所簡易食堂など）
特別失業対策の実施 生産的建設的事業実施により，能力の高い失業者を吸収	失業保険 適用事業者数増加 日雇失業保険財政不安定	失業保険 第5次改正 一般 日雇：保険料率の引下げ
失業保険 第2次，3次改正 一般：延滞金引下げ 日雇：受給要件緩和	職業補導事業 種目の大幅転換 家内工業軽作業→機械関係へ 公共職業補導所の総合化 臨時職業補導（行政改革対応） 身体障害者職業補導所増設	職業補導所 身体障害者公共補導所増 （援護充実） 戦傷病者入所優先 臨時職業補導所（行政整理者対象）
職業補導事業（職業安定法） 知識技能の習得 技能労働者の短期養成による労働力需給調節 身体障害者も含む 　重度の場合は厚生省の設置する施設に公共職業補導所を併設できる	失業対策審議会 日雇労働者健康保険創設について（答申）	
職業紹介制度 公共職業安定所，全国に422カ所 簡易職業紹介 定職までの暫定的応急的な職業紹介 ただし肉体労働はのぞく（失対） 日雇労働者職業紹介 特殊職業紹介業務 （新規学卒者，身体障害者，引揚者，季節的移動労働者）		

1953	1954	1955
社会労働情勢	社会労働情勢	社会労働情勢
石炭鉱業，駐留軍人員整理 風水害・冷害多し，経済活況	各産業人員整理，失業増大 緊縮財政へ	全日自労の闘争方針変化（六全協） 春闘の始まり
制度・事業	制度・事業	制度・事業
失業対策 日雇市場の安定 民間事業等への斡旋 冷害地における失業対策事業 賃金改訂 失業保険 かろうじて収支均衡	「公共事業等による失業者吸収措置の強化について」 （閣議決定） 失業対策的公共事業 ①鉱害普及事業の繰り上げ実施 ②緊急就労対策（道路・都市計画） ③緊急就労対策下水道事業 ④鉱山地区失業就労対策（河川）	失業対策事業予算拡充 体力検定を民業への就労促進にも 特別失業対策事業の導入 失業者の多い主要都市及び重要産業地帯における失業者吸収 主に道路，都市計画，河川，港湾 労働省所管，地方公共団体実施主体 賃金は同一地域の標準額の95％ 1日8時間週48時間の間 公共職安の紹介する労働者（労働能力の高い者から優先）
職業補導事業 総合職業補導所の新設 職業訓練総合センターとして近代化 機械，自動車整備，溶接等新設科目 8都道府県に9カ所設置	失業対策 特別事業の実施 　全国大都市（街路，排水路，水道，河川，港湾整備） 労務管理組織 国庫補助のうち資材費の引上げ 公共職安紹介で，適格者 小間割制導入（格付け給） 特別指導現場の設置	日雇求職者の分類 高年齢者（男61歳，女56歳以上）及び不具廃疾者 それ以外の者：技能の有/無，体力検定合格者/不合格者
共同作業所の設置 失業保険施設として国が設置 身体障害者公共職業補導所に併設	日雇労働者・失対就労者への特別指導訓練 ①体力検査 ②失業者特別指導訓練（土木が主）	失業保険 失業保険制度改正（第8次） 適用範囲の拡大 給付日数の合理化，段階制 離職前の被保険者履歴確認制度 福利厚生施設規定の明文化 季節的労働者の適用の整理 保険料徴収事務整備 長期疾病者に対する受給用件の改善
職業補導生の福利厚生 補導所入所中も生活保護・失業保険適用可能 寄宿舎，割引乗車券等	失業保険制度 5人以上事業所 任意包括加入者 日雇労働者	職業補導事業 規模拡充，補導基準の制定，指導要綱の制定，教科書の編纂 身体障害者入所選考基準の作成 総合職業補導所運営要綱の制定
公共職業紹介 一般職業紹介 日雇職業紹介 雇用主訪問（求人開拓，技術援助） 特殊職業紹介 身体障害者，新規学卒者， 季節的労働者， 企業整備等による大量解雇発生時の職業紹介	職業補導事業 一般公共職業補導所 総合職業補導所（大幅増） 身体障害者職業補導所（国） 技能者養成（技能検定全国統一実施）	職業紹介 一般職業紹介 簡易職業紹介 日雇労働者職業紹介 特殊職業紹介業務（新規学卒者，身体障害者，引揚者，季節的移動労働者）
	職業紹介制度（公共職安） 一般職業紹介 簡易職業紹介の導入（定職までの暫定的，応急的紹介，肉体労働は除く） 日雇労働者職業紹介 特殊職業紹介業務（新規学卒者，親のない児童等，身体障害者，大学卒業者，季節的移動労働者，帰還者）	雇用移民 海外移住審議会，移民局の設置 労働省は職業安定局で所轄
		失業対策審議会答申（第4号） 雇用政策としての積極的展開 失業保険の適用範囲拡大など
	雇用移民 海外移住者事務調整（閣議決定）	失業対策審議会答申（第5号） 答申第4号の実施を強く要請 特別失業対策事業の健全な確立 生活保護等社会福祉機関の活用
	失業対策審議会 当面の雇用・失業情勢に関する意見	日雇労働者福祉厚生 日雇労働者健康保険（1953年施行）改正（保険給付拡充） 宿泊施設及び託児施設

業対策事業集合」の対象者でもあることを意味している。それは生活保護のいう「自立助長」でもあるが，実は生活保護水準の低さと失業対策賃金の低さの双方から，両集合が重なり合わなければ暮らしていけない当時の状況が前提にある。

　この指令を実施するために，1947年度には勤労署が公共職業安定所となり，この年の9月に創設された労働省職業安定局所管となった。また1947年6月に決定された緊急経済対策の中に公共事業への失業者の吸収に加えて失業保険ないし失業手当制度の言及がある。ここから同年11月にわが国初の失業保険法が成立している。ここで「失業対策事業集合」は失業保険という福祉国家の保険原理をもった事業をその要素に含むことになる。失業保険は政府が管掌し，6カ月間の拠出と公共職安での失業認定が条件であり，給付は180日，給与の6～8割支給とされた。また，失業とは「被保険者が離職し，労働の意思および能力を有するにもかかわらず，職業に就くことが出来ない状態にあること」をいうと定義された。12月に職業安定法が施行され，公共職業安定所と並んで身体障害者を含めた公共職業補導所（職業訓練所）がその内容に掲げられているのは，先に指摘したとおりである。つまり，「失業対策事業集合」は，その内部に，失業対策，失業保険，職業訓練の要素を包含しつつ，「生活保護事業」とも重なり合い，あるいは「身体障害者福祉」とも重なり合うことになる。

　1949年度は前年の経済9原則指示，ドッジライン，シャウプ勧告と続く経済引き締め＝自立化政策によって，企業整理や解雇が一段と増えていき，敗戦直後の徴用解除や復員などだけではなく，一般労働者の失業が増大していく。この中で「緊急失業対策法」が制定された。ここでは従来の公共事業を2つに区分している。すなわち①失業対策事業と②公共事業への失業者の吸収である。従来②の建前で行っていた失業対策を，①に独立化させ，国または地方公共団体の直営とした。公共事業という建前の中に失業対策を回収したままにするほど当時の失業状況は甘くなかったというべきであろう。これら事業の賃金は同一作業賃金の8～9割，1日8時間，週48時間を超えないとされた。また②の事業も，ここで法制化されることになった。

　同年度に失業保険法の改正があり，給付額増大，建設業などへの適用範囲の拡大と並んで，これまで適用除外とされていた日雇労働者もカバーすべく「日雇労働者被保険者に関する特例」が導入されている。社会保険制度の中で，日雇労働という1日限りで就業と失業が入れ替わるような半失業者を失業保険の

対象としたのはきわめて異例であり，失業対策審議会でさえ「日雇失業保険は，まさしく日本独特のものであり，失業または半失業者たる日雇労働者に失業を予定した制度といえよう」(失業対策審議会 1955: 283) と，その「矛盾」を指摘している。同審議会は，保険技術上も困難で，保険収支バランスにおいて問題があるこの制度を維持しようとするなら，「救済手当ともいうべき」(同上: 283) 日雇賃金の引上げが前提になると付け加えている。

なお，ここでの日雇労働者の定義は「①日々雇用される者，②1 カ月において 30 日以内の期間を定めて雇用される者」とされ，公共職安で日雇労働者被保険者手帳の交付を受けなければならない。受給要件は失業の日の属する月の前 2 カ月間に通算 32 日分以上の保険料が納付されていることであり，これは事業主が失業保険印紙を手帳に貼る形態 (スタンプ方式) で実行されることになった。この条件は，1950 年度には前 2 カ月通算 28 日以上と短縮されている。なお，この日雇失業保険は氏原正治郎によれば日雇労働者の大部分を吸収したわけではなかったという (氏原 1976: 426-428)。氏原はその理由をいくつか挙げているがそのうち重要な点は，①もともとこの保険が公共職安に登録した「失業対策事業就労適格者」を前提としていたこと，②労働者の所在地と公共職安の所在地のいずれか，または両方が労働大臣の指定する区域になければならなかった。その理由は失業認定のために公共職安に日々出頭することが必要だったからだと説明されていたという (同上: 426-428)。

このように，日雇労働者失業保険という奇妙な保険原理の適用は，「失業対策事業集合」の中核としての失業保険に特異な性格を与えたが，これは日雇労働者の一部しかカバーしえなかった。カバーされた日雇労働者たちは職業紹介だけでなく失業保険のために，頻繁に職安に足を運ぶこととなる。このことが日雇労働者の組合結成＝日本自由労働者組合 (全日自労) の創設につながっていく。政策当事者から見れば皮肉な事態であったであろう。失業対策年鑑を見ると 1950 年以降，職業安定局の関心は全日自労の求職闘争に吸い寄せられており，1955 年のいわゆる六全協 (共産党による闘争路線の変更) まで，目が離せなかった状況が見て取れる。そうした労働者の動きへの警戒からか，1950 年度には「緊急失業対策」の「強化合理化」が図られている。就労日数の均等化＝輪番制，作業規律の確立と並んで，「就労不適格者」の排除が開始される。先の氏原の引用にもあった「就労適格者」とはまず「主たる家計の担当者」であること，次いで職安登録者中でも「体力検査で厳選」する，「身上書，米穀

通帳等の提出による判定」によって判断された。なお当初，被保護世帯は適格者から排除されたが，すぐその点は削除された。
　江口英一によれば，この「適格基準というフィルター」は「緊急失業対策法では規定されていないのに，いわゆる『行政措置』として接待されたものであった」(江口 1976: 381) ので，地域によっては生活保護基準を上回るものは適格者としない等の現場裁量による運用が行われていたという。江口は続けて「失業対策事業制度が失業に対する雇用と生活の保障制度として，社会保障の機能を果たすものであるとするならば，…（略）…それは（適格基準・筆者註）庞大な失業者に対する『制限救済』を意味するものであり，その対象に対する無差別性と包括性に対して，一定の限界設定と排除を示すものに他ならない」(同上: 382) と指摘している。つまり建前としての一般扶助＝生活保護事業とは異なって，「失業対策事業集合」はその要素として失業保険を繰り入れ，半失業状態をもその対象としながらも，その原点にあった失業対策事業それ自体は，「適格基準」によって，柔軟な現場裁量を含めた対象の選別化・厳格化を進める方向へ形態変化したことになる。
　1950年度はこのほか「特別失業対策」（能力の高い失業者の吸収）を行って，失業者の選別をさらに進めるが，同時に地方独自の失業応急事業も実施されるようになった。さらに大きな変化は身体障害者も含んだ，職業補導事業（訓練事業）が本格化したことである。また職業紹介事業の対象としては「特殊職業紹介」が記されており，「特殊」の内容は「新規学卒者」「身体障害者」「引揚者」「季節的移動労働者」となっている。これも失業対策事業の分節化である。
　1951年度以降も失業対策「適格者」判定は継続され，「不良者」の排除は続くが，職業補導の内容は，生産復興に合わせて機械関係種目などへの変更も促されている。また重要なことは，失業対策審議会が「日雇労働者健康保険制度」の答申を行ったことである。これは53年に施行されている。日雇という半失業状態を前提に，社会保険の整備が健康保険も含めてなされたわけである。
　なお職業補導については，補導中の福利厚生（簡易宿所，託児所，食堂）にも配慮が見られる。これは失業保険制度の基金から調達されている。1953年度の「共同作業所」の設置も同様に失業保険施設とされ，身体障害者公共職業補導所に併設されている。さらにこの年度には，職業補導中も失業保険や生活保護受給が可能とされた。同時期は，炭鉱閉山，占領軍の引揚げなどによる失業が増加していったため，「選別」や職業補導にウエイトをかけながらも，1954

年度には再び「公共事業等による失業者吸収措置の強化について」が閣議決定され,「失業対策的公共事業」や「失業対策特別事業」が試みられるなど,〈失業対策事業集合〉は,その内部要素を変化させつつも継続していく。

1955年には「特別失業対策」が導入されるとともに,「日雇求職者」を3分類している。すなわち①高年齢者,及び「不具廃疾者」,②それ以外で技能を有する者,③それ以外で技能を有しない者,である。また失業の蔓延によって「雇用海外移民」が1952年から「再開」されているが,1954年度には海外移住に関する事務調整の閣議決定があり,1955年度には「海外移住審議会」及び「移民局」が外務省に設置されている。ここで農林漁業及び「企業移民,高級技術」以外の雇用労働者の移民は職業安定局が扱うこととなったことに注意したい[1]。また54年度の公共職業紹介は,①一般職業紹介,②簡易職業紹介の導入（定職までの暫定的,応急的紹介。肉体労働は除く）,③日雇労働者職業紹介のほか,④「特殊職業紹介」業務として,新規学卒者,親のいない児童等,身体障害者,大学卒業者,季節的移動労働者,帰還者という「特殊区分」がなされている。

こうして「失業対策事業集合」は生活保護事業と重なり合いながら,敗戦直後からドッジデフレ,企業や行政整理の中で大量に蓄積された貧困と失業に対応した主力政策であった。「生活保護事業」がその建前上貫かざるをえなかった無差別平等一般扶助とは異なり,「失業対策事業集合」は,「適格者」あるいは「特別・特殊者」ごとに分節化された職業紹介や職業補導（ないしは作業所）をその要素として展開されるようになり,果ては「海外移民」まで展望するに至る。この労働行政としての「ふるい落とし」は,「主たる家計の担当者」という面での生活保障が,労働市場への「適格」という市場基準によって後退していった証左ともいえる。「特殊」への分節化や「共同作業所」も市場への「適格性」と関わっている。しかし,何が「適格」かは,労働市場でさえ,結局その結果からしか判断できない。もしそうだとすれば,第3章で述べた権力行使の段階の最終場面で,恣意的な,あるいは政治的な理由でこの「適格」判断や「特殊」への分節化が左右されていった可能性も否定できない。

3.4 小　　括

厚生白書公刊前の1945〜1955年までの社会福祉の年々の事業集合の状況を,『厚生省20年史』,失業対策年鑑,東京都民政局年報及び事業概要,さらに教

育白書を加えて検討すると，社会福祉の「戦後体制」は，たんに生活保護法がその他の2法も規定した「救貧段階」として簡単に括ることはできない。むしろGHQと日本政府の二重統治の中で，以下のいくつかの異なった事業集合が形成され始め，「多面体」としての社会福祉の基礎が作られた時期といえる。

その場合，中心となった「生活保護事業」を新生活保護法へ形態変化させていくモメントとなったといわれるGHQの救済福祉計画は，「自力更生」原則，自前資源の活用を強調したものであり，また生活保護法が戦前の救護法を原型としたことは見逃されるなど，新法の画期性にもかかわらず，制約をもっていた。このため旧生活保護法の第8次改訂でマーケット・バスケット方式が採用されながら，扶助基準は最低カロリーを下回る水準でしかなかった。

さらに当時の深刻な生活難，失業，結核等の諸問題に対処した法律や事業を広く見ると，「生活保護事業」だけで，この時代の社会福祉を説明するのは当然無理がある。敗戦後の「浮浪者・児」には傍系としての〈施設収容系列〉が対応し，また戦前期社会事業の〈経済保護事業系列〉の形態を引き継ぐ「低所得層対策事業集合」が配置された。さらにより積極的な失業対策として，緊急失業対策要綱，失業保険法，職業安定法，緊急失業対策法，日雇労働者保険，職業補導等を要素事業とした「失業対策事業集合」が，「生活保護事業」と両輪の輪として配置されていくことになる。この場合，両者はその水準の低さ故に，排他的には存在できず，被保護者が同時に失業対策事業対象者として重なり合う構造が容認された。だが「生活保護事業」が，その建前上貫かざるをえなかった無差別平等一般扶助とは異なり，「失業対策事業集合」は，「就労適格者」基準によるふるい落としをしだいに強め，あるいは「特別・特殊者」ごとに分節化された職業紹介や職業補導（ないしは作業所）をその要素として展開し始め，さらに「海外移民」事業まで包含していくことになる。

他方，この時期に成立した児童福祉法と身体障害者福祉法の「位置」は，必ずしも「救貧」に規定されたものではなかった。児童福祉は母子衛生事業，要養護児童や非行少年の相談・判定，乳児院，養護施設，教護院などへの措置，それらの施設における収容保護，保育所，一般児童の健全育成（非行予防），さらに障害児のすべてが含まれ，母子寮も含んだ多様な「児童福祉事業集合」を形作る。この場合「局」としての独立がこのような多様な要素を含んだ集合形成に大きな意味をもった。「児童福祉事業集合」のあり方やカテゴリーは，生活保護というよりは，義務教育事業を進めていった文部行政の「普遍主義」路

線に枠づけられ，たとえば保育所を「保育に欠ける児童」の施設とする等の譲歩を余儀なくされている。反面で義務教育猶予となった障害児への「特殊教育」は，教育と福祉の境界領域に配置されたが，まだその実質は頼りないものであった。

身体障害者福祉は児童福祉とは異なり，更生課設置を基盤に傷痍軍人対策から「一般身体障害者事業集合」への形態転換を図っていくが，身体障害者の雇用対策，職業補導対策は，新設の労働省にすでに位置づけられており，生活費支給は「生活保護事業」に，施設収容も「傍系」の〈施設収容系列〉に委ね，さらに障害児童は「児童福祉事業集合」の一要素となった結果，その内容は実は希薄なものでしかなかった。

以上の福祉3法＋「失業対策事業集合」以外にも，多くの事業がこの時期に芽生えている。保健所に委ねられた「公衆衛生事業集合」は，〈予防・早期発見・早期介入〉という一連の公衆衛生的手法を強めようとしていくが，その中心事業は結核対策であり，優生保護法による人口調整であった。また性病予防と関わった「婦人保護事業」も異質な社会福祉事業としてのその位置をこの時期に形成する。なお，地域の保健事業や福祉事業としてではなく，あくまで国家の管理下で配置されたものとして「国立少年教護院」「らい療養所」「国立精神衛生研究所」などがあり，この後の時期も含めて国家による直接管理による「社会防衛」としての社会福祉の一面が確認される。

☆ 注

1) JICAの「海外移住資料館」研究紀要第6号「海外移住資料館の収蔵する戦後海外移住実務機関作成業務資料等の紹介　移住行政について」（岡野・渡邉 2011）では，「『主務官庁である外務省を中心に，農林，労働，通産，文部，自治等各省の緊密な協力のもとに行なわれるべき』であり，『外務省は，その設置法に基づき，移住行政の総合的な企画，立案を行なうとともに，移住に関する外交政策の実施にあたる』と記載されている。さらに，1955年8月地方職業安定機関等に対し労働事務次官通牒を発し，指示した内容として『農林漁業移民については農林省，企業移民および高級技術については通商産業省において，それぞれ取扱うこととなっており，上記以外の雇用労働者として海外に移住するすべての移民は職業安定機関が取扱う』と記載されている」との説明がある。

第5章

戦後日本の社会福祉事業の異集合（1）
国民皆保険・皆年金と福祉6法体制の光と影（1956〜1972年）

1 時期区分と厚生省の問題認識

1.1 時期区分

　本章では，いよいよ厚生白書第1回目の1956年版から1972年版まで（表5-1）の毎年の厚生白書（1967年のみ刊行なし）を中心とし，同じ時期の失業対策年鑑のいくつかの年度版（表5-3），同じく教育白書（表5-2）及び1960年，65年，70年の犯罪白書（表5-4）を参照しながら，社会福祉と呼ばれるものの集合や名称，またその位置づけや序列に注意して，前章で見いだされたいくつかの異なった集合がさらにどのような展開をとげていくかを見ていきたい。また中心となる厚生白書では，厚生省の問題認識や課題認識についても注意を払う。

　なお，この時期の区切りは，1956年は厚生白書第1回発刊年にすぎないが，1972年で区切ったのは，高澤のいう「戦後体制」のシステム・ブレイクが始まろうとする時期，いわゆる「福祉元年」の前年までということを意識したからである。古川の区分でいえば第Ⅱ期がほぼ当てはまる。いずれにしても「介護保険」に向けて社会福祉の中心枠組みが大きく変化しようとする「調整期」（古川），「目標なき福祉国家の拡大」（高澤）に足を踏み入れた時期までを，1つの塊として捉えてみようというわけである。

むろん，この時期は前章で見たような「戦後体制」の続きとして，「国民皆保険・皆年金」体制という壮大な社会保険構想を実現させ，またいわゆる福祉6法体制，すなわち，生活保護法，児童福祉法，身体障害者福祉法に続いて，1960年の精神薄弱者福祉法，1963年老人福祉法，1964年母子福祉法が成立した時期でもある。だがこの3法の追加だけでなく，この時期は重要な法律が数多く制定・改正されている。たとえば，1956年の売春防止法，1957年原爆医療法，その原爆医療法における「特別被爆者制度」導入(1960)とその改正，1961年児童扶養手当法，結核予防法の改正，1965年の精神衛生法の改正，特別児童扶養手当法，そして最後に厚生省（及び社会保障制度審議会）悲願の児童手当制度が創設されたこと(1971)などが挙げられる。

　それらはたんに高度経済成長の下で「福祉国家」へ向かう「戦後体制」の深化や「目標なき拡大」としてだけでは把握はできない。「アナログ」的に見れば，原爆をはじめとする戦争被害の「補償」問題，社会防衛としての公衆衛生体制の強化，同和問題，都市のドヤ街やエネルギー転換を基礎に進んだ炭鉱閉山による新旧の「問題地区」の発生への対応，近代刑法における非行少年や売春婦の更生保護とリンクする「更生保護」の実施など，ある種の「陰影」をも織り込んだ，多彩な事業が取り組まれた時期でもあったことに，あらかじめ注意を促しておきたい。

1.2　厚生省の問題認識

　前章では触れることのできなかった，厚生省の各年度の「問題認識」から，始めてみたい。第1回厚生白書は，表5-5にも示したように，「戦後は終わったか」（白書1956年版: 11）という，あまりにも有名なフレーズを含んだ問題提起を行った。いうまでもなく，これは経済企画庁・経済白書の「もはや戦後ではない」への応答であり，経済白書へのレジスタンスとして神武景気に沸く世間で大きな反響を呼んだ。その反響の大きさに驚いて，第2回厚生白書の序文では，これについての異例ともいえる「行政当局の立場」での「釈明」と「反省」が掲載されている。

　「結局経済企画庁は日本経済を全体とする平均で見ているし，厚生省はそこに出てきたしわ寄せの部分を訴えているというわけで，この二つの白書は領域を異にするそれぞれの分野について実情を述べたもので，そこにむじゅんするところが発見された時には，その解決こそ政治の分野によるべき性質のもので

あると確信していた。また，だからこそ，二つの白書が必要であるということにもなるのである」（白書1957年版: 序5-6）。

だが続けて，白書とは，第1に独善的な見解の侵入を許さないものであり，第2に「事実」に基づいて政府の政策の基礎を提供するものであると「反省」して，第2回目の白書を編纂したと述べている（同上: 8）。そのためか，「貧困と疾病の追放」という副題がつけられた2回目白書では，「フットライトの中心に貧困の問題——国民生活における貧困の問題を据えて，いろいろな角度から観察を試み，そこに生れた資料を国民に提供する方針をとり，かつ努めた」（同上: 10）という。その結果，多くの指標が日本を「中進国」にすぎないという事実を示しており，「対策の緒ぐちをどこにつかみ，どこに発展させようとしているのか？——貧困の真因，貧困の動態，性格，そしてその対策技術ともいうべき施策として現在どのような手が打たれ，それがどのように成功し，どのように失敗しているか？」（同上: 10）を明らかにしようとしたと述べている。

ところで，第1回白書は，生活保護基準と同等かすれすれの「ボーダーライン層」＝低所得層を約192万世帯と推計し，その内実を「零細農家，零細企業または低賃金労働者のように，一応標準的な稼働能力をもちながら，国民一般の所得水準の向上の歩みから経済的に取り残された者と並んで，母子，老令者，身体障害者などの，稼働能力にハンディキャップを負っている階層」と2つに区分している（白書1956年版: 18）。第1回目の反省から，外国との比較を含めて慎重にデータを並べた第2回目も，この事実把握には変化がない。むしろ，復興期日本における格差拡大傾向へ警鐘を鳴らしつつ，「貧困世帯の約三割は零細農家，約一割が零細自営業，約二割が低賃金労働者，約二割が就業形態の不安定な日雇あるいは家内労働者，残りの約二割が無業者その他の世帯である。さらに，右の全体の四割程度が老齢，母子，廃疾等の就業能力したがって所得能力を喪失しあるいは制限された世帯によって占められているものと推定される」（白書1957年版: 30-41）と，8割が就業世帯，2割が無業世帯だが，全体の4割はハンディキャップ層と重なり合っていることを指摘している。ここでは稼働層とハンディキャップ層の2区分というよりは，その重なり合いを含んだ貧困層が具体的に指摘されている。

こうした，就業世帯の貧困への着目は，表現の差はあれ，少なくとも高度経済成長期の1969年版の「繁栄の基礎条件」まで基本的には引き継がれており，それが「高齢化」へ収斂していくのは70年代以降である。章末表5-5にみる

ように，とくに 64 年版では稼働能力をもつ不安定就労者を「(経済的) 環境的不利」，ハンディキャップ層を「主体的不利」という表現で説明している。高澤が生活保護の最低生活基準によって「発見」されたというハンディキャップ層だけでなく，不完全就業層や大企業と中小企業の格差，都市と農村の格差など「稼働層」における格差と不利が繰り返し強調されており，日本の社会保障の遅れは，この「稼働層」の貧困を解決するための最低賃金制度を欠いていることに原因があるとまで指摘している（白書 1957 年版: 40-41）。つまり，公的扶助だけで最低賃金制度がないことが，「貧困対策の貧困」「貧困対策の明瞭な後進性」（同上: 40-41）と捉えられたわけである。この「社会全体の格差問題」，あるいは成長する経済の中で生まれた「国民生活のゆがみ」は「社会的緊張」をもたらし，それゆえ「国民生活における福祉の向上を確保しようとするためには，というよりもむしろ福祉水準の低下と社会的緊張の激化を防がんためには，われわれは増加する国民所得の相当な部分を，貧困の防止と救済のために割かねばならないことになると思う」（白書 1957 年版: 51）と，社会統合としての福祉国家建設の意義が強く説かれるのである。

次に注目したいのは，以上の貧困（不利）や格差が「生産年齢人口の重圧」という「人口問題」を前提としているという認識である。この後も見ていくように，厚生省・厚生労働省の問題のたて方（ないしは説明のし方）は，個々の社会問題というよりは，マクロな「人口問題」理解が基底にあり，その理解が時代によって変遷することに特徴がある。実際第 1 回白書の序章は「わが国の人口問題と社会保障」と題して，戦後の人口構造の特徴を追い，戦後の人口構造は，急激に「少産少死」へ向かっているが「生産年齢人口の重圧」が当面の大きな課題であるとしている[1]。この点は前章でも述べたが，白書の言葉を直接引用すると，「生産年齢層の重圧」とは「過去の多産少死型の時期に生まれてしまっている人口（現在における少年人口）は極めて厖大であり，この年齢層に属する人口がいまや逐次成年に達し，いわゆる生産年齢人口の激増という現象をもたらしつつある」（白書 1956 年版: 8）。すなわち，かれらの多くは「わが国独特の潜在失業部門」（収益性の低い零細企業等）に吸収されざるをえず，それが格差を形成していくという見立てである。高齢化は当然予想されるし，未亡人問題を含んだ女性の過剰人口問題も取り上げられているが，現在の「生産年齢人口の重圧」がより緊急な問題であり，これは「今後も続くだろう」（同上: 8）と述べている。

図 5-1 戦後人工妊娠中絶数と対出産比率の年次推移

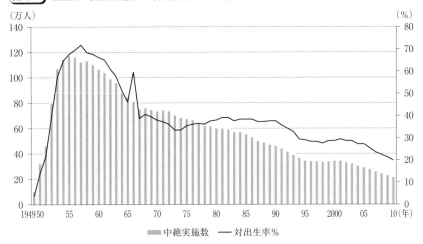

出所）国立社会保障・人口問題研究所『人口統計資料 2014 年版』（原典：人工妊娠中絶数は厚生労働省『衛生行政報』，対出生比は『人口動態統計』の出生数から算出したもの）より筆者作成。

　ところで，「少産少死」に構造変化した 1 つの原因として，第 1 回白書は国民自身の「出産抑制の努力」を挙げている。むろんこれは合理的な受胎調節ではなく，人工妊娠中絶という手法によることも正直に記載している（同上：8）。だが白書の強調点は，国民自身がその「重圧」を実感したからにほかならないという点である。そこで今，図 5-1 で中絶数とその出産数に対する比率をあらためて確認してみよう。

　見るように，第 1 回白書発刊年である 1956 年を挟んで，53 年頃から 64 年頃までは中絶数が出生数の 50％ を超えており，その後中絶数そのものは緩やかに低下していくが，出産数が低下していったため，対出生率で 20％ を下回るのは，なんと本書が対象としている白書の最終年度 2010 年である。しかも，白書自身が統計で把握されていない中絶があるから，ピーク時の中絶数は実際にはもっと多いとさえ述べている（白書 1957 年版：164-165）。この国民の「自覚と努力」は，むろん 1949 年度の優生保護法改正によって「経済的理由」での中絶が合法化された，という政策の結果でもあるのだが，その点には触れられていない。なお，後述のように，優生保護はこの時期は精神衛生の一要素として位置づけられている。

　その後，時期的にはこの認識が継続しながらも，新たな問題として 1961 年から都市への人口集中などの人口移動や「高齢人口の増大」が取り上げられて

いく。しかし「高齢化」が主要な問題認識となるのは1969年から70年にかけてである。61年版からの変化は，高度経済成長による都市化，「高い欲望充足」，核家族化などの要素が加わっていくことであるが，明確にそれが述べられたのは1969年版白書「繁栄への基礎条件」である。ここでは，①人口構造の老齢化，②産業の高度化と人口の都市集中（地域の希薄さ），③家族構成の変動（高齢世帯の増加，主婦の社会進出），④経済成長から取り残されがちな階層の問題，が指摘される。ただし貧困は相対的なものとされている。この①〜④が「経済的繁栄の中にある新たな課題」と位置づけられた。翌70年版は「人口の高齢化」であり，71年版の児童憲章20周年特集を飛ばすと，72年版の年金問題が続く。次章で見る1973年版以降の問題認識の基調は「高齢化」であり，さらに「少子高齢化」となっていく。

　人工妊娠中絶という「国民の努力」を基礎に「少産少死」構造に転化したツケは，今日まで続いていくことになるわけであるが（中川 2000: 273-293），いずれにせよ，こうした「人口問題」認識は，社会保障・社会福祉制度の導入や改革の「基礎資料」となっていく。結局のところ，この時期の厚生行政の目標は，「生産年齢人口の重圧」やその後の新たな展開も含めた諸問題への対応としての国民皆保険・皆年金の実現であり，公衆衛生，社会福祉制度の充実に導いていくことにあったといえよう。

2　厚生白書（1956〜1972年版）の集合区分と序列

2.1　簡略版で見た概観

　それでは，「生産年齢人口の重圧」への対応から，「繁栄」と「老齢化」への対応へと，その認識が移行していくこの時期の厚生白書の制度や事業の内容に移ることにしよう。まず表5-1は，章末に掲載した表5-5の簡略版であるが，大項目，中項目（節）にのみ注意して，その括り方（集合とその要素）と並べ方（集合の序列，要素の序列）の概略を見やすく示したものである。むろん第4章で述べたように，白書の編成は時々でかなり変わっており，また筆者が白書のどこの記述から，どのような制度や事業を拾い上げたかの影響もあるから，その点は留意が必要である。また，厚生行政のすべてを取り上げていないので，

集合ごとの番号は忠実に編・章・節の番号ではない。あくまでも取り上げた制度・事業を包含する大項目集合と中項目集合だけの記載順序を表す番号である。なお大項目は章の場合と編の場合とがある。さらに，繰り返しになるが，1962年は，きわめて異例な年なので，ここでは一応記入はしてあるが，除外して見ていくことにする。

　表5-1を概観すると，大項目にあたる集合・中項目の集合のまとめ方は，法律というよりは，行政の括りや，政策手法の違い，たとえば所得保障と医療保障の区別，疾病対策と保険制度，心身障害の一元的統合（児童と成人を分けない）などが投影されているようである。これは白書が行政報告であることを考えれば当然であるが，「3法」「6法」「8法改正」という具合に，法律から社会福祉集合を捉え，その集合の数で時代を区切ってきた社会福祉（狭義）研究の，あるいは厚生省自身がそのように表現してきたことと，実際の事業展開は，かなり異なっていることにまず注目したい。

　編または章にあたる大項目，章または節にあたる中項目の事業集合に注目すると，後半の1965～1972年版の間は比較的類似した構成である。まず，「国民の健康ないしは医療」があって，「生活環境または健康な生活の条件」が続き，「医療制度や医薬品」となる。「医療保険」は以上の外に出ることもあるし，これらの健康・医療事業集合の一要素として位置づけられることもある。続いて「所得保障」「社会福祉」となるか，「社会福祉」という集合名称はなく，その内容がばらされて羅列されているかのパターンとなる。また「社会福祉」という名称での事業集合が形成されている場合は，生活保護は入らず，「戦傷病者・戦没者援護」がその中に含まれており，また並び方は「児童と家庭の福祉」が一番上にきている。1970～1972年版の間は「児童手当」が「所得保障」へ入った72年と，「児童と家庭の福祉」に位置づけられた70, 71年との違いがあるだけで，それ以外は同じである。

　1964年版以前の期間はかなり構成がばらついている。1956～1959年はすべて異なった構成である。60, 61年と63, 64年はそれぞれほぼ似通ったパターンである。強制加入による社会保険としての性格を明確にした国民健康保険法と国民年金法の成立が58, 59年と続き，それを契機に，「社会保障」としての集合形成を試みたのが，60, 61年と，63, 64年の2つの時期である。すなわち，前者は「公的扶助」「年金制度」「社会福祉」「児童福祉及び母子福祉」「医療保険」「医療制度ないしは公衆衛生」の6つの集合を作成している。ここでは，

表5-1 厚生白書（1956〜72年版）簡略表

1956	1957	1958
国民の生活はいかに守られているか 1 貧困 　①生活保護 　②低所得階層対策 　③その他 2 児童の福祉 3 母子と老齢者の福祉 4 その他恵まれない人々への援護 **国民の健康はいかに守られているか** 1 医薬品取り締まり 2 疾病との取組み 　①結核対策 　②精神衛生 　③伝染病 3 疾病に対する備え（医療保険） 4 保健の向上	**医療制度と関連政策** 1 医療保障制度確立へ 2 結核問題 3 医薬品 4 公衆衛生 **生活保障とその関連施策** 1 年金問題 　国民年金制度構想 2 身体障害者福祉 3 児童及び母子福祉 　①児童相談所 　②要保護児童 　③一般児童 　④母子福祉 4 引揚者・未帰還者・戦争犠牲者の援護 5 その他の社会福祉 　①民間社会福祉事業 　②低所得階層対策 　③売春対策 　④災害救助 　⑤福祉事務所と民生委員 　⑥社会事業教育 6 生活保護制度 　①保護基準 　②保護の動向 　③保護施設	**社 会 保 険** 1 年金問題 2 医療保険 　新国民健康保険法成立 **医療制度・公衆衛生** 1 医療制度及び保健所 2 疾病対策 　①結核 　②精神衛生 　③伝染病 　④性病予防 　⑤原子爆弾被爆者対策 **社 会 福 祉** 1 社会福祉一般 　①低所得階層対策 　②老人福祉 　③身体障害者福祉 　④婦人保護 　⑤災害救助 　⑥民間社会福祉事業 　⑦社会福祉機関 2 児童及び母子福祉 　①児童福祉機関の活動状況 　②児童の健全育成施策 　③要保護児童に対する施策 　④母子福祉 3 引揚者・未帰還者・戦争犠牲者の援護 4 生活保護制度 　①保護基準 　②保護の動向 　③保護施設

＊編，部，章，節のタイトルも長いものは省略している。

1959	1960	1961
所得及び医療の保障	公 的 扶 助	公 的 扶 助
1 年金制度 　国民年金法成立 2 医療保険 　新国民保険法施行 3 生活保護	1 保護基準 2 実施状況 3 保護施設	1 保護基準 2 実施状況 3 保護施設
国民の健康	年 金 制 度	年 金 制 度
1 疾病対策 2 医療品	1 国民年金制度 2 被用者の年金制度 3 通算調整と積立金運用問題	1 国民年金制度 2 被用者の年金制度
国民の生活	社 会 福 祉	社 会 福 祉
1 生活環境改善 2 社会福祉対策 　①低所得階層対策 　②老齢者福祉 　③精神薄弱者福祉 　④身体障害者福祉 　⑤婦人保護 　⑥災害救助 　⑦社会福祉機関その他 3 児童福祉・母子福祉対策 　①児童福祉機関 　②母子保健 　③児童の健全育成 　④要保護児童対策 　⑤母子福祉 4 引揚者・未帰還者・戦争犠牲者 　の援護	1 低所得者福祉 2 老齢者福祉 3 精神薄弱者福祉 　（精神薄弱者福祉法の成立） 4 身体障害者福祉 5 婦人保護 6 災害救助 7 社会福祉機関その他 8 引揚者・未帰還者・戦争犠牲者 　の援護	1 低所得者福祉 2 老人福祉 3 精神薄弱者福祉 　（精神薄弱者福祉法の成立） 4 身体障害者福祉 5 婦人保護 6 災害救助 7 社会福祉機関その他 8 引揚者・未帰還者・戦争犠牲者 　の援護
	児童福祉及び母子福祉	児童福祉と母子福祉
	1 児童福祉機関 2 母子保健 3 児童の健全育成 4 要保護児童に対する施策 5 母子福祉	1 児童福祉機関の活動状況 2 母と子の健康 3 児童の健全育成 4 要保護児童に対する施策 5 母子福祉 6 児童手当制度検討開始
	医 療 保 険	医 療 保 険
	1 国民健康保険 2 健康保険 3 日雇労働者健康保険 4 船員保険 5 保険医療 6 医療保険の今後の問題点	1 国民皆保険体制の確立 2 国民健康保険 3 健康保険 4 日雇労働者健康保険 5 船員保険 6 医療費問題
	医 療 制 度	医 療 制 度
	1 医療制度 2 医薬品 　血液銀行	1 医療制度 2 医薬品
	公衆衛生と環境改善	公 衆 衛 生
	1 公衆衛生 　①結核 　②精神衛生 　③伝染病 　④その他の疾病 　　被爆者医療法改正 　⑤保健所 2 生活環境の改善 　①公害問題 　②不良環境地区改善	1 結核 2 精神衛生 3 伝染病 4 原子爆弾被爆による傷病 5 保健所
		生活環境の改善
		1 環境衛生 　①公害対策 　②不良環境地区改善

1962	1963	1964
老齢人口増加と老後保障	生活環境の整備	生活環境の整備
中高齢層の問題	疾病との戦い	1 公害対策
都市生活の諸問題と厚生行政	医薬品	保健・レクリエーション
農村の動向と厚生行政	医療保険	1 精神衛生と優生保護
中小企業と厚生行政	1 国民健康保険	2 伝染病
低所得階層対策	2 健康保険	3 結核
1 生活保護	3 日雇労働者健康保険	4 原爆被爆者対策
2 社会福祉施策の問題点 　①福祉施策の体系化 　②世帯更生資金及び母子更生資金貸付制度 　③社会福祉施設の問題点	4 船員保険	5 健康増進
	年金制度	医療制度
	最低生活の保障（生保）	医療保険
	低所得階層の福祉	1 国民健康保険
3 消費者保護	1 世帯更生資金貸付制度	2 健康保険
主な厚生行政の動き	2 心配ごと相談所	3 日雇労働者健康保険
1 社会福祉と児童福祉	3 授産事業	4 船員保険
2 社会保険	4 公益質屋	年金制度
3 医療と医薬品	5 低家賃住宅	1 国民年金
4 公衆衛生と環境衛生	6 消費生活協同組合	2 厚生年金保険
5 未帰還者，引揚げ者，戦争犠牲者の援護など	7 その他の措置	3 船員保険
6 その他	老人の福祉	4 積立金の運用
	1 老人福祉法成立	老人と心身障害者に対する福祉
	2 老人福祉事業 　①健診 　②老人ホームへの収容 　　特養は全国に1つ 　③家庭奉仕員制度への助成	1 老人
		2 精神薄弱者
		3 身体障害者
		4 リハビリテーション対策
		児童と家庭に対する福祉
	児童の福祉	1 児童の健全育成
	1 実施機関の活動状況	2 要保護児童の福祉対策
	2 児童の健全育成	3 母子衛生
	3 母子保健	4 実施機関の活動状況
	4 要保護児童の福祉対策	最低生活の保障（生活保護）
	母子家庭の福祉	福祉水準を高めるために
	心身障害者の福祉	1 民間社会福祉活動
	1 身体障害者	2 低所得階層の福祉
	2 精神薄弱者	3 消費生活協同組合
	戦傷病者・戦没者遺族等の援護	4 婦人保護事業
	その他恵まれない人々の援護	5 同和対策等
	1 災害救助	6 災害救助
	2 婦人保護	戦没者の遺族，戦傷病者等の援護
		児童手当制度創設の現在的意義

第5章　戦後日本の社会福祉事業の異集合 (1)

1965	1966	1968
健康増進・病気予防	健康の増進と疾病予防	健康と医療
1 保健所などの活動 2 栄養と食品 3 病気の予防 　①精神衛生と優生保護 　②結核 　③伝染病 　④その他	1 精神衛生 2 結核 3 急性伝染病 4 その他の疾病 5 保健所及び地方衛生研究所	1 健康の増進と疾病の予防 　①精神衛生 　②結核 　③急性伝染病 　④その他の疾病 　⑤原爆被爆者対策 　⑥栄養と食品 　⑦保健所等 2 環境衛生 3 公害対策 4 医薬品等 5 医療保険制度
生活環境	環境衛生の向上	
1 公害	1 公害	
病気やけがを治す対策	医療制度	
1 医学的リハビリテーション 2 医療施設 3 医薬品	1 血液 2 麻薬	
病気などの場合の社会保険	医療保険制度	
1 医療費の動向 2 保険の各制度	1 医療保険制度の現状と動向 2 保険の各制度	
年金制度	年金制度	所得の保障
1 年金制度 2 年金積立金運用	1 年金制度の現状と動向 2 年金の各制度 3 年金積立金運用	1 年金制度 2 生活保護制度 3 児童手当（未成立）
児童やその家庭の福祉	児童と家庭の福祉	社会福祉
1 母子の健康と健全育成 2 特別な保護を要する児童 3 母子家庭の福祉	1 母子保健 2 児童の健全育成 3 要保護児童に対する施策 4 母子家庭の福祉 5 児童相談所などの活動状況	1 児童と家庭の福祉 2 老人の福祉 3 心身障害者の福祉 4 戦没者の遺族，戦傷病者等の援護 5 社会福祉施設の整備及びその他の福祉施策
老人・心身障害者や低所得階層の福祉施策	老人の福祉	
	心身障害者の福祉	
1 老人の福祉 2 心身障害者の福祉 　①身体障害児 　②身体障害者 　③精神薄弱者 3 低所得階層の福祉 4 その他の福祉対策	1 福祉施策の現状と動向	
	戦没者の遺族，戦傷病者等の援護	
戦没者の遺族，戦傷病者等の援護	生活保護その他低所得層の福祉	
1 戦没者遺族・戦傷病者援護 2 未帰還者調査・引揚者の援護	1 生活保護 2 その他の低所得階層対策	
最低生活の保障	福祉水準を高める施策	
1 生活保護制度の概要 2 保護の動向	1 福祉事務所 2 民間社会福祉活動 3 消費生活協同組合 4 災害救助 5 その他の福祉対策 　①婦人保護 　②地方改善事業（同和・不良環境地区） 　③社会福祉事業振興会	

2　厚生白書（1956〜1972年版）の集合区分と序列

1969	1970	1971
健康の増進と疾病の予防	第1編 国民の健康確保と増進	第1編 国民の健康確保と増進
1 精神衛生 2 結核 3 その他の疾病（らい） 4 原爆被爆者対策 5 栄養 6 保健所等	健康の増進と疾病の予防 1 精神衛生 2 結核 3 その他の疾病（らい） 4 原爆被爆者対策 5 保健所	健康の増進と疾病の予防 1 精神衛生 2 結核 3 その他の疾病（らい） 4 原爆被爆者対策 5 保健所
公害対策	医療制度	医療制度
医療制度	医薬品	医薬品
医薬品	1 血液　2 麻薬	1 血液　2 麻薬
1 血液 2 麻薬	医療保険	医療保険
医療保険制度	医療保険の各制度	医療保険の各制度
1 医療保険の各制度	第2編 健康な生活の条件整備	第2編 健康な生活の条件整備
年金制度	生活環境の衛生管理	生活環境の衛生管理
1 年金制度の現状と動向 2 年金の各制度 3 年金積立金の運用	公害対策	公害対策
生活保護	第3編 老後や生活に困った時の所得保障	第3編 老後や生活に困った時の所得保障
1 保護基準 2 生活保護実施要領 3 保護施設 4 保護の動向	年金制度 1 年金制度の現状と動向 2 年金の各制度 3 年金積立金の運用	年金制度 1 年金制度の現状と動向 2 年金の各制度 3 年金積立金の運用
児童と家庭の福祉	生活保護	生活保護
1 母子保健 2 児童の健全育成 3 要保護児童に対する施策 4 児童相談所の活動状況 5 母子家庭の福祉 6 児童手当	第4編 社会福祉はどう進められているか	1 中央社会保障審議会中間報告 2 生活保護基準 3 保護施設
老人の福祉	児童と家庭の福祉	第4編 社会福祉はどう進められているか
1 老人福祉対策の現状	1 母子保健 2 児童の健全育成 3 要保護児童に対する施策 4 児童相談所などの活動状況 5 母子家庭の福祉 6 児童手当（審議中）	児童と家庭の福祉 1 母子保健 2 要保護児童に対する施策 3 母子福祉 4 児童相談所などの活動状況
心身障害者の福祉	心身障害者の福祉	児童手当制度創設
1 身体障害児 2 身体障害者 3 精神薄弱者	1 身体障害児の福祉 2 身体障害者の福祉 3 精神薄弱者の福祉	心身障害者の福祉 1 身体障害児の福祉 2 身体障害者の福祉 3 精神薄弱者の福祉 4 自閉症児の福祉
その他の社会福祉施策	老人の福祉	老人の福祉
1 社会福祉施設の整備・運営 2 福祉事務所及び福祉センター 3 低所得対策 4 民間社会福祉活動 5 消費生活協同組合 6 その他の福祉対策	1 居宅福祉対策 2 老人福祉施設	1 居宅福祉対策 2 老人福祉施設
戦没者の遺族，戦傷病者等の援護	社会福祉施設と社会福祉サービス 1 社会福祉施設の整備・運営 2 福祉事務所及び福祉センター 3 民間社会福祉活動 4 低所得対策 5 消費生活協同組合 6 その他の福祉対策	社会福祉施設と社会福祉サービス 1 社会福祉施設の整備・運営 2 福祉事務所及び福祉センター 3 民間社会福祉活動 4 低所得対策 5 消費生活協同組合 6 その他の福祉対策
	戦没者・戦傷病者の援護	戦没者・戦傷病者の援護

1972
第1編 健康確保と増進
健康の増進と疾病の予防
1 精神衛生（優生保護） 2 結核 3 特定疾患対策（スモン等難病） 4 その他の疾病（らい） 5 原爆被爆者対策　6 保健所
医療保険
医療保険の各制度
医療制度
医薬品
1 血液　2 麻薬
第2編 生活環境の整備
第3編 所得保障の充実
年金制度
1 年金の現状と動向 2 年金の各制度 3 年金積立金の運用
生活保護
1 中央社会保障審議会答申 2 生活保護基準 3 保護施設
児童手当制度
第4編 社会福祉の推進
児童と家庭の福祉
1 母子保健及び小児医療 2 児童の健全育成 3 保育に欠ける児童 4 母子家庭の福祉 5 児童福祉施設の整備運営 6 児童相談所及び家庭児童相談室
心身障害者の福祉
1 身体障害者の福祉 2 心身障害児・精神薄弱者の福祉
老人の福祉
1 老人の保健医療対策 2 在宅福祉対策 3 施設福祉対策 4 その他の老人福祉対策
社会福祉施設と社会福祉サービス
1 社会福祉施設の整備・運営 2 福祉事務所及び福祉センター 3 民間社会福祉活動 4 低所得対策 5 消費生活協同組合 6 その他の福祉対策
戦没者・戦傷病者の援護

「公的扶助」という名称で，保護基準，保護実施状況と〈施設収容〉系列の保護施設の事業集合，また「社会福祉」という名称の集合に「児童及び母子の福祉」が入らず，別立ての集合となっている。後者は「生活環境の整備」から始まり，「疾病との戦い」ないしは「保健及びレクリエーション」「医療制度」が中に入って，「医療保険」「年金」と続き，その後は63年版が「最低生活の保障（生活保護）」「低所得者階層の福祉」「老人の福祉」「児童の福祉」「母子家庭の福祉」「心身障害者の福祉」となるのに対して，64年版は「老人と心身障害者に対する福祉」「児童と家庭に対する福祉」「最低生活の保障（生活保護）」となって，「福祉水準を高めるために」「戦没者の遺族，戦傷病者等の援護」「児童手当制度創設の意義」が早くも項目立てされているなどの違いがある。

　厚生省の初期の問題認識から導かれる典型的な社会保障（英・ベヴァリッジ・プラン）の組み立てにもっとも近いのは，1959年版の「所得及び医療の保障」という大集合の要素としての，①年金，②医療保険，③生活保護である。国民皆保険・皆年金にこぎ出すことができたこの年の厚生省の喜びが溢れているようにも読める。だが，その後は，1963年版において3つがそれぞれ大項目の集合として連続して配置されていることを例外とすれば，医療と所得保障（年金・生活保護，及び後に児童手当）が切り離され，別々の集合として形成されていくようになる。ただし，この時期内では，一応「所得保障」という大項目集合に意味があり，しかもその内容要素として「年金」と「生活保護」，さらには

「児童手当」の3つの要素集合のセットが意識されている点はきわめて重要である。また，この58年版と59年版は，「社会福祉一般」という名称の集合，ないし「社会福祉対策」という集合と，「児童及び母子福祉」が別立てされている。「社会福祉」という大項目集合の中に，1つの要素として「児童と母子福祉（ないしは家庭の福祉）」が入るのは1968年版以降である。

　一般に，前章で述べた「厚生白書以前」の中心は生活保護制度であり，他の2法もこれに引きずられて，ニードカテゴリーとして組み立てられてこなかった，という解釈（たとえば高澤）があるが，「児童と母子福祉」は決して「生活保護事業集合」の要素ではなく，それに規定されていたわけでもない。むしろ，「局」として独立していたこともあってか，あるいは母子保健（衛生）などを要素として包含していたせいか，他の「社会福祉一般」とは区別され，特別な集合としての位置に置かれていたことが窺える。「社会福祉」に入れられてからも，この時期中は，「社会福祉集合」の序列筆頭の位置を占めている。

2.2　国民皆保険・皆年金体制の分立的対象区分と「福祉年金」の配置

　次いで，細かい事業区分とその対象カテゴリーを取り上げていこう。まず，この時期の中核にある国民皆保険・皆年金体制の確立によって，社会保険それ自体の内部の対象区分と，〈所得保障系列〉と〈施設収容系列〉を含んだ生活保護制度，児童手当制度との関連のつけ方に着目する。

　国民皆年金・皆保険の確立を回顧した田多英範は，まず旧「生活保護法案の審議過程で指摘された問題点（財源および惰民養成の問題）は，失業保険制度をつくること（税金とは別に新たに保険料を徴収することにし，また保険料を納めて将来起こるかもしれない失業に自ら事前に対処すること）によって解決が図られ」しかも「最低限度の生活保障」という共通項で「生活保護」と「失業保険」は強く接合したと指摘する（田多 2011: 225-226）。他方，当時の日本の「最大の社会問題であった」（同上: 228）経済の二重構造問題は，同時に公的医療保険，公的年金保険へ未加入の人びとが数多く存在していることを意味し，「政府も，『今後10年間における生産年齢人口の急増により』（白書1958年版: 著者註），この二重構造問題はさらに深刻化するとみて，当問題を早期に解決しなければ，『社会的緊張の先鋭化をもたらす』と認識していた」（同上: 228）と，厚生白書を引用して述べている。こうして国民皆保険・皆年金制度は，先の公的扶助と失業保険と関連し合いながら「すべての国民の生存権を保障する体系的な制度

として，いいかえれば対象の普遍性，受給の権利性，制度の体系性を備えた社会保障制度が確立したといえる」と締めくくっている（同上: 228）。すなわち福祉国家への途を歩む日本の「戦後体制」の基礎ができ上がったということになる。

確かに，新たな国民健康保険制度と国民年金制度は，これまで任意設置，任意加入などによって制度から排除されていた人びとをも含めて「すべての国民」を包含したという意味で画期的なことであった。だが，周知のように（当然田多も指摘しているが），国保も国年も，他の被用者保険制度がすでに分立して存在しているうえに形成されざるをえなかった。つまり，「制度分立型」の皆保険・皆年金体制にならざるをえなかった[2]。

表5-5の厚生白書では，この分立型の一部は除かれている。すなわち公務員共済などの共済型の社会保険であり，それらは厚生省の事務ではなかった。厚生白書で確認できるのは，被用者年金保険として厚生年金と船員保険（政府管掌），医療保険として，健康保険（政府管掌，組合管掌），船員保険，日雇労働者健康保険の各制度である。しかも，これもよく知られているように，「分立型」制度は，拠出・給付（医療では自己負担）の内容が異なっていたし，その財政収支の有り様も異なっていた。すでに述べた日雇労働者の失業保険と健康保険の赤字財政はもとより，政府管掌健康保険なども常に保険収支の均衡に不安を抱えていた。もっとも大きな問題は医療保険における公費負担の比率の格差であり，また療養以外の給付の格差であった。表5-5でもこの点の叙述が繰り返し見られ，63年版には国民健保本人の7割給付が，翌年には家族の7割給付がようやく実現するが，「老齢化」が白書の問題認識の中心に変化していく1969，70年版には「格差是正，財政安定化，老齢者医療問題」をめぐって関係審議会への諮問がなされ，医療保険制度の抜本的改革が促されていかざるをえなくなっていく。

いいかえれば田多のいう「対象の普遍性，受給の権利性，制度の体系性」は，階層差をそのまま反映した制度分立のまま構築されたので，実際には異なった保険対象カテゴリーとして存在することになった。「社保本人」「社保家族」「国保本人」「国保家族」等々の用語は，当時の診療時に使用される日常用語であった[3]。このため「格差是正」や「高齢者医療」問題への対応に迫られていくわけである。なお，生活保護制度を利用する被保護者の医療は，他法他施策優先の補足性の原理は適用されず，国民健康保険制度では「適用除外」とされ

ている（被保護者の排除）。その意味では，保険と扶助の形式上の分担があるだけで，田多の示唆するような「強い接合」は少なくとも医療にはなく，むしろ「被保護者」という公認の貧困者を，医療保険体系の外へ押しやったといえる。

　国民年金制度も同じように，支給開始年齢，給付単位，標準報酬の決め方等をめぐる階層問題をその内部に抱えたが，それ以上にここで注目したいのは，国民年金法とともに創設された「福祉年金（無拠出国民年金）」である。国民年金の老齢年金の場合は，長期の拠出期間が必要となるので，保険料の徴収が始まったからといって，年金支給される高齢者がすぐ増えるわけではない。このため短縮措置も講じられたが，その時点ですでに 70 歳を超えた老齢者の生活や，拠出できない高齢者予備軍を支えるためには，過渡的措置として「無拠出年金」が不可欠だと判断された。この無拠出年金は「福祉年金」と名づけられ，無拠出である代わりに本人及び民法上の扶養義務者の所得制限のついた，第 2 の公的扶助としての「福祉年金事業集合」であり，保険基金ではなく政府の一般財源によって措置されたのであった。これは 70 歳以上の老齢者だけでなく，拠出制の年金保険料を支払えない 1 級程度の障害者，同じく保険料の支払えない，夫と死別し，義務教育終了前の子を扶養している母にも，それぞれ障害福祉年金，母子福祉年金が用意されることになった。

　福祉年金の創設は生活保護制度にも大きな影響を与えた。すなわち，福祉年金は，被保護者にも支給されうるが，収入認定で実質的意味がなくなるので，加算制度を通じて，その「恩恵」が被保護者にも及ぶよう配慮された。岩永によれば，この加算による措置は生活保護の「必要即応の原則」を根拠としたが，その結果「無差別平等」一般扶助である生活保護の中に「老齢，障害，母子というようなカテゴリー別の最低生活費を設定した」ことになったと解釈している（岩永 2011: 107-108）。傍系の保護施設も加えると，「被保護層の分節化」が一段と進んだことになる。これが後に問題となっていった老齢加算，母子加算，障害者加算のルーツである。国民健康保険からの「適用除外」とは反対に，なぜ二重の公的扶助となったかは謎であるが，当時は生活保護費も福祉年金もその金額が低かったことが影響していたのかもしれない。いずれにせよ，国民健康保険の「適用除外」とは反対に，国民年金は実質的に第 2 の公的扶助としての福祉年金を経過的に創設し，さらにそれを生活保護制度が，加算として取り込むという，かなり入り組んだ構造が出現したことになる。

　福祉年金の存在は，今日ではほとんど触れられることもないが，当時その存

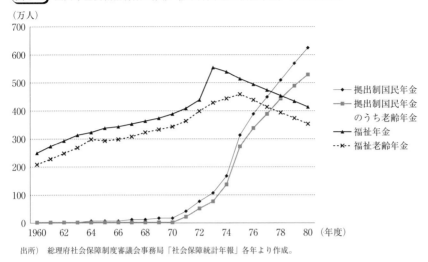

図5-2 国民年金受給権者数の推移（拠出制年金と福祉年金）（年度末現在）

出所）総理府社会保障制度審議会事務局「社会保障統計年報」各年より作成。

在価値はきわめて高かった。表5-5の1968年版の当該箇所に書き加えたように，70歳以上人口の約7割が老齢福祉年金を受給していたという。図5-2は，1960～1980年度までの年度末の拠出制国民年金，そのうちの老齢年金，福祉年金，そのうちの老齢福祉年金の4つについて，それぞれの受給権者数の推移を筆者が作成したものである。これを見ると，この節で扱っている時期を貫いて，拠出制老齢年金より多くの人びとが福祉老齢年金の受給権者となっている。これが逆転するのは1977年である。

　ついでに，国民年金受給額の総額を，同じ区分で示したものが図5-3である。ここでも，総額で拠出制老齢年金が福祉老齢年金を追い越すのは，1976年であることが見て取れる。つまり，国民皆年金体制は，当初の15, 6年間は，社会保険ではなく，福祉年金という，第2の公的扶助に支えられてきたといっても過言ではない。すぐ後でも見るように，70年代に本格化する「高齢化」問題の1つの焦点も，年金制度であり，高齢者の経済問題であった。その意味で，いわゆる「救貧時代」が前節に述べた段階で終わったとはとうてい考えられない。

　他方で，拠出制年金制度は，当分の間受給者を発生させないため，その拠出金は莫大な積立金となって蓄積されていく。1960年版白書は，厚生年金保険では「そのピークである85年には約4兆8000億円」，国民年金については，

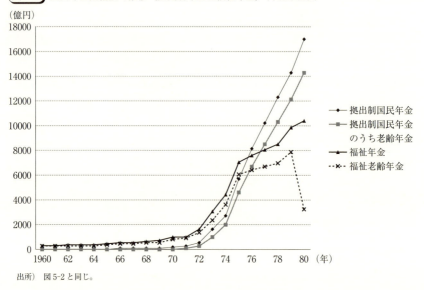

図 5-3　国民年金受給額の推移（拠出制年金と福祉年金）（年度末現在）

出所）　図 5-2 と同じ。

　その額が「ピーク時の 90 年には，3 兆 6000 億円にものぼるものと推定されている」と指摘している（白書 1960 年版: 142-145）。ちなみに，1970 年版白書では，厚生年金保険，国民年金の積立金は累増を続け，69 年度末では 4 兆 1125 億円に達した，と述べている。この資金は当時大蔵省資金運用部に預託され，他の国家資金とともに管理運用されていたが，この運用をめぐっての議論が国民年金の創設を契機に大きくなり，「資金運用審議会，国民年金審議会，社会保障制度審議会があいついでそれぞれの考え方を発表した」（白書 1961 年版: 195）という。資金運用審議会建議では一括運用，他の審議会は分離もしくは別枠を主張した。結局，①預託利率を引き上げ，②従来とかく問題の多かった基幹産業などではなく，直接被保険者に役だつ分野（住宅，生活環境整備，厚生福祉施設，文教施設，中小企業，農林漁業）と広く国民生活全般の向上に役だつ分野（国土保全，災害復旧，道路，運輸通信，地域開発）への融資にあてられることになった。
　しかし，当時「国民所得倍増計画」案を審議していた経済審議会の専門委員であった近藤文二は，対象となる分野のうち，「資本主義のソロバンにはのらない」公共事業である後者を請け負うのは「概して大企業であり」，直接国民の福祉の向上につながらないことは一目瞭然とし（近藤 1961: 63），大蔵省の考

えは，国民経済に寄与することが，国民の福祉向上になるという論理で貫かれていたと指摘している（同上: 62-63）。たとえば，当時の年金積立金をめぐる議論は，近藤のいう社会保障と国民経済との関係の本質的な問題を孕んだものであり，すでに賦課方式として議論されている今日の年金制度から振り返ると，感慨深いものがある。

なお，この時期の最後になって実現した「児童手当制度」は，「生産年齢人口の重圧」の解消策の1つとも取れるが，むしろ先進国並みの社会保障体系を整えたいという厚生省や社会保障制度審議会の意向が強く作用していたようである。すなわち，キャッチアップ政策である。なぜ同時に住宅手当が提案されず，児童手当だけであったのかは不明であるが，児童手当を社会保険の前提に置いたベヴァリッジ・プランの影響ともいえるかもしれない。いずれにせよ，児童手当は早くからその創設の意義が白書の項目となっている。すでに「国民の自覚と努力」で人口調節がなされ，「高齢化」にシフトが起こるその時期に「第3子から」の支給が始まったわけであるから，その「形式性」は明らかであろう。また一応この時期には，所得保障の一部として，「年金」「生活保護」と並べられているが，「児童と家庭の福祉」への配置もあり，その位置づけや内容のめまぐるしい変遷が，次章で示されることになろう。

3 「社会福祉」施策の専門的拡大

3.1 多様なニーズと「社会福祉」の専門的拡大

先述のように，第1回厚生白書発行から1969年頃までの時期は，格差や低所得階層の存在への目配りがあり，それらの取り残されがちな人びとの貧困を解決することが繁栄の基礎条件とまで記述された（白書1969年版: 3）。他方で1964年版白書では，戦後の社会保障の発展段階を振り返り，1955～61年頃を第3期としたうえで，「社会福祉の面では，全体として対象の拡大と専門分化の進行とが行なわれた」との記述もある（白書1964年版: 70）。この時期，母子福祉法，老人福祉法，精神薄弱者福祉法が成立したほか，とくに「心身障害児・者」カテゴリーや「重症心身障害児施設」などが登場したことが，「専門的拡大」にある種のリアリティを与えたともいえよう。だが，この「狭義の社

会福祉」の「専門的拡大」はまだ遅れているという警告もある。とくに1962年版白書は，同年8月の社会保障制度審議会の勧告において，社会保障のうち社会福祉施策分野がもっとも遅れた分野であって，その最大の欠陥は組織的，計画的でなく，体系化されていないことにあるという内容を引用し，「広汎かつ複雑化しているニードの個別的な施策の整備充実」や，福祉事務所等における社会福祉主事の専門性の確立の必要性を特記している（章末表5-5，白書1962年版: 153-154）。

1960年代の，こうした「狭義」の社会福祉施策への言及は3つの構造的特徴をもっていたことをあらかじめ指摘しておきたい。第1は，高度経済成長下の社会変化に伴って，人びとのニードは複雑化，多様化するが，この多様なニードをもつ「対象」と低所得階層は，この時期にはオーバーラップして把握されており，貧困とは無関係な「カテゴリカル」な事業対象として把握されていない。第2に，人工妊娠中絶や非行などの戦後問題の継続と新たな問題が重なり合って「広汎かつ複雑化しているニード」と表現されている（同上: 153）。第3に，「狭義」の社会福祉施策は，もともと社会保険のような画一的な給付による一般的な防貧対策とは異なり，個々のケースの必要に応じて，具体的な措置を講ずるところにその本旨がある，との認識があり（同上: 153），この面からも施策の整備体系化と，専門性の確立が求められた。

年度ごとに各項目を詳しく見ていくには膨大になりすぎるので，ここではまず新たに加えられた3法を中心に，その対象拡大に伴う整備体系化と，どのような手法で「専門化」されたかを確認してみたい。なお，前述のように厚生白書では，「社会福祉」という大項目それ自体が確定的ではない。1956年の第1回白書では「生活保護」「低所得階層対策」「児童の福祉」「母子と老齢者のための福祉対策」「その他の恵まれない人々への援護」区分がある。このうち「生活保護」は，この時期では所得保障へ整理されていくので，高澤のいうニーズに着目した「カテゴリカル」な対象区分としては，児童，母子，老人及び「その他」に入る身体障害者，戦傷病者等がまず出てきている。この時期に「社会福祉一般」とも区別されるか，あるいはその筆頭の位置にくるのは「児童福祉」であったことを，再度確認しておく。

3.2 新3法による対象拡大と「個別専門対応」

1960年の精神薄弱者福祉法，1963年の老人福祉法，1964年の母子福祉法の

うち，中央政府レベルでこの期に拡大，「専門化」が促されたのは「精神薄弱者福祉法」とその上に重ねられた，理念法としての「心身障害者対策基本法」制定過程においてである．この点はすぐ後で詳しく述べる．母子福祉は国民年金の改正によって，死別母子への年金（福祉年金も含む）ができたこと，またこれと関わって生別母子への児童扶養手当が加わったことが重要な変更であるが，これは母子福祉法によるものではない．前からある母子福祉資金貸付に加えて，母子相談員の配置，母子休養ホームの設置程度がこの法律の内容である．いずれも「母子」という「特定カテゴリー」への積極的な福祉サービス拡大や「専門化」とは言い難い．とくに児童福祉に位置づけられている母子寮を何故母子福祉法へ移行しなかったのかは理解に苦しむ．

　むしろ，1956年の「売春防止法」は「婦人保護事業」というやや特殊な社会福祉分野を切り拓き，この後，売春と関連していない女性も含めての多様な貧困への「保護」を請け負うことになるという意味で，母子福祉法より意味をもった法律であった．もともと売防法による婦人保護は，「廃業」した「売春婦」の相談・更生がねらいであったが，いったん成立した婦人相談センターと婦人更生施設の役割は，「**要保護女子**」の解釈をどの程度広げていくかの判断によって，相当変化していく．したがって，母子の場合も，母子寮，婦人更生施設，生活保護法による宿所提供施設などの，いずれも他法の施設利用の可能性が生まれていくが（川原 2005: 204-217，岩田 2005: 30-33），これらも母子福祉法の成立によるものではないことを再度強調したい．

　1963年の老人福祉法についても，国レベルで高齢者カテゴリーによる施策がこの期に飛躍的に拡大したわけではない．老人福祉法の場合は，生活保護法から養護老人ホームを取り込み，特別養護老人ホーム（所得制限はないが費用徴収はある）を位置づけた程度で，その特養の数も設立当初はきわめて少なかった．「高齢者問題」に対応したのは，先の古川，高澤の整理にもあるように，地方自治体の積極的な高齢対策の推進であり，とくに老人医療無料化が多くの自治体で進んだ．これらのプレッシャーの中で，厚生省はこの期の最後1972年に「老人医療費支給制度」を「あくまで老人福祉措置」として，「老人福祉法の中」に創設するに至る．なお，これはよくいわれているような「老人医療無料化制度」ではなく，あくまで70歳以上高齢者の医療保険自己負担分の支給であり，本人・配偶者所得制限もあり，国の機関委任事務として市町村長が実施するものであることを厚生省は強調している．この最後の時期には，老人

3　「社会福祉」施策の専門的拡大　　155

福祉の新たなカテゴリーとして「ねたきり老人」と「ひとり暮らし老人」「老後生きがい対策」の3つが登場していることにも注目しておきたい。

3.3　精神薄弱者福祉から心身障害者対策基本法へ：「専門化」の意味

　新たにできた3法のうちでは，「精神薄弱者福祉法」の意味は他の2法とはかなり異なっている。そもそも「精神薄弱者」カテゴリーは1956年版では「精神衛生」における「精神障害者」の一部として把握されており，白書のいう狭義の社会福祉の対象としては認識されていない。すなわちそこで「精神障害者」とは，「精神分裂病」「そううつ病」「てんかん」「梅毒性精神障害者」「精神薄弱者」「中毒性精神障害者」の6種が明示されている。むろん「精神障害者」も「社会福祉」の一部ではなく，あくまで「精神衛生」の中心カテゴリーである。他方「精神薄弱児」は児童福祉のカテゴリーとして区分されている。

　「精神薄弱者福祉」の記載が始まるのは1959年版からであり，翌1960年に精神障害者福祉法が成立する。だがこの60年版白書でも，「精神薄弱者」は「単に知能的な欠陥だけでなく，感情，意思の面においても障害を伴うものが多く，その大部分の者が，家庭や社会に放置されたままになっているので，本人や家庭の不幸もさることながら，種々の犯罪など社会悪の原因ともなって，重大な社会問題の一つに数えられている」（白書1960年版: 153）と，「精神衛生法」の社会防衛的観点が引き継がれている。翌61年版では「優生学的見地からみても，いたずらに放置することは好ましくない」し，「また売春婦女子などの相当数は精神薄弱者であって，社会秩序を守るうえでもなんらかの措置を必要とする」（白書1961年版: 213）と社会防衛の色合いがさらに強められている。実際1963年の「精神衛生実態調査」では「精神薄弱者」は依然その一部となっている点も見逃せない。また1964年の白書では，精神薄弱者福祉法制定当時における精神薄弱者援護施設は全国でわずかに公立6カ所にすぎず，早急の整備の結果，ようやく公立33，社会福祉法人34カ所となったとの記載があり，収容施設の重要性が示唆されている（白書1964年版: 232-233）。

　だが，表5-5を追っていくと，1964年版で「重度精神薄弱児扶養手当法」，及び1967年の児童福祉法改正における「重症心身障害児施設」の法制化も記載されている。ちなみに「重症心身障害児」とは「高度の心身障害が重複しているもの等きわめて重症の障害をもっていて，し体不自由児施設又は精神薄弱児施設に入所して生活指導を行なうことが不可能なもの」（表5-5, 1963年版）

との定義がなされている。さらに，進行性筋萎縮症（筋ジス）児童の療育の制度化，小児自閉症，脳性まひ，蒙古症などの原因追及研究費の措置等，いわゆる難病も含めた医学研究との接点でも，「重度」や「特定疾患」への関心が高まっていっていることが確認される。1972年版で「特定疾患対策（難病窓口）一本化」の記載もはじめて出てくる。

　こうした〈重度・重症・特定〉へのまなざしは，障害児・者の一元的施策への方向を切り拓き，1968年版にあるように，児童福祉法・精神薄弱者福祉法改正によって，精神薄弱「児と者」の施設処遇を一元化（援護施設に15歳から入所可）させ，最終的にこの期の1970年には，一元化の理念を担う「心身障害者対策基本法」が策定されることになる。この基本法は，福祉施策のほか，医療，教育，職業訓練，雇用の促進，年金の支給等各種の施策の総合性，統一性を強く確保しつつ，福祉に関するサービスを推進するため設けられたと説明されているが，むしろ児童福祉法と身体障害者福祉法では包摂しえない新たな重度障害や原因不明の**特定疾患**と，比較的軽度のそれとを識別しつつ，どのような理念でサービスの「専門化」がなしうるかが問われたともいえよう。

　それでは，「心身障害児・者」福祉の「個別専門対応」はどのような手法で行われたのか。この期の身体障害児・者への福祉的対応は，理念としては，先にも述べた「予防，早期発見，早期介入」であり，公衆衛生思想そのものともいえる。具体的には手帳の取得から始まり「育成医療」「更生医療」「療育指導」「補装具交付」などの手法が示されている。このうち「育成医療」と「更生医療」の違いは児童か成人かだけであり，手術その他により障害を軽減除去できるような医療を指している。「療育指導」は障害児童への早期の機能回復を図るよう指導するものであるという。いずれも身体障害に対する医療及び医療リハビリテーションが強調されている。1964年版ではリハビリテーションという項目を設け，理学療法士等の法的整備が記載されている。

　「精神薄弱者・児福祉」では，ライフサイクル段階に応じて，児童への「特殊教育」や，重度者への「援護施設」やコロニーでの対応が強調された。「重度精神薄弱者」などを収容するために，「重度加算」をつけて，施設に「重度収容棟」を併設させるなども行っている。1967年に精神薄弱者福祉審議会（木村忠二郎会長）が厚生大臣へあてた「意見具申」では，「重度精神薄弱者に対する施策の強化について」の項目を設け，精神薄弱者更生施設へ重度棟を設けること，その医療管理室は医療機能強化の点から，医療法の診療所にあたるもの

とすること，医師，看護婦の配置，医学研究との連携等を強調し，国立機関の役割にも言及している（「当面推進すべき精神薄弱者対策について〔意見具申〕」1967: 6-7）。この結果，1970 年版厚生白書は，「重度の精神薄弱児については高度の専門的保護指導が必要であるので，とくに国立精神薄弱児施設秩父学園（定員 125 人）に入所させその福祉を図るほか昭和 39 年版から重度精神薄弱児収容棟を設置し，特別に設備費の補助を行ない，運営費についても重度加算を行なっている。さらに，昭和 43 年版から精神薄弱者更生施設に入所中の重度の精神薄弱者についても，重度加算の支弁を行なうとともに，重度精神薄弱者収容棟が設置されることとなった」（白書 1970 年版: 418-419）と述べている。

　これらの重症心身障害児のほか，進行性筋萎縮症などの「特定疾患」についても「療育施設」「研究費」，国立療養所や国立・公立病院に併設された「収容棟」の設置などが記載されていることにも注目したい。たとえば 1961 年版の**重症心身障害児療育施設**は（研究委託）とされており，1969 年版で「**進行性筋萎縮症（筋ジス）**」の療養は旧陸軍国立療養所で開始されている。1971 年版で突如出てくる「**自閉症児**」は公立精神病院での療育とされている。前章で，「国立」による国家管理について言及したが，ここでも〈重度・重症・特定〉への取り扱いは，国の直接管理の下にあった。また，これらは，〈重度・重症・特定〉者への福祉サービスが拡大したというよりも，障害を除去軽減する医療を奨励し，その医療を促進していくための公費負担の仕組みを作り，それらとともに「療育」のための「収容」を依頼するという，手の込んだ配置である。その意味で，この「療育」は医療・医療施設の空間に，医療研究の奨励とともに配置された社会福祉事業集合とでも名づけられようか。もちろん「療育」とは「児童であるという特殊性から」「医療・教育・生活指導を行なう」（白書 1970 年版: 402）ことであり，たとえば重症でなくとも「肢体不自由児施設は児童福祉施設であると同時に，医療機関であって，…（略）…養護学校，又は特殊学級を併設している」（同上: 402）という。つまり，障害児童への「個別的専門的」対応をなしたのは「医療・教育との境界に生まれた福祉事業」といったほうがよいかもしれない。

　第 2 章でも引用した，進行性筋ジス患者であった鹿野靖明は，1964 年に筋ジス患者の病棟の指定を受け，さらにその 2 年後には「重症心身障害児（者）」病棟も加わった，「国立療養所（病院）八雲分院」に「収容」されていた。後年，鹿野が入院生活を嫌ったのは，この「八雲」を思い出させたからだと，ル

ポライター渡辺は次のように叙述している（渡辺 2013: 294-295）。

　あるとき，鹿野が「このまま天井の穴を数えながら，ぼくは死んでいくんだろうか」と（筆者註：ノートに）書いたのだ。病院の天井は，小さな穴がたくさん開いたよくある白いボード板の天井だった。それは鹿野が少年時代を過ごした国立療養所八雲病院の天井とまったくおなじだともいった。

鹿野自身，次のような手紙を主治医に渡していたという。

　私は小学校6年生の3学期から中学3年までの3年間，国立八雲病院に入院しておりました。そこには筋ジスの子どもたちが100人ぐらい入院していました。進行の早い子供たちは次々と死んでいき，多くの友達は家で死にたい，出前を一度も食べたことがないから，死ぬ前に食べたいと言って看護婦さんの目を盗んで食べて死んでいった多くの友達がいました。…（略）…そういうこともあって，私は医者嫌い，看護婦嫌いになったのです。（同上: 287-288）

　同じ時期の教育白書も参照してみよう。すでに「特殊教育」については指摘しているが，この期では，表5-2に見るように「盲・ろうあ児教育が先進国並み」なのに対して，養護学校の設置が義務化されていないためもあって，その就学率が低いと述べている。1970年度版では，同年の「心身障害者対策基本法」の制定を受けて「心身障害児に対する教育」という項目になり「特殊教育諸学校」や「特殊学級」の増加（過去10年間で3倍）も記載されている。教育分野においては，「教育の機会均等」の下ではあるが「障害の程度に応じて適切な教育的配慮が払われるべき」（1970年度版）という「特殊」の意味の強調がなされている。

　なお，大人の「重度精神薄弱者」の対応方法として，この時期に，親や社会にとってのある種の理想郷として描かれたのが「コロニー」である。これより以前にも重度精神薄弱児・者のための施設は，糸賀一雄の近江学園はじめ，いくつかの施設で児・者一括の教育的で生産的な「終身保護生産施設」（矢野・富永 1975: 34-35）の実践が展開されていたが，これらが注目されたのは〈重度・重症・特定〉へのまなざしと「表裏の関係」であったと指摘されている（同

表 5-2 教育白書（1953, 59, 64, 70年度版）

1953	1959	1964
タイトル：わが国の教育の現状	タイトル：わが国の教育水準	タイトル：わが国の教育水準
就学前教育 **1 幼稚園と保育所** 両者の違いの認識が必要．国家助成で幼稚園の整備必要	**教育条件・機会均等施策等・教師の水準** **1 機会均等施策と補助活動** ①特殊教育 心身に障害のある児童の0.34%が特殊学校や学級に通っているのみ．家庭の貧困もあり，養護学校への通学に費用がかかることも一因．盲・ろう児教育のみ先進国並み ②へき地教育 指定校は小学校21%，中学17%．スクールバス等への補助開始 ③貧困児童への就学奨励 準要保護児童・生徒への教科書無償給食費補助，修学旅行補助 ④育英奨学 日本育英会による貸与 ⑤給食 1957年に完全給食，ミルク等小学校の6割に普及 しかし地域差大きい ⑥健康管理 1959年学校保健法で就学前，就学後の健診順調	**教育の量的普及** **1 義務教育** 義務教育の就学率：就学率99.9%．長期欠席者（年間50日以上欠席）は0.7%．半数は疾病，経済的事情がこれに次ぐ **教員の確保と教育条件の整備** **1 就学援助** ①要保護・準要保護児童生徒対策 要保護は生保家庭で3%，準要保護は7%．教科書，学用品，通学，学校給食，医療，修学旅行，学校安全会，寄宿舎居住などに要する経費が国から補助 ②教科書の無償 「義務教育諸学校の教科用図書の無償措置に関する法律」1963年によって順次実施 ③育英奨学 高等教育生徒学生への日本育英貸与等 ④へき地教育 小学校6.3%，中学校は4.8%．寄宿舎，保健管理，学校給食の施設・設備に対しても特別の配慮 ⑤特殊教育 盲学校，ろう学校については，都道府県の設置義務がすでに実施されているが，養護学校の設置義務は，まだ実施されていない．養護学校，特殊学級の在学者数近年増加 **2 保健・体育** ①保健管理 1959年からの学校保健法で就学前，就学後の健診．就学後健診率は100%近い ②学校給食 1964年5月には，小学校の84.8%，中学校の65.3%に普及．施設・設備，人員，給食用物資，貧困な児童生徒の給食費等について国の補助
義務教育 **1 就学状況** ①不就学者の状態 就学免除者事由：「精神薄弱」「し体不自由」「虚弱（病弱）」「難聴・ろう」「盲・弱視」「その他」 ②長期欠席の状態 長欠者は約30人に1人．「家庭の無理解」・「本人の疾病」がもっとも多く，「家計の全部または一部を負担させなければならない」「勉強ぎらい」「教育費が出せない」「家族の病気」「その他」 ③夜間中学 長期欠席生徒へ暫定的な教育措置 ④混血児問題 人種的偏見を取除くよう理解と協力 **2 学校給食** 教育課程として実施．費用負担重い地域大きく，ミルクだけの学校も **3 へき地教育** 大蔵省が作った「へき地在勤職員の特殊勤務手当支給準則」をそのまま適用．北海道がとくに多い		
特殊教育 **1 特殊教育の対象** 就学率は30%にも達していない 特殊教育を受けていないものの状況 (1) 一般普通学校へ通っているもの，2) 就学猶予または免除，3) 就学はしたが長期間欠席，4) 少年院，教護院入所，5) 居所不明その他のもの） 現状においては学校が少なく，多数の児童生徒は寄宿舎に入ることを余儀なくされ，通学する者も通学距離が長く交通機関を利用しなければならないため多額の経費を必要とする．しかも，その家庭の大部分（約72%）は経済的に貧困 **2 特殊教育の問題点** 特殊学級も養護学校も戦前以下の設置状況，壊滅状態．まずは，実態調査が必要 **3 国及び地方公共団体の援助** ①盲ろう児童生徒への就学援助 ②盲ろう学校整備に対する国庫補助		
学校保健 **1 学生生徒児童の健康の状況と教育への制約** **2 学校生徒児童の健康上の問題点** ①学校保健の学校差とその原因 ②学校保健の対策		

上: 34-35)。コロニーを新たな「隔離」と捉えるか,「理想郷」と捉えるかの論争は別として,医療,教育,福祉,授産が一体化した総合センターとして国立コロニー,地方コロニーの建設が始まっていく。国立コロニーについては,1970年の「心身障害者対策基本法」と同時に結成された「心身障害者福祉協会」がその運営に当たることになった。

むろん,在宅の障害者への対応もなかったわけではない。「特別児童扶養手当」「家庭奉仕員派遣」等のほか,精神薄弱者「通勤寮」などがそれである。なお,すでに障害者雇用対策を「引き取っていた」労働省では,ILOの勧告もあり,1960年に「身体障害者雇用促進法」を制定した。これは,国・公共団体には政令で定める雇用率を課し,民間企業には雇用の努力義務を規定したものである。職業紹介においては同法対象者である「**第1種求職登録者**」と,それ以外の「**第2種求職者**」が区分されている(表5-3)。1960年度版失業対策年鑑にはその説明がないが,1965年度版によれば第1種が促進法の対象である身体障害者,第2種が結核回復者や精神薄弱者等とされている。また職業訓練についても,1963年の職業安定法改正により,中高年者や同和地区の失業者等と並んで,身体障害者雇用促進法対象者である失業者には手当支給つきで職業訓練や指導が実施されている。表5-3に「ケースワーク方式」と記載していることに注意してほしい。まさに「個別専門的」対応が要請されている。さらに,身体障害者の雇用については「適職の研究」「作業補助具の研究」の委託実施もなされている。なお,

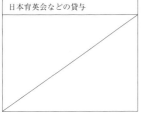

1970
タイトル：わが国の教育水準
教育機会の拡大
1 義務教育
①義務教育の就学率
長欠児童生徒は1969年で0.5% 夜間中学は学齢超過者が多くなって問題
②心身障害児に対する教育
特殊教育諸学校や特殊学級の収容者数が年々増加し,過去10年間に約3倍。特殊教育諸学校及び特殊学級の在学者以外の大部分は,普通学級に在学し,普通児と同じ教育を受けているが,これらの児童・生徒に対しては,障害の程度に応じて適切な教育的配慮が払われるべき。就学猶予・免除を受けた者に義務教育修了の資格を与える中学校卒業資格認定試験制度が設けられた。義務教育諸学校における未実施校の早期解消を図るとともに,今後,幼稚園,高等学校への普及促進を図ることが課題
教育内容・方法の改善
1 学校保健と学校給食
①学校保健及び学校安全
②学校給食
普及率も高まってきている
教職員の充実と物的条件の整備
1 就学援助
①要保護・準保護児童・生徒に対する就学援助
要保護家庭および準ずる家庭の児童へ,学用品費,通学費,通学用品費,学校給食費,修学旅行費,医療費及び日本学校安全会掛金などの援助 特殊教育への就学奨励という観点から援助。児童福祉施策も学齢児童の就学奨励の手段となっており,結核の児童・生徒に「児童福祉法」が学習・療養に必要な物品の支給
②育英奨学
日本育英会などの貸与

表 5-3　失業対策年鑑（1960～70年度版）

1960	1963	1965
社会労働情勢	社会労働情勢	社会労働情勢
国民所得倍増計画，朝鮮特需の終了，石炭鉱業の合理化，三池争議，山谷交番焼打事件	景気回復，「積極的な雇用政策の転換」（副タイトル），就業構造の近代化，地域開発促進	不況から回復へ，「完全雇用をめざして」（副タイトル）
制度・事業	制度・事業	制度・事業
失業対策事業 **一般失業対策** 国・地方公共団体直営 公共職安の適格者 **臨時就労対策（1956年度より導入）** 労働省と建設省の合議，道路街路整備，職安の特別適格者 **特別対策** ①失業者多発地域対策（公共事業） 駐留軍関係，石炭鉱業合理化関係，塩田合理化関係，合計16カ所 ②駐留軍離職者対策 基地離職者への広域職業紹介等 ③炭鉱離職者対策 炭鉱離職者臨時措置法，広域紹介事業，緊急就労事業，炭鉱離職者援護会設置（移住資金，宿舎貸与，訓練手当），三井三池離職対策（閣議決定） ④中高年齢者の雇用対策 中高年者雇用促進協議会 ⑤身体障害者の雇用対策 身体障害者雇用促進法成立 第1種求職登録者（同法対象者） 第2種求職者（それ以外） **失業保険** 第16次改訂 職業訓練施設入所者への延長給付，就職支度金給付制度の新設，日雇失業保険の待機日数短縮，保険料率，国庫負担率引下げ **失業保険福祉施設** 職業訓練所，簡易宿泊所，労働福祉館，労働者住宅，共同作業所 **職業訓練** 公共職業訓練，身体障害者職業訓練所（軽度，重度以外，寄宿舎設置，8カ所16職種），事業内職業訓練の実施促進，技能労働者等の再訓練（答申），技能認定，中央職業訓練審議会 **職業紹介** 一般職業紹介，簡易職業紹介（アルバイト的），季節的移動労働者職業紹介，日雇労働紹介，新規学卒者職業紹介 **港湾労働対策** 港湾労働近代化と就労不安定問題，労働公共職業安定所設置，職種別登録制度 **海外移住対策** 戦後1952年に再開，農業労働者から技能労働者へ，西独派遣炭鉱労働者，ブラジル工業・造船技術者派遣	**政府の失業対策** **職業安定法改正** 就職促進措置対象，自営業者等，雇用労働者失業以外も可 ①35歳以上中高年者（30歳以上も可） ②その他就職困難者（身体障害者，刑余者，同和地区） 措置対象者は認定が必要，所得要件あり 就職促進措置はケースワーク方式 職業訓練，手当 **緊急失業対策法改正** 失対への滞留・固定化を問題 従来の低率賃金廃止 ①失業者就労事業（適格要件） 中高年労働者就労促進措置後も失業多発地帯の特例 ②高齢失業者等就労事業 60歳以上失業者 （臨時就労対策は前年度で廃止） **特別対策** ①駐留軍関係離職者対策 ②炭鉱離職者対策 ③身体障害者雇用対策 ④港湾労働者対策 **失業保険** **職業訓練** **職業紹介**	**政府の雇用失業対策** **港湾労働法の成立・施行** 6大港の港湾労働対象（船内荷役，艀，沿岸運送，いかだ運送と，その他政令によるもの），公共職業安定所整備，日雇港湾労働者登録 **失業対策諸事業** 公共事業（失業者吸収率設定事業），特別失業対策事業（失業多発地域），失業対策事業：①失業者就労事業，②高齢失業者就労事業（～69廃止） **特別対策** ①中高年齢者の雇用対策 ②炭鉱離職者対策 ③身体障害者の雇用対策 ④出稼労働者対策 出稼ぎ労務者対策要綱（実態把握，相談，就労経路の安定化） ⑤大学卒業者の就職対策 景気低迷下の就職促進 **失業保険** 失業者多発地域の給付延長地域拡大 **職業訓練** **職業紹介** 海外移住対策，技術移住 **雇用促進事業団**

1966	1970
社会労働情勢	社会労働情勢
若年労働力減少・高学歴化と中高年労働力問題，「完全雇用への地固め」(副タイトル)	労働力需給の不均衡，景気停留
制度・事業	制度・事業
雇用政策の発展	積極的雇用対策の展開，農業者転職対策，地域開発政策，失業対策制度の刷新
雇用対策法の成立 労働力需給の質量の均衡 雇用対策基本計画の策定 職業指導及び職業紹介 技能労働者の養成・確保 職業転換給付金 中高年者等の雇用の促進（中高年者と身体障害者雇用率定める．身体障害者は35歳以上も含む） 労働市場センター業務の推進，地域開発政策の展開	雇用失業対策の諸制度
	中高年齢者等の雇用促進に関する特別措置法制定 45歳以上の者の雇用促進，中高年失業者等の求職手帳制度，特定地域指定による公共事業等（緊急失業対策法は新失業者には対応しない）
職業転換給付金制度創設 ①中高年失業者就職促進措置対象者 ②広域求職紹介者への援助措置 ③失業対策事業紹介者援助措置 ④駐留軍関係離職者への援助措置 ⑤炭鉱離職者に対する援助措置 ⑥身体障害者に対する援助措置 ⑦失業保険金受給者への援助措置	職業紹介 一般職業紹介，新規学卒者，中高年求職者，日雇労働者，季節的労働者，パートタイム，民営職業紹介所，海外移住（ブラジル技術移民）
	職業訓練 職業訓練法1969，職業訓練基本計画（高卒者訓練拡充，成人訓練，事業内訓練），職業訓練指導員養成
	失業保険
	職業転換給付金制度
政府の雇用失業対策	労働市場センター業務（1964年導入） 広域職業紹介，リアルタイムシステム，失業保険徴収業務，情報収集
失業対策諸事業 公共事業，特別失業対策，日雇労働者雇用奨励制度	失業対策事業
特別対策 ①中高年齢者の雇用対策 ②炭鉱離職者対策 ③港湾労働者対策 ④駐留軍関係離職者対策 ⑤身体障害者雇用対策 ⑥出稼ぎ労働者対策 ⑦特別地区対策	特別対策 ①出稼労働者対策 出稼労働者：1カ月以上居住地を離れ雇われるもので就労期間経過後に居住地に帰るものをいう（1969定義） ②身体障害者雇用対策 心身障害者職業センター（東京）設置（福祉・医療・教育などとの連携） ③同和対策地区住民の雇用対策 同和対策特別措置法（1969） ④港湾労働者対策 ⑤建設労働者の雇用対策 ⑥炭鉱離職者対策 ⑦駐留軍関係離職者対策 在日米軍基地の大量人員整理 ⑧愛隣地区等の対策 青空労働市場，労働者福祉，愛隣地区対策，山谷地区対策 ⑨沖縄対策 1972年中の復帰後の雇用対策，失業保険，外国人季節労働者
失業保険	
職業訓練	
職業紹介	
雇用促進事業団	雇用促進事業団

この「身体障害者雇用対策」は，この期については，すぐ後で述べる他の雇用対策と共に「特別対策」の1つとして扱われていることにも注目しておきたい。

以上のように，「身体障害者・児」「精神薄弱者・児」の分野では，医療，教育，労働分野との境界線上に，多様な手法での「障害者福祉」の試みが開始されており，この時期の，社会福祉のニード多様化と「個別専門的対応」を表すならば，この分野をこそ，典型とするべきであろう。こうした展開の果てに，次の時期には，「収容」や「医療リハビリ」「特殊教育」への当事者たちの反発が生まれていくことになる。それはともあれ，ここでは最後に，当時「社会福祉一般」とは区別されたり，あるいはその筆頭格に位置していた児童福祉分野のカテゴリーについて補足しておきたい。

3.4　児童福祉における対象カテゴリー変化

1956年版厚生白書では，児童福祉は「一般児童（児童の健全育成）」「要保護児童施策」の2つの事業集合に大きく分かれており，1957年版以降「児童と母子」ないしは「児童と家庭福祉」という大集合になると，母子保健とその実施機関である保健所の役割が大きな位置を占めるようになる。ここで，「児童の健全育成」と「要保護児童」の区別は，前者が児童一般を対象とするのに対して「要保護児童」は「家庭環境に恵まれない児童とか，身体，精神あるいは性情等になんらかの障害・欠陥のある児童」（1956年版），「①身体の発達または機能に障害や欠陥を持つ，②精神の発達または機能に障害や欠陥を持つ，③養育環境等に障害や欠陥を持つ，④反社会的または非社会的行為を伴っている」（1971年版）等のように定義されている。つまり親等に養育されていないか，心身の障害をもつ，または非行傾向にある子どもへの対策ということになる。ここでの「要保護」とは保護するニーズがあるという意味で，基本的には「児童保護施設」の対応を意味している。

このように，年齢で「児童」を仕分けただけの児童福祉法及び児童福祉行政は，障害対応，非行対応，養護対応と，それぞれ異なった「専門対応」が要請されることになった。とはいえ，そのような異種の「専門対応」ができる条件が児童福祉の措置機関として設置された児童相談所にあったわけではない。表5-5の「児童と家庭の福祉」集合の中に，年によってランダムな位置に置かれている児童相談所は，「複雑化する対象とマヒ状態の機能」しかなく，緊急保護と判定のために設けられた一時保護所は「混合収容」を余儀なくされ，判定

はすなわち「心理判定」により措置が決まる状態であったという（志田1963: 60）。このような状況の中で，「障害児童」については，精神薄弱者福祉法から心身障害者対策基本法への流れの中で，児・者一元化の方向がめざされ，またとくに医療や教育分野との「接点」での「処遇」が拡大していくことになったわけである。

　児童福祉の中で保育所は「**保育に欠ける児童**」への施策と定義されるが，これを「要保護」の中に入れるかどうかは時代によって変化している。表5-5の時期はおおむね「要保護」の一部分であるが，58年版では保育所を「児童の健全育成」に入れ，それがまた「要保護」に戻って，最後の1972年版で「要保護」カテゴリーが消滅し，「**健全育成**」「**保育に欠ける児童**」が並んで置かれている。つまり，この最後の年には，それまで「一般児童（健全育成）」と「要保護児童」に区分されてきた児童福祉対策が大きく変化していることに注目したい。次章で見る1973年版以降は，「保育に欠ける児童」は「健全育成」より上位に置かれることになる。前章で幼稚園との関係で「保育に欠ける児童」規定となった点を指摘したが，もともとそうした経緯をもつ保育所の位置が，その政策の位置を変化させていったともいえよう。なお，1971年版は児童憲章20周年を記念したタイトルになっているが，なぜかこの年は「健全育成」が消えてしまっている。上に述べたように72年版で復活し，「健全」の集合要素に「要保護」を含んでいくような転換が生じているのである。

　「非行児童」対策は健全育成＝不良化防止としても重要なものと認識されている。1961年版には「非行内容の悪質化により」女子の教護院が設置され，「情緒障害児短期治療施設」を児童福祉施設の1つに繰り入れたとしている。情緒障害児とは，「(その) 多くは，家庭における人間関係，特に親子の関係が緊張していること，学校生活に適応しないこと，教師に対する不満などから情緒の不安定感，劣等感，愛情の不満感などがつのって反社会的行為にかりたたせられる」（白書1961年版: 258）と表現され，「全国に三か所の情緒障害児短期治療施設を設置し，情緒障害児を短期入所させ，心理療法，生活指導などを通じて児童の情緒障害を根本的に治療し，社会的適応性を与えることとした」という（同上: 258-259）。なお1966年版では「**情緒障害児**」は要保護児童に仕分けされ，「登校拒否，乱暴，無口，恐怖等の問題行動を示す児童」となっている。61年版の非行一歩手前とはやや異なった把握になっているようにも見える。ちなみに，表5-4の犯罪白書を参照すると，「特殊な犯罪者」の中に「少

表 5-4　犯罪白書（1960, 65, 70 年版）

1960	1965	1970
タイトル：再犯防止と市民参加　わが国における犯罪とその対策	タイトル：犯罪の動向とその対策	タイトル：最近の犯罪と犯罪者の処遇
第1編　犯罪	第1編　犯罪の動向とその背景	第1編　犯罪の動向
特殊の犯罪とその対策	特殊な犯罪及び犯罪者	統計から見た昭和44年犯罪の概観
1　精神障害者の犯罪　精神衛生法（1950）の第3条で，中毒性精神病者を含む精神病，精神薄弱及び精神病質，心神喪失と認められた者の大部分は精神病者であり，心神耗弱とされた者は，比較的重症の精神薄弱者が多い　2　売春関係の犯罪　売春防止法違反　3　麻薬関係の犯罪　4　外国人の犯罪	1　麻薬・覚せい剤アルコール関係の犯罪　2　売春犯罪　3　精神障害者の犯罪　一般に捉えられている7つの分類：①外因性器質性，②内因性，③精神身体症，④てんかん，⑤神経症，⑥精神薄弱，⑦精神病質　現行の精神衛生法（1950）第3条では「精神病者（中毒性精神病者を含む），精神薄弱者及び精神病質者をいう」と規定。上に述べた7つの精神障害との関係は法改正を要する	1　精神障害者の犯罪　刑法は，心神喪失者の行為は罰せず，心神耗弱者の行為は刑を減軽すると規定している。通常，心神喪失者とは，精神障害により，是非を弁別する能力のない者または行動する能力のない者とされ，心神耗弱者とは，精神障害により，是非を弁別する能力が著しく低い者　2　女子犯罪　嬰児殺，遺棄，過失致死傷等の犯罪　売春防止法，風俗営業取締法違反　3　外国人犯罪　刑法犯は少なく外国人登録法違反など
第2編　犯罪者の矯正と保護	第2編　犯罪者の処遇	第2編　犯罪者の処遇
犯罪者の保護　1　保護観察　2　更生（緊急）保護　どちらもケースワークなのである（犯罪者の更生と社会復帰の援助による再犯防止。その方法は，個別処遇を基調として，対象者の自立自助を援助する社会福祉的な犯罪対策）　保護観察の対象：イ）家庭裁判所で保護観察と言われた少年，ロ）少年院から仮退院を許された者，ハ）刑務所から仮出獄を許された者，ニ）刑の執行猶予期間中保護観察に付された者，ホ）婦人補導院から仮退院を許された者。保護観察を伴う者は緊急更生保護措置	更生保護　1　保護観察　2　更生（緊急）保護　拘束をとかれた後，6ヵ月以内に，親族や縁故者等または公共の保護をうけることができない場合の緊急の措置　その方法としては，補導，宿泊所の供与，食事つき宿泊の供与，食事の給与，医療及び保養の援助，帰住の援助及び金品の給与または貸与等の措置	矯正　矯正処遇の徹底，更生復帰の促進を図るためには，処遇の基本法である監獄法改正検討中。分類調査と分類処遇（11種）。入所時，出所時教育　仮釈放及び更生保護　1　保護観察　2　更生（緊急）保護　3　更生保護会（民間団体）
第3編　少年犯罪とその対策	第3編　少年犯罪	第3編　特殊な犯罪と犯罪者
少年犯罪の対策　1　少年に対する保護処分と刑罰　2　児童福祉　児童相談所，教護院，養護施設等　3　少年院　4　少年刑務所　5　少年の保護観察	1　少年犯罪　14〜20歳未満の罪を犯した少年（刑法による＝犯罪少年，特別法令罰則違反＝特別法犯少年，刑罰法令に触れる虞のある＝虞犯少年，14歳未満の触法少年）　2　非行少年の処遇　1　少年警察　2　少年検察　3　少年審判　4　少年の刑事裁判　5　矯正　①少年鑑別所　②少年院　③少年刑務所　6　保護観察	少年犯罪　特別法令罰則違反＝特別法犯少年　将来罪を犯す虞のある＝虞犯少年　14歳未満の触法少年　1　少年警察，検察，審判　①少年警察　②少年検察　③少年審判　④少年の刑事裁判　2　少年鑑別所　3　少年院　4　少年刑務所　5　少年の仮釈放及び保護観察
少年犯罪の予防活動　1　コミュニティオーガニゼーション　2　青少年の保護育成に関する地方条例　3　保護観察所の予防活動　4　BBS，保護婦人会，職親など　5　社会を明るくする運動		

年犯罪」があり，こちらは刑法であるゆえか，その対象認識は児童福祉法よりすっきりしているように見える。

なお，占領が終わって顕在化した「混血児問題」は，先の教育白書にも触れられているが，この期の特徴的な児童福祉対象であり，施設をステップとして国際養子縁組が取り組まれていくことになる。

4 公衆衛生，疾病対策等とその手法

以上のほか，この期の公衆衛生，疾病対策，医薬品，公害，生活環境，あるいは福祉施策の「その他」項目として配置されている施策についても触れておきたい。

すでに指摘したように，精神衛生，結核予防法は，むろん厚生省のいう「社会福祉」カテゴリーではなく，公衆衛生対策，あるいは疾病対策そのものである。「ポリオ」「らい」などもこの項目の一部として登場する。白書にはがん対策や成人病対策も記載されているが，ここでは感染症対策に１つの重点を置いた。なぜなら，前章でも指摘したように，感染症は社会にとっての脅威であり，「社会の福祉」のために適切に対応しなければならないからである。すでに治療薬も登場し，回復可能な「らい」も同様であるが，しだいにその「脅威」は衰え，一般病院での外科手術の対象となり始めた結核についても，この後もかなり長い間「警戒」されていく。

この期の結核は，「濃厚感染源対策」という表現が1958年版にあるように，主に貧困地域で結核の根絶に至っていないことが指摘されている。また回復者の社会復帰も問題として挙げられている。1961年には宿願であった医療費公費負担を実現すべく結核予防法の一部改正がなされた。ここでは「命令入所者の医療費公費負担」「命令入所の国庫負担の引き上げ（8割負担）」がなされ，その結果生活保護法の医療扶助に重くのしかかっていた結核入院費（命令入院）の予防法への移し替えが一応進んだ。命令入所患者が飛躍的に増大となったのはこの改正による。

結核に代わって，この期の公衆衛生問題の焦点になったのは，「精神衛生＝精神障害者」対策である。これは「感染」ではなく疾病による犯罪や「遺伝」の問題が社会への「脅威」とされた。先の犯罪白書に戻ってみよう。1960, 65

年版では,「特殊な犯罪及び犯罪者」として「精神障害者の犯罪」が取り上げられている。65年版では,「現行の精神衛生法 (1950) 第3条では『精神病者 (中毒性精神病者を含む), 精神薄弱者及び精神病質者をいう』と規定しているが, 一般には『外因性器質性』『内因性』『精神身体症』『てんかん』『神経症』『精神薄弱』『精神病質』の7つが認識されているので, 法改正が必要だ」と述べている (犯罪白書1965年版: 59-61)。これは70年版にあるように, 刑法における「心神喪失者」の規定と関わっているために, 犯罪対策においては明確化が求められたといえよう。ただし, この刑法における「心神喪失者」と「精神障害者」は, さしあたり同一ではないという意見がある。星加良司は「心神喪失者」とは, 精神鑑定を参考にするがあくまで司法的判断であり, 精神医学的診断による精神障害カテゴリーとは, 同一ではないと述べている (星加 2012: 175)。

　他方で, 表5-5を見ると, 精神衛生法改正は1965年にあり, これは精神障害の定義ではなく, 結核同様, 患者管理と公費負担の導入に眼目があった。すなわち措置入院だけではなく通院医療費の「1/2公費負担」「在宅者の把握と指導」「緊急入院措置 (公安の維持)」がその主な内容である。最後の (公安の維持) とは,「警察官・検察官などの精神障害者に関する通報範囲を拡大し, また, 自傷他害の程度が著しい患者については, 社会公安の維持および本人の医療保護の見地から, 通常の措置手続をとることができない場合でも, 48時間を限って精神衛生鑑定医1人の診断を経て, 緊急入院させることができる」(白書1964年版: 138) としたものである。このような (公安の維持) 強調の背景には, 1964年3月のいわゆる「ライシャワー大使事件」(当時の駐日大使ライシャワーへの精神障害少年による傷害事件) や, 同年10月開催予定の東京オリンピックのための「生活環境浄化実践運動の提唱」があった。ちなみに, 東京都ではこの年の9月は生活保護法による「更生施設」の収容者が急増しており,「浮浪者」「仮小屋生活者」の一掃＝「生活浄化運動」が積極的に行われていたことが記録されている (岩田 1995a: 62, 132)。

　なお, 優生保護法による一般の妊娠中絶の増大については, すでに述べたが, もともと優生保護法は,「不良の子孫の出生を防止するため, 本人または配偶者が, 遺伝性精神病, 遺伝性身体疾患または精神薄弱を有していること, 本人または配偶者の四親等以内の血族関係にある者が, 遺伝性精神病・遺伝性精神薄弱・遺伝性精神病質・遺伝性身体疾患または遺伝性奇形を有していることな

どの理由により，優生手術を行なうことができる」（白書1964年版: 138）と規定されている。しかも「公益上必要」と認定された場合の費用は公費負担である（同上: 138-139）。このため，この期の厚生白書の記載も，優生保護は，主に精神衛生の下位集合として位置づけられ，「公益（社会の福祉）」に関わるものとして記載されている。他方，興味深いのは，この1964年から，「レクリエーション」が「保健及びレクリエーション対策」として公衆衛生カテゴリーに繰り入れられ，「余暇生活」を充実すべく，国民宿舎や休暇村などが作られていくのである。

これらの公衆衛生の一部ないしは疾病対策の1つに，1957年「原子爆弾被爆者医療法」（表5-5では1958年版，以下原爆医療法）がある。これは被爆者手帳の交付と，原爆症認定という2段階の被爆者の選別を基礎に，健康診断と医療給付を行うものである。原爆投下から12年を経過しており，占領下という事情があったにせよ，かなり出遅れの感がある。被爆者医療法は60年に**「特別被爆者制度」**を導入して，爆心から2km以内の被爆者を特別被爆者として差異化し，医療費の自己負担分を無料化した。また認定疾病被爆者の認定疾病以外の医療費の自己負担分を無料化や医療手当の支給を始めている。62年には「特別被爆者」概念の拡大があり，2kmが3km以内に修正され，さらに65年には投下後3日以内の入市者も加えている。1968年には「原子爆弾被爆者に対する特別措置法」（原爆特別措置法）が成立して，さまざまな手当による福祉措置を加えていくが，被爆者及び原爆症認定の線引きの妥当性が今日なお問われ続けている。

このような「長期被害」への〈補償の系列〉は，戦傷病者援護の拡大に始まり，原爆医療法から各種の公害被害，あるいは自然災害を含んで展開されていく。1967年に「公害対策基本法」が制定され，71年に公害行政が環境庁へ移行するまでは，厚生省は大気汚染，水質汚濁，排気ガス，騒音などの「公害対策」を主に「生活環境」対策として位置づけている。また，厚生省の疾病予防，薬事・薬品などと関わって，予防接種被害，薬品被害などの救済もある。これらは，いずれも白書での事業の位置づけは異なるが，発生してから長期にわたる健康被害が「個人の生活」においては継続すること，公費補償とするためには健康被害とその原因の特定化に議論が費やされること等から，訴訟も数多く，解決に時間がかかるのが特徴である。近年の地震などによる自然災害被害に加えて，いまだに解決の糸口が見つからない「原発」立ち入り禁止地区住民への

補償などは，被爆者医療法と同じく，この〈補償の系列〉に属するといえよう。

医療関連では，「医薬品」「薬事」に繰られている．「血液」もこの期の大きな問題であった。当時血液は，民間の血液銀行の保存血液によって供給する割合が高く，しかもそれらの血液は低所得層の「最後の拠り所」でもある「売血」によって賄われていた。この「売血」問題は，「売血者」の健康問題であるだけでなく，血清肝炎等の感染被害をもたらしたところから，政治問題となり，日本赤十字社の献血による血液供給に切り替えるべく「献血運動」キャンペーンがなされていくことになる。ここでは市場に委ねられ，したがって貧困者の最後の「商品」となっていた血液が，感染被害を防ぐという社会防衛の観点から，社会福祉事業として編成し直されていくのである。

なおこの献血制度を取り上げたティトマスも，肝炎等の蔓延を防ぐという社会防衛の観点は認めたうえで，しかし，米国（当時の日本も）のような「血液市場」に比べて，社会政策としての献血制度は次の3つの利点をもつことを，強調している[4]。第1に，献血は，人種，民族，職場集団，近隣，家族のような範囲を超えた「見知らぬ他人」への無言の贈与であり，第2に，しかもその動機がいかようなものであれ，献血者の自由意志に基づいた制度である。第3に，「血液市場」における貧困者から富裕者への移転，あるいは貧困国から富裕国への移転というという問題を防ぐことができる（Titmuss 2002: 209-236）。ティトマスのこの主張は，利他主義と一括りにはできないドナーの動機調査に基づいており，英国国民保健サービス（NHS）と並んで社会福祉政策の傑出した制度と結論づけられている。

なお，この「医薬品」には，血液と並んで麻薬等も毎年記載されており，犯罪との関わりだけでなく，治癒が困難で社会復帰を妨げるものとして認識されていたようである。

5 「地区改善事業」と「特別失業対策事業」

5.1 「地区改善事業」の位置と意味

本章の最後に，表5-5及び同時期の失業対策年鑑（表5-3）を利用して，貧困・低所得と失業問題への政策対応の「空間的配置」を示唆する白書の記述に

着目してみたい。ここで「空間的配置」というのは，社会問題を「特定地域」と結びつけて把握し，その地域空間への福祉資源の投入によって，「地域改善」を行おうとする見方と手法を意味している。それは，今日いわれるところの地域福祉とは異なって，「**不良環境**」「**スラム**」「**同和地区**」「**アイヌ集落**（ないしは旧土人集落，ウタリ集落）」「**旧産炭地域**」「**へき地**」というようなカテゴリーで「特別」に示された空間を対象とした社会福祉事業を意味している。

　まず厚生白書表5-5には，「不良環境地区改善事業」と「地方改善事業」という事業カテゴリーがあり，両者は一緒に括られることもあれば，別だてされることもある。また，それらが位置づけられるのは，1958年版は「低所得階層対策」，59年版は「生活環境」，60年版は「公衆衛生と環境改善」に包含される小項目である。61年版は重要課題には「スラム」等が示されているが，各事業項目へスラムの記載はない。62年版もなく，63年版には最上位項目「生活環境の整備」の2番目に「同和地区等」「スラム」と「アイヌ」が位置づけられている。64年以降は「福祉水準を高める施策」とか「社会福祉施設の整備及びその他の福祉施策」の「その他福祉」の中か，「その他の福祉施策」にほぼ包含されている。

　まず「地方改善事業」や「不良環境地区改善事業」という事業カテゴリーそのものは，戦前からのもので，前者は主に内務省が被差別部落地区の「部落改善事業」を1923年より「地方改善事業」と改称して使っていたものである。「不良環境地区改善」は戦前には「不良住宅地区」とか「不良住宅密集地区」というような呼び方が一般的であり，公式には1926年に内務大臣が社会事業調査会に「不良住宅密集地域ノ改善方策ニ感スル件」を諮問し，その答申「不良住宅地区改良法案要綱」と実施要綱で使用されている（岩田 1995b: 30-31）。そこでは「衛生上又は保安上有害ナリト認ムル地区」を示していた（同上: 30-31）。表5-5の1966年版の当該箇所では「不良環境地区」を「生活環境の劣悪なところ」と意味づけており，つまり「環境の有害性」の視点で，問題を捉えているという意味では，ほぼ同じといえよう。

　いずれにせよ，先に述べた経済保護事業と低所得階層対策の結びつき同様，これらは戦前から持ち越された「社会福祉」の1つである。なぜ持ち越されたかといえば，被差別部落問題は戦後になっても解決には至っておらず，それが，個々人や世帯の貧困・失業や排除だけでなく「地区」全体の環境問題としても認識されざるをえない状況があったからである。また，都市スラムの問題は，

1961年版白書の重要課題に記載されているように,「農村からの移住, 歴史的スラム, 戦災住宅のスラム化等」多様なプロセスで形成されたものとの認識がある。たとえば敗戦後の貧困を引きずる「不良住宅地区」として, いわゆる「バタヤ部落」と呼ばれた地域がこの期にはかなり存在していた。また, 高度経済成長を支えた日雇労働者の労働市場であると同時に, 彼らが泊まる簡易宿泊所(いわゆるドヤ)が密集する「寄せ場」が東京, 大阪, 横浜などに拡大し, ここで「暴動事件」が頻発した影響も大きい(岩田1995a)。さらに,「アイヌ集落(年によっては旧土人部落)」と書かれている地区についても「歴史的なもの」であり, 他方で1968年版からは「産炭地域」という項目が加わる。すぐ後に失業対策年鑑で確認するように, 石炭から石油へのエネルギー転換の過程で閉山が相次ぎ, 炭鉱労働者の失業・貧困問題だけでなく, 集住する地区全体の生活環境が劣化していったことの反映と考えられよう。また同年から「へき地対策」もここに位置づけられている。重要課題としては1966年版で「都市化とへき地の環境問題」という記載があり, 都市への人口集中の裏で起きている問題として把握されている。

だが, 白書におけるこれらの環境問題の扱いは, 上に述べたように, 1963年版を除くと,「付け足し」ないしはどこに位置づけていいかわからない, といったようなものである。環境問題ではあるが, この期の環境問題の中心になる公害とは異なり, また皆保険・皆年金体制と社会福祉6法による「福祉国家への途」から見れば, その「輝かしい主流」とはかけ離れた「特殊問題」として, 結局「その他の福祉」に仕分けされざるをえなかったのかもしれない。

「地方改善事業」の具体的手法は, 地域の住宅, 上下水道, 道路, 隣保館, 保育所, 集会所, 共同作業場の設置などが記載されている。もちろん「被差別部落」問題は厚生行政だけの課題ではなかった。1960年に総理府に設置された同和対策審議会は翌年, 内閣総理大臣から「同和地区に関する社会的及び経済的諸問題を解決するための基本的方策について」の諮問を受け, 1965年8月に答申を提出している(白書1966年版: 460-461))。この答申では, ①環境改善, ②社会福祉, ③産業職業, ④教育問題, ⑤人権問題の5つにわたった具体的対策を提案している。このうち①は住宅改良, 上下水道, 道路, 隣保館, 保育所などの設置による環境対策が述べられ, ②の社会福祉では,「一般的な社会福祉」ではなく「貧困と差別がかたく結びついた, 同和地区としての社会福祉」であるべきだとしている。この場合の社会福祉の理解は, 専門ワーカーの

配置やコミュニティセンターのような総合機能をもつ施設の設置などがあり，またすべての社会福祉部門の強化が掲げられている（同答申，1965 年）。この答申を受けて 1969 年から 10 カ年にわたる事業計画が開始され，これを実施するために「同和対策事業特別措置法」が制定されている。厚生白書の記載では，この 10 カ年計画及び特別措置法に従って「生活環境の改善，隣保事業の充実，社会福祉および保健衛生の向上をはかるための諸施設の整備等の施策の計画的な推進」（白書 1966 年版: 461）を行っているとしている。

「隣保事業」とは隣保館，共同浴場，共同作業場等があるが，「アイヌ集落」でも生活館，共同浴場等，「へき地」では保健福祉館事業に国庫補助がついている。都市スラムについても住宅改良や生活館などの事業が行われているが，それらは「1960 年度までは民間社会事業家のセツルメント運動や個々の都市の施策を別とすれば，同和地区改善対策というかたちで行なわれてきたにすぎない。ようやく 1961 年度からスラムプロパーの対策として生活館，共同浴場などの共同利用施設の設置について国庫補助のみちが開かれるに至り，以後施策の拡充強化が図られているが，そのたちおくれの感は否めない」（白書 1962 年版: 97）と 1962 年版厚生白書は正直に記載している。なお「ドヤ街」など大都市「スラム」については，基本的にそれぞれの都市行政の課題となっているためか，厚生白書での記載は少ない。70 年版に大阪「愛隣地区」の病院建設の国庫補助等の記載がある程度である。

5.2 「失業者多発地域」と「特別対策」

以上の「地区改善」とも関わって，表 5-3 で失業対策年鑑の変遷を 1960, 63, 65, 66, 70 年度版の 5 カ年で見てみたい。63 年度は「職業安定法」「緊急失業対策法」の改正があり，66 年度は「雇用対策法」の成立があったので，とくに加えている。

1960 年度版の社会労働情勢に記したように，国民所得倍増計画が策定されたこの年は，朝鮮戦争による特需が終了し，エネルギー転換による石炭鉱業の合理化（閉山）等が進み，失業は**「失業者多発地域対策」**という名称で，新たに把握され直すことになる。「同和地域」や「住宅不良地区」と同様に，駐留軍のいた基地における失業，閉山地域の炭鉱労働者の失業，塩田合理化による塩田地域の失業など，失業が多発した地域が特定され，それらの地域の失業者は**「特別対策」**対象となった。1960 年の「特別対策」対象は，このほか「中

高年齢者」「身体障害者」が加わっている。ちなみに同年は先述した「身体障害者雇用促進法」が成立している。また，この年は別に「港湾労働対策」「海外移住対策」が目を引く。前者は港湾労働の近代化にともなって，従来の港湾労働の需要が減り，就労が不安定化していることが指摘されている。後者は従来の「農業労働者」ではなく「技能労働者派遣」として転換していることを，その所管である職業局は強調している。だが，海外移住はこの時点ですでにピークを迎え，以降減少していく。

1963年度版の「職業安定法」改正は就職困難な「就職促進措置対象」を定め職業訓練と手当をつけたもので，最近の求職者支援法を彷彿とさせる。対象者は中高年者，身体障害者，刑余者のほか，同和地区が入っていることに注意したい。また「緊急失業対策法」改正は，失業対策事業への「滞留・固定化」を阻止しようとしたものであるが，「適格要件」として，すぐ前に述べた「中高年者就労促進措置」を受けてなお失業している者，失業者多発地帯の特例，60歳以上失業者のみと定めた。その後に続く「特別対策」には駐留軍関係離職者対策，炭鉱離職者対策，身体障害者雇用対策，港湾労働者対策があり，60年度版も参照すると，失業対策の対象の「特定化」が重なり合いながら進んでいることがわかる。先の1964年版厚生白書の表現を借りれば，産業構造転換等による「零細農林漁業や日雇など」（環境的不利）と「ハンディキャップ層」（主体的不利）の2つが「特別対策」対象失業者として絞り込まれていったといえよう。むろん，白書のいうハンディキャップ＝主体的不利という意味は，社会的ハンディキャップの側面を十分理解していない時期のものではある。

この「特別対策」対象者は，1965年度版では「出稼ぎ労働者対策」と「大学卒業者対策」が加わっている。後者は景気低迷期の対応と説明されている。なお，1965年度は港湾労働法が成立・施行されている。翌66年度は，若年労働力減少・中高年労働力の相対的過剰問題が鮮明になった中で「雇用対策法」が成立し，いよいよ産業構造転換に合わせた労働者配置を，「職業転換給付金」等で誘導しつつ，全国的な労働市場センター作りをめざすことになる。この「雇用対策法」により設置された「職業転換給付金」制度は，これまでにも分野別に行われていた7種の給付金を総合したものであり，「労働力の需給の不均衡を是正するねらいで，労働者の職業転換，地域間の移動，職場への適応などにたいして援助措置を充実させることとなった」(1966年度年鑑: 205) ものである。「職業転換給付金」による援助対象は，その後に続く「特別対策」対象

者と，ほぼ重なっていることにも注目したい．なお，この「職業転換給付金」は職業訓練や指導を受けているものに対する給付，広域就職活動（最高6泊まで宿泊費も援助）や帰省のための旅費，移転費など，労働者に給付されるもののほか，労働住宅確保奨励金など事業主への奨励金も含まれている．たとえば障害者を雇用した事業主への人数に応じた奨励金の支給，中高年齢労働者の住宅確保奨励金などがこれにあたる．

　さらに，この年度の特別対策としては，「特別地区対策」がでてくる．ここでの地区はいわゆる「寄せ場」地区である．なお，最後に記載されている特殊法人雇用促進事業団は1961年に発足したとされているが，雇用促進のための職業訓練大学校などの訓練事務のほか，求職者用寄宿舎，移転就職者用宿舎等の各年1万戸建設計画を立てるが，未達成に終わっている．このほかにも，中小企業労働者レクリエーションセンター，出稼援護相談所，大阪愛隣地区の労働センター等「福祉業務」も行っている．労働力の全国的流動化による雇用調整のために，「労働者福祉」の側面が開拓されたといえよう．

　70年度版になると，失業対策は「雇用失業対策」へ呼称も代わり，いわゆる「積極的雇用政策」への転換が図られ，農業者の職業転換や，地域開発を進める方向に進んでいこうとする様子がよくわかる．具体的政策では一方で「中高年齢者の雇用促進に関する特別措置法」を制定し，「緊急失業対策法」は，新規失業者には対応しないとして，その入り口を閉ざすことになった．また69年に成立した「職業訓練法」を裏づけとしつつ，いくつかの労働者類型ごとに職業紹介業務が分節化していく．他方で失業対策事業の「特別対策」は，出稼ぎ労働者対策が第1に挙げられている．

　「出稼ぎ労働者」の定義は前年の1969年に「1カ月以上居住地を離れ雇われるもので就労期間経過後に居住地に帰るものをいう」（70年度版年鑑：336）と定められた．これに続いて，身体障害者雇用対策，同和対策地区住民の雇用対策，港湾労働対策，駐留軍関係離職者対策，愛隣地区等の対策，沖縄対策が挙げられている．前年度版から出てくる「愛隣地区等対策」は，大阪の大きな「寄せ場」＝ドヤ街地区への対策であり，先にも病院への国庫補助について触れた．この特別対策においては，東京山谷，横浜寿町も含めた，日雇労働者のドヤ街としての劣悪な生活環境「地区対策」と，いわゆる「青空市場」と呼ばれる路上での「日雇労働の売買」をどう統制していくかが課題となっている．だが，この「愛隣地区」や「山谷地区」の問題の取り上げ方は，厚生白書はもとより，

5　「地区改善事業」と「特別失業対策事業」　　175

失業対策年鑑においてもやや遅い時期での扱いである。年鑑によれば，東京においては60年の「山谷マンモス交番焼打事件」を，大阪愛隣地区では61年の「東田町交番焼打事件」などを発端とした，労働者の不満の高まりに対して，「地元関係機関のみならず国としての立場から総合的な対策が取り上げられることになった」（同上: 397）という。むろん，東京や大阪など地元自治体では，60年代はじめより，対策が講じられてきたが，総合的な福祉施設の建設について国へも要望が出され，ようやく66年度から「特別対策」となったわけである。この「特別対策」は，「寄せ場」労働者の高齢化やバブル崩壊によって90年代以降の「ホームレス対策」へとなだれ込んでいくことになる。なお，最後に挙げられた沖縄対策は1972年復帰後をにらんで対策を策定しようというわけである。

　こうして，表5-3の失業対策の展開を見ると，この期の失業問題は，高度経済成長の中で地域的不均衡をもって，あるいは出稼ぎのような地域移動を伴って形成されていることを前提に，それらの「特定地域」事業集合と，成長に追いつけない「ハンディキャップ」層にターゲットを絞り，職業訓練や各種転換金，労働宿舎等を介して，その全国的流動化を促しつつ職種転換を誘導していく政策が鮮明に浮かび上がってくる。先の表5-5にあったような厚生白書における「その他」の「地方改善事業」や「スラム」「産炭地域」対策等と，これらの特別対策者・地区は重なり合って囲い込まれ，高度経済成長と福祉国家をめざす「ゆたかな日本」の「島の貧困（Insular Poverty）」（ガルブレイス＝鈴木訳決定版2006: 376-379）のごとく点在していくのである。

5.3 小　括

　厚生白書第1回発刊年である1956年版から高澤のいう「戦後体制」のシステム・ブレイクが始まろうとする直前の1972年版までの時期は，「国民皆保険・皆年金」体制という壮大な社会保険構想を実現させ，またいわゆる福祉6法体制が成立した時期として知られている。

　第1回から1960年代半ば頃までの厚生白書の問題認識は，まず第1に「中進国」としての日本社会には，①経済の二重構造による多様な「不完全就業層＝低所得層」（環境的不利），②「就労能力喪失による低所得，すなわちハンディキャップ層」（主体的不利）の問題があり，これらによって，③「社会的緊張」が存続するとする。第2に，以上の背景に「生産年齢人口の重圧」，すな

わち「過去の多産少死」時代に生まれた「膨大な少年層の存在」が「過剰人口」と化し，それが格差を形成していくという懸念がある。第3に，とはいえ人口構造はすでに「少産少死」に変化していることも自覚しており，その原因として国民自身の「出産抑制の努力」＝人工妊娠中絶を挙げる。60年代半ば以降は，①人口構造の高齢化，②産業の高度化と人口の都市集中（地域の希薄さ），③家族構成の変化（高齢世帯の増加，主婦の社会進出），④経済成長から取り残されがちな階層の問題が，「経済繁栄の中にある新たな課題」として把握された。こうした問題認識の上に，国民皆保険・皆年金の実現，公衆衛生，社会福祉制度の整備体系化と「個別専門化」がめざされた。福祉国家の諸制度のキャッチアップ政策である。

　この問題認識から導かれる典型的な社会保障（英・ベヴァリッジ・プラン）の組み立てにもっとも近いのは，国民皆保険・皆年金体制をようやく実現できた1959年版の「所得及び医療の保障」という大集合の要素としての，①年金，②医療保険，③生活保護である。その後は，1963年版において3つがそれぞれ大項目の集合として連続して配置されていることを除けば，医療と所得保障が切り離され，別々の集合として配置されていくようになる。ただし，この時期内では，いちおう「所得保障」という大項目集合に意味があり，しかもその要素として「年金」と「生活保護」さらには「児童手当」の3つの小集合のセットが意識されている。したがって，国民皆保険・皆年金体制以前の白書の項目編成が毎年変化しているのに対して，後半の1965～1972年版の間の白書は比較的類似した安定的な事業集合の形成が見られる。すなわち「国民の健康ないしは医療」「生活環境または健康な生活の条件」「医療制度や医薬品」がまず位置づけられ，「医療保険」は以上の外に独立する場合と，それらの要素として包含される場合がある。続いて「所得保障」「社会福祉」となるが，「社会福祉」事業集合という括りが消滅し，その内容が羅列されているパターンもある。また「社会福祉」事業集合が配置される場合は，生活保護は入らず，「戦没者・戦傷病者援護」がその中に含まれており，また並び方は「児童と家庭の福祉」が筆頭である。1970～1972年版の間は「児童手当」が「所得保障」へ入った72年版と，「児童と家庭の福祉」に位置づけられた70，71年版との違いがあるだけで，それ以外は同じである。

　ただし，以上の事業集合の細部を見ると，その安定の意味は一変する。まず，国民皆保険・皆年金における「対象の普遍性，受給の権利性，制度の体系性」

は，階層差をそのまま反映した制度分立のまま構築され，実際には異なった保険対象カテゴリーが形成された。また生活保護の利用者は国民保険の「適用除外」という扱いである。さらに公的年金は制度が発足しても，保険料徴収が始まっただけで，過渡的措置として「福祉年金」と名づけられた「無拠出年金」が老齢，母子，障害のそれぞれに給付されることになった。これは所得制限のついた第2の公的扶助である。この福祉年金の創設は，加算制度を通して，「無差別平等」一般扶助である生活保護の中にカテゴリー別の最低生活費を持ち込む結果となり，保護施設という傍系も含めると，被保護層の分節化がさらに進んだ。「福祉年金」受給者はこの期を通して拠出性老齢年金受給者より多く，給付総額でも国民年金が福祉年金を追い越すのは，次章の1976,77年である。つまり，国民皆保険・皆年金体制というキャッチアップ政策を実質的に支えたのは，「福祉年金事業集合」の存在であったことが確認される。

次いで，この時期は福祉6法体制が整うが，「狭義」の社会福祉が多様なニードに対応するにはその体系化と「個別専門化」の確立が求められた。だが母子福祉法と老人福祉法には，その事業要素としてとりたてて新たなニードへ専門的対応がなされた様子はない。この期の母子家庭対策では，国民年金法の改正によって，死別母子への年金（福祉年金も含む）ができたこと，また生別母子への児童扶養手当が加わったことが重要な変更であるが，これは母子福祉法によるものではない。むしろ，1956年の「売春防止法」は「婦人保護」という特殊な社会福祉分野を切り拓き，この後，売春と関連していない女性も含めての多様な「要保護女子」への対応を請け負うことになる。老人福祉法も，生活保護法から養護老人ホームを取り込み，特別養護老人ホーム（所得制限はないが費用徴収はある）を位置づけた程度で，その特養の数も設立当初はきわめて少なかった。「高齢者問題」に敏感に反応したのは，地方自治体である。

これに対して，中央政府レベルでこの期に新たなニード対応，「個別専門化」が促されたのは「精神薄弱者福祉法」から「心身障害者対策基本法」への過程においてである。「精神薄弱者」カテゴリーは1956年版では「精神衛生」における「精神障害者」の一要素として把握されており，他方「精神薄弱児」は児童福祉事業集合の一要素である。精神薄弱者福祉法が成立しても，当分は「精神衛生法」の社会防衛的観点が引き継がれている。それが変化するのは，「重症心身障害児」の「発見」以降である。同時に，進行性筋萎縮症児童の療育の制度化，小児自閉症，脳性まひ，蒙古症などの原因追及研究費の措置等，いわ

ゆる難病も含めた医学研究との接点で,「重度」や「特定疾患」への関心が高まっていく。こうした〈重度・重症・特定〉へのまなざしは,障害児・者の一元的施策への方向を切り拓き,最終的に1970年には,「心身障害者対策基本法」による理念策定へ至る。この過程において,「心身障害児・者」福祉の「専門化」とは,身体障害に対する医療研究及び医療リハビリテーション,「精神薄弱者・児福祉」においては,「特殊教育」,重度者への「援護施設」やコロニーでの対応であった。とくに重症心身障害児,進行性筋萎縮症などの「特定疾患」については,①障害を除去軽減する医療の奨励,②またその研究費公費負担,③「医療・教育・生活指導」としての「療育」を,特定病床を確保して実施するという手法で,医療施設に配置された,医療・教育・社会福祉の連携した「事業集合」を実現させるに至るのである。

なお,医療研究をその基礎とした重度障害・難病への事業集合と似通った性格をもったのは,労働省の「障害者雇用対策事業集合」である。ILOの勧告もあり,1960年の「身体障害者雇用促進法」は国・公共団体に政令で定める雇用率を課し,民間企業には雇用の努力義務を規定したが,同時に身体障害者の「適職の研究」「作業補助具の研究」の委託実施がなされ,ここでも研究と一体化した障害者福祉の「専門化」が促されていったのである。

以上の「心身障害者」には,むろんまだ精神障害者は含まれていない。精神障害者への対策は公衆衛生の事業集合に包含されたままである。この期の公衆衛生問題の焦点になったのは,貧困地域における「濃厚感染」と回復者の社会復帰が課題とされた結核対策と,「遺伝」「犯罪等との距離の近さ」等の表現で問題視された,「精神衛生＝精神障害者」対策である。犯罪白書では,「特殊な犯罪及び犯罪者」として「精神障害者の犯罪」が取り上げられ,刑法における「心神喪失者」の規定と関わって精神衛生法の精神障害者定義の改正の言及がある。だが1965年の精神衛生法改正は,精神障害の定義ではなく,患者管理の強化とそれを担保する公費負担の導入に眼目があった。なお,この期の厚生白書の記載では,精神衛生と優生保護は,主にセットで扱われており,「公益(社会の福祉)」の観点が強調されている。

さらにこの期を特徴づけるものとして,原爆投下から12年を経過して1957年に成立した「原爆医療法」及び1968年「原爆特別措置法」がある。ようやく医療保障及び手当の措置がスタートするが,「特別被爆者」や「認定疾患被爆者」カテゴリーの妥当性が絶えず問われ,その見直しを余儀なくされていく。

このような「長期被害」への〈補償の系列〉の別の事業集合としては，戦傷病者援護，各種の公害被害などが展開されていく。1967 年に「公害対策基本法」が制定され，71 年に公害行政が環境庁へ移行するまでは，厚生省は大気汚染，水質汚濁，排気ガス，騒音などの「公害対策」を主に「生活環境」対策として位置づけ，また，予防接種被害，薬品被害などの救済事業も拡大していく。医療関連では，「医薬品」「薬事」に包含される「血液」事業を民間の血液銀行から日本赤十字社の献血制度へ切り替えるべく「献血運動」キャンペーンが実施されている。

さらに，この期は，貧困・低所得と失業問題の「空間的配置」を意味する「不良環境地区」「スラム」「同和地区」「アイヌ集落（ないしは旧土人集落，ウタリ集落）」「産炭地域」「へき地」というようなカテゴリーで「特別」に示された空間への社会福祉事業の展開があった。これらがどのような事業集合へ位置づけられるかは一定していない。「地方改善事業」や「不良環境地区改善事業」というカテゴリーそのものは，戦前から持ち越された「社会福祉」の１つであると同時に，敗戦後に形成されたバタヤ部落や「寄せ場」地区，さらにはエネルギー転換による旧産炭地区等を含む。また「へき地対策」も高度経済成長期の格差を象徴する地区対策として登場し始める。だが厚生白書におけるこれらの扱いは，1963 年版を除くと，「付け足し」的である。他方で，失業対策年鑑では，これらの地域問題は，「失業者多発地域対策」という名称で，新たに把握され直されている。それらの地域の失業者は「特別対策」対象となり，さらに地区だけでなく「中高年齢者」「身体障害者」「港湾労働対策」「海外移住対策」「出稼ぎ労働者対策」「大学卒業者対策」「愛隣地区対策」「沖縄対策」などが「特別対策」の対象として加わることになる。それらは，高度経済成長と福祉国家をめざす日本にあって，「特定地区」空間，または「特別対策」対象者として，社会福祉が囲い込んだといえよう。

☆ 注
1) ちなみに，今日の人口学の知見では，いわゆる近代化による人口転換はすでに戦前の 1920 年以降の趨勢であり，戦後のベビーブームによる一時的攪乱があったが，そのブームが短く，それ以降の出生率の下降が急激であったことに日本の特徴があるとされている。金子隆一によれば「合計特殊出生率は 49 年から 57 年までのわずか 8 年間に 4.23 から 2.04 へと一気に半減し」，「日本人口はこの時期，従属人口負担の少ない，きわめ

て経済活動に有利な年齢構成，すなわち『人口ボーナス』を得たのである」（金子 2012: 17-18）。この「人口ボーナス」が高度経済成長の基礎となっていくと解釈されているが，当時の厚生白書では「生産年齢人口の重圧」と経済の二重構造により「潜在失業部門」が拡大していくことにその関心が向けられていたといえよう。

2) この分立型について，城戸嘉子は，1948～1954年にかけて厚生年金再建と，戦前の恩給と共済組合制度の整理統合が行われたが，それぞれの保険料や支給水準の不統一，厚生年金が船員や共済組合員を「適用除外」とするなどによって，「分立を惹起する原因となった」と述べている（城戸 2014: 34）。

3) 現在では負担額は同じなので，想像もつかないかもしれないが，筆者はかつて病院受診時に，医師がカルテで確認した後「保険本人さんですか，では徹底的に検査しましょう」といわれた経験がある。

4) ティトマスはこのような献血者の自由意志に基づく贈与は，見知らぬ他人への「贈与の権利」とまで表現している。しかし，このティトマスの「権利」は障害をもつ子どもの親としての最首悟の言葉では「内発的義務」となるのかもしれない。とはいえ，献血の場合も，ケアの場合も「引き受けない自由」があるという意味では「弱点」があると岡部耕典は注意を促している（岡部 2014: 17-19）が，「引き受けない自由」のもとで「引き受ける」人びとに依拠する制度の意義をティトマスは強調しているのである。

表5-5 厚生白書（1956～72年版）

1956

問題意識（総説） **(副題) 国民の健康と生活はいかに守られているか** ●人口問題：少産少死社会へ向かっているが、目下は過剰人口の重圧．低所得階層として沈澱し、格差拡大 ●戦後は終わったか？ 生活困窮者＝最低生活すら維持できない階層 低所得階層＝最低生活すれすれの「ボーダー・ライン階層」と定義 **当面の重要課題** 世帯更生運動，医療資金貸付制度，公益質屋，簡易住宅，内職あっ旋などが重点 ハンディキャップを負った人々——身体障害者，精神障害者，売春婦などへの特別な施策を強化 **制度・事業** **国民の生活はいかに守られているか** 1 貧困といかに取り組んでいるか ①生活保護制度 基準額増加ほどには所得が上昇しなかった．医療扶助受給者増加．結核予防法，精神衛生法を肩替わり．社会保障制度（医療保障）の不十分さの反映．施設地域分布不均衡．保護施設の運営の改善・整備必要 ②低所得階層に対する施策 防貧対策．世帯更生運動（世帯更生資金貸付制度），医療費貸付制度，公益質屋，生活協同組合 低家賃住宅（公営2種家賃支払不能層の対策必要） ③福祉事務所と民生委員 福祉事務所の設置主体及び福祉地区について，町村合併後再検討必要 ④民間福祉事業 社会福祉協議会，共同募金 社会福祉事業振興会 2 児童の福祉はいかに図られているか ①母子保健 ②児童健全育成 地域組織，遊園地児童館・児童文化 ③要保護児童に対する施策	要保護児童とは家庭環境に恵まれない児童，身体，精神あるいは性情等に何らかの障害・欠陥のある児童 児童福祉施設，里親制度，身体障害児福祉措置，精神薄弱児福祉措置，非行児童監護，児童相談所 3 母子と老齢者のための福祉対策 ①母子福祉 母子福祉資金貸付，2種公営優先入居，年金など所得保障の必要 ②老齢者福祉 所得保障の必要 老人クラブなどの試み ③年金制度 代表的な厚生年金保険被保険者は5割前後．国民保険への包括が必要 4 その他恵まれない人々への援護措置 ①身体障害者 生活援護は生活保護制度 身体障害者福祉法は更生（「リハビリテーション」）の援助 ②引揚者・未帰還者・戦争犠牲者の援護 戦傷病者戦没者遺族等援護法，引揚者及び未帰還者留守家族援護法，中共との間で帰国者問題等に関する覚え書き，未帰還者の調査 ③災害救助 災害救助法による救助 ④売春問題 売春防止法の成立 売春に対する刑事処分，売春婦の更生相談，更生指導，婦人相談所，婦人相談員の配置，婦人更生施設 **国民の健康はいかに守られているか** 死亡率・出生率の低下．疾病と貧困の悪循環（医療費負担），疾病保険の未加入者の多さ 1 医薬品取り締まり 2 疾病といかに取り組んでいるか ①結核対策 検診と予防接種，結核患家への保健婦訪問，医療費負担問題 ②精神衛生（精神障害者） 1954年度調査で精神障害者を6区分 「精神分裂病」「そううつ病」「てんかん」「梅毒性精神障害者」「精神薄	弱者」「中毒性精神障害者」，一定の精神障害者については，優生保護法による優生手術 国立療養所：結核療養所182，らい療養所11，精神療養所3，脊髄療養所1，計197施設 ③伝染病と保健所の役割 3 疾病に対する備え 国民健康保険制度 普及率65％ 健康保険（政府管掌，組合管掌）：強制被保険者，任意包括被保険者，任意継続被保険者，船員保険 日雇健康保険 4 保健の向上はいかにはかられているか ヒ素ミルク事件と牛乳等の衛生，家族計画と受胎調節

＊紙幅の関係で表現は白書どおりではなく簡略化したところがある。

1957		1958
問題意識（総説）	身体障害児童（療育指導・育成医療，療育施設） 精神薄弱児童（精神薄弱児施設） 要保護児童の栄養 ③一般児童 母子の保健指導，児童の健全育成，児童厚生施設 ④母子福祉 母子福祉資金貸付，公営住宅優先入居，（離別母子の増大）母子相談員	**問題意識（総説）**
（副題）貧困と疾病の追放		（副題）厚生省創立20周年記念号
国際比較による日本の位置＝中進国としての日本．不完全就業による低所得と，就業能力喪失による低所得．最低賃金制を含む完全雇用と社会保障の達成不可欠．社会保障は国民生活の安定策その合理化の施策である		立ちはだかる黒い壁との対決．人口問題，経済の二重構造，社会的緊張の先鋭化．低所得階層累積傾向により深刻化している社会不安．安定的経済成長と雇用の増加による国民生活改善課題
当面の重要課題	**当面の重要課題**
貧困と疾病追放への道が国家の課題．国民皆保険の推進（厚生省に国民皆保険推進本部設置）．国民年金制度構想	4 引揚者・未帰還者・戦争犠牲者の援護 ①引揚者 （応急援護，引揚者給付金） ②未帰還者調査 ③帰還者留守家族等援護法 ④戦傷病者・戦没者遺族	神武景気から鍋底へ，生産年齢の増加・出生率の急落（今後の少子高齢化），国民の不満不安．国民の消費生活合理化，資源浪費の排除，消費内容の向上．所得再分配制度としての社会保障は景気対策でもある
制度・事業		**制度・事業**
医療保障とその関連施策		**社会保険**
1 医療保障制度の確立への動き 国民保険制度の問題点 2 結核対策 予防接種，保健婦による患家訪問 結核患者の社会復帰 3 医薬品 麻薬・覚醒剤問題 日雇労働者等の売血と血液銀行 4 公衆衛生 ①疾病対策 保健所，精神衛生，精神障害者 伝染病対策 ②環境衛生 食品衛生，国民栄養問題	5 その他の社会福祉 ①民間社会福祉事業 社会福祉協議会，共同募金，社会福祉事業振興会 ②低所得階層対策 世帯更生運動，公益質屋 生活協同組合 ③売春対策 売春防止法の施行，婦人相談所 婦人更生施設 ④災害救助 ⑤福祉事務所と民生委員 ⑥社会事業教育	1 年金問題 ①未適用階層多い 老齢者，遺族や廃疾者で年金の恩恵のないものが多い ②国民年金制度創設への動き（各試案，制度審の答申など） 2 医療保険： 国民健康保険法全面改正 国庫負担の明確化，市町村の設置の強制，住民の強制加入 ①国民皆保険制度の推進 普及率74.6%．法定給付と付加給付，自己負担5割 ②日雇健保改正 傷病手当金・出産手当の創設 ③診療報酬問題
生活保障とその関連施策	6 生活保護制度 ①保護基準の改善 ②保護の動向 世帯主労働能力なし世帯の相対的増加 医療扶助，入院の増加割合高い ③保護施設	**医療制度・公衆衛生**
1 年金問題 老齢者福祉，老人の所得問題 としよりの日中心敬老運動 現行年金制度，国民年金制度構想 2 身体障害者福祉 更生援護，更生医療・補装具，更生援護施設．雇用促進と自営業の奨励．国民年金の一環としての障害年金 3 児童福祉及び母子福祉 ①児童相談所 福祉事務所，保健所 ②要保護児童施策 1) 社会的な条件に恵まれない者 2) 心身に障害のある者 3) いわゆる問題児 児童福祉施設，里親制度，親探し運動，保育所		1 医療制度及び保健所 保存血液と血液銀行 2 疾病対策 ①結核対策 健診と予防接種，患者管理，濃厚感染源対策，結核医療費 ②精神衛生 精神障害者，患者の早期発見，精神衛生鑑定，措置入院，入院患者の経済保護，優生手術 精神薄弱者 対策がなく精神病院へ収容もある ③伝染病予防

表 5-5 厚生白書（1956～72年版）

1958（続き）		1959
④性病予防 ⑤原子爆弾被爆者対策 原子爆弾被爆者医療法（1957年～），被爆者健康手帳交付，その交付を受けた者に年2回健康診断を実施，認定疾病へ医療給付 **社会福祉** 1 社会福祉一般 ①低所得階層対策 低消費水準世帯は国民の12.7%，世帯更生運動（世帯更生資金貸付），公益質屋，消費者生活協同組合 不良環境地区対策 都市スラム悪質60カ所 ②老人福祉 老人クラブ，としよりの日 有料老人ホーム ③身体障害者福祉 78万5000人，半数が無収入 更生援護（更生相談所，更生医療，補装具交付，身体障害者雇用促進協議会，更生援護施設，授産施設） ④婦人保護 売春防止法完全施行，婦人相談所（婦人相談員，更生資金貸付） ⑤災害救助 豪雨による被害 ⑥民間社会福祉事業 社会福祉協議会 社会福祉事業振興会，共同募金 ⑦社会福祉機関 福祉事務所と民生委員 社会事業教育 2 児童福祉及び母子福祉 ①児童福祉機関の活動状況 福祉事務所・児童委員，児童相談所，保健所 ②児童の健全育成施策 母子保健（母子保健センター） 保育所（保育に欠ける子へ一定時間家庭の延長，保育料応能負担，国・地方も負担，季節保育所） 児童の不良化防止（児童館・児童遊園） ③要保護児童に対する施策 家庭のない児童，身体・精神上何らかの障害 養護施設をはじめ施設収容が主 身体障害児（療育指導，育成医療，補装具の交付）	精神薄弱児（精神的機能の発育が停滞している児童，精神薄弱児収容施設，国立秩父学園設立） その他の児童保護（里親制度，要教護児童：女子の非行増加，救護院の強化，結核児童の長期欠席問題） ④母子福祉 母子世帯115万世帯，母子福祉資金貸付制度，母子相談員，第2種公営住宅への優先入居 3 引揚者・未帰還者・戦争犠牲者の援護 ①引揚者 引揚者給付金等支給法の実施 ②未帰還者 未帰還者に対する特別措置法の成立 ③戦病者・戦没遺族 恩給支給の改善 「未帰還者問題処理閣僚懇談会」設置 4 生活保護制度 ①保護基準 一般世帯に対する消費水準は36.2% 一般世帯との格差拡大 ②保護の動向 被保護人員　わずかながら低下傾向，世帯主労働能力有り世帯割合低下 保護費　医療扶助は入院医療費による増大，結核と精神病入院（長期化） ③保護施設 養老施設の増加が要請されている	**問題意識（総説）** （副題）福祉計画と人間の福祉のための投資 「所得倍増計画」において，経済発展に取り残されるおそれのある階層についての対策必要．平均的国民生活水準の向上に見合う低所得者対策の充実．医療保障，所得保障等も，総合的拡充強化．社会保障施策の実施は，経済成長率の維持等との関連を考慮 **当面の重要課題** 経済発展の恩恵に浴さない人々の問題：①生活保護基準，低消費水準と一般世帯消費水準の格差 ②結核だけでなく，成人病，精神疾患 ③雇用対策の充実 ④年金制度の充実 ⑤児童福祉対策 ⑥人口の都市集中問題，交通事故，自殺等 **制度・事業** **所得及び医療の保障** 1 年金制度 国民年金法公布：拠出制原則（20～60歳），10年経過年金．老齢，障害，母子，遺児及び寡婦 無拠出老齢年金：老齢，障害，母子，経過的補完的措置 福祉年金に合わせて，生保の老齢加算新設，母子・障害加算増額 被用者年金制度：厚生年金保険，船員保険，（これ以外は厚生省管轄外） 2 医療保険 国民皆保険体制：新国民保険法施行 医療，保健活動，無医村地区の解消 被用者保険：健康保険（政府管掌・組合管掌），日雇健康保険，手帳有効期限延長，船員保険 3 生活保護 保護基準，保護人員，保護率低減 医療扶助は増加，57.3%が医療扶助 地域格差（石炭など人員整理の影響） 保護施設（養老施設，救護施設の需要増）

1959（続き）		1960
国民の健康 1 疾病対策 ①結核 予防接種等，回復者の社会復帰 ②精神衛生 生活保護による負担増 精神衛生相談所 ③赤痢・ポリオ（小児まひ）その他 　急性伝染病 ポリオ法定伝染病，ポリオワクチン ④その他 原子爆弾被爆者，国負担医療 ⑤保健所 2 医療品 ①薬事監視その他の問題 毒物・劇物，麻薬及び覚醒剤 保存血液と血液銀行，血液の売買 **国民の生活** 1 生活環境改善 ①不良環境地区の改善 同和問題（同和対策要綱決定，モデル事業指定） スラム街（約60カ所） 2 社会福祉対策 ①低所得階層対策 世帯更生運動（世帯更生資金貸付） 公益質屋，消費者生活協同組合 ②老齢者福祉 老人クラブ，としよりの日 有料老人ホーム ③精神薄弱者福祉 IQ50以下60万人 医療措置，生活保護・救護施設への収容，児童福祉施設や特殊学級 全国3カ所に成人の援護施設建設 ④身体障害者福祉 78万5000人 手帳交付64万1000人 生活保障　年金，生活保護 更生援護　身障者更生相談所 更生医療　補装具交付 職業更生　自営業の奨励，更生援護施設（重度者へ授産所） ⑤婦人保護 売春のおそれのある「要保護女子」の保護更生 婦人相談所，婦人相談員 更生資金貸付 収容保護施設63（精神薄弱者もお	り，類型化必要） ⑥災害救助（伊勢湾台風） ⑦社会福祉機関その他 福祉事務所，民生委員，社会事業教育，社会福祉協議会と共同募金 社会福祉事業振興会 3 児童福祉及び母子福祉対策 ①児童福祉機関 ②母子保健 未熟児対策，妊娠中毒症対策 家族計画（人工妊娠中絶1123万件，計画的な受胎調節の普及） ③児童の健全育成 児童福祉の地域組織（母親クラブ等） 児童館，児童遊園，児童文化財の推薦 ④要保護児童対策 児童福祉施設（し体不自由児施設，精神薄弱児施設・通園施設，保育所，教護院・養護施設） 里親制度，育成医療・療育給付など ⑤母子福祉 母子世帯115万世帯，母子福祉資金制度貸付，母子相談員，第2種公営住宅への優先入居 4 引揚者・未帰還者・戦争犠牲者の援護 ①引揚者給付金等支給法の実施 ②在日朝鮮人帰還問題 「在日朝鮮人の帰還に関する協定を調印」 ③未帰還者に対する特別措置法成立 ④戦傷病者戦没者遺族等援護法及び恩給支給の改善	**問題意識（総説）** **（副題）福祉国家への途** 完全雇用の達成と最低賃金制の確立を可能にする経済政策，貧困・疾病を放置しておくことのできない精神が社会保障を成立させる基盤 福祉国家が貧困を克服する過程は，経済の成長と共に，社会連帯と生存権尊重の思想の発展によって推し進められる **当面の重要課題** 年少人口の減少，生産年齢人口の急増，老齢人口の増加．中・高年齢層の労働需給バランス不均衡．石炭鉱業等衰退産業の失業問題の深刻化 生活保護世帯の一般世帯との格差拡大 農村都市間格差．経済の二重構造 **制度・事業** **公的扶助** 1 保護基準 所得倍増計画により「相対的」見方 2 実施状況 保護率1959年以降反転して増加 地域差あり．炭坑の離職問題大きい 医療扶助は保護費の半分以上 3 保護施設 地域の不均衡，養老，救護の需要増 老朽施設の整備拡充 施設職員処遇改善 **年金制度** 1 国民年金 拠出年金： 1961年4月から保険料徴収 福祉年金：国庫支出 本人及び扶養義務者の所得制限有 2 被用者年金 厚生年金（保険料率の改定，標準報酬月額引上げ） 船員保険（厚生年金同様の改正） 3 年金制度の課題 通算調整問題，積立金運用問題 **社会福祉** 1 低所得者福祉 ①世帯更生資金貸付事業・医療費貸

表 5-5　厚生白書（1956〜72年版）

1960（続き）

付事業 ②心配ごと相談所（社協） ③公益質屋 ④消費者生活協同組合	む声 ④在日朝鮮人の帰還 協定による期間延長，終了間近 ⑤ソビエト日本人墓地墓参	船員保険（政府管掌） 3 保険医療 診療方針・報酬問題
2 老齢者福祉 (1) 所得の保障，(2) 健康の保持，(3) 社会福祉．老人クラブ活動や軽費老人ホームの建設，養老施設などの拡充	児童福祉と母子福祉 1 児童福祉機関の活動状況 ①児童相談所 ②福祉事務所と児童委員 ③保健所	医療制度 1 医療機関 無医村問題（1184 地区存在） 2 医薬品 ①麻薬取り締まり
3 精神薄弱者福祉 精神薄弱者福祉法の成立（3月） 福祉事務所に精神障害者福祉司の配置．都道府県に精神薄弱者相談所 1カ所．施設援護（まだ少ない） 職親への委託	2 母と子の健康 ①母子保健対策 妊産婦・乳幼児保健指導，未熟児対策，妊娠中毒症対策 家族計画（人工妊娠中絶 110 万件，計画的な受胎調節の普及）	②毒物・劇物 ③保存血液と血液銀行 献血制度への移行必要 公衆衛生と環境改善 1 公衆衛生 ①結核
4 身体障害者福祉 1960 年調査（交通事故なども影響） 福祉事務所に身体障害者福祉司の配置．身体障害者更生相談所の判定で更生医療，補装具の交付．身体障害者更生援護施設．労働省による職業訓練所，雇用促進法による雇用の義務化 労働省職業訓練所，たばこ小売人優先許可（障害程度軽いものに集中）	3 児童の健全育成 ①背景 非行，交通事故，溺死，自殺等増加 ②健全育成対策 児童文化財の推薦．児童館，児童遊園，地域組織（母親クラブなど）	低所得層の結核罹患率が低下しない 健康診断と予防接種（結核予防法） 患者管理．結核対策推進地区指定を拡大（426 地区）．濃厚感染症対策．濃厚感染地区の患者管理を徹底．医療．病院の結核病床増加，療養所は低下傾向．社会復帰．アフタケア施設が少ない ②精神衛生
5 婦人保護 売春防止法後も売春行為は続いている巧妙化．要保護女子，及びそのおそれのある女子への保護更生相談 婦人相談所（婦人相談員・更生保護施設・更生資金貸付）	4 要保護児童に対する施策 (1) 両親がいない，不幸な家庭で育てられた児童，(2) 心身に障害のある児童，(3) いわゆる問題児 ①児童福祉施設 老朽化，絶対数不足．し体不自由児施設，保育所，精神薄弱児施設，教護院 ②里親制度など ③医療の給付など 療育指導，育成医療，補装具の交付 ④児童措置費 措置費，保育単価増額	精神病院の整備めざましいが不足 医療費保障の充実（生保が 1/4 負担） 精神衛生相談の利用不十分 ③伝染病 ポリオ（小児まひ） 急性ポリオ緊急対策要綱閣議決定 ワクチンによる予防 ④その他の疾病 原子爆弾被爆による傷病 被爆者医療法改正．爆心 2 km 以内で被爆した者「特別被爆者」．医療自己負担分無料化．認定疾病被爆者への医療手当創設
6 災害救助 災害救助法		
7 社会福祉機関その他 ①福祉事務所 資格を満たしていない職員が存在 ②民生委員 幸せを高める運動 ③社会福祉関係者の教育 ④社会福祉協議会と共同募金，社会福祉事業振興会	5 母子福祉 ①母子福祉年金 母子福祉資金制度貸付 ②母子相談員　母子寮への入所 ③第 2 種公営住宅への優先入居 医療保険 1 国民健康保険 全国市町村の 90％に普及．給付内容は制限のある場合もある．給付率 5 割が多いことは問題．給付率と給付内容の向上が課題．健康管理	⑤保健所 保健所の整備拡充のため従来区分を変更．(1) 都市の保健所（U 型），(2) 農山漁村の保健所（R 型），(3) 両者の中間型（UR 型），(4) 人口薄地域の保健所（L 型），人口少ない支所型（S 型）の 4 区分へ 2 生活環境改善 ①公害対策 ②不良環境地区対策 同和対策改善要綱に基づく事業推進 都市スラム，「アイヌ」部落
8 引揚者・未帰還者・戦争犠牲者の援護 ①引揚の状況 引揚者給付金等支給法の時効延長 ②未帰還者問題 「援護法」及び「特別措置法」 ③戦傷病者・戦没遺族 法の対象外に対する適切な対策を望	2 健康保険 政府管掌，組合管掌 日雇労働者健康保険（政府管掌）	

1961

問題意識（総説）

（副題）
変動する社会と厚生行政

3つの変貌
①人口の都市集中，農家人口の流出
②オートメーションによる労働力の流動化．低所得層の絶対数は減っていない
③健康水準の向上

当面の重要課題
大都市への人口集中による諸問題
交通事故，公害問題，少年犯罪，中小企業の労働環境．スラム（農村からの移住，歴史的スラム，戦災住宅のスラム化等）．低所得層問題（生活保護非稼働世帯化）

制度・事業

公的扶助

1 保護基準・加算控除
エンゲル方式への転換による上昇　各種加算・控除引上げ．保護人員・保護率低下傾向続く

2 生活保護実施状況
世帯規模縮小，働き手縮小
医療扶助（入院患者の半数が結核・精神病人院），保護の開始・廃止（傷病による開始，治癒による廃止が中心）

3 保護施設
7万2948人が利用．養老・救護の整備拡充

年金制度

1 国民年金
拠出年金は4月から保険料徴収開始　福祉年金「福祉年金効用調査」を実施．適用者数は伸びているが6大都市問題，所得制限緩和，準母子年金の創設（祖母姉なども支給）

2 被用者の年金制度
厚生年金保険（年金受給権者数増加），船員保険

3 年金制度の課題
通算調整制度発足．積立金運用問題

社会福祉

1 低所得者福祉
①世帯更生資金貸付事業
医療費貸付事業の統合など改正
②心配ごと相談所（社協）
③公益質屋
④消費者生活協同組合

2 老人福祉
1960年「高齢者調査」実施．老人クラブ活動や軽費老人ホーム
市町村家庭奉仕員制度など

3 精神薄弱者福祉（法は成立したが対策は遅れている）
福祉事務所に精神障害者福祉司の配置．都道府県に精神薄弱者相談所1カ所．施設援護（公立12カ所，民間21カ所のみ）．職親への委託

4 身体障害者福祉
福祉事務所に身体障害者福祉司配置．身体障害者更生相談所の判定で更生医療，補装具の交付．身体障害者援護施設
職業更生として，（1）更生施設での職業訓練，（2）収容授産施設での訓練，（3）公的施設内売店設置の優先的認可，（4）たばこ小売人の指定を優先．コロニーや収容授産施設を設置することが緊要事

5 婦人保護
要保護女子，及びそのおそれのある女子への保護更生相談，婦人相談所（婦人相談員・更生保護施設・更生資金貸付）

6 災害救助
災害救助法

7 社会福祉機関その他
①福祉事務所と民生委員
社会福祉主事の養成訓練必要　民生委員「幸せを高める運動」の担い手．社会福祉関係者の教育
②社会福祉協議会と共同募金
社会福祉協議会，共同募金・社会福祉事業振興会の配分貸付等

8 引揚者・未帰還者・戦争犠牲者の援護
①引揚の状況
引揚者給付金等支給法の時効延長
②未帰還者問題
「援護法」及び「特別措置法」
③戦傷病者・戦没遺族
法対象外に対する適切な対策望む声
④在日朝鮮人の帰national，期間延長
⑤ソビエト日本人墓地墓参

児童福祉と母子福祉

1 児童福祉機関の活動状況
①児童相談所
②福祉事務所と児童委員
③保健所

2 母と子の健康
①母子保健対策
妊産婦・乳幼児保健指導，未熟児対策，妊娠中毒症対策，家族計画（人工妊娠中絶110万件，計画的な受胎調節の普及）

3 児童の健全育成
児童文化財の推薦（児童館，児童遊園），母親クラブ等

4 要保護児童に対する施策
（1）両親がいない，（2）身体に障害のある児童，（3）過ちを犯した児童
①児童福祉施設
老朽化（不燃化対策必要），絶対数不足
肢体不自由児施設，保育所（数の増加，入所措置基準の明確化，乳児保育の要望高まっている），精神薄弱児施設・通園施設，教護院など（女子教護院発足，情緒障害児短期治療施設設置），情緒障害児短期治療施設の設置，重症心身障害児療育施設（研究委託）
②里親制度など
③医療の給付等
育成医療・療育給付　学習・療養に必要な物支給
④児童措置費

5 母子福祉
①母子福祉年金
母子福祉資金貸付制度
②母子相談員
母子寮への入所
③第2種公営住宅への優先入居　課税優遇
④児童扶養手当法成立
離別母子家庭へ義務教育終了時まで支給

6 児童手当制度の検討開始

医療保険

表 5-5　厚生白書（1956〜72年版）

1961（続き）		1962
1 国民皆保険体制の確立 普及率約98%．法定給付（医療給付等）範囲を制限している地域あり 法定給付以外の付加給付にはばらつき．保健施設（病院をはじめとするサービス），制度一部改正（結核，精神病の場合3割負担へ） 2 国民健康保険 ①直営診療施設と保健婦設置重要 ②保険財政健全化必要 3 健康保険 　（政府管掌・組合管掌） 健康保険及び船員保険法の一部改正 配偶者分娩費と育児手当の引上げ 4 日雇労働者健康保険 法の一部改正．国庫負担の引上げ 保険料日額等級改正．療養期間を2年に延長，傷病手当支払いも延長．分娩費，育児手当額の引上げ 特別療養費支給（被保険者当初2カ月に限り5割負担で給付） 5 船員保険 6 医療費問題 ①診療報酬支払い制度 中央社会保険医療協議会改組問題 ②医療懇談会開催 医療制度 1 医療制度 ①医療制度の現状 国立病院，国立療養所 ②医療制度調査会 ③医療機関の整備 無医地区対策・へき地対策 ④医薬分業 2 医薬品 ①麻薬の取り締り ②毒物・劇物 ③血液問題 売血による供給に限界 売血方式から献血方式へ 公衆衛生 1 結核 ①結核対策 ②健康診断と予防接種 ③患者管理 結核予防法の改正．登録，患者管理，登録患者への検診，感染源排出取り	入れる．命令入所患者の入院医療費を原則として全額公費負担 都道府県に対する国庫補助率を8/10に引上げ ④濃厚感染源対策 命令措置入所患者3倍へ ⑤医療 病院の結核病床増加，療養所は低下 ⑥社会復帰 アフターケア施設全国で26カ所 2 精神衛生 ①精神病院等 ②医療費保障 措置入院者の医療費負担軽減．法の一部改正．措置入院は国8割負担 ③精神衛生相談所 優生保護 3 伝染病 ポリオ予防 経口生ワクチン緊急投与 4 原子爆弾被爆による傷病 昨年来の「特別被爆者」措置により援護手厚くなった 5 保健所 60年度からの類型別保健所の展開 生活環境の改善 1 環境衛生 ①公害対策など ②不良環境地区の改善 山谷，釜ヶ崎の暴動 同和地区，北海道アイヌ部落	問題意識（総説） （副題）人口革命 人口資質の向上—人間能力開発の基礎として 急激な経済成長や技術革新の中で，人口問題審議会が「人口資質向上に関する決議」，経済審議会は所得倍増計画に引き続き人間能力問題の審議．厚生行政も人間中心，人間尊重の行政であって広義には人口資質の向上をめざす 当面の重要課題 妊産婦乳幼児の死亡率が依然高い地域あり．人工妊娠中絶問題，非行と事故の防止，健全育成，年少労働者問題，麻薬問題，リハビリテーション，障害者雇用，精神障害者レクリエーション 制度・事業 老齢人口の増加と老後保障 貧困，産業構造転換による雇用機会の減少，社会参加機会の保障，慢性長期疾患，老人ホーム等の整備課題 老齢者の所得保障：年金受給者の増大（ただし7割が老齢福祉年金） 年金額水準向上 拠出制から漏れた層の課題 収容施設（養老施設，軽費老人ホーム，有料老人ホーム） 老人家庭奉仕員への国庫助成開始 老人クラブ，地方公共団体・老人福祉センターへ国庫補助 その他自治体の進める老人福祉サービス 中高年齢層の問題 「労働力流動化」政策との関係 子育て，老人扶養の責任 企業規模別賃金格差 定年制度（男性55歳），中高年層への失業の偏り 児童手当制度への動きが始まる（児童養育費調査） 年功序列型賃金の崩れやその適応のない中小零細企業対策と人口資質の向上の2つが目的

1962（続き）		1963
都市生活の諸問題と厚生行政 人口の都市集中 ①大都市問題 移動抑制策や都市の分散 ②地方開発と都市問題 都市の分散と保健福祉計画 **農村の動向と厚生行政** 農村は激変期にある 兼業農家の増大，都市化，結婚難，保健福祉，文化娯楽の遅れ 農村における保健福祉の向上要請 （水道，保健婦，乳製品消費，衛生関係費の拡大） へき地対策 **中小企業の動向と厚生行政** 年少人口減少と中小企業への中高年労働力の滞留．健康問題と健康保険・保健活動．福祉厚生施設の整備と年金福祉事業団の助成 地方債による住宅融資．環境衛生営業の体質改善 **低所得階層対策** 所得水準上昇の中での格差問題 収入第1四分位は，零細専業農家，零細規模の商人や職人，日雇労働者，家内労働やその他の就業者などの不安定な世帯によって構成 世帯の類型では，高齢者，母子，心身障害者などハンディキャップをもった世帯とのむすびつき **1 生活保護** エンゲル方式により基準は拡大したが大幅増は見られない．医療扶助の割合高い **2 社会福祉施策の問題点** ①福祉施策の体系化 広汎で複雑なニーズに対応する効果的で個別的施策の整備．老人福祉法などの措置，福祉事務所の充実強化．社会福祉主事等の専門性の確立と処遇の向上，各施策の連携 ②世帯更生貸付資金，母子福祉資金 貸付制度の充実，生業資金の増額技能習得費，支度金，修学資金の貸付限度額引上げ，貸付条件緩和 ③社会福祉施設の問題点 施設の増設　とくに心身障害者施設，	児童施設（保育所），老朽施設の改善　とくに保護施設．児童施設（教護院），施設設備の近代化　耐火構造，機能訓練設備など．施設の再編コロニーなど，分類収容その他，施設職員の確保と処遇改善 **3 消費者保護** 厚生行政は，所得の効果的使途に関する消費者保護施策にも注意を払い，国民の生活水準の改善向上に努める必要 **主な厚生行政の動き** **1 社会福祉と児童福祉** 社会福祉審議会・保護施設最低基準に関する意見具申．社会福祉施設職員退職手当共済法の制定．児童福祉施設最低基準改訂の中間報告．児童扶養手当法の支給開始（生別母子） **2 社会保険** 国民年金 拠出免除額の国庫負担導入．免除期間も合算して支給により老齢福祉年金をほぼ吸収 福祉年金の支給制限緩和，母子，障害，準母子の給付引上げ **3 医療と医薬品** 献血と預返血制度の推進，日赤による献血運動と献血血液銀行 **4 公衆衛生と環境衛生** 原爆特別被爆者の範囲拡大（爆心から3km以内へ） 結核予防法による命令入所措置の強化 精神衛生法による措置入院制度の国庫負担 8/10 **5 未帰還者，引揚者，戦争犠牲者の援護など** **6 その他，社会保険庁の発足**	**問題意識（総説）** **（副題）健康と福祉** 寿命の延長．栄養と体位の向上 死亡，罹患率は激増傾向（慢性疾患，精神疾患，交通事故，大気汚染等） **当面の重要課題** **制度・事業** **生活環境の整備** **1 公害対策** スモッグ等（煤煙規制地域拡大） 水質汚濁問題 **2 同和地区等** 職業雑役的なもの，長欠児童も多い 国庫補助により隣保館その他 スラムと「アイヌ集落」（建設省改良住宅，生活館・共同浴場） **3 レクリエーション** レクリエーション設備の整備 **疾病との戦い** **1 結核** 1963年結核実態調査，203万人 予防と患者管理，回復者の社会復帰 **2 精神衛生と優生保護** 1963年精神衛生実態調査：精神病（精神分裂病，そううつ病，てんかん，脳器質性精神障害，その他の精神病等），精神薄弱，その他の精神障害（精神病質，神経症，中毒性精神障害その他）に3区分．放置されている患者も多い 優生手術件数は3万2434件，うち公費支払656件 **3 らい** 療養所に入所している患者は1万339万人（72.5％）．化学療法により1962年に国立療養所退所者134人 **4 原爆医療** 被爆者手帳と認定患者への医療費国庫負担 **5 保健所，地方衛生研究所** **医薬品の生産流通・取締り** **1 麻薬対策の強化** 麻薬中毒者対策（アフターケア）

表 5-5　厚生白書（1956～72年版）

1963（続き）

2 血液
まだ民間血液銀行増加．47 カ所
日赤による献血運動の推進

疾病に対する備え—医療保険の状況

1 医療保険制度の総合調整

2 国民健康保険
世帯主への 7 割給付実現．64 年度からは家族へも 7 割給付へ．被用者保険家族も同様の方針検討
失業者・退職者医療問題

3 健康保険
保健事業活発化

4 日雇労働者健康保険
財政は毎年赤字．検診車による巡回検診，日雇健康保険病院

5 船員保険

老後等に対する備え—年金制度の状況

老齢年金は，受給資格期間として最低 10 年，当分の間受給者を生じないが，障害，母子，準母子及び遺児年金の受給資格期間は，当初最短 3 年であったのが 1 年に改正され 1962 年 5 月から受給者発生

1 国民年金保険（福祉年金）

2 厚生年金保険
給付水準低く，引上げ検討．63 年度末

3 船員保険（年金部門）

4 積立金の運用
積立額は，厚生年金で 8873 億円，国民年金 1079 億円（63 年度末）．運用する大蔵省資金運用部全体額の 35％，国の財政投融資金全体額の 20％．国民生活の安定向上に役立つ分野に投融資
年金福祉事業団は拠出者のための福祉施設等への還元融資

最低生活の保障—生活保護の状況

1 制度の概要
①保護基準
最低生活水準は絶対的なものでなく，国民一般の生活の向上に比例して向上しなければならない（社会保障制

度審）．基準は引き上げられているが一般世帯の 45％ 程度．審議会は，1970 年までに 3 倍の引上げ勧告
②保護人員・保護率
産炭地，農山漁村地区の増加
③保護施設と医療機関
養老施設が増加

低所得階層の福祉

1 世帯更生資金貸付制度

2 心配ごと相談所

3 授産事業
授産事業指導センターなど検討

4 公益質屋

5 低家賃住宅
第 2 種公営家賃，厚生・建設両大臣協議

6 消費生活協同組合

7 その他の措置

老人の福祉

1 老人福祉法（1963 年 7 月成立）

2 老人福祉事業
健康診査
老人ホームへの収容（養護・特養），養護委託，老人家庭奉仕員（国庫補助），老人クラブ助成，軽費老人ホーム，老人福祉センター国庫補助 9 カ所，有料老人ホームの監督

児童の福祉

1 実施機関の活動状況

2 児童の健全育成
児童館，児童遊園，母親クラブ子供会，文化財推薦

3 母子保健
妊産婦乳幼児の指導
家族計画の普及

4 要保護児童の福祉対策
①児童福祉の機関
児童相談所，福祉事務所，保健所
②児童福祉施設
14 種類，1 万 2665 施設
③要養護児童の保護
養護施設，里親（混血児の保護，国際養子縁組）
④精神薄弱児保護
収容保護と通園指導（特殊学級への

通学，就学免除，保護施設内での派遣教師による教育）
⑤要教護児童
教護院，重度は国立 2 カ所
情緒障害児短期治療施設（12 歳未満非行児）
⑥身体障害児の援護
療育指導，育成医療，補装具の交付・修繕，し体不自由児施設，盲聾あ児施設，重症心身障害児の療育
身体障害児の登録・管理
⑦保育所
保育に欠ける児童対策
虚弱児の福祉，要保護乳児の福祉

母子家庭の福祉

母子家庭：経済的に低位
①母子福祉資金の貸付け
税制上優遇
②母子福祉年金及び児童扶養手当

心身障害者の福祉

1 身体障害者
①福祉措置の現状
手帳交付，更生相談，更生医療，補装具公布，更生援護施設への収容，点字図書館
②国立保養所
旧軍人軍属，身体障害者福祉法に規定する重度の身体障害者収容．2 カ所
③結核回復者保養施設全国 26 カ所
結核は身障とはされていないが厚生年金には含めている．相談指導

2 精神薄弱者
①福祉措置
援護施設職親

戦傷病者及び戦没者遺族等の援護

1 年金及び弔慰金の支給等
1963 年より遺族給付金の年金化，要件の緩和

2 戦傷病者に対する医療等の給付
「戦傷病者特別援護法」が制定・施行（療養の給付，療養手当，更生医療の給付，補装具の交付，国立保養所その他）

3 戦没者等の妻に対する特別給付金の支給
1963 年制度化

1963（続き）	1964
4 全国戦没者追悼式	**問題意識（総説）**
5 未帰還者・引揚者援護	（副題）社会開発の推進
6 在日朝鮮人の帰還（日赤が業務主体となる）	産業構造・就業構造の近代化，都市化の進展，人口構造の老齢化，家族構造の近代化，生活構造・生活意識の高度化など，巨大な構造変動が生じている．これに対して生活環境施設の立ち遅れ，交通難等，国民生活のひずみが生じている．ひずみの是正，多様化する国民ニーズに対して，社会開発推進の強調
その他恵まれない人々の援護	
1 災害救助	
2 婦人保護 売春経験のない要保護女子の増加．知能指数が低い．長期保護が必要	
	当面の重要課題
	急速な高度経済成長の中で取り残されている低所得層の，主体的不利（障害・疾病，母子世帯，教育や技能の低さなど）環境的不利（零細農林漁業，自営業，零細企業雇用者，日雇など）への社会保障・社会福祉の拡充．非行問題等都市問題，核家族化に対する社会サービス体制整備，児童手当制度
	制度・事業
	生活環境の整備
	1 公害対策 環境衛生局に公害課設置．公害対策推進連絡協議会設置．煤煙規制法による指定地区．第2次，3次指定
	2 食品衛生 食品添加物，残留農薬
	3 その他の環境衛生 生活環境浄化実践運動の提唱（東京オリンピックのため），オリンピック国土美化運動
	保健及びレクリエーション対策
	1 精神衛生と優生保護 精神病床の増大（63年6月～64年6月に，約1万6000床の増加）．精神衛生審議会に精神衛生法の改正に関し諮問し，同審議会は39年7月，40年1月の2回にわたり細部にわたる答申．優生保護（1963年中優生手術3万2666件）
	2 伝染病 ①ポリオ 経口生ポリオワクチン ②結核 命令入所制度患者数飛躍的に増加 64年末に10万482人 ③らい 92.5%が療養所入所 治癒可能を認識
	3 原爆被爆者対策 被爆者への福祉措置拡大 衆参両院で決議
	4 レクリエーション 余暇と費用問題．国民宿舎や国民休暇村の整備
	医療制度
	1 医療施設 ①国立病院・療養所
	2 医薬品 ①麻薬 ②売血問題 保存血液97%が売血によるもの 献血制度の推進 日赤，公立の血液銀行による
	医療保険制度
	1 国民健康保険 4カ年計画で家族7割給付へ移行推進．療養以外の給付改善の必要（健保並）
	2 健康保険 政府管掌保険．収支アンバランス 組合管掌保健
	3 日雇労働者健康保険 社会保険審議会・社会保障制度審議会で審議中
	4 船員保険
	年金制度の整備
	1 国民年金 加入者は順調に増加．20歳からの加入困難．福祉年金は，受給権者現在数は，327万2596人で，毎年若干増加をみている．64年8月から，結核及び精神病による内部的障害者に対しても障害福祉年金の支給 国民年金法一部改正 福祉年金給付の引上げ，障害範囲に精神薄弱者加える．福祉年金の支給制限（所得など）の緩和
	2 厚生年金 改正（年金給付額の引上げ・月額1

表5-5　厚生白書（1956～72年版）

1964（続き）

万円） 3 船員保険 **老人と心身障害者に対する福祉** 1 高齢者世帯の96.2%が単身もしくは2人世帯 「床につきっきり高齢者」17%程度，被保護老人91万人（13.3%） 老人ホーム（養護，特養，軽費），養護委託，老人家庭奉仕事業（507人設置，手当月1万2千円），老人クラブに対する助成，リハビリテーション，無料職業紹介事業（東京社協） 公営有料老人ホームへの融資，老人休養ホーム・老人憩の家への融資 中央社会福祉審議会に老人専門部会設置 2 精神薄弱者 重度者は不就学，不就労．福祉事務所・精神薄弱者福祉司による相談・指導．精神薄弱者援護施設（保護施設〔救護〕からの移行），親職への委託 今後は，成人と児童の一元的行政 3 身体障害者 内臓疾患を除き約95万人，し体不自由が約6割，保護率も高い 身体障害者手帳交付，審査及び更生相談．更生医療及び補装具の交付．身体障害者援護施設．その他の施設利用（点字図書館，盲人ホーム，国立保養所）．リハビリ対策の強化 結核回復者．結核回復者保護施設 4 リハビリテーション対策 理学療法士及び作業療法士法が第48回国会で制定．身体障害者の職業訓練と雇用は労働行政の一環．身体障害者雇用促進法の法定雇用率は下回っている **児童と家庭に対する福祉施策** 1 児童の健全育成 家庭児童相談室．児童厚生施設の普及．「子どもの国」建設進む 児童の優良文化財 2 要保護児童対策 ①養護施設 ②里親及び保護受託者（職親）	混血児国際養子縁組 ③要教護児及び情緒障害児の指導 教護院（情緒障害児短期治療施設〔非行対策〕） ④精神薄弱児の保護 公立精神薄弱者施設に重症児収容棟併設 重度精神薄弱児扶養手当法施行 ⑤身体障害児の対策 療育指導，育成医療の給付，補装具の交付等による治療保護措置．先天性心臓疾患をはじめとする内臓疾患を育成医療の給付の対象 ⑥保育に欠ける児童に対する対策 保育所（乳児保育需要増） 保母等児童福祉施設職員の確保 3 母子衛生 ①母子保健 母子保健法案が65年国会・継続審議（婚前から母子一体化対策） 妊娠届・母子手帳交付 妊産婦／乳幼児の保健指導．未熟児対策，3歳児健診など．母子保健センター，家族計画普及事業 ②母子衛生 虚弱児・結核等慢性疾患児対策 特殊疾患児を専門とする施設が要請されている 4 母子福祉 母子福祉法の制定 ①母子福祉資金の貸付け 　税制上優遇 ②母子福祉年金及び児童扶養手当 ③母子相談員の配置 母子福祉センター，母子休養ホーム 5 実施機関の活動状況 児童相談所，児童委員，福祉事務所，保健所 **最低生活の保障はどうなっているか** 1 生活保護制度 被保護世帯増加傾向．とくに産炭地，農山漁村や 社会福祉審議会生活保護専門分科会「保護水準改善」の中間報告．基準（一般の50%），医療扶助（精神病入院患者の増大で拡大） **福祉水準を高める施策**	1 民間社会福祉活動 民生委員，社会福祉協議会 共同募金 2 低所得階層の福祉 世帯更生資金貸付制度，授産事業，公益質屋，公営2種住宅 3 消費生活協同組合 4 婦人保護事業 婦人相談所・相談員（半数以上が売春経験なしの要保護女子），婦人保護長期収容施設が65年4月千葉県館山市内に開設予定．保護原因（異常性格，精神薄弱，生活の乱れ等）と社会復帰の可能性 5 同和対策等 同和対策としての環境改善事業 都市スラムと「アイヌ」集落への環境改善事業の補助 6 災害救助 新潟地震，山陰北陸豪雨，大島町火災など **戦没者の遺族，戦傷病者などの援護** 1 戦没者の遺族及び戦傷病者の援護 2 未帰還者の消息調査と引揚者の援護 未帰還者の消息調査．戦時死亡宣告 3 戦没者に対する叙位及び叙勲の開始 4 戦没者の追悼行事等 **児童手当制度創設の現在的意義** わが国で残されたただ1つの社会保障の柱であり，早急な創設を

1965

問題意識（総説）

副題なし（厚生白書10年を振り返る）

10年間に格段の進歩をなし遂げたわが国の社会保障制度は，医療保険重視型ともいわれる．年金制度が未成熟なこと，児童手当制度ないため，生活保護も格差がまだある．心身障害者にはリハビリ必要．公害対策，レクリエーション施設の整備，社会福祉施設拡充と職員処遇の改善必要

当面の重要課題

社会保障の西欧諸国水準までの拡充
献血事業の普及，児童手当の創設
福祉施設整備と社会サービス充実

制度・事業

健康増進や病気予防の対策

1 保健所などの活動
①保健所
②地方衛生研究所

2 栄養と食品
食品添加物規制，食品残留農薬調査

3 病気の予防策
①精神衛生と優生保護
精神衛生法の改正65年6月（前年ライシャワー大使事件）
通院1/2公費負担，在宅者の把握と指導，緊急入院措置（公安の維持）
②結核
結核回復後保護施設23
保護施設で7カ所
③伝染病
らい，「らいを正しく理解する週間」
④その他
原爆被爆者対策，全国実態調査実施

生活環境はどうなっているか

1 公害
大気汚染，水質汚濁，排気ガス，騒音．公害防止事業団設立．公害審議会に生活衛生部会設置．環境基準設定問題．未規制公害も含めた法改正．救済と紛争処理機構の整備

病気やけがをなおす対策

1 医学的リハビリテーション
社会復帰の合理的治療

2 医療施設
①国立療養所
結核療養所の精神療養所への転換，筋ジス等専門病床．66年度から重症心身障害児（者）収容病床480（10カ所）予定
②特殊専門病院
がん，救急医療，小児専門
リハビリ
③へき地医療対策
国庫補助による無医地区解消対策

3 医薬品
①血液
全都道府県に公立または日本赤十字社の血液銀行（血液センター）及び移動採血車の配置

病気などの場合の社会保険制度

1 総説
①10年前の課題は皆保険
今後の課題は医療保険の総合調整
②医療費増大問題
薬剤費の増大が要因

2 各制度
①国民健康保険
健保などとの格差依然大きい
②健康保険
政府管掌，組合管掌
③日雇労働者健康保険
赤字続きながら法改正見送り
④船員健康保険

年金制度はどうなっているのか

1 制度
①国民年金
都市若者などの未適用者の存在．65年度から精神薄弱も障害年金支給対象へ
②福祉年金
老齢福祉年金受給者は70歳以上人口の70%
③厚生年金保険
共済年金などとの格差是正
厚生年金基金の導入
④船員保険（年金部門）

2 年金積立金運用
財政投融資計画を通じて運用

児童やその家庭の福祉を向上させるための施策

1 児童相談所・福祉事務所・保健所・児童委員

2 母子の健康と健全育成
①母子保健
母子保健法の制定（65年）
母子保健センター，虚弱児施設
長期療育施設
②健全育成
家庭児童相談室，児童厚生施設

3 特別な保護を必要とする児童の福祉
①心身障害児の保護
身体障害児　療育指導・育成医療・補装具交付等，精神薄弱児　精神薄弱児施設，精神薄弱児通園施設，重度心身障害児　重症心身障害児施設，訪問制度開始
②養護を必要とする児童
保護者がいないか適当でない児童（乳児院，養護施設，里親及び養親受託制度）
③教護を必要とする児童
教護院・情緒障害児短期治療施設
④保育に欠ける児童
保育所不足と保母の養成
⑤施設職員の待遇改善

4 母子家庭の福祉
母子相談員，母子福祉センター，母子休養ホーム，母子福祉資金貸付，児童扶養手当

老人・心身障害者や低所得階層の福祉施策

1 福祉事務所
福祉地区設定が多様化．民間福祉活動（民生委員，社会福祉協議会）
社会福祉施設の整備合理化

2 老人福祉
①健康診査
②老人ホーム
養護老人ホーム714
特養ホーム40カ所
③老人家庭奉仕員
国庫補助6454人
④老人クラブ
リハビリテーションの重要性
⑤老人休養ホームなど

3 心身障害者の福祉
①身体障害者

表 5-5 厚生白書（1956〜72年版）

1965（続き）	1966	
身体障害者手帳，相談指導，補装具，身障更生援護施設，更生医療 ②精神薄弱者 相談指導，精神者援護施設 職親への委託 ③課題 リハビリテーションの体系化 精神薄弱（児）者行政の一元化	**問題意識（総説）** **（副題）生活に密着した行政** 「健康で文化的な生活を営む権利」は一人一人の人間がもつ権利であり，人間は，その生活のあらゆる場において，健康と福祉を追求しているものであるから，厚生行政は，何よりもまず，現実の国民生活に密着した行政であることが要請される	監視測定体制や研究 **医療制度** 1 医療施設 ①国立療養所 戦後，軍事医護院，日本医療団等の施設を引き継いで発足以来，結核療養施設の中核として重要な役割を果たしたが，精神，胸部疾患，その他一般慢性疾患病床への転換。66年度から重症心身障害児（者）を収容する病床 480 床整備受け入れ ②特殊専門病院 がん，救急医療，小児専門，リハビリ専門 ③へき地医療対策 第 2 次計画が 67 年で終了するが継続が必要
4 低所得階層の福祉 ①世帯更生資金貸付 ②授産事業 ③公益質屋	**当面の重要課題** 出生・健やかな成長・働く世代（健康と余暇）・安定した老後。家庭生活（核家族化の中で家庭機能を支える），稼得機能と社会保障，所得と消費の不均衡（医療費，養育費等） 生活環境と厚生行政（都市化とへき地の環境問題）	2 医薬品等 ①血液 ②麻薬
5 その他の福祉 ①消費者協同組合 ②婦人保護 ③地方改善事業 同和地区，「同和対策審議会」の答申（65 年），不良環境地区（都市），「アイヌ集落」，産炭地区 ④災害救助	**制度・事業** **健康の増進と疾病予防** 1 保健衛生対策 保健所の役割の再検討	**医療保険制度** 1 医療保険制度の現状と動向 ①医療保険財政 赤字の常態化，制度間格差 ②法改正（67 年） 健康保険と船員保険の保険料引上げ等
	2 食品衛生 食品添加物規制，食品残留農薬調査	2 各保険制度 国民健康保険（療養以外給付で他保険との格差），健康保険，日雇労働者保険（巡回診療車の配置），船員保険（疾病部門）
戦没者の遺族，戦傷病者などの援護はどうなっているか	3 精神衛生 ①精神衛生 精神病床の拡大・訪問相談（精神衛生相談員） ②優生保護 優生手術 2 万 2,545 件 妊娠中絶 80 万 8,378 件	**年金制度** 1 年金制度の現状と動向 ①皆年金体制 経過的短縮，福祉年金
1 戦没者の遺族及び戦傷病者の援護		
2 未帰還者の消息調査と引揚者の援護など 戦傷病者相談員，戦没者への叙位叙勲，全国戦没者追悼式	4 結核 結核病床の縮小 回復者へのリハビリ	2 年金の各制度 ①国民年金 給付水準の改正（夫婦で 1 万円へ） ②福祉年金 公的年金給付との併給制限・夫婦受給制限 ③厚生年金保険 ④船員保険（年金部門）
最低生活の保障はどのように行われているか	5 急性伝染病 ポリオ，麻疹，その他	
1 生活保護制度 保護基準　最近 6 カ年で 2.3 倍引上げ，保護施設　精神薄弱者は精神薄弱者福祉法施設へ，保護率　地域差が拡大，産炭地域と農山漁村で高く都市部で低い，医療扶助　傷病受給者の増大で減少しない	6 その他の疾病 らい，啓蒙事業 原爆被爆者対策，医療手当限度額引上げ，沖縄実態調査実施	
	7 保健所及び地方衛生研究所	3 年金積立金の運用 住宅更生施設等に 79%，国土保全等投資は 21%
	環境衛生の向上	
	1 公害 公害対策基本法の試案要綱 環境基準設定，未規制公害の規制整備，救済制度整備	

1966（続き）		
児童と家庭の福祉 1 母子保健 保健所での指導，訪問指導，母子保健センター，健診 2 児童の健全育成 家庭児童相談室（ファミリーカウンセリング），地域健全育成（児童館，児童遊園，子どもクラブ，母親会） 3 要保護児童に対する施策 ①養護を必要とする児童の保護 ②情緒障害児 乳児院・養護施設，里親・保護受託者，不安定な心理状態持続．非行や反社会的行動へ．問題児の発見・相談指導．軽度は短期治療施設 ③非行児童の指導 教護院（膨大な非行児童数に対して効果的利用ない） ④保育に欠ける児童施策 保育所の拡充，へき地・季節保育所，保育所運営の改善整備，職員給与の改善等 ⑤児童施設職員待遇改善 4 母子家庭の福祉 母子福祉法による相談，母子福祉資金貸付，母子福祉センター，母子休養ホーム，児童扶養手当，母子福祉年金 5 児童相談所などの活動状況 相談件数減少．家庭相談室設置との関連 **老人の福祉** 健康診査 老人ホーム等 （養護老人ホーム729．特養ホーム42ヵ所，軽費老人ホーム，老人福祉センター） 有料老人ホーム（老人休養ホーム，憩の家） 養護委託，老人家庭奉仕員，老人クラブ，敬老の日，就労対策（自治体が高齢者無料職業紹介所に助成），リハビリテーション事業 **心身障害者の福祉** 1 福祉施策の現状と動向 ①身体障害児の福祉 身体障害者手帳，相談指導・更生医	療・補装具，更生援護施設 ②精神薄弱者の福祉 精神薄弱者更生相談所，発生予防，乳幼児期の対策，学齢期の対策（特殊学校，養護学校等，在宅指導），学齢期以後の対策（就職困難な児童，重度児など施設），成人対策（重度者施設での長期収容，授産施設，在宅者への指導，老人に対する保護） **戦没者の遺族，戦傷病者などの援護** 1 戦没者の遺族と戦傷病者の援護 戦没者遺族弔慰金範囲拡大，父母への特別給付支給法制定．戦傷病者戦没者等援護法改正（療養給付と障害年金併給など） 戦病者の妻への特別給付金 2 未帰還者の調査と引揚者の援護など 未帰還者の調査，戦没者に対する叙位・勲章，追悼．在日朝鮮人の北朝鮮帰還66年8月で終了 3 戦没者の追悼行事など **生活保護その他低所得層の福祉** 1 生活保護制度 ①基準 社会福祉審議会生活保護専門分科会66年より格差縮小率を見込んだ基準改定＝格差縮小方式へ ②保護施設 最低基準の制定（66年），他法の対象者多い，人員は減少，世帯数は微増（世帯人員の縮小）医療扶助増大 2 その他の低所得階層対策 ①世帯更生資金貸付制度 ②授産事業 ③公益質屋 ④低家賃住宅（公営住宅2種） **福祉水準を高める施策** 1 福祉事務所 2 民間社会福祉活動 民生委員，社会福祉協議会，共同募金会 3 消費生活協同組合 4 災害救助 長野松代群発地震	5 その他の福祉対策 ①婦人保護 婦人相談所，婦人保護施設，要保護女子の知能指数低い（長期施設） ②地方改善事業 同和対策，総理府に同和対策協議会設置 ③不良環境地区改善事業（生活環境が劣悪）

表5-5 厚生白書（1956～72年版）

1968

問題意識（総説）

（副題）広がる障害とその克服

望ましい国民生活とは1）高い欲望充足，2）疾病，貧困，心身障害，環境の悪化，公害，精神的緊張の高まり等，障害を克服したバランスのとれた国民生活

当面の重要課題

健康保険の赤字対策，これに端を発する医療保険の抜本対策，公害による被害者の救済制度の創設，児童手当制度の創設の検討など重要な諸問題は，なお解決をみないままに68年度に持ち越された

制度・事業

健康と医療

1 健康の増進と疾病の予防
①精神衛生
精神病床増加，措置入院の増加傾向
精神衛生普及運動と全国大会
優生保護（優生手術2万件強，人工中絶74万，受胎調節の指導）
②結核
死亡率の低下，健診，予防接種，結核回復者後保護施設25，保護施設7
③急性伝染病
ポリオ
④その他の疾病
らい，「らいを正しく理解する週間」
⑤原爆被爆者対策
原子爆弾被爆者に対する特別措置法，認定疾病被爆者へ特別手当，健康管理手当，介護手当等創設
⑥保健所等

2 環境衛生
①食品添加物規制
食品残留農薬規制

3 公害対策
公害対策基本法の制定（1967年），エポックメイキングな年，環境基準の設定，公害防止計画の策定
被害救済制度等の確立

医療制度

1 医療施設
国立病院・国立療養所

2 医薬品等

①血液
献血の推進血液センターの設置計画
②麻薬
「麻薬禍撲滅国民運動」

5 医療保険制度
①医療保険制度の現状と動向と課題
皆保険下の問題
給付の格差（政府管掌本人10家族5，組合本人10家族7，国保，すべて7割），保険料負担格差，診療報酬方式・支払い方式の問題
保険財政逐年悪化
②医療保険の各制度

所得の保障

1 年金制度
①皆年金の達成
老齢年金はまだ受給者少なく未成熟
ILO新年金条約（従前所得または普通成年男子労働者の賃金の45%），年金額水準改訂（国民生活水準に連動，物価連動も議論），石炭鉱業年金基金の創設（67年），閉山等対策
②各制度
国民年金（若年者加入促進が課題）
福祉年金（306万6000人，老齢は70歳以上人口の7割）
③年金積立金運用
住宅，生活環境整備，文教施設などに83%

2 生活保護制度
①保護基準
社会福祉審議会生活保護専門分科会「生活保護基準の改善について」の提言，一般世帯との格差縮小率を導入して改訂，保護実施要領の改訂（収入認定しないものの範囲拡大）
②保護施設
役割縮小，施設老朽化
③保護の動向
保護率減少，医療扶助は増加

3 児童手当
児童手当懇談会の発足（67年11月）

社会福祉

1 児童と家庭の福祉
①母子保健
より一層の強化必要
②児童の健全育成

家庭児童相談室の普及
③要保護児童対策
養護を要する児童の福祉 乳児院，養護施設，里親，保護受託者
情緒障害児の指導 短期治療施設
非行児童の指導
保育に欠ける児童への施策 認可保育所の不足，無認可保育所増大
67年度から緊急保育諸整備計画
児童福祉施設 重症心身障害児施設加わり法律上14種類（実は16），整備拡充が必要
運営の改善，職員養成
児童相談所 相談者の低年齢化
専門職確立必要
④母子家庭の福祉
母子福祉資金貸付，児童扶養手当，受給世帯拡大，母子相談員
母子福祉センター

2 老人の福祉
①老人福祉対策
健診，老人家庭奉仕員の派遣，老人社会活動の促進（就労），老人クラブへの助成，老人ホーム，養護委託，老人福祉センター
老人世帯向け住宅（公営），敬老の日

3 心身障害者の福祉
①身体障害児福祉対策
義務教育の就学猶予，免除の措置のほか，特殊学級，養護学校等の制度
1967年児童福祉法改正で重症心身障害児施設が法制化
同じく，進行性筋萎縮症児童の療育も制度化，筋ジス，小児自閉症
脳性まひ，蒙古症などの原因追及研究費
②身体障害者対策
身体障害者福祉法改正
障害者の範囲拡大，身体障害者相談員制度，家庭奉仕員派遣制度，身体障害者援護施設の通所利用
③精神薄弱者福祉
児童福祉法・精神薄弱者福祉法改正
児との施設処遇を一元化（成人の援護施設に15歳から入所可）。援護施設を更生施設と授産施設へ，国費負担のほか，措置自治体が費用支弁

4 戦没者の遺族，戦傷病者等の援護

1968（続き）	1969
①戦没者の遺族，戦傷病者の援護等 遺族年金・療養手当増額，戦没者の追悼行事，海外戦没者遺骨収集 ②未帰還者の調査と引揚者の援護等 北朝鮮帰国事業終了についてコロンボ会議（北朝鮮拒否） **5 社会福祉施設の整備及びその他の福祉施策** ①社会福祉施設 国立心身障害者コロニー建設着手，老朽施設の整備（社会福祉事業振興会），措置費の増額，職員待遇改善 ②福祉事務所 福祉地区問題（規模） 職員資格問題 ③民間社会福祉活動 民生（児童）委員，社会福祉協議会，共同募金会 ④低所得対策 世帯更生資金貸付，授産事業 公営質屋 ⑤消費生活協同組合 ⑥災害救助 ⑦婦人保護 重点を，転落の未然防止に移す ⑧地方改善事業 同和対策 不良環境地区改善事業等　都市スラム，アイヌ集落　産炭地域等の改善 へき地対策	**問題意識（総説）** （副題）繁栄への基礎条件 経済的繁栄の中にある新たな課題解決の必要 1）人口構造の老齢化，2）産業の高度化と人口の都市集中の中でどう地域社会を形成していくか，3）家族構成の変動：核家族化，高齢者世帯の増加，主婦の職場進出に伴う社会サービスの要請，4）経済成長から取り残されがちな階層の問題，貧困は相対的なものであり，差別感・格差感を生み出す，5）科学技術の発達による消費者保護問題 国民の福祉向上のため，健康増進，児童の健全育成，高齢者の生活保障，社会資本の整備 保健・福祉専門員確保必要 **健康の増進と疾病の予防** **1 精神衛生** 精神衛生（精神病者の措置入院の増加，社会復帰施設の要請） 優生保護（優生保護による手術約2万弱，人工妊娠中絶75万7000件，前年の約1万件増） **2 結核** 死亡率の低下，登録者125万．前年実態調査結果による今後の対策審議 **3 その他の疫病** らい：新患者3年に89人 だが，患者対策必要 11の国立療養所，3私立療養所 **4 原爆被爆者対策** 被爆者手帳32万強．特別措置法による手当支給件数少ない 高齢化進みつつある **公害対策** 基本的防止策．環境基準．公害被害者救済及び紛争処理制度（国会上程，だが審議未了） **医療制度** **1 医療施設** 国立病院・国立療養所 **医薬品** **1 血液** 献血制度の推進	**2 麻薬** 麻薬中毒者相談員等更生指導の実施 **医療保険制度** **1 医療保険制度の現状と動向** ①医療保険法改正 初診時200円，入院時1日60円の一部負担 ②関係審議会への諮問 格差是正，財政安定化，老齢者医療 **2 医療保険各制度** 国民健保（国庫支出55％） 健康保険（組合管掌，政府管掌） 日雇健保（年々財政深刻化） 船員健保（疾病） **年金制度** **1 年金制度の現状と動向** 2万円年金の実現，受給者優遇措置，国民年金に所得比例制実現，現実にはまだ受給者が少なく，恩給と福祉年金が主流 **2 年金の各制度** ①国民年金（被保険者の伸び大きい） ②福祉年金（夫婦受給制限廃止，公的年金併給制限） ③厚生年金保険（給付の2割，事務費の全額国庫負担） ④船員保険（年金部門） ⑤石炭鉱業年金基金（特別年金制度） **3 年金積立金の運用** 国の財政融資，一部還元融資 **生活保護** **1 保護基準** 格差縮小の観点から算定し，この算定の結果についてエンゲル方式によって妥当性合理性を検証している **2 生活保護実施要領** 収入認定見直し **3 保護施設** 他法措置対象者も依然多い **4 保護の動向** 世帯・人口共減少 産炭地農山漁村高率 **児童と家庭の福祉** **1 母子保健**

表5-5　厚生白書（1956〜72年版）

1969（続き）		1970
2 児童の健全育成 家庭児童相談室，地域児童施設 児童福祉文化財（映画・演劇・出版物）	身体障害者家庭奉仕員の派遣 身体障害者のスポーツ・地域活動	**問題意識（総説）**
	3 精神薄弱者の福祉 精神障害・者の一元化 心身障害者扶養保険制度，すでに地方公共団体において実施中 国は社会福祉事業振興会に扶養保険部（仮称）を新設し，共済責任を保険する事業を行わせるとともに，地方公共団体に対し，事務費の補助を行う 精神薄弱児者施設・重度精神薄弱児者収容棟，職親委託	**（副題）なし**
3 要護児童対策 ①乳児院，養護施設 里親，養護受託 ②情緒障害児童の指導 ③非行児童の指導 ④保育に欠ける児童の施策 需要拡大，施設不足と保母養成 ⑤児童福祉施設 施設の整備，施設運営費の改善 入所児童の処遇改善，職員処遇改善		老齢者問題のもつ意味と背景
		当面の重要課題
		所得・保健・住まい・仕事．高齢者の8割は同居だが，ひとり暮らし老人の生活は厳しい．ねたきり老人とリハビリテーションの必要．高齢者の自殺（孤立と疎外）．社会参加の場
		制度・事業
	その他の社会福祉施策	第1編 国民の健康確保と増進はどのように行われているか
4 児童相談所 年少幼児の相談増加，専門性必要	**1 社会福祉施設の整備・運営**	
	2 福祉事務所・福祉センター （福祉5法対応の強化）	**健康の増進と疾病の予防**
5 母子家庭の福祉 母子福祉資金貸付，児童扶養手当，寡婦福祉資金貸付 母子家庭相談事業	**3 低所得対策** 世帯更生資金貸付，授産事業 住宅（2種公営）	**1 精神衛生** ①精神衛生 精神病床数増加，措置入院増加 医療費公費負担（措置入院，通院），保健所における精神衛生業務 回復者社会復帰センター，精神衛生相談センター ②優生保護行政 優生保護法全指定医師（1万2201人）の意見を求めるとともに（回答率92％），44年12月8日から10日間，全指定医師のもとに人工妊娠中絶手術を希望して来院した全婦人（2万9880人）について，手術実施の有無に関係なく，その訴えや考え方に関する調査実施
	4 民間社会福祉活動 社会福祉協議会，民生（児童）委員，共同募金	
6 児童手当（創設の意義）	**5 消費生活協同組合**	
老人の福祉	**6 その他の福祉対策** ①災害救助 ②婦人保護 ③地方改善事業 同和対策事業特別措置法 ④不良環境地区改善事業 スラム，アイヌ，産炭地区環境改善	
1 老人福祉対策の現状 全国一斉健康診断，老人クラブ助成，老人就労斡旋事業，ねたきり老人対策事業（全社協調査で約20万），居宅対策（訪問健診・家庭奉仕員派遣・ベッド貸与等），施設収容対策（特養ベッド増床），老人福祉センター・憩の家		
		2 結核 健康診断，予防接種，患者管理
	戦没者の遺族，戦傷病者等の援護	**3 その他の疾病** らい（高齢化，失明者増加） スモン（原因不明）
心身障害者の福祉		
1 身体障害児 発生予防・早期発見・早期治療 施設入所による療育と保護 肢体不自由児施設，重度心身障害児施設，盲ろうあ児施設，結核児童療育（就学免除があるが，特殊学級養護学校制度望ましい）	**1 戦没者の遺族，戦傷病者の援護等** 戦没者の遺族の援護（給付金増額，範囲の拡大等），戦傷病者援護（恩給受給者以外へ障害年金または一時金拡張），全国戦没者追悼式，戦没者に対する叙位・勲章	**4 原爆被爆者対策** 原爆被爆者医療法による手帳保持者32万6037人，うち認定被爆者4058人，特別被爆者27万4597人．健診医療給付，特別措置法で各種手当支給．このうち介護手当の引上げ，所得制限の緩和実施．広島，長崎に原爆被爆者養護ホーム設置
2 身体障害者 手帳，相談指導，家庭奉仕員，更生援護施設整備，補装具 重度障害者日常生活用具給付 盲人の新職業訓練 国立療養所内で進行性筋萎縮症者療養給付開始 国立補装具研究所の設立（70年開始）	**2 未帰還者の調査と引揚者等の援護等** 引揚者の援護，未帰還者の調査（韓国日本婦女子の帰国援護）	**5 保健所等**

1970 (続き)

食品衛生	保護基準の引上げ （世帯分離の拡大）	助成等） 2 身体障害者の福祉 手帳，相談指導，家庭奉仕員，更生援護施設整備，補装具，重度障害者日常生活用具給付，進行性筋萎縮症者療養費等給付（69年〜），国立補装具研究所業務開始，身体障害者家庭奉仕員の派遣，自動車利用の促進
1 食品衛生の確保 食中毒事件	3 保護施設 救護施設の激増，重複障害など障害者施設の代替 中央社会福祉審議会諮問「国民生活の変化に対応した生活保護制度のあり方について」	
2 残留農薬と抗生物質		
医薬品		
1 血液 献血の推進		
2 麻薬 麻薬中毒者	**第4編 社会福祉はどのように進められているか**	3 精神薄弱者の福祉 相談指導，施設入所（通園施設，更生施設，授産施設），重度精神薄弱児・者収容棟（重度加算） 在宅対策 重度者への家庭奉仕員派遣，相談，職親委託
医療保険	**児童と家庭の福祉**	
1 医療保険制度の現状と動向 医療保険制度抜本改革議論 当面の措置としての健保特例法の2年延長	1 母子保健	
	2 児童の健全育成 家庭における児童の健全育成．地域における児童の健全育成．児童厚生施設（児童館など） 児童福祉文化財	**老人の福祉**
2 各保険制度 国民健保，健康保険，日雇健保，船員健保（疾病）．診療報酬診査支払制度		1 居宅福祉対策 訪問健診・家庭奉仕員派遣・ベッド貸与等，老人社会活動促進事業（無料職業紹介），白内障手術公費負担，老人クラブ
	3 要保護児童対策 養護を要する児童の福祉 要養護児童保護（乳児院，養護施設，里親，養護受託） 情緒障害児（短期治療施設） 非行児童の指導（教護院） 保育に欠ける児童（保育所の整備拡充，特別保育所） 児童福祉施設の整備・施設職員の処遇改善	2 老人福祉施設 特養ホーム，養護老人ホーム，軽費老人ホーム，老人福祉センターその他老人憩の家，休養ホーム，有料老人ホーム
第2編 健康な生活の条件はどのように整備されているか		
公害対策 公害被害者救済及び紛争処理制度，救済制度は69年，紛争処理制度は70年に成立．救済は公害基本法の指定した6公害の「指定地域」と疾病を規定．大気汚染（川崎，四日市，大阪）気管支疾患など．水質汚濁（新潟阿賀野川，熊本水俣湾，富山神通川流域）．救済は公害認定手帳の交付		**社会福祉施設と 社会福祉サービス**
		1 社会福祉施設の整備・財源 国5割．社会福祉事業振興会融資制度．職員処遇改善
	4 児童相談所	2 福祉事務所及び福祉センター
	5 母子家庭の福祉 母子福祉資金貸付，寡婦福祉資金貸付，児童扶養手当，相談事業	3 民間社会福祉活動 社協，民生委員，共同募金
第3編 老後や生活に困ったときの所得を保障するためにどのような施策が行われているか	6 児童手当 審議会の中間答申	4 低所得対策 世帯更生資金貸付，授産事業 公益質屋
	心身障害者の福祉	5 消費生活協同組合
1 年金制度 厚生年金保険，船員保険及び国民年金改正（給付改善）．国民年金，福祉年金（大幅引上げ，母子福祉年金所得制限緩和），厚生年金保険，船員保険（年金部門），農業者年金基金の創設（国民年金に付加），石炭鉱業年金基金	心身障害者対策基本法の制定（総理府に対策協議会設置），心身障害者扶養保険制度，心身障害者福祉協会（国立コロニー設置運営）	6 その他の福祉対策 災害救助 婦人保護 重点を，転落の未然防止に移す 地方改善事業 同和対策，不良環境地区改善事業等，都市スラム，アイヌ集落 産炭地域等，へき地対策
	1 身体障害児の福祉 発生予防・早期発見・早期治療 施設入所による療育と保護．肢体不自由児施設，重度心身障害児施設，盲ろうあ児施設．結核児童療育 進行性筋萎縮児（筋ジス）国立療養所内病棟 在宅児対策（特別児童扶養手当，家庭奉仕員派遣，心身障害児扶養保険	
生活保護		**戦没者の遺族・戦傷病者等の援護**
1 生活保護の動向 非稼働能力者の増大		1 戦没者の遺族
2 保護基準		

表5-5 厚生白書（1956〜72年版）

1970（続き）	1971	
援護，戦傷病者の援護，全国戦没者追悼式，戦没者遺骨収集，戦没者に対する叙位・勲章 2 未帰還者の調査と引揚者の援護	問題意識（総説）	大麻取締違反増加．麻薬中毒者
	（副題）児童憲章制定20周年（現代の児童問題）	医療保険
	急激な社会変動の中で児童の家庭と生活環境の変化	1 抜本改正案 政府抜本改正案国会提出も審議未了．保険医辞退問題 国民健保，健康保険　政府管掌，組合管掌，日雇健保，船員健保（疾病），診療報酬診査支払制度
	当面の重要課題	
	核家族化と世帯規模の縮小 交通事故や障害等子どもの健康問題，情報の氾濫．児童行政は不十分，地域差も大．有子婦人の職場進出による保育需要の高まり	第2編 健康な生活の条件
		公害対策
		救済制度指定地域の拡大．環境庁の発足（公害行政は環境庁へ）
	制度・事業	第3編 老後や生活に困ったときの所得保障
	国民の健康の確保と増進はどのように行われているか	
	健康の増進と疾病の予防	年金制度
	1 精神衛生 精神病床の拡大．社会復帰と地域精神衛生対策．優生保護（優生手術，人口中絶とも減少傾向）	1 年金制度の最近の動向 国民皆年金10年．福祉年金受給者320万，70歳以上人口6〜7割
	2 結核 予防審「結核対策の拡充強化に関する意見書」	2 年金の各制度 国民年金，福祉年金，厚生年金保険，船員保険（年金部門），石炭鉱業年金基金，農業者年金基金
	3 その他の疾病 らい（患者高齢化），スモン（ウイルス感染説，キノホルム説）	3 年金積立金の運用 国の財政投融資計画に一元化，資金運用部資金の36.4%を占める一部還元融資
	4 原爆被爆者対策 特別被爆者の対象範囲拡大．健康管理手当支給年齢65から60歳へ	生活保護
	5 保健所等 保健所全国832カ所設置	非稼働能力者の増大．保護基準の引上げ．老人や障害者の電話保有制限の緩和．保護施設（救護施設の激増，重複障害などの問題）
	食品衛生	
	1 食品衛生の確保	第4編 社会福祉はどのように進められているか
	2 食品の安全基準	
	医療制度	児童と家庭の福祉
	1 医療行政の新しい課題 ①へき地医療対策 ②医学的リハビリテーション	1 母子保健
		2 要保護児童に対する施策（要保護児童の定義あり） 1）身体の発達または機能に障害や欠陥．2）精神の発達または機能に障害や欠陥．3）養育環境等に障害や欠陥．4）反社会的または非社会的行為を伴う 養護を要する児童の福祉（乳児院，養護施設，里親，養護受託）
	2 医療施設 ①国立病院・国立療養所	
	医薬品	
	1 血液 献血推進	
	2 麻薬	情緒障害児（短期治療施設），非行

1971（続き）		1972（本年から沖縄にも適用）
児童の指導（里親委託、教護院等）、保育に欠ける児童（保育所の整備拡充、特別保育所〔季節、一時〕）児童福祉施設運営の改善　職員処遇改善	**2 居宅福祉対策** 老人の保健医療（白内障手術公費負担）、ねたきり老人対策（家庭奉仕員派遣、特殊寝台貸与、訪問健診、機能回復訓練）、ひとり暮らし老人（老人電話相談センター、一時的疾病時の介護人派遣）、老後生きがい対策	**問題意識（総説）**
		(副題) 近づく年金時代
		年金による所得保障．皆年金制度の成熟と将来像．問題点①現在の高齢者は福祉年金、②拠出期間の短い人や福祉年金の場合の水準の低さ、③年金にスライド制が欠けている
3 母子家庭の福祉 母子福祉資金貸付、寡婦福祉資金貸付、児童扶養手当、母子家庭相談事業、母子福祉施設		
	3 施設福祉対策 特養の大幅増必要	**制度・事業**
		第1編 健康確保と増進
4 児童相談所・家庭児童相談室	**社会福祉施設と社会福祉サービス**	**健康の増進と疾病の予防**
児童手当制度	**1 社会福祉施設の整備と財源** 国1/2、地方1/4．社会福祉事業振興会融資、職員養成計画、処遇改善	**1 精神衛生** 精神病床拡大．社会復帰と地域精神衛生対策．優生保護（法改正提案）
72年から実施 義務教育終了前の第3子以降、月3000円、所得制限、国・地方・事業主負担		
	2 福祉事務所及び福祉センター	**2 結核** 青年層から高年層へ
心身障害者の福祉	**3 民間社会福祉活動** 社協、民生委員、共同募金	**3 特定疾患対策**（対策室設置で難病窓口一本化） スモンなど8疾患を調査研究対象　治療研究4疾患（協力金）
1 施策の基本方向 医学的リハビリテーション、重度障害者対策の強化（在宅と施設）、国立コロニーのぞみの園の業務開始	**4 低所得対策** 世帯更生資金貸付、授産事業、公益質屋、公営2種住宅	
		4 その他の疾病 らい（高齢化、社会復帰の困難）
2 身体障害児福祉 発生予防・早期発見・早期治療 施設対策（肢体不自由児施設、盲ろうあ児施設、進行性筋萎縮児病棟（病棟での療育）、重症心身障害児施設、結核児童の療育）、在宅対策（特別児童扶養手当、家庭奉仕員派遣）	**5 消費生活協同組合**	**5 原爆被爆者対策** 医療法（医療）、特別措置法（特）
	6 その他の福祉対策 災害救助、婦人保護　未然防止 地方改善事業　同和対策、不良環境地区改善事業等（都市スラム、アイヌ集落、産炭地域等）へき地対策	**6 保健所等**
		医療制度
		1 医療施設 国立病院・国立療養所
	戦没者遺族・戦傷病者援護	**医療保険**
3 身体障害者 手帳、相談指導、家庭奉仕員、更生援護施設整備、補装具、重度障害者日常生活用具給付、進行性筋萎症者療養等給付．訪問診察更生相談、点字図書館等盲人対策．身障者スポーツ大会等	**1 戦没者の遺族・戦傷病者の援護** ルバング島における元日本兵の捜索等．全国戦没者追悼式戦没者遺骨収集．戦没者に叙位・勲章	**1 医療保険各制度** 国民健保、健康保険、日雇健保（大幅赤字）、船員保険 診療報酬診療支払制度
	2 未帰還者の調査と引揚者援護	**医薬品**
		1 献血の推進 血清肝炎調査（売血による）
4 精神薄弱者の福祉 国立コロニー、地方コロニーの業務開始（重度精神薄弱または身障を伴っている15歳以上） 精神薄弱者通勤寮の創設		**2 麻薬・覚せい剤**
		第2編 生活環境の整備
		食品衛生
5 自閉症児の福祉 公立精神病院での通院または収容による療育		**1 食品の安全確保** PCB汚染、残留農薬 カドミウム等微量重金属
老人の福祉		
1 老人問題の現状と将来 「ひとり暮らし老人」「ねたきり老人」「老人と生きがい」等．中央社会福祉審議会答申69年		

表5-5　厚生白書（1956〜72年版）

1972（続き）

第3編 所得保障の充実

年金制度

1 現状と動向
財政再計算期を繰り上げ，大幅引上げ，沖縄復帰に伴う特別措置

2 各制度
国民年金，福祉年金，厚生年金保険，船員保険（年金部門），石炭鉱業年金基金，農業者年金基金

3 年金積立金の運用
財政投融資計画により一元管理
一定部分を還元融資

生活保護

1 中央社会福祉審議会「国民生活の変化等に対応した生活保護制度のあり方」答申
一般世帯との格差縮小，ライフサイクル各段階の特殊需要注意，質的変化（ハンディキャップ層）に注意

2 保護基準の引上げ
カラーテレビの保有認める

3 保護施設救護施設漸増

児童手当制度
支給開始第1回受給者約103万人
3段階に分けて実施（5歳未満，10歳未満，義務教育終了前）

第4編 社会福祉の増進

児童と家庭の福祉

1 母子保健及び小児医療

2 児童の健全育成
地域における児童の健全育成 児童遊園，こどもの国，地域活動組織，文化財推薦，要保護児童対策，護を要する児童の福祉 乳児院，養護施設，里親，養護受託，情緒障害児 短期治療施設，非行児童の指導 里親委託，教護院等

3 保育に欠ける児童に対する施策
需要の多様化への対応，保育所整備，適正配置

4 母子家庭の福祉
母子福祉資金貸付，寡婦福祉資金貸付，児童扶養手当，母子家庭相談事業，母子福祉施設，児童相談所・家庭児童相談室

5 児童福祉施設の整備，運営
養護，母子寮は転換期，保育所，「地方コロニー」増設必要

6 児童相談所，家庭児童相談室
重症ケースは相談所，軽症ケースは相談室

心身障害者の福祉

1 身体障害者
身体障害者福祉法の一部改正．障害者療護施設の創設（常時介護が必要な重度障害者），じん臓機能障害者を身体障害者に
手帳，相談指導，家庭奉仕員，更生援護施設整備，補装具，重度障害者日常生活用具給付，進行性筋萎症者を国立療養所等の病床へ収容，訪問診察相談，点字図書館等盲人対策，身障者スポーツ大会等

2 心身障害児及び精神薄弱者の福祉
発生予防・早期発見・早期治療，施設対策，身体障害児施設 肢体不自由児施設，進行性筋萎縮児施設（病棟での療育），重症心身障害児施設，結核児童の療育，精神薄弱児・者施設 通園施設，更生施設，授産施設，重度棟，国立コロニー，地方コロニー，精神障害者通勤寮，在宅福祉対策 自閉症児のための施設（通園，収容），特別児童扶養手当，相談指導，家庭奉仕員派遣，その他

老人の福祉

1 老人の保健医療対策
老人健診（白内障手術費支給，機能回復訓練事業），老人医療費支給制度公布（すでに37都道府県6指定都市で実施．老人福祉法の措置として70歳以上高齢者の医療保険自己負担分の支給．本人・配偶者所得制限あり．国の機関委任事務として市町村長実施）

2 在宅福祉対策
ねたきり老人対策（家庭奉仕員派遣，日常生活用具の支給），ひとり暮らし老人（老人電話相談センター，一時的疾病時の介護人派遣），老後生きがい対策（無料職業紹介，老人クラブ，社会奉仕団）

3 施設福祉対策
特養の大幅増必要，軽費老人ホームをA，B型に区分，A型は低所得層で食事供与，B型（老人世話ホーム）は自炊，利用料有り

4 その他の老人福祉対策
老人扶養控除（税）創設

社会福祉施設と社会福祉サービス

1 社会福祉施設の整備，運営
国 1/2，地方 1/4
職員養成計画，処遇改善

2 福祉事務所及び福祉センター

3 民間社会福祉活動
社協，民生委員，共同募金

4 低所得対策
世帯更生資金貸付，授産事業，公益質屋，公営2種住宅

5 消費生活協同組合

6 その他の福祉対策
災害対策 集中豪雨
婦人保護 要保護，おそれのある女子への未然防止
地方改善事業
同和対策，不良環境地区改善事業，都市スラム，アイヌ集落，産炭地域等，へき地対策

戦没者遺族・戦傷病者等の援護

1 戦没者の遺族，戦傷病者等の援護
グアム島における元日本兵救出，全国戦没者追悼式，戦没者遺骨収集，戦没者に叙位・勲章

2 未帰還者の調査と引揚者の援護等

第6章
戦後日本の社会福祉事業の異集合 (2)
福祉元年以降の社会福祉事業集合の変化（1973～2010年）

1 │ 1973年以降の時期区分

　本章では1973年度から2010年度までの厚生白書（→厚生労働白書）を扱うが，38年間という長期にわたるので，ここでは3つに時期区分して検討してみたい。すなわち，1973～1987年版，1988～2000年版，2001～2010年版の3つである。繰り返し述べるように，本書は「発展段階」とか「パラダイム転換」を描くわけではないので，この時期区分にとくに意味はない。とはいえ，その確認の意味も込めて，「発展段階」や「パラダイム転換」の主要分野である高齢者介護の「転換」や多元主義化，地方分権の流れをある程度意識はしている。

　1973年は，前章で述べた「老人医療費支給制度」の実施が始まり，いわゆる「福祉元年」と呼ばれた年である。また時代的背景としては第1次オイルショックの年でもあり，高度経済成長の終焉ともいわれた歴史的転換点でもある。この1973～1987年は古川の「第Ⅲ期 社会福祉調整期 前期〈費用抑制〉および後期〈調整改革〉」にほぼあてはまる。高澤の区分ではⅣからⅤ期の途中までになる。

　1988年は，前年までの「老人福祉」が明確に保健分野と統合し，〈老人保健福祉〉事業集合が示された年である。翌1989年からいわゆるゴールドプランなど政策の計画化や数値目標が重視されていく。この1988～2000年の時代背

景として，日本経済がバブル経済の絶頂期から，その破綻＝長期経済停滞へ移行していったことが挙げられる。また，1995年1月には阪神淡路大震災があり，その影響か1994年度版厚生白書は刊行されていない。

なお古川，高澤は，先述のようにこの1989年を画期としている。古川の「第Ⅳ期 社会福祉転換期 前期〈機能改革〉」はこの年から1995年までである。高澤（高沢）は，別の書で「決して大げさなレトリックではなく，21世紀の社会福祉への進路と過渡期の福祉行政課題の枠組みに関する選択は，福祉関係三審議会合同企画分科会の意見具申『今後の社会福祉のあり方について』（1989年3月30日）によって始まった」（高沢 2005: 115）と記しており，続けて「90年代に達成すべきパラダイム転換に威力を発揮するだけの具体性を備えていたかもしれない」（同上: 116）し，「緒についた『福祉改革』は戦後福祉の総決算として本格的に取り組まれることとな」った（同上: 117）と述べている。両者とも社会保障全体を見通しつつも，とりわけこの意見具申の画期性が念頭にあったと思われる。ここではもう少し広い意味での社会福祉の具体的な事業集合とその配列，対象者カテゴリーに焦点があるので，審議会意見具申ではなく，白書において「老人福祉」が「老人保健福祉」と括られたことに，その位置の変換を見たい。

その位置変化を画期として，1997年に「社会保障の構造改革」が提起され，また，1999年にはいわゆる地方分権一括法が成立し，2000年から地方への権限委譲が進められていく。この構造改革及び地方分権は今なお進行形であるが，2000年までを一区切りとしたのは，むろん行政改革によって2001年から厚生労働省が誕生したためである。この改革によって機構変革があり，白書の事業集合やその配列に当然大きな影響があった。

なお，以上の3時期のうち，資料としての白書の性格変化という技術的な要素からいえば，最初の2つの時期においても，途中で形式の変更がある。これは第4章白書編別構成の変遷を記述した箇所（表4-1）を参照していただきたい。

同時に参照する失業対策年鑑，教育白書（文部科学白書），犯罪白書は，ここでも基本的には5年おきに，主要な制度創設や改編があった年度を必要に応じて加え，表に示した。このうち，失業対策年鑑は厚労省となった後も2003年度版（雇用対策年鑑）まで刊行されていたが，その後は廃刊となっている。したがって，基本的には2000年度までについてこれを利用し，厚生労働省となった2001年度以降は厚生労働白書の記述を利用する。表はこの3つの時期区

分ではなく1つにまとめてある（表6-2）。教育白書は，前2期に相当する期間のものと，文部科学白書となってからを別にして2つの表にまとめた（表6-3, 6-8）。犯罪白書は1つの表にしてある（表6-4）。やや煩雑であるが，以下では，その都度該当する表番号を示すようにしたい。

2 高度経済成長の終焉からバブル経済へ（1973〜1987年）

2.1 厚生省の問題認識

章末の表6-9がこのはじめの時期の厚生白書の内容である。それを章，節のところまでで簡略化したのが表6-1である。まず，表6-9で厚生省の問題認識から見ていくことにしたい。1973年版厚生白書の副題は「転機に立つ社会保障」であり，高度経済成長の終焉による社会経済の環境変化が問題認識として存在しているように見える。が，その内容は「都市化による過密・地方農山村の過疎」「核家族化の進展と高齢者世帯の増加」「消費者物価上昇による国民生活への打撃」であり，高度経済成長終焉がもたらした経済社会の構造変化への視点は弱い。

ただし，人口問題認識に関しては，74年版では，「人口の静止化」という印象的な用語がある。「人口の静止化」とは「人口のゼロ成長」のことであるが，これはこの時点では「ポテンシャル」であって，そうなるのは約50年後（2024年）と推定している（白書1974年版: 13）。この出生率低下の背景として，74年版白書は，「戦後の経済的窮乏下において進められた家族計画のめざましい普及があげられ，さらに，優生保護法による人工妊娠中絶の影響も少なくなかったものと推察できる。すなわち貧困や住宅難等の社会的経済的背景の下で，生活水準を高めようとする志向が，少数家族主義の生活設計として現われ，個々の夫婦の受胎調節と人工妊娠中絶という人為的な出生抑制を促したものといえよう」（同上: 19）と記述している。ただし，ベビーブーム期の出生児が再生産年齢に入ってきたために，1972年には19.4%にまで上昇し，「欧米諸国と比較すると，まだ（生産年齢人口が）高率のグループに属する」（同上: 25）と楽観的である。つまり「少産少死」社会へ入ったが，本格化するのはまだ後であり，中年の生産人口が主力として存在していることへの安心が読み取れる。

むろん，高齢人口の増大への危機感はしだいに大きくなっていくが，その場合問題認識の焦点は，これと社会保障財政との関係にあった。国際婦人年の1976年版，国際児童年の1979年版，国際障害者年の1981年版を除けば，「老齢者社会」とそれを支える「社会保障」をどう維持していくかが，繰り返し問われている。とりわけ，ようやく達成された国民皆保険・皆年金制度の財政負担が高齢化によって拡大することが懸念された。年金制度に関していえば，「50年度末には，公的年金の老齢（退職）年金の受給権者数が恩給，老齢福祉年金を含めて，はじめて1000万人を超え，また，拠出制の老齢（退職）年金の受給権者も51年度末に550万人を超えるなど本格的年金時代の到来」（白書1978年版: 2）となるが，同時に「経済基調の変化が国及び地方公共団体の財政事情を厳しくしており，また，家計の所得の伸びが鈍化しているため社会保険料負担等の増加に対する負担感も強くなっている」（同上: 2）と白書は説明する[1]。

　1978年版白書では，この先行き不安に対して，「同居という，我が国のいわば『福祉における含み資産』とも言うべき制度を生かす」ことが重要で，そのための所得保障と，同居を可能にするような住宅整備が重要，という大胆ともいえる提案を行っている（同上: 91）。大胆，という意味は，同じ白書が，問題認識としては核家族化や世帯人員の減少を強調しているからである。つまり，家族の構造的変化を捉えながら，同時に家族は伝統的な「福祉における含み資産」といって憚らないわけである。

　1982年版では「社会保障の新局面」として，①社会保障給付費の規模は，24兆6044億円に達し，国民所得の12.7%を占めた，②高齢化社会への本格的対応が迫られている，③安定成長が定着しパイがそれ程増加しない時代においては，国民所得のどれだけを社会保障にまわすかという配分の問題が中心問題，という3つの「新局面」を強調し，翌83年には，量的拡大の時代は終わったとの認識から，「我が国独自の福祉社会の実現に努めなければならない」として，「自立自助・社会連帯の精神，家庭基盤に根ざす福祉，民間活力の活用，効率的で公平な制度を基本」とした福祉社会の建設をめざす必要がある（白書1983年版: 13）と述べている。

　この提案は「日本型福祉社会論」として名高いが，このうち「家庭基盤に根ざす福祉」という表現は，先の「福祉における含み資産」を意味している。民間活力等は，福祉国家の危機以降の先進諸国が進めた多元主義の方向と同じで

あるが，日本には，まだ「家族」という「含み資産」がある，という再発見を強調して，これまでの先進諸国のキャッチアップ型から，伝統型への回帰を呼びかけたといえる。

こうした「願望に基づく」日本型の強調は，この期間を通じて貫くが，1984年版では「人生80年時代」という言葉が使われ始め，「人生80年時代は，自立性の求められる時代と言える」（白書1984年版: 1）とし，「自由時間の多い高齢者や主婦の社会参加意識を高め，福祉の担い手として積極的に活用していく工夫を講じていく必要がある」（同上: 1）という提案がなされるようになる。さらに1985年版からは，白書の体裁もカラー写真入りとなり，「老齢者社会」，「高齢化社会」に代わって「長寿社会」という名称になり，社会サービス，サービス，ニーズという用語が頻出し始める。社会サービスは「対人サービス」が中心であるという点に特色があり，したがって，「『質の高い社会サービスの安定的供給』を図っていくためには，制度面での改革を進めていくとともに，サービスの直接の担い手であるマンパワーの量の確保と質の向上が重要」（白書1987年版: 20）との認識がより鮮明になってくる。同時に，高齢者の「マジョリティ」は「健康な高齢者や経済的に恵まれた高齢者」＝「新しい高齢者像」として把握すべきであり，彼らを「経済社会や地域社会の発展に寄与するマンパワー」として積極的に捉え直していくことをも強調する（白書1986年版: 33-39）。87年版では，さらに「社会保障マンパワー」の「重層化」が呼びかけられ，「フォーマル部門」のマンパワー，地域住民，各種ボランティア等，「インフォーマル部門」のマンパワーの質量向上，とくに「家庭婦人」への注目がなされている。

2.2 厚生白書における事業集合，対象カテゴリー，序列の変遷

次いで，この時期の事業集合の特徴，その序列と変遷を，まず表6-1の簡略版で確認してみよう。第5章の簡略版（表5-1）と比べると，1981年版までは，前期最後の1972年版とほとんど変わっていない。「児童と家庭の福祉」に児童手当が位置づけられた71年を除けば，1970～1981年版までの特徴は，悲願の児童手当制度成立によって，〈所得保障系列〉の大事業集合（年金，生活保護，児童手当）が明確にされ，とくに72年以降81年版まで，この集合は崩されない。前章で指摘したベヴァリッジの福祉国家のキャッチアップの成果が81年版まで続くことになる。このほか大項目となる事業集合は，「健康の確保と増

表6-1 厚生白書（1973〜87年版）簡略表

1973	1974	1975
第1編 健康の確保と増進	第1編 健康の確保と増進	第1編 健康の確保と増進
健康の増進と疾病の予防	健康の増進と疾病の予防	健康の増進と疾病の予防
1 精神衛生（優生保護） 2 難病対策　3 結核 4 その他の疾病（らい） 5 原爆被爆者対策　6 保健所	1 精神衛生（優生保護） 2 難病対策　3 結核 4 その他の疾病（らい） 5 原爆被爆者対策　6 保健所	1 地域保健　2 難病対策 3 結核及びその他感染症 4 精神衛生　5 難病対策 6 原爆被爆者対策
医療保険	医療保険	医療保険
1 各制度 2 診療報酬審査支払制度	1 各制度 2 診療報酬審査支払制度	1 各制度 2 診療報酬審査支払制度
医薬品	医薬品	医薬品
1 血液等　2 麻薬及び覚せい剤	1 血液等　2 麻薬及び覚せい剤	1 血液等　2 麻薬及び覚せい剤
第3編 所得保障の充実	第3編 所得保障の充実	第3編 所得保障の充実
年金制度	年金制度	年金制度
1 各制度　2 年金積立金運用	1 各制度　2 年金積立金運用	1 各制度　2 年金積立金運用
生活保護	生活保護	生活保護
1 生活保護基準 2 生活保護の実施　3 保護施設	1 生活保護基準 2 保護の動向　3 保護施設	1 生活保護基準 2 保護の動向　3 保護施設
児童手当制度	児童手当制度	児童手当制度
1 段階的実施の2段階	1 段階的実施の最終段階	1 実施状況
第4編 社会福祉の増進	第4編 社会福祉の増進	第4編 社会福祉の増進
児童と家庭の福祉	児童と家庭の福祉	児童と家庭の福祉
1 母子保健及び小児医療 2 児童の健全育成 3 保育に欠ける児童施策 4 母子家庭の福祉 5 児童福祉施設の整備運営 6 児童相談所及び家庭児童相談室	1 母子保健及び小児医療 2 保育に欠ける児童施策 3 児童の健全育成 4 母子家庭の福祉 5 児童福祉施設の整備運営 6 児童相談所及び家庭児童相談室	1 母子保健及び小児医療 2 保育に欠ける児童施策 3 児童の健全育成 4 母子家庭の福祉 5 児童福祉施設の整備運営 6 児童相談所及び家庭児童相談室
心身障害者の福祉	心身障害者の福祉	心身障害者の福祉
1 身体障害者の福祉 2 心身障害児・精神薄弱者の福祉	1 身体障害者の福祉 2 心身障害児・精神薄弱者の福祉	1 身体障害者の福祉 2 心身障害児・精神薄弱者の福祉
老人の福祉	老人の福祉	老人の福祉
1 老人保健医療対策 2 在宅福祉対策 3 施設福祉対策 4 その他の老人福祉対策	1 老人の保健医療対策 2 在宅福祉対策 3 施設福祉対策 4 その他の老人福祉対策	1 老人保健医療対策 2 在宅福祉対策 3 施設福祉対策 4 その他の老人福祉
社会福祉施設と社会福祉サービス	社会福祉施設と社会福祉サービス	社会福祉施設と社会福祉サービス
1 社会福祉施設の整備・運営 2 福祉事務所及び福祉センター 3 民間社会福祉活動 4 低所得者対策 5 消費生活協同組合 6 その他の福祉対策	1 社会福祉施設の整備・運営 2 福祉事務所及び福祉センター 3 民間社会福祉活動 4 低所得者対策 5 消費生活協同組合 6 その他の福祉対策	1 社会福祉施設の整備・運営 2 福祉事務所及び福祉センター 3 民間社会福祉活動 4 低所得者対策 5 消費生活協同組合 6 その他の福祉対策
戦没者・戦傷病者の援護	戦没者・戦傷病者の援護	戦没者・戦傷病者の援護

＊編，部，章，節のタイトルも長いものは省略している。

1976	1977	1978
第1編 健康の確保と増進	第1編 健康の確保と増進	第1編 健康の確保と増進
健康の増進と疾病の予防	健康の増進と疾病の予防	健康の増進と疾病の予防
1 地域保健 2 結核及びその他感染症 3 精神衛生　4 難病対策 5 原爆被爆者対策	1 地域保健 2 結核及びその他感染症 3 精神衛生　4 難病対策 5 原爆被爆者対策	1 地域保健 2 結核及びその他感染症 3 精神衛生　4 難病対策 5 原爆被爆者対策
医療保険	医療保険	医療保険
1 各制度　2 診療報酬審査支払制度	1 各制度　2 診療報酬審査支払制度	1 各制度　2 診療報酬審査支払制度
医薬品	医薬品	医薬品
1 血液等　2 麻薬及び覚せい剤	1 血液　2 麻薬及び覚せい剤	1 血液　2 麻薬及び覚せい剤
第3編 所得保障の充実	第3編 所得保障の充実	第3編 所得保障の充実
年金制度	年金制度	年金制度
1 各制度　2 年金積立金運用	1 各制度　2 年金積立金運用	1 各制度　2 年金積立金運用
生活保護	生活保護	生活保護
1 生活保護基準 2 保護の動向　3 保護施設	1 生活保護基準 2 保護の動向　3 保護施設	1 生活保護基準 2 保護の動向　3 保護施設
児童手当制度	児童手当制度	児童手当制度
第4編 社会福祉の増進	第4編 社会福祉の増進	第4編 社会福祉の増進
児童と家庭の福祉	児童と家庭の福祉	児童と家庭の福祉
1 母子保健及び小児医療 2 保育に欠ける児童施策 3 児童の健全育成 4 母子家庭の福祉 5 児童福祉施設の整備運営 6 児童相談所及び家庭児童相談室	1 母子保健及び小児医療 2 保育対策　3 児童の健全育成 4 母子家庭の福祉 5 児童福祉施設の整備運営 6 児童相談所及び家庭児童相談室	1 母子保健及び小児医療 2 保育対策　3 児童の健全育成 4 母子家庭の福祉 5 児童福祉施設の整備運営 6 児童相談所及び家庭児童相談室
心身障害者の福祉	心身障害者の福祉	心身障害者の福祉
1 身体障害者の福祉 2 心身障害児・精神薄弱者の福祉	1 心身障害児の福祉 2 精神薄弱者の福祉 3 身体障害者の福祉	1 心身障害児の福祉 2 精神薄弱者の福祉 3 身体障害者の福祉
老人の福祉	老人の福祉	老人の福祉
1 老人の保健医療対策 2 在宅福祉対策 3 施設福祉対策 4 その他の老人福祉対策	1 老人の保健医療対策 2 在宅福祉対策 3 施設福祉対策 4 その他の老人福祉対策	1 老人の保健医療対策 2 在宅福祉対策 3 施設福祉対策 4 その他の老人福祉対策
社会福祉施設と社会福祉サービス	社会福祉施設と社会福祉サービス	社会福祉施設と社会福祉サービス
1 社会福祉施設の整備・運営 2 福祉事務所及び福祉センター 3 民間社会福祉活動 4 低所得者対策 5 消費生活協同組合 6 その他の福祉対策	1 社会福祉施設の整備・運営 2 福祉事務所及び福祉センター 3 民間社会福祉活動 4 低所得者対策 5 消費生活協同組合 6 その他の福祉対策	1 社会福祉施設の整備・運営 2 福祉事務所及び福祉センター 3 民間社会福祉活動 4 低所得者対策 5 消費生活協同組合 6 その他の福祉対策
戦没者・戦傷病者の援護	戦没者・戦傷病者の援護	戦没者・戦傷病者の援護

1979	1980	1981
第1編 健康の確保と増進	第1編 健康の確保と増進	第1編 健康の確保と増進
健康の増進と疾病の予防	健康の増進と疾病の予防	健康の増進と疾病の予防
1 地域保健 2 結核及びその他感染症 3 精神衛生　　4 難病対策 5 原爆被爆者対策	1 地域保健 2 結核及びその他感染症 3 精神衛生　　4 難病対策 5 原爆被爆者対策	1 地域保健 2 結核及びその他感染症 3 精神衛生　　4 難病対策 5 原爆被爆者対策
医療保険	医療保険	医療保険
1 各制度　2 診療報酬審査支払制度	1 各制度　2 診療報酬審査支払制度	1 各制度　2 診療報酬審査支払制度
薬　　事	薬　　事	薬　　事
1 血液　　2 麻薬及び覚せい剤	1 血液　　2 麻薬及び覚せい剤	1 血液　　2 麻薬及び覚せい剤
第3編 所得保障の充実	第3編 所得保障の充実	第3編 所得保障の充実
年金制度	年金制度	年金制度
1 各制度　　2 年金積立金運用	1 各制度　　2 年金積立金運用	1 各制度　　2 年金積立金運用
生活保護	生活保護	生活保護
1 生活保護基準 2 保護の動向	1 生活保護基準 2 動向　　3 保護施設	1 生活保護基準 2 生活保護の動向　3 保護施設
児童手当制度	児童手当制度	児童手当制度
第4編 社会福祉の増進	第4編 社会福祉の増進	第4編 社会福祉の増進
児童と家庭の福祉	児童と家庭の福祉	児童と家庭の福祉
1 母子保健及び小児医療 2 保育に欠ける児童 3 児童の健全育成 4 母子家庭の福祉 5 児童福祉施設の整備運営 6 児童相談所及び家庭児童相談室	1 母子保健 2 保育対策 3 児童の健全育成 4 母子家庭の福祉 5 児童福祉施設の整備運営 6 児童相談所及び家庭児童相談室	1 母子保健及び小児医療 2 保育に欠ける児童 3 児童の健全育成 4 母子家庭等の福祉 5 児童福祉施設の整備運営 6 児童相談所及び家庭児童相談室
心身障害者の福祉	心身障害者の福祉	心身障害者の福祉
1 心身障害児の福祉 2 精神薄弱者の福祉 3 身体障害者の福祉	1 心身障害児の福祉 2 精神薄弱者の福祉 3 身体障害者の福祉	1 心身障害児の福祉 2 精神薄弱者の福祉 3 身体障害者の福祉
老人の福祉	老人の福祉	老人の福祉
1 老人の保健医療対策 2 在宅福祉対策 3 施設福祉対策 4 その他の老人福祉対策	1 老人の保健医療対策 2 在宅福祉対策 3 施設福祉対策 4 その他の老人福祉対策	1 老人の保健医療対策 2 在宅福祉対策 3 施設福祉対策 4 その他の老人福祉対策
社会福祉施設と社会福祉サービス	社会福祉施設と社会福祉サービス	社会福祉施設と社会福祉サービス
1 社会福祉施設の整備・運営 2 福祉事務所及び福祉センター 3 民間社会福祉活動 4 低所得者対策 5 消費生活協同組合 6 その他の福祉対策	1 社会福祉施設の整備・運営 2 福祉事務所及び福祉センター 3 民間社会福祉活動 4 低所得者対策 5 消費生活協同組合 6 その他の福祉対策	1 社会福祉施設の整備・運営 2 福祉事務所及び福祉センター 3 民間社会福祉活動 4 低所得者対策 5 消費生活協同組合 6 その他の福祉対策
戦没者・戦傷病者の援護	戦没者・戦傷病者の援護	戦没者・戦傷病者の援護

1982	1983	1984
本編第1～3章	本編第4～6章	本編第2～5章
社会福祉の充実をめざして	**時代に即応した医療保障**	**健康の向上を求めて**
1 社会福祉を取り巻く状況 2 社会福祉の方向 3 援護行政の推進	1 健康と医療 2 医療サービスの提供 3 医療費の適正化 4 老人保健制度の実施 5 医療保険制度の安定化	1 人生80年時代の健康問題 2 生涯を通じる健康づくり
健康はどう守られているか		**拡大する福祉ニーズへの対応**
1 医療資源の現状と課題 2 医療費の適正化 3 健康を作る	**老後を支える年金**	1 人生80年時代と福祉施策 2 地域に根づく福祉 3 福祉の基盤—生活保護 4 援護行政の推進
	1 老後の生活設計と年金 2 年金制度の現状 3 年金制度の課題と改革の方向	
生活を支える年金保障		**長期的に安定した医療保険**
1 拡大する年金の比重 2 年金制度の現状 3 年金制度による老後保障の課題	**国民生活と福祉**	1 増加する国民医療費 2 医療保険の直面する課題
	1 福祉を取り巻く潮流 2 社会福祉施策の方向 3 援護行政の推進	**ゆるぎない年金制度の構築**
指標編第1部 制度の概要及び基礎統計		1 安定した老後保障基盤の確立 2 年金をめぐる諸問題
社 会 福 祉	指標編第1部 制度の概要及び基礎統計	指標編第1部 制度の概要及び基礎統計
1 老人福祉 2 児童と家庭 3 心身障害者福祉 4 生活保護 5 その他の社会福祉 6 援護	**保健医療及び生活環境**	**保健医療及び生活衛生**
	1 健康 2 医療保険 3 薬事	1 保健医療対策 2 薬事
保健医療及び生活環境	**年 金 保 障**	**社 会 福 祉**
1 健康 2 医療保険 3 薬事	1 各制度の概要 2 年金積立金運用	1 老人福祉 2 児童と家庭 3 心身障害者福祉 4 生活保護 5 その他の社会福祉 6 援護
年 金 保 障	**社 会 福 祉**	**医 療 保 険**
1 各制度の概要 2 年金積立金運用	1 老人福祉 2 児童と家庭 3 心身障害者福祉 4 生活保護 5 その他の社会福祉 6 援護	1 方向 2 概要 ①国民健康保険 ②健康保険 ③日雇労働者健康保険 ④船員保険
		年 金 保 障
		1 基礎年金導入へ 2 各制度の概要 3 年金積立金運用

1985	1986	1987
第1編第2～3章	第1編第2章,4章	第1編第2～4章
保健・医療・福祉サービスの展開	社会サービスの新たな展開	総合的な社会サービスの推進
1 ニードの動向 2 ライフサイクルに沿ったサービスの展開 3 効果的で効率的なサービスの供給 4 サービスの費用と公平な負担 5 研究開発とサービスの質的向上	1 在宅サービスの充実と保健・医療・福祉サービスの連携 2 積極的な社会参加活動と住みよいまちづくりをめざして 3 生涯健康づくりへ向けて 4 保健医療供給体制の改革 5 社会サービス費用負担等の在り方 6 民間サービスの展開	1 要介護老人対策 2 児童福祉対策 3 障害者対策
家計と所得保障	安定的な医療システムをめざして	国民医療の総合的改革と健康づくり
1 所得保障の役割と機能 2 公的年金制度の改革 3 企業年金と個人年金 4 障害者,母子家庭等の所得保障 5 最低生活の保障	1 医療費増大要因と医療費適正化 2 医療保険制度の一元化に向けて 3 民間医療保険の動向	1 国民医療の総合的改革 2 保健医療供給体制の整備 3 健康づくりの新たな展開 4 エイズ対策
第2編 (制度の概要及び基礎統計)	ゆるぎない所得保障システム確立	新しい民間サービスへの期待
保健医療及び生活衛生	1 年金改革の意義とこれからの課題 2 企業年金と個人年金 3 生活保護その他の所得保障	1 ボランティア活動の進展 2 シルバーサービスの健全育成 3 職域におけるサービス
1 保健医療の実施体制 2 保健医療対策 3 薬事	第2編 (制度の概要及び基礎統計)	国民生活を支える所得保障
社 会 福 祉	保 健 医 療	1 安定的な年金制度をめざして 2 老後保障としての企業年金 3 生活保護とその他の所得保障
1 老人福祉 2 児童と家庭 3 心身障害者福祉 4 生活保護 5 その他の社会福祉 6 援護	1 保健医療の実施体制 2 保健医療対策 3 老人保健対策	第2編 (制度の概要及び基礎統計)
医 療 保 障	生 活 環 境	保 健 医 療
1 医療保険 2 老人医療	1 医薬品被害者救済 2 血液事業 3 麻薬覚せい剤	1 保健医療の実施体制 2 保健医療対策 3 老人保健対策
年 金 保 障	社 会 福 祉	生 活 環 境
1 各制度概要 2 基礎年金の創設 3 年金積立金運用	1 老人福祉 2 児童と家庭 3 心身障害者福祉 4 生活保護 5 その他の社会福祉 6 社会福祉の実施体制	1 薬事
		社 会 福 祉
		1 老人福祉 2 児童と家庭 3 心身障害者福祉 4 生活保護 5 その他の社会福祉 6 社会福祉の実施体制
	援　　護	援　　護
	医 療 保 障	医 療 保 障
	1 医療保険	1 医療保険
	年 金 保 障	年 金 保 障
	1 基礎年金制度 2 各制度 3 年金積立金運用	1 基礎年金制度 2 各制度 3 年金積立金運用

注) 取り上げていない項目があるので,節,項などの番号は,白書とは異なる。以下の表もすべて同じ。

進」「社会福祉の増進」である。
　このうち「社会福祉の増進」は,「1 児童と家庭の福祉」「2 心身障害者の福祉」「3 老人の福祉」「4 社会福祉施設と社会福祉サービス」「5 戦没者・戦傷病者援護」の 5 つの構成となっており,「児童と家庭の福祉」を筆頭としたその順番も同じである。つまり, 1970 年版から続く, ある安定した事業集合の配列が見て取れる。
　だがこの簡易版の各項目の内容を見ると, 以下の 3 つの変化が見て取れる。第 1 に「健康の確保と疾病の予防」の下位集合の配列は, 73 年, 74 年版では「健康の増進」「精神衛生」が上にきているが, 75 年版から,「地域保健」というはじめての項目が筆頭の位置にきている。この点について, 同年版白書は「最近, 地域保健とか地域医療という用語がよく使われている。これらの用語の背景には, 国民の健康を守るために, 健康増進, 疾病予防から治療, リハビリテーションへの一貫体制（包括医療体制）の整備が重要であるという認識があり, ある一定の大きさの地域において, そこにある人的及び物的資源の有効活用を図り, また, その将来計画を策定して, 体制の整備を図るべきであるとの考え方がある」(白書 1975 年版: 144) と, あたかも外から持ち込まれたような言い方をしているが, むろんこれは, この「保健医療圏」を基礎とした保健医療計画の中で, 積極的な健康づくりや, 地域保健所, 保健婦（当時）の活躍を促す厚生省の方針である。したがって, これまで節立てされていた「保健所」は消え,「地域保健」の一要素となっている。「地域保健」を新たな節としたことは, 社会防衛的視点だけではなく,「国民健康づくり運動」によって高齢化社会を乗り切ろうとする意図が感じられる。その後も 81 年版までこのパターンとなっていく。
　第 2 は,「社会福祉の増進」の「児童と家庭の福祉」集合の筆頭事業が「母子保健及び小児医療」であることは変わりないが, 1973 年版までは 2 番目に「児童の健全育成」が位置づけられていたものが, 74 年版以降「保育に欠ける児童施策」が 2 番目に入り, しかも 77 年版からは「保育対策」という名称に変化している。やや先走っていえば,「保育対策」は, この後「児童福祉」の枠に収まりきれないものとして多様化・多元化の方向を辿り, 2014 年の「子ども・子育て支援法」の成立を促していくのである。
　第 3 には, 68 年以降の「心身障害者」という集合での, 児・者一元的な障害者対策の志向は定着してこの期も貫くが, その要素集合「心身障害児及び精

神薄弱者」が，1977年版より分解し，「心身障害児」「精神薄弱者」「身体障害者」の3つが並べられるようになった。

さらに，章末の表6-9の詳しい内容を確認してみよう。ここでは，以下4つを指摘したい。

(1) 大項目「健康の確保と増進」に包含された諸対策のうち，原爆被爆者対策の拡大と難病対策の確立がある。原爆被爆者対策事業では，前章で触れた「特定被爆者」の区分を1974年に廃止し，手当引き上げ，健康管理手当対象年齢45歳以上へと，改善が図られた。1981年には「認定疾病被爆者」でその疾病状態にある者への医療特別手当（月98,000円）が所得制限無しで導入された。このため，原爆症認定基準による被爆者の特定が，その経済生活に大きな影響を与えることとなった。原爆医療法から戦後70年の本書執筆時点まで，被爆者と原爆症認定の見直しをめぐる被爆者たちの運動は，多くの訴訟となって出現している。

難病対策については，72年版では特定疾患対策として8疾患が指定され，「難病窓口の一本化」＝対策室が設置されたが，73年版は「対策室」に代えて難病対策課を新設し，「難病対策」という事業名となった。これは前章で述べた〈重度・重症・特定〉のまなざしを引き継ぎ，さらに強化を図ったものといえる。重症心身障害児とは異なった「特定疾患」あるいは「難病」カテゴリーが厚生行政の事業対象として現れたのは，1964年以降全国的に発生した「スモン」病を端緒としている。当初原因不明のこの病気は，後にキノホルムによる薬害であることが判明したが，その間厚生省は研究班による調査研究を組織し，また71年からは，この研究費（治療研究費）の一部から協力謝金（1万円）としての患者の医療費負担の軽減が行われた。72年にまとめられた「難病対策要綱」は，あらためて難病の定義を行い，難病の範囲について整理し，それへの対策の指針を示したものといえる。

(2) 「健康の確保と疾病の予防」で触れておきたいのは，1975年版では「らい」が，「結核その他の伝染病」の下位カテゴリーに包含され，また優生保護法は，「歯科衛生とその他公衆衛生」の中に埋め込まれた。「らい」に関しては，1977年版から「らいを正しく理解する週間」の実施等，「らい」差別を改めるよう啓蒙が始まる。らい予防法はそのままにして，あたかも国民の差別がこの問題の本質であるかのような方向転換は奇妙な印象である。さらに，1976年には，予防接種法の改正で健康被害救済制度の導入がなされている。原爆や公

害だけでなく，厚生行政の内部で生じた被害が〈補償の系列〉に加わったわけである。

(3)「健康の確保と増進」の中項目「医療保険」，及び「所得保障」のそれぞれの事業集合の内部では，厚生省の問題認識にもかかわらず，医療保険給付の家族給付引き上げ，高額療養費制度の創設，日雇健保の給付改善，年金給付の改善，生活保護格差縮小，児童手当の対象拡大が図られている。「福祉元年」は1年で終わったとの評価もあるが，この給付面では80年代半ば頃まで拡大基調が続く。インフレと不況の同時発生を背景に，そうせざるをえない水準の低さや制度間格差がまだ続いていたということであろう。ちなみに，生活保護の基準改定は，73年，74年の2年は年内に2度改定を行うという異例の処置となった。また74年は一時金支給も行っている。

(4) 第5章で触れたように，68年以降の「心身障害者」という集合での，児・者一元的な障害者対策の志向は定着してこの期も貫く。また地方自治体の積極的な高齢対策に押されて，1972年度に「老人医療費支給制度」を「あくまで老人福祉措置」として創設するに至ったことは第5章で指摘したが，このため「老人福祉」集合の下位項目として「老人の保健医療対策」が老人保健法成立まで，継続する。

では82年版からどう変化したのか。注意すべきは82年版以降の白書編成が大きく変わったので，事業内容を「指標編」の「制度の概要及び基礎統計」に頼らざるをえない。表6-1，表6-9では，念のため本編や第1編からもいくつかをピックアップしておいた。ただし，これは事業集合というよりは現状と課題の記載と考えたほうがよい。その点を含みながら，まず表6-1で変化を追うと，82〜84年版はピックアップした本編の現状と課題が，順番は変えてあるが，「医療」「年金」「社会福祉」の3本だてになっており，指標編も同じく「社会福祉」「保健医療・生活環境」「年金保障」という区分である。ところが85〜87年版の第1編は「保健・医療・福祉サービスの展開」「社会サービスの新たな展開」「総合的な社会サービスの推進」といった〈サービス系列〉の事業集合，あるいはそれへの「期待」が上位に配置され，85年版はこれと「所得保障」，86年版は「安定的な医療システム」「所得保障」の組合せ，87年版は「新しい民間サービスへの期待」「国民医療」「所得保障」となっている。白書の問題意識でも触れたように，〈サービス系列〉が飛び出してきた印象がある。この傾向は次の時期の93年版まで続く。ただし，制度の概要はほぼ従来

の形式である。そこで82年以降の細かい要素事業の変化を，章末の表6-9も参照しながら見ていこう。

(1) 第1に注目すべきは，83, 84年版では「保健医療・生活環境」，85年版からは「保健医療」というタイトルの大集合が生まれていることである。これは，すぐ前で述べた「老人福祉」集合の筆頭に位置づけられた「老人保健医療対策」の終着点として「老人保健法」が1982年に成立し，83年度より開始されたことと関わっている。言い換えると，「老人福祉」集合に仮置きされた「老人保健医療対策」というカテゴリーが大項目集合として独立し，地方政府に押されて実施した「老人医療費支給制度」の廃止を宣言したわけである。

周知のように，老人保健制度は，40歳以上からの健康教育・健診・相談など総合的な保健事業と老人医療費の負担の公平，の2つを目的とした制度である。この制度導入の背景として1983年版白書には「老人医療費は，老人医療無料化のころから大きく伸び，老人保健医療対策が，医療費保障に偏しているとの批判もみられた。このことにかんがみ，老人の心身の特性に合わせた医療を目指すとともに，一部負担金の導入により，老人の方々にも健康への自覚を持っていただくことになった」(白書1983年版: 185) ときわめて率直な記述があり，老人の診療報酬は以下の3点から適正化を図るとしている (同上: 185-186)。

①不必要な長期入院を是正し，できるだけ地域及び家庭における医療への転換を促進する。②投薬，注射，点滴等より日常生活についての指導を重視。③主として老人のみを収容している病院についてそれにふさわしい診療報酬を設定。また，老人保健法は国民が自助と連帯の精神に基づき費用を公平に負担すべきことを定めており，その理念に沿って患者本人自己負担(医療機関ごと，定額)のほか，各保険組合7割，国2割，地方自治体1割(都道府県と市町村で折半)とされた。市町村に委ねられた保健事業は，国，都道府県，市町村がそれぞれ3分の1負担である。つまり，前節で述べた厚生省の問題認識に沿った医療保障の改革の一部と考えることができるが，医療保険や医療保障ではなく，老人保健法が「保健医療」集合を形成する直接のモメントとなった。

(2) 次に，老人保健法が「仮置き」されていた「老人福祉」集合が1982年から「社会福祉」集合の筆頭に位置づけられた。この「老人福祉」は，徐々に在宅福祉サービスのメニューを増やしており，1982年には中央社会福祉審議会の意見具申を受けて，従来，所得税非課税世帯に限定されていた家庭奉仕員

派遣を，所得税課税世帯にも「応分の費用負担」の下に派遣することにした（同上：106）。いわゆる「普遍主義」であるが，言葉どおりの「普遍主義」ではなく，はじめから「応分の負担」とのセットであることに注意したい。また，1986年版にはシルバーサービス振興会設置など民営化の兆しが示された。

(3) 82年版まで年金，生活保護，児童手当の3つで構成されていた「所得保障」事業集合が解け，児童手当は「社会福祉」集合の要素集合「児童と家庭の福祉」に，生活保護は同じく「社会福祉」集合に包含された。これ以降，同じ内容の「所得保障」事業集合，つまりベヴァリッジ型の〈所得保障系列〉は復活しない。表6-1の85年版以降の第1編に出現する「所得保障」集合は，公的年金・企業年金等と生活保護に他の社会福祉・援護サービス中の現金給付が組み合わされたもので，児童手当は包含されていない。

(4) 「所得保障」事業集合の核にあった年金保険制度は，1985年に改正され，国民年金を全国民共通の基礎年金とすること，被用者年金はこれに上乗せされる比例年金という2階建てに再構成する大改革が実施された。ここでは，まず受給権者の3つのカテゴリーが作られ，**第1号被保険者**（自営業者・無職など），**第2号被保険者**（被用者），**第3号被保険者**（第2号被保険者の配偶者であって，主として第2号被保険者の収入で生活している者）とした。第3号被保険者は，女性の年金権を拡大した反面で，自営業の配偶者や共働き世帯との不公平問題を今日まで引きずることになる。また20歳未満に初診日のある障害者にも基礎年金支給をすることとなった。この結果，障害福祉年金，母子福祉年金は基礎年金へ吸収され，ここでようやく皆年金の実体が作られたといってよい。先の老人保健制度とともに，医療保障と年金保障の財政問題，制度分立問題に対して，一応の回答がなされたといえよう。とはいえ，この改革に先立って，年金財源の将来不安も記述されている。1982年版にある「構造的水準」への言及がそれである。これは現在の比較的短期加入者の年金水準ではなく，40年加入者が増えた場合の将来的な水準のことを指している。このままでは「構造的水準」は高くなるので，負担と給付問題についての合意形成が必要だと述べている。

(5) やはり財源問題を抱える医療保険においては，増加する医療費への対応として1984年度に医療保険法が改正されたが，ここでは①被用者保険本人の定率負担の導入（1割。86年度以降2割へ），②被用者保険における退職者医療制度の創設，③戦後から引き継いできた日雇労働者医療保険が廃止され，健康

保険へ吸収され，日雇労働者特例というカテゴリーでの被保険者となった。

　(6) いわゆる社会福祉分野では，「増大するニーズ」(82年版)「多様化する福祉ニーズ」(83年版) と「ニーズ」の変化が特記され，85年版から〈サービス系列〉がトピックスの上位にきている。ニーズの増大や多様化は，一方で生活保護のような基本的に国が対応すべきニーズのほかに，従来の低所得者を主な対象とした福祉から広く国民一般のニーズを意味している。後者は，地域による差異があるので，それぞれの施策の展開が必要とされた。この場合，地域サービスは「厚みのあるサービス」(1987年版) と表現されている。これは身近な相談窓口の設置や民間サービスへの期待などを意味している。前者は「高齢者総合相談センター」の設置，後者は1987年のシルバーサービス振興会設置へつながっていく。

　(7) なお，多様なニーズへのサービスは，「家族や地域」を重視して，いわゆる「在宅福祉サービス」の充実 (1982年版) として提起されているが，同時にその在宅サービスの拠点，あるいは後方支援として，病院や福祉施設も重要との見方が強く打ち出されているのは興味深い (1986年版)。この「在宅」と「施設」の両者を共に重視する方向は，1976年版に記述のある，障害児対策についての児童福祉審議会答申 (74年) とも一致しているが，この後もしばらく続く傾向である。日本の「在宅福祉サービス」が施設の否定→コミュニテイケアとして促されていたわけではなく，施設拡大と並行したものであったことがよく示されている。

　(8) 〈サービス系列〉の構成要素は各年で変わっているが，85年版では「ライフサイクルに沿ったサービス」，86年版では「在宅サービス」，87年版では「要介護老人対策，児童福祉対策，障害者対策」である。このようなサービスへの注目は，実施体制やマンパワー問題と関連していく。これまで「社会福祉」事業集合の中の「その他の福祉」に，不自然に記載されていた福祉事務所等が，1986年版からは「社会福祉の実施体制」として明確な位置を与えられ，1987年の「社会福祉士及び介護福祉士法」を包含するに至る。

　(9) 最後に，すでに1975年版から「健康」(公衆衛生) 事業集合の中で「歯科衛生とその他公衆衛生」事業の1つに落とされていた優生保護について，1983年版は，中央優生保護審議会を廃止し，公衆衛生審議会に吸収したとの記載をしている点にも注意しておこう。

2.3 他の白書による補足：失業対策年鑑

　以上の厚生白書を補充するものとして，まず失業対策年鑑を見ておこう。表6-2にあるように，厚生白書が高齢化の進行への先行き不安と社会保障財政問題に焦点を当てていたのに対して，労働省職業安定局は，2度のオイルショックによる内需の低下，狂乱物価，企業の雇用調整などを踏まえた雇用対策の立て直しへの強い問題認識を提示している。とくに地域格差や衰退産業からの転換をどう図るかが，この時期問われた。当時の職業安定局長遠藤政夫は「経済活動水準の落ち込みは予想以上に深刻かつ長期化し，労働市場面では求人の大幅な減少が続く一方，求職者が増加し，(1974年) 後半以降失業者も増加するなど労働力需給は急速に緩和した。また企業の雇用調整の動きも残業規制など企業内の動きから始まったが，しだいにその態様が拡大し，臨時・パート労働者，高年齢者の解雇，就職難等の問題が憂慮されるに至った」と74年度版の序（ページ番号無し）で述べている。

　この失業問題の再燃に対応したのは失業保険のリニューアル＝1974年の雇用保険法である。表6-2に掲載した年度は基本的には5年おきであるが，雇用保険法の成立があった1974年を加えている。雇用保険という名称に示されているように，この新たな制度は，失業時の生活保障のみならず，就職促進を促すものであった。ここでは，失業者に代わって「**求職者**」カテゴリーが登場する。給付も，失業給付ではなく**求職者給付**が，また**就職促進給付**（常用就職支度金，移転費，広域就職活動費）が，一応5人未満事業所も含めて全産業に適用されることとなった。ただし一部の産業や，日雇労働者保険以外の日雇労働者及び4カ月以内の季節労働者は除外された。また，賃金日数に応じた段階的な給付率及び年齢階層別の給付日数が導入された。さらに関連3事業として，雇用開発事業，能力開発事業，雇用福祉事業が，事業主負担で位置づけられた。

　もっとも，雇用保険制度は，それまで何回かあった失業保険法改正と同様，基本的には季節労働者，移動労働者の取り扱いが主要なテーマであって，これを解消しようとしたものだという見方がある。氏原正治郎は，失業保険はその保険技術上，明確な雇用関係の成立を前提としてしか機能しえないが，日本の場合「農漁民を中心とした自営業層の急速な階層分化によって，厖大な労働者層が形成されたにもかかわらず，賃金労働者としては純化せず，雇用関係が曖昧で，独自の雇用制度と労働市場組織が確立していない部分を残存せしめたこ

表6-2 失業対策年鑑（1974, 75, 80, 85, 90, 95, 2000年度版）

1974		1975
オイルショック後の狂乱物価 企業の雇用調整 臨時・パートなどの解雇	3 職業訓練制度 4 労働市場センター業務 5 失業対策諸事業	オイルショック後の景気後退 雇用基本計画はじめ対策の抜本的見直し
昭和49年度における雇用対策	6 特別対策 ①出稼労働者	**昭和50年度における雇用対策**
1 経済変動・産業構造の変化等に対応する雇用政策	②炭鉱離職者対策 ③駐留軍関係離職者対策 ④港湾労働者対策	1 雇用調整金制度の運用 休業対象被保険者への給付 2 第3次雇用基本計画の策定
2 雇用保険法の成立と雇用調整金制度の発足 ①雇用保険法 (1975年度より実施) 求職者給付 (一般被保険者, 短期雇用特例被保険者, 日雇労働被保険者) 就職促進給付(常用就職支度金移転費, 広域就職活動費) 関連3事業(雇用改善事業 能力開発事業, 雇用福祉事業) ②雇用調整給付金制度の発足 (1974年度より) 雇用保険の中に位置づけ, 早めに実施. 指定業種の事業主が休業手当を支払った時の助成. 75日分. 中小企業は2/3, それ以外は1/2 ③臨時雇用対策本部設置	⑤建設労働者対策 ⑥農業者転職対策 ⑦同和地区住民の雇用対策 ⑧特別地区等の日雇労働者対策 (愛隣・山谷・寿) ⑨沖縄の雇用対策 ⑩沖縄海洋博労務対策 7 雇用促進事業団	3 高年齢者を中心とする中高年齢者の雇用促進 ①定年延長の推進 ②高年齢者の雇用促進 (雇用率の新設) ③その他の中高年齢者対策 ④特定地域開発就労事業 4 心身障害者対策 ①雇用率制度 ②就業援護及び雇用助成措置 (中高年等失業者求職手帳制度を身障者にも発給) ③障害者に対する職業指導と紹介体制 ④働きやすい社会生活環境整備の国民運動 ⑤心身障害者雇用促進法改正と対策強化 雇用率を超えて障害者雇用をしている場合, 雇用調整金や助成金支給 その基金として身体障害者雇用納付金制度新設. 精神薄弱者への一部適用. 身障者職業生活相談員
3 心身障害者対策 ①雇用率制度 ②就業援護及び雇用助成措置 ③働きやすい社会生活環境整備の国民運動		5 建設労働者の雇用改善対策 (多問題あり) 6 失業対策事業の改善
4 高年齢者を中心とする 中高年雇用促進 ①定年延長の推進 ②高年齢者の雇用促進 ③職業相談・紹介 ④特定地域開発就労事業 (特開事業)		**雇用失業対策の諸制度**
雇用失業対策の諸制度		1 職業紹介 ①一般職業紹介 ②新規学卒者 ③パートタイム ④日雇労働者 ⑤民営職業紹介
1 職業紹介 ①一般職業紹介 ②新規学卒者 ③パートタイム ④日雇労働者 ⑤民営職業紹介 ⑥海外移住 ⑦外国人労働者の入国		2 雇用保険 雇用調整給付金制度の活用 3 職業転換給付金制度の充実
2 失業保険から雇用保険へ		4 職業訓練 ①事業内職業訓練 ②公共職業訓練

1975（続き）	1980	
③技能検定 5 労働市場センター業務 　職業紹介関係，雇用保険関係	第2次オイルショックによる内需低迷．海外需要好調だが，労働需要はやや低下	職のための職業紹介等計画 職業訓練，求職者手帳発給 特別の就職指導
6 失業対策諸事業	**昭和55年度における雇用対策**	6 特定不況地域の離職者に対する対策
7 特別対策 ①出稼労働者 ②炭鉱離職者対策 ③駐留軍関係離職者対策 ④港湾労働者対策 ⑤農業者転職対策 ⑥同和地区住民の雇用対策 ⑦特別地区等の日雇労働者対策 　（愛隣・山谷・寿） ⑧沖縄の雇用対策	1 経済変動に対する雇用対策の推進	1978年に特定不況地域離職者臨時措置法．指定を受けた地域の離職者，事業主への援助 雇用保険等の個別延長給付の特例 公共事業への失業者吸収率制度
	2 高年齢者雇用対策強化 ①定年延長の促進 ②高年齢者雇用率制度 ③中高年齢者の雇用促進 　（中高年雇用開発給付金） ④シルバー人材センターの育成援助 高年齢者労働能力活用事業として	7 特別雇用対策 ①炭鉱離職者 ②駐留軍関係離職者対策 ③建設労働者の雇用改善対策 ④港湾労働者 ⑤特別地区等の日雇労働者対策 　（愛隣・山谷・寿） ⑥沖縄における雇用対策 ⑦同和地区住民 ⑧地域雇用対策 ⑨農業者転職対策 ⑩季節出稼労働者対策 ⑪インドシナ難民の雇用対策 ⑫中小企業の雇用管理の近代化
8 地域雇用対策 　過疎と過密 　新全国総合開発計画の点検	3 心身障害者の雇用対策 81年の国際障害者年へむけて雇用率達成．重度障害者の雇用促進のための対策検討	
9 国際技術協力 　海外移住の状況 　外国人労働者の入国	4 失業対策制度の検討 　（失業対策制度研究会報告）	
10 中小企業の雇用管理の近代化	5 職業訓練基本計画の策定	8 失業対策事業等
11 雇用促進事業団	6 職業安定第一線機関としての公共職業安定所の再編整備 職業紹介業務と雇用保険業務の分離 新専門官制度 安定所間ネットワークの形成	9 労働市場センター業務 10 雇用促進事業団
	雇用失業対策の諸制度	
	1 職業紹介 ①一般職業紹介 ②新規学卒者 ③パートタイム ④日雇労働者 ⑤民営職業紹介	
	2 雇用保険	
	3 職業転換給付金制度	
	4 職業訓練 ①職業能力開発協会 ②技能検定制度 ③技能尊重気運の醸成 ④国際技術協力	
	5 特定不況業種等からの離職者に対する対策 ①特定不況地域の離職者に対する対策 1977年特定不況業種離職者臨時措置法（78年施行）．業種指定．再就	

2　高度経済成長の終焉からバブル経済へ（1973～1987年）

1985		1988
人口構成の高齢化，女子の職場進出，技術革新	①身障者雇用率の達成指導 ②身障者雇用納付金制度による雇用促進事業 ③障害者に対する就職援護措置 ④事業主に対する雇用助成措置 ⑤障害の種類・程度に応じた対策 職業能力評価制度 ⑥精神薄弱者雇用率制度適応検討 ⑦総合的リハビリテーションの推進 ⑧国民運動の展開	内需拡大（バブル化），雇用堅調 円高，地域間格差 高齢者の雇用は厳しい
昭和60年度における雇用対策		**昭和63年度における雇用対策**
1 経済変動等に対する雇用対策		1 産業構造・就業構造の変化に対応した雇用対策 ①産業・地域・高齢者プロジェクト 高年齢者雇用特別奨励金の創設 ②総合的地域雇用対策の推進
2 高年齢者雇用政策の見直し 高年齢者雇用安定法の改正 ①定年延長 60歳定年の一般化，雇用率6％ ②60歳代前半層の雇用・就業対策 雇用確保助成金，短時間労働雇用，シルバー人材センター ③再就職の促進 高齢者職業相談室 雇用助成措置活用	6 特定不況業種・地域関係労働者の雇用安定	
	7 特別雇用対策 ①炭鉱離職者 ②駐留軍関係離職者対策 ③建設労働者の雇用改善対策 ④港湾労働者 ⑤漁業離職者 ⑥特別地区等の日雇労働者対策 ⑦沖縄における雇用対策 ⑧同和地区住民 ⑨地域雇用対策 ⑩農業者転職対策 ⑪季節出稼労働者対策 ⑫出稼労働者対策 ⑬インドシナ難民の雇用対策 ⑭母子家庭の母 ⑮中国引揚者の雇用対策 ⑯本四連絡橋建設に伴う雇用対策 ⑰雇用管理改善の促進	2 外国人雇用対策 単純労働以外は可能な限り受け入れ
		3 高年齢者雇用対策 ①高年齢者の継続雇用の促進 ②高年齢者の再就職の促進 ③定年退職後等における職場の確保
3 失業対策制度の検討		4 障害者の雇用対策 障害者の雇用の促進等に関する法律（身体障害者雇用促進法の抜本的改正）施行 ①障害者全般に対象拡大 ②職業リハビリテーションの原則明記 ③日本障害者雇用促進協会への委託
4 労働者派遣法の制定		
5 職業訓練法の改正 →職業能率開発促進法へ 技術革新背景，民間の自主的教育訓練重視．公共職業訓練の弾力的活用		
6 男女雇用機会均等法の制定		
雇用失業対策の諸制度		**雇用失業対策の諸制度**
1 職業紹介 ①一般職業紹介 ②新規学卒者 ③パートタイム ④日雇労働者 ⑤民営職業紹介		1 職業紹介 ①一般職業紹介 ②新規学卒者 ③パートタイム ④日雇労働者 ⑤産業雇用情報サービス活動
2 雇用保険（1984年改正） ①高年齢求職者給付金制度の創設 65歳からも延長雇用される者＝高年齢継続被保険者（給付金は一時金，短期雇用特例．日雇は除外） ②基本手当は年齢別以外に 難易度で決定 障害者以外一般求職者の「就職困難者」も個別延長		2 民間の労働力需給システム
		3 雇用保険制度
3 職業転換給付金制度		4 職業転換給付金制度
4 職業能力開発対策 ①民間企業の職業能力開発の促進 ②公共職業訓練 ③職業能力評価制度 ④技能尊重気運の醸成 ⑤国際技術協力	8 失業対策事業等	5 職業能力開発対策 ①民間企業の職業能力開発の促進 ②公共職業訓練 ③職業能力評価制度 ④技能尊重気運の醸成 ⑤国際技術協力
	9 労働市場センター業務	
5 障害者の雇用対策	10 雇用促進団	6 特定不況業種・地域の雇用安定
		7 特別雇用対策 ①炭鉱離職者 ②駐留軍関係離職者対策 ③建設労働者の雇用改善対策

1988（続き）	1990	
④港湾労働者 ⑤漁業離職者 ⑥特別地区等の日雇労働者対策 ⑦沖縄における雇用対策 ⑧同和地区住民 ⑨地域雇用対策 ⑩農業者転職対策 ⑪季節出稼労働者対策 ⑫出稼労働者対策 ⑬インドシナ難民の雇用対策 ⑭母子家庭の母 ⑮中国引揚者の雇用対策 ⑯本四連絡橋建設に伴う雇用対策 ⑰雇用管理改善の促進	バブル絶頂期 地域間・職業間・年齢間格差はある 長寿社会雇用ビジョン．国際障害者年．過疎地域	②民間企業の職業能力開発の促進 ③公共職業訓練 ④職業能力評価制度 ⑤技能振興施策の推進 ⑥国際協力
	平成2年度における雇用対策	5 特定不況業種等関係者の雇用安定
8 失業対策事業等	1 高年齢者雇用対策 ①高年齢者雇用安定法改正 ②長寿社会雇用ビジョン ③60歳定年，65歳までの継続雇用の推進 ④高年齢者の再就職促進	6 特別雇用対策 ①炭鉱離職者 ②駐留軍関係離職者対策 ③建設労働者の雇用改善対策 ④港湾労働者 ⑤漁業離職者 ⑥特別地区等の日雇労働者対策 ⑦沖縄における雇用対策 ⑧同和地区住民 ⑨地域雇用対策 ⑩農業者転職対策 ⑪季節出稼労働者対策 ⑫出稼労働者対策 ⑬インドシナ難民の雇用対策 ⑭母子家庭の母 ⑮中国引揚者の雇用対策 ⑯本四連絡橋建設に伴う雇用対策 ⑰雇用管理改善の促進
9 労働市場センター業務		
10 雇用促進団		
	2 地域雇用開発・総合的地域雇用対策 ①地域雇用開発 ②人材の地方還流の促進	
	3 中小企業の人材確保援助事業	
	4 雇用保険制度 1989年度改正，短時間労働者への適用拡大．週所定労働時間が一般の3/4〜1/2の労働者	
	5 障害者雇用の推進 ①職業リハビリテーションの推進 ②雇用率達成指導	
	6 外国人雇用対策 →受入れ基本方針（技能・技術）と改正入管法．在留資格の大幅見直し，入国審査手続きの簡易化．外国人求職者等への適切な対応．不法就労対策．法務省との間に連絡協議会設置	7 失業対策事業等
		8 労働市場センター業務
		9 雇用促進団
	雇用失業対策の諸制度	
	1 職業紹介 ①一般職業紹介 ②新規学卒者 ③パートタイム ④日雇労働者 ⑤産業雇用情報サービス活動	
	2 民間の労働力需給システム ①労働者派遣業 ②民営職業紹介 ③労働者供給業 ④労働者の募集	
	3 職業転換給付金制度	
	4 職業能力開発制度 ①職業開発基本計画	

1995	2000
円高，阪神淡路大震災 完全失業率高めで推移	完全失業率は過去最高水準で推移．情報・介護等雇用改善．ミスマッチ解消緊急雇用対策
平成7年度における雇用対策 1 高齢者雇用対策 ①年金と雇用をめぐる問題 94年国年法改正：60代前半は在職老齢年金のしくみ ②60歳定年 　65歳までの継続雇用の推進 ③高年齢者の再就職促進 2 障害者雇用対策の推進 ノーマライゼーション7カ年計画 法定雇用率達成，職業リハビリ 3 雇用保険事業 1994年改正．高年齢雇用継続給付の創設（1995年施行）．育児休業給付の創設．老齢厚生年金との調整：年金の全部・一部停止 4 阪神淡路大震災に関わる雇用対策 5 失業対策の終息 　廃止法の成立 **雇用失業対策の諸制度** 1 職業紹介 ①一般職業紹介 ②新規学卒者 ③パートタイム ④日雇労働者 ⑤産業雇用情報サービス活動 2 民間の労働力需給システム ①労働者派遣業 ②民営職業紹介 ③労働者供給業 ④労働者の募集 3 中小企業の人材確保法の施行 4 産業間における労働力 　適性配置 ①産業雇用高度化事業 ②林業労働対策 ③介護・看護労働力確保にむけた雇用対策 5 地域雇用開発を中心とした 　総合雇用対策 ①雇用環境整備 ②人材の地方還流	③農業者転職 ④季節労働者対策 ⑤出稼労働者対策 6 外国人労働者問題への対応 7 職業転換給付金制度 8 職業能力開発制度 ①職業開発基本計画 ②民間企業の職業能力開発の促進 ③公共職業訓練 ④職業能力評価制度 ⑤技能振興施策の推進 ⑥国際協力 9 特別雇用対策 ①炭鉱労働者 ②駐留軍関係離職者対策 ③業種雇用安定対策 ④漁業離職者 ⑤建設業の雇用改善対策 ⑥港湾労働者 ⑦特別地区等の日雇労働者対策 ⑧同和地区住民の雇用対策 ⑨インドシナ難民の雇用対策 ⑩母子家庭の母等の雇用対策 ⑪中国残留邦人等移住帰国者の雇用対策 ⑫本四連絡橋建設に伴う雇用対策 10 失業対策事業等 11 労働市場センター業務 12 雇用促進団	**平成12年度における雇用対策** 1 高齢者雇用対策 ①高年齢者雇用安定法の一部改正 ②定年の引上げ，定年前の就業支援 ③体力や意欲にあわせた多様な就業機会の提供 シルバー人材センター就業範囲拡大，起業等 2 障害者雇用対策の推進 ジョブコーチ（人的支援）パイロット事業 障害者就業・生活総合支援事業 3 雇用保険 ●1998年改正 ①教育訓練給付制度の創設 ②介護休業給付の創設 ③高年齢求職者給付金額を半減 　国庫負担廃止 ④国庫負担，現行の7割に減 ●2000年改正 ①求職者給付の重点化 離職理由による区分の導入　一般被保険者（年齢区分撤廃），特定受給資格者（解雇倒産等：年齢4区分），就職困難者（年齢2区分） ②雇用保険料の引上げ 　国庫負担の原則復帰 **雇用失業対策の諸制度** 1 職業紹介 ①一般職業紹介 ②新規学卒者 ③パートタイム ④日雇労働者 ⑤産業雇用情報サービス活動 2 民間の労働力需給システム ①労働者派遣業 ②民営職業紹介 ③労働者供給業 ④労働者の募集 3 中小企業の人材確保に向けた雇用対策の推進 4 産業間における労働力 　適性配置 ①産業雇用高度化事業

2000（続き）	参考：2003（雇用対策年鑑）	
②林業労働対策 ③介護・看護労働力確保に向けた雇用対策 5 地域雇用開発を中心とした総合雇用対策 ①雇用環境整備 ②人材の地方還流 ③農業者転職 ④季節労働者対策 ⑤出稼労働者対策	若年層での無業やフリーター増加．団塊世代の引退．地域格差の問題	④労働者の募集 3 中小企業の人材確保に向けた雇用対策の推進 4 産業間における労働力適性配置 ①産業雇用高度化事業 ②林業労働対策 ③介護・看護労働力確保に向けた雇用対策
	平成15年度における雇用対策	
	1 高齢者雇用対策 ①高年齢者雇用安定法改正に向けて ②年金と雇用をめぐる問題 ③65歳までの安定した雇用の確保 ④中高年齢者の再就職の援助促進 ⑤高齢者の多様な就業・社会参加の促進	
6 外国人労働者問題への対応		5 地域雇用開発を中心とした総合雇用対策 ①雇用機会増大 ②人材の地方就職の促進 ③農業者転職 ④季節労働者対策 ⑤出稼労働者対策 ⑥沖縄における雇用対策
7 職業転換給付金制度		
8 職業能力開発制度 ①職業開発基本計画 ②民間企業の職業能力開発の促進 ③公共職業訓練 ④職業能力評価制度 ⑤技能振興施策の推進 ⑥国際協力	2 障害者雇用対策の推進 ①職業リハビリの推進 ②雇用率達成指導 ③障害者雇用納付金制度による雇用促進事業 ④事業主に対する雇用助成措置 ⑤国民運動の展開等 ⑥独立行政法人・高齢・障害者雇用支援機構の設立	
		6 外国人労働者問題への対応
		7 職業転換給付金制度
		8 職業能力開発制度 ①第7次職業開発基本計画 ②民間企業の職業能力開発の促進 ③公共職業訓練 ④職業能力評価制度 ⑤技能振興施策の推進 ⑥国際協力 ⑦「若者自立・挑戦プラン」に基づく職業能力開発施策
9 特別対策 ①炭鉱労働者 ②駐留軍関係離職者対策 ③業種雇用安定対策 ④漁業離職者 ⑤建設労働者の雇用改善対策 ⑥港湾労働者 ⑦特別地区等の日雇労働者対策 ⑧同和地区住民の雇用対策 ⑨インドシナ難民の雇用対策 ⑩母子家庭の母等の雇用対策 ⑪中国残留邦人等移住帰国者の雇用対策 ⑫本四連絡橋建設に伴う雇用対策 ⑬ホームレス対策	3 雇用保険事業 雇用保険法改正 早期再就職，多様な働き方 再就職困難層への重点化 ①給付の見直し ②通常労働者と短時間労働者を1本化 ③倒産・解雇理由離職者はこれまでどおりの給付．それ以外は，従来の短時間労働者の給付日数へ ④壮年層（35～44歳）で加入期間10年以上で解雇・倒産等による離職者には30日間延長給付 ⑤教育訓練給付，高年齢者継続給付率の引下げ	9 特別雇用対策 ①炭鉱労働者 ②駐留軍関係離職者対策 ③漁業離職者対策 ④建設労働者の雇用改善対策 ⑤港湾労働者 ⑥特別地区等の日雇労働者対策 ⑦同和地区住民の雇用対策 ⑧インドシナ難民の雇用対策 ⑨母子家庭の母等の雇用対策 ⑩中国残留邦人等移住帰国者の雇用対策 ⑪本四連絡橋建設に伴う雇用対策 ⑫ホームレス対策 ⑬緊急雇用対策
10 失業対策事業等	**雇用失業対策の諸制度**	
11 労働市場センター業務	1 職業紹介 ①一般職業紹介 ②若年者職業紹介 ③パートタイム ④日雇労働者 ⑤産業雇用情報サービス活動	
12 雇用・能力開発機構		10 失業対策事業等
		11 労働市場センター業務
	2 民間の労働力需給調整機関の有効・適切な発揮 ①労働者派遣業 ②民営職業紹介 ③労働者供給業	12 独立行政法人 　　雇用・能力開発機構

2 高度経済成長の終焉からバブル経済へ（1973～1987年）

と」がこの背景にあり，また，「日本の社会保険全体に通ずることだが，失業保険の適用が事業所を基礎としており，臨時・日雇労働者を包摂する組織と技術を確立できなかった」（氏原1976: 476）とその矛盾を指摘している。雇用保険ではこの矛盾を「**短期雇用特例被保険者**」の導入によって解決しようとした。すなわち，50日分の特例一時金を支払うという方法である。この「特例被保険者」とは，季節労働者か，同一事業所での短期雇用を常態とするもので，離職前1年間に被保険者期間が通算6カ月以上であった場合に特例受給資格を得る。このような短期特例雇用者が多数存在する農林漁業，建設業，酒造業は保険料負担を若干高くした。だが，特例一時金は，「建前上は失業を要件として支給されるが，事実上は毎年くり返して，一定期間被保険者である」と氏原はその矛盾が根本的には解決していないと述べている（同上: 464）。日雇労働者保険が矛盾の産物として誕生したうえに，さらに「特例被保険者」が加えられたのである。こうして，雇用保険制度では，求職者とは，①**一般求職者**，②**短期雇用特例被保険者**，③**日雇労働被保険者**，の3つのカテゴリーに区分されるに至る。

なお，就職促進給付は，前章で述べた職業転換給付と同様の内容であるが，新法では**就職困難者**のみに支給されることになった。就職困難者とは，①身体障害者，②精神薄弱者，③45歳以上の受給資格者，④特例と日雇労働者の一部，⑤その他社会的事情による就職困難者である。

このほか，これまでと同様，「雇用失業対策」事業集合として特別（雇用）対策があり，一部特例とも重なり合っている。①出稼労働者対策，②炭鉱離職者対策，③駐留軍関係離職者対策，④港湾労働者対策，⑤建設労働者対策，⑥農業者転職対策，⑦同和地区住民の雇用対策，⑧特別地区等の日雇労働者対策（愛隣・山谷・寿など），⑨沖縄の雇用対策，⑩沖縄国際海洋博労務対策，の10項目が記載されている。最後の⑩は，開催決定した沖縄国際海洋博のために公共職業安定所を那覇市に設置したものである。

この特別（雇用）対策は，1980年度版では，地域雇用対策，インドシナ難民の雇用対策，中小企業雇用管理の近代化，85年度版では，母子家庭の母，中国引揚者，本四連絡橋建設に伴う雇用対策が付け加えられている。地域雇用対策は1975年度までは別立ての節であったものが，特別対策の中に編入されたものである。本四連絡橋建設に伴う雇用対策とは，橋によって仕事を奪われた船舶輸送に従事していた労働者や事業者の雇用対策である。つまり，この期間

を通じて,「特別対策」カテゴリーは,古いものはそのまま継続し,新たなものが次々増え続けているといってよい。なお,この特別(雇用)対策とは別に,「特定不況業種・特定不況地域雇用安定措置法」が83年に成立したことを受けて,「特定不況業種」「特定不況地域」指定が85年度版に特記されている。前者は「長期不況に陥り供給過剰」「事業規模縮小」「雇用量減少」の3つにより判断され,後者は地域内に多くの「特定業種」を抱えている,という定義である。1986年3月1日現在で,33業種35地域が指定を受け,雇用安定計画や再就職援助計画の作成が奨励されているという。

　第5章の表5-3では,上に述べた特別(雇用)対策の一部に位置づけられていた障害者雇用対策は,この期にはそこから抜け出て,高齢者と並ぶ雇用対策の焦点となっていることは重要である。また失業対策年鑑においても「心身障害者」カテゴリーが使用されるようになった。75年度版では,事業主の雇用義務強化と,身体障害者雇用納付金制度の創設が行われている。

　また高年齢者の雇用対策の強化もこの時期の大きな特徴である。ここでは雇用対策ということもあって,高齢者ではなく「**高年齢者**」カテゴリーとなる。とくに1985年には「高年齢者雇用安定法」の改正があり,①定年延長(60歳定年の一般化,高年齢者雇用率の目標6%),②60歳代前半層の雇用・就業対策,③再就職の促進として,高齢者職業相談室設置などがめざされた。ちなみに,この②の中に記載のあるシルバー人材センター(80年度版にも助成事業)は,もともと1974年に東京都江戸川区でモデル的に実施された「高齢者事業団」がその発端にある。その後,都内はむろんのこと,全国に広がっていったが,福祉政策的でもあり,労働政策的でもあったので「初期の段階では行政当局も拱手し傍観していた」と,氏原正治郎は述べている(長勢 1987: 序3)。結局,労働省がこの事業を取り上げ助成対象とし,さらに「高年齢者雇用安定法」の一部としてシルバー人材センターを位置づけたことになる。障害者の雇用についてもそうであるが,厚生省でも可能であったかもしれない事業を,労働省がいちはやく「高年齢者雇用安定」という集合の中に取り込んだともいえる。

　さらに,1985年度版では,労働者派遣法の制定,職業訓練法が職業能率開発促進法に改正されたこと,男女雇用機会均等法の制定にも注目しておきたい。労働者派遣法及び職業能率開発促進法は,当時ME(マイクロ・エレクトロニクス)化等と呼ばれた情報産業やサービス産業の拡大を背景としている。労働者派遣法は,「適用対象業務」を定めたうえで,派遣元と派遣先が派遣契約を

結び，労働者は派遣元と雇用関係を結んで「指揮命令関係」にある派遣先で労働する。「請負」との違いは，この「指揮命令関係」の有無にあると説明されている（80年度版年鑑 169-170）。バブル経済時代を迎えようとしている 1980 年代半ばの，技術革新を理由とした新たな動向である。

「教育白書」の動向に移ろう。心身障害者・児と関わって「特殊教育」カテゴリーに注目すると，1979 年に養護学校義務化が導入されたことが，80 年度版の「特殊教育の振興」項目に記載されている（表6-3）。なお，この「特殊教育」の位置は，これまでの独立項目とは異なって「初等中等教育における教育施策」集合の一要素となっている。養護学校義務化によって「就学免除」が消失し，義務教育の「普遍化」がようやく達成されたということになる。事業位置の変更は，この点と関連があろう。ところで，この義務化をめぐっては，周知のように激しい論争があった。当事者団体からは，義務化は普通学校への通学の機会＝統合教育を奪うものだとの反論があり，日教組の教育の機会均等や発達保障論からは，「発達に応じた教育保障」としての擁護論があった。教育社会学の澤田誠二は，この議論を日本の教育平等論に実は内在してきた 2 つの異なった教育の平等観，すなわち「個の能力に応じた平等」と「場の平等」が，障害児教育を補助線として表面化しただけだと主張していることは興味深い（澤田 2009: 47-51）。この 2 つの矛盾はさらに 2001 年以降の文部科学白書に登場する「特別支援教育」の推進においても貫いていることを，後の節で確認したい。

ともあれ，義務化にあたっては，教員派遣，特殊教育諸学校の教職員定数等も年次計画により改善予定，小学部及び中学部については，学級編制基準の改善，養護・訓練教員，舎監，寮母定数の改善，教頭及び小学部専科教員定数の改善などの予定，また，高等部については，とくに職業関係専門教員の定数改善の必要性が挙げられており，またスクールバス等の配慮，一般児童の理解の促進等が謳われている（教育白書 1980 年度版: 187）。

なお，教育白書で毎回記載のある「不登校」への対処として，「フリースクール」などの新しい教育の模索が 80 年代半ばから日本でも始まっている。これも一種の「特別教育」であるが，民間活動であるから白書への記載はない。また，前章でも触れたように，文部省による「準要保護者」への「就学援助」は，1975 年度版では「教育費」集合の中に記載がある。学校給食や健康安全は，「初等中等教育施策」集合中の「児童生徒の健康体力づくり」から，1988

表6-3 教育白書（1975～2000年度版）

1975	1980	1988
（タイトル）我が国の教育水準	（タイトル）我が国の教育水準——戦後30年の教育の推移	（タイトル）我が国の文教施策
教育人口と教育機会	昭和50年代前期の教育施策の動向	文教施策の動向と展開
1 特殊教育 特殊教育諸学校と小・中学校に設けられている特殊学級は年次計画で拡充．心身の障害によって「教育上特別な取り扱いを要する」児童，生徒で，普通学級に在学している者が相当数に上る．学校教育法制定以来の懸案であった養護学校の就学及び設置に関する義務制は，1979年4月より 障害の種類別特殊教育在学者：精神薄弱が13万1000人（全体の2/3）．次いで，肢体不自由，聴覚障害等 各障害別の在学者数の増減状況：視覚障害と聴覚障害は漸減．精神薄弱，肢体不自由，言語障害の在学者数はいずれも著しい増加．昭和40年代に入って病弱（身体虚弱）の在学者数が増加	初等中等教育における教育施策 1 特殊教育の振興 心身障害児に対して，その障害の種類と程度に応じた適切な教育を行うことは，教育の機会均等の見地からも重要 ①養護学校義務制の実施 児童，生徒の心身の障害の種類と程度を的確に判定し，適切な就学指導を行うことがきわめて重要．このため，医師，教育職員等の専門家による就学指導委員会を各都道府県・市町村教育委員会に設置 重度・重複障害児で通学できずにいる児童・生徒に対しては，教員を派遣し教育の機会提供 ②教員定員の改善 特殊教育諸学校の教職員定数等も本年度から年次計画により改善 小学部及び中学部については，学級編制基準の改善 養護・訓練教員，舎監，寮母定数の改善 教頭及び小学部専科教員定数の改善など また，高等部については，とくに職業関係専門教員の定数改善 ③施設設備等の改善 養護学校の施設設備の整備充実，スクールバス，介助職員の配置等 ④心身障害児理解の促進 一般児童生徒・教員の理解のため指導資料作成	初等中等教育の改善・充実 1 生徒指導・進路指導の充実等 ①問題行動・学校不適応の実態と課題 校内暴力，いじめが減少傾向にある一方で，登校拒否児童生徒の数は，年々増加．高校は中途退学が増加．その背景は複雑 2 幼稚園教育・特殊教育等の振興 ①特殊教育の振興 適正就学指導の充実．障害の状態を的確に把握し，適切な就学指導を行うことが重要．各都道府県が行う巡回就学相談事業を拡充 教育内容の改善・充実．「特殊教育諸学校の教育課程の基準の改善について」教育課程審議会に対して諮問 1) 教育課程の基準に関連して改善すべき事項，2) 児童生徒の障害の重度・重複化，多様化に対応した教育内容の在り方，3) 社会環境の変化や生徒の障害の多様化に対応した高等部の教育内容の在り方 職業自立の推進と心身障害児に対する理解．雇用環境の変化や時代の要請に対応した職業教育，進路指導の在り方及び労働，福祉等関係機関との連携の在り方について実践研究 ② 同和教育の振興 教育推進指定地域の指定等 高等学校等進学奨励費補助事業
教育費 1 就学援助と育英奨学 ①就学援助 「生活保護法」による教育扶助（要保護者），「学校教育法」による市町村の援助（準要保護者）．後者は，教育扶助と同一の費目＋修学旅行，医療費，日本学校安全会掛金は要保護者をも含めて補助．国の補助あり ②就学奨励費 「盲学校，聾学校及び養護学校への就学奨励に関する法律」等により，就学奨励費を支給．国1/2 ③育英奨学 日本育英会の貸与	2 児童生徒の健康体力づくり ①学校事故救済制度の充実 ②学校給食の普及実施	体育・スポーツ及び健康教育の振興 1 健康教育の充実 ①学校保健の充実 ②学校安全の充実 ③学校給食の充実

2 高度経済成長の終焉からバブル経済へ（1973～1987年）

1990	1991	1995
（タイトル）我が国の文教施策	（タイトル）我が国の文教施策	（タイトル）我が国の文教施策
文教施策の動向と展開	文教施策の動向と展開	文教施策の動向と展開
初等中等教育の改善・充実	初等中等教育の改善・充実	生涯学習社会の構築をめざして
1 生徒指導・進路指導の充実 登校拒否等学校不適応の現状とその対応、早期の個別的なカウンセリングの実施、家庭訪問による家庭との連携の強化、友人や教師との好ましい人間関係の確立、授業方法の改善や個別の指導の実施など	1 生徒指導・進路指導の充実 ①登校拒否等学校不適応の現状とその対応 学校不適応対策推進事業、高校中退者対応として多様な選択教科・科目の設置や履修の弾力化、単位制の趣旨を生かした弾力的な各学年の課程の修了等促進	1 生涯学習とボランティア活動 ①ボランティア活動の支援・推進方策 学校におけるボランティア教育推進 初等中等教育のより一層の充実のために
2 特殊教育の振興 ①適正進学指導の実施 ②教育課程の基準の改善 1）幼稚部の教育課程の基準の設定，2）心身の障害の状態に応じた指導の一層の充実，3）高等部における職業教育の充実等 ③教職員の資質の向上 職業自立の推進と心身障害児理解認識の促進 ④通級学級に関する調査研究 各教科授業は通常の学級で受け、心身の障害に応じた指導を必要に応じ特殊学級で受ける形態を「通級」と呼ぶ 通級学級の調査研究開始 就学奨励、設備整備等補助	2 特殊教育の振興 ①適正進学指導の実施 ②教育課程の基準の改善 1）幼稚部の教育課程の基準の設定，2）心身の障害の状態に応じた指導の一層の充実，3）高等部における職業教育の充実等 ③教職員の資質の向上 職業自立の推進と心身障害児理解認識の促進 ④後期中等教育の機会の拡充 養護学校高等部の設置促進．国立特殊教育総合研究所における研究及び事業	1 一人一人を大切にする生徒指導・進路指導を目指して ①いじめ問題などの生徒指導上の諸課題の状況 いじめ、校内暴力への対応．保健主事には教諭のみならず養護教諭も充てる．「スクールカウンセラー」の活用・効果等の調査研究 ②登校拒否問題への対応 「適応指導教室」の実践研究委託事業等 ③高校中退問題 転編入学の積極的・弾力的な受入れ等．中途退学後の進路状況等を十分把握・分析 ④校則について 時代の変化等も考慮 ⑤体罰について 体罰根絶の徹底
3 同和教育の振興 教育推進指定地域の指定等 高等学校等進学奨励費補助事業	3 同和教育の振興 教育推進指定地域の指定等 高等学校等進学奨励費補助事業	2 体育と健康教育 ①心とからだの健康を保つために 健康診断の見直し（個別接種の取り入れ）．安全教育の充実 学校給食の充実
体育・スポーツ及び健康教育の振興	体育・スポーツ及び健康教育の振興	3 障害に配慮した教育 ①一人一人の障害に応じた特殊教育の推進 このような学校教育の一分野を特殊教育と呼び、障害の種類と程度に応じて、盲学校、聾学校及び養護学校（総称して特殊教育諸学校）や小・中学校の特殊学級、または通級により特別の指導 ②新たな課題に対応した特殊教育の充実 病気療養児の教育（病院等に併設しまたは隣接する病弱養護学校及び小・中学校の病弱・身体虚弱特殊学級で教育されてきたが、現状から見
1 健康教育の充実 ①学校保健の充実 ②学校安全の充実 ③学校給食の充実	1 健康教育の充実 ①学校保健の充実 ②学校安全の充実 ③学校給食の充実	

1995（続き）	2000
直し必要） 学習障害児への指導 盲・聾・養護学校高等部における職業教育の充実 通級による指導の充実 4 人権教育の尊重 ①同和教育推進のために 教育推進指定地域の指定等 高等学校等進学奨励費補助事業 ②「児童の権利条約」と学校教育 児童の個を尊重した適切な指導 阪神淡路大震災における文部省の対応 就学援助・育英奨学・授業料の減免等	（タイトル）我が国の文教施策 文教施策の動向と展開 生涯学習社会の実現へ 1 生涯学習とボランティア活動 ①ボランティア活動の支援・推進方策 学校におけるボランティア教育推進 初等中等教育の一層の充実のために 1 暴力行為，いじめ，不登校などの解決をめざして ①暴力行為・少年非行 ②いじめ ③不登校 ④高校中退 ⑤校則 ⑥体罰 対応として，分かる授業，教員の資質向上，教育相談体制の充実（スクールカウンセラー），学校，家庭，地域社会の連携等 2 障害に配慮した教育 ①一人一人の障害に応じた教育の推進 障害の種類と程度に応じた特別の教育課程．少人数の学級編制，必要に応じ特別の教科書，専門的な知識・経験のある教職員 ②新たな課題に対応した特殊教育の充実 障害の重度・重複化への対応，早期からの教育相談，職業的自立の推進，交流教育の充実，学習障害児に対する指導，21世紀の特殊教育の在り方についての研究 3 人権教育の尊重 同和教育推進のために，人権教育としての再編，高等学校等進学奨励費補助事業．「児童の権利条約」と学校教育 児童の個を尊重した適切な指導 スポーツ振興と健康教育の充実へ向けて 1 健康教育の充実 ①新たな心と健康問題への対応 ②食に関する指導の充実 ③学校安全の充実

年度以降は異なった大集合「体育・スポーツ及び健康教育の振興」の要素となっている。

2.4 他の白書による補足：犯罪白書

表6-4犯罪白書では,「第1編 犯罪の動向」という括りで, 各年度の傾向が示されている。75, 80, 85年度では共通して「精神障害者」「女性」が, また75年, 80年では「外国人」が, 80, 85年版では「高齢者」が取り上げられている。このうち,「女性」犯罪の典型は嬰児殺であり（犯罪白書1985年版: 87),「外国人」は外国人登録法違反である（同上1980年版: 92）。「高齢者」では女性の比率が高く, 窃盗が多いという。なお「精神障害者」は殺人等重大事犯の割合が高く, しかも治療していないか, 病院退院時に未治癒なまま, 事件を起こすという実態資料分析が示されている（同上1985年版: 58-66）。いってみれば, 医療や社会福祉の不十分によって事件が引き起こされているというような印象の記述である。

「第2編 犯罪者の処遇」は, 刑務所等の「矯正」と「更生保護」に2区分された事業集合を示している。「矯正」のための処遇の前提に「分類収容」や「分類処遇」が実施されており, 分類処遇のための「科学的分類調査」と分類センターとして指定された刑務所がある。刑務所入所後, 受刑者は「収容分類級」(10種) と「処遇分類級」(7種) で判定され, 処遇計画が立てられる。ちなみに, P級は身体上の疾患等で医療や養護の必要なものの収容分類で, これはさらにPx, Py, Pzに3区分されている。M級は「精神障害者」, W級は「女子」を指す収容分類コードである。E級は教科教育を, O級は開放処遇が適当, S級は特別養護が必要, 等という処遇分類コードになる。近代刑法の徹底した「近代合理主義」が基礎にあり, 狭義の社会福祉の対象判定や施設処遇と通底するものがある。

ただし, これはすぐ前で述べた教育白書における「個に応じた」判定ではなく「集団」判定である。とはいえ, 刑務所内であっても人間の生活がある以上, 出産, 医療, 介護などの「個別ニーズ」があり, たとえば出産は外部病院で, 1歳未満の子どもは刑務所内で保育されるという（同上: 187）[2]。「精神障害者」の場合は, 刑務所送致ではなく, 不起訴無罪で措置入院となるか, 刑期を終えても身寄りがなく, 更生保護会へ保護を委託することが多いと記載されている。「高齢者」も同様で, 刑期中の医療的配慮や刑期終了後の更生保護会委託, あ

表6-4 犯罪白書（1975, 80, 85, 90, 95, 2000, 05, 10年度版）

1975		1980
（副題） 最近の犯罪と犯罪者の処遇	少年院仮退院者，仮出獄者 保護観察付き執行猶予者 婦人補導院仮退所者	（副題）犯罪処遇の30年
第1編 犯罪の動向	2 更生緊急保護 保護観察対象者以外で，更生保護の 必要あると認められたものへ6カ月 食事供与，交通費供与等	第1編 犯罪の動向
統計から見た1974年度の 犯罪の概観		1979年度の犯罪の概観
		各種犯罪の動向
1 特別法犯 風俗関係．売春防止法違反及び風俗 営業等取締法違反はいずれも逐年減 少	3 更生保護会 法務大臣認可の民間事業，保護観察， 更生緊急保護対象の宿泊保護等直接 保護等	1 薬物犯罪
		2 暴力犯罪
		3 過激派集団の犯罪
2 女性犯罪 嬰児殺93.8％，以下，単純過失致死 傷，遺棄，失火，自殺関与 殺人の順	4 保護司及び民間協力組織 保護観察官に協力する民間篤志家の 保護司，BBS会（非行少年の良き 友人），更生保護婦人会，「社会を明 るくする運動」	4 精神障害者の犯罪 精神分裂病患者が多い．精神障害の ある受刑者（M級受刑者）は8％． 刑期終了後は更生保護会40％ 身寄りのないものが多い
3 外国人犯罪 ほとんど外国人登録法違反		
		5 女性の犯罪 嬰児殺の女性比は92.5％ともっと も高い．その他，女性比が比較的高 いものは，自殺関与（33.3％），窃 盗（26.5％），尊属殺（18.8％）など
4 精神障害者の犯罪 心神喪失の理由で不起訴となった被 疑者及び心神喪失による無罪または 心神耗弱による刑の減軽の被告人の 合計の55.5％が措置入院	第3編 特殊な犯罪と犯罪者	
	少年犯罪	
	暴力的集団犯罪	6 外国人の犯罪と日本人の国外 犯 外国人の犯罪．外国人登録法 出入国管理令違反が主
	過激派集団の犯罪	
第2編 犯罪者の処遇		
矯　正		第2編 犯罪者の処遇
1 刑務所における処遇 ①受刑者処遇の基本原則 できる限り社会適応化すなわち矯正 を図る		矯　正
		1 受刑者の処遇 ①分類処遇 性別，国籍，刑名，年齢，刑期，犯 罪の進度，心身の障害の有無などに よる収容分類
②収容分類級・処遇分類級 性別，国籍，刑名，年齢，刑期，犯 罪の進度，心身の障害の有無などに よる収容分類．重点とする処遇内容 を基準に処遇分類．医療刑務所（特 殊刑務所5カ所，精神，ハンセン病， 結核等）		
		②教育活動 重点とする処遇内容を基準に処遇分 類（職業訓練，教科指導，生活指導， 養護指導開放的処遇等）
③累進処遇		③刑務作業
④教育活動 教科指導，生活指導		④給養
⑤刑務作業及び職業訓練 労働省職業訓練履修証明書		⑤医療及び衛生
		⑥女子受刑者の指導 女子刑務所は5カ所．女子少年院は 9カ所．出産は外部病院 1歳未満の子の刑務所内保育
⑥給養		
⑦保安		
2 婦人補導院 売防法による 近年減少で2カ所業務停止		2 婦人補導院 売春防止法による成人女性補導施設 知的障害等の心身障害者多い
更 生 保 護		更 生 保 護
1 保護観察 対象：保護観察処分少年		1 保護観察 対象：保護観察処分少年

2 高度経済成長の終焉からバブル経済へ（1973〜1987年）

1980（続き）	1985	
少年院仮退院者，仮出獄者 保護観察付き執行猶予者 婦人補導院仮退所者	（副題）再犯防止と市民参加	分類調査，分類収容，分類処遇 ②教育活動 ③刑務作業 ④給養 ⑤医療及び衛生 ⑥保安 ⑦不服申し立て
	第1編 犯罪の動向	
	1984年度の犯罪の動向	
2 更生緊急保護 保護観察対象者以外で，更生保護の必要あると認められたものへ6カ月食事供与，交通費供与，宿泊等	各種犯罪と犯罪者	
	1 暴力団犯罪	
	2 薬物犯罪	2 婦人補導院
3 更生保護会 法務大臣認可の民間事業 保護観察，更生緊急保護対象の宿泊保護等直接保護等	3 公害犯罪	更生保護
	4 廃棄物処理法違反	1 保護観察
	5 精神障害者の犯罪 犯行時に現に治療中の者が33.0%で，残りの67.0%の者は治療を受けていない	2 更生緊急保護
		第3編 少年非行
第3編 少年非行		非行少年の処遇
少年法による規定と分類 少年犯罪（低年齢化の傾向） 虞犯少年は家裁や児童相談所へ送致，通告．虞犯の内容は家出がもっとも多く，次いで不純異性交遊など	6 高齢者の犯罪（60歳以上） 高齢者増大傾向．窃盗多く，女子比率高い．起訴猶予高い．受刑者には医療的配慮も．更生保護会への委託や福祉施設への入所等の努力	犯罪少年を検挙した場合，事件を検察官に送致するが，罰金以下の刑に当たる犯罪の場合には，直接家庭裁判所に送致
		1 少年鑑別所における観護・識別
1 少年鑑別所における 　観護・識別 観護措置決定された少年の資質や社会因子の鑑別．収容鑑別，在宅鑑別，依頼鑑別，一般鑑別がある	女子犯罪	2 少年院における処遇
	窃盗等．嬰児殺比率は女子が90%以上．特別法犯では，薬物法犯，風俗営業等取り締まり違反，売春取締法違反，児童福祉法違反など．刑法犯では家裁送致，特別法犯では起訴が多い	3 少年刑務所における処遇
		4 少年の更生保護
2 少年院における処遇 生活指導，教科教育，職業指導 医療		第4編 再犯防止と市民参加
		犯罪者処遇における市民参加
3 少年刑務所による処遇	少年非行	1 警察における少年補導員の委嘱
4 少年の保護観察	それ自体は犯罪ではない虞犯は，犯罪行為・触法行為と区別するのが相当．犯罪行為と触法行為は，これを統一的に見るのが相当．原則として，犯罪行為と触法行為を包括して非行とし，非行少年の検挙と，虞犯少年の補導とは区別	
		2 矯正における篤志面接員，教誨師など
		3 更生保護における 　保護司・民間協力者 ①更生保護会，更生保護婦人会 ②BBS会，協力雇用主 ③社会を明るくする運動
	犯罪被害者の国家的救済	
	1 犯罪被害者の国家的救済 ①犯罪被害者等給付金支給法 ②自動車損害賠償保障法 自賠責保険と，政府の賠償保障事業 ③証人等の被害についての給付 証人が危害を被った場合など，医療その他給付	
	第2編 犯罪者の処遇	
	矯　　正	
	1 受刑者の処遇 ①受刑者処遇の基本制度等	

234　第6章　戦後日本の社会福祉事業の異集合（2）

1990	1995
（副題）少年非行と非行少年の処遇	（副題）薬物犯罪の現状と対策
第1編 犯罪の動向	第1編 犯罪の動向
平成2年の犯罪の概観	平成6年の犯罪の概観
1 各特別法犯の動向 労働保護関係，1986年施行の労働者派遣法違反は増加	1 刑法犯
	2 特別法犯
各種犯罪と犯罪者	3 非行少年の概況 ①少年刑法犯 ②少年特別法犯 ③虞犯少年
1 薬物犯罪 2 暴力団犯罪 3 公害犯罪 4 精神障害者の犯罪 5 高齢者の犯罪 6 女子犯罪	4 日本人の国外における犯罪と被害
犯罪被害とその国家的救済	犯罪被害とその国家的救済
第2編 犯罪者の処遇	1 犯罪被害者への給付金等 遺族給付金，障害給付金
矯　　正	第2編 犯罪者の処遇
1 新たな行刑法案提出（廃案）	処遇の概要
2 受刑者の処遇 ①受刑者処遇の基本制度等 ②教育活動 ③篤志面接委員制度及び宗教教誨 ④刑務作業 ⑤給養 ⑥医療及び衛生 ⑦保安 ⑧不服申し立て制度 ⑨交通犯罪受刑者の処遇 ⑩女子受刑者の処遇	1 成人犯罪者
	2 非行少年 触法少年及び14歳未満の虞犯少年は児童福祉法措置優先
	矯正及び更生保護
	1 成人矯正 新たな行刑法案の成立が必要 ①受刑者の処遇 ②未決拘禁者の処遇 ③婦人補導院
3 婦人補導院	2 少年矯正 ①少年鑑別所における鑑別 ②少年院における処遇 ③少年受刑者の処遇
更生保護	
1 保護観察 2 更生緊急保護 3 更生保護会 4 民間の協力組織	3 更生保護 ①保護観察 ②更生緊急保護 ③更生保護会
第3編 少年非行と非行少年の処遇	4 矯正・更生保護の連携と民間協力 ①矯正・更生保護の連携 仮釈放前の指導援助 ②民間協力
少年非行の動向，特質及び背景	第3編 各種の犯罪と犯罪者
1 少年非行の動向及び特質 ①少年刑法犯 ②少年特別法犯 ③虞犯少年 警察では，少年の喫煙，飲酒	非行少年
	窃盗事犯少年，少年の交通非行，女子少年の非行，再犯少年

1990（続き）
けんか，その他不良行為を補導の対象．このうち，虞犯と認められる少年は，家庭裁判所送致又は児童相談所に通告
2 少年非行の背景 ①家庭環境 生活困窮ではなく「遊び」 ②その他の問題
学校でのいじめ（定義）
単独または複数で，特定人に対して，身体への物理的攻撃のほか，言動による脅し，いやがらせ，仲間はずれ，無視などの心理的圧迫を反復継続して加えること
非行少年の処遇
1 少年鑑別所における鑑別 少年院指定は家裁の勧告を尊重して，鑑別所所長が決定
2 少年院における処遇 少年院は矯正教育を授ける国家施設 全国統一教育課程と個別処遇 短期処遇と長期処遇（2年以内）
3 少年刑務所における処遇 26歳まで継続可 職業訓練，教科教育，生活指導
4 少年の更生保護 保護観察所では，保護観察対象者を問題別に類型化して把握，各類型ごとに特性に応じた効率的な処遇を実施

1995（続き）	2000	
家庭と非行（9割以上が普通家庭.家庭内暴力非行少年） 学校と非行（校内暴力事件） 最近の非行の特徴（非行が「遊び」感覚で行われ，幼児的な，けじめのない日常としての広がりをもち，「いつでも，どこでも，だれによってでも起こされ得る」）	（副題）経済犯罪の現状と対策	③少年の更生保護
	第1編 犯罪の動向	第4編 各種の犯罪と犯罪者
	刑法犯の概況	薬 物 犯 罪
	1 主要特別法犯の動向 ①風俗関係 児童買春，児童ポルノに係る行為等の処罰及び児童の保護等に関する法律（1999年）により，違反検挙 売春防止法違反は減少傾向 ②労働関係 労働基準法違反は増加 派遣労働者規制法違反は減少傾向	外 国 人 犯 罪
		交 通 犯 罪
		女性の犯罪
精神障害者の犯罪		精神障害者の犯罪
定義は精神保健法による 刑法による扱い 心神喪失者・心神耗弱者 ①矯正施設における精神障害者 ②保護観察方針（類型別処遇）必要な医療・福祉への措置へ結びつけ		1 心神喪失者・心神耗弱者の刑事処分
		2 精神障害のある犯罪者の特色 治療を受けていない者6割．犯行後，措置入院59%．医療刑務所 医療少年院など
	第2編 犯罪者の処遇	
	処遇の概要	
外国人犯罪	成 人 矯 正	
第4編 薬物犯罪の現状と対策	1 分類処遇，累進処遇，開放的処遇	第5編 犯罪被害者と国家的救済
薬物犯罪の現状	2 未決拘禁者の処遇	第6編 経済犯罪の現状と対策
1 薬物犯罪の動向 毒劇法にシンナーが入り，少年犯罪増加．覚せい剤事犯は，女子の薬物事犯の中で毒劇法違反に次いで検挙人員が多く，しかも，暴力組織，売春等との関連	3 婦人補導院の処遇（新入所者なし）	第7編 暴力団犯罪の動向と暴力団関係者の処遇
	更 生 保 護	
	1 仮釈放	
	2 保護観察	
2 薬物犯罪の現状 ①少年の毒物犯罪 毒劇法違反多い ②女子の薬物犯罪 毒劇法，覚せい剤が多く，暴力組織，売春等との関係	3 緊急更生保護	
	4 更生保護法人 法務大臣認可の更生保護事業民間団体	
	5 恩赦	
	6 民間協力組織及び犯罪予防 保護司会，BBS会，更生保護婦人会，協力雇用主，犯罪予防活動	
3 薬物犯罪と更生保護 ①保護観察対象者の待遇 類型的処遇により再犯防止．精神保健法に基づく通報も考慮 ②保護観察期間中の再犯 毒劇法違反事犯は再犯率高い	第3編 少年非行の動向と非行少年の処遇	
	少年非行の動向と特質	
4 覚せい剤犯保護観察対象に関する特別調査実施 義務教育未修了，義務教育修了及び高等学校中退の比率の合計は87.8%	1 少年非行の特質 ①女子少年の非行 ②集団非行 ③家庭と非行 ④学校と非行 ⑤いじめと非行 すべてが刑事司法対象ではない	
	2 非行少年の処遇 ①少年鑑別所における処遇 ②少年院における処遇	

2005		2010
（副題）少年非行	1 更生保護と関係機関	（副題）重大事犯者の実態と処遇
第1編 犯罪の動向	2 仮出獄	第1編 犯罪の動向
刑 法 犯	3 保護観察 保護等観察（類型別）	特 別 法 犯
1 窃盗を除く一般刑法犯 強姦・強制わいせつ犯，児童虐待犯罪（2001年より記述）	4 援護等・緊急更生保護 ①援護等 自庁保護（保護観察所で援護），委託保護（更生保護施設に委託） ②緊急更生保護 本人の申し出に基づいて，援護等と同様の措置 ③更生保護施設 保護観察または更生緊急保護の対象者を宿泊させ，食事を給するほか，就職援助，相談・助言等の援助・指導をする更生保護法人の施設 SST（生活技能訓練）や酒害・薬害教育を実施	1 児童福祉法違反等 児童買春・児童ポルノ禁止法及び青少年保護育成条例の各違反，出会い系サイト規制法違反
特 別 法 犯		2 ストーカー規制法違反等 （新規法） ストーカー規制法違反，配偶者暴力防止法違反
1 児童福祉法等違反 児童買春・児童ポルノ禁止法及び青少年保護育成条例の各違反		各種の犯罪
2 労働基準法等違反		国外における日本人の犯罪と犯罪被害
3 新規立法関係 ①ストーカー行為規制法違反 ②配偶者からの暴力防止・被害者の保護法違反		第2編 犯罪者の処遇
		成 人 矯 正
各種の犯罪者による犯罪	5 民間協力組織と犯罪予防活動 BBS会，更生保護女性会，協力雇用主，犯罪予防活動	1 刑事施設の運営等
1 暴力団の犯罪		2 受刑者の処遇等
2 外国人の犯罪		3 PFI手法を活用した施設 民間資金を利用した刑事施設
3 女性の犯罪 就労支援等 自立促進センター設立開始	各種犯罪者の処遇	更 生 保 護
	1 薬物犯罪者 2 外国人犯罪者 3 女性犯罪者 4 精神障害のある犯罪者	1 仮釈放
4 精神障害者の犯罪 検挙人員の0.6％程度		2 保護観察
		3 緊急更生保護
5 犯罪歴がある者の犯罪	第3編 犯罪被害者の救済	4 保護司，民間協力者・団体と犯罪予防
6 外国における犯罪と犯罪被害	刑事司法における被害者への配慮	
第2編 犯罪者の処遇	1 犯罪被害者等基本法の施行	各種犯罪者の動向と処遇
成 人 矯 正	2 刑事手続と被害者とのかかわり ①公判段階における被害者の保護 ②身辺等の保護や犯罪被害者保護 ③告訴人通知・被害者等通知制度 ④少年審判 ⑤被害者支援員制度	1 外国人犯罪者
1 行刑改革等の動き ①受刑者の人権尊重 刑務官の過度の負担改革，国民に開かれた行刑 ②刑事施設・受刑者の処遇等に関する法律（2005年成立・実施） 受刑者の適切な生活条件保障，健康・医療保障，受刑者の改善更生の意欲喚起 受刑者ごとの個別的専門処遇など ③子ども対象の性的犯罪受刑者に関する情報提供		2 暴力団犯罪者
		3 薬物犯罪者
		4 高齢犯罪者（65歳以上） 依然高水準，とくに女性の窃盗が多い．仮釈放率は低い 引き受け手がないため
	3 被害者へ給付金の支給制度	
	第4編 特集 少年非行	
	少年非行の動向	
	非行少年の質的分析	
	非行少年の処遇	5 精神障害のある犯罪者 2005年から，「心神喪失者等医療観察法」が施行．決定を受けた者は，審判により，入院，通院し，専門治療を受け，社会復帰調査官（精神保健福祉士）による生活環境の調整 退院者は障害者自立支援法の援助へ
2 受刑者の処遇	1 少年の更生保護	
3 未決拘禁者の処遇	2 児童自立支援施設における自立支援	
4 婦人補導院		
更 生 保 護	重大事犯少年の実態と処遇	

2 高度経済成長の終焉からバブル経済へ（1973～1987年）

2010（続き）
第4編 少年非行の動向と非行少年の処遇
少年非行の動向
1 虞犯
2 家庭と学校における非行 家庭内暴力，校内暴力，中学生が多い いじめと非行（実態把握が困難）
非行少年の処遇
16歳以上の重大事件犯は検察へ
1 少年鑑別所における鑑別
2 少年院における処遇 生活指導，職業補導，教科指導
3 少年の保護観察 暴力防止プログラム等による処遇． 社会参加活動．保護者に対する措置 就労支援等
第5編 犯罪被害者
刑事司法における被害者への配慮
1 刑事手続における被害者の関わり ①公判段階における被害者参加等 ②告訴人通知・被害者等通知制度 ③少年事件における被害者への配慮 ④被害者支援員制度 ⑤更生保護における被害者施策 ⑥法テラスによる被害者支援業務
2 犯罪被害者給付金制度
第6編 刑事司法制度の改革
刑事訴訟法の一部改正 裁判員法の成立・施行 被疑者勾留段階での国選弁護人制度 総合法律支援法（2006）による法テラスの活動
第7編 重大事犯者の実態と処遇
殺人，傷害致死，強盗，強姦，放火 重大事犯者に対する処遇 問題性に応じた処遇 警察への情報提供

るいは施設入所に向けた努力がされているという。したがって，更生保護会への期待が大きくなっており，保護司などの市民の協力が呼びかけられている。こうした意味でも犯罪者の処遇は社会福祉の近傍集合であり，その更生は狭義の社会福祉の一部であることは間違いない。

なお，犯罪白書の「少年非行」は，従来は特殊な位置に置かれ，75年版でいうと「特殊な犯罪と犯罪者」の一要素であったが，80, 85年版は独立項目となっている。これは「少年の健全育成」の観点であると説明がある（同上: 273）。また85年版の「少年非行」の説明によれば，「非行」とは，14歳以上20歳未満の少年の犯罪行為と14歳未満の触法行為（犯罪であるが，14歳未満なので罪を問えない）及び虞犯（保護者の正当な監督に服しない性癖，不良交際など，それ自体としては犯罪ではないが，犯罪を犯すおそれがあると認められる行状）を総称する概念とし，犯罪行為と触法行為を区別しつつも「これを統一的に見るのが相当な場合が多い」（同上: 185）とも述べている。

3 転換と試行（1988～2000年）

3.1 問題認識

古川，高澤をはじめとして，多くの社会福祉研究で注目されてきた1988（1989年という説のほうが多いが）年版から厚生労働省へ機構変更する寸前の2000年版までを，毎年の白書から見ていくとどうなるだろうか。

まず表6-10から，厚生省の問題認識を確認し

よう。厚生省創設50周年にあたるという1988年版では「新たな高齢者像と活力ある長寿・福祉社会をめざして」の副題で，①高齢者が保護や援助の対象だけでなく，社会貢献，社会参加，②ノーマライゼーションの考え方で，高齢者や心身障害者が家庭や地域の中で生活できるよう支援，③自立自助の精神と社会連帯から，基本的施策は公的施策，他の多様かつ高度なニーズは民間の活力のみならず，個人，家庭，地域，職域等の活用を図る，④国民の負担は，経済の発展，社会の活力を損なわない程度，の4つを基本的目標として掲げている（白書1988年版: 26-27）。ここでも，「元気高齢者」の貢献，このための健康づくり，自助と連帯，民間活力が繰り返されているだけでなく，公的責任は基本的施策のみ，社会保障・社会福祉負担は，経済発展や社会的活力を妨げてはいけない，と長寿社会における社会保障や社会福祉の立ち位置をより具体的に述べている。1990年版は，表題は廃棄物問題を取り上げているが，社会福祉との関連では，老人福祉法等一部改正（8法改正）との関連で，新たな福祉サービス展開の方向を位置づけ，また保健医療福祉分野でのマンパワー確保への関心を示している。ただし，ここではサービスの受け手の自立や国民皆参加などの言葉もある。この点は，1991年版の副題「広がりゆく福祉の担い手たち」でさらに具体化され，自助，互助と民間活力によるサービスの供給を活発化する目標が端的に示された。その後も「個人の自立を基本とし，多様性と連帯の社会」（1998年），「新しい高齢者像」「自立し選択する高齢者」（2000年），「生涯を通じた健康づくり，介護予防，障害を持っても残存能力の維持・向上」（2001年）などのフレーズで，元気で自立していることへの高い価値づけと，その担い手となることの奨励が見て取れる。

だが，「出生率の低下，晩婚化の進行」（1989年版），「未来をひらく子どもたちのために——子育ての社会的支援を考える」（1993年版），「家族と社会保障——家族の社会的支援のために」（1996年版）の副題のある年版は，高齢化のみではなく，少子化問題と家族の変貌への認識の高まりが明らかに読み取れる。とりわけ96年版では「家族は含み資産」などと楽観していた態度は潜み，「家族の変容は家族に対する社会的な支援の必要性を高め」「緊急課題は，高齢者扶助機能，養育機能の低下」と記述するに至っている。98年版は副題に「少子社会を考える」として，「日本は結婚や子育てに『夢』をもてない国になっているのでは？」と問うているのは，家族に依拠した日本型福祉社会が成り立ちようもないほど，家族の変化，人口構造の変化が大きくなった現実に，よう

やく気がついたかのごとくである。

　なお92年版は国際障害者年の最終年として「障害者参加」「国民参加」を訴え，95年，97年版は医療と健康問題を取り上げている。また99年版はやや異例の白書であり，「社会保障と国民生活」と題して，社会保障の語源，歴史，定義，定義の変化，目的，機能について，まるで教科書のように丁寧な解説をつけている。このような仕様となったことについて，白書では，社会保障制度へのイメージがとくに現役世代で「暗くなっていること」があり，これを払拭して，社会保障が個人生活にとっても社会連帯にとっても不可欠な生活インフラであることを強調したかったという説明があり，また目前の21世紀への課題を提示して，社会保障の構造改革や効率化への理解を求めることが必要との認識がある（白書1999年版: 5-7）。さらに厚生省発足後61年目を迎え「還暦」後1年，という表現もあり，労働省との合併を控えて，戦後社会保障の総復習という位置づけかもしれない。

　ところで，この99年版では，社会保障の機能の第一として社会的安全装置（社会的セーフティネット）の用語が使われている。セーフティネットという用語は，雇用保険も含めた社会保障ではしばしば使われる言葉であるが[3]，ここで注目しておきたいのは，99年版白書が，社会的安全装置（社会的セーフティネット）の構造に言及していることである。すなわち「セーフティネットは単一のものではなく，様々な異なる事態に備えて重層的に整備しておく必要がある。例えば，疾病や負傷に備えた医療のセーフティネットと，高齢期の所得保障というセーフティネット，あるいは要介護状態に対するセーフティネットでは，それぞれ，仕組みも財源も保障する水準に対する考え方も異なってくる。医療保険や年金保険等の社会保険，児童・高齢者・障害者福祉等の社会福祉など，いくつものセーフティネットが重層的に存在することにより，安心した日常生活を送ることができる」としたうえで，生活保護制度は，他の制度では救済できないすべての国民に対しての「最後のよりどころ」であり，「最後のセーフティネット」といえると述べている（白書1999年版: 31-32）。

　なお，この時期の2つの社会福祉の「パラダイム転換」について，90年の「老人福祉法その他8法改正」についての白書の記載は総説にあたる第1章には見当たらないが，第2章第1節「地域に密着した老人保健福祉サービスの展開」の「2 福祉サービス供給システムの改革」の中で，ゴールドプランの説明に続けて「21世紀に向けて多様化する国民の福祉需要に的確にこたえていく

ためには，受け手である住民の立場に立ったサービスの供給システムを整備し，地域の実情に応じた，きめ細かな施策の展開を図る必要がある」として「『老人福祉法』をはじめとする福祉関係八法の改正」を行ったとある（白書1990年版: 67-68）。またいわゆる「社会福祉の基礎構造改革」は97年初出の「社会保障の構造改革」の一要素として，99年版の第1部第4章，2000年度版の第1部第6章に，問題認識としての記述がある。

3.2 事業集合とその配列

それでは，これまでと同様に厚生白書の簡略版である表6-5及び詳細版表6-10から，事業集合とその配列の特徴を見ていこう。この時期の最初の2年は，この前の時期の1982年以降と同様，「各論」や「厚生行政の動き」がない。また90年版からは第1編が特集，第2編で「厚生行政の動き」になるが，95年版までは「厚生行政の動き」の章立てが2～3程度である。そこで88～95年版までは，その後に付けてある第2編「制度の概要と基礎統計」を，詳しいところまで参照して事業集合を取りだしてみることにした。ただし，1996年版以降は「厚生行政の動き」が詳しくなり，2000年版には第3部もあるので，表6-10では96年版以降の「制度の概要と基礎統計」は省略した。表6-5には1982年版以降の「制度の概要と基礎統計」の節レベルまで記載してあるので参照いただきたい。ここでの特徴は以下の11点にまとめられる。

(1) 88～93年版までは，先述のように85年版からの継続で「健康・福祉サービス（ないしは保健医療・福祉サービス）の新たな展開」が第1に挙げられ，これと「適正な国民医療の確保」「安定した所得保障制度構築」の3つが大集合として出現している。「所得保障」の要素集合は前節で見たとおりベヴァリッジ型ではない。95年版は「年金改革」と「保健福祉サービスの総合的展開」の2つの大集合であり，後述する97年版からの本格的な改革集合に変形する。

(2) 88～93年版まで第1の位置にある「健康・福祉サービス」ないし「保健医療・福祉サービス」は，文字どおりの2分野，3分野の連携というよりは，老人保健法による老人保健医療と訪問看護を含む地域での「老人保健福祉」事業集合の出現と見たほうがよさそうである。実際，「制度の概要及び基礎統計」で見ると88～93年版まで「老人保健福祉」という大集合が筆頭にきており，その後，配置序列は変わるが，この大集合は崩れない。「老人保健福祉」事業の要素は「老人保健対策」と「老人福祉」である。つまり「老人福祉」が「社

表6-5 厚生白書（1988〜2000年版）簡略表

1988	1989	1990
第1編 第3〜5章	第1編 第2〜4章	第2部 厚生行政の動き
健康・福祉サービスの新たな展開	健康・福祉サービスの新たな展開	健康，生きがい，社会づくり
1 積極的な健康づくりと生きがいづくりの推進 2 老後生活を支えるサービス 3 児童の健全な育成と家庭の支援対策の強化 4 障害者の自立と社会参加の促進 5 民間サービスの健全育成	1 長寿社会十カ年計画（ゴールドプラン） 2 生涯を通じた積極的な健康づくりと生きがいづくり 3 老後を支えるサービス充実 4 児童の健全育成と家庭支援対策 5 障害者の自立と社会参加の促進 6 民間サービスの健全育成	1 健康づくりと生きがいづくり 2 障害者対策 3 民間サービスの健全育成
安定した所得保障制度の確立	適正な国民医療の確保	適正な国民医療の確保
1 公的年金制度と次期制度改正 2 企業年金の現状と課題 3 生活保護とその他所得保障	1 医療供給体制 2 医療費の保障 3 有効な医薬品の安定的供給 4 疾病対策	1 医療費の保障 2 安全な医薬品等安定的供給
適正な国民医療の確保	安定した所得保障制度の確立	安定した所得保障制度の構築
1 良質で効率的な医療供給体制 2 医療費の保障 3 有効な医薬品の安定的供給 4 疾病対策	1 公的年金制度の課題と制度改正 2 企業年金制度 3 生活保護制度とその他の所得保障	1 本格的「年金時代」の公的年金 2 生活保護とその他所得保障
第2編 制度の概要及び基礎統計	第2編 制度の概要及び基礎統計	第2編 制度の概要及び基礎統計
老人保健福祉	老人保健福祉	老人保健福祉
1 老人保健対策 2 老人福祉対策	1 老人保健対策 2 老人福祉対策	1 老人保健制度 2 老人保健施設 3 在宅老人福祉対策 4 老人福祉施設対策 5 痴呆性老人対策
保健医療	保健医療・薬事	保健医療
1 実施体制 2 保健医療対策	1 実施体制 2 保健医療対策 3 薬事	1 感染症対策　2 結核対策 3 精神保健対策　4 難病対策 5 原爆被爆者対策
生活環境		薬事
1 薬事		1 医薬品副作用被害救済 2 血液事業　3 麻薬・覚せい剤対策
社会福祉	社会福祉	社会福祉
1 児童と家庭 2 心身障害者福祉 3 生活保護 4 その他の社会福祉 5 社会福祉の実施体制	1 児童と家庭 2 心身障害者福祉 3 生活保護 4 その他の社会福祉 5 社会福祉の実施体制	1 保育対策 2 児童の健全育成対策 3 母子保健対策 4 母子家庭等の福祉対策 5 身体障害者福祉対策 6 心身障害児・者対策 7 生活保護 8 消費生活協同組合 9 地方改善事業 10 民間地域福祉活動 11 国民生活の保護と安定
援　護	援　護	援　護
医療保障	医療保障	医療保障
1 概要	1 概要	
年金保障	年金保障	年金保障
1 公的年金 2 企業年金 3 年金積立金運用 4 年金福祉事業団	1 公的年金 2 企業年金 3 年金積立金運用 4 年金福祉事業団	1 公的年金制度 2 企業年金 3 年金積立金運用　4 事業団

＊編，部，章，節のタイトルも長いものは省略している。

1991	1992	1993
第3部 厚生行政の動き	第2部 厚生行政の動き	第2部 厚生行政の動き
保健医療・福祉サービスの総合的展開	地域における保健医療・福祉サービスの総合的展開	保健医療・福祉サービスの総合的な展開
1 保健・福祉の総合的推進 2 保健医療・福祉マンパワー確保 3 健康づくりと生きがいづくり 4 子どもが健やかに生まれ育つための環境づくり 5 障害者対策 6 生活保護と障害者等所得保障	1 地域における高齢者の保健福祉サービス総合的推進 2 健康づくりと生きがいづくり 3 民間サービスの健全育成	1 長寿社会へ向けた高齢者の保健・福祉の総合的な展開 2 地域保健対策の新たな展開 3 高齢者・障害者まちづくり 4 障害者の自立と社会参加 5 ボランティア活動の振興 6 保健医療・福祉人材の確保 7 健康づくりと生きがいづくり 8 民間サービスの健全育成
適正な国民医療の確保	適正な国民医療の確保	よりよい医療をめざして
1 医療法改正案審議中 2 安全な医薬品等の安定的供給	1 医療保険体制等 2 医療費の保障	1 新しい時代の医療サービス 2 医療費の保障
第2編 制度の概要及び基礎統計	安定した所得保障制度の構築	安定した所得保障制度確立
	1 年金制度の現状と課題 2 生活保護その他所得保障	1 高齢社会を支える公的年金 2 発展する企業年金・国年基金 3 生活保護制度 4 戦没者遺族等への給付
老人保健福祉	第2編 制度の概要及び基礎統計	第2編 制度の概要及び基礎統計
1 老人保健制度 2 在宅老人福祉対策 3 老人保健施設 4 寝たきり・痴呆性老人対策 5 シルバーサービス・生きがい対策	老人保健福祉	老人保健福祉
	1 老人保健制度 2 在宅老人福祉施策 3 老人福祉施設 4 寝たきり・痴呆性老人対策 5 シルバーサービス・生きがい	1 老人保健制度 2 在宅老人福祉 3 老人福祉施設 4 寝たきり・痴呆性老人対策 5 シルバーサービス・生きがい対策
保健医療	保健医療	保健医療
1 結核・感染症対策 2 精神保健対策　3 難病対策 4 原爆被爆者対策	1 結核・感染症対策 2 精神保健対策　3 難病対策 4 原爆被爆者対策	1 結核・感染症対策 2 精神保健対策 3 難病対策 4 原爆被爆者対策
薬　事	薬　事	薬　事
1 医薬品副作用被害救済制度 2 血液事業　3 麻薬・覚せい剤対策	1 医薬品副作用被害救済 2 血液事業　3 麻薬・覚せい剤対策	1 医薬品副作用被害救済 2 血液事業 3 麻薬・覚せい剤
社会福祉	社会福祉	社会福祉
1 保育対策 2 児童の健全育成対策 3 母子保健対策 4 母子家庭等の福祉対策 5 身体障害者福祉対策 6 心身障害児（者）対策 7 生活保護 8 国民生活の保護と安定 9 地方改善事業 10 民間地域福祉活動	1 保育対策 2 児童の健全育成対策 3 母子保健対策 4 母子家庭等の福祉対策 5 身体障害者福祉対策 6 心身障害児・者対策 7 生活保護　8 民間地域福祉活動 9 暮らしを支える社会福祉	1 保育対策 2 児童健全育成対策 3 母子保健対策 4 母子家庭等の福祉対策 5 身体障害者福祉対策 6 心身障害児（者）対策
援　護	援　護	
医療保障	医療保障	
年金保障	年金保障	
1 公的年金制度 2 企業年金 3 年金積立金運用　4 事業団	1 公的年金制度 2 企業年金 3 年金積立金運用 4 国民年金基金	

1993（続き）	1995	
7 生活保護 8 民間地域福祉 9 暮らしを支える社会福祉	**第2部 主な厚生行政の動き**	5 母子家庭等の福祉対策
	年金改革	**医療保障**
援　護	1 年金改革の視点と内容	1 国民医療費 2 医療保険制度の財政状況 3 国民医療費の将来推計 4 医療保険制度
1 戦傷病者・戦没者援護 2 海外遺骨収集 3 中国残留邦人	**保健福祉サービスの総合的展開**	
	1 新ゴールドプラン 2 子育て支援総合対策 3 障害者施設の計画的推進 4 新しい地域保健の体系化構築 5 原爆被爆者対策の推進	
医療保障		**年金保障**
1 医療保険制度の概要		1 公的年金制度の体系・変遷 2 年金額 3 国民年金基金 4 年金積立金の運用 5 年金相談
年金保障	**第2編** **制度の概要及び基礎統計**	
1 公的年金制度 2 企業年金 3 国民年金基金 4 年金積立金の運用	**保健医療**	**老人保健福祉**
	1 結核・感染症対策 2 難病対策 3 エイズ対策 4 予防接種 5 精神保健対策 6 国立病院・療養所の再編成 7 保健所等	1 高齢者保健福祉サービス 2 老人保健制度 3 老人保健事業（ヘルス） 4 老人保健施設 5 老人訪問看護事業
	薬　事	
	1 医薬品副作用被害救済制度 2 血液事業 3 麻薬対策	
	社会福祉・援護	
	1 実施体制 2 民生委員・児童委員 3 社会福祉法人について 4 生活保護制度 5 障害者の状況 6 身体障害者在宅施策 7 地域福祉施策 8 ボランティア活動 9 消費生活協同組合 10 社会福祉施設の状況 11 社会福祉施設整備運営費負担 12 福祉マンパワー 13 社会福祉士・介護福祉士 14 災害救助と被災者支援 15 中国残留邦人援護 16 慰霊事業 17 戦傷病者・戦没者遺族等援護	
	児童福祉	
	1 保育対策 2 健全育成対策 3 障害児（者）施策 4 母子保健対策	

1996		1997
第2部 主な厚生行政の動き	社会福祉法人 3 生活保護制度 4 障害者の状況 5 身体障害者在宅福祉制度 6 地域福祉施策 7 ボランティア活動の現状 8 消費生活協同組合 9 社会福祉施設の現状 10 社会福祉施設整備運営費負担 11 福祉マンパワー 12 社会福祉士及び介護福祉士 13 災害救助と被災者支援 14 中国残留邦人に対する援護施策 15 慰霊事業 16 戦傷病者・戦没者遺族の援護	第2部 主な厚生行政の動き
障害者施策の新たな展開──地域におけるノーマライゼーションの実現		社会保障の構造改革
1 障害者プラン──ノーマライゼーション7カ年計画策定 2 精神保健福祉法の施行 3 今後の課題（障害保健福祉部設置，3障害一元運営）		1 社会保障構造改革の方向 2 介護保険制度創設へ向けて 3 医療保険制度改革 4 年金改革への展望
		安全性の確保と生活環境の整備
社会・経済の変化に対応した年金制度の確立（一元化）		1 エイズ問題への取組みと医薬品等の安全確保
1 年金制度をめぐる動向 2 企業年金と国民年金基金		新たな福祉施策の展開
		1 子育て支援と児童家庭福祉体系の見直し 2 ノーマライゼーション理念に基づく障害者施策の推進
よりよい医療をめざして	児童福祉	
1 新しい時代の医療サービス 2 転機を迎えた医療保険制度 3 国立病院・療養所の方向 4 医薬品・医療機器等の安全 5 難病への新しい取組み	1 保育対策 2 健全育成対策 3 障害児（者）施策 4 母子保健対策 5 母子家庭等の福祉対策	広がる国際協力と情報化の推進
		1 世界福祉構想と国際協力 2 中国残留邦人への援護施策
戦後50年を迎えた援護策	医療保障	第2編 制度の概要及び基礎統計
1 戦没者遺族等への援護 2 原子爆弾被爆者に対する援護	1 国民医療費 2 医療保険制度の財政状況 3 医療保険制度	障害者保健福祉
災害対策の再編成		1 身体障害者福祉施策 2 精神保健福祉施策 3 障害児・精神薄弱者福祉施策
1 阪神・淡路大震災の取組み 2 厚生省防災業務計画の見直し	年金保障	
第2編 制度の概要及び基礎統計	1 公的年金制度の体系・変遷 2 年金額 3 国民年金基金 4 年金積立金の運用 5 年金相談	保健医療
		1 結核・感染症対策 2 難病対策 3 エイズ対策 4 腎臓・角膜・骨髄移植体制 5 健康づくり対策 6 予防接種（個別接種） 7 国立病院・療養所再編成 8 医療計画 9 保健所等
保健医療		
1 結核感染症対策 2 難病対策 3 エイズ対策 4 予防接種 5 精神保健福祉対策 6 腎臓・角膜・骨髄移植体制 7 健康づくり対策 8 国立病院・療養所の再編成 9 保健所等	老人保健福祉	
	1 高齢者保健福祉サービス 2 老人保健制度 3 老人保健事業（ヘルス事業） 4 老人保健施設 5 老人訪問看護事業	薬 事
		1 医薬品副作用被害救済制度 2 血液事業 3 麻薬対策
薬 事		社会福祉・援護
1 医薬品副作用救済制度 2 血液事業 3 麻薬対策		1 実施体制 2 民生委員・児童委員 3 ボランティア活動 4 社会福祉法人 5 生活保護制度 6 地域福祉施策
社会福祉・援護		
1 実施体制 2 民生委員・児童委員		

1997（続き）	1998	
7 消費生活協同組合 8 社会福祉施設の現状 9 社会福祉施設整備運営費負担 10 福祉に携わる人材 11 社会福祉士・介護福祉士 12 災害救助と被災者支援 13 中国残留邦人に対する援護 14 慰霊事業 15 戦傷病者・戦没者遺族等援護	**第2部 主な厚生行政の動き** **社会保障の構造改革** 1 社会保障構造改革の枠組み 2 介護保険法の成立 3 21世紀への医療制度改革 4 年金制度改革を目指して 5 社会福祉の基礎構造改革 6 障害者保健福祉施策の総合的見直し	8 社会福祉施設の現状 9 社会福祉施設整備運営費用負担 10 福祉に携わる人材 11 社会福祉士・介護福祉士 12 災害救助と被災者支援 13 中国残留邦人に対する援護 14 慰霊事業 15 戦傷病者・戦没者遺族等援護
老人保健福祉	**健康と安全を守る取組み**	**老人保健福祉**
1 高齢者保健福祉サービス 2 老人保健制度 3 老人保健施設 4 指定老人訪問看護事業	1 新興・再興感染症対策 2 医薬品の安全確保対策の推進 3 地域保健法の全面施行 4 生涯にわたる健康づくり	1 高齢者保健福祉サービス 2 老人保健制度 3 老人保健施設 4 指定老人訪問看護事業
児童福祉	**新たな厚生行政の枠組みに向けて**	**児童福祉**
1 保育対策 2 健全育成対策 3 母子家庭等の福祉対策 4 母子保健対策	1 中央省庁の再編の動き	1 保育対策 2 健全育成対策 3 母子家庭等の福祉対策 4 母子保健対策
医療保障	**第2編** **制度の概要及び基礎統計**	**医療保障**
1 医療保険制度の財政状況 2 医療保険制度 3 国民医療費	**障害者保健福祉** 1 身体障害者福祉施策 2 精神保健福祉施策 3 障害児・精神薄弱者福祉施策	1 医療保険制度の財政状況 2 医療保険制度 3 国民医療費
年金保障	**保健医療**	**年金保障**
1 公的年金制度の体系・変遷 2 年金額 3 企業年金 4 国民年金基金 5 年金積立金の運用 6 年金相談	1 結核・感染症対策 2 難病対策 3 エイズ対策 4 腎臓・角膜・骨髄移植体制 5 健康づくり対策 6 予防接種（個別接種） 7 国立病院・療養所再編成 8 医療計画 9 保健所等	1 公的年金制度の体系・変遷 2 年金額 3 企業年金 4 国民年金基金 5 年金積立金の運用 6 年金相談
	薬　事 1 医薬品副作用被害救済制度 2 血液事業 3 麻薬対策	
	社会福祉・援護 1 実施体制 2 民生委員・児童委員 3 ボランティア活動 4 社会福祉法人 5 生活保護制度 6 地域福祉施策 7 消費生活協同組合	

1999		2000
第2部 主な厚生行政の動き	4 臓器・骨髄移植体制	**第2部 社会保障構造改革に向けた取組み**
21世紀に向けての年金制度改正	5 健康づくり対策	
	6 予防接種（個別接種）	**介護保険制度の定着に向けて**
1 改革の必要性	7 国立病院・療養所再編成	
2 企業年金制度の改正	8 医療計画	1 円滑な実施のための対策
介護保険制度の円滑な遂行	9 保健所等	2 介護サービス供給体制の整備
	薬 事	**信頼できる年金制度の確立**
1 介護保険制度の円滑な施行		
2 介護保険創設と介護サービス供給体制整備	1 医薬品副作用被害者救済制度	1 2000年年金制度改革
	2 血液事業	2 確定拠出年金制度の創設
信頼できる医療制度の確立	3 麻薬対策	**21世紀に向けた医療制度改革**
1 医療保険抜本改革の検討	**社会福祉・援護**	
2 末期医療患者の生活の質向上	1 実施体制	1 健康保険制度等改正案提出
3 臓器移植の推進	2 民生委員・児童委員	**少子化への対応など子育て支援施策の推進**
4 難病対策	3 ボランティア活動	
5 国立病院・療養所の独立行政法人化の準備	4 社会福祉法人	1 少子化対策基本方針策定
	5 生活保護制度	2 新・エンゼルプランの策定
社会福祉の基礎構造改革と障害保健福祉施策の見直し	6 地域福祉施策	3 児童手当の拡充
	7 消費生活協同組合	4 その他の子育て支援
1 社会福祉基礎構造改革	8 社会福祉施設の現状	**社会福祉の新たな展開**
2 障害保健福祉施策の見直し	9 地域権利擁護事業	
	10 社会福祉施設整備運営費負担	1 社会福祉基礎構造改革
少子化への対応と子育て支援施策の推進等	11 福祉に携わる人材	2 障害保健福祉施策の新たな展開
	12 社会福祉士・介護福祉士	3 精神保健福祉施策の見直し
1 少子化への対応	13 災害救助と被災者支援	**新たな厚生行政の展開に向けて**
2 子育て支援施策の推進	14 中国残留邦人に対する援護	
3 児童の健全育成対策等	15 慰霊事業	1 厚生労働省の設置（2001年）
健康と安全を守る取組みと生活環境の整備	16 戦傷病者・戦没者遺族等の援護	2 厚生行政の国際的展開
	老人保健福祉	**第3部 健やかで安全な生活の確保**
1 新たな感染症対策	1 高齢者保健福祉サービス	
2 薬物乱用防止対策	2 老人保健制度	**健やかな生活を支える取組み**
3 健康づくり生活習慣病対策	3 老人保健施設	
4 生涯にわたる健康づくりと地域保健	4 指定老人訪問看護事業	1 生活習慣病対策と地域保健
	児童福祉	2 新たな感染症対策
新たな厚生行政の展開に向けて		3 臓器移植対策党の推進
1 戦没者慰霊事業の推進	1 保育対策	4 医薬品等の安全対策の推進
2 中国残留邦人への援護施策	2 健全育成対策	**第2編 制度の概要及び基礎統計**
3 省庁統合，厚生労働省へ	3 母子家庭等の福祉対策	
第2編 制度の概要及び基礎統計	4 母子保健対策	**障害者保健福祉**
	医療保障	
障害者保健福祉	1 医療保険制度の財政状況	1 身体障害者福祉施策
1 身体障害者福祉施策	2 医療保険制度	2 精神保健福祉施策
2 精神保健福祉施策	3 国民医療費	3 障害児・精神薄弱者福祉施策
3 障害児・精神薄弱者福祉施策	**年金保障**	**保健医療**
保健医療	1 公的年金制度の体系・変遷	1 結核・感染症対策
1 結核・感染症対策	2 年金額	2 難病対策
2 難病対策	3 企業年金	3 エイズ対策
3 エイズ対策	4 国民年金基金	4 臓器・骨髄・さい帯血移植
	5 年金積立金の運用	5 健康づくり
	6 年金相談	6 予防接種（個別接種）

2000（続き）
7 国立病院・療養所再編成
8 医療計画
9 保健所等
薬　事
1 医薬品副作用被害救済制度
2 血液事業
3 麻薬対策
社会福祉・援護
1 実施体制
2 民生委員・児童委員
3 ボランティア活動
4 社会福祉法人
5 生活保護制度
6 地域福祉施策
7 消費生活協同組合
8 社会福祉施設の現状
9 地域権利擁護事業
10 社会福祉施設整備運営費負担
11 福祉に携わる人材
12 社会福祉士・介護福祉士
13 災害救助と被災者支援
14 中国残留邦人に対する援護
15 慰霊事業
16 戦傷病者・戦没者遺族等援護
老人保健福祉
1 高齢者保健福祉サービス
2 老人保健制度
3 老人保健施設
4 指定老人訪問看護事業
児童福祉
1 保育対策
2 健全育成対策
3 母子家庭等の福祉対策
4 母子保健対策
医療保障
1 医療保険制度の財政状況
2 医療保険制度
3 国民医療費
年金保障
1 公的年金制度の体系・変遷
2 年金額
3 企業年金
4 国民年金基金
5 年金積立金の運用
6 年金相談

会福祉」集合から飛び出し，老人保健と合体して新集合を作ったことになる。

　この「老人保健福祉」大集合の形成のために，厚生省は1988年7月に保健医療局老人保健部と社会局老人福祉課を統合し，大臣官房に「老人保健福祉部」を設けている（白書1988年版）。これは1992年に老人保健福祉局となる。なお「老人保健福祉」の要素集合は，90年度には，「老人保健制度」「老人保健施設」「在宅老人福祉対策」「老人福祉施設対策」「痴呆性老人対策」と細かくなり，とくに在宅サービスが入っていることと，先述したように施設も重要視されていることに注目したい。在宅サービスは表6-10の詳細版で明らかなように，90年版以前の2年間は小項目だったものが中項目として配置されたという意味と，90年に老人福祉法等の一部改正＝いわゆる8法改正があったことで，在宅老人対策が法的にも明確になったことが反映されている。

　(3)「健康・福祉サービス」ないし「保健医療・福祉サービス」の要素集合には「老後を支えるサービス」だけでなく「児童の健全育成と家庭支援」「障害者の自立と社会参加」「民間サービスの展開と健全育成」が配置されている。児童は，91年頃から児童の健全育成が「子育て支援」へと名称変化し，99, 2000年版では「少子化への対応と子育て支援」になって，その少子化対策としての本音が露になっていく。障害者については，93年に心身障害者対策基本法を障害者基本法へ改正し，96年版では，その重点項目となっている。表6-10で詳しく見ると，96年7月に大臣官房に障害保健部の設置があり，3障害を一元的に運営することが「宣言」されている（表6-10）。

この障害保健部には，社会・援護局の障害者施策，児童家庭局の障害児・精神薄弱者施策，母子保健課の育成医療等，さらに保健医療局精神保健課の精神障害者施策が統合されている。

　また同じく96年は「精神保健法」が「精神保健福祉法」に改正実施されている。1996年版白書では，「1993（平成5）年の障害者基本法成立により，精神障害者もまた，身体障害者や精神薄弱者と並んで基本法の対象として明確に位置づけられるとともに，1994（平成6）年の地域保健法の成立により，地域における精神保健体制の一層の充実が求められるに至った」ことが，この改正の背景であるとしている（白書1996年版: 173）。つまり，精神障害者は，依然精神保健体制の地域への展開の「対象」でもある。この意味で，精神衛生に包含されていた精神障害者も含んだ一元的障害者対策の総称として「障害者保健」となったのであろうか。いずれにせよ，ここで「老人保健福祉」と同様「障害者保健福祉」集合が見いだされることになる。ちなみに子育て支援としての児童福祉には元々母子保健が要素となっていたことを考え合わせると，「新しいサービスの展開」はおしなべて，保健と福祉の統合であり，その「地域」での展開であると解釈することが可能であろう。なお，保健所は95年版にあるように，「地域保健法」策定によって市町村における保健医療・福祉の「新しいサービス」展開の基礎固めをしている。

　(4) 1989年版では「長寿社会十カ年戦略」（ゴールドプラン）が策定され，いわゆる計画行政が本格的に開始される。もっとも，すでに「保健事業」は事業の計画化が進んでいるので，それとの整合性の観点もあったかもしれない。この「計画化」は1995年版では，新ゴールドプラン，子育て支援総合対策「エンゼルプラン」，1996年版での障害者プラン「ノーマライゼーション7カ年計画」策定と，新しい〈サービス系列〉の内部で進化していく。

　(5) サービスの担い手問題はこの前の時期からの大きな課題であったが，「民間サービスの健全育成」は，その要素事業として「シルバーサービス」「ボランティア」だけでなく，88, 89年版には「職域におけるサービスの展開」が入っている。ただし，その後は職域についての言及はない。「担い手養成」は，91年版では90年に「保健医療・福祉マンパワー対策本部」が設置され，92, 93年版で「看護人材確保法，福祉人材確保法」の制定となっていく。

　(6) 96年版の「らい予防法」の廃止と，「難病への新しい取組み」にも注目したい。前者はこれまでの予防法への反省，すでに療養所で生活している人び

とへの生活保障，らいからハンセン病への公用語の変更が記載されている。また難病については，その定義をあらためて「希少性」「原因未解明」「治療法の未確立」「長期療養の必要」の4つの要素で行っており，翌97年版には市町村の訪問介護者派遣制度，短期入所制度等国庫補助，「難病情報センター」設置の記載がある。ただし，難病対策は早くも98年版で「重症患者」「重症患者以外」の2区分の導入が記載され，公費負担は前者を重視することとなった。その数をしだいに膨らませてきた「難病」指定の範囲を変えるのではなく，重症度による対象の選別によって，乗り越えようとしたといえる。なお，1993年障害者基本法成立の際の参議院厚生委員会による付帯決議第2項で，「てんかん及び自閉症を有する者並びに難病」によって生活上支障のある者は，障害者基本法にいう障害者の範囲に含まれることとされ，先に述べた心身障害と難病の混乱を一応整理している。さらに1995年には「原爆医療法」「原爆特別措置法」が「被爆者援護法」に一本化された。

　(7) 表6-10の「制度の概要及び基礎統計」で確認すると「社会福祉」集合の要素にも変化がある。前節74年版から「保育対策」が「児童の健全育成」から飛び出てその上に配置されていたが，90年版から「保育」は「児童福祉」の筆頭の位置に配置され，その後も一貫している。保育所需要の高まりだけでなく，その「多様化」による特別保育（乳児保育，延長保育，夜間保育，障害児保育，一時保育，長時間保育）の記載が92年版からあり，また「企業委託型保育」にも触れられている。また92年版から「社会福祉」集合の最後に「暮らしを支える社会福祉」があるが，これは従来「その他」とか「国民生活の保護と安定」などの呼称の集合に包含されていた，「地域改善事業」「災害救助」「婦人保護」「消費生活協同組合」「生活福祉資金貸付」をまとめたものに別のネーミングを与えたものである。なお，3障害の一元化については，1997年版の「制度の概要及び基礎統計」の筆頭に「障害保健福祉」集合がはじめて独立したものとして配置された。その要素は，「1 身体障害者福祉施策」「2 精神保健福祉施策」「3 障害児・精神薄弱者福祉施策」である。

　(8) いわゆる社会福祉のパラダイム転換の第1の時点は1990年の「老人福祉法等の一部を改正する法律（8法改正）」といわれている。90年版でこれが出てくるのは，問題認識として本書で扱った第1編第1部の第2章第1節の2，及び資料編の後「主な法案の審議状況」の2カ所である。前者の記述は表6-10に示した。すなわち，①在宅福祉サービスの積極的推進，②在宅福祉サ

ービスも施設福祉サービスも住民にもっとも身近な行政主体である市町村の事務として明確に規定，③老人福祉，保健サービスの計画的整備，④地域における民間福祉活動の推進，である。つまり，ここでの「転換」の意味は，サー・ビ・ス・供・給・主・体・と手法の変化であり，「計・画・化・」の拡大である。その主眼は，基礎自治体がきめ細かに把握しうるはずの地域の老人保健福祉の在宅サービスにあった。

(9) 1997年版から出現するのは「社会保障構造改革」及びその一部としての介護保険制度の創設とその定着へ向けた動きである。狭義の社会福祉分野では「基礎構造改革」（社会福祉事業法等の一部を改正する法律）として名高いものであるが，表6-5, 6-10で確認できるように，その位置は，**社会保障構造改革集合**とでも呼ぶべきものの要素集合としてあることに注意したい。

なぜまた「社会保障構造改革」なのか。90年版にはできたばかりの老人保健制度の負担増があり，93年版には92年の医療法改正で「特定機能病院」「療養型病床群」への分化がなされ，さらに95年版には国保開始年齢が65歳からとなるなど，相次ぐ社会保障の「見直し」がなされている。これらがなされてもなお，「社会保障制度が現在抱えている課題は，1 国民の需要の変化への対応，2 21世紀の本格的な少子・高齢社会における制度の安定的運営の確保の2つ」であり，そのための改革であると97年版白書は位置づけている（白書1997年版: 164）。また，改革の方向は4つあり，①制度横断的な再編成等による全体の効率化，②個人の自立を支援する利用者本位の仕組みの重視，③公私の適切な役割分担と民間活力の導入の促進，④全体としての公平・公正の確保が挙げられている（同上: 165-166）。いずれも他の国でもやっていることだと言い訳がある（同上: 163）が，多元主義の方向や先に述べたセーフティネット保障（この版では安全網と表現されている）としての社会保障に徹すること，公私の役割分担によって効率的公平に行うことが強調されている。なお公平・公正とは「給付と負担の公平・公正」であり，具体的には「資産のある高齢者」と「現役世代」の不均衡が例示されている。

(10) 95年版から「厚生行政の動き」は，いわば「改革集合」とでも呼べるものに変形していくが，とくに97～2000年度の4年間は「社会保障の構造改革」が並べられている。その要素集合は，97年版では「医療保険制度の改正」「年金改革への展望」の2つ，98年版では，「介護保険法創設」「21世紀に向けての医療制度改革」「年金制度改革をめざして」「社会福祉の基礎構造改革」

「障害者保健福祉施策の総合的見直し」の5つに変化している。99, 2000年版は「社会保障の構造改革」とは謳っていないが，99年版で「年金制度の改正」「介護保険制度の円滑な遂行」「信頼できる安定した医療制度の確立」「社会福祉の基礎構造改革と障害保健福祉施策の見直し」の4つ，2000年版は「介護保険制度の定着に向けて」「信頼できる年金制度の確立」「21世紀に向けた医療制度改革」「少子化への対応など子育て支援施策の推進」「社会福祉の新たな展開」の5つの集合が記されている。

　この改革集合の中心となる要素集合は，98年創設の「介護保険制度」である。98年版白書は，老人福祉は，「行政がサービスの種類，提供機関を決めるため利用者がサービスを自由に選択できない」，他方で老人保健制度を作っても，「いわゆる社会的入院問題を回避できない」としたうえで，さらに「介護保険制度の創設は，介護を医療保険から切り離す」ことにそのねらいがあると記述している（白書98年版: 235-236）。また「社会保障の構造改革」の中間報告が提出された1997年版で，「健康保険等の一部改正」があり，利用者の自己負担の拡大（医療費自己負担2割へ等）が始まっている。98年には現行制度の枠内において，各医療保険の保険者間における老人医療費拠出金の負担の見直しを図るために国民健康保険法等の一部改正も行われた。この上に，介護保険は，社会保障構造改革の4つのねらいを具現化しつつ，医療制度・医療保険制度改革の救世主として登場したことになる。

　介護保険は，65歳以上の「**第1号被保険者**」と40歳以上65歳未満の「**第2号被保険者**」の2つのカテゴリーによって構成されている。この区分の意味は年金制度とはまったく異なる。第1号被保険者は，医療保険と同様，リスク発現の高い年齢層が，そのサービスを受けつつ，保険料も支払うことになる。他方で第2号被保険者は，まだリスク発現の低い年齢層であるが，年金同様，高齢者への配分，及び自分が高齢期になったときのために保険料を支払う。奇妙なことに，第1号被保険者は「医療保険的」であるが，市町村単位で決められた保険料を，年金受給者であれば年金から源泉徴収し，第2号被保険者は，「年金的」であるが各医療保険者が医療保険料と一括徴収する方法を採っている。介護サービスを保険制度に仕立てるうえで，このようなねじれた設計がなされたといえよう。

　実はこの介護保険の奇妙な位置は，生活保護利用者と介護保険との関連にも現れている。国民健康保険制度が生活保護受給層を適用除外したのとは異なり，

介護保険は，第1号被保険者として，被保護層を含めている[4]。だが，不思議なことに，白書には介護保険創設による生活保護の改正の記載がない。表6-10には示していないが唯一2000年版の「制度の概要及び基礎統計」中の「保険料」の5段階を示した表の第1段階層として「生活保護受給者，市町村民税非課税かつ老齢福祉年金受給者」の記載があるのみである（白書2000年版：428-429)。また同じ年版の同じ制度の概要中の「生活保護制度」に唐突に「介護扶助」が示されているが，ここにも何の説明もない。2000年版には制度の「円滑な定着」のために，いくつかの「特別措置」や低所得層の負担減の導入が示されているが，たとえば要保護層と関わる「境界層措置」[5]についても一切触れられていない。すぐ後で述べるように白書は介護保険の「普遍主義」を高らかに謳っているが，そうであれば要保護層の取り込みも記載すべきであった。そうしなかったのは，国保における被保護層の適用除外を介護保険では第1号被保険者に限って回避したという画期性にもかかわらず，「選別的普遍主義[6]」を徹底できなかったからであろうか。また生活保護と介護保険では，国庫負担率が異なるので，保険者としての自治体から見れば不満が残ることを勘案して，あえてそれらに触れたくなかったのかもしれない。<u>保険と扶助のねじれた関係は，後に雇用保険と求職者支援法においても生じることになる。</u>

　年金改革については，すでに96年に配布された基礎年金番号による業務を97年から開始し，厚生年金基金の見直しなどが行われているが，99年版「21世紀に向けての年金制度改革」では，現行2階建て方式を維持しつつ，給付抑制の方向が打ち出され，2000年度には「信頼できる年金制度の確立」として，基礎年金への国庫負担率を引き上げたうえで，厚生年金も含めて，その給付額改定に賃金スライドは行わないなどの給付抑制，厚生年金等の保険料はボーナスも含めた総報酬制度にする，在職高齢者年金制度の導入などの改革を行うとともに，大型保養施設等を経営していた年金福祉事業団が廃止された。

　(11)「社会保障の構造改革」の一要素である「社会福祉の基礎構造改革」をとくに取り上げると，次の特徴がある。98年版白書は，「社会福祉の対象者は，一部の経済的な生活困窮者に限られず，いわば国民誰もが社会福祉の対象になり得るまでに普遍化しているのである」（白書1998年版：270）と記載し，この理解のうえで[7]，①サービス提供者と利用者の対等関係，②個人の多様な需要への地域の総合的支援，③サービスの質と効率性，④多様な提供主体の参入，⑤住民参加，⑥サービス内容や事業運営の情報公開，という改革の基本方針を

示している。この結果，2000年5月に「社会福祉法」と関連立法の改正が実施され，戦前からの経済保護の流れを汲む公益質屋法は廃止された。この改革の「画期性」は，行政処分である「措置」サービスから，利用者が事業者と対等な関係でサービスを選択し，利用するところにあるといわれてきている[8]。

そこで「障害保健福祉施策」についても，疾病構造の変化や高齢化により，誰もが直面する問題＝普遍化と捉えたうえで，①措置から利用（支援費制度），②知的障害者・児の事務の市町村委譲，③身体障害者生活訓練事業の見直しが行われた。なお「精神保健福祉士法」や「精神保健福祉法」改正も表6-10に示してある。保育所も同様に，利用者選択[9]，保育料の均一化，すべての児童への保育所での子育て相談，放課後児童健全育成事業の法への位置づけがなされている。

むろん要保護児童については「措置保護」が当然継続され，また児童以外でも，「対等な利用」の前提である選択や情報の入手や理解が困難な利用者が少なからず存在することを配慮した地域権利擁護制度の創設も記載されている。社会福祉事業の範囲の拡大，社会福祉法人の設立要件の緩和，運営の弾力化，知的障害者福祉等の事務を市町村へ委譲する等の地域福祉の推進は改革の一環である。また，市町村への事務の委譲だけではなく，家庭児童センターや保育所での子育て相談，2005年以降の地域包括支援センター等，地域密着型の社会福祉相談窓口の多様な導入がなされた。ただし，それにもかかわらず，社会福祉事業法が設定した福祉事務所と児童相談所等の<u>実施体制の根本的改革がなかった</u>ことに注目しておきたい。

また，改正に先立って児童福祉施設名称変更があり，教護院→児童自立支援施設，養護施設→児童養護施設，母子寮を母子生活支援施設へと，名称に「自立」がつけられるか，その目的に自立が明確化された。97年版白書の説明では，「いじめ，虐待の増加など，児童をめぐる問題が複雑・多様化していることに対応し，教護院について，家庭環境等の理由により生活指導等を要する児童も入所の対象とし，児童の自立を支援することを目的とする施設に改め，児童自立支援施設に改称するとともに，保護者のいない児童や虐待されている児童等が入所する養護施設については，施設の目的として児童の自立支援を図ることを明確化し，児童養護施設に改称するなど，児童福祉施設の名称や機能を見直すこととした」（白書1997年版: 241）とある。この説明はきわめてわかりにくい。児童の抱えている問題の複雑さ＝「入口」から施設目標が定められな

いので,「出口」で施設の目標を定めたといいたいのであろうか。すでに第5章で引用したように,1960年代にも,児童相談所が取り扱う児童の抱えている問題の多様さや,一時保護所への「混合収容状態」が指摘されており,これは「年齢」で区切った児童福祉行政の宿命ともいえるものである。したがって,ここでの名称変更は,社会福祉をおしなべて「自立」目的に揃えたいねらいが透けて見える。

以上の「社会福祉の基礎構造改革」の傍らで特筆されるのは,2000年版の「少子化への対応と子育て支援施策の推進等」の中で,児童虐待防止についての決議及び児童養護施設等の機能強化が挙げられている点である。やや遅い反応であるが,保育所,子育て支援を突出させてきた児童福祉行政が,もう1つの「現実」に目を向けざるをえなくなったといえようか。同様に「社会福祉の新たな展開」の最後にある「その他の社会福祉施策」に,ホームレス問題,生活保護制度への言及がある。むろん,ホームレス問題は大都市では1992年の暮れ頃から拡大してきた,新たな貧困問題であり,2000年頃に急に出てきたわけではない。

3.3 他の白書による補足

行政部署の所掌事務の違いから当然ともいえるが,表6-2の失業対策年鑑は時の経済動向に敏感である。88,90年度版はバブル経済の頂点の時期であるが,「地域間格差」や高年齢者の雇用問題は大きいとしたうえで,長寿社会の雇用ビジョンの必要性を説き,バブル経済がはじけて,雇用問題が深刻化した95年度版は阪神淡路大震災もあり,失業率の高まりへの懸念が示されている。先の表6-2の失業対策年鑑の2000年度版を参照すると,完全失業率は過去最高水準で推移との問題認識がある。

事業集合とその配列を,まず障害者雇用対策から確認しておこう。前述のように厚生省における「障害者保健福祉」集合の形成の傍らで,年鑑の雇用対策では88年度版に「身体障害者雇用促進法」を抜本改正した「障害者の雇用の促進等に関する法律」の施行が示されている。その内容は,①対象を障害者全般に拡大したこと,②実雇用率算定に精神薄弱者をカウントし,雇用調整金,報奨金の対象としたこと,③職業リハビリテーションの原則等が規定されたことである。③については,障害の〈**重度・重症・特定**〉がここでも「配慮」され,「障害の種類,程度等障害各人の特性に配慮した職業指導,職業紹介,

職業訓練等の職業リハビリテーションサービスを提供する」としている（1988年度版年鑑：189）。とくに ME 等技術革新の応用で，「これまで就労困難であった重度障害者にも新たな職域が開かれる可能性がある」（同上：205）とし，第3セクター方式（民間企業と地方自治体の出資）による重度障害者雇用企業の育成事業を開始したという。精神薄弱者の場合も同様な第3セクター方式による能力開発センター育成事業が，また精神障害回復者への職場適応訓練の実施も記載がある。

さらに，障害者雇用促進のための「国民運動」と称して日本障害者雇用促進協会による啓発活動や，職業生活相談員の育成も記載がある。「就労している障害者の福祉増進のため」教養文化施設，屋内体育館，プール等の施設の設置にも言及している。大企業のような福利厚生施設の少ない中小企業労働者向け福祉施設のようなものが，「**就労している障害者**」というカテゴリーで建設が進められていることにも注意が必要である。

障害者雇用以外で失業対策年鑑を見ると，特別雇用対策の配列はほとんど変化がなく，むしろ，88 年度版では民営化した国鉄労働者への対策が新たに加わり，古くからの問題の解決も職業転換や地域移動，あるいは能力開発によっても難しいことを示している。これらは，それ自体の中に宿舎建設や移動費用の提供等，たんなる雇用保障を超えた，狭義の福祉的要素を色濃くもっているが，同時に先に述べた厚生白書の「暮らしを支える社会福祉」というネーミングに代わったその他事業集合との「対象」の重なり合いが推測される。なお，労働省が手を焼いた戦後の失業対策事業は，95 年度版にその終息＝廃止が記されている。また 90 年度版では，同年から施行された改正入管法における，在留資格の範囲の拡大と整備（技能・技術労働者は受け入れるが，単純労働者は受け入れない），不法就労外国人対策を踏まえたうえで，①事業主への指導，②「**合法的外国人求職者**」への相談，援助，③不法就労の防止と出入国管理行政機関への情報提供の3つを実施し，外国人雇用にも積極的に対応する姿勢を見せている。

このように，この期の失業対策においては「**就労している障害者**」（またはその可能性のある求職者・訓練者），「**合法的な外国人求職者**」「**高年齢者**」というカテゴリーへの注目と，従来どおりの特別雇用対策事業の併存が見て取れる。なお 2000 年度には，特別雇用対策の最後 13 番目にホームレス対策が記載されている。この内容は，関係各省庁による「ホームレス問題連絡会」の設置である。

先に述べたように厚生白書の記載にもある。

　雇用保険については，何回か重要な見直しがなされている。1990年度版では，前年の1989年改正で，「**短時間労働被保険者**」カテゴリーの追加があったことが記されている。ここでの適用は1週間の所定労働時間が，同一の適用事業に雇用される「**通常労働者**」より短く，週所定労働時間が1/2～3/4の「**短時間労働者**」である。次の時期の厚生労働省において，若年者も含めた非正規労働者への社会保険の適応問題が1つの焦点となるが，雇用保険における「短時間労働被保険者」の追加は，その第一歩であった。ここでは「**通常労働被保険者**」「**短期労働被保険者**」というカテゴリー区分が形成された。併せて保険率の引き上げがあり，財政安定が図られた。

　1995年度版に記載してある94年の雇用保険法改正では，「高年齢雇用継続給付」と「育児休業給付」の創設がある。前者は，60歳に達した後の賃金が低下した場合に支給され，後者は1歳未満の子の養育のため休業する場合に支給される。他方で，一般被保険者の求職者給付率は引き下げられた。なお，高年齢者の雇用継続や継続給付の創設は，定年後の継続雇用の推進の一環であるが，当然老齢年金との調整問題を浮上させている。次いで1998年改正は，教育訓練給付と介護休業給付を創設している。前者は一定条件の被保険者，または被保険者でなくなった者が指定する職業訓練を受ける場合，費用の8割相当額を支給するとされた。なお，この98年改正では，早くも高年齢求職者給付金の額の引き下げ（半分へ）があり，財政問題が改善できていないことが窺える。

　2000年雇用保険見直しも雇用保険財政悪化を背景に，保険料率引き上げを含むが，それ以上に重要なのは，離職理由（自己都合か，倒産・解雇か）による給付日数の段階を設けたことである。ここで被保険者は，「一般被保険者（「自己都合」による離職者等）」，「**特定受給資格者**（倒産・解雇）による離職者」及び「**就職困難者**」の3つに区分され，「一般被保険者」には従来あった年齢区分がなくなり，被保険者期間のみで給付日数が決められることになった。

　この3つの区分は導入されたばかりの短時間労働被保険者にも適用された。社会福祉基礎構造改革が「普遍主義」を標榜している傍らで，労働者への求職者給付には，年齢や拠出期間のほか，「離職理由」による選別強化が加わったわけである。だが，自発的離職は，新たな産業や職種へ労働移動を自発的に志す人びとが当然含まれている。他方で，実質解雇であるにもかかわらず，自発

的離職に追い込む経営者も少なからず存在しよう。その意味で，この区分は労働移動を促すというより，滅私奉公を前提とした品格条項的ペナルティである。

次に，児童に関して，表6-3の教育白書に戻ってみよう。88, 90, 91, 95, 2000年度も，「特殊教育の振興」は「初等中等教育の改善・充実」の集合要素である。まず88年度版で「適正就学指導の充実」が掲げられ「心身の障害の種類と程度に応じた適切な教育を行うためには，障害の状態を的確に把握し，適切な就学指導を行うことが極めて重要であり，就学指導研究協議会の開催，体験入学の在り方について実践研究を行う研究校の指定等の施策を推進するとともに，昭和63年度においては，各都道府県が行う巡回就学相談事業を拡充している」(教育白書1988年度版: 222)としている。障害児をもつ母親たちが戸惑う「個別ニード」に沿った就学指導ということである。次いで教育内容の改善のため，教育課程審議会に対して，①教育課程の基準に関連して改善すべき事項，②児童生徒の障害の重度・重複化，多様化に対応した教育内容の在り方，③社会環境の変化や生徒の障害の多様化等に対応した高等部の教育内容の在り方，の3つを諮問している(同上: 222)。ここでは〈重度・重症・特定〉へのまなざしは，重度化や重複化，多様化というフレーズに置き換えられ，義務制に伴う教育側の課題が挙げられている。また③とも関わって，「雇用環境の変化や時代の要請に対応した職業教育，進路指導の在り方および労働，福祉等関係機関との連携の在り方について実践研究」が必要とされている。90年度版では，①幼稚部の教育課程の基準の設定，②心身の障害の状態に応じた指導の一層の充実，③高等部における職業教育の充実が課題とされ，また「通級学級の調査研究」を開始している。91年度版では，90年度と同様の内容に加えて，中学卒業後の進学率の低い地域における「養護学校高等部の設置促進」が加わっている。

95年度版では「特殊教育の振興」が「**障害に配慮した教育**」と表現が代わり，ただし「このような学校教育の一分野を特殊教育と呼び，障害の種類と程度に応じて，盲学校，聾学校および養護学校（総称して特殊教育諸学校）や小・中学校の特殊学級，または通級により特別の指導」と定義づけている(教育白書1995: 225)。大集合カテゴリーの表現が「配慮されたもの」になったわけである。また特殊教育の新たな課題として，①病気療養児の教育の充実，②学習障害児への指導　③盲・聾・養護学校高等部における職業教育の充実，④通級による指導の充実が挙げられている。①に関して白書は，近年の治療法の変化

もあって，入院期間が短期化したり，入退院を繰り返すなどの傾向が見られることから，「病気療養児の教育を病院等に併設しまたは隣接する病弱養護学校および小・中学校の病弱・身体虚弱特殊学級で教育されてきた」(同上：226) 従来の病児療養児教育の相応の見直しが必要としている。病院空間における医療・教育・福祉集合の位置づけが，医療の現実の変化の中で，揺らいでいる様子にも注意しておきたい。

このほか，教育白書では，同じ「初等中等教育の改善・充実」の要素としての「生徒指導・進路指導の充実」の中で，「登校拒否」と「高校中退」が増加していることが強調されており，カウンセリングや家庭訪問のほか，単位制を活かした履修の弾力化などの必要を挙げている。95年度版では，その前まではすでに数が減ったとしていた「いじめ」「校内暴力」について再び言及しており，保健主事，養護教諭のほか，スクールカウンセラーの活用が示唆されている。また95年度版から，「生涯学習の充実」の1つとして学校におけるボランティア教育の推進も掲げられている。

他方，90年版犯罪白書（表6-4，235頁）では「第3編 少年非行と非行少年の処遇」の集合の中で「学校でのいじめ」の定義がなされている。すなわち「単独または複数で，特定人に対して，身体への物理的攻撃のほか，言動による脅し，いやがらせ，仲間はずれ，無視などの心理的圧迫を反復継続して加えること」としている（犯罪白書1990年版：231）。ただし，「いじめ」には多様なものがあり，何を犯罪として扱うかは難しいとも述べている。なお95年版犯罪白書では「少年非行」の7割は「実父母が揃った家庭」，9割が「経済的に普通以上の家庭」で，養育態度は「放任」の非行が増加しているとしている。この根拠となっている法務省調査では，家庭の生活水準を，上，中，下で示しているが，その基準は示されていない。また「非行が『遊び』感覚で行われ，幼児的な，けじめのない日常としての広がり」をもち，「いつでも，どこでも，だれによってでも起こされ得る」としている（犯罪白書1995年版：175）。これは犯罪の内容として，万引き，自動車や自転車の盗み，無免許運転，女子では性的逸脱などが多いことからの判断のようである。

このほか，1990年版から記載のある「犯罪被害とその国家的救済」は新たな事業として犯罪被害者への給付金制度（遺族給付金，障害給付金）が加わったことを示している。また法務省としては90年に「行刑法」の改正案を練り，国会提出をしているが，廃案が繰り返されている。

4 21世紀に向けての社会福祉像？（2001〜2010年）

2000年までの「社会保障の構造改革」は，「少子高齢化」が一層進むであろう21世紀日本へ向けての戦後社会保障・社会福祉体制の「構造変革」として着手されており，当然それは2001年度以降の改革を方向づけるものとして示されていた。この21世紀初頭には厚生省と労働省が合併する大機構改革もあり，1990年代半ば以降の新たな社会問題への対処も迫られていた。それが明確に表面化するのは2008年，米国投資銀行リーマン・ブラザーズの破綻による金融恐慌前後である。

4.1 厚生労働省の問題認識

まず，章末表6-11の詳細版で厚生労働省の問題認識を見てみよう。全般的にいえば，白書の問題認識は，この前の時期と大きな変化はない。「生涯を通じた健康づくり，介護予防，障害を持っても残存能力の維持・向上」（2001年版）「活力ある高齢者像」（2003年版）「生涯を通じた自立と支え合い」（2008年版）などのフレーズは，この前の時期から登場している「自立」や「支え合い」の強調である。とりわけ，2001年版は，その副題にもあるように，「個人の自立」を強調し，「自立」の定義を，「心身の自立」「経済的自立」とし，さらに「家族，職場，地域社会」という「場」への参加がその自立を支え，活かすと捉えている。したがって厚生労働省は，「自己の能力を最大限に発揮し，個性を活かして生きていこうとする個人を，生涯にわたり支援していきたい」（白書2001年版: 159）と述べるに至る。だが，2002年版を見ると「現役世代の生活像——経済的側面を中心として」の副題にあるように，不況の中での日本型雇用慣行それ自体の変化，若年非正規雇用の増大などの問題への危機感が一応表明されている。これは労働省との合併の影響もあろうが，人口構造の変化だけでなく，あるいはそのような人口構造の変化の要因でもある，バブル崩壊後の経済・雇用環境を直視せざるをえなかった，といえようか。

また，この前の時期から積極的に取り上げられている少子化については，2003年版では，「結婚の変化，現役世代の長時間労働，子育て世代の生活の苦しさ等，が子育て力を削ぎ，児童虐待や出生率にも影響が及んでいる」（表6-11）と，問題認識が具体的になっている。

その他で変化が見られるのは，2005年版が「地域」をテーマとして取り上げ，地域格差への言及とともに地域における社会福祉の「担い手」発掘への期待を強く打ち出している点である。これは，すでに実施されてきた地方分権や基礎構造改革の流れとも関わり，後に述べるようにこの2005年に「地域包括ケアセンターの設置」が出てくることと合致している。だが，興味深いことに，「地域」は，少なくとも厚生労働白書の問題認識レベルでは，この年度と，翌2006年版の問題認識の最後に「地域での支え合い」が出てくる程度である。ただし後述のように，あらゆる制度は地方分権化の中で，「地域密着」を強調せざるをえなくなり，各事業においては，地域格差を前提に，あるいは「地域の実情にあわせて」という表現で，中央政府の「指導」や「モデル」の提示がなされていくことになる。

　2007年版は医療構造改革であり，ここでは「医療保障の構造改革」ではなく「医療構造改革」となっている。むろんねらいは医療保険の財政拡大への警戒であり，そのために〈予防重視〉や生活習慣病の重大性が指摘されている。2009，2010年版は，政権交代の影響があり，2009年版は「自立した生活の経済的基盤としてのセーフティネット」までは従来と同じであるが，「非正規労働者」「生活困窮者」の用語が使われている。2010年版は，年金記録や職員の収賄事件等スキャンダルを背景とした，福祉官僚制へ挑戦とも読める。

4.2　事業集合とその配列（2001～2010年）

　では，2001年版からはどのような事業集合が見いだされるだろうか。2つの省の合併であるから，当然その事業種類は増え，並び方も変わってくる。表6-6の「厚生労働行政の動き」の簡略版で確認すると，まず大集合として「安心・信頼してかかれる医療の確保」（1医療保険，2医療提供制度，3政策医療を担う国立病院・療養所），次いで従来の保健分野に当たるものとして「健やかで安全な生活の確保」（1健康づくり対策，2難病対策等の推進，3新たな感染症対策，4医薬品の安全性の確保）が配列されている。その下に「労働者が安心して快適に働くことができる環境整備」（1労働条件の改善，2労働者の安全と健康の確保，3迅速・適正な労災補償の実施）がきて，その後にこれまで失業対策年鑑で参照してきた「労働者の職業の安定」（1労働力需要のミスマッチ解消，2雇用機会の創出と雇用の安定，3失業なき労働移動，4雇用保険）及び「労働者の職業能力の開発・向上と能力発揮の環境整備」が続く。

表6-6 厚生白書（2001～10年版）簡略表

2001		2002
主な厚生労働行政の動き	5 戦没者の追悼と中国残留邦人対策	主な厚生労働行政の動き
安心・信頼してかかれる医療の確保	高齢者が生きがいを持ち安心して暮らせる社会づくりの推進	我が国の社会保障の現状
1 医療保険制度の改革 2 医療提供体制の見直し 3 政策医療を担う国立病院・療養所		1 社会保障を取り巻く環境の変化 2 社会保障の所得再分配効果 3 今後の社会保障制度改革
	1 高齢者雇用の推進 2 長期的に安定した信頼される年金制度確立 3 介護保険制度の定着	国民が安心できる医療の確保
健やかで安全な生活の確保		1 持続可能な医療保険制度確立
	行政体制の整備等	健やかな生活を送るための取組み
1 健康づくり対策 2 難病対策等の推進 3 新たな感染症対策 4 医薬品の安全性の確保	1 規制改革と地方分権の推進 2 公益法人への指導監督 3 情報化の推進 4 情報公開 5 政策評価の取組み	1 心身とも健やかな生活を支える取組み 2 難病・感染症対策の推進 3 新たな感染症対策
労働者が安心して快適に働くことができる環境整備		医薬品，食品の安全性の確保
1 労働条件の確保・改善 2 労働者の安全と健康の確保 3 迅速・適正な労災補償の実施		1 薬事法及び採血及びあっせん業取締法一部改正 2 HIV問題，クロイツフェルト・ヤコブ病問題の反省 3 薬物乱用防止対策
労働者の職業の安定		労働者の職業の安定
1 労働力需給のミスマッチ解消 2 雇用機会の創出と雇用の安定 3 失業なき労働移動の支援 4 雇用保険制度の適切な運営		1 総合雇用対策 2 労働力需給ミスマッチ解消 3 雇用機会の創出と雇用の安定
労働者の職業能力の開発・向上と能力発揮の環境整備		労働者の職業能力の開発・向上と能力発揮の環境整備
1 新たな職業能力開発体系の整備 2 現下の雇用情勢に対応した能力開発（IT化や学卒未就業者対策） 3 職業能力開発のための各施策（教育訓練給付金等）		1 労働者のキャリア形成のための労働市場の整備 2 現下の雇用情勢に対応した能力開発 3 職業能力開発のための各施策
男女がともに能力を発揮し，安心して子どもを産み育てることができる社会づくりの推進（労働省女性局と厚生省児童家庭局が統合＝雇用均等・児童家庭局設置）		安心して働ける環境づくり
		1 多様な働き方を可能とする労働環境整備 2 健康で安心して働ける職場づくり
1 女性が能力を発揮できる雇用環境整備 2 少子化対策の推進		安心して子どもを産み育て，意欲を持って働ける社会環境の整備
障害者の自立，社会参加と地域福祉の推進		1 子育て支援策の充実 2 仕事と育児・介護の両立支援対策の推進 3 雇用の分野における男女の均等な機会と待遇の確保対策の推進
1 障害者プランの推進 2 障害者雇用の推進 3 障害者保健福祉施策の見直し 4 地域福祉の推進		

＊編，部，章，節のタイトルも長いものは省略している。

2002（続き）	2003	
4 多様な就業ニーズを踏まえた女性能力発揮促進 5 児童虐待及び配偶者からの暴力への対策の充実 6 総合的な母子家庭等対策の推進	主な厚生労働行政の動き	健やかな生活を送るための取組み
	安心して子どもを産み育て，意欲を持って働ける社会環境の整備	1 心身ともに健やかな生活を支える取組み 2 難病・感染症対策等の推進
障害者施策と地域福祉の推進	1 子育て支援対策の充実 2 仕事と育児・介護の両立支援対策の推進 3 雇用の分野における男女の均等な機会と待遇の確保 4 多様な就業ニーズを踏まえた女性の能力発揮の促進 5 児童虐待対策及び配偶者からの暴力への対策の充実 6 総合的な母子家庭対策等推進	障害者施策と地域福祉の推進
1 障害者雇用の促進 2 障害者保健福祉施策の推進 3「地域福祉の推進」 4 戦没者の追悼と中国残留邦人対策		1 障害者雇用対策の推進 2 障害者保健福祉施策の推進 3 社会的な支援を要するさまざまな人たちの社会環境の整備 4 戦没者の追悼と中国残留邦人対策
高齢者が生きがいを持ち安心して暮らせる社会づくりの推進		行政体制の整備
1 高年齢者雇用の推進 2 介護保険制度の定着 3 ゴールドプラン21と介護予防生活支援の取組み推進 4 長期的に安定した信頼される年金制度の構築	労働者の職業の安定	1 政策医療を担う国立病院・療養所 2 規制改革の推進
	1 雇用情勢の変化に対応した機動的かつ効果的な対策の展開 2 良好な雇用機会の創出・確保等 3 若年者の就職に向けた総合的な雇用対策の推進 4 安心して働ける雇用環境の整備	
行政体制の整備	労働者の職業能力の開発・向上と能力発揮の環境整備	
1 政策医療を担う国立病院・療養所 2 規制改革の推進	1 労働者のキャリア形成支援の推進	
	安心して働ける環境づくり	
	1 厳しい経済情勢下での労働条件の確保・改善 2 多様な働き方を可能とする労働環境の整備等 3 健康で安心して働ける職場づくり	
	高齢者が生きがいをもち安心して暮らせる社会づくりの推進	
	1 高年齢者の雇用の推進 2 介護保険制度の着実な実施 3 長期的に安定した信頼される年金制度の構築	
	国民が安心できる医療の確保	
	1 持続可能な医療保険制度の確立 2 安心で質の高い医療提供体制の充実	
	医薬品，食品の安全性の確保	
	1 医薬品，医療機器等の安全性の確保	

2004		2005
主な厚生労働行政の動き	1 持続可能な医療保険制度	主な厚生労働行政の動き
安心して子どもを生み育て，意欲を持って働ける社会環境の整備	2 安心で質の高い医療提供体制の整備	安心して子どもを産み育て，意欲を持って働ける社会環境の整備
1 次世代育成支援対策 2 児童虐待防止対策など児童の保護・支援の充実 3 仕事と家庭の両立支援対策の推進 4 女性の能力発揮支援及び多様な就業ニーズへの支援 5 母子家庭施策と配偶者からの暴力への対策の充実	医薬品・医療機器等の安全性確保	1 次世代育成支援対策 2 次世代育成支援対策関連3法の改正 3 次世代育成支援に向けた各種の施策展開 4 児童虐待防止対策など児童の保護・支援の充実と配偶者からの暴力への対策の充実
	1 HIV問題及びクロイツフェルト・ヤコブ病問題と医薬品・医療品機器等による健康被害への反省 2 血液事業 3 薬物乱用防止対策	
	健やかな生活を送るための取組み	高齢者が生きがいを持ち安心して暮らせる社会づくり推進
労働者の職業の安定	1 難病対策等の推進	1 長期的に安定した年金制度の構築 2 高齢者の雇用の推進 3 健康で豊かな高齢社会のために
1 早期再就職促進のための支援策 2 失業者の特性に応じたきめ細かな就職支援の実施 3 地域主導による雇用対策の促進 4 若者自立・挑戦プランの推進 5 安心して働ける環境づくり	行政体制の整備	
	1 政策医療推進のための新たな仕組み	雇用のミスマッチの縮小のための雇用対策の推進
労働者の職業能力の開発・向上		1 地域における雇用創造の支援 2 民間との共同・連携による就職支援 3 労働移動，人材確保対策の推進 4 安心して働ける雇用環境整備
1 労働者のキャリア形成促進 2 若者自立・挑戦プランに基づく職業能力開発の推進		
安心して働ける環境づくり		若者を中心とした人間力の強化
1 厳しい経済情勢下での労働条件確保・改善等 2 多様な働き方を可能とする労働環境整備等 3 健康で安心して働ける職場づくり		1 若者自立・挑戦プランの推進 2 企業ニーズに対応した職業能力開発の推進 3 キャリア形成支援の条件整備
		安心して働ける環境づくり
高齢者が生きがいを持ち安心して暮らせる社会づくりの推進		1 労働条件の確保・改善等 2 多様な働き方を可能とする労働環境整備 3 健康で安心して働ける職場づくり 4 公正な働き方の推進
1 高齢者の雇用の推進 2 健康で豊かな高齢社会のために 3 長期的に安定した信頼される年金制度の構築		
		国民が安心できる医療の確保
障害者施策と地域福祉の推進		1 持続可能な医療保険制度の確立 2 安心で質の高い医療提供体制整備
1 障害者雇用対策の推進 2 障害者保健福祉施策の推進 3 社会的な支援を要する様々な人たちの社会環境整備 4 戦没者の追悼と中国残留邦人対策		
		健やかな生活を送るための取組み
		1 国民健康づくり運動 2 難病・感染症対策の推進
国民が安心できる医療の確保		

2005（続き）	2006	
障害者施策と地域福祉の推進	主な厚生労働行政の動き	対策
1 障害者雇用対策の推進 2 障害者保健福祉施策の推進 3 社会的な支援を要する様々な人たちへの社会環境整備 4 戦没者の追悼と中国残留邦人対策	生涯にわたり元気で活動的に生活できる社会の構築	安心安全な職場づくり
	1 「健康フロンティア戦略」の推進	1 労働条件の確保・改善等 2 健康で安心して働ける職場づくり 3 多様な働き方を可能とする労働環境整備 4 公正な働き方の推進
医薬品，食品の安全性確保	次世代育成支援対策の更なる推進	
1 医薬品・医療機器等の安全性の確保 2 食品安全性確保のための対策	1 次世代育成支援対策	
	フリーター，ニート等若者の人間力の強化と職業能力開発の推進	安全・安心で質の高い医療の確保
行政体制の整備		1 医療供給体制の改革 2 感染症・疾病対策 3 安定的で持続可能な医療保険制度
1 規制改革の推進 2 情報開示	1 職業能力開発促進法の改正 2 「若年の自立・挑戦のためのアクションプラン（改訂版）」 3 企業ニーズ等に対応した職業能力開発の推進 4 キャリア形成支援のための条件整備	
		医薬品，食品の安全性確保
		1 医薬品・医療機器等の安全性確保 2 食品安全性確保のための対策
	雇用のミスマッチの縮小等のための雇用対策の推進	行政体制の整備
	1 雇用情勢に対応した機動的・効果的な対策 2 地域における雇用創造の支援 3 地域に密着した産業雇用の再生・強化 4 民間との共同・連携による就職支援 5 安心して働ける雇用環境の整備	1 医療・福祉・雇用・労働分野の規制改革の推進 2 情報化の推進 3 社会保険庁の信頼回復の取組み
	高齢者が生きがいを持ち安心して暮らせる社会の実現	
	1 持続可能な介護保険制度の構築と関連施策 2 高齢者雇用対策 3 持続可能で安心できる年金制度の構築 4 安定的で効率的な年金制度の運営の確保	
	障害者の自立支援と地域福祉の推進	
	1 障害者保健福祉施策の推進 2 障害者の雇用・就労支援と職業能力開発の充実 3 社会的な支援を必要とする様々な人たちへの支援と福祉サービス提供のための基盤整備 4 戦没者の追悼と中国残留邦人	

2007		2008
主な厚生労働行政の動き	1 「フリーター25万人常時雇用化プラン」の推進 2 若者の働く意欲と能力を高めるための総合的な取組み 3 学生から職業人への円滑な移行の実現 「キャリア教育等推進プラン」策定	第2部 主な厚生労働行政の動き
心身ともに健康な生活と安心で質の高い効率的な医療の確保等のための施策の推進		心身ともに健康な生活と安心で質の高い効率的な医療の確保等のための施策の推進
1 「健康日本21」による生活習慣病対策等の推進 2 「介護予防10カ年戦略」による効果的な介護予防対策 3 「食育」の推進 4 感染症・疾病対策の推進 5 安全・安心で質の高い医療提供体制の充実 6 安定的で持続可能な医療保険制度運営の確保	雇用のミスマッチの縮小等のための雇用対策の推進	1 「新健康フロンティア戦略」の推進 2 「健康日本21」による生活習慣病対策と食育の推進 3 「介護予防10カ年戦略」による介護予防対策の推進 4 感染症・疾病対策の推進 5 安定的で持続可能な医療保険制度運営の確保 医療保険制度改革施行
	1 雇用対策法・地域雇用開発促進法改正 2 成長分野等における労働力確保 3 ハローワークサービスの見直し 4 各種就労支援対策の推進 5 雇用保険法の一部改正	
少子化の流れを変えるための更なる次世代育成支援対策の展開	高齢者が生きがいを持ち安心して暮らせる社会の実現	公正かつ多様な働き方の実現と働く人たちの安全の確保
1 次世代育成支援対策の更なる推進 2 すべての家庭を対象とした地域子育て支援対策 3 待機児童ゼロ作戦など保育サービス充実 4 仕事と子育ての両立など仕事と生活のバランスのとれた働き方の実現 5 児童虐待防止対策など子どもの保護・支援の充実と配偶者からの暴力への対策の充実 6 母子保健施策の充実 7 母子家庭等自立支援施策の充実 8 児童手当の拡充	1 改正介護保険の推進 2 高年齢者等の雇用・就業対策の充実 3 持続可能で安心できる年金制度構築	1 公正かつ多様な働き方の実現 2 安心・安全な職場づくり 3 雇用保険制度の見直し(前年改正)
	障害者の自立支援と地域福祉の推進	経済社会の活力の向上と地域の活性化に向けた雇用・能力開発対策の推進
	1 障害者就労支援施策の充実強化 2 障害者に対する雇用・就業支援と職業能力開発推進 3 社会的な支援を要する様々な人たちへの支援と福祉サービスの提供のための基盤の整備 4 戦没者の追悼と中国残留邦人対策	1 経済社会の活力の向上へ向けた人財立国実現
		新たなチャレンジをめざす若者等への支援
安心・安全な職場づくりと公正かつ多様な働き方の実現	医薬品・食品の安全対策の推進	1 若者の人間力の強化と働く意欲の向上 2 女性の意欲・能力をいかした再就職・起業の実現 3 障害者の職業的自立に向けた就労支援の総合的推進 4 困難な状況を克服し,再就職をめざす人たちへ支援
1 アスベスト対策 2 安心・安全な職場づくり	1 医薬品・医療機器等の安全性確保 2 国民の健康保護のための食品安全性対策の推進	
各世代に必要とされる能力の開発・向上の促進	行政体制の整備	人口減少社会の到来を踏まえた少子化対策の総合的推進
1 成長過程にある若者の職業人としての自立の促進 2 社会の中核である壮年者層の能力開発の促進 3 高齢者のキャリア形成の支援 4 キャリア形成支援のための能力開発基盤整備	社会保険庁廃止・解体 日本年金機構の発足	1 総合的な次世代育成支援対策の推進 2 地域の子育て支援対策の推進 3 多様な保育サービスの充実と総合的な放課後児童対策 4 母子保健施策の充実 5 児童虐待への対応など要保護児童対策等の充実 6 母子家庭等自立支援対策の推進
フリーター,ニート等若者の人間力の強化の推進		

2008（続き）	2009	
高齢者等がいきいきと安心して暮らせる社会の実現	第2部 主要な厚生労働行政の動き	5 生活保護制度の適正な実施等 6 福祉・介護サービス従事者の確保・養成の推進 7 戦没者の追悼と中国残留邦人対策
1 介護保険制度と関連施策の推進 ①介護保険及び老人福祉法の一部改正 ②高齢者虐待防止策 2 いくつになっても働ける社会の実現 3 持続可能で安心できる年金制度構築	健康な生活と安心で質の高い医療の確保等のための施策の推進	障害者の自立支援の推進
	1 総合的な健康づくり施策の推進 2 感染症・疾病対策の推進 3 安定的で持続可能な医療保険制度運営の確保	1 障害者の自立生活を支援するための施策 2 精神障害者の地域移行を支援するための施策の推進 3 発達障害者支援施策の推進 4 障害者の職業的自立に向けた就労支援の総合的推進
障害者の自立支援と地域福祉の推進	働く人を大切にする雇用・労働施策の推進	国民の安全と安心のための施策推進
1 障害者就労支援施策の充実強化 2 発達障害者支援施策の充実 3 社会的な支援を要する様々な人たちの社会環境整備 4 戦没者の追悼と中国残留邦人対策	1 困難な状況を克服し再就職や安定雇用をめざす人たちへの支援 2 ジョブ・カード制度の普及推進 3 中小企業の人材確保支援とものづくり立国 4 若者の雇用・生活の安定と働く意欲の向上	1 医薬品・医療機器による健康被害への反省 2 医薬品・医療機器の安全対策，提供体制 3 自殺対策の推進
国民の安心と安全のための施策推進	仕事と生活の調和と公正かつ多様な働き方の実現	国際社会への貢献と外国人労働者問題等への適切な対応
1 C型肝炎訴訟等への対応 2 より良い医薬品を安全に提供するための対策 3 国民の健康保護のための食品安全対策 4 自殺予防対策の推進	1 仕事と生活の調和の実現 2 持続的なキャリア形成の実現 3 公正かつ多様な働き方を実現できる労働環境の整備 4 安心・安全な職場づくり 5 雇用保険制度の見直し	外国人労働者問題等への適切な対応
行政体制の整備		行政体制の整備
社会保険庁の廃止・解体 日本年金機構の発足	人口減少社会の到来を踏まえた少子化対策の推進	1 年金記録問題等への対応 2 社会保険・労働保険徴収事務一元化
	1 総合的な次世代育成支援対策の推進 2 地域の子育て支援 3 児童虐待への対応など要保護児童対策等の充実 4 母子家庭等自立支援対策の推進 5 母子保健施策の充実	
	高齢者等がいきいきと安心して暮らせる社会の実現	
	1 介護保険制度の着実な実施と関連施策の推進 2 いくつになっても働ける社会の実現 3 持続可能で安心できる年金制度構築 4 地域における様々なニーズに対応した福祉活動等	

2010

第2部 現下の政策課題への対応	7 戦没者の追悼と中国残留邦人に対する援護施策
参加型社会保障の確立に向けて	障害者の地域生活の支援
1 社会保障の役割の再定義──保護型から参加型（ポジティブ・ウェルフェア）へ 2 誰もが安心して暮らせる社会保障制度の実現 3 ナショナルミニマムの構築 4 少子化社会への対応──子育て支援策を中心に 5 ひとり親家庭の自立の支援 6 母子保健 7 仕事と子育ての両立支援	1 障害者の保健福祉政策 2 精神障害者に対する地域生活への移行支援 3 発達障害者に対する支援 4 障害者の職業的自立に向けた就労支援の総合的推進
	国民の安全と安心のための施策推進
	1 医薬品・医療機器による健康被害への対応 2 薬物乱用防止対策 3 医薬品・医療機器の安全対策・提供体制 4 食品安全対策 5 自殺対策の推進
健康な生活と安心で質の高い医療の確保	
1 質の高いサービスの安定的な提供 2 感染症や疾病などへの対策 3 半世紀を超える国民皆保険の運営	国際社会への貢献と外国人労働者問題などへの適切な対応
	1 外国人研修・技能実習制度の適正な実施 2 外国人労働者問題への適切な対応
厳しい経済環境の下における雇用・生活安定の確保	行政体制の整備
1 雇用状況の改善の緊急対策 2 職業能力の開発を支援する仕組み 3 若者の自立の実現 4 女性の就業希望の実現 5 地域の雇用機会確保と中小企業支援	1 年金記録問題等への対応 2 社会保険・労働保険徴収事務一元化 3 厚生労働分野におけるIT活用
安心・納得して働くことのできる環境整備	
1 安心・納得して自らの働き方を選択できる環境整備 2 仕事と生活の調和 3 安心・安全な職場づくり	
高齢者を始めとする人々がいきいきと安心して暮らせる福祉社会の実現	
1 安心で質の高い介護サービスの確保 2 福祉・介護人材確保対策 3 いくつになっても働ける社会の実現 4 50年を迎える国民年金の運営 5 地域福祉の再構築 6 生活保護制度の適正な実施等	

この後に，長いタイトルの「男女がともに能力を発揮し，安心して子どもを産み育てることができる社会づくりの推進」が配置されているが，これは旧厚生省の児童家庭局と旧労働省の女性局が合併した「雇用均等・児童家庭局」の所管になる事業である。集合要素としては，「1 女性の雇用環境整備」，「2 少子化対策」の 2 本立てである。次いで「障害者の自立・社会参加と地域福祉の推進」の事業集合があるが，この要素集合は，「1 障害者プランの推進，2 障害者雇用の推進，3 障害保健福祉政策の見直し」の 3 要素がまずきて，次いで「4 地域福祉の推進」，最後に「5 戦没者，中国残留邦人」という順になる。なお，大臣官房に位置づけられてきた障害保健福祉部は，合併後は社会・援護局の「部」として配置されている。
　高齢者は別建てになって「高齢者が生きがいを持ち安心して暮らせる社会づくりの推進」という大集合に，「1 高齢者雇用，2 年金，3 介護保険」の 3 要素が含まれる。介護保険は，合併後に老人保健福祉局から「老健局」所掌となったが，老健局は老人保健福祉局の中にあった老人医療制度を保険局に移し，介護保険の実施という観点から再編したものと記載されている。最後の「行政体制の整備」には，「1 規制改革と地方分権，2 公益法人への指導監督，3 情報化の推進，4 情報公開，5 政策評価の取組み」となる。表 6-11 の詳細版も含めてみるとこの 2001 年版の事業集合は，その配列や集合自体の名称に変更を加えつつ，2010 年版までの間に，以下の特徴を示している。
　（1）旧厚生省の事業集合のうち，「安心・信頼してかかれる医療の確保」と「健やかで安全な生活の確保」を除けば，どの事業集合においても，「雇用」や「働く」ことが要素に含まれ，とくに 2004 年版までは，「高齢者雇用の推進」が「高齢者が生きがいを持ち安心して暮らせる社会づくりの推進」の要素集合の第一となっている。むろんもともと労働省の下で展開されてきた障害者就労支援は障害者施策の主要素となっている。
　（2）雇用や労働が挿入されたためか，旧厚生省の政策展開の中で形成された「老人保健福祉」は，「高齢者が生きがいを持ち安心して暮らせる社会づくりの推進」の中の中項目集合には含まれておらず，他方で「障害者保健福祉」集合は，2006 年版までは「障害者の自立，社会参加と地域福祉の推進」または「障害者施策と地域福祉の推進」の要素集合の位置に落とされ，その後は消えている。
　（3）この 2001 年版以降，事業集合としては「社会福祉」という用語はまっ

たく使われていない。「高齢者」と「児童」及び「母子」カテゴリーはそれぞれ独立し、後者は「安心して子どもを産み育て、意欲を持って働ける社会環境の整備」の事業集合となっている。なおこの事業集合は2003〜2005年版の3年間は全体の筆頭集合の位置にあり、表6-11の詳細版を見ると、2003年版に児童福祉法一部改正があり、現行の児童福祉法は主として、要保護児童や保育に欠ける児童に着目してきたが、今回改正は専業主婦家庭の孤立や負担感、地域の子育て機能低下に対応したものとの説明がある。他方で増大する保育需要や放課後児童の健全育成対策も緊急課題に挙げられているが、同時に児童虐待防止対策やDV対策が置かれている。2004年版では子育て支援が「次世代育成支援」という用語に変わる。これは2004年には合計特殊出生率が1.29％となったことや、2003年の「少子化社会対策基本法」及び「次世代育成支援対策推進法」の成立と関わっていよう。「次世代育成支援」関連3法改正は2004年に実施されている。ただし、児童福祉法改正では児童虐待防止、児童手当法の支給対象年齢の引き上げが示されている。詳細版表6-11では、2008年版以降、虐待問題との関連の下で、社会的養護体制の見直しを掲げている。要養護児童カテゴリーのカムバックである。またDV対策は、売防法の婦人相談所の新たな対象として委ねられていく点にも注意したい。なお、「安心して子どもを生み育て、意欲を持って働ける社会環境の整備」事業集合の最後の節にある「総合的な母子家庭等対策の推進」は表6-11にあるように、2003年版で再構築を図ると宣言されている。これは「戦争未亡人対策から始まり50年の歴史を持つ母子家庭等対策を根本的に見直し、新しい時代の要請に的確に対応できるよう」（白書2003年版:218）にするためだと説明がある。ここでは自立支援に主眼を置いた明確なワークフェア対策への転換と共に、「子を監護しない親からの養育費の支払いの確保を図る」（同上:218）ことが意図された。

　(4) 上で述べた児童虐待対策にもリスク、予防、早期発見という、保健的手法が当てはめられている。むろん、介護においても介護予防がより強調され、介護保険定着の一要素として「介護予防・生活支援」の取り組みが奨励され、2005年版では「予防重視型システム」「地域包括ケアセンター設置の推進」が掲げられた。2010年版には「地域包括ケアシステム」と表現が変わり、「医療との連携」「介護サービスの充実強化」「多様な生活支援サービスと権利擁護」「高齢者住宅」の4つの要素が明示されている[10]。同様に、2001年版で措置から利用制度（支援費制度）へと変化した障害者保健施策の推進も、予防と治療、

医学的・職業的リハビリテーション，地域生活支援等が次々と記載されていき，2005年版では，福祉的就労から一般就労が促されている。ただし，翌2006年版の障害者自立支援法の内容記載では，雇用契約に基づく就労が可能な者へ一般就労への移行支援＝就労継続支援事業（A型）と一般企業等の雇用に結びつかない者や，一定年齢に達している者に対し，雇用契約は結ばずに就労の機会を提供＝就労継続支援事業（B型）に分けているので，福祉的就労から一般就労へといっても現実的ではないことが反省されたのかもしれない。

（5）難病対策，小児特定慢性疾患対策では，前の時期に鮮明となった〈重度・重症・特定〉への焦点化がさらに進む。高齢者医療制度においても，「**前期高齢者**」「**後期高齢者**」の区分と，後者への重点化，老人医療の対象年齢の段階的引き上げが図られ，後期高齢者医療制度の創設（2008年版）に至る。また病院も「**一般病床**」「**療養病床**」に区分された。他方で，原爆被爆者対策は手当等を拡大し，「難病等」カテゴリーの一要素に落とし込まれたハンセン病については国家賠償を受け入れたことの記載がある。後者2つは，訴訟が介在したこともあるが，〈補償の系列〉の意味合いが強いからであろうか。

（6）消えてしまった社会福祉は，「地域福祉の推進」として置き換えられ，その後に「戦没者の追悼と中国残留邦人対策」がくるという配置になっている。この変化は，「社会福祉の基礎構造改革」によって成立した社会福祉法が，その（目的）を，「<u>福祉サービスの利用者の利益の保護及び地域における社会福祉の推進（以下「地域福祉」という）の推進を図るとともに</u>，社会福祉事業の公明かつ適正な実施の確保及び社会福祉を目的とする事業の健全な発達を図り，もって社会福祉の増進に資することを目的とする」（1条）としたことに根拠があるかもしれない。アンダーラインが新法で加えられた部分である。ここでは，目的のゴールは「社会福祉の増進」であるが，社会福祉法に新たに加えられた「利用者の利益の保護」と「地域福祉の推進」にウエイトが置かれ，狭義の社会福祉を「地域福祉」と読み替えたものと判断できる。問題認識における「地域」の扱いに比べて，事業集合の中では「地域福祉」が強調され，2008年版までは障害者対策と抱き合わせで，政権交代後の2009, 10年度は高齢者対策と抱き合わせで，従来の「社会福祉」事業集合に取って代わっている。なお，「社会福祉」集合の消滅に加えて，中項目から「生活保護」（ないし公的扶助）が消えたのは，2001～2008年版である。2009, 10年版は，「地域福祉」と切り離されて，「生活保護」が出てくるのは新政権のナショナルミニマムの強調と

一致しているように見えるが，母子加算の復活を除けば，「生活保護制度等の適正実施」であり，自立の強調であったことにも注意しておきたい。

ところで，この「地域福祉」とは何を意味していたのか。章末の表6-11の詳細版で追ってみると，2001年版が，①社会福祉基礎構造改革の推進，②ホームレス対策，③生活保護，2002年版は，前年の①の内容が細分化されて，①地域福祉計画策定の支援，②福祉人材の質の向上，③地域福祉権利擁護事業の普及，④福祉サービスに関する苦情解決事業，第三者評価事業の推進，⑤ボランティア活動の振興，⑥社会福祉法人制度の適正な運用のほか，⑦生活福祉資金の拡充，⑧生活保護制度，⑨ホームレス対策（自立支援法の策定）が配置されている。2003年版以降も，内容としては類似のものである。2004年版「地域福祉の推進」は大項目の集合名の一部のみになり，要素集合としては「社会的支援を必要とするさまざまな人たちの社会的環境整備」という名称で，やはり低所得者・災害被災者，サービスを担う多様な主体，福祉サービス利用体制の整備等が記載されている。それ以降の年版でも，類似の内容が見て取れる。2009年版の「地域における様々なニーズに対応した福祉活動等」は，①地域福祉の再構築，②消費生活協同組合，③地域生活定着支援事業の実施（刑務所出所者），④ひきこもり対策推進事業が列挙されている。2010年版の「地域福祉の再構築」も，①安心生活創造事業や「セーフコミュニティ」への取組み，②消費生活協同組合，③地域生活定着支援事業，④ひきこもり対策推進事業が挙げられている。

これらは，基礎構造改革の推進，地域福祉計画の位置づけを除けば，表6-9, 6-10における「社会福祉」という大項目集合の要素集合「その他の社会福祉」「暮らしを支える福祉」などとして位置づけられてきた内容とほとんど変わりがない。もちろん，低所得者対策だけでなく生活保護制度も「地域福祉」とした点と，ホームレスや地域生活定着事業，ひきこもりなどの新たな問題への対応は異なる。だがここでの地域には，第5章で触れたような「特定地区」としての具体空間のイメージはなく，たんに「住民に身近な地域」一般＝地方分権が前提にされているだけである。つまり従来は「社会福祉」という大集合の要素であった老人福祉，児童福祉，心身障害者福祉以外の事業を示した集合が，基礎構造改革の（理念としての）「地域福祉の推進」と結びつけられて表現されたといえる。法定受託事務とされた生活保護さえも地域福祉に押し込むような荒技も含めて，ともかく狭義の「社会福祉＝地域福祉」としたいという「気持

ち」の現れと受け取ることもできよう。

　以上のほか，詳細表 6-11 で確認されるのは，2001 年版以降も，社会保障の構造改革は，年金制度，医療制度において継続的に追求されていることである。医療保険については高齢者医療について前述したとおりであり，年金保険においては，2004 年改正で，保険料を 2017 年まで段階的に引き上げて，固定すること，給付の改訂を従来の物価・賃金改定より抑制して自動調整する（マクロ経済スライド），積立金の活用などを決定している。

4.3　制度の概要で見る事業集合

　むろん，再三注意しているように，この「厚生労働行政の動き」は，必ずしも実際の制度・事業の実施単位を示していない。表が煩雑になるため，資料編に記載されている「制度の概要及び基礎統計」の制度概要部分を別に簡略表にした（表 6-7）。これを見ると，「高齢者保健福祉」は「老健局」と名前が変わった局の事務として一貫して継続しており，また「社会福祉・援護」の括りは社会・援護局所掌事務の羅列であり，これまでとあまり変わらない。このうち，「高齢者保健福祉」の 2005, 2006 年版にある「地域介護・福祉空間整備事業」という不思議な表現の事業は，「厚生労働行政の動き」には記載がない。これは，介護の地域サービス基盤整備のための交付金であり，都道府県では特養など広域型サービス，市町村では「地域密着型サービス」整備が挙げられている。この交付金は 2007 年以降も継続されており，「介護保険の基盤整備」の中に包含されている。

　ところで，表 6-7 には「障害者保健福祉」という事業集合がある。1999 年版までは「障害保健福祉」と呼ばれていた施策が，2000 年版からこのような表現になっている。「者」の有無にどれほどの意味があるのか説明もないし，白書の中でも「障害保健福祉分野」という言い方も併用されている。この要素事業の核は，身体障害者福祉施策，障害児・知的障害者施策，精神保健福祉施策の 3 つである。前 2 者が障害児・者と呼ばれ，従来の障害福祉行政が実施していたのに対して，精神障害者については精神保健（公衆衛生）系列にあったので，3 者の合同によって，「者」がついたのかもしれない。表 6-7 の制度の概要では 2007 年版から，この「障害者保健福祉」の一要素に自殺対策が加わっていることは興味深い。自殺対策への白書レベルでの言及は，表 6-11 にみるように早くも 2003 年に「健やかな生活を送るための取組み」の中にあった

表 6-7 資料編簡略表（2001～10 年版）

2001		2002
保健医療	災害救助と被災者支援 中国残留邦人の援護施策 慰霊事業 戦傷病者戦没者遺族援護	保健医療
結核・感染症対策 予防接種（個別接種） エイズ対策 健康づくり対策 難病対策 臓器移植及びさい帯血移植 国立病院・療養所 医療計画 保健所等		結核・感染症対策 予防接種 エイズ対策 健康づくり対策 難病対策 臓器移植 国立病院・療養所 医療計画 保健所等
	障害者保健福祉	
	身体障害者福祉施策 精神保健福祉施策 障害児・知的障害者福祉	
	高齢者保健福祉	
薬　事	介護保険制度 ゴールドプラン 21 老人保健事業	薬　事
医薬品副作用被害者救済制度 血液事業 麻薬対策		医薬品副作用被害者救済制度 血液事業 麻薬対策
	雇用均等・児童福祉	
労働条件・労使関係	雇用における男女の機会均等 両立支援対策の推進 家内労働・在宅ワーク事業 少子化対策 母子家庭等の福祉対策 母子保健対策	労働条件・労使関係
勤労者福祉の向上 労働者災害保障制度		勤労者福祉の向上 労働者災害保障制度
雇用対策	医療保障	雇用対策
第 9 次雇用対策基本計画 民間の労働力需給調節 高齢者雇用就業対策 若年者雇用対策 障害者雇用対策 外国人労働者対策 雇用保険制度	医療保険制度の財政状況 医療保険制度 国民医療費 老人保健制度	民間の労働力需給調節 高齢者雇用就業対策 若年者雇用対策 障害者雇用対策 外国人労働者対策 雇用保険制度 雇用対策 第 9 次雇用対策基本計画
	年金保障制度	
職業能力開発	公的年金制度体系・変遷 年金額 企業年金等 年金制度の国際比較 年金積立金の運用 年金財政の将来見通し 年金相談	職業能力開発
第 7 次職業能力開発基本計画 職業能力開発施策 自発的な能力開発の推進 公共職業訓練 技能検定制度の推進 技能の振興，技能実習制度		第 7 次職業能力開発基本計画 職業能力開発施策 自発的な能力開発の推進 公共職業訓練 技能検定制度の推進 技能の振興，技能実習制度
社会福祉・援護		社会福祉・援護
社会福祉基礎構造改革 実施体制 民生委員・児童委員 ボランティア活動 社会福祉法人 生活保護制度 地域福祉施策 消費生活協同組合 社会福祉施設の現状 地域福祉権利擁護事業 社会福祉施設整備運営費 福祉に携わる人材 社会福祉士・介護福祉士		社会福祉基礎構造改革 実施体制 民生委員・児童委員 ボランティア活動 社会福祉法人 生活保護制度 地域福祉施策 地域福祉権利擁護事業 生活福祉資金貸付制度 ホームレス人数の全国状況 消費生活協同組合 社会福祉施設の現状

2002（続き）	2003	
社会福祉施設整備運営費 福祉に携わる人材 社会福祉士・介護福祉士 災害救助と被災者支援 中国残留邦人の援護施策 慰霊事業 戦傷病者戦没者遺族援護	**保健医療** 結核・感染症対策 予防接種 エイズ対策 健康づくり対策 難病対策 臓器移植 国立病院・療養所 医療計画 保健所等	社会福祉施設整備運営費 福祉に携わる人材 社会福祉士・介護福祉士 災害救助と被災者支援 中国残留邦人の援護施策 慰霊事業 戦傷病者戦没者遺族援護
障害者保健福祉 身体障害者福祉施策 障害児・知的障害者福祉 精神保健福祉施策	**薬　事** 医薬品副作用被害者救済制度 血液事業 麻薬対策	**障害者保健福祉** 身体障害者福祉施策 障害児・知的障害者福祉 精神保健福祉施策
高齢者保健福祉 介護保険制度 ゴールドプラン21 老人保健事業	**労働条件・労使関係** 勤労者福祉の向上 労働者災害保障制度	**高齢者保健福祉** 介護保険制度 ゴールドプラン21 老人保健事業
雇用均等・児童福祉 男女の機会均等 両立支援対策の推進 家内労働・在宅ワーク事業 少子化対策 母子家庭等の福祉対策 母子保健対策	**雇用対策** 民間の労働力需給調節 高齢者雇用就業対策 若年者雇用対策 障害者雇用対策 外国人労働者対策 雇用保険制度 雇用対策 第9次雇用対策基本計画	**雇用均等・児童福祉** 男女の機会均等 両立支援対策の推進 家内労働・在宅ワーク事業 少子化対策 母子家庭等の福祉対策 母子保健対策
医療保障 医療保険制度の財政状況 医療保険制度 国民医療費 老人保健制度	**職業能力開発** 第7次職業能力開発基本計画 職業能力開発施策 自発的な能力開発の推進 公共職業訓練 技能検定制度の推進 技能の振興，技能実習制度	**医療保障** 医療保険制度の財政状況 医療保険制度 国民医療費 老人保健制度
年金保障制度 公的年金制度体系・変遷 年金額 企業年金等 年金制度の国際比較 年金積立金の運用 年金財政の将来見通し 年金相談	**社会福祉・援護** 社会福祉基礎構造改革 実施体制 民生委員・児童委員 ボランティア活動 社会福祉法人 生活保護制度 地域福祉施策 地域福祉権利擁護事業 生活福祉資金貸付制度 ホームレス人数の全国状況 消費生活協同組合 社会福祉施設の現状	**年金保障制度** 公的年金制度体系・変遷 年金額 企業年金等 年金制度の国際比較 年金積立金の運用 年金財政の将来見通し 年金相談

2004		2005
保健医療	社会福祉施設整備運営費 福祉に携わる人材	**保健医療**
結核・感染症対策 予防接種 エイズ対策 健康づくり対策 難病対策 臓器移植 国立病院・療養所 医療計画 保健所等	社会福祉士・介護福祉士 災害救助と被災者支援 中国残留邦人の援護施策 慰霊事業 戦傷病者戦没者遺族援護	結核・感染症対策 予防接種 エイズ対策 健康づくり対策 難病対策 臓器移植 国立高度医療専門センター ハンセン病療養所 医療計画 保健所等
	障害者保健福祉	
	身体障害者福祉施策 障害児・知的障害者福祉 精神保健福祉施策	
薬 事	**高齢者保健福祉**	**薬 事**
医薬品副作用被害者及び 生物由来製品被害者救済制度 血液事業 麻薬対策	介護保険制度 ゴールドプラン21 老人保健事業	医薬品副作用被害者及び 生物由来製品被害者救済制度 血液事業 麻薬対策
労働条件・労使関係	**雇用均等・児童福祉**	**労働条件・労使関係**
勤労者福祉の向上 労働者災害補償制度	男女の機会均等 両立支援対策の推進 家内労働・在宅ワーク事業 少子化対策 母子家庭等の福祉対策 母子保健対策	勤労者福祉の向上 労働者災害補償制度
雇用対策		**雇用対策**
民間の労働力需給調節 高齢者雇用就業対策 若年者雇用対策 障害者雇用対策 外国人労働者対策 雇用保険制度 雇用対策 第9次雇用対策基本計画	**医療保障** 医療保険制度の財政状況 医療保険制度 国民医療費 老人保健制度	民間の労働力需給調節 高齢者雇用就業対策 若年者雇用対策 障害者雇用対策 外国人労働者対策 雇用保険制度 雇用対策 第9次雇用対策基本計画
職業能力開発	**年金保障**	**職業能力開発**
第7次職業能力開発基本計画 職業能力開発施策 自発的な能力開発の推進 公共職業訓練 技能検定制度の推進 技能の振興,技能実習制度	公的年金制度体系・変遷 年金額 企業年金等 年金制度の国際比較 年金積立金の運用 年金財政の将来見通し 年金相談	第7次職業能力開発基本計画 職業能力開発施策 自発的な能力開発の推進 公共職業訓練 技能検定制度の推進 技能の振興,技能実習制度
社会福祉・援護		**社会福祉・援護**
社会福祉基礎構造改革 実施体制 民生委員・児童委員 ボランティア活動 社会福祉法人 生活保護制度 地域福祉施策 生活福祉資金貸付制度 ホームレスの実態調査 消費生活協同組合 社会福祉施設の現状		実施体制 民生委員・児童委員 ボランティア活動 社会福祉法人 生活保護制度 社会福祉協議会 生活福祉資金貸付制度 ホームレスの実態調査 消費生活協同組合 社会福祉施設の現状

2005（続き）	2006	
社会福祉施設整備運営費 福祉に携わる人材 社会福祉士・介護福祉士 災害救助と被災者支援 中国残留邦人の援護施策 慰霊事業 戦傷病者戦没者遺族援護	**保健医療** 結核・感染症対策 予防接種 エイズ対策 健康づくり対策 難病対策 臓器移植 国立高度医療専門センター ハンセン病療養所 医療計画 保健所等	消費生活協同組合 社会福祉施設の現状 社会福祉施設整備運営費 福祉に携わる人材 社会福祉士・介護福祉士 災害救助と被災者支援 中国残留邦人の援護施策 慰霊事業 戦傷病者戦没者遺族援護
障害者保健福祉 身体障害者福祉施策 障害児・知的障害者福祉 精神保健福祉施策	**薬　　事** 医薬品副作用被害者及び 生物由来製品被害者救済制度 血液事業 麻薬対策	**障害者保健福祉** 身体障害者福祉施策 障害児・知的障害者福祉 精神保健福祉施策
高齢者保健福祉 介護保険制度 地域介護・福祉空間整備事業 介護予防・地域支え合い事業 老人保健事業	**労働条件・労使関係** 勤労者福祉の向上 労働者災害保障制度	**高齢者保健福祉** 介護保険制度 地域介護・福祉空間整備事業 老人保健事業
雇用均等・児童福祉 男女の機会均等 両立支援対策の推進 パートタイム労働対策 少子化対策 児童虐待防止対策 母子家庭等の福祉対策 母子保健対策	**雇用対策** 民間の労働力需給調節 高齢者雇用就業対策 若年者雇用対策 障害者雇用対策 外国人労働者対策 雇用保険制度 雇用対策 第9次雇用対策基本計画	**雇用均等・児童福祉** 男女の機会均等 両立支援対策の推進 パートタイム労働対策 少子化対策 児童虐待防止対策 母子家庭等の福祉対策 母子保健対策
医療保障 医療保険制度の財政状況 医療保険制度 国民医療費 老人保健制度	**職業能力開発** 第7次職業能力開発基本計画 職業能力開発施策 自発的な能力開発の推進 公共職業訓練 技能検定制度の推進 技能の振興，技能実習制度	**医療保障** 医療保険制度の財政状況 医療保険制度 国民医療費 老人保健制度
年金保障 公的年金制度体系・変遷 年金額 企業年金等 年金制度の国際比較 年金積立金の運用 年金財政の将来見通し 年金相談	**社会福祉・援護** 実施体制 民生委員・児童委員 ボランティア活動 社会福祉法人 生活保護制度 社会福祉協議会 生活福祉資金貸付制度 地域福祉権利擁護事業 生活福祉資金貸付制度 ホームレスの実態調査	**年金保障** 公的年金制度体系・変遷 年金額 企業年金等 年金制度の国際比較 年金積立金の運用 年金財政の将来見通し 年金相談

2007		2008
保健医療	社会福祉の実施体制	保健医療
1 医療保険制度	社会福祉法人	1 医療保険制度
制度改正	社会福祉協議会	2 医療提供体制
2 医療提供体制	社会福祉施設	医療施設の類型
医療施設の類型	福祉に携わる人材	(特定機能・地域医療支援)
(特定機能・地域医療支援)	社会福祉士・介護福祉士	国立高度医療専門センター
国立高度医療専門センター	民生委員・児童委員	ハンセン病療養所
ハンセン病療養所	ボランティア活動	3 健康づくり・疾病対策
3 健康づくり・疾病対策	生活保護	保健所
保健所	日常生活自立支援制度	健康づくり対策
健康づくり対策	生活福祉資金貸付	難病対策
難病対策	消費生活協同組合	感染症対策　結核対策
感染症対策　結核対策	災害救助と被災者支援	エイズ対策
エイズ対策	戦中戦後の労苦継承	臓器移植
臓器移植	中国残留邦人	4 医薬品等
4 医薬品等	慰霊事業	医薬品副作用被害者及び
医薬品副作用被害者及び	戦傷病者・戦没者遺族等の援護	生物由来製品被害者救済制度
生物由来製品被害者救済制度	障害者保健福祉	血液事業
血液事業	障害者自立支援法	労働条件・労使関係
労働条件・労使関係	身体障害者福祉施策	労働者災害補償制度
労働者災害補償制度	障害児・知的障害者	勤労者福祉の向上
勤労者福祉の向上	精神保健関連制度	雇用対策
雇用対策	自殺対策	若年者雇用対策
若年者雇用対策	高齢者保健福祉	高齢者雇用対策
高齢者雇用対策	介護保険制度	障害者雇用対策
障害者雇用対策	介護保険の基盤整備	外国人雇用対策
外国人雇用対策	年　金	地域雇用対策
地域雇用対策	年金制度の体系	雇用保険
雇用保険	年金額	職業能力開発
職業能力開発	年金積立金運用	若者の就業能力開発
若者の職業能力開発	企業年金等	障害者の職業能力開発
障害者の職業能力開発	日本年金機構	キャリア形成
キャリア形成	国際協力	雇用均等・児童福祉
雇用均等・児童福祉		雇用における男女機会均等
雇用における男女機会均等		仕事と育児・介護の両立支援
仕事と育児・介護の両立支援		パートタイマー
パートタイマー		家内労働・在宅ワーカー
家内労働・在宅ワーカー		少子化対策
少子化対策		保育所等
保育所等		児童手当制度
児童手当制度		DV防止対策
DV防止対策		児童虐待防止対策
児童虐待防止対策		母子家庭の自立支援
母子家庭の自立支援		母子保健対策
母子保健対策		
社会福祉・援護		

2008（続き）	2009	
社会福祉・援護	保健医療	社会福祉・援護
社会福祉の実施体制	1 医療保険制度	社会福祉の実施体制
社会福祉法人	2 医療提供体制	社会福祉法人
社会福祉協議会	医療施設の類型	社会福祉協議会
社会福祉施設	（特定機能・地域医療支援）	社会福祉施設
福祉に携わる人材	国立高度医療専門センター	福祉に携わる人材
社会福祉士・介護福祉士	ハンセン病療養所	社会福祉士・介護福祉士
民生委員・児童委員	3 健康づくり・疾病対策	民生委員・児童委員
ボランティア活動	保健所	ボランティア活動
生活保護	健康づくり対策	生活保護
日常生活自立支援制度	難病対策	日常生活自立支援制度
生活福祉資金貸付	感染症対策　結核対策	生活福祉資金貸付
消費生活協同組合	エイズ対策	消費生活協同組合
災害救助と被災者支援	臓器移植	災害救助と被災者支援
戦中戦後の労苦継承	4 医薬品等	戦中戦後の労苦継承
中国残留邦人	医薬品副作用被害者及び	中国残留邦人
慰霊事業	生物由来製品被害者救済制度	慰霊事業
戦傷病者・戦没者遺族等の援護	血液事業	戦傷病者・戦没者遺族等の援護
障害者保健福祉	労働条件・労使関係	障害者保健福祉
障害福祉自立支援給付	労働者災害補償制度	障害福祉自立支援給付
自立支援医療	勤労者福祉の向上	自立支援医療
身体障害者福祉施策	雇用対策	身体障害者福祉施策
障害児・知的障害者	若年者雇用対策	障害児・知的障害者
精神保健関連制度	高齢者雇用対策	精神保健関連制度
発達障害者支援施策	障害者雇用対策	発達障害者支援施策
自殺対策	外国人雇用対策	自殺対策
高齢者保健福祉	地域雇用対策	高齢者保健福祉
介護保険制度	雇用保険	介護保険制度
介護保険の基盤整備	職業能力開発	介護保険の基盤整備
年　金	ニート等若者の職業的自立支援	年　金
年金制度の体系	障害者の職業能力開発	年金制度の体系
年金額	キャリア形成	年金額
年金積立金運用	雇用均等・児童福祉	年金積立金運用
企業年金等	雇用における男女機会均等	企業年金等
社会保険庁組織改革	仕事と育児・介護の両立支援	社会保険庁組織改革
国際協力	パートタイマー	国際協力
	家内労働・在宅ワーカー	
	少子化対策	
	保育所	
	児童手当制度	
	DV防止対策	
	児童虐待防止対策	
	母子家庭の自立支援	
	母子保健対策	

2010

保健医療	社会福祉・援護
1 医療保険制度	社会福祉の実施体制
2 医療提供体制 医療施設の類型 （特定機能・地域医療支援） 国立高度医療専門センター ハンセン病療養所	社会福祉法人 社会福祉協議会 社会福祉施設 福祉に携わる人材 社会福祉士・介護福祉士 民生委員・児童委員 ボランティア活動
3 健康づくり・疾病対策 保健所 健康づくり対策 難病対策 感染症対策　結核対策 エイズ対策 臓器移植	生活保護 日常生活自立支援制度 生活福祉資金貸付 消費生活協同組合 災害救助と被災者支援 戦中戦後の労苦継承 中国残留邦人
4 医薬品等 医薬品副作用被害者及び 生物由来製品被害者救済制度 血液事業	慰霊事業 戦傷病者・戦没者遺族等の援護
	障害者保健福祉
労働条件・労使関係	障害者福祉自立支援給付 自立支援医療 身体障害者福祉施策 障害児・知的障害者 精神保健関連制度 発達障害者支援施策 自殺対策
労働者災害補償制度 勤労者福祉の向上	
雇用対策	
若年者雇用対策 高齢者雇用対策 障害者雇用対策 外国人雇用対策 地域雇用対策 雇用保険	
	高齢者保健福祉
	介護保険制度 介護保険の基盤整備
職業能力開発	**年　金**
ニート等若者の職業的自立支援 障害者の職業能力開発 キャリア形成	年金制度の体系 年金額 年金積立金運用 企業年金等 旧社会保険庁組織改革
雇用均等・児童福祉	**国際協力**
雇用における機会均等 仕事と育児・介護の両立支援 パートタイマー 家内労働・在宅ワーカー 少子化対策 保育所等 児童手当制度 DV防止対策 児童虐待防止対策 母子家庭の自立支援 母子保健対策	

が，2006年の「自殺対策基本法」を受けて，2007年版から節としてその場を与えられた。ただし，それを包含する事業集合は，表6-11では「医薬品・食品の安全対策の確保」(2007)「国民の安心と安全のための施策の推進」(2008～2010)であって，表6-7とは異なる。自殺の原因はさまざまに議論されているが，厚生労働省としては，保健という範囲で把握しており，精神保健が「障害者保健福祉」へ移ったために，自殺対策も行政区分としては「障害者保健福祉」の一要素となっているのかもしれない。なお，表6-7の「障害者保健福祉」には，発達障害者支援施策が2009年より加わったため，身体障害者，障害児・知的障害者，精神保健（精神障害者），発達障害者，自殺対策の5つの構成となっていく。

　他方で，合併によって新設された，雇用均等・児童家庭局のみは，労働行政と厚生行政の一体化が読み取れる。戦後厚生省において，児童局を独立設置し，他の社会福祉とは一線を画した経緯をなぞっているようにも見える。ここに列挙されている事業は女性の雇用対策から，保育，放課後対策，その他児童福祉，児童手当，母子政策，母子保健まで，きわめて多彩である。表6-7では，2004年版まで，中項目として「1男女の機会均等，2両立支援対策の推進，3家内労働・在宅ワーク事業，4少子化対策，5母子家庭等の福祉対策，6母子保健対策」の構成であったが，2005年版以降，「パートタイム労働対策，児童虐待防止対策」が加わり，2007年版以降は「保育所等，児童手当制度，DV対策」が加わっている。しかし注目すべきは，表6-11に記載のあった社会的養護の再構築が，この表6-7にはないことである。要養護児童対策は2007年版以降の「保育所等」という名称の事業集合の中で，あくまで施設としてのみ捉えられている。ちなみに表6-11にあるこども手当は，表6-7ではまだ児童手当となっている。

4.4　雇用対策・労働条件整備・職業能力開発

　厚生労働白書となってからの雇用関連の事業については，表現は年版によって異なるが，「労働者の職業の安定」，「労働者の職業能力の開発・向上」「安心して働ける環境づくり」のほぼ3つの分野の事業集合が形作られている。ただし，2005年阪から職業能力開発に代わって「若者を中心とした人間力の強化」「フリーター，ニート等若者の人間力の強化と職業能力開発の推進」「新たなチャレンジをめざす若者等への支援」という大集合が2008年版まで出現してい

る。従来の雇用行政が「高年齢者」と障害者に焦点化してきたのに対して，「若者問題」がこの期の一大焦点となっていったことが見て取れる。簡略版表6-6の中項目に「若者」が登場したのは2003年版であり，2006年版まで「若者問題」は「職業の安定」大就業の要素集合として，雇用対策としての位置にある。ところが2007年版以降の扱いは「職業能力開発」大集合のネーミングとして，「ニート等若者」が登場する。さらに驚くべきは表6-11に見るように「人間力」という表現が大集合タイトルに使われていることである（2006, 2007年版）。いわゆる「若者問題」として提起された若者の失業や非正規労働問題の受け止め方が，雇用問題でも職業能力一般でもなく，職業能力形成の前段階としての「人間力」の強化とされたことに注意したい。恐るべき人格への踏み込みようであるが，むろん，この「人間力」強化は政府全体の受け止め方であり，内閣官房，文部科学大臣，経済産業及び経済財政政策担当大臣と連携した「アクションプラン」が下敷きにある。

　失業対策年鑑の中心をなした職業安定＝雇用対策の実際は，資料編簡略版の表6-7にあるように，高齢者，障害者，若者，地域対策が取り組まれている。職業安定局の年鑑にあった細かい特別雇用対策がどのようになったか，厚生労働白書では読み取りにくいが，表6-11の2002年版の「労働者の職業の安定」の「1 総合雇用対策」に記載されている「特定不況業種等関係労働者の特別措置法」の廃止に示されているように，各種特別措置法の廃止によって消えていった事業も少なくないようである。その後に続けて「業種を問わず，離職者の再就職や職業能力開発のための支援」が強調されている。ただし，同じ表の「4 雇用機会の創出と雇用の安定」の中に，緊急地域雇用創出特別交付金の創設や，多様な雇用管理改善対策の推進として，外国人労働者，建設労働者，港湾労働者，林業労働者などが挙げられている。また翌2003年版では「5 安心して働ける雇用環境の整備」として，①外国人雇用対策の推進，②母子家庭の母等に対する雇用面での支援，③北朝鮮帰国被害者に対する雇用対策，④駐留軍関係離職者・漁業離職者対策，⑤多様な雇用改善対策（建設，港湾，林業労働者，「農林業をやってみよう」プログラム）が記載されており，雇用対策としては，このような対象区分は避けられないものとも読める。ちなみに先の表6-2失業対策年鑑の最後に参考として付けてあるのは，2003年度雇用対策年鑑（名称変更・これ以降廃刊）の事業集合である。これを見ると，相変わらず特別雇用対策の列挙がある。廃止された失業対策も含めて記載が続くのは，激減緩和のため

一部対策が残されていくからであろうか。

なお，2003年版の母子家庭の母，2006年度からの生活保護受給者，児童扶養手当受給者，翌2007年度では，刑務所出所者等が雇用対策の特別なカテゴリーとして記載されていくが，ここでは，所得保障や福祉支援カテゴリー，更生保護カテゴリーがそのまま就労対策カテゴリーとして利用されていることに注意を払いたい。まさに「社会福祉の特定カテゴリー」のワークフェアへの「見直し」が示唆されているわけである。

2007年版では，雇用対策法と地域雇用開発促進法の一部改正について触れられている（白書2007年版: 236）。前者は「若者，女性，高齢者，障害者等の就業促進対策，外国人雇用対策，地域雇用対策を明記する」こと，「若者の応募機会の拡大，募集・採用に係わる年齢制限の禁止」が含まれる。後者は，雇用情勢に地域差があることを前提に，「雇用情勢が特に厳しい地域」と「雇用創造に向けた意欲が高い地域」に2区分し，前者の地域には事業所への助成金支給，後者には地域の協議会に委託金を支給することとしている。区分と重点化である。

雇用保険の継続的な「見直し」にも触れておきたい。雇用保険は厚生労働白書では「雇用の安定」の一要素である。まず2003年改正では「通常労働者」と「短時間労働者」の給付の一本化が図られた。2007年改正では「短時間労働被保険者」区分自体を撤廃し，被保険者資格と受給資格要件を「一般被保険者」として一本化するが，倒産・解雇等による離職の場合には給付6カ月，自己都合離職や期間満了の場合には12カ月と，一本化とはいえない離職理由別区分による給付の差異化が残された。また雇用保険3事業のうち雇用福祉事業は廃止される。2009年版には，非正規労働者の「セーフティネットの強化」として，いわゆる「雇止め」による非正規労働からの離職者（**特定理由離職者**[11]）の受給資格要件も6カ月へ緩和，さらに非正規労働者の適用基準を「6カ月以上の雇用見込み」へ拡大した。2010年には，前年に導入した非正規労働者に対する適用基準「6カ月以上の雇用見込み」を「31日以上の雇用見込み」にさらに緩和している。

このような雇用保険における「セーフティネット」の拡大があっても，漏れてしまう求職者に対する「新たなセーフティネット」（第2のセーフティネット）として「緊急人材育成・就職支援基金」が2009年に創設されている。これは雇用保険適用外者への無料の職業訓練（基金訓練）と訓練期間中の生活給付で

ある「訓練・生活支援給付」(単身者10万円)の実施を内容としている。また離職者に対して家賃を補助する住宅手当緊急特別措置事業も導入された。住宅手当額は生活保護の住宅扶助と同額とされている。「訓練・生活支援給付」制度は，事実上のミーンズテストつきの公的扶助であり，これまでの教育訓練費支給とは異なるが，あくまで雇用保険の事業として位置づけられたことに注意しておきたい。つまり，保険＋扶助ではなく，保険の中の扶助というねじれた位置取りである。他方で住宅手当緊急特別措置は，ハローワークではなく福祉事務所の事業となった。生活と住宅というカテゴリーが雇用対策に導入されたのは，派遣労働者等の失業が，会社の寮や借り上げ住宅等からの退出という形になり，これらの人びとの存在が可視化されたことの影響が少なくない[12]。2009年版「高齢者等がいきいきと安心して暮らせる社会の実現」の要素集合「5 生活保護制度の適正な実施」に包含される諸事業，及び2010年版「厳しい経済環境の下における雇用・生活安定確保」大項目の要素集合「③セーフティネット・生活支援」に包含されている多様な事業は，麻生政権末期に取り組まれた多彩な臨時雇用・生活対策 (2009年版白書資料編: 159 の近年の雇用対策の概要を参照のこと) を第2のセーフティネットとして編み直したものといえる。なお「求職者支援制度」は2011年に法制度となり，また住宅手当緊急特別措置は2013年の「生活困窮者自立支援制度」の義務的事業である「住居確保給付金」として取り入れられることになる。

4.5 文部科学白書・犯罪白書

表6-8の文部科学白書及び犯罪白書 (表6-4) の記載に移ろう。文部科学白書も中央政府の行政改革によって新設された文部科学省の白書である。2001, 05, 09, 2010の4年間について，先の教育白書同様の内容を確認すると，次の特徴が見いだされる。まず，特別支援教育 (特殊教育) はこの前の時期同様1人ひとりの教育的ニーズに応じた指導支援を行う「特別支援教育」に転換したことがさらに強められ，2005年度版には，中教審答申に基づく転換として，①盲・聾 (ろう)・養護学校を，障害種別を超えた学校制度 (「特別支援学校」) に転換 (2007年度より実施) し，個々の特別支援学校が対象とする障害種別は設置者において判断 (2009年度版記載) するものとされた。さらにLD (学習障害)，ADHD (注意欠陥/多動性障害) を新たに通級による指導の対象とすることや，総合的な専門性を担保する特別支援学校教諭免許状 (仮称) に転換するこ

表6-8 文部科学白書（2001, 05, 09, 10年度版）

2001	2005	2009
タイトル：21世紀の教育改革	タイトル：教育改革と地域・家庭の教育力の向上	タイトル：わが国の教育水準と教育費
事業内容	事業内容	事業内容
第2部 文教・科学技術施策の動向と展開	第2部 文教・科学技術施策の動向と展開	家計負担の現状と教育投資の水準（就学援助を受ける児童数の推移〔グラフ〕，就学援助と学校の正答率〔グラフ〕），教育基本法の改正を踏まえた教育改革の推進
初等中等教育の一層の充実に向けて	初等中等教育の一層の充実のために	第2部 文教・科学技術施策の動向と展開
1 暴力行為，いじめ，不登校の解決をめざして ①深刻化する暴力行為，いじめ，不登校の現状等 ②児童生徒の問題行動等への取組 教育相談体制の充実（スクールカウンセラー） 学校，家庭，地域社会の連携等	1 暴力行為，いじめ，不登校の解決をめざして ①暴力行為 ②いじめ ③不登校 ④高校中途退学 ⑤校則 ⑥体罰 ⑦教育指導体制のあり方 スクールカウンセラー配置 電話相談など	子どもたちの教育の一層の充実のために
2 障害のある児童生徒一人一人のニーズに応じた教育 ①特別支援教育の推進 これからの特殊教育は，児童生徒一人一人のニーズを把握し，必要な支援を行うという考えに基づき，1）医療，福祉等と連携した相談支援体制の整備，2）就学指導の在り方の改善，3）特別な教育的支援を必要とする児童生徒に対する教育の充実，4）特殊教育の条件整備，等について具体的な改善 ②新たな課題に対応した特殊教育の充実 障害の重度・重複化への対応，早期からの教育相談，職業的自立の推進，交流教育の充実 学習障害児に対する指導	2 障害のある児童生徒の可能性を最大限に発揮するための特別支援教育 ①特別支援教育を推進するための制度的見直し 中央教育審議会による答申に基づく転換，障害の種類と程度に応じて特別な場で教育を行う従来の「特殊教育」から，一人一人の教育的ニーズに応じた指導支援を行う「特別支援教育」に転換，盲・聾（ろう）・養護学校を，障害種別を超えた学校制度（「特別支援学校〔仮称〕」）に転換，「特別支援学校〔仮称〕」の機能として，小学校・中学校等に対する支援を行う地域の特別支援教育のセンターと位置づけ，小学校・中学校における制度の見直しについて，LD（学習障害），ADHD（注意欠陥/多動性障害）を新たに通級による指導の対象 総合的な専門性を担保する特別支援学校教諭免許状（仮称）に転換 ②諸課題への対応と関連施策 地域・学校における支援体制の整備 医療，福祉機関との中で，LD，ADHD，高機能自閉症の児童生徒等への支援．障害の重度・重複化への対応．交流活動の充実 特別支援教育就学奨励制度（保護者の経済負担の軽減〔交通費や寄宿舎費など〕） ③一人一人の人権を尊重した教育 「人権教育研究指定校事業」「人権教育総合推進地域事業」などを実施	1 暴力行為，いじめ，不登校の解決をめざして ①生徒指導上の諸問題 暴力行為，いじめ，不登校，高校中途退学，自殺，校則，体罰・懲戒 ②教育指導体制のあり方 スクールカウンセラーの配置 電話相談など 子どものこころの問題等に関する科学的解明と教育等への応用 2 こどもの健康と安全 ①食育 学校給食 ②心と体の健康 学校保健体制の充実 ③登下校時を含めた学校における子どもの安全 3 幼児期にふさわしい教育の推進 ①幼児教育と保育の総合的提供 連携，認定こども園制度の活用等 4 障害のある子どもたちの可能性を最大限に伸ばす特別支援教育 盲・聾（ろう）・養護学校の制度は，障害の重複化に対応するため，複数の障害種別を受け入れることができる「特別支援学校」に転換 学校教育法等の改正（2006年）2007年より施行 個々の特別支援学校が対象とする障害種別は設置者において判断 福祉，医療，労働などの関係機関との連携を図り，乳幼児期から学校卒業までの長期的な視点に立ち，一貫して教育的支援を行うため一人一
3 人権教育の尊重 「人権教育研究指定校事業」や「教育総合推進地域事業」「人権教育に関する学習教材等の状況調査」等を実施，人権教育の一層の充実 同和関係者の子弟の高等学校等への進学を奨励する「高等学校等進学奨励費補助事業」は，地域改善対策特定事業に係る特別措置に関する法律に基づく特定事業として，2002年3月まで実施 「児童の権利条約」と学校教育		

4　21世紀に向けての社会福祉像？（2001〜2010年）

2009（続き）	2010	
人について作成する支援計画 ①特別支援教育を推進するための取組み 幼稚園，小学校，中学校，高等学校の教育課程基準の改善に準じた改善 社会の変化や幼児児童生徒の障害の重度・重複化多様化に応じた改善 ②諸課題への対応と関連政策 地域，学校における支援体制（特に発達障害） 国立特別支援教育総合研究所における研究・研修 障害の重度化・重複化への対応（医療的ケア） 関係機関と連携した就労支援の促進 障害者理解の推進 特別支援教育就学奨励制度（保護者の経済負担の軽減〔交通費や寄宿舎費など〕） 5 一人一人の人権を尊重した教育 「人権教育研究指定校事業」「人権教育総合推進地域事業」など実施	タイトル：東日本大震災への対応 事業内容 第2部 文教・科学技術施策の動向と展開 子どもたちの教育の一層の充実 1 暴力行為，いじめ，不登校の解決をめざして ①生徒指導上の諸問題 暴力行為，いじめ，不登校，高校中途退学，自殺，校則，体罰・懲戒 ②教育指導体制のあり方 2009年度より，「スクールソーシャルワーカー活用事業」（補助事業） 2 一人一人の人権を尊重した教育 各都道府県・指定都市に対する補助事業として実施 3 幼児期にふさわしい教育の推進 幼稚園における子育て支援・預かり保育．幼児教育・保育の総合的な提供 保育園との連携，認定こども園の活用等 4 子どもの健康と安全 ①食育　学校給食 ②心と体の健康 学校保健体制の充実 ③登下校時を含めた学校における子どもの安全 5 幼児期にふさわしい教育の推進 幼児教育，保育の総合的提供 6 障害のある子どもたちの可能性を最大限に伸ばす 特別支援教育 特別支援学校，支援学級に在籍している児童・生徒は，義務教育年齢段階の子どもの 2.5％（2010年現在） 特別支援学級 障害の比較的軽い子どものために小・中学校に障害の種別ごとに置かれる少人数の学級．知的障害，肢体不自由，病弱・身体虚弱，弱視，難聴，言語障害，自閉症・情緒障害の学級がある	①特別支援教育の在り方に関する検討 インクルーシブ教育システムの構築へ向けて ②諸課題への対応と関連政策 地域，学校における支援体制（発達障害を含む） 障害の重度化・重複化への対応 特別支援教育就学奨励制度．保護者の経済負担の軽減（交通費や寄宿舎費など） 関係機関と連携した就労支援 交流及び共同学習 国立特別支援教育総合研究所における取組み 7 幼児・児童・生徒に対する経済的支援の充実 ①幼稚園の入園料や保育料の経済的負担を軽減する「就園奨励事業」 ②就学援助制度 ③公立高校の授業料無償化及び高等学校等就学支援金

との記載もある。また，2009年度版では，福祉，医療，労働などの関係機関との連携を図り，乳幼児期から学校卒業後までの長期的な視点に立ち，一貫して教育的支援を行うため1人ひとりについて支援計画を作成することも加えられている。先に引用した澤田の「場の平等」と「個に応じた平等」の調和をいかに図るか，の1つの回答であったともいえる。また，2010年度の記載にある「インクルーシブ教育」は，社会的包摂概念をいち早く取り入れた特別教育分野の「先駆性」を示している。とはいえ，学校という基本的に集団教育の中で，多様な障害をもつ児童生徒への「個別対応」によってインクルージョン可能であるのかどうかは，おそらく現在なお模索中の課題であろう。

　1970～80年代の普通学校での「統合教育」の試行時代に，「エリートインテグレーション」として「40人以上いる通常学級の中にたった一人の聴覚障害児として」教育を受けた中野聡子は，「常にあいまいにしか聴こえない世界の中で『偽りの自分』を演じ続けることに苦しみを感じていた」と記している（中野 2012: 198）。『偽りの自分』とは，「自分が実はわかっていないのにわかったふりをしてごまかしている」（同上: 199）という事実を自覚した中野の表現である。「『教室の最前列においてもらう』『少しゆっくり話してもらう』といった配慮以外，私の武器は右耳にかけた小さなアナログ補聴器一つのみ」であり「聴こえる人々の音声があふれる世界に立ち向かうには，あまりに非力であり，そこでいかにコンテクスト理解能力や内容予測を持ち込んで聴き取ろうとしても，わからないことが多すぎた」（同上: 198）と述べる。中野にいわせれば，ここでの「同化（インクルージョン）」は，同時に「排除」の状態を放置している。親たちの「個別ニーズ」への反発とは異なる当事者のインクルーシブ教育への意見である。

　他方，倉本智明は「弱視学級」のある学校を選択した。国語や理科や図工といった教科から給食，学級会までは障害のない子どもと一緒のクラスで過ごすが，放課後は弱視児童だけのクラスで「弱視の仲間たちとおしゃべりをしながらのんびり学ぶといった気軽な雰囲気だった」（倉本 2015: 29）という。ここでは同学年に7人の弱視の子どもが在学しており，しかも「クラス替えがあっても弱視児だけは7人全員がずっと一組に固定で集められていた。一クラスの人数はせいぜい30人から40人。うち7人が弱視の子なのである。少数派には違いはないにせよ，あなどれない数だ」という点が，中野との決定的な違いであった。この「仲間」の存在は，家族ですら理解できない弱視児の共通経験の交

流を可能にし，共感するにせよ批判するにせよ，仲間関係が得られたことで，倉本は自分自身の可能性に気づかされたと述べている（同上: 34）。

なお特別支援教育については，2009年度版に「特別支援教育就学奨励制度」として，交通費や寄宿舎費などの経済的負担の軽減を図る経済支援が記載されている。さらに2010年度版では，幼児・児童・生徒に対する経済的支援が特記され，従来からの就学援助制度に加えて「就園奨励事業」や「公立高校の授業料無償化」「高等学校等就学支援金」の実施が示されている。この他，2009, 2010年度版では，「子どもの健康と安全」事業集合として，食育としての給食，学校保健体制の充実，登下校時の安全など，また「幼児期にふさわしい教育の推進」の要素として，「幼児教育と保育の総合的提供」がある。

表6-4に戻って犯罪白書の2005, 2010年版（237頁）を見ると，「特別法犯」として「ストーカー行為法違反」が目新しい。また処遇としては，まず2005年に「刑事施設・受刑者の処遇等に関する法律」が成立し，1908（明治41）年制定の監獄法の改正がようやく実現した。先述したように，この改正案は3度国会に提出されているが「いわゆる代用監獄（監獄法1条3項により監獄に代用される警察官署に附属する留置場）制度をめぐる関係機関との意見の対立を背景として，いずれも衆議院の解散により廃案となった」（犯罪白書2005年版: 96-97），いわくつきのものであったが，①受刑者の人権尊重，②刑務官の過重負担軽減，③国民に開かれた行刑を実施するための行刑改革，にこぎつけたわけである。また，同じく2005年より心神喪失等を理由に無罪または減刑が確定された者へ「心神喪失者等医療観察法」が施行され，この入院決定者は専門治療を受け，社会復帰調査官（精神保健福祉士等）による生活環境の調整を受けた後，退院者は障害者自立支援法の援助へと，厚労行政との連携が示唆されている。なお，少年非行については，2010年版に「家庭と学校における非行」というネーミングの中項目があり，その内容は，家庭内暴力，校内暴力，いじめ，が挙げられている。さらに「犯罪被害者等基本法」の制定（2004年，翌年施行）を受けて，2005, 2010年版では，被害者参加制度，被害者支援員制度，被害者給付金支給制度などの記載もある。

5　小　括

　1973～2010年度までの長い時期の各種事業集合とその変遷を，時期を通して各白書ごとに簡略にまとめておこう。

5.1　厚生白書（厚生労働白書）

▷問題意識

　1973～1987年版までの厚生白書の問題認識は，生産年齢人口が主力として存在していることへの安心があるが，課題は今後の高齢化へ向けて社会保障制度維持をいかに行うかにあった。このため，民間活力だけでなく「家族」という日本の「含み資産」を再発見・強調する。また1985年版からは，介護を中心としたサービス供給と，その担い手であるマンパワーの量の確保と質の向上に注意が向けられていく。1988～2000年版までの厚生白書においても，高齢社会の「自立と参加」が問題認識の基調にあり，同時にその担い手を地域に広げ，自助，互助と民間活力によるサービスの供給を活発化する必要が説かれている。また，しだいに少子化対策，子育て支援の強調も始まる。2001年の厚生労働省の創設以降2010年版までの白書も，「自立」や「支え合い」を強調するが，不況の中での日本型雇用慣行の変化，若年非正規雇用の増大などの問題への危機感が表明される。

▷事業集合と対象カテゴリー区分

　(1)　まず前章1970年版から続く「健康の確保と増進」，「所得保障の充実」「社会福祉の増進」の3つの大項目集合の配置は81年版まで，安定的に継続する。この中で「所得保障の充実」は，その要素集合「年金制度」「生活保護」「児童手当」に見るようにベヴァリッジ型〈所得保障系列〉のキャッチアップに成功したことの誇示がある。「社会福祉」事業集合も，「1児童と家庭の福祉，2心身障害者の福祉，3老人福祉，4社会福祉施設と社会福祉サービス，5戦没者・戦傷病者の援護」の5つの構成となり，「児童と家庭の福祉」を筆頭としたその順番も変わらず，安定している。事業集合としてだけ見ると，1970～81年版という時期区分が適切かもしれない。

　(2)　82年版以降は「社会福祉」「年金保障」「保健医療・生活環境」の3本立て，85～93年度版まで，「社会サービスの新たな展開」などの新たな総合サ

ービス系と「適正な国民医療の確保」「安定した所得保障制度の確立」の3つの大集合に変形する。「保健医療・福祉サービスの新たな展開」には「老人保健福祉」「児童の健全育成と家庭支援」「障害者の自立と社会参加」「民間サービスの展開と健全育成」が配置され，計画化，地方への委譲，民営化，措置から契約への流れが作られる。この「サービス」は在宅サービスを志向するが，同時に，施設の拡大を強調していく点に特徴がある。「安定した所得保障制度構築」事業集合は先の〈所得保障系列〉ではなく，公的年金・企業年金等と生活保護に他の社会福祉・援護サービス中の現金給付が組み合わされ，児童手当は包含されていない。95～2000年版は，年ごとに表現の変わる社会保障の制度改革集合へ変化し，2001年版からは厚生労働省として事業集合数が増え，内容も変化する。つまり，70年代の「安定」，82年度～93年度の「安定」の放棄と〈サービス系列〉の取り入れによる「混乱」，95年度以降の本格的「社会保障の構造改革」集合への転換，が事業集合として見るこの期の特徴である。

　(3) 細かい要素集合で見ると，90～93年版まで「児童と家庭の福祉」という集合名がなくなり，「社会福祉」事業集合の中に，「1 保育対策，2 児童の健全育成対策，3 母子保健対策，4 母子家庭等の福祉対策」のそれぞれがバラバラに記述されている。95年版から「児童福祉」カテゴリーが復活し，保育対策の筆頭の位置は変わらない。2006年版から「次世代育成支援」と集合名が代わる。またひとり親家庭への支援，児童虐待・DVや社会的養護の再構築への取組みが提起される。

　(4) 72年度に創設された「老人医療費支給制度」は社会福祉事業集合の要素集合である「老人福祉」の中に「機関委任事務」として措置されたが，1982年老人保健法制定により廃止される。この結果，老人保健事業は「保健医療及び生活環境」のうち「保健医療」事業集合の要素に変化していく。この「保健医療」における老人保健事業と，82年度から「社会福祉」事業集合中筆頭の位置を獲得した老人福祉が合体して，1988年度に「老人保健福祉」という大集合が形成される。老人福祉は，ここで「社会福祉」事業集合からは抜け出し，「老人保健福祉」事業集合の要素となる。「老人保健福祉」の中の老人福祉事業は，サービスメニューを増やしつつ，98年度の介護保険制度創設に向かうことになる。

　(5) 97年版から始まる社会保障の構造改革は多元主義，セーフティネット保障に徹すること，公私の役割分担，効率的公平な運営等が強調されている。

98年の介護保険は，この社会保障の構造改革の主たる要素事業として介護を医療から切り離すことが期待された。介護保険は誰もが介護ニードをもつという意味での普遍主義を標榜し，65歳以上の「第1号被保険者」と40歳以上65歳未満の「第2号被保険者」の2つのカテゴリーを作るが，前者は「医療保険」的，後者は老後に備える「年金的」性格をもつ。保険料徴収の仕組みも第2号被保険者だけ医療保険とセットになるなど複雑な仕組みとなった。保険料，費用徴収については低所得層への軽減策も盛り込まれた。2001年版以降，介護保険は高齢者の「生きがいと雇用」「年金」などを包括した高齢者カテゴリーによる事業集合の一要素として位置づけられることになり，「厚生労働行政の動き」レベルでは「老人保健福祉」は消えていく。

(6) 医療保健・福祉サービスの新しい展開の中でも，要保護児童については「措置保護」が継続され，また児童以外でも，「対等な利用」の前提である選択や情報の入手や理解が困難な利用者が存在することに配慮した地域権利擁護制度の創設等があった。だが，97年版には児童福祉施設の「自立」を付けた名称変更ないし自立目的が明記された。

介護同様「普遍的」とされた障害者サービスは96年版に「障害者施策の新たな展開」が独立項目として配置され，精神保健法から精神保健福祉法への改正，障害保健福祉部の設置等の記載がある。ところが，「障害者保健福祉」カテゴリーは，「厚生労働行政の動き」の2006年版までは「障害者の自立，社会参加と地域福祉の推進」または「障害者施策と地域福祉の推進」の要素集合の位置に落とされ，その後は消えている。

(7) あいまいな位置づけで記載されていた福祉事務所等が，1986年度版からは「社会福祉の実施体制」として明確な位置を与えられ，87年の「社会福祉士及び介護福祉士法」を包含するようになった。また92年には「保健医療・福祉サービスの総合的展開」の一要素として「保健医療・福祉に従事する人材の確保」が位置づけられた。98年版には介護支援専門員養成検討，精神保健福祉士の導入がなされている。こうした人材確保及びサービスの展開と共に地域密着型の社会福祉相談窓口の多様な導入がなされた。だが，社会福祉事業法が設定した福祉事務所と児童相談所等の実施体制の根本的改革はなされていない。

(8) 〈所得保障系列〉の核にあった年金保険制度は，1985年に2階建てに再構成された。ここでは第1号被保険者，第2号被保険者，第3号被保険者の区

別がなされ，被用者が扶養する妻は第3号被保険者に位置づけられた。第3号被保険者は，女性の年金権を拡大した反面で，自営業の配偶者や共働き世帯との不公平問題が生じた。また20歳未満に初診日のある障害者にも基礎年金支給をすることとなった。この結果，障害福祉年金，母子福祉年金は基礎年金へ吸収され，ここでようやく皆年金の実体が作られたが，年金受給者の増大による財政不安から，2階建てを維持しつつ，さらなる改革が模索される。95年版では支給開始年齢を65歳とし，96年版で基礎年金番号の導入，99年版では給付抑制の方向が記載され，大型保養施設等を経営していた年金福祉事業団が翌2000年に廃止された。他方2006年版には短時間労働者への厚生年金適用拡大が記載されている。

(9) 74～81年版までは大項目「健康の確保と増進」中の「健康の増進と疾病の予防」に，82年以降は「保健医療・生活環境」中の「健康」，84年度以降は「保健医療対策」等に包含された「難病対策」は73年に難病対策課を新設し，本格的取組みを開始している。また，このとき「特定疾患」患者の医療費助成を医療保険自己負担分の公的負担として位置づけ直した。96年版では「難病の定義」が明確化されるとともに，98年版では，難病に「重症患者」「重症患者以外」の2区分が導入され，公費負担は前者へ重点化することが打ち出されていく。同様に高齢者医療制度においても，2005年版の「前期高齢者」「後期高齢者」の区分と，後者への重点化が図られ，後期高齢者医療制度の創設に至る。また92年の「特定機能病院」「療養型病床群」への病院の分化，2001年度には入院病床の見直しとして「一般病床」と「療養病床」の区分が打ち出されている。ただし国立病院・療養所は，がん，循環器など高度先駆的医療，結核，重症心身障害，進行性筋ジストロフィー，ハンセン病，難病，エイズなどを歴史的・社会的経緯から引き続き担う国の「政策医療」機関として特別な位置を与えられる。

他方，同じ集合の要素事業である原爆被爆者対策事業では，74年に従来の「特別被爆者」の区分を廃止し，健康管理手当の年齢制限撤廃，手当引き上げ等の改善が図られた。これ以降も認定疾病被爆者への医療特別手当等多様な福祉対策が加えられていく。75年版には「結核その他伝染病」の要素事業とされた「らい」は偏見防止が打ち出されていき，結局96年の「らい予防法」の廃止に至る。これまでの予防法への反省，すでに療養所で生活している人びとへの生活保障，ハンセン病への公用語の変更の記載があり，国家賠償請求訴訟

への控訴を行わないことを決定し，2001年に「ハンセン病問題の早期かつ全面的解決に向けて」を閣議決定している。優生保護法の記載は75年版に「歯科衛生とその他公衆衛生」の一部として優生保護法一部改正（受胎調整実施延長）がある程度であるが，83年には中央優生保護審査会の廃止，公衆衛生審議会への吸収が示されている。感染症対策と関わって76年予防接種法の改正で健康被害救済制度の導入がなされ，厚生行政の内部で生じた被害が〈補償の系列〉に加わった。

　(10)「高齢者保健福祉」「障害者保健福祉」等のカテゴリーは，リスク，予防，早期発見という，保健的手法の強調とも結びついている。介護においても介護予防がより強調され，2005年版では「予防重視型システム」「地域包括ケアセンター設置の推進」が掲げられた。2010年版では「地域包括ケアシステム」と表現が変わる。同様に，2001年に措置から利用制度（支援費制度）へと変化した障害者保健施策の推進も，予防と治療，医学的・職業的リハビリテーション，地域生活支援等が強調されている。同じ手法は，児童虐待等にも当てはめられている。

　(11) 2001年版からの厚生労働白書における事業集合は，「雇用」や「働く」ことが主要素に含まれ，旧厚生省の政策展開の中で形成された「老人保健福祉」は，中項目集合にも含まれていない。また2001年版以降，「厚生労働行政の動き」では「社会福祉」という用語はまったく使われていない。「高齢者」と「児童」及び「母子」カテゴリーはそれぞれ独立した事業集合を作っている。社会福祉は，「地域福祉の推進」に置き換えられ，その後に「戦没者の追悼と中国残留邦人対策」がくるという配置になる。「地域福祉の推進」の要素集合は基礎構造改革に伴う新たなものと，これまで「その他の社会福祉」等として括られてきた古い事業の合体である。なお地方分権の中で法定受託事務とされた生活保護は，2001〜2008年版までの間中項目から消え，「地域福祉」の一要素とされた。以上は，むろん制度の概要で見る項目は異なっており，「高齢者保健福祉」は健在である。ただし，「社会福祉・援護」の括りは社会・援護局の事業の羅列である。

5.2　失業対策年鑑（厚生労働白書），教育白書（文部科学白書），犯罪白書

　(1) 雇用対策では，「高年齢者」雇用対策に焦点が置かれ，定年延長等が奨励されていく。またこれまでは特別雇用対策の一要素事業であった心身障害者

雇用対策が「特別」から抜け出て，高齢者雇用対策と並んで雇用対策の重要課題となり，1988年の「障害者雇用促進法」によって雇用対策の対象が障害者全般に拡大された．厚生労働白書となってからも「高年齢者」「障害者」対策は重視されるが，2005年から2009年版まで「若者を中心とした人間力の強化」等の大集合が出現し，「若者問題」がもう1つの焦点となっていく．この扱いは「職業能力開発」大集合の代替，あるいは第4番目の大集合として位置づけられ，職業能力形成の前段階としての「人間力」の強化が事業の目標とされた．

2000年度までは「特別雇用対策」カテゴリーは新たなものが次々増え続けていくが，2001年版以降は特別雇用対策の多くは措置法の廃止によって消えていき，「業種を問わず，離職者の再就職や職業能力開発のための支援」が強調されている．ただし，外国人労働者，建設労働者，港湾労働者，林業労働者，母子家庭の母等，北朝鮮帰国被害者，駐留軍関係離職者，漁業離職者対策等の雇用対策，また2006年版からは，生活保護受給者，児童扶養手当受給者，刑務所出所者への就労支援が，ハローワークの就労支援として「特別」に出てくる．母子家庭の母，生活保護受給者，児童扶養手当受給者という名指しは，所得保障や狭義の社会福祉カテゴリーのワークフェア型への転換という方針と呼応している．また，地域格差や業種格差も問題とされ，「特定不況業種・特定不況地域雇用安定措置法」が83年に成立している．2007年版では，「雇用情勢が特に厳しい地域」と「雇用創造に向けた意欲が高い地域」に2区分し，異なった助成をしている．

失業保険事業は，1974年に雇用保険制度に転換し，5人未満事業所も含めて全産業に適用された．「求職者カテゴリー」は，①一般求職被保険者，②短期雇用特例被保険者，③日雇労働被保険者の3つである．その後89年改正では「通常労働者」と「短時間労働者」が区分され，94年改正では，「高年齢雇用継続給付」と「育児休業給付」，98年改正は，教育訓練給付と介護休業給付が創設されている．2000年改正では，離職理由による給付日数の段階を設け，「一般被保険者（「自己都合」による離職者等）」，「特定受給資格者（倒産・解雇による離職者）」及び「就職困難者」の3つに区分した．さらに2007年度改正では「短時間労働被保険者」区分自体を撤廃し，被保険者資格と受給資格要件を「一般被保険者」として一本化し，離職理由によって給付に差をつける方法が導入された．2009年度には，離職理由＝「雇止め」による非正規労働からの離職者（特定理由離職者）の受給資格要件の緩和など，差異化した対応を強化し

ている。

　2009年版には，雇用対策や雇用保険から漏れてしまう求職者に対する「新たなセーフティネット」として「緊急人材育成支援事業」が創設され，雇用保険適用外者への無料の職業訓練（基金訓練）と訓練期間中の生活給付が提供された。また離職者に対して家賃を補助する住宅手当緊急特別措置事業も導入された。「訓練・生活支援給付」は，事実上のミーンズテストつきの公的扶助であるが，あくまで雇用保険の事業として位置づけられた。他方で住宅手当緊急特別措置は，福祉事務所の事業となった。

　(2) 教育白書では1979年に養護学校義務化が導入され，これで「就学免除」が消失した。また「特殊教育の振興」は独立項目ではなく「初等中等教育の改善・充実」の集合要素となる。90年度版では「通級学級の調査研究」の開始，95年度版では「特殊教育の振興」が「障害に配慮した教育」と表現が代わる。

　文部科学白書2005年度版には，中教審答申に基づく転換として，盲・聾（ろう）・養護学校を，障害種別を超えた学校制度に転換すること，その場合個々の特別支援学校が対象とする障害種別は設置者において判断できるものとされた。また，2009年度版では，福祉，医療，労働などの関係機関との連携を図り，乳幼児期から学校卒業後までの長期的な視点での一貫して教育的支援を行うため1人ひとりについて支援計画を作成することも加えられている。

　同じ「初等中等教育の改善・充実」の要素としての「生徒指導・進路指導の充実」の中で，「登校拒否」と「高校中退」の増大へのカウンセリングや家庭訪問の対応のほか，単位制を活かした履修の弾力化などの必要を挙げている。95年度版では，「いじめ」「校内暴力」への言及が復活し，保健主事，養護教諭のほか，スクールカウンセラーの活用が示唆されている。これはさらに2009年度からのスクールソーシャルワーカー活用事業と展開されていく。

　2009, 2010年度版では，「子どもの健康と安全」事業集合として，食育としての給食，学校保健体制の充実，登下校の安全など，また「幼児期にふさわしい教育の推進」の要素として，「幼児教育と保育の総合的な提供」がある。

　(3) 犯罪白書では「犯罪者の処遇」の前提に「科学的分類調査」と処遇計画があることが記されている。社会福祉同様の近代合理主義がここでも貫いている。また刑期を終えても身寄りがない人びとが多くなり，更生保護会や保護司などの市民の協力が呼びかけられている。犯罪白書の「少年非行」は，従来は「特殊な犯罪者」の中に置かれていたが，80, 85年度は独立項目となっている。

これは「少年の健全育成」の観点であるとしている。他方，90年版犯罪白書では「少年非行と非行少年の処遇」集合の中で「学校でのいじめ」の定義がなされている。このほか，1990年版から記載のある「犯罪被害と国家的救済」は犯罪被害者への給付金制度（遺族給付金，障害給付金）などである。また90年から廃案が繰り返されていた行刑法改革＝「刑事施設・受刑者の処遇等に関する法律」がようやく2005年に成立している。同じく2005年より「心神喪失者等医療観察法」が施行され，社会復帰調査官（精神保健福祉士等）による生活環境の調整を受けること，退院者は障害者自立支援法の援助へと，厚生労働行政との連携が示唆されていた。

☆ 注
1) 社会保障財政の指標として，一般に「対国民所得比」が使われているが，国の財政問題として考えれば，国庫負担率や財政収支がより問題になるのではないか。たとえば，国立社会保障・人口問題研究所の時系列統計から，①年金保険，②医療保険と，この2つ＋老人保健事業，雇用保険，労働災害保険，生活保護，その他社会福祉，恩給，援護のすべてを足し上げた③「総費用」のそれぞれの国庫負担割合の推移と，③総費用の対国民所得割合の推移を見ると，確かに対国民所得割合は一貫して増加しているが，社会保障総費用（社会福祉を含めた）の国庫負担割合は，この福祉元年の27.19％から1979年の29.85％まではやや増加，その後は一貫して低下し，1998年には19.24％である（国立社会保障人口問題研究所 社会保障統計資料集）。制度別では，年金保険より医療保険の国庫負担率が高い。他方，総費用額から見ると73年度以降，医療保障や年金保障だけでなく，生活保護，各種社会福祉事業（そのうち老人福祉における医療費自己負担の一部無料化）は軒並みその規模を増大させている。したがって，このままでいくと，大変なことになるという，先取り的不安が高まったといえるかもしれない。
2) もっとも，朝日新聞によれば，「刑事収容施設法は，刑務所長が認めれば，受刑者と子どもは最長で1歳6カ月まで，所内で一緒に過ごせると定める。全国10カ所の女性刑務所には，『保育室』などの名称で母子が一緒に入る部屋もある。しかし，実際に所内で子どもを育てた例は『最近は聞いたことがない』（同省矯正局）という。母親が養育を希望しても，子育てができる状態にないと判断されるケースが多く，子どもの大半は乳児院や親族に引き取られている」との記事を掲載している（朝日新聞2015.5.30）。
3) 99年版の社会保障の総復習での，社会保障の機能＝「社会的安全装置」（社会的セーフティネット）という言い方は，高沢が指摘するように「規制緩和に対する安全対策の1つとして経済政策の中から出てきたものであり，社会福祉は社会保障とともに長期不安を取り除くための（経済政策の：著者註）サブシステムの位置に入っている」（高沢2005: 16）ことを示すものといえるが，それは高沢が社会保障と社会福祉を区分しているからであり，福祉国家自体，資本主義体制が社会的安全装置を必要としたことの証左ともいえる。なお，財政用語としても built-in stabilizer（ビルトイン・スタビライザ

一）があり，累進課税制度と社会保障制度がその主なものとして見なされてきた。
4) この場合は，介護保険料加算がつき，一般の介護保険制度内でサービスを利用できる。ただし，第2号被保険者にはなれず，仮にこの年齢で介護サービスを受ける場合は生活保護の費用から介護扶助サービスが現物支給されることになる。
5) 境界層措置とは，介護保険料の減額があれば生活保護の対象とならない要保護層に対して，福祉事務所が境界層該当証明書を交付し，介護保険制度境界層として措置するものである。
6) 英国発祥の用語（Selective Universalism）。たとえば年金制度の中に扶助を最低所得保証とするなど，選別主義を普遍主義の中に取り込むこと。星野信也（2000）参照のこと。
7) そもそも社会保障・社会福祉における「普遍主義」とは，ある給付の対象を所得で線引きをしないという意味であるとすると，この「国民誰もが……普遍化している」という表現は奇妙であるが，社会福祉給付対象となる可能性を示唆しているということであろうか。
8) 措置（行政処分）という言葉の過剰解釈がここにはあり，実態抜きで，利用であればすべてよいという短絡的な図式化がなされている。ちなみにスウェーデンなどの福祉サービスは措置であること（斉藤2014）をこの図式からどう説明するのであろうか。
9) 保育所の選択が「措置」ではできなかったという「神話」は事実に反している。筆者自身の経験でも，1970年代後半の都市部の保育所申し込みは，希望順位を書く欄があり，希望したところが当たらなければ辞退できる程度の「選択の自由」はあった。ちなみに社会福祉法人系保育所では，一部「自由契約児」の受け入れも行っていた。地域差はあったかもしれないが，「措置から契約へ」というスローガンの強調のため，措置概念の理解がねじ曲げられてしまったのではなかろうか。社会福祉研究者は，もっと事実にこだわる必要があろう。
10) 二木立によれば「地域包括システム」という用語の政府文書における初出は「2003年6月に発表された高齢者介護研究会（厚生労働省老健局長の私的検討会）の報告書『2015年の高齢者介護——高齢者の尊厳を支えるケアの確立に向けて』である」という（二木「『地域包括ケアシステム』の法・行政上の出自と概念拡大の経緯を探る」『文化連情報』2015年3月号（444号）「二木学長の医療時評」）。この場合，地域包括ケアシステムはあくまで介護保険制度改革と位置づけられ，介護サービスが「中核」とされた。だが，この地域包括ケアシステムについては2008年2月の第24回部会（2009年の政権交代前の最後の部会）までの5年間まったく議論されず，「法・行政的空白（停滞）期」があったことを二木は指摘している。その理由は上記引用元に詳しいのでそちらを参照されたい。さらに二木は，本章でも指摘しているように，介護中心の包括ケアシステムと医療，とくに病院を積極的に位置づけた異なった提案があったことも指摘している。二木の詳しい時系列的な整理を見ると，政策提案の面でも実践の面でも，「地域包括ケア」にはいくつかの異なるタイプが存在し，まだ進行形のものであること，地域密着型といいながら中央政府官僚は「国策」と位置づけていること等がよくわかる。
11) これには，疾病や障害，育児や看護・介護等，配偶者の転勤や出向，事業所の移転等による離職も含まれているが，具体的判断は公共職安において行われる。
12) いわゆる「年越し派遣村」等の運動が大きな役割を果たしている。

表6-9) 厚生白書（1973〜87年版）

1973
（いわゆる福祉元年）

総説（問題認識）		
転機に立つ社会保障	毒物劇物（PCBなど）の規制 献血の推進，血清肝炎対策 麻薬・覚醒剤	よる拡充と国庫補助 **4 母子家庭の福祉** 母子福祉資金貸付，寡婦福祉資金貸付，児童扶養手当，母子家庭相談事業，母子福祉施設
物価騰貴，オイルショックの下での新たな公正と連帯から福祉を考える．過密・過疎化における生活基盤の悪化．核家族化の一般的進行．老齢化の進行	**第3編 所得保障の充実** **年金制度**	
	1 各制度 国民年金・厚生年金一部改正 （給付額引上げ，物価スライド制導入）	**5 児童相談所，児童相談室** **心身障害者の福祉**
制度・事業	拠出制国民年金（老齢年金は25年加入で夫婦で5万円へ．保険料も段階的引上げ．5年年金再開）	**1 身体障害者** 福祉措置
第1編 健康確保と増進		リハビリテーションによる治療・機能強化．リハビリテーション調査研究会報告
健康の確保と疾病の予防	福祉年金（老齢は70歳以上人口の71.7％）厚生年金（平均報酬月額の6割をメドに改定，老齢年金の標準月額5万円）	身障者手帳交付，更生医療の給付，身障者更生援護施設，診査及び更生相談，補装具の交付・修理，家庭奉仕員の派遣，身体障害者福祉モデル都市（予算措置）
1 精神衛生 精神病床数の増大，社会復帰対策地域精神衛生対策	船員保険 石炭鉱業者，農業年金者年金基金	
2 難病対策 優生保護，人口中絶の減少など難病対策要綱の策定．難病定義（原因不明・治療法未確立，経過が慢性に渡り経済的・介護上の負担大） 特定疾患調査研究対象疾患20 特定疾患研究治療対象（公費負担）6	**2 年金積立金運用** 年金福祉事業団 **生活保護** **1 保護基準** 2度改定．物価上昇による措置	**2 心身障害児及び精神薄弱者の福祉の課題** 施策の課題 在宅施策の充実，早期療育の充実，施設入所者・児の重度長期化への対応
3 結核 予防のあり方の見直し	**2 動向** 格差改善，実施要領改定（世帯分離，障害者世帯等車保有可）	**3 心身障害児及び精神薄弱者の福祉** 施策の課題 重度化とコロニー（新しい施設体系），障害児と教育問題（就学猶予），職員確保問題，3本柱：発生予防・早期発見・早期治療，相談・療育指導，育成医療
4 その他の疾患 らい	**3 保護施設** 救護以外減少 **児童手当**	
5 原爆被爆者対策 原爆医療法の医療，特別措置法の各手当，各種手当の引上げ，所得制限緩和，特別被爆者の範囲拡大．原爆被爆者医療審議会に福祉部会設置	対象児童の拡大，10歳未満へ **第4編 社会福祉の増進** **児童と家庭の福祉**	施設対策 肢体不自由児施設，進行性筋萎縮児病棟（国立病院），盲ろうあ児施設，重症心身障害児施設，国立コロニーのぞみの園，精神薄弱者通勤寮，自閉症児のための施設
医療保険	**1 母子保健及び小児医療** 健診，保健指導，母子栄養強化対策，未熟児医療等	在宅障害児・者の福祉対策 相談指導，補装具の交付・修理，通園・通所の療育，特別児童扶養手当，心身障害児扶養保険事業への助成，家庭奉仕員派遣，職親委託
1 健康保険法の一部改正案可決（船員，共済へ波及） 家族給付率の引上げ（5割から7割へ）．家族給付7割実現で日雇保険を除き給付額の最低水準が整う 定率国庫補助の新設（政府管掌）給付費の1割．保険料率調整規定（政府管掌） 高額療養費支給制度の創設	**2 児童の健全育成** 地域の児童健全育成 児童厚生施設，組織活動，児童文化財等 要養護児童対策 要養護児童，情緒障害児童及び非行少年，乳児院，養護施設，里親等，情緒障害児短期治療施設，教護院	**老人の福祉** **1 老人保健医療対策** 老人健診，老人性白内障手術費公費負担，老人医療費支給制度（機関委任事務），老人福祉法の措置として70歳以上高齢者の自己負担分（所得制限あり）
2 各保険制度 国民健保，健康保険，日雇健保（大幅な赤字），船員保険	**3 保育に欠ける児童に対する施策** 保育所整備，適性配置，需要の多様化への対応，保育所緊急整備計画に	
3 診療報酬診査支払制度		**2 在宅福祉対策**
医薬品		

298 第6章 戦後日本の社会福祉事業の異集合（2）

＊紙幅の関係で表現は白書どおりではなく簡略化したところがある。

1973（続き）	1974	
	総説（問題認識）	献血の推進，麻薬・覚せい剤
ねたきり老人対策　家庭奉仕員派遣，日常生活用具の支給	人口変動と社会保障	第3編 所得保障の充実
ひとり暮らし老人対策　老人電話センター，介護人派遣（一時的）	人口の静止化．1950年前後の短期間の出生率低下．世帯人員の縮小と人口の老齢化．都市への集中，地域社会の変貌．老齢化社会への備え（人口資質の向上，児童の健全育成，地域社会の新たな創造）	年金制度
生きがい対策　高齢者無料職業紹介所国庫補助，老人クラブの助成		物価スライド特例措置として実施　福祉年金は50％アップ
老人社会奉仕団の活動		1 各制度
老人スポーツ普及事業の実施		拠出制国民年金，福祉年金　厚生年金保険，船員保険（年金部門），石炭鉱業年金基金，農業者年金基金法の一部改正（給付引上げ，出稼ぎ者への措置）
3 施設対策	制度・事業	
まだ養護中心，特養は272カ所	第1編 国民の健康の確保と増進	
収容施設　養護老人ホーム，特別養護老人ホーム，軽費老人ホーム，有料老人ホーム（届け出）52施設	健康の増進と疾病の予防	2 年金積立金運用
	1 精神衛生	生活保護
利用施設　老人福祉センター	医療費は精神衛生法・生活保護でほぼ負担．社会復帰施設，デイケア施設の促進．「精神科作業療法」「精神科デイケア」新設	1 保護基準
老人憩の家，老人休養ホーム		物価騰貴による再改定
4 その他		2 動向
敬老の日など行事	地域精神衛生活動	格差改善．3月特別一時金給付
社会福祉施設と福祉サービス	2 難病対策	3 保護施設　救護以外減少
1 社会福祉施設緊急整備 5カ年計画	調査研究対象30疾患，特定疾患研究治療対象（公費負担）10	児童手当
職員，施設運営	3 結核	74年4月より，義務教育終了前まで拡大．段階的実施の最終段階．手当額を引上げ（月額4000円）受給者約203万人
2 福祉事務所，福祉センター	結核予防法の改正	
3 民間社会福祉活動	定期検診回数減	
民生委員・児童委員	4 その他の疾患	
社会福祉協議会，共同募金	「らい」沖縄の本土復帰で若干増大	第4編 社会福祉の増進
4 低所得者対策	5 優生保護	児童と家庭の福祉
世帯更生資金貸付，授産事業	人工妊娠中絶は減少傾向	1 母子保健及び小児医療
公益質屋，低家賃住宅（2種公営）	6 原爆被爆者対策	健診，保健指導，母子栄養強化　心身障害発生防止健全育成　母子保健思想の普及　心身障害研究の推進（心身障害の発生防止，治療）
5 消費生活協同組合	原爆医療法の医療，特別措置法の各手当．一般被爆者と特別被爆者の区分廃止．被爆者以外の特定者健診手当の引上げ．健康管理手当支給年齢を45歳以上へ	
6 その他の福祉対策		
災害救助		
婦人保護事業		
同和対策事業，不良環境地区改善事業（都市スラム，ウタリ地区，産炭地区），へき地対策，へき地保健福祉館設置	7 保健所，地域衛生研究所	2 保育に欠ける児童対策
	医療保険	保育所の整備，特別保育所（へき地保育所，季節保育所）軽度障害児を受け入れ
戦没者遺族・戦傷病者等の援護	1 日雇労働者健康保険法一部改正	
1 戦没者遺族，戦傷病者の援護	健康保険法改正にあわせて，家族療養費7割へ．療養の給付期間の延長　傷病手当，分娩手当など，健保並み	3 児童の健全育成
全国戦没者の追悼行事等，戦没者に対する叙位・勲章，海外戦没者の遺骨の収集，グアム島での元日本兵救出（72年1月）		地域における児童健全育成　児童厚生施設，組織活動，児童文化財等　要養護児童対策　要養護児童，情緒障害児及び非行少年．乳児院，養護施設，里親等．情緒障害児短期治療施設．教護院
	2 各保険制度	
	国民健保，健康保険，日雇健保（大幅な赤字），船員保険	
2 未帰還者の調査と引揚者援護	3 診療報酬診査支払制度	4 母子家庭福祉
未帰還者の調査，引揚者の援護．在日朝鮮人北朝鮮帰還	医薬品	母子福祉資金貸付，児童扶養手当，

表6-9 厚生白書（1973～87年版）

1974（続き）		1975
母子家庭相談事業，寡婦福祉資金貸付，母子福祉施設	老人憩の家，老人休養ホーム	総説（問題認識）
5 児童相談所，児童相談室	4 その他 敬老の日など行事	（副題）これからの社会保障 条件変化（人口構造の変化，高齢化への対応，核家族化，過密と過疎，高度経済成長から安定成長） 生涯を通じての生活保障（公正，個人の自立性，社会性の促進，個人，公，民の役割分担）
心身障害者の福祉	社会福祉施設と福祉サービス	
1 身体障害者 身障者手帳交付，更生医療の給付，身障者更生援護施設，診査及び更生相談，補装具の交付・修理，家庭奉仕員の派遣	1 社会福祉施設の整備と運営 整備財源，施設老朽化 職員待遇改善	
	2 福祉事務所，福祉センター	制度・事業
2 心身障害児及び精神薄弱者 在宅障害児・者 相談指導，補装具の交付・修理，通園・通所の療育 特別児童扶養手当，特別福祉手当 心身障害児扶養保険事業への助成 家庭奉仕員派遣，親職委託	3 民間社会福祉活動 民生委員・児童委員，社会福祉協議会，共同募金，奉仕銀行の制度（都道府県等）と助成	第1編 国民の健康の確保と増進
		健康の増進と疾病の予防
		1 結核その他伝染病 結核の社会復帰は社会の偏見で妨げられている，らい「らいを正しく理解する週間」など啓蒙活動
	4 低所得者対策 緊急生活資金給付（オイルショック物価騰貴） 世帯更生資金貸付，授産事業 公益質屋，低家賃住宅（2種公営）	2 精神衛生 地域精神衛生活動，保健所・精神衛生センター，医療機関等
3 発生予防・早期療育 育成医療，通園・通所の療育		
		3 難病対策 特定疾患研究治療対象15
4 施設対策 肢体不自由児施設，進行性筋萎縮児病棟（国立病院），盲・ろうあ児施設 重症心身障害児施設，結核児童の療育（医療，教育，生活指導），精神薄弱者・児のための施設（国立コロニーのぞみの園，地方コロニー） 自閉症児のための施設	5 消費生活協同組合	
	6 その他の福祉対策 災害救助，市町村災害弔慰金補助制度発足 婦人保護事業 同和対策事業 不良環境地区改善事業（都市スラム，ウタリ地区，産炭地区），へき地対策，へき地保健福祉館設置	4 原爆被爆者対策 保健手当支給者拡大 健康管理手当の年齢制限を撤廃
		5 歯科衛生とその他公衆衛生 優生保護法一部改正
老人の福祉		医療保険
老人福祉法10年，総理府に老人対策本部設置，養護と軽費の基準面積改定（収容から生活の場へ，養護8畳4人部屋から6畳2人部屋へ）	戦没者遺族・戦傷病者等援護	日雇労働者健康保険法改正実施
	1 戦没者遺族，戦傷病者の援護 全国戦没者の追悼行事等 戦没者に対する叙位・勲章 海外戦没者の遺骨の収集	1 各保険制度 国民健保（国庫負担の拡大），健康保険（家族療養費7割給付高額療養費実施），船員保険
1 老人の保健医療 老人健診，老人性白内障手術費公費負担，老人医療費支給制度（機関委任事務），老人機能回復訓練事業		
	2 ルバング島における元日本兵救出	2 診療報酬診査支払制度
		医療品
2 在宅福祉対策 ねたきり老人対策 家庭奉仕員派遣，日常生活用具の支給 ひとり暮らし対策 老人電話センター，介護人派遣（一時的） 生きがい対策 高齢者無料職業紹介所国庫補助，老人クラブの助成，老人社会奉仕団の活動，老人スポーツ普及事業の実施	3 未帰還者の調査と引揚者援護 未帰還者の調査，引揚者の援護，一時帰国者の援護	血液（献血の推進），麻薬・覚せい剤
		第3編 所得保障の充実
		年金制度
		1 各制度 物価スライドによる給付水準引上げ 拠出制国年（スライド時線上げ） 福祉年金（60％引上げ）船員保険 石炭鉱業年金基金，農業者年金基金
3 施設福祉対策 養護老人ホーム，特別養護老人ホーム，軽費老人ホーム，老人福祉センター，有料老人ホーム（届け出）		2 年金積立金運用
		生活保護
		1 保護基準 改定 2 動向 格差改善

1975（続き）		1976
3 保護施設　救護以外減少	園，地方コロニー），自閉症児のための施設，精神薄弱児施設，公立病院内で自閉症児療育	**総説（問題認識）**
児童手当		（副題）
手当額，所得制限額の引上げ	**老人の福祉**	**婦人と社会保障（国際婦人年）**
第4編 社会福祉の増進	1 老人の保健医療	婦人の健康の維持と増進，健全な児童育成と家庭生活，母子寡婦の自立促進，豊かな老後保障，福祉事業・活動の担い手としての婦人
児童と家庭の福祉	老人健診，老人性白内障手術費公費負担，老人医療費支給制度（機関委任事務），老人機能回復訓練事業	
1 母子保健及び小児医療		**制度・事業**
健診，保健指導，母子栄養強化．心身障害発生防止健全育成，母子保健思想の普及，心身障害研究の推進	2 在宅福祉対策	**第1編 国民の健康の確保と増進**
	ねたきり老人対策　家庭奉仕員派遣，日常生活用具の支給	**健康の増進と疾病の予防**
2 保育に欠ける児童対策	ひとり暮らし対策　老人電話センター，介護人派遣（一時的）	1 地域保健
保育所整備（67年整備計画達成）特別保育所（へき地保育所，季節保育所），軽度障害児を受け入れ保母の養成と確保	生きがい対策　高齢者無料職業紹介所国庫補助，老人クラブの助成等	保健所，地方衛生研究所
		2 結核その他伝染病
3 児童の健全育成	3 施設福祉対策	結核は減少しているが患者管理必要らいは沖縄県でやや多いが在宅治療予防接種法改正（被害救済）
地域の児童健全育成　児童厚生施設，地域組織，事故防止，福祉文化財要養護児童　養護を要する児童（乳児院・養護施設，里親），情緒障害児（情緒障害児短期治療施設）非行児童（救護院等）	養護老人ホーム，特別養護老人ホーム，軽費老人ホーム，老人福祉センター，有料老人ホーム（届け出），老人憩の家，老人休養ホーム	
		3 精神衛生
	4 その他　　敬老の日など	医療と社会復帰対策，地域精神衛生
	社会福祉施設と福祉サービス	4 難病対策
4 母子家庭福祉	1 社会福祉施設の整備と運営	特定疾患研究治療対象 19
母子福祉資金貸付，寡婦福祉資金貸付，児童扶養手当，母子家庭相談事業，母子福祉施設，母子家庭の母及び寡婦の自立促進（家庭奉仕員等）	施設老朽化，職員待遇改善	5 原爆被爆者対策
	2 福祉事務所，福祉センター	対象地域拡大等
	3 民間社会福祉活動	6 歯科衛生とその他公衆衛生
	民生委員・児童委員，社会福祉協議会，共同募金，奉仕銀行	優生保護
5 児童福祉施設の整備		**医療保険**
	4 低所得者対策	1 健康保険等一部改正（財政問題）
6 児童相談所，児童相談室	世帯更生資金貸付，授産事業，公益質屋，低家賃住宅（2種公営）	標準報酬改定任意継続被保険者制度導入
心身障害者の福祉	5 消費生活協同組合	
1 身体障害者		2 各保険制度
身障者手帳交付，更生医療の給付，身障者更生援護施設，福祉手当（在宅重度障害者）創設（所得制限有り），診査及び更生相談，補装具の交付・修理，家庭奉仕員の派遣	6 その他の福祉対策	国民健保，国庫負担増，健康保険，日雇健保，船員保険
	災害救助，個人災害救済制度（「災害弔慰金支給，災害援護資金貸付」の法制化73年に遡及適用）	3 診療報酬診査支払制度
	婦人保護事業，同和対策事業，不良環境地区改善事業（都市スラム，ウタリ地区，産炭地区），へき地対策（へき地保健福祉館設置）	**医薬品等**
		血液（献血の推進），麻薬・覚せい剤
2 心身障害児及び精神薄弱者の福祉	**戦没者遺族・戦傷病者等援護**	**第3編 所得保障の充実**
発生予防と早期療育対策在宅障害児・者　相談指導，補装具の交付・修理，通園・通所の療育，日常用具の給付，特別児童扶養手当，特別福祉手当，心身障害児扶養保険事業助成，家庭奉仕員派遣，親権委託，心身障害児・者歯科治療事業施設対策　肢体不自由児施設，進行性筋萎縮児病棟（国立病院），盲・ろうあ児施設，重症心身障害児施設，結核児童の療育，精神薄弱者・児のための施設（国立コロニーのぞみの	1 戦没者遺族，戦傷病者の援護	**年金制度**
	全国戦没者の追悼行事等，戦没者叙位・勲章，モロタイ島の元日本兵調査，海外戦没者の遺骨収集	財政再計算を2年繰り上げ，厚生年金等改正（在職老齢年金支給制限緩和，障害年金，遺族年金の通算制度，遺族年金寡婦加算制度創設等）
	2 未帰還者の調査と引揚者援護	1 各制度　国民年金，福祉年金（内部障害も対象），船員保険年金，石炭鉱業者，農業年金者年金基金
	未帰還者の調査，引揚者の援護一時帰国者の援護	**生活保護**
		1 保護基準　格差縮小による基

表6-9　厚生白書（1973～87年版）

1976（続き）		1977
準引上げ	授産施設，国立コロニー，地方コロニーの発展，精神薄弱者通勤寮 自閉症児療育訓練（公立病院内実施）	総説（問題認識）
2 動向　運用改善　3 保護施設		(副題) 高齢者社会の入り口に立つ社会保障
児童手当		
手当額，所得制限額の引上げ	3 今後のあるべき対策 児童福祉審議会答申 1974 で，在宅対策の必要．施設対策も重要．施設の治療訓練能強化	老人の増加．労働者人口の主力は中年層．高福祉路線にも疑問が投げかけられる．国民生活の安定において社会保障の位置づけ，関連施策の連携をどのように行うか，施策の効率よい運営のための措置
第4編 社会福祉の増進		
児童と家庭の福祉		
1 母子保健及び小児医療 健診，保健指導，母子栄養強化．医療対策（心身障害発生防止健全育成）．母子保健思想の普及 心身障害研究の推進	老人の福祉	
	1 老人の保健医療 老人健診．老人性白内障手術費公費負担．老人医療費支給制度（機関委任事務）．大臣私的諮問機関として「老人保健医療問題懇談会」設置 老人機能回復訓練事業	制度・事業
		第1編 健康の確保と増進
2 保育に欠ける児童対策 保育所の整備，保育所の運営費の改善，乳児保育，小規模保育所の拡充 特別保育所（へき地，季節保育所，障害児），保母の養成と確保		健康の増進と疾病の予防
		1 地域保健 保健所，地方衛生研究所
	2 在宅福祉対策 ねたきり老人対策　家庭奉仕員派遣，日常生活用具の支給 ひとり暮らし対策　老人電話センター，介護人派遣（一時的） 生きがい対策　高齢者無料職業紹介所国庫補助，老人クラブの助成，等	2 結核その他伝染病 結核（患者管理，保健婦による訪問指導開始） 「らいを正しく理解する週間」
3 児童の健全育成 地域の児童全育成事業　児童厚生施設，地域組織活動，事故防止，児童福祉文化財の推薦 要養護児童対策　養護を要する児童　乳児院，養護施設，里親，情緒障害児　情緒障害児短期治療施設，非行児童　救護院等		3 精神衛生 社会復帰対策，通院医療，デイケアなど．地域精神衛生活動
		4 難病対策 特定疾患研究治療対象 20
	3 施設福祉対策 養護老人ホーム，特別養護老人ホーム，軽費老人ホーム，老人福祉センター，有料老人ホーム 老人憩の家，老人休養ホーム	5 原爆被爆者対策 高齢化を考慮して健診項目追加 手当額引上げ
4 母子家庭福祉 母子福祉資金貸付，寡婦福祉資金貸付，児童扶養手当，母子家庭相談事業，母子福祉施設，母子家庭の母及び寡婦の自立促進（家庭奉仕員等）		6 歯科衛生とその他公衆衛生 優生保護
	4 その他　　敬老の日など行事	
	社会福祉施設と福祉サービス	医療保険
	1 社会福祉施設の整備と運営 緊急5カ年計画で特養と重心施設増加．入所者処遇と職員待遇改善課題	1 診療報酬問題
5 児童福祉施設の整備		2 各保険制度 国民健保（国助成措置拡充），健康保険，日雇健保（激減），船員保険
6 児童相談所・児童相談室	2 福祉事務所，福祉センター	
心身障害者の福祉	3 民間社会福祉活動 民生委員・児童委員，社会福祉協議会，共同募金，奉仕活動センター	3 診療報酬診査支払制度
1 身体障害者 身障者手帳交付，更生医療の給付，身障者更生援護施設，福祉手当（在宅重度障害者），診査及び更生相談，補装具交付・修理，家庭奉仕員派遣		医薬品等
		血液等（輸血推進，輸血後肝炎の対策），麻薬等（麻薬覚せい剤）
	4 低所得者対策 世帯更生資金貸付，授産事業 公益質屋，低家賃住宅（2種公営）	第3編 所得保障の充実
2 心身障害児及び精神薄弱者の福祉 発生予防及び早期療育対策 在宅障害児・者の福祉対策　相談指導，特別児童福祉手当引上げ・障害福祉年金，在宅重度心身障害児・者緊急保護事業，職親委託 施設対策 身体障害　肢体不自由児施設，進行性筋萎縮児病棟，盲・ろうあ児施設，重症心身障害児施設 精神薄弱　精神薄弱児施設，精神薄弱児通園施設，精神薄弱者更生施設	5 消費生活協同組合	年金制度
	6 その他の福祉対策 災害救助，個人災害救済制度，婦人保護事業，同和対策事業，不良環境地区改善事業，へき地対策	物価スライド引上げ，福祉年金改善 拠出制国民年金．福祉年金（障害者福祉年金は増加，母子福祉年金・準母子福祉年金は年々減少），船員保険（年金部門），石炭鉱業年金基金，農業者年金基金，年金制度基本構想懇談会の検討（制度の整合性）
	戦没者遺族・戦傷病者等援護	
	1 戦没者遺族，戦傷病者の援護 海外戦没者遺骨収集	
	2 未帰還者の調査と引揚者援護 中国残留孤児	

1977（続き）		1978
生活保護	3 身体障害者の福祉対策 援護措置　診査・更生相談，更生医療の給付，補装具交付，更生援護施設への収容，家庭奉仕員の派遣 その他の福祉措置　重度身体障害者対策，視覚障害者対策，地域福祉活動，スポーツ振興，身体障害者福祉センター，国立更生援護施設，国立リハビリテーションセンター準備 福祉手当　重度障害者（所得制限）	総説（問題認識）
1 保護基準　格差縮小による引上げ		（副題）健康な老後を考える
2 動向　保護率微増，一時金支給		世界の最高水準に達した我が国の平均寿命．高齢者社会の到来．高齢者社会の課題（家族と介護の担い手，老人保健医療問題，高齢者の生きがい就労問題，高齢者の所得問題）
3 保護施設		
児童手当		
所得限度額引上げ．76〜77年にかけて実態調査		
第4編 社会福祉の増進	老人の福祉	制度・事業
児童と家庭の福祉	1 老人保健医療対策 老人健診，老人医療費支給制度，老人機能回復訓練事業	第1編 健康の確保と増進
1 母子保健 健診，保健指導，母子栄養強化		健康の増進と疾病の予防
2 保育対策 保育所の整備（国庫補助単価引上げ），特別保育（特別保育所） 保母の養成と確保	2 在宅福祉対策 援護を要する老人のための対策　家庭奉仕員派遣，日常生活用具の支給，老人福祉電話の貸与 その他の在宅施策　高齢者無料職業紹介所国庫補助，老人クラブの助成	1 健康増進 国民健康づくり運動
		2 地域保健 住民一般の健康づくりのため市町村保健婦の配置
3 児童の健全育成 地域における児童健全育成　都市児童健全育成事業（人口5万人以上） 要養護児童対策　養護を要する児童（乳児院，養護施設，里親），情緒障害児（情緒障害児短期治療施設），非行児童（救護院等）	3 施設福祉対策 収容施設は緊急整備必要 収容施設　養護老人ホーム，特別養護老人ホーム，軽費老人ホーム，有料老人ホーム 利用施設　老人福祉センター，老人憩の家，老人休養ホーム	3 結核その他伝染病 結核（患者管理必要） 「らいを正しく理解する週間」の実施 らい予防全国大会等各種社会復帰対策及び啓もう普及運動
		4 精神衛生 医療と社会復帰対策．「精神衛生社会生活適応施設」の整備助成 中央精神衛生審議会中間答申．社会復帰施設の再検討，病院内での社会復帰活動の充実化や社会復帰施設の整備．地域精神衛生活動
4 母子家庭の福祉 母子福祉資金貸付，寡婦福祉資金貸付，児童扶養手当，母子家庭相談事業，母子福祉施設，母子家庭の母及び寡婦の自立促進，母子家庭介護人派遣事業	4 その他の対策 公営住宅，老人扶養控除，敬老の日	
	社会福祉施設と福祉サービス	5 難病対策 特定疾患研究治療対象20
5 児童福祉施設の整備	1 社会福祉施設の整備と運営	
6 児童相談所・児童相談室	2 福祉事務所，福祉センター	6 原爆被爆者対策 特別措置法各種手当引上げ
心身障害者の福祉	3 民間社会福祉活動 民生（児童）委員，社会福祉協議会　共同募金，奉仕活動センター	7 歯科衛生とその他公衆衛生 優生保護
1 心身障害児に関する対策 発生予防，早期発見・早期療育 在宅障害児　相談・指導等，特別児童扶養手当等給付，心身障害者扶養保険事業への助成，家庭奉仕員派遣，補装具，日常生活用具，歯科治療，緊急保護事業 施設対策　肢体不自由児施設，進行性筋萎縮症児病棟，盲・ろうあ児施設，重症心身障害児施設，精神薄弱児施設，公立病院内で自閉症児療育	4 低所得者対策 世帯更生資金貸付，授産事業 公益質屋，低家賃住宅（2種公営）	医療保険
		1 医療保険制度の基本的見直し 制度間格差解消と財政調整．給付水準の格差解消・負担の適正化．国庫負担．報酬の見直し等公平な負担関連諸制度の整備．法改正案国会提出も継続審議となる
	5 消費生活協同組合	
	6 その他の福祉対策 災害救助，個人災害救済制度，婦人保護，同和対策事業，不良環境地区改善事業（都市スラム，ウタリ集落，旧炭田地区），へき地対策	
2 精神薄弱者の福祉対策 在宅対策　相談・指導，障害福祉年金，通所援護事業，職親委託など 施設対策　更生援護施設・授産施設，国立，地方コロニー		2 各保険制度 国民健保（国庫負担拡充強化），健康保険，日雇健保，船員保険
	戦没者遺族・戦傷病者等援護	
	1 戦没者遺族，戦傷病者の援護 海外戦没者遺骨収集	
	2 未帰還者の調査と引揚者援護 中国残留孤児	3 診療報酬診査支払制度

表6-9　厚生白書（1973〜87年版）

1978（続き）		
医薬品等 血液等（輸血推進，輸血後肝炎の対策），麻薬等（麻薬・覚せい剤）	4 母子家庭の福祉 母子家庭福祉対策（母子福祉資金貸付，寡婦福祉資金貸付，児童扶養手当，母子家庭相談事業，母子福祉施設，母子家庭の母及び寡婦の自立促進，母子家庭介護人派遣事業）	利用施設　老人福祉センター，老人憩の家，老人休養ホーム
第3編 所得保障の充実		4 その他の老人福祉 老人居住整備資金貸付事業，敬老の日など
年金制度	5 児童福祉施設の整備と運営	**社会福祉施設と福祉サービス**
1 厚生年金及び国民年金について 物価スライドによる年金額の引上げ．福祉年金の引上げ．国民年金は，3度目の特例納付の実施により無年金者等への救済措置	6 児童相談所・児童相談室	1 社会福祉施設の整備と運営 老人，重症心身障害児施設の増加傾向．施設近代化，職員待遇改善のための事務単価引上げ
	心身障害者の福祉	
	1 心身障害児の福祉 発生予防，早期発見・早期療育 在宅障害児　相談・指導等，特別児童扶養手当給付，歯科治療，緊急保護事業 施設対策　肢体不自由児施設，進行性筋萎縮症児病棟，盲・ろうあ児施設，重症心身障害児施設，精神薄弱児施設，公立病院内で自閉症児療育	2 福祉事務所，福祉センター 5法担当職員配置措置がとられたが，依然生保偏重
2 各制度　拠出制国民年金，福祉年金（障害者福祉年金受給者は増加，母子・準母子福祉年金は年々減少），厚生年金，船員保険（年金部門），石炭鉱業年金基金，農業者年金基金		3 民間社会福祉活動 民生（児童）委員，社会福祉協議会 共同募金，奉仕活動センター
生活保護		4 低所得者対策 世帯更生資金貸付，授産事業 公益質屋，低家賃住宅（2種公営）
1 保護基準　格差は正のため引上げ，地域格差縮小，4級地を3級地へ．所得税特別減税に応じて，一時金支給の臨時措置	2 精神薄弱者の福祉対策 在宅対策　相談・指導，障害年金，通所援護事業，職親委託，その他心障児と同様施策 施設対策　更生援護施設・授産施設，国立，地方コロニー	5 消費生活協同組合
		6 その他の福祉対策 災害救助，個人災害救済制度，婦人保護，同和対策事業，不良環境地区改善事業（都市スラム，ウタリ集落，旧産炭地区），へき地対策，へき地保健福祉館設置
2 動向　保護率微増		
3 保護施設		
児童手当	3 身体障害者の福祉対策 診査・更生相談，更生医療の給付，補装具交付，更生援護施設へ収容等，家庭奉仕員の派遣，福祉手当の支給や他法・他制度による援護	
低所得層の手当額増額．児童手当部会意見具申により福祉施設の準備		
第4編 社会福祉の増進		**戦没者遺族・戦傷病者等援護**
児童と家庭の福祉	老人の福祉	1 戦没者遺族，戦傷病者の援護 全国戦没者の追悼行事等，戦没者に対する叙位・勲章，海外戦没者の遺骨の収集
1 母子保健 健診，保健指導，母子栄養強化	1 老人保健医療対策 老人健診，老人医療費支給制度 在宅老人機能回復訓練事業	
2 保育対策 保育所の整備（実態に即した整備，国庫補助単価引上げ，特別保育（特別保育所〔へき地保育所，季節保育所〕，保育になじむ障害児受入れ〔中程度の障害児〕），保母の養成と確保	2 在宅福祉対策 援護を要する老人のための対策　家庭奉仕員派遣，日常生活用具の支給，介護人派遣（一時的），老人福祉電話設置 その他の在宅施策　老人の就労あっ旋，老人クラブの助成，老人のための明るいまち推進事業，老人スポーツ大会	2 未帰還者の調査と引揚者援護 未帰還者の調査，中国残留孤児，引揚者の援護
3 児童の健全育成 地域における児童健全育成　児童館，児童遊園，こどもの国，都市児童健全育成事業，事故防止，児童福祉文化財の推奨 要養護児童対策　乳児院及び養護施設，里親等，情緒障害児（情緒障害児短期治療施設） 非行児童（救護院等）		
	3 施設福祉対策 収容施設は緊急整備必要 収容施設　特別養護老人ホーム，養護老人ホーム，軽費老人ホーム，有料老人ホーム	

1979

総説（問題認識）

（副題）日本の子どもたち——その現状と未来

国際児童年．乳児死亡率の低下．出生率の低下．有配偶率は高い．核家族化，家庭規模の減少，女性の雇用労働力等変化．子どもの養育に関する家庭機能の弱体化．高齢化社会の負担を次世代に負わせないこと

制度・事業

第1編 健康の確保と増進

健康の増進と疾病の予防

1 健康増進
国民健康づくり運動

2 地域保健
保健所の機能強化要請

3 結核その他伝染病
結核（患者家族の乳幼児への感染）「らいを正しく理解する週間」．らい予防全国大会等の啓もう普及運動

4 精神衛生
前年審議会中間答申を受けて「精神衛生社会生活適応施設」を新たに整備．国立精神衛生研究所において精神科デイケア従事者研修を実施．デイケア医療．酒害相談業務を開始

5 難病対策
特定疾患研究治療対象21

6 原爆被爆者対策
所得制限緩和，各種手当引上げ

7 歯科衛生とその他公衆衛生
優生保護

医療保険

1 医療保険制度改正案廃案
診療報酬問題

2 各保険制度
国民健保，健康保険，日雇健保，船員保険

3 診療報酬診査支払制度

薬事

1 血液等
輸血推進，輸血後肝炎の対策

2 麻薬等
麻薬覚せい剤．中毒者相談員等によるアフターケア

第3編 所得保障の充実

年金制度

消費者物価上昇率に応じた年金額の改定．福祉年金の大幅引上げ，在職老齢年金及び在職通算老齢年金の支給制限の限度額の引上げ，遺族年金の寡婦加算額の引上げ

1 各制度
拠出制国民年金，福祉年金（障害者福祉年金受給者は増加，母子・準母子福祉年金は年々減少），厚生年金，船員保険（年金部門），石炭鉱業年金基金，農業者年金基金

2 年金積立金運用
年金福祉事業団，年金積立金還元融資．政府予算の約4割強，病院，福祉施設，大型保養基地などへ

生活保護

1 保護基準 格差縮小による引上げ加算，一時金も引上げ

2 動向
ハンディキャップ層中心微増

3 保護施設

児童手当

53年法改正で福祉施設設置可能にこどもの城の設置準備等

第4編 社会福祉の増進

児童と家庭の福祉

1 母子保健
健診，保健指導，母子栄養強化

2 保育対策
保育所の整備（実態に即した整備，国庫補助単価引上げ），特別保育（特別保育所〔へき地保育所，季節保育所〕，保育になじむ障害児受入れ〔中程度の障害児〕），保母の養成と確保

3 児童の健全育成
地域における児童健全育成 児童館，児童遊園，こどもの国，都市児童健全育成事業，国際児童年記念児童健全育成事業（79年度限定，都道府県による児童遊園整備，キャンプ推進事業のどちらかに助成），事故防止，児童福祉文化財の推薦
要養護児童対策 乳児院及び養護施設，里親等，情緒障害児（情緒障害児短期治療施設），非行児童（救護院等）

4 母子家庭等の福祉
母子家庭福祉対策 母子福祉資金貸付，寡婦福祉資金貸付，児童扶養手当，母子家庭等児童福祉施設，母子家庭の母及び寡婦の自立促進，母子家庭介護人派遣事業他

5 児童福祉施設の整備と運営

6 児童相談所・児童相談室

心身障害者の福祉

1 心身障害児の福祉
心身障害児に関する対策（発生予防，早期発見・早期療育）
在宅障害児 相談・指導，特別児童扶養手当等給付，心身障害者扶養保険事業への助成，家庭奉仕員派遣，補装具，日常生活用具
盲・ろうあ児施設，重症心身障害児施設，精神薄弱児施設，自閉症児施設を精薄児施設の一つとして位置づけ

2 精神薄弱者の福祉対策
在宅対策 相談・指導，障害福祉年金，通所援護事業，職親委託，その他心障児と同様施策
施設対策 更生援護施設・授産施設，国立，地方コロニー

3 身体障害者の福祉対策
診査・更生相談，更生医療の給付，補装具交付，更生援護施設への収容等家庭奉仕員の派遣，国立更生援護施設，在京3施設を統合して国立身体障害者リハビリテーションセンター設置．医療から職業訓練まで一貫して行う
福祉手当の支給や他法・他制度による措置

老人の福祉

1 老人保健医療対策
老人健診，在宅老人機能回復訓練事業，保健婦による家庭看護訪問指導

2 在宅福祉対策
援護を要する老人対策 家庭奉仕員派遣，日常生活用具の支給，介護人

1979（続き）	1980	
派遣（一時的），老人福祉電話設置，ねたきり老人短期保護事業 その他の在宅施策　老人の就労あっ旋，老人クラブの助成，老人のための明るいまち推進事業，老人スポーツ大会	総説（問題認識）	よるアフターケア
	(副題) 高齢化社会への軟着陸をめざして	第3編　所得保障の充実
		年金制度
	人口の高齢化．核世代と単独世帯の増加．インフレと不況の同時進行．80年代社会保障は，給付効率化，施策の体系化，社会的公正．福祉マインドの普及・ボランティア活動発展への期待	「年金制度基本構想懇談会」79年報告書．保険方式堅持，制度分立のまま調整，給付水準見直し
3　施設福祉対策 収容施設は緊急整備必要 収容施設　特別養護老人ホーム，養護老人ホーム，軽費老人ホーム，有料老人ホーム 利用施設　老人福祉センター，老人憩の家，老人休養ホーム		厚生年金及び国民年金の改正．保険料率の引上げ，年金額の引上げ．他の年金受給者には寡婦加算支給停止等重複是正
	制度・事業	1　各制度（拠出制国民年金，福祉年金〔今後減少見込み〕，厚生年金，船員保険〔年金部門〕，石炭鉱業年金基金，農業者年金基金
	第1編　健康の確保と増進	
	健康の増進と疾病の予防	
	①健康増進 国民健康づくり ②地域保健 保健所，地方衛生研究所 市町村保健センターの整備 ③結核その他伝染病 結核 「らいを正しく理解する週間」の実施 ④精神衛生 早期発見・早期治療・社会復帰，コミュニティケア，医療と社会復帰対策 公衆衛生局長諮問機関「職親制度検討委員会」設置 地域精神衛生活動 ⑤難病対策 難病対策の推進，特定疾患研究治療対象（公費負担）21 ⑥原爆被爆者対策 所得税限度額の改定，充実化 ⑦歯科衛生とその他公衆衛生 優生保護，優生手術実施数横ばい 人口妊娠中絶減少	2　年金積立金運用 年金積立金還元融資．政府予算の約4割強，病院，福祉施設，大型療養基地などへ．年金福祉事業団
4　その他の老人福祉 老人居住整備資金貸付事業，敬老の日など		生活保護
		1　保護基準　格差縮小による引上げ
社会福祉施設と福祉サービス		2　動向　保護率上昇傾向 ハンディキャップ層87.1%
1　社会福祉施設の整備と運営 老人施設，精神薄弱者援護施設，重度心身障害児施設が増加．施設近代化，職員待遇改善のための事務単価引上げ		3　保護施設
		児童手当
2　福祉事務所，福祉センター 5法担当職員配置措置がとられたが，依然生活保護偏重		事業内保育施設への助成等福祉施設対策
		第4編　社会福祉の増進
3　民間社会福祉活動 民生（児童）委員，社会福祉協議会，共同募金，ボランティアセンター		児童と家庭の福祉
		1　母子保健 健診，保健指導，母子栄養強化
4　低所得者対策 世帯更生資金貸付，授産事業 公益質屋，低家賃住宅（2種公営）	医療保険	2　保育対策 保育需要に見合った保育所の整備 特別保育（へき地保育，季節保育所）．保育になじめる障害児受入れ（中程度の障害児）．保母養成と確保
	1　健康保険法等の一部改正成立	
5　消費生活協同組合	2　各保険制度 国民健保，健康保険，日雇保険，船員保険	
6　その他の福祉対策 災害救助，個人災害救済制度 婦人保護，同和対策事業 不良環境地区改善事業（ウタリ集落，旧産炭地区），へき地対策，へき地保健福祉館設置		3　児童の健全育成 地域における児童健全育成　児童館，児童遊園，こどもの国，都市児童健全育成事業，事故防止，児童福祉文化財の推薦
	3　診療報酬診査支払制度	
	薬　事	
戦没者遺族・戦傷病者等援護	1　血液等 輸血推進，輸血後肝炎の対策	要養護児童対策　養護を要する児童（乳児院及び養護施設，里親等），情緒障害児（情緒障害児短期治療施設），非行児童（救護院等）
1　戦没者遺族，戦傷病者の援護 全国戦没者の追悼行事等，戦没者に対する叙位・勲章，海外戦没者の遺骨の収集		
2　未帰還者の調査と引揚者援護 未帰還者の調査，中国残留孤児，引揚者の援護	2　麻薬等 麻薬・覚せい剤．中毒者相談員等に	

1980（続き）		1981
4 母子家庭の福祉 母子家庭福祉対策　母子福祉資金貸付，寡婦福祉資金貸付，児童扶養手当，母子家庭相談事業，母子福祉施設，母子家庭の母及び寡婦の自立促進，母子家庭介護人派遣事業その他 5 児童相談所・児童相談室 **心身障害者の福祉** 1 心身障害児の福祉 心身障害児に関する対策（発生予防，早期発見・早期療育） 在宅障害児　相談・指導等，特別児童扶養手当等給付，心身障害児扶養保険事業への助成，家庭奉仕員派遣，補装具，日常生活用具，歯科治療，緊急保護事業，心身障害児施設地域療育事業（在宅児へ），心身障害児短期療育事業，心身障害児（者）巡回療育相談事業 施設対策（肢体不自由児施設，進行性筋萎縮症児病棟） 2 精神薄弱者の福祉 在宅対策　相談・指導，障害福祉年金，通所援護事業，職親委託，精神薄弱者通勤寮，精神薄弱者福祉ホーム，その他 施設対策　更生援護施設・授産施設，国立，地方コロニー 3 身体障害者の福祉対策 診査・更生相談，更生医療の給付，補装具交付，更生援護施設へ収容等，家庭奉仕員の派遣，福祉手当の支給や他法・他制度による措置 4 国際障害者年（1981年度） 80年は身体障害者福祉法30周年　身障者福祉審へ「身体障害者福祉を進めるための総合的方策」諮問 **老人の福祉** 1 老人保健医療対策 老人健康教育，老人健診 老人医療費支給制度，在宅老人機能回復訓練事業，老人保健医療総合対策開発事業（上記事業を総合化し，在宅訪問看護等を加えた新規試行事業） 2 在宅福祉対策 援護を要する老人対策　家庭奉仕員派遣，日常生活用具の支給，介護人	派遣（一時的），老人福祉電話の貸与，ねたきり老人短期保護事業，デイサービス事業（モデル事業） その他の在宅施策　老人の就労あっ旋，老人クラブの助成，老人のための明るいまち推進事業，老人スポーツ大会，入浴，食事，リハビリテーション等総合事業 3 施設福祉対策 特養中心の整備，在宅との連携 収容施設　特別養護老人ホーム，養護老人ホーム，軽費老人ホーム（60歳以上契約），有料老人ホーム 利用施設　老人福祉センター，老人憩の家，老人休養ホーム 4 その他の老人福祉 老人居住整備資金貸付事業，敬老の日など **社会福祉施設と福祉サービス** 1 社会福祉施設の整備と運営 老人施設，精神薄弱者援護施設，重症心身障害児施設が増加．国庫補助面積拡大，職員待遇改善，研修等 2 福祉事務所，福祉センター 3 民間社会福祉活動 民生（児童）委員，社会福祉協議会，共同募金，ボランティアセンター 4 低所得者対策 世帯更生資金貸付，授産事業 公益質屋，低家賃住宅（2種公営） 5 消費生活協同組合 6 その他の福祉対策 災害救助，個人災害救済制度，婦人保護事業，同和対策事業，不良環境地区改善事業（ウタリ集落，旧産炭地区），へき地対策，へき地保健福祉館設置 **戦没者遺族・戦傷病者等援護** 1 戦没者遺族，戦傷病者の援護 全国戦没者の追悼行事等，戦没者に対する叙位・勲章，海外戦没者の遺骨の収集 2 未帰還者の調査と引揚者援護 未帰還者の調査，中国残留孤児，引揚者の援護	**総説（問題認識）** （副題）国際障害者年――「完全参加と平等」をめざして 「完全参加と平等」を実現するため各省庁の連携．障害者福祉の理念「1機能障害」「2能力障害」「3社会的不利」．難病等による障害者をカバーしきれない．高齢化重度化一貫性ある施策体系の強化 障害者は単に保護すべき客体ではなく，自立自助すべき主体 **制度・事業** **第1編 健康の確保と増進** **健康の増進と疾病の予防** 1 健康増進 国民健康づくり運動 2 地域保健 保健所，地方衛生研究所，市町村保健センター，保健婦活動 3 結核その他伝染病 結核（患者発見・管理体制） らい「らいを正しく理解する週間」 4 精神衛生 早期発見・早期治療・社会復帰 地域ケア．医療と社会復帰対策．地域精神衛生活動．回復途上者も含めた相談 5 難病対策 特定疾患研究治療対象（公費負担）．23．調査研究の推進，医療施設整備 6 原爆被爆者対策 医療特別手当等創設等 7 歯科衛生とその他公衆衛生 優生保護 **医療保険** 1 健康保険法改正の施行 医療給付患者負担金の引上げ，家族療養費の給付割合が7割から8割に引上げ．標準報酬等級表の上限の弾力的改定．政府管掌保険保険料率引上げ．健康保険組合の財政調整保険料徴収等 2 各保険制度 国民健保，健康保険，日雇健保，船員保険 3 診療報酬診査支払制度 **薬　事**

表6-9　厚生白書（1973～87年版）

1981（続き）

1 血液等 輸血推進，輸血後肝炎の対策 **2 麻薬等** 中毒者相談員等によるアフターケア **第3編 所得保障の充実** **年金制度** 56年度の制度改正（福祉年金の改善，拠出制年金の物価スライド） 難民条約等への加入に伴う国民年金法の改正（拠出制年金は，被保険者資格の国籍要件撤廃） **1 各制度** 拠出制国民年金，福祉年金（約49.0%），厚生年金保険，船員保険（年金部門），石炭鉱業年金基金，農業者年金基金，企業年金 **2 年金積立資金運用** 年金積立金還元融資（政府予算の約半分，病院，福祉施設，大型保養基地など） **生活保護** **1 保護基準** 格差縮小による引上げ **2 動向** ハンディキャップ層中心微増 **3 保護施設** **児童手当** 事業内保育施設への助成等 **第4編 社会福祉の増進** **児童と家庭の福祉** **1 母子保健** 母子保健対策，妊産婦，乳幼児の健康管理，地域母子保健活動，医療対策，心身障害の研究 **2 保育対策** 出生率低下で増加鈍る．特別保育（へき地保育所，季節保育所），保育になじむ障害児の受け入れ助成，保母の養成と確保．ベビーホテル問題 55年実態調査，56年ベビーホテル一斉点検． **3 児童の健全育成** 地域における児童健全育成 児童館，児童遊園，こどもの国，都市児童健全育成事業，事故防止，児童福祉文化財の推奨 要養護児童対策 要養護児童（乳児院及び養護施設，里親等），情緒障害児（情緒障害短期治療施設），非行児童（教護院等）	**4 母子家庭等の福祉** 母子福祉資金貸付，寡婦福祉資金貸付，児童扶養手当，母子家庭相談事業，母子福祉施設，母子家庭の母及び寡婦の自立促進，母子家庭介護人派遣事業 **5 児童相談所・児童相談室** 児童福祉施設の整備と運営（運営費の改善，従事職員の待遇改善等，入所児童の処遇改善等），児童相談所・児童相談室 **心身障害者の福祉** **1 心身障害児の福祉** 心身障害児に関する対策（発生予防，早期発見・早期療育） 在宅障害児 相談・指導等，特別児童扶養手当等給付，心身障害児扶養保険事業への助成，家庭奉仕員派遣，補装具，日常生活用具，歯科治療，緊急保護事業，心身障害児施設地域療育事業，心身障害児短期療育事業，巡回療育相談事業 施設対策 肢体不自由児施設，進行性筋萎縮症児病棟，盲・ろうあ児施設，重心障害児施設，精神薄弱児施設・通園施設，自閉症児施設 **2 精神薄弱者の福祉** 在宅対策 相談・指導，障害福祉年金，通所援護事業，職親委託，精神薄弱者通勤寮・福祉ホーム，その他 施設対策 更生援護施設・授産施設，国立，地方コロニー **3 身体障害者の福祉** 診査・更生相談，更生医療の給付，補装具交付，更生援護施設の収容等，家庭奉仕員の派遣，その他の措置，重度障害者対策，視覚障害者対策，聴覚障害者対策，社会参加促進障害者のスポーツ振興，福祉手当等 **老人の福祉** **1 老人保健医療対策** 健康教育，老人健診，老人医療費支給制度，在宅老人機能回復訓練事業，老人保健医療総合対策開発事業 **2 老人保健法の提出（継続審議）** 1）健康手帳の交付，2）健康教育，3）健康相談，4）健康診査，5）医療，6）機能訓練，7）訪問指導，他 医療は70歳以上，その他保健事業は40歳以上．費用は国，地方公共団体，保険者が負担	**3 在宅福祉対策** 援護を要する老人のための対策 家庭奉仕員派遣，日常生活用具の支給，介護人派遣（一時的），老人福祉電話設置，ねたきり老人短期保護事業，デイサービス事業（本年より訪問サービス事業も開始） 老人の社会参加を促進するための対策 老人の就労あっ旋，生きがいと創造の事業，老人クラブの助成，老人のための明るいまち事業 **4 施設福祉対策** 収容施設 養護老人ホーム，費用徴収基準改定，特別養護老人ホーム最重点施設，軽費老人ホーム，有料老人ホーム，「有料老人ホーム問題懇談会」報告書 利用施設 老人福祉センター，老人憩の家，老人休養ホーム，老人福祉施設付設作業所 **5 その他**：老人居住整備資金貸付事業，敬老の日 **社会福祉施設と福祉サービス** **1 社会福祉施設の整備と運営** 施設改善（老朽化だけでなく補助面積等，施設内容面の改善） 職員養成・確保，待遇改善 **2 福祉事務所，福祉センター** **3 民間社会福祉活動** 民生（児童）委員，社会福祉協議会，共同募金，ボランティアセンター **4 低所得者対策** 世帯更生資金貸付 授産施設，公益質屋 **5 消費生活協同組合** **6 その他の福祉対策** 災害救助（災害弔慰金・災害援護資金貸付），婦人保護事業，同和対策事業，不良環境地区改善事業（ウタリ集落，旧産炭地区） **戦没者遺族・戦傷病者等援護** **1 戦没者遺族，戦傷病者の援護** 全国戦没者の追悼行事等，海外戦没者の遺骨の収集，戦没者に対する叙位・勲章 **2 未帰還者の調査と引揚者援護** 未帰還者の調査，中国残留孤児，引揚者の援護

1982		
総説（問題認識） **高齢化社会を支える社会保障をめざして** 高齢化社会への本格的対応と社会保障の新局面．医療費の適正化．保険・医療・福祉の総合化をめざす同時に進む人口高齢化と年金制度自体の成熟化．適正な年金給付水準．婦人の年金保障の問題．年金制度の一元化．雇用と年金の有機的連携 **制度・事業** **本編 第1～3章** **社会福祉の充実をめざして** **1 社会福祉を取り巻く状況** ①増大する福祉ニーズ 障害を有する老人の増大，老人の社会参加 **2 社会福祉の方向** ①次代を担う児童 児童の健全育成，保育需要の多様化児童手当制度の検討 **3 援護行政の推進** **健康はどう守られているか** **1 医療資源の現状と課題** **2 医療費の適正化** 国民医療費適正化総合対策推進本部発足．老人医療及び福祉に関する施策の合理化・体系化 **3 健康を作る** 国民健康づくり ①予防にまさる治療はない 老人保健法成立，老人保健事業推進 ②保健・医療・福祉の総合化 **生活を支える年金保障** **1 拡大する年金の比重** 適正な給付水準，制度分立問題 **2 年金制度の現状** **3 年金制度による老後保障の課題** 将来の「構造的水準」問題が重要 **指標編 厚生行政の現在の姿** **社会福祉** **1 老人福祉** ①在宅福祉対策	中央社会福祉審議会 「当面の在宅老人福祉対策のあり方について」意見具申 要援護老人対策 老人家庭奉仕員派遣事業，中央社会福祉審議会の意見具申で1982年10月以降，全世帯対象（応能負担） 老人日常生活用具給付等事業，ねたきり老人短期保護事業，デイサービス事業（通所・訪問サービス） 生きがい対策 高齢者無料職業紹介所，都道府県・市老人クラブ活動推進員，老人クラブ活動等助成，生きがいと創造の事業 ②施設福祉（入所） 特別養護老人ホーム，養護老人ホーム，軽費老人ホーム，有料老人ホーム（参考） 施設福祉（利用） 老人福祉センター，老人憩の家，老人休養ホーム ③老人家庭奉仕員派遣事業 **2 児童と家庭** 中央児童福祉審議会「今後のわが国児童家庭福祉の方向について」意見具申 ①母子保健 健康診査（保健所等），保健指導等，医療援護 ②保育対策 保育多様需要への対応，ベビーホテル問題への，障害児保育，延長保育，夜間保育等，へき地保育所，事業所内保育施設，保母養成確保対策，「幼稚園及び保育所に関する懇談会報告」幼保一元化できないとの結論 ③児童の健全育成対策 施設の充実 児童館，児童遊園等，社会福祉施設の園庭開放等 地域組織活動の充実（地域クラブ等の強化・助成） 家庭に対する援助 児童手当 養護に欠ける児童保護 乳児院，養護施設への入所，里親委託等 非行等問題行動の防止，保護，指導 教護院，情緒障害児短期治療施設の入所，児童相談所における指導 ④児童手当 ⑤母子家庭等 母子福祉法一部改正（寡婦も同様に福祉措置） 児童扶養手当 児童特別扶養手当の引上げ	経済的援助 遺族年金，母子年金，児童扶養手当，雇用促進 自立促進事業，売店等設置許可，住宅（公営住宅），生活指導等（母子寮，母子福祉センター，母子休養ホーム，母子相談員，母子家庭介護人派遣事業） **3 心身障害者の福祉** ①身体障害者 身体障害者福祉審議会「今後における身体障害者福祉を進めるための総合的方策」答申，国際障害者年を契機に長期的展望の対策を 在宅福祉施策 ハンディキャップ軽減施策（更生医療，補装具交付） 健康保持増進 診査・更生相談，在宅重度訪問診査 社会参加と自立 障害者福祉都市の設置，社会参加促進，在宅障害者デイサービス 日常生活援助 福祉手当支給，日常生活用具給付，家庭奉仕員派遣等，在宅重度緊急保護 障害別福祉施策 点字図書館，手話通訳，自助具展示斡旋等 施設福祉対策 更生援護施設の入所等（各種更生施設，各種援護施設，授産施設，福祉工場，その他） 進行性筋萎縮症者の援護（国立療養所，病院等へ委託して治療・訓練） ②心身障害児の福祉（身体障害児＋精神薄弱児・者） 心身障害児に関する対策 在宅対策 発生予防（母子保健），早期発見（先天性代謝異常等検査，健診），早期療育，育成医療，保健所，児童相談所等による相談，心身障害者総合通園センター，心身障害児通園事業，障害児保育，福祉サービス（家庭奉仕員派遣等，補装具，日常生活用品交付，その他） 特別児童扶養手当支給 施設対策（盲ろうあ児施設，肢体不自由児施設，重症心身障害児施設，国立療養所委託病床） ③精神薄弱者 対策記載なし **4 生活保護** ①基準引上げ

1982（続き）

②中央社会福祉審議会「生活扶助基準における男女差について」意見
5 その他の社会福祉
①社会福祉施設
②福祉事務所
③民間社会福祉活動
民生委員，社会福祉協議会
④世帯更生資金貸付制度
⑤授産施設
⑥消費生活協同組合
⑦婦人保護施設
売防法の要保護女子・おそれのある女子，婦人相談所，婦人保護施設
⑧地方改善事業
同和対策措置法失効，82年より地域改善対策特別措置法へ．地域改善対策，不良環境地区改善対策（ウタリ，不良環境地区）
⑨災害救助
災害弔慰金・災害援護資金貸付
⑩社会福祉等に関する相談
6 援護
①戦傷病者・戦没者遺族等への援護
②特別給付金等
③海外戦没者遺骨収集等
④中国残留日本人孤児
⑤引揚者等の援護

保健医療及び生活環境
1 健康
①地域保健
保健所，市町村保健センター
②感染症対策
結核予防，らい予防，予防接種健康被害救済制度
③結核対策
④精神衛生対策
精神障害者，一般医療，自傷他傷のおそれ，措置入院，回復途上者
社会復帰対策（精神衛生社会生活適応施設，精神障害回復者社会復帰施設，デイケア施設）
⑤難病対策
調査研究の推進，医療施設の整備，医療費自己負担解消，治療研究対象疾患24，小児慢性特定疾患9
⑥原爆被爆者対策
原爆医療法による対策
特別措置法による対策（各種手当）
2 医療保険

各制度（健康保険〔政府管掌・組合〕，船員保険，日雇健康保険，各種共済〔公務員，国鉄・公社，私立学校〕，国民健康保険）
社会保険診療報酬支払基金
3 薬事
血液事業（献血思想の普及），麻薬・覚せい剤等

年金保障
1 特例的物価スライドによる給付改善
福祉年金の給付改善・所得制限緩和
2 概要
拠出制国民年金，福祉年金，厚生年金保険，船員保険（年金部門），石炭鉱業年金基金，農業者年金基金，企業年金
3 年金積立金運用
年金積立金還元融資

1983

総説（問題認識）
（副題）新しい時代の潮流と社会保障
問題意識①：豊かな社会になっているわが国において，社会保障のこれからの進路は今までの延長線上にはないだろう
問題意識②：社会保障全般にわたって積極的な対応を図っていく必要
自立自助，社会連帯，家庭基盤に根ざす活力ある福祉社会

制度・事業
本編 第4〜6章
時代に即応した医療保障
1 健康と医療 国民健康づくり
2 医療サービスの提供
①保健医療サービスの包括化（老人保健法）
②地域における体系化（地域医療計画）
3 医療費の適正化
①医療費適正化対策
4 老人保健制度の実施
83年2月より実施
長期入院是正，日常生活管理に重点
5 医療保険制度の安定化

老後を支える年金
1 老後の生活設計と年金
高齢者雇用と年金
2 年金制度の現状
3 年金制度の課題と改革の方向
①制度一元化
②高い「構造的給付水準」の適正化

国民生活と福祉
1 福祉を取り巻く潮流
2 社会福祉施策の方向
①多様化する福祉ニーズ
一般国民への普及と受益者負担の必要
②重視される家庭，地域での生活
施設機能も重要．地域施策の一環
③次代を支える子どもたち
3 援護行政の推進

指標編 制度の概要及び基礎統計

1983（続き）

保健医療及び生活環境

1 健康（公衆衛生行政）
①地域保健
②感染症対策
結核予防健診，患者管理，らい予防
予防接種健康被害救済制度
③結核対策
④精神衛生対策
精神障害者，一般医療，自傷他傷の
おそれ，措置入院，回復途上者
社会復帰対策　精神衛生社会生活適
応施設，精神障害回復者社会復帰施
設，デイケア施設
⑤難病対策
調査研究の推進，医療費自己負担解
消，特定疾患研究治療対象（公費負
担）25，小児慢性特定疾患9
⑥原爆被爆者対策
原爆医療法による対策，特別措置法
による対策（法一部改正），医療特
別手当等の額を引上げ
⑦中央優生保護審議会廃止，公衆衛
生審議会へ吸収

2 医療保険
①国民医療費適正化総合対策推進本
部設置
退職者医療制度の創設及び日雇健保
のあり方諮問，国保問題懇談会，高
額医療費共同事務提案
②各制度
健康保険，船員保険，日雇健康保険，
各種共済（公務員，国鉄・公社，私
立学校），国民健康保険（市町村，
国保組合）
社会保険診療報酬支払基金
③老人保健制度施行，総合的保健医
療の実施
老人医療基本方針，診療報酬設定，
長期入院阻止，地域・家庭へ，一部
負担金外来400円，入院300円

3 薬事
医薬品副作用被害救済制度
血液事業，麻薬・覚せい剤等

年金保障

1 21世紀の年金に関する有識者調査実施
年金保険部会「厚生年金保険制度改正に関する意見」

2 概要
厚生年金保険，船員保険，共済組合
（国家公務員，地方公務員，公共企
業体職員，私立学校教職員，農林漁
業団体職員），国民年金（拠出制，
福祉年金）

3 年金積立金運用

社会福祉

1 老人福祉
①在宅福祉対策
要援護老人対策　老人家庭奉仕員派
遣事業，老人日常生活用具給付等事
業，ねたきり老人短期保護事業，デ
イサービス事業（通所・訪問）
生きがい対策　高齢者無料職業紹介
所，都道府県・市老人クラブ活動推
進員，老人クラブ活動等助成，生き
がいと創造の事業
②施設福祉（入所）
養護老人ホーム，費用徴収基準改定，
特別養護老人ホーム，最重点施設，
軽費老人ホーム，有料老人ホーム
施設福祉（利用）
老人福祉センター，老人憩の家，老
人休養ホーム
③老人家庭奉仕員派遣制度
課税世帯も対象，費用徴収制度導入

2 児童と家庭
中央児童福祉審議会家庭児童健全育
成対策特別部会の再開（家庭内暴力，
校内暴力）
①児童福祉施設
②母子保健
健診・保健指導等，医療援護
③保育対策
保育所需要への対応，ベビーホテル
調査発表，障害児保育，延長保育，
夜間保育事業，へき地保育所，事業所
内保育施設，保母養成確保対策
④児童の健全育成対策
子どもが健やかに育てられる場確保
施設の充実　児童館，児童遊園等，
社会福祉施設の園庭開放等
地域組織活動の充実　地域クラブ等
の強化・助成
養護に欠ける児童の保護
非行等問題行動の防止・保護・指導
⑤児童手当：第3子以降
⑥母子家庭等

経済的援助　遺族年金，母子年金，
母子福祉年金，児童扶養手当，雇用
促進　自立促進事業，売店等設置許
可，住宅（公営住宅），生活指導等
母子寮，母子福祉センター，母子休
養ホーム，母子相談員，母子家庭介
護人派遣事業
父子福祉対策

3 心身障害者福祉
①身体障害者
在宅福祉施策
ハンディキャップ軽減施策　更生医
療・補装具交付
健康保持増進　診査・更生相談，在
宅重度訪問診査
社会参加と自立　障害者福祉都市の
設置，社会参加促進，在宅障害者デ
イサービス
日常生活援助　福祉手当支給，日常
生活用具給付，家庭奉仕員派遣等，
在宅重度緊急保護
障害別福祉施策　点字図書館，手話
通訳，自助具展示斡旋等
施設福祉対策　更生援護施設の入所
者（各種更生施設，各種援護施設，
授産施設，福祉工場，その他），進
行性筋萎縮症者の援護（国立療養所，
病院等へ委託して治療・訓練）
②心身障害児の福祉（身体障害児＋精神薄弱児・者）
心身障害児に関する対策
在宅障害児　発生予防（母子保健），
早期発見（先天性代謝異常等検査，
健診），早期療育（心身障害児総合
通園センター，育成医療，心身障害
児通園事業，障害児保育），手当・
年金　特別児童扶養手当，障害福祉
年金，その他
福祉サービス　身体障害者手帳，療
育手帳，心身障害者扶養保険，心身
障害児・者歯科診療，心身障害児・
者地域療育事業
就労・社会参加サービス　精神薄弱
者通所援護事業，精神薄弱者福祉ホ
ーム，通勤寮，職親，精神薄弱者更
生施設・授産施設（通所）
施設対策　精神薄弱児施設，精神薄
弱者更生施設・授産施設（収容），
盲ろうあ児施設，肢体不自由児施設，
重症心身障害児施設，国立療養所進

表6-9　厚生白書（1973～87年版）

1983（続き）	1984	
	総説（問題認識）	制度・事業
行性筋萎縮症児委託病棟，国立療養所重症心身障害児委託病棟 ③特別児童扶養手当 ④精神薄弱者 実態のみで対策記載なし 4 生活保護 生活扶助基準引上げ 5 その他の社会福祉 ①社会福祉施設 ②福祉事務所 ③民間社会福祉活動 民生委員，社会福祉協議会 ④世帯更生資金貸付制度 ⑤授産施設 ⑥消費生活協同組合 ⑦婦人保護施設 売防法の要保護女子・おそれのある女子，婦人相談所，婦人保護施設 ⑧地方改善事業 地域改善対策 不良環境地区改善対策（ウタリ，産炭地区，漁村スラム等） ⑨災害救助 災害弔慰金・災害援護資金貸付 ⑩社会福祉等に関する相談 6 援護 ①戦傷病者・戦没者遺族等への援護 ②特別給付金等 ③海外戦没者遺骨収集等 ④中国残留日本人孤児 財団法人中国残留孤児援護基金設立 ⑤引揚者等の援護	人生80年時代の生活と健康を考える 人生80年時代とライフサイクルの変化．人生80年型社会保障の構築．拡大する福祉ニーズへの対応 ゆるぎない年金制度の構築 本編 第2～5章 健康の向上を求めて 1 人生80年時代の健康問題 ①高齢者に対する医療サービスのあり方 保健医療と福祉の連携 2 生涯を通じる健康づくり ①ライフサイクルに応じた総合的健康づくり 老人保健事業，精神保健対策（痴呆老人対策） 拡大する福祉ニーズへの対応 1 人生80年時代と福祉施策 ①ライフサイクルの変化と家庭，地域の変貌 ②給付の重点化と適正な費用負担 児童扶養手当改正案提出（臨調答申） 手当額2段階制，父所得による制限等 ③福祉の役割分担とボランティア 2 地域に根づく福祉 ①多様性に富む地域福祉施策 ②身体障害者福祉法改正 完全参加と平等盛り込む，施設入所費用徴収 3 福祉の基盤―生活保護 83年審議会意見具申で水準妥当，水準均衡方式へ 4 援護行政の推進 長期的に安定した医療保険 1 増加する国民医療費 2 医療保険の直面する課題 ゆるぎない年金制度の構築 1 安定した老後保障基盤の確立 2 年金をめぐる諸問題	指標編 制度の概要及び基礎統計 保健医療及び生活衛生 1 保健医療対策 ①健康づくり運動 ②老人保健対策 老人保健事業（老人保健法） ③感染症対策 結核（健診，患者管理），らい，予防接種健康被害救済制度 ④結核対策 ⑤精神保健対策 精神障害者 入院医療，通院医療，相談，訪問指導等，精神衛生法 回復途上者 社会復帰中間施設，デイケア施設，精神障害回復者社会復帰施設，通院患者リハビリ 精神衛生実態調査実施 ⑥難病対策 調査研究の推進，医療施設の整備，難病患者医療相談モデル事業，医療費自己負担解消，特定疾患，育成医療・更生医療・重症心身障害児措置，進行性筋萎縮症児措置，特定疾患研究治療対象26，小児慢性特定疾患9 ⑦国立病院・国立療養所 結核，ハンセン病等の拠点として ⑧原爆被爆者対策 原爆医療法による対策 健診，認定疾病医療，一般疾病医療給付 原爆特別措置法による対策 特別手当，その他各種手当 2 薬事 医薬品副作用被害救済制度 血液事業，麻薬・覚せい剤等 社会福祉 1 老人福祉 ①在宅福祉対策 要援護老人対策 老人家庭奉仕員派遣事業，老人日常生活用具給付等事業，ねたきり老人短期保護事業，デイサービス事業（通所・訪問サービス），痴呆老人対策費 生きがい対策 高齢者無料職業紹介所，都道府県・市老人クラブ活動推進員，老人クラブ活動等助成，生きがいと創造の事業

1984（続き）

②施設福祉（入所） 養護老人ホーム，費用徴収基準改定，特別養護老人ホーム，最重点施設，軽費老人ホーム，有料老人ホーム 施設福祉（利用） 老人福祉センター，老人憩の家 老人休養ホーム ③老人家庭奉仕員派遣制度 2　児童と家庭 ①児童福祉施設 ②母子保健 健診・保健指導等，医療援護 ③保育対策 保育所需要への対応，障害児保育，延長保育，夜間保育等，へき地保育所，事業所内保育施設 保母養成確保対策 ④児童の健全育成対策 健やかに育てられる場の確保　児童館，児童遊園等，社会福祉施設の園庭開放等 地域組織活動の充実　地域クラブ等の強化・助成 養護に欠ける児童の保護 非行等問題行動の防止・保護・指導 ⑤児童手当 第3子以降，義務教育修了まで ⑥母子家庭等 母子・寡婦福祉対策 経済的援助　遺族年金，母子年金，母子福祉年金，児童扶養手当，雇用促進　自立促進事業，売店等設置許可，住宅　公営住宅，生活指導等 母子寮，母子福祉センター，母子休養ホーム，母子相談員，母子家庭介護人派遣事業 父子福祉対策 父子家庭介護人派遣事業等 3　心身障害者福祉 ①身体障害者 在宅福祉施策 ハンディキャップ軽減施策 更生医療・補装具交付 健康保持増進　診査・更生相談，在宅重度訪問診査 社会参加と自立　障害者福祉都市の設置，社会参加促進，在宅障害者デイサービス 日常生活援助　福祉手当支給，日常生活用具給付，家庭奉仕員派遣等，	在宅重度緊急保護 障害別福祉施策　点字図書館，手話通訳，自助具展示斡旋等 施設福祉対策　更生援護施設の入所等（各種更生施設，各種援護施設，授産施設，福祉工場，その他） 進行性筋萎縮症者の援護（国立療養所，病院等へ委託して治療・訓練） ②心身障害児の福祉（身体障害児＋精神薄弱児・者） 心身障害児に関する対策 在宅障害児　発生予防（母子保健），早期発見（先天性代謝異常等検査，健診），早期療育（心身障害者総合通園センター，育成医療，心身障害児通園事業，障害児保育） 手当・年金（特別児童扶養手当，障害福祉年金，その他） 福祉サービス　身体障害者手帳，療育手帳，心身障害者扶養保険，心身障害者・者歯科診療，心身障害児・者地域療育事業 就労・社会参加サービス　精神薄弱者通所援護事業，精神薄弱者福祉ホーム，通勤寮，職親，精神薄弱者更生施設・授産施設（通所） 施設対策　精神薄弱児施設，精神薄弱者更生施設・授産施設（収容），盲ろうあ児施設，肢体不自由児施設，重症心身障害児施設，国立療養所進行性筋萎縮症児委託病棟，国立療養所重症心身障害児委託病棟 ③特別児童扶養手当 ④精神薄弱者：対策記載なし ⑤福祉手当：重度障害者対象 4　生活保護 水準均衡へ 中央社会福祉審議会「生活保護基準及び加算のあり方について」生活扶助基準は一般世帯との均衡上妥当な水準に達した．老齢加算等の加算は妥当，入院入所者加算は見直し 5　その他の社会福祉 ①社会福祉施設 ②福祉事務所 ③民間社会福祉活動 民生委員，社会福祉協議会 ④世帯更生資金貸付制度 ⑤授産施設 ⑥消費生活協同組合	⑦婦人保護施設 売防法の要保護女子・おそれのある女子，婦人相談所，婦人保護施設 ⑧地方改善事業 地域改善対策，不良環境地区改善対策（ウタリ，不良環境地区） ⑨災害救助 災害弔慰金・災害援護資金貸付 ⑩社会福祉等に関する相談 ⑪社会福祉・医療事業団法成立 6　援護 ①戦傷病者・戦没者遺族等への援護 ②特別給付金等 ③海外戦没者遺骨収集等 ④中国残留日本人孤児 ⑤引揚者等の援護 **医療保険** 1　「今後の医療政策の基本的方向（厚生省試案）」の公表 健康保険法等の一部を改正する法律の制定．本人1割負担の導入（86年から2割）．退職者医療制度の創設（本人8割給付）．日雇労働者は健康保険へ統合（日雇健保廃止） 2　各制度 健康保険（政府管掌・組合），日雇健康保険（廃止．健保の特例として包括化），各種共済（公務員，国鉄・公社，私立学校），国民健康保険 **年金保障** 1　基礎年金導入等に向けて年金改革閣議決定 「国民年金法等の一部改正案」国会提出制度一元化へ 2　各制度の概要 拠出制国民年金，福祉年金，厚生年金保険，船員保険，石炭鉱業年金基金，農業者年金基金，企業年金 3　年金積立金運用 年金積立金還元融資

表6-9　厚生白書（1973～87年版）

1985

総説（問題認識）	②母子家庭等の所得保障 児童扶養手当改正の実施．児童手当改正（範囲拡大，支給期間縮小） **5 最低生活の保障** 生活扶助基準男女格差完全解消 **第2編** **制度の概要及び基礎統計** **保健医療及び生活衛生** **1 保健医療の実施体制** 保健所・市町村保健センター，社会福祉・医療事業団（医療貸付） **2 保健医療対策** ①健康づくり運動 ②老人保健対策 老人保健法（医療，医療以外事業） ③感染症対策 結核（健診，患者管理，ハンセン病（らい），らい予防法，予防接種健康被害救済制度 ④結核対策 ⑤精神保健対策 精神障害者　入院医療，通院医療，相談，訪問指導等，精神衛生相談，老人精神衛生，酒害 回復途上者　社会復帰中間施設，デイケア施設，精神障害回復者社会復帰施設，通院患者リハビリ ⑥難病対策 調査研究の推進，医療施設の整備，難病患者医療相談モデル事業，医療費自己負担解消，特定疾患，育成医療・更生医療・重症心身障害児措置，進行性筋萎縮症児措置，特定疾患研究治療対象 28，小児慢性特定疾患 9 ⑦原爆被爆者対策 原爆医療法による対策（健診，認定疾病医療，一般疾病医療給付），原爆特別措置法対策（特別手当引上げ） **3 薬事** 医薬品副作用被害救済制度，血液事業，麻薬・覚せい剤等 **社会福祉** **1 老人福祉** ①在宅福祉対策 要援護老人対策　老人家庭奉仕員派遣事業，老人日常生活用具給付等事業，ねたきり老人短期保護事業，デ	イサービス事業（通所・訪問サービス），痴呆老人処遇技術研修事業 社会参加促進対策　都道府県・市老人クラブ活動推進員，老人クラブ活動等助成，高齢者能力開発情報センター運営 ②施設福祉（入所） 特別養護老人ホーム，養護老人ホーム，軽費老人ホーム，有料老人ホーム 施設福祉（利用） 老人福祉センター，老人憩の家 老人休養ホーム ③老人家庭奉仕員派遣制度 **2 児童と家庭** ①母子保健 健康診査（保健所等），保健指導等 ②保育対策 多様な保育所需要，人口急増地への対応．保育所はほぼ充足，今後は夜間・延長保育，障害児保育等が重要 ③児童の健全育成対策 施設の充実（児童館，児童遊園等，社会福祉施設の園庭開放等） 地域組織活動の充実（母親，児童クラブ等の強化・助成） 養護に欠ける児童保護　乳児院，養護施設への入所，里親委託等 非行等問題行動の防止，保護，指導救護院，情緒障害児短期治療施設の入所，児童相談所における指導 ④児童手当法の一部改正 第2子から支給，義務教育就学前まで ⑤母子家庭等 母子及び寡婦対策 経済的援助　遺族年金，母子年金，母子福祉年金，資金貸付，雇用促進　母子・寡婦自立促進事業，売店設置許可，住宅　公営住宅，生活指導等　母子寮，母子福祉センター，母子休養ホーム，母子相談員，母子家庭介護人派遣事業 児童扶養手当（所得により2段階制へ移行） 父子福祉対策 父子家庭介護人派遣事業等 **3 心身障害者福祉** ①身体障害者 在宅福祉施策
（副題） **長寿社会に向かって選択する**		
長寿社会と社会保障．ニードに即応した効率的なサービスの編成．国民の自助努力と社会保障，私的サービスの拡大．給付と負担の公平，安定的制度基盤の確立．供給体制を支えるマンパワー，ボランティア活動		
制度・事業		
第1編　第2～3章		
保健・医療・福祉サービスの展開		
1 ニードの動向 ①ニードの増大と多様化（高度化）		
2 ライフサイクルに沿ったサービスの展開		
3 効果的で効率的なサービスの供給 ①家庭を支える日常的サービスの供給体制 ②サービス供給のネットワーク化 地域医療計画，施設体系，マンパワー ③私的サービスの拡大 ④ボランティア活動の振興		
4 サービスの費用と公平な負担 ①医療費負担の公平化 ②福祉サービス費用と負担（徴収基準改正）		
5 研究開発とサービスの質的向上		
家計と所得保障		
1 所得保障の役割と機能		
2 公的年金制度の改革 ①年金制度の改革 基礎年金制度の導入 40年加入で65歳から月額5万円 （夫婦で10万円） 婦人の年金権確立（第3号被保険者）		
3 企業年金と個人年金		
4 障害者，母子家庭等の所得保障 ①障害基礎年金の充実（20歳前含む） 特別障害手当の創設（重度へ）		

1985（続き）		1986
ハンディキャップ軽減施策　更生医療・補装具交付 健康保持増進　診査・更生相談，在宅重度訪問診査 社会参加と自立　障害者福祉都市の設置，社会参加促進，在宅障害者デイサービス 日常生活援助　福祉手当支給，日常生活用具給付，家庭奉仕員派遣等，在宅重度緊急保護 障害別福祉施策　点字図書館，手話通訳，自助具展示斡旋等 施設福祉対策　更生援護施設の入所等（各種更生施設，各種援護施設，授産施設，福祉工場，その他），進行性筋萎縮症者の援護（国立療養所，病院等へ委託して治療・訓練） ②心身障害児の福祉（身体障害児＋精神薄弱児・者） 心身障害児に関する対策 在宅障害児　発生予防（母子保健），早期発見（先天性代謝異常等検査，健診），早期療育（心身障害児総合通園センター，育成医療，心身障害児通園事業，障害児保育），手当・年金　特別児童扶養手当，障害福祉年金 福祉サービス　身体障害者手帳，療育手帳，心身障害者扶養保険，心身障害児・者歯科診療，心身障害児・者地域療育事業 就労・社会参加サービス　精神薄弱者通所援護事業，精神薄弱者福祉ホーム，通勤寮，職親，精神薄弱者更生施設・授産施設 施設対策　精神薄弱児施設，精神薄弱者更生施設・授産施設，盲ろうあ児施設，肢体不自由児施設，重症心身障害児施設，国立療養所進行性筋萎縮症児委託病棟，国立療養所重症心身障害児委託病棟 ③特別児童扶養手当 ④福祉手当 介護を要する重度障害者，所得制限 4　生活保護 生活扶助基準引上げ，男女格差解消 5　その他の社会福祉 ①社会福祉施設 ②福祉事務所 ③民間社会福祉活動	民生委員，社会福祉協議会 ④世帯更生資金貸付制度 ⑤授産施設 ⑥消費生活協同組合 ⑦婦人保護施設 売防法の要保護女子・おそれのある女子，婦人相談所，婦人保護施設 ⑧地方改善事業 地域改善対策，不良環境地区改善（ウタリ，不良環境地区） ⑨災害救助 災害弔慰金・災害援護資金貸付 ⑩社会福祉等に関する相談 6　援護 ①戦傷病者・戦没者遺族等への援護 ②特別給付金等 ③海外戦没者遺骨収集等 ④中国残留日本人孤児 ⑤引揚者等の援護 医療保障 1　医療保険各制度 健康保険，一般被用者（政府管掌・組合），日雇労働者特例（政府管掌），船員保険，国民健康保険（国保組合，市町村〔自営業者等〕，市町村〔退職被保険者〕） 2　老人医療（70歳以上高齢者医療費） 老人保健法により各医療保険，国，都道府県，市町村の負担，自己負担 年金保障 1「国民年金法等の一部改正」制定：86年より施行，制度一元化へ ①国民年金を国民共通の基礎年金へ ②厚生年金は基礎年金の上乗せの報酬比例年金 ③船員保険を厚生年金に統合 ④婦人に独自の年金権保障 ⑤20歳未満に初診日のある障害者にも基礎年金支給 ⑥障害福祉年金，母子福祉年金は基礎年金へ吸収 2　各制度 3　年金積立金運用	**総説（問題認識）** （副題）未知への挑戦——明るい長寿社会をめざして 本格的な長寿社会と社会保障制度の再構築．在宅サービスの充実と保険・医療・福祉サービスの連携 積極的な社会参加と住みよいまちづくりをめざして 社会サービスの費用負担のあり方，民間サービスの展開．医療費適正化，医療保険制度の一元化 **制度・事業** 第1編　第2章，4章 社会サービスの新たな展開 1　在宅サービスの充実と保健・医療・福祉サービスの連携 ①施策の方向性 在宅サービス拡充，在宅と施設の相互乗り入れ．医療・保健・福祉の連携の転換期 ②要介護老人 新しい施設としての老人保健施設 ③精神障害者に対するサービス 社会復帰対策としてのデイケアや授産施設 2　積極的な社会参加活動と住みよいまちづくりをめざして ①高齢者や障害者の住み良いまちづくり ②安全と自立のための住宅（同居促進など） 3　生涯健康づくりへ向けて 4　保健医療供給体制の改革 国立病院・療養所の再編 5　社会サービス費用負担等のあり方 受益の程度と負担能力に応じて適正な費用負担 6　民間サービスの展開 シルバーサービス振興会議設立準備 安定的な医療システムをめざして 1　医療費増大要因と医療費適正化 2　医療保険制度の一元化に向けて 3　民間医療保険の動向

表6-9　厚生白書（1973～87年版）

1986（続き）

ゆるぎない所得保障システム確立 1 年金改革の意義とこれからの課題 基礎年金の定着，積立金の管理運用 2 企業年金と個人年金 3 生活保護その他の所得保障 **第2編** **制度の概要及び基礎統計** 保健医療 1 保健医療の実施体制 保健所・市町村保健センター，社会福祉・医療事業団（医療貸付） 2 保健医療対策 ①健康づくり運動 ②感染症対策 結核（健診，患者管理），ハンセン病（らい）予防法，予防接種健康被害救済制度 ③結核対策 ④精神保健対策 精神障害者　入院医療，通院医療，相談，訪問指導等，精神衛生相談，老人精神衛生，酒害 回復途上者　社会復帰中間施設，デイケア施設，精神障害回復者社会復帰施設，通院患者リハビリ ⑤難病対策 調査研究の推進，医療施設の整備，難病患者医療相談モデル事業，医療費自己負担軽減，特定疾患，育成医療・更生医療・重症心身障害児措置，進行性筋萎縮症児措置，特定疾患研究治療対象28，小児慢性特定疾患9 ⑥原爆被爆者対策 原爆医療法による対策（健診，認定疾病医療，一般疾病医療給付），原爆特別措置法対策（各種手当） 3 老人保健対策 ①医療 医療費公費負担，老人病院，特例許可，それ以外 ②医療費以外保健事業 市町村実施，健康教育，健診，相談 生活環境 1 薬事 医薬品副作用被害救済制度，血液事	業，麻薬・覚せい剤等 社会福祉 1 老人福祉 ①在宅福祉対策 要援護老人対策　老人家庭奉仕員派遣事業，老人日常生活用具給付等事業，ショートステイ事業，デイサービス事業（通所・訪問サービス），痴呆老人処遇技術研修事業 社会参加促進対策　都道府県・市老人クラブ活動推進員，老人クラブ活動等助成，生きがいと創造の事業，高齢者能力開発情報センター運営 ②施設福祉 施設福祉（入所） 特別養護老人ホーム，養護老人ホーム，軽費老人ホーム，有料老人ホーム（参考） 施設福祉（利用） 老人福祉センター，老人憩の家，老人休養ホーム ③シルバーサービス シルバーサービス振興会設置，民間団体による老人福祉サービス 2 児童と家庭 ①児童相談所・家庭児童支援室 ②児童福祉施設 ③母子保健 健診，保健指導等　医療援護 ④保育対策 多様な保育所需要，人口急増地への対応，保育所はほぼ充足，夜間保育，延長保育，障害児保育等が重要 ⑤児童の健全育成対策 子どもが健やかに育てられる場確保施設の充実　児童館，児童遊園等 地域組織活動の充実　母親，児童クラブ等の強化・助成 多子家庭に対する経済援助 児童手当 養護に欠ける児童保護　乳児院，養護施設への入所，里親委託等 非行等問題行動の防止，保護，指導救護院，情緒障害児短期治療施設の入所，児童相談所における指導 ⑥児童手当 ⑦母子家庭等 母子・寡婦対策 遺族年金・遺族基礎年金，資金貸付，雇用促進　母子・寡婦自立促進事業，	売店等設置許可，住宅　公営住宅，生活指導等　母子寮，母子福祉センター，母子休養ホーム，母子相談員，母子家庭介護人派遣事業 児童扶養手当　離別母子，18歳未満，所得制限あり 父子福祉対策 父子家庭介護人派遣事業等 ⑧児童手当 3 心身障害者福祉 ①身体障害者 在宅福祉施策 ハンディキャップ軽減施策　更生医療・補装具交付 健康保持増進　診査・更生相談，在宅重度訪問診療 社会参加と自立　「障害者の住みよいまち」づくり，社会参加促進事業，在宅障害者デイサービス 日常生活援助　福祉手当支給，日常生活用具給付，家庭奉仕員派遣等，在宅重度ショートステイ 障害別福祉施策　点字図書館，手話通訳，自助具展示斡旋等 施設福祉対策 更生援護施設の入所等　各種更生施設，各種援護施設，作業施設（授産施設，福祉工場，その他），進行性筋萎縮症者の援護　国立療養所，病院等へ委託して治療・訓練 ②心身障害児の福祉（身体障害児＋精神薄弱児・者） 更生医療・補装具交付 在宅障害児　発生予防（母子保健），早期発見（先天性代謝異常等検査，健診），早期療育（心身障害児総合通園センター，育成医療，障害児保育，心身障害児通園事業），手当・年金（特別児童扶養手当，障害福祉年金，その他） 福祉サービス　身体障害者手帳，療育手帳，心身障害者扶養保険，心身障害児・者歯科診療，心身障害児・者地域療育事業 就労・社会参加サービス　精神薄弱者通所援護事業，精神薄弱者福祉ホーム，通勤寮，職親，精神薄弱者更生施設・授産施設 施設対策　精神薄弱児（自閉症児）施設，精神薄弱者更生施設・授産施設

316　　第6章　戦後日本の社会福祉事業の異集合（2）

1986（続き）		1987
設，盲ろうあ児施設，肢体不自由児施設，重症心身障害児施設，国立療養所（進行性筋萎縮症児・重症心身障害児委託病棟）	年金保障 共済も含めた2階建て制度，船員保険を厚生年金へ吸収	総説（問題認識）
③特別児童扶養手当 重度障害児，所得制限有り	1 概要（公的年金保険制度） 国民年金　第1号被保険者（自営業者等），第2号被保険者（厚生，共済年金被保険者），第3号被保険者（第2号の被扶養配偶者）	(副題) 社会保障を担う人々——社会サービスはこう展開する
④特別障害者手当 在宅障害者で要介護，所得制限		社会保障ニードは「給付の水準」から「サービスの質」へ．幅の広いサービスを支えるマンパワーの重層化を図る．「フォーマル部門」のマンパワー，地域住民，各種ボランティア等，「インフォーマル部門」のマンパワーの質量向上．家庭婦人への注目，新しい民間サービスへの期待，シルバーサービスの健全育成
⑤障害児福祉手当 在宅重度障害児　所得制限あり	老齢基礎，障害基礎，遺族基礎年金 厚生年金保険	
⑥経過的福祉手当 従来福祉年金受給者のうち，基礎年金にも特別障害者手当にも非該当者（所得制限）	国家公務員等共済（地方公務員等共済，私立学校共済） 農林漁業団体共済	
4 生活保護 勤労控除の職種撤廃，控除上限額引上げ	2 企業年金 厚生年金基金，石炭鉱業年金基金	制度・事業
		第1編 第2～4章
		総合的な社会サービスの推進
5 その他の社会福祉 ①世帯更生資金貸付制度	3 農業者年金基金	1 要介護老人対策 ①在宅サービスの充実 ②老人にふさわしい施設ケアの確立 ③痴呆性老人対策 ④厚みのある地域サービスの展開
②授産施設 ③消費生活協同組合	4 年金福祉事業団 資金確保事業開始	
④婦人保護施設 売防法の要保護女子・おそれのある女子，婦人相談所，婦人保護施設		2 児童福祉対策 ①保育所の現状と課題　地域偏在 ②母子保健の向上　妊産婦死亡や障害発生予防
⑤地方改善事業 地域改善対策，不良環境地区改善（ウタリ，不良環境地区）		
⑥災害救助 災害弔慰金・災害援護資金貸付		3 障害者対策 国連障害者の10年の中間年　「障害者対策に関する長期計画」後期重点施策
6 社会福祉の実施体制 ①福祉事務所 ②社会福祉施設		国民医療の総合的改革と健康づくり
③民間社会福祉 社会福祉協議会，民生委員		1 国民医療の総合的改革 ①医療保険制度の一元化へ向けて 国保運営基盤の安定化へ法改正
④社会福祉・医療事業団 福祉貸付，退職者共済事業，心身障害者扶養保険制度		2 保健医療供給体制の整備 在宅ケアの充実，在宅医療，訪問看護
援　　護		3 健康づくりの新たな展開
①戦傷病者・戦没者遺族の援護 ②特別給付等 ③海外戦没者の遺骨の収集 ④中国残留日本人孤児の現況 ⑤中国帰国孤児に対する援護施策		4 エイズ対策
		新しい民間サービスへの期待
		1 ボランティア活動の進展 有償ボランティアや時間貯蓄等の試み
医療保障 1 医療保険各制度 健康保険，日雇労働者特例，船員保険，国民健康保険		2 シルバーサービスの健全育成 ①シルバーサービス振興会設立

表6-9　厚生白書（1973～87年版）

1987（続き）

3 職域におけるサービス

国民生活を支える所得保障

1 安定的な年金制度をめざして
①年金財源強化事業の創設（年金事業団）

2 老後保障としての企業年金

3 生活保護とその他の所得保障

第2編 制度の概要及び基礎統計

保健医療

1 保健医療の実施体制
保健所・市町村保健センター，へき地保健医療，社会福祉・医療事業団

2 保健医療対策
①第2次健康づくり運動（アクティブ80ヘルスプラン）
②感染症対策
結核（健診，患者管理），ハンセン病（らい）
予防接種健康被害救済制度
③結核対策
④精神保健対策
精神衛生法改正→精神保健法へ
精神障害者（入院医療，通院医療，相談，訪問指導等，精神衛生相談，老人精神衛生，酒害）
回復途上者（社会復帰中間施設，デイケア施設，精神障害回復者社会復帰施設，通院患者リハビリテーション，精神障害者援護寮）
一般住民に対する啓発活動
⑤難病対策
調査研究の推進，医療施設の整備，難病患者医療相談モデル事業，医療費自己負担解消，特定疾患，育成医療・更生医療・重症心身障害児措置，進行性筋萎縮症児，特定疾患研究治療対象29，小児9
⑥原爆被爆者対策
原爆医療法による対策（健診，認定疾病医療，一般疾病医療給付），原爆特別措置法による対策（各種手当）

3 老人保健対策
①医療
医療費公平負担，70歳以上
②保健事業第2次5カ年計画

健康なライフスタイルの確立
老人は地域や家庭での支援，循環器疾患，肝疾患，がん検診，ねたきり老人，痴呆老人対策の強化，福祉サービス，医療サービス
職域保健との連携強化
③老人保健施設の創設（当面モデル事業）
要介護老人に医療と生活サービスを併せて提供する施設

生活環境

1 薬事
医薬品副作用被害救済制度，血液事業，麻薬・覚せい剤等

社会福祉

1 老人福祉
①在宅福祉対策
要援護老人対策　老人家庭奉仕員派遣事業，老人日常生活用具給付等事業，ショートステイ事業，デイサービス事業（通所・訪問サービス），痴呆老人処遇技術研修事業，高齢者サービス総合調整推進費
社会参加促進対策　都道府県・市老人クラブ活動推進員，老人クラブ活動等助成，生きがいと創造の事業，高齢者能力開発情報センター運営
②施設福祉
施設福祉（入所）
特別養護老人ホーム，養護老人ホーム，軽費老人ホーム，有料老人ホーム（参考）
施設福祉（利用）
老人福祉センター，老人憩の家，老人休養ホーム
③老人家庭奉仕員派遣事業
④ショートステイ・デイサービス
⑤シルバーサービス
シルバーサービス振興会設立

2 児童と家庭
①児童相談所・家庭児童支援室
②児童福祉施設
③保育対策
多様な保育所需要，人口急増地への対応．保育所はほぼ充足，今後は夜間保育，延長保育，障害児保育等が重要
④児童の健全育成対策
子どもが健やかに育てられる環境の

確保　児童館，児童遊園等
養護に欠ける児童　乳児院，養護施設，里親等
非行等の防止・保護・指導
⑤母子保健
健診，保健指導等　医療援護
⑥母子家庭等（母子・寡婦・父子）
母子・寡婦対策
遺族年金・遺族基礎年金（別掲），雇用促進（母子・寡婦自立促進事業，売店等設置許可），住宅（公営住宅），生活指導等（母子寮，母子福祉センター，母子休養ホーム，母子相談員，母子家庭介護人派遣事業）
児童扶養手当（離別母子，18歳未満，所得制限あり）
父子福祉対策
父子家庭介護人派遣事業等
⑦児童手当

3 心身障害者福祉
①身体障害者
障害の軽減，補完，診査，更生相談，補装具交付，日常生活用具の給付等
在宅介護対策　特別障害者手当，家庭奉仕員派遣等，在宅重度ショートスティ
社会参加促進，在宅リハビリテーション対策　身体障害者相談員，障害者の社会参加促進
ハンディキャップ軽減施策
健康保持増進　診査・更生相談，在宅重度訪問診療
社会参加と自立　「障害者の住みよいまち」づくり，社会参加促進事業，在宅障害者デイサービス
日常生活援助　福祉手当支給，日常生活用具給付，家庭奉仕員派遣等，在宅重度ショートステイ
障害児福祉施策　点字図書館，手話通訳，自助具展示斡旋等
施設福祉対策　更生援護施設の入所等　各種更生施設，各種援護施設，作業施設（授産施設，福祉工場，その他），進行性筋萎縮症者の援護（国立療養所，病院等へ委託して治療・訓練）
②心身障害児の福祉（身体障害児＋精神薄弱児・者）
心身障害児に関する対策
在宅障害児　発生予防（母子保健），

1987（続き）

早期発見（先天性代謝異常等検査，健診），早期療育（心身障害者総合通園センター，育成医療，心身障害児通園事業，障害児保育），手当・年金（特別児童扶養手当，障害福祉年金，その他）

福祉サービス　身体障害者手帳，療育手帳，心身障害者扶養保険，心身障害児・者歯科診療，心身障害児・者地域療育事業

就労・社会参加サービス　精神薄弱者通所授護事業，精神薄弱者福祉ホーム，通勤寮，職親，精神薄弱者更生施設・授産施設（通所）

施設対策　精神薄弱児（自閉症児）施設，精神薄弱者更生施設・授産施設（収容），盲ろうあ児施設，肢体不自由児施設，重症心身障害児施設，国立療養所（進行性筋萎縮症児・重症心身障害児委託病棟）

③特別児童扶養手当
重度障害児，所得制限あり
④特別障害者手当
在宅重度障害者で要介護，所得制限
⑤障害児福祉手当
在宅重度障害児，所得制限あり
⑥経過的福祉手当
従来福祉年金受給者のうち，基礎年金にも特別障害者手当にも非該当者へ支給（所得制限）

4　生活保護

5　その他の社会福祉
①世帯更生資金貸付制度
②授産施設
③消費生活協同組合
④婦人保護施設
売防法の要保護女子・おそれのある女子，婦人相談所，婦人保護施設
⑤地方改善事業
地域改善対策，不良環境地区改善（ウタリ，不良環境地区）
⑥災害救助
災害弔慰金・災害援護資金貸付

6　社会福祉の実施体制
①福祉事務所
②社会福祉施設
③民間社会福祉
民生委員，社会福祉協議会
④社会福祉・医療事業団
福祉貸付，退職者共済事業，心身障

害者扶養保険制度
⑤社会福祉士及び介護福祉士法制定
在宅サービス多元的供給のための人材養成

援　護

①戦傷病者・戦没者の遺族の援護
②特別給付等
③海外戦没者の遺骨の収集
④中国残留日本人孤児の現況
⑤中国帰国孤児に対する援護施策

医療保障

1　医療保険の仕組み
健康保険，日雇労働者特例，船員保険，各種共済（公務員，国鉄・公社，私立学校），国民健康保険

年金保障

1　概要（公的年金制度）
国民年金，基礎年金第1～3号，厚生年金保険，国家公務員等共済，地方公務員等共済，私立学校共済，農林漁業団体共済

2　企業年金
①厚生年金基金
②石炭鉱業年金基金

3　農業者年金基金

4　年金積立金運用
年金積立金自主・有利運用事業開始

5　年金福祉事業団

表6-9　厚生白書（1973～87年版）

表6-10 厚生白書（1988～2000年版）

1988

総説（問題認識）	③ボランティア活動	社会参加促進対策（老人クラブ活動等社会参加促進事業，生きがいと創造の事業，高齢者能力開発情報センター運営，都道府県高齢者総合相談センター，全国老人クラブ連合会助成）
（副題）新たな高齢者像と活力ある長寿・福祉社会をめざして	安定した所得保障制度の確立	
厚生省創設50周年；長寿・福祉社会の施策の基本的考えと目標．①高齢者が保護や援助の対象だけでなく，社会貢献，社会参加．②自立自助の精神と社会連帯から，基礎的ニーズは公的施策，他の多様なニーズは個人及び民間の活力の活用を図る ③国民の負担は，経済の発展，社会の活力を損なわない程度	1 公的年金制度の現状と次期制度改正への課題 ①公的年金制度の一元化と被用者年金の制度間調整 ②積立年金制度の現状と役割	②施設福祉対策 特別養護老人ホーム，養護老人ホーム，小規模特別養護老人ホーム（併設型），軽費老人ホーム（60歳以上契約） 利用施設（老人福祉センター，老人憩の家，老人休養ホーム，デイサービスセンター） ③家庭奉仕員派遣事業 ④ショートステイ・デイサービス ⑤シルバーサービス シルバーマーク等検討
	2 企業年金の現状と課題	
	3 生活保護とその他の所得保障 ①生活保護制度 ②障害者の所得保障 ③母子家庭等の所得保障 ④戦没者遺族等への所得保障	
制度・事業		
第1編 第3～5章	適正な国民医療の確保	
健康・福祉サービスの新たな展開	1 良質で効率的な医療供給体制の整備 ①地域医療システムの確立 ②患者サービスの向上	
1 積極的な健康づくりと生きがいづくりの推進 ①新たな国民健康づくり対策の推進 健康診査の徹底による疾病の早期発見，早期治療 ②全国健康福祉祭		保健医療
		1 保健医療の実施体制 ①保健所・市町村保健センターへき地保健医療 ②社会福祉・医療事業団（医療貸付）
	2 医療費の保障 ①安定した医療費制度の構築 ②診療報酬体系の合理化と医療費の適正化	
2 老後生活を支えるサービスの充実 ①保健・医療・福祉サービスの連携と充実 総合的な相談窓口，高齢者総合相談センター，高齢者サービス調整会議 ②在宅生活を支援するサービス ③老人にふさわしい施設ケア 老人福祉施設，老人保健施設，病院 ④痴呆性老人対策の総合的推進		2 保健医療対策 ①健康づくり対策 保健事業第2次5カ年計画 ②感染症対策 結核，健診，患者管理，ハンセン病（らい），らい予防法，予防接種健康被害救済制度 ③結核対策 ④精神保健対策 精神障害者，入院医療，通院医療，訪問相談，回復途上者，社会復帰中間施設，デイケア施設等 ⑤難病対策 調査研究の推進，医療施設の整備，難病患者医療相談モデル事業，医療費自己負担解消，特定疾患，育成医療・更生医療・重症心身障害児措置，進行性筋萎縮症児対策 ⑥原爆被爆者対策 原爆医療法による対策（健診，認定疾病医療，一般疾病医療給付），原爆特別措置法による対策（手当）
	3 有効な医薬品の安定的供給の確保 ①血液事業	
	4 疾病対策 ①成人病その他疾病対策 ②エイズ対策	
	第2編 制度の概要及び基礎統計	
	老人保健福祉	
3 児童の健全な育成と家庭の支援対策の強化 ①家庭支援の推進 ②児童の健全育成等 ③保育対策 ④母子保健	1 老人保健対策 ①老人保健法による医療 ②保健事業2次5カ年計画 健康なライフスタイルの確立，老人は地域や家庭での支援 ③老人保健施設本格実施，開設60カ所	
	2 老人福祉 ①在宅福祉対策 要援護老人対策（老人家庭奉仕員派遣事業，老人日常生活用具給付事業，ショートステイ事業，デイサービス事業〔通所サービス・訪問サービス〕，痴呆性老人処遇技術研修事業，高齢者サービス総合調整推進費）	
4 障害者の自立と社会参加の促進 ①身体障害者施策 ②心身障害児及び精神薄弱者に対する施策 ③精神障害者に対する施策		
5 民間サービス等の展開と健全育成 ①シルバーサービス，有料老人ホーム等 ②職域におけるサービスの展開		生活環境
		1 薬事 ①医薬品副作用被害救済制度

＊紙幅の関係で表現は白書どおりではなく簡略化したところがある。

1988（続き）

②血液事業 ③麻薬・覚せい剤等 **社会福祉** 1 児童と家庭 ①児童相談所・家庭児童支援室 ②児童福祉施設 ③保育対策 多様な保育所需要，人口急増地への対応，保育所はほぼ充足，夜間保育，延長保育，障害児保育等が重要 ④児童の健全育成対策 子どもが健やかに育てられる環境の確保（児童館，児童遊園等） 養護に欠ける児童（乳児院，養護施設，里親等） 非行等の防止・保護・指導 ⑤母子保健 健診，保健指導等，医療援護 ⑥母子家庭等（母子・寡婦・父子） 母子・寡婦対策 遺族年金，遺族基礎年金（死別） 資金貸付，雇用促進（母子・寡婦自立促進事業，売店等設置許可），生活指導等（母子寮，母子福祉センター，母子休養ホーム，母子相談員，母子家庭介護人派遣事業），児童扶養手当（離別母子，18歳未満，所得制限あり） 父子福祉対策（介護人派遣事業等） ⑦児童手当 2 心身障害者福祉 ①身体障害者 障害の軽減，補完，診査，更生相談 補装具・日常生活用具の給付等 在宅介護対策 特別障害者手当，家庭奉仕員派遣等，在宅重度ショートステイ 社会参加促進，在宅リハビリテーション対策（身体障害者相談員，障害者の社会参加促進） ハンディキャップ軽減施策 健康保持増進（診査・更生相談，在宅重度訪問診療） 社会参加と自立（「障害者の住みよいまち」づくり，社会参加促進事業，在宅障害者デイサービス） 日常生活援助 福祉手当支給，日常生活用具給付，家庭奉仕員派遣等，在宅重度ショートステイ 障害別福祉施策（点字図書館，手話	通訳，自助具展示斡旋等） 施設福祉対策 更生援護施設の入所等（各種更生施設，各種援護施設，作業施設：授産施設，福祉工場，その他） 進行性筋萎縮症者の援護（国立療養所，病院等へ委託して治療・訓練） ②心身障害児の福祉（身体障害児＋精神薄弱児・者） 心身障害児に関する対策 在宅障害児 発生予防（母子保健），早期発見（先天性代謝異常等検査，健診），保健所，児童相談所等による相談，早期療育（心身障害者総合通園センター，育成医療，心身障害児通園事業，障害児保育） 福祉サービス 身体障害者手帳，療育手帳，心身障害者扶養保険，心身障害児・者歯科診療，心身障害児・者地域療育事業 就労・社会参加サービス 精神薄弱者通所援護事業，精神薄弱者福祉ホーム，通勤寮，職親 精神薄弱者更生施設・授産施設（通所） 施設対策 精神薄弱児（自閉症児）施設，精神薄弱者更生施設・授産施設（収容），盲ろうあ児施設，肢体不自由児施設，重症心身障害児施設，国立療養所進行性筋萎縮症児委託病床・重症心身障害児委託病床 ③特別児童扶養手当 重度障害児，所得制限あり ④特別障害者手当 在宅重度障害者で要介護，所得制限あり ⑤障害児福祉手当 在宅重度障害児，所得制限あり ⑥経過的福祉手当 従来福祉年金受給者のうち，基礎年金にも特別障害者手当にも非該当者へ支給（所得制限） 3 生活保護 級地制度，3級地を枝分け，6区分 4 その他の社会福祉 ①世帯更生資金貸付制度 ②授産施設 ③消費生活協同組合 ④婦人保護施設 売防法の要保護女子・おそれのある女子，婦人相談所，婦人保護施設	⑤地方改善事業 地域改善対策，不良環境地区改善（ウタリ，不良環境地区） ⑥災害救助 災害弔慰金・災害援護資金貸付 5 社会福祉の実施体制 ①福祉事務所 ②社会福祉施設 ③民間社会福祉 民生委員，社会福祉協議会 ④社会福祉・医療事業団 **援　護** 1 戦傷病者・戦没者の遺族の援護 2 特別給付等 3 海外戦没者の遺骨の収集 4 中国残留日本人孤児の現況 5 中国帰国孤児に対する援護施策 **医療保障** 公的医療保険制度 健康保険（組合・政府） 日雇労働者特例 船員保険，共済組合 国民医療保険 老人保健（70歳以上） **年金保障** 1 公的年金制度 国民年金（基礎年金），厚生年金，各共済年金 2 企業年金 3 農業者年金基金 4 年金積立金の運用

表6-10 厚生白書（1988〜2000年版）

1989

総説（問題認識）	適正な国民医療の確保	ム，小規模特別養護老人ホーム（併設型），軽費老人ホーム（60歳以上契約），ケアハウス（創設），有料老人ホーム，シルバーハウジング，老人福祉センター，老人憩の家，老人休養ホーム
（副題）長寿社会における子ども・家庭・地域	1 医療供給体制 ①医療計画の推進 ②国立病院・診療所の再編成（特別措置法87年）	
出生率の低下，晩婚化の進行．児童の健全な育成と家庭の支援対策の強化．老後生活を支えるサービスの充実（ゴールドプラン策定） 障害者の自立と社会参加の促進．適正な国民医療の確保，安定した所得保障制度の確立	2 医療費の保障 ①医療費適正化 ②安定した医療保険制度	④社会参加促進対策 老人クラブ活動等社会参加促進事業，高齢者の生きがいと健康づくり推進事業，高齢者能力開発情報センター運営助成
	3 有効な医薬品の安定的供給 ①国内自給に向けた血液事業	
制度・事業	4 疾病対策 ①成人病その他疾病対策 ②エイズ対策	⑤シルバーサービス シルバーサービス振興会・シルバーマーク制度
第1編 第2～4章		
健康・福祉サービスの新たな展開	安定した所得保障制度の確立	保健医療・薬事
1 長寿社会十カ年戦略（ゴールドプラン）	1 公的年金制度の課題と制度改正 厚生年金，国民年金の改正（保険料の引上げ，完全自動物価スライド，学生への年金保障等，国民年金基金制度創設） ①被用者年金間の負担調整 ②年金積立金の現状と課題	1 実施体制 保健所，市町村保健センター，へき地保健医療
2 生涯を通じた積極的な健康づくりと生きがいづくり		2 保健医療対策 ①健康づくり対策 アクティブ80ヘルスプラン ②感染症対策 結核（毎年約6万人新患者） ハンセン病（らい） 予防接種健康被害救済制度 ③結核対策 ④精神保健対策 精神障害者，入院医療，通院医療，訪問相談，回復途上者，社会復帰中間施設，デイケア施設等 ⑤難病対策 調査研究の推進，医療施設の整備，難病患者医療相談モデル事業，医療費自己負担解消，特定疾患，育成医療・更生医療・重症心身障害児措置，進行性筋萎縮症児措置 ⑥国立病院・国立療養所の再編 ナショナルセンターから専門医療施設までの再配置 ⑦原爆被爆者対策 原爆医療法による対策．健診，認定疾病医療，一般疾病医療給付．原爆特別措置法による対策（手当）
3 老後を支えるサービス充実 ①社会サービスの新たな展開 市町村の役割重視，在宅福祉の充実 民間福祉サービスの健全育成．福祉と保健・医療の連携強化・総合化 福祉の担い手の養成と確保．福祉情報提供体制の整備 ②寝たきり老人ゼロ作戦の展開 ③在宅生活を支援するサービス ④高齢者にふさわしい施設ケア確立 ⑤痴呆性老人対策の総合的推進	2 企業年金制度	
	3 生活保護制度とその他の所得保障 ①生活保護制度 ②障害者の所得保障 ③母子家庭の所得保障 ④戦没者遺族等への所得保障 ⑤所得保障の再分配機能 社会保障によるジニ係数の改善度は12.0%	
4 児童の健全な育成と家庭の支援対策の強化 ①家庭支援の推進 ②児童の健全育成等 ③保育対策 ④母子保健	第2編 制度の概要及び基礎統計	
	老人保健福祉	
	1 老人保健対策 ①保健事業2次5カ年計画 ②老人保健法による医療等 ③老人保健施設	
5 障害者の自立と社会参加の促進 ①身体障害者施策 ②心身障害児及び精神薄弱者施策 ③精神障害者に対する施策		
	2 老人福祉対策 ①高齢者保健福祉推進十カ年戦略 ②在宅福祉対策 ホームヘルパー派遣事業，デイサービス事業，ショートステイ事業，日常生活用具の給付等事業，高齢者サービス総合調整推進事業 ③施設福祉対策 特別養護老人ホーム，養護老人ホー	
6 民間サービス等の展開と健全育成 ①シルバーサービス 有料老人ホーム等 ②職域におけるサービスの展開 ③ボランティア活動 ④行政関与型有償福祉サービス 武蔵野福祉公社，世田谷ふれあい公社など		3 薬事 ①医薬品副作用被害救済制度（血液製剤エイズも含む） ②血液事業 ③麻薬・覚せい剤等
		社会福祉

1989（続き）

1 児童と家庭
①母子保健
健康診査（保健所等），保健指導等，医療援護
②保育対策
多様な保育所需要，人口急増地への対応，保育所はほぼ充足，夜間保育，延長保育，障害児保育等が重要
③児童の健全育成対策
子どもが健やかに育てられる環境の確保（児童館，児童遊園等）
養護に欠ける児童（乳児院，養護施設，里親等）
非行等の防止・保護・指導
④母子家庭等（母子・寡婦・父子）
母子・寡婦対策
遺族年金・遺族基礎年金（死別），資金貸付，雇用促進（母子・寡婦自立促進事業，売店等設置許可），生活指導等（母子寮，母子福祉センター，母子休養ホーム，母子相談員，母子家庭介護人派遣事業），児童扶養手当（離別母子，18歳未満，所得制限あり），税制控除
父子福祉対策（介護人派遣事業等）
⑤児童手当

2 心身障害者福祉
①身体障害者
障害の軽減，補完，診査，更生相談
補装具・日常生活用具の給付
在宅介護対策（特別障害者手当，家庭奉仕員派遣等，在宅重度ショートステイ）
社会参加促進，在宅リハビリテーション対策（身体障害者相談員，障害者の社会参加促進）
ハンディキャップ軽減施策
健康保持増進（診査・更生相談，在宅重度訪問診療）
社会参加と自立（「障害者の住みいまち」づくり，社会参加促進事業，在宅障害者デイサービス）
在宅重度ショートステイ
障害別福祉施策（点字図書館，手話通訳，自助具展示斡旋等）
施設福祉対策　更生援護施設の入所等（各種更生施設，各種援護施設，作業施設：授産施設，福祉工場，ほか），進行性筋萎縮症者の援護
②心身障害児の福祉（身体障害児＋精神薄弱児・者）
心身障害児に関する対策
在宅障害児　発生予防（母子保健），早期発見（先天性代謝異常等検査，健診），早期療育（心身障害者総合通園センター，育成医療，心身障害児通園事業，障害児保育）
福祉サービス（補装具・日常生活用具の給付，家庭奉仕員の派遣，相談指導，身体障害者手帳，療育手帳交付，心身障害児・者歯科診療，心身障害児・者地域療育事業）
就労・社会参加　精神薄弱者更生施設・授産施設（通所），通所援護事業，グループホーム等，職親，精神薄弱者福祉工場，精神薄弱者通所援護事業，福祉ホーム，精神薄弱者通勤寮
施設対策　精神薄弱児（自閉症児）施設，精神薄弱者更生施設・授産施設（入所），精神薄弱者自活訓練事業，盲ろうあ児施設，肢体不自由児施設，重症心身障害児施設，国立療養所進行性筋萎縮症委託病床，国立療養所重症心身障害児委託病床
③特別児童扶養手当
重度障害児，所得制限あり
④特別障害者手当
在宅重度障害児で要介護，所得制限
⑤障害児福祉手当
在宅重度障害児，所得制限あり
⑥福祉手当（経過措置分）
福祉年金受給者のうち，基礎年金，特別障害者手当非該当者，所得制限

3 生活保護
保護率低下，水準均衡方式，水準引上げ

4 その他の社会福祉
①世帯更生資金貸付制度
②授産施設
③消費生活協同組合
④婦人保護施設
売防法の要保護女子・おそれのある女子，婦人相談所，婦人保護施設
⑤地方改善事業
地域改善対策，不良環境地区改善（ウタリ，不良環境地区）
⑥災害救助
災害弔慰金・災害援護資金貸付

5 社会福祉の実施体制
①福祉事務所
②社会福祉施設
③民間社会福祉
民生委員，社会福祉協議会
④社会福祉・医療事業団
福祉貸付，退職者共済事業
心身障害者扶養保険制度

援　護
1 戦傷病者・戦没者の遺族の援護
2 特別給付等
3 海外戦没者の遺骨の収集
4 中国残留日本人孤児の現況
5 中国帰国孤児に対する援護施策

医療保障
1 公的医療保険制度
健康保険（組合・政府）
日雇労働者特例
船員保険，共済組合
国民健康保険
老人保健（70歳以上）

年金保障
1 公的年金制度
国民年金，厚生年金
各共済年金
2 企業年金
3 農業者年金基金
4 年金積立金の運用
5 年金福祉事業団

表6-10　厚生白書（1988～2000年版）

1990		
総説（問題認識） (副題) 真の豊かさに向かっての社会システムの再構築・豊かさのコスト――廃棄物問題を考える 新たな福祉サービス供給システム ①在宅サービス積極的推進 ②在宅も施設も市町村で ③老人保健福祉の計画的整備 ④地域における民間福祉活動推進 保健医療福祉のマンパワー確保 ①マンパワー供給拡大と有効利用 ②サービス受け手の自立促進 ③保健医療福祉活動へ国民皆参加 ④民間活力の利用 子どもが健やかに生まれ育つ環境 **制度・事業** **第2部 厚生行政の動き** **健康，生きがい，社会づくり** 1 健康づくりと生きがいづくり ①アクティブ80ヘルスプラン 運動習慣の普及，食生活指針，休養 ②高齢者の健康と生きがい推進事業 2 障害者対策 ①身体障害者福祉法等改正 在宅福祉サービスが法的に明確化 身体障害者援護施設入所事務が市町村へ．雇用の機会均等の保障．公共輸送へのアクセス保障．公共施設やサービスへのアクセス保障等 ②心身障害児に対する福祉 心身障害児（者）地域療育拠点事業開始．心身障害児通園施設機能充実モデル事業開始 ③身体障害者に対する福祉 住みよい福祉のまちづくり 小規模授産施設 ④精神障害者に対する福祉 「こころの電話」設置 3 民間サービスの健全育成 ①シルバーサービス ②ボランティア活動の展開 **適正な国民医療の確保** 1 医療費の保障 診療報酬の改定，医療機関の機能や老人診療に重点 ①医療保険制度の長期的安定	国民保険制度の改正，老人保健の加入者案分率100%へ，国庫負担充実 ②老人保健法改正案提出（訪問看護制度，負担の見直し） 2 安全な医薬品等の安定的供給 ①血液事業 ②成人病その他の疾病対策 臓器移植の推進，感染症対策，エイズ対策，肝炎対策，老人性痴呆症対策，原爆被爆者対策 **安定した所得保障制度の構築** 1 本格的「年金時代」を迎える公的年金 ①年金の成熟化と費用負担の増大 ②成熟化時代の年金制度改革 保険料の段階的引上げ，企業年金の育成，制度間の費用負担調整特別措置法，完全な物価自動スライド，学生に対する国民年金適用，年金支払いを隔月支払いへ，国民年金基金の創設，課題（公的年金一元化，厚生老齢年金開始年齢引上げ） ③年金積立金 73兆円 運用収益増大が課題 ④比重を増す企業年金制度 2 生活保護とその他の所得保障 ①生活保護：一貫して減少．地域の実情に応じた実施，収入資産等の確な把握，処遇の充実 ②障害者の所得保障 障害基礎年金，障害厚生年金，在宅重症障害者に特別障害者手当．20歳未満の重症障害児養育者へ特別児童扶養手当 ③母子家庭等の所得保障 遺族年金，遺族厚生年金，児童扶養手当 ④戦没者遺族等に対する給付 戦傷病者戦没者遺族等援護法による障害年金，遺族年金等，各種特別給付．90年も，恩給（軍人遺族）の引上げに準じて引上げ **第2編 制度の概要と基礎統計** **老人保健福祉** 1 老人保健制度 ①老人保健法による医療 ②医療以外の保健事業 手帳，教育，健診，診査，機能訓練	2 老人保健施設 3 在宅老人福祉対策 要援護老人対策（ホームヘルプサービス，老人日常生活用具給付等，ショートステイ事業，デイサービス，在宅介護支援センター運営） 社会活動促進対策（生きがいと健康づくり推進，老人クラブの助成等） 4 老人福祉施設対策 入所型（特別養護老人ホーム，養護老人ホーム，軽費老人ホーム，ケアハウス，老人短期入所施設，有料老人ホーム，シルバーハウジング） 利用型（老人福祉センター，老人憩の家，老人休養ホーム） 5 痴呆性老人対策 老人性痴呆疾患センター（保健），高齢者総合相談センター（福祉） **保健医療** 1 感染症対策 輸入感染症，エイズやATL，予防接種健康被害者の救済対策 2 結核対策 今も年間約5万人が発症．健診，予防接種，患者管理 3 精神保健対策 ①医療 通院医療，措置入院，任意入院 ②精神障害者社会復帰施設 精神障害者援護寮，福祉ホーム ③社会活動の場 精神障害者通所産産施設，精神障害者小規模作業所，精神科デイケア施設，職親（通院患者リハビリテーション事業） 4 難病対策 調査研究の推進，医療施設の整備，難病患者医療相談モデル事業，医療費自己負担解消（治療研究対象），特定疾患，育成医療・更生医療・重症心身障害措置，進行性筋萎縮症児措置の名目で医療費公費負担，特定疾患研究治療対象32 5 原爆被爆者対策 原爆医療法による健診，医療給付 原爆特別措置法による各種手当 原爆被爆者家庭奉仕員派遣事業 原爆死没者調査実施

1990（続き）		1991
薬　　事　　 1 医薬品副作用被害救済制度 2 血液事業 3 麻薬・覚せい剤対策	日常生活用具の給付，家庭奉仕員派遣，精神薄弱者更生施設・授産施設自立促進　通所援護事業，グループホーム等，精神薄弱者福祉工場，通勤寮，精神薄弱者授産施設	総説（問題認識）
社会福祉	③施設福祉サービス 精神薄弱児（自閉症児）施設，精神薄弱者更生施設・授産施設（入所），精神薄弱者自活訓練事業，盲ろうあ児施設，肢体不自由児施設，重症心身障害児施設，国立療養所委託病床	（副題）広がりゆく福祉の担い手たち――活発化する民間サービスと社会参加活動
1 保育対策 需要の多様化　乳児保育，夜間保育，延長保育，障害児保育		高齢社会の「自立と参加」．保健医療・福祉サービスの需要の高度化・多様化．国民の参加意識の高まり　民間サービスの発展．福祉公社等住民参加による福祉サービス，保健福祉分野のボランティア活動，企業の社会貢献活動の活発化
2 児童の健全育成対策 児童厚生施設，施設地域交流事業，都市児童健全育成事業 児童手当　改正案を国会提出	7 生活保護	
	8 消費生活協同組合	制度・事業
3 母子保健対策 妊娠届・母子健康手帳，妊婦健康診査，乳幼児健診等，小児特定疾患治療研究事業	9 地方改善事業 地域改善事業，不良環境地区改善対策（ウタリ，産炭地，漁村スラム）	第3部 厚生行政の動き
		保健医療・福祉サービスの総合的な展開
4 母子家庭等の福祉対策 経済的援助　遺族年金・遺族基礎年金，資金貸付，児童扶養手当，雇用促進　自立促進事業，売店等設置許可，住宅　公営住宅，生活指導等 母子寮，母子福祉センター，母子休養ホーム，母子相談員，母子家庭介護人派遣事業	10 民間地域福祉活動 民生委員，社会福祉協議会，共同募金，ボランティア活動の振興	1 保健・福祉サービスの総合的推進 ①高齢者保健福祉推進十ヵ年戦略の策定（91～99年まで） 在宅福祉サービスの展開 ②地域における老人保健福祉計画の策定（93年から） 市町村，都道府県で計画策定．具体的な数値目標を示すこと
	11 国民生活の保護と安定 婦人保護事業，災害救助 生活福祉資金貸付制度　世帯更生資金貸付の名称変更	
	援　　護	
5 身体障害者福祉対策 障害の軽減，補完，診査，更生相談　補装具・日常生活用具の給付等 在宅介護対策　特別障害者手当，家庭奉仕員派遣等，在宅重度ショートステイ，社会参加促進，在宅リハビリテーション対策　身体障害者相談員，障害者の社会参加促進，「障害者の住みよいまち」づくり，在宅障害者デイサービス，精神薄弱者自活訓練事業 施設福祉対策　更生施設（肢体不自由，視覚聴覚障害，内部障害，重度障害），生活施設　療護施設，福祉ホーム，作業施設　授産施設，福祉工場 地域利用施設　身体障害者福祉センターA型，B型，デイサービス施設，更生センター，点字図書館他 進行性筋萎縮症者の援護	戦傷病者戦没者遺族等援護法による援護，年金等 戦傷病者特別援護法による援護，療養の給付等，海外戦没者遺骨収集等 中国残留日本人孤児（中国帰国孤児等）引揚者等の援護対策）	2 保健医療・福祉マンパワーの確保 「保健医療・福祉マンパワー対策本部」設置90年，91年中間報告
	医療保障	3 健康づくりと生きがいづくり
	1 公的医療保険制度 健康保険（組合・政府） 日雇労働者特例 船員保険，共済組合 国民医療保険 老人保健（70歳以上）	4 子どもが健やかに生まれ育つための環境づくり ①出生率低下，晩婚化等．国民的議論の展開 ②多様な子育て支援策の積極的展開 保育所サービス，子育て相談体制 ③健やかに育つ生活環境　児童厚生施設，児童クラブ活動 ④ライフスタイルに対応した母子保健の充実 ⑤子育て支援のための民間サービス ベビーシッター業界の指導，振興
	2 医療費の動向：年々増加	
	年金保障	
6 心身障害児（者）対策 ①早期療育 相談・指導，療育 ②在宅福祉サービス	1 公的年金制度 国民年金，厚生年金 各共済年金	5 障害者対策 ①在宅サービスの充実（高齢者福祉にあわせて） 身体障害者実態調査実施 ②心身障害児及び精神薄弱者に対する 在宅福祉サービスの展開
	2 企業年金	
	3 年金積立金の運用	
	4 国民年金基金	

表6-10　厚生白書（1988～2000年版）

1991（続き）		
③精神障害者等に対する施策 社会復帰施設の整備，社会復帰相談 通院患者リハビリテーション	人ホーム，シルバーハウジング 利用型　老人福祉センター，老人憩の家，老人休養ホーム	法の制定 **社会福祉** 1 保育対策 保育需要の多様化（乳児保育，延長保育，夜間保育，障害児保育，一時保育，長時間保育），企業委託型保育（企業の委託で社福法人実施）
6 生活保護と障害者等に対する所得保障 ①生活保護 一貫して減少．地域の実情に応じた実施，収入資産の的確な把握 ②障害者の所得保障 障害基礎年金，障害厚生年金 在宅重症障害者に特別障害者手当 20歳未満の重症障害児養育者へ特別児童扶養手当 ③母子家庭等の所得保障 遺族年金，遺族厚生年金 児童扶養手当 ④戦没者遺族等に対する給付 戦傷病者戦没者遺族等援護法の障害年金，遺族年金等，各種特別給付	3 老人保健施設 医療と福祉の中間施設 介護職員多めに配置 4 寝たきり・痴呆性老人対策 寝たきり老人ゼロ作戦．予防，リハ，脳卒中情報システムの整備等．痴呆の原因と予防．脳卒中成人病予防 5 シルバーサービス・ 　生きがい対策 ①シルバーサービス サービス質向上，振興会の倫理綱領 ②生きがいづくり スポーツ，地域活動・指導者育成	2 児童の健全育成対策 児童厚生施設，施設地域交流事業，都市児童健全育成事業 放課後児童対策 児童手当（第1子からの支給） 3 母子保健対策 妊娠届・母子健康手帳，妊婦及び乳幼児健康診査・保健指導
適正な国民医療の確保 1 医療法改正案審議中 2 安全な医薬品等の安定的供給 ①血液事業の展開：自給体制へ ②成人病その他疾病対策 臓器移植の推進，感染症対策（エイズ対策，結核対策，老人性痴呆疾患対策），原爆被爆者対策（被爆者高齢化のため手当大幅増額）	**保健医療** 1 結核・感染症対策 結核対策（公衆衛生審議会「結核対策推進計画について」），エイズ対策 2 精神保健対策 ①医療 患者同意の任意入院，知事権限の措置入院，保護義務者同意の医療保護 ②社会復帰対策 援護寮，福祉ホーム，通所・入所授産施設，通院患者リハビリテーション事業等 ③地域精神保健対策 精神保健センター（都道府県技術の中核機関）	4 母子家庭等の福祉対策 経済的援助　遺族年金・遺族基礎年金，児童扶養手当，母子寡婦福祉資金貸付，雇用促進　自立促進事業，売店等設置許可，住宅　公営住宅，生活指導等　母子寮，母子福祉センター，母子休養ホーム，母子相談員，母子家庭介護人派遣事業 5 身体障害者福祉対策 障害の軽減，補完，検査，更生相談補装具，日常生活用具の給付等 在宅介護対策 特別障害者手当，家庭奉仕員派遣等，在宅重度ショートステイ 社会参加促進，在宅リハビリテーション対策　身体障害者相談員，在宅障害者デイサービス，在宅重度障害者介護人派遣事業，授産施設，身体障害者福祉ホーム，障害別福祉事業施設福祉対策　更生施設　肢体不自由，視覚聴覚障害，内部障害，重度障害，生活施設　療護施設，福祉ホーム，作業施設　授産施設，福祉工場 地域利用施設 身体障害者福祉センター，デイサービス施設，更生センター，点字図書館他 進行性筋萎縮症者の援護
第2編　制度の概要と基礎統計 **老人保健福祉** 1 老人保健制度 ①老人保健法による医療 ②医療以外の保健事業 手帳，教育，健診，診査，機能訓練 ③老人保健施設 ④老人訪問看護制度の創設 老人保健法一部改正，費用は老健 2 在宅老人福祉対策 要援護老人対策　ホームヘルプサービス事業，老人日常生活用具給付等事業，ショートステイ事業，デイサービス事業，在宅介護支援センター 社会活動促進対策　高齢者の生きがいと健康づくり推進事業，老人クラブの助成費等 ③老人福祉施設対策 入所型　特別養護老人ホーム，養護老人ホーム，軽費老人ホーム，ケアハウス，老人短期入所施設，有料老	3 難病対策 調査研究の推進，難病患者への医療補助（特定疾患治療研究費，更生医療費，育成医療費等の名目で），相談事業（難病患者医療相談モデル） 4 原爆被爆者対策 原爆医療法・特別法による医療，介護手当引上げ，各手当の所得制限限度額引上げ．手続きの簡素化，健康管理手当認定機関改善．原爆被爆者家庭奉仕員派遣事業．原爆死没者慰霊等施設建設調査．慰霊事業（調査研究啓発事業等） **薬　　事** 1 医薬品副作用被害救済制度 2 血液事業 3 麻薬・覚せい剤対策：麻薬二	6 心身障害児（者）対策 ①早期療育 相談・指導，療育 ②在宅福祉サービス

1991（続き）	1992	
日常生活用具給付，家庭奉仕員派遣，精神薄弱者更生施設・授産施設自立促進　通所援護事業，グループホーム等，精神薄弱者福祉工場，精神薄弱者通勤寮，精神薄弱者授産施設（通所），精神薄弱児（自閉症児）施設	**総説（問題認識）** （副題）皆が参加する「ぬくもりある福祉社会」の創造 障害者の重度化，高齢化。障害者が社会の一員として生き生きと暮らせる社会（障害者参加）。皆が参加する社会は，共感しふれあえる社会（国民参加）。障害者が住みやすい社会は皆にとっても住みやすい社会（まちづくり）	③医療制度の整備 ④国際協力 ⑤研究の推進
		適正な国民医療の確保
③施設福祉サービス 精神薄弱児（自閉症児）施設，精神薄弱者更生施設・授産施設，精神薄弱者自活訓練事業，盲ろうあ児施設，肢体不自由児施設，重症心身障害児施設，国立療養所委託病床 ④特別児童扶養手当		1 医療保険体制等 ①疾病対策 結核対策（推進計画〔92年〕に沿って実施） 原爆被爆者対策　原爆医療法による健診，医療。原爆特別措置法による各種手当。介護手当引上げ，各手当の所得制限限度額引上げ。原爆被爆者家庭奉仕員派遣事業。原爆死没者慰霊等施設建設調査。慰霊事業（調査研究啓発事業等）
	制度・事業	
	第2部 厚生行政の動き	
	地域における保健医療・福祉サービスの総合的展開	
7 生活保護 保護率低下も地域差，適正化	1 地域における高齢者の保健・福祉サービスの総合的な推進 ①ゴールドプランの推進 ②老人訪問看護制度の創設 ③在宅サービス及び施設サービスの一元的，計画的実施 在宅サービス，施設サービスの市町村への一元化。市町村，都道府県の老人保健福祉計画の作成等 ④「福祉人材確保法」の成立	
8 国民生活の保護と安定 災害救助，婦人保護事業，消費生活協同組合，生活福祉資金貸付制度		2 医療費の保障 ①診療報酬と薬価基準改定 ②健康保険制度・政府管掌について中期的財政バランス運営へ ③国民健康保険制度の財政安定のための特別対策基金（暫定措置） ④老人保健制度基盤安定のための助成措置
9 地方改善事業 地域改善事業 （ウタリ，産炭地，漁村スラム）		
10 民間地域福祉活動 民生委員，社会福祉協議会，ボランティア活動の振興，共同募金		3 保健衛生の向上に必要な医薬品等の適正な供給 ①血液事業の展開 血漿分画製剤は9割輸入．自給課題 ②麻薬・覚せい剤対策 「麻薬及び向精神薬の不正取引の防止に関する国際連合条約」批准
援　護	2 健康づくりと生きがいづくり ①高齢者の健康づくりと生きがい ②子どもが健やかに生まれ育つための環境づくり 啓発活動（きめ細かな保育サービスの推進），子育て相談・支援体制（保育所が地域のセンターへ） ③子どもが健やかに育つ生活環境の整備 児童厚生施設，児童クラブ活動 ④安心して妊娠・出産できる環境の整備 ⑤子育て支援のための民間サービスベビーシッター業界の指導，振興 ⑥児童手当制度の改正 91年，第1子より支給	
戦傷病者戦没者遺族等援護法による援護，年金等引上げ，戦傷病者特別援護法による援護，療養の給付等，海外戦没者遺骨収集等，中国帰国孤児等引揚者等の援護対策，定着センター，自立支援金給付		**安定した所得保障制度の構築**
		1 年金制度の現状と課題 ①物価スライドの他，5年に1度の財政計算時の改定 改定時には，厚生老齢年金支給年齢の見直し必要 ②公的年金制度の一元化 被用者年金制度間の費用負担調整に関する特別措置法一部改正 ③企業年金等の育成普及 企業年金，国民年金基金 ④年金積立金の役割 原資積立金総額88兆円．国の資金運用部と年金福祉事業団等で運用年金局に運用指導課設置
医療保障		
1 公的医療保険制度 健康保険（組合・政府） 日雇労働者特例 船員保険，共済組合 国民健康保険 老人保健	3 民間サービスの健全育成	
	エイズ総合対策	
年金保障	1 感染拡大の現状	
1 公的年金制度 国民年金，厚生年金 各共済年金	2 対策の現状と今後の課題 ①啓発エイズストップ作戦本部設置 ②相談・検査体制の充実	2 生活保護その他所得保障制度 ①生活保護制度 地域の実情に応じた実施，収入資産
2 企業年金		
3 年金積立金の運用		
4 国民年金基金		

表6-10　厚生白書（1988〜2000年版）

1992（続き）		
の的確な把握，処遇の充実 ②母子家庭等の所得保障 　遺族年金，遺族厚生年金 　児童扶養手当 ③戦没者遺族等に対する給付 　戦傷病者戦没者遺族法による障害年金，遺族年金等，各種特別給付．92年も恩給（軍人遺族）に準じて引上げ **第2編 制度の概要及び基礎統計** **老人保健福祉** 1 老人保健制度 2 在宅老人福祉施策 ①要援護老人対策 　ホームヘルプサービス事業，老人日常生活用具給付等事業，ショートステイ事業，デイサービス事業，在宅介護支援センター運営事業 ②社会活動促進対策 　高齢者の生きがいと健康づくり推進事業，老人クラブ助成 　高齢者総合相談センター 3 老人福祉施設 　入所型（特別養護老人ホーム，養護老人ホーム，軽費老人ホーム，ケアハウス，老人短期入所施設，有料老人ホーム，シルバーハウジング） 　利用型（老人福祉センター，老人憩の家，老人休養ホーム） 　特養・養護は措置（費用徴収） 　軽費は契約．施設整備，都市部の立地促進が課題 4 寝たきり・痴呆性老人対策 　寝たきり老人ゼロ作戦（予防，リハ，脳卒中情報システムの整備等） 　痴呆の原因と予防 5 シルバーサービス・ 　生きがい対策 ①シルバーサービス（市場原理に基づきサービス供給） 　在宅介護，在宅入浴サービス，介護用品・機器貸付，有料老人ホーム等 ②シルバーサービスの質向上の指導 ③シルバーサービス振興会 　シルバーマーク ④生きがいづくり 　スポーツ，地域活動・指導者育成 **保健医療** 1 結核・感染症対策	結核対策 　予防接種健康被害者の救済対策 2 精神保健対策 　入院中心から地域ケア体制へ ①医療 　任意入院，同意の医療保護入院，措置入院（全額公費負担） ②社会復帰対策 　援護寮，福祉ホーム，通所・入所授産施設．通院患者リハビリテーション，グループホーム ③地域精神保健対策 　精神保健センター 　都道府県の技術的中核機関 3 難病対策 　調査研究の推進，難病患者への医療補助（特定疾患治療研究費，更生医療費，育成医療費等の名目で），相談事業（難病患者地域保健医療推進事業），特定疾患研究治療対象35 4 原爆被爆者対策 　原爆医療法による健診，医療．原爆特別措置法による各種手当．各手当の引上げ，所得制限限度額引上げ　相談事業の拡充．原爆被爆者家庭奉仕員派遣事業拡充．原爆死没者慰霊等施設建設基本計画策定 **薬　事** 1 医薬品副作用被害救済制度 　医療費，医療手当等．既発生被害，スモン，血液製剤エイズ被害救済 2 血液事業 　血漿分画製剤は9割輸入．自給課題 3 麻薬・覚せい剤 　中毒者のアフターケア，啓発活動 **社会福祉** 1 保育対策 　育児需要の多様化による特別保育対策の充実（乳児保育，延長保育，夜間保育，障害児保育，一時保育，長時間保育），企業委託型保育 2 児童の健全育成対策 　児童厚生施設，施設地域交流事業等　放課後児童対策，児童手当 3 母子保健対策 　妊娠届・母子健康手帳，妊婦及び乳幼児健康診査，保健指導	4 母子家庭等の福祉対策 　経済的援助　遺族・遺族基礎年金，児童扶養手当，母子寡婦福祉資金貸付，雇用促進　自立促進事業，売店等設置許可，住宅　公営住宅，生活指導等　母子寮，母子福祉センター，母子家庭介護人派遣事業，父子家庭介護人派遣事業等．寡夫控除，母子家庭・寡婦への専門的助言指導を行う事業開始 5 身体障害者福祉対策 　障害の軽減，補完，診査，更生相談　補装具・日常生活用具の給付等 　社会参加促進，在宅リハビリテーション対策　身体障害者相談員，障害者の社会参加促進，「障害者の住みよいまち」づくり，在宅障害者デイサービス，在宅重度障害者通所援護事業，身体障害者通所授産施設，身体障害者福祉ホーム，身体障害者スポーツ振興 　施設福祉対策　更生施設（肢体不自由，視覚聴覚障害，内部障害，重度障害），生活施設（療護施設，福祉ホーム），作業施設（授産・福祉工場） 　地域利用施設（身体障害者福祉センターA型，B型，デイサービス施設，更生センター，点字図書館ほか） 　進行性筋萎縮症者の援護 6 心身障害児（者）対策 ①在宅福祉対策：早期発見・早期療育（健診，育成医療） 　通所・通園事業（心身障害児各種通園施設，重症心身障害児通園モデル事業，精神薄弱者授産・デイサービス事業） 　在宅サービス（補装具・日常生活用具の給付，ホームヘルプ，ショートステイ事業，心身障害児・者地域療育拠点施設事業） 　社会参加　精神薄弱者地域生活援助事業（グループホーム），精神薄弱者地域生活支援事業，精神薄弱者社会活動総合推進事業，スポーツの振興，在宅通所授産事業 　就労関連　職親制度，精神薄弱者社会自立促進事業 　総合サービス　相談指導・療育手帳 ②心身障害児・者施設対策

1992（続き）	1993	
児童の施設（精神薄弱児施設，自閉症児施設，盲児施設，ろうあ児施設，重症心身障害児施設，心身障害通園事業） 国立療養所（進行性筋萎縮症児・重症心身障害児委託病床） 精神薄弱者（精神薄弱者福祉ホーム，通勤寮，自活訓練事業，福祉工場，デイサービスセンター）	**総説（問題認識）** （副題）未来をひらく子どもたちのために——子育ての社会的支援を考える 少子社会と子どもの出生と成長を巡る状況の変化．親子関係，いじめや登校拒否，非行，犯罪などの問題も生じている．子どもが健やかに生まれ育つための環境づくりの推進．保育，労働，住宅教育等の総合的対応不可欠．文部・労働・建設との連携	身体障害者施設入所決定等の権限が市町村へ委譲．身体障害者更生相談所は連絡調整と専門的援助指導へ ④心身障害児及び精神薄弱者に関する施策 重症心身障害児通園モデル事業に小規模型創設．精神薄弱者のグループホーム拡充．著しい不適応行動に「強度行動障害特別処遇事業」開始 ⑤精神障害者に関する施策 社会復帰策の促進．精神障害者グループホーム等を含む精神保健法改正
7 生活保護 保護率低下も地域差，適正化，処遇の充実		
8 民間地域福祉 民生委員・児童委員，社会福祉協議会，ボランティア活動，共同募金	**制度・事業** **第2部 厚生行政の動き** **保健医療・福祉サービスの総合的展開**	**5 ボランティア活動の振興** ボランティア活動の基盤整備のためボランピア事業等
9 暮らしを支える社会福祉 ①地域改善事業対策 保育所・隣保館等の運営費など ②災害救助 ③婦人保護事業 ④消費生活協同組合 ⑤生活福祉資金貸付制度	**1 長寿社会へ向けた保健医療・福祉の総合的推進** ①高齢者保健福祉推進十カ年戦略（ゴールドプラン） 93年より，特養入所決定事務市町村へ委譲．市町村，都道府県の保健福祉計画策定．地域ごとにニーズに応じてサービス供給を計画 ②ゴールドプランの課題 老人保健審議会，老人福祉専門部会等で意見具申	**6 保健医療・福祉に従事する人材の確保** 看護人材確保法，福祉人材確保法制定（92年6月）．都道府県福祉人材センターを設置．介護福祉士修学資金貸付事業開始
援　護 戦傷病者戦没者遺族等援護法による援護，年金等，戦傷病者特別援護法による援護，療養の給付等，海外戦没者遺骨収集等，慰霊巡拝，慰霊碑の建立，慰霊友好親善事業，中国残留孤児対策（中国帰国児の援護対策）〔定着センター，自立支援金給付，中国残留孤児の訪日調査等〕		**7 健康づくりと生きがいづくり**
		8 民間サービスの健全育成
	2 地域保健対策の新たな展開 3歳児健診や母子相談等は市町村へ．市町村保健センター等．都道府県保健所機能は，広域的統一的処理業務．「地域保健対策強化のための関係法律の整備に関する法律案」の提出	**よりよい医療を目指して**
		1 エイズストップ作戦の展開
		2 医療法の改正 92年 「特定機能病院」「療養型病床群」への分化
医療保障 公的医療保険制度 健康保険（組合・政府） 日雇労働者特例 船員保険，共済組合 国民医療保険 老人保健	**3 高齢者・障害者にやさしいまちづくりと福祉用具開発普及** ①住みよい福祉のまちづくり事業 ②福祉用具の研究開発・普及の促進 「福祉用具の研究開発及び普及の促進に関する法律」（福祉用具法）制定．情報収集や評価等を行う団体としてテクノエイドが指定された	**3 疾病対策** ①成人病対策 ②結核対策 ③原爆被爆者対策 慰霊施設設置の基本計画策定へ ④予防接種制度の見直し
		4 医療費の保障 ①診療報酬改定 医療法改正に沿って ②医療保険制度の長期的安定 付き添い看護・介護の見直し，食事給付の見直し等の改正案
年金保障 **1 公的年金制度** 国民年金，厚生年金 各共済年金 **2 企業年金** **3 国民年金基金** **4 年金積立金の運用**	**4 障害者の自立と社会参加支援** ①アジア太平洋障害者の十年と新長期計画策定 ②心身障害者対策基本法の一部改正 名称を「障害者基本法」へ，参加機会の保障を理念 ③身体障害者に関する施策	**5 医薬品・医療機器の研究開発と安定供給** ①麻薬・覚せい剤等対策
		安定した所得保障制度の確立
		1 高齢社会を支える 　公的年金制度

表6-10　厚生白書（1988〜2000年版）

1993（続き）		
世代間の負担と給付の均衡，公的年金制度一元化．年金積立金の役割	結核対策 予防接種健康被害者の救済対策	3 母子保健対策 妊娠届・母子健康手帳，妊婦・乳幼児健康診査，妊婦・乳幼児保健指導
2 発展する企業年金制度・国民年金基金制度	2 精神保健対策 入院中心から地域ケア体制へ ①医療	4 母子家庭等の福祉対策 経済的援助 遺族・遺族基礎年金，児童扶養手当，母子寡婦福祉資金貸付，雇用促進 自立促進事業，売店等設置許可，住宅 公営住宅，生活指導等 母子寮，母子福祉センター，母子休養ホーム，母子相談員，母子家庭介護人派遣事業，父子福祉対策 父子家庭介護人派遣事業等，寡夫控除
3 生活保護制度 地域の実情に応じた実施，収入資産の的確な把握，処遇の充実	入院（任意入院，措置入院，医療保護） ②社会復帰対策 援護寮，福祉ホーム，通所・入所授産，通院患者リハビリテーション等 ③地域精神保健対策 精神保健センター 都道府県の技術的中核機関	
4 戦没者遺族等に対する給付 戦傷病者戦没者遺族等援護法による障害年金，遺族年金等，各種特別給付		
第2編 制度の概要及び基礎統計		
老人保健福祉		5 身体障害者福祉対策 障害の軽減，補完，診査，更生相談 補装具・日常生活用具の給付等 社会参加促進，在宅リハビリテーション対策 身体障害者相談員，障害者の社会参加促進，「障害者の住みよいまち」づくり，在宅障害者デイサービス，在宅重度障害者通所授産，身体障害者通所授産・福祉ホーム，身体障害者スポーツ振興 施設福祉対策 更生施設 肢体不自由，視覚聴覚障害，内部障害，重度，生活施設 療護，福祉ホーム，作業施設 授産，福祉工場，地域利用施設 身体障害者福祉センター，デイサービス，更生センター，点字図書館他 進行性筋萎縮症者の援護
1 老人保健制度 ①老人保健法による老人医療 ②老人保健施設 ③老人訪問看護制度 老人訪問看護ステーション	3 難病対策 調査研究の推進，難病患者への医療補助（特定疾患治療研究費，更生医療費，育成医療費等の名目で），相談事業（難病患者地域保健医療推進事業），特定疾患研究治療対象35	
2 在宅老人福祉施策 主な事業（ホームヘルプサービス，デイサービス，ショートステイ，在宅介護支援センター）	4 原爆被爆者対策 原爆医療法による健診，医療．原爆特別措置法による各種手当，各手当の引上げ，所得制限限度額引上げ 相談事業の拡充．原爆被爆者家庭奉仕員派遣事業拡充．原爆死没者慰霊等施設建設基本計画策定	
3 老人福祉施設 入所型 特別養護老人ホーム，養護老人ホーム，軽費老人ホーム，ケアハウス，老人短期入所施設，有料老人ホーム，シルバーハウジング 利用型 老人福祉センター，老人憩の家，老人休養ホーム 施設整備，都市部の立地促進が課題	薬　事	
	1 医薬品副作用被害救済制度 医療費，医療手当等．既発生被害の救済，スモン，血液製剤エイズ被害 2 血液事業 血漿分画製剤は9割輸入．自給課題 3 麻薬・覚せい剤 中毒者のアフターケア，啓発活動	6 心身障害児（者）対策 ①在宅福祉対策 早期発見・療育（健診，育成医療） 通所・通園事業，心身障害児各種通園施設・通園事業，重症心身障害児通園モデル事業，精神薄弱者授産施設，精神薄弱者デイサービス 在宅サービス 補装具の交付，日常生活用具の給付，ホームヘルプ，ショートステイ事業，心身障害児・者地域療育拠点施設事業 社会参加 精神障害者地域生活援助事業（グループホーム），精神障害者地域生活支援事業，精神障害者社会活動総合推進事業・スポーツの振興，在宅精神障害者通所授産 就労関連 職親制度，精神障害者自立促進事業 総合的サービス 相談指導，療育手
4 寝たきり・痴呆性老人対策 寝たきり老人ゼロ作戦（予防，リハ，脳卒中情報システムの整備等） 痴呆の原因と予防		
5 シルバーサービス・ 　生きがい対策 ①シルバーサービス（市場原理に基づきサービス供給） 在宅介護，在宅入浴サービス，介護用品・機器貸付，有料老人ホーム等 ②シルバーサービスの質向上の指導 ③シルバーサービス振興会 シルバーマーク ④生きがい対策 スポーツ，地域活動・指導者育成	社会福祉	
	1 保育対策 育児需要の多様化による特別保育対策の充実（乳児保育，延長保育，夜間保育，障害児保育，一時保育，長時間保育），企業委託型保育（企業からの委託で社福法人実施）	
保健医療	2 児童の健全育成対策 児童厚生施設，施設地域交流事業，児童厚生施設自然体験活動事業，子どもの遊び場づくり推進事業，都市児童健全育成事業，放課後児童対策，児童手当	
1 結核・感染症対策		

1993（続き）	1995	
帳制度 ②心身障害児・者に対する施設対策 児童の施設　精神薄弱児施設，自閉症児施設，盲児施設，ろうあ児施設，難聴幼児通園施設，肢体不自由児施設，肢体不自由児通園施設，肢体不自由児療護施設，重症心身障害児施設，心身障害児通園事業 国立療養所　進行性筋萎縮症児重症心身障害児病床 精神薄弱者施設　精神薄弱者援護施設・授産施設，精神薄弱者福祉ホーム，通勤寮，精神薄弱者自活訓練事業，精神薄弱者福祉工場，精神薄弱者デイサービスセンター	**総説（問題認識）** （副題）医療──「質」「情報」「選択」そして「納得」 病気や障害とつき合いながら，日常生活を維持させるかが課題．医療技術の変化をいかに使うか．人材や評価の仕組み．健康づくりをはじめとした予防の重要性．早期健診・早期治療．6つのキーワード：質・選択・納得・情報・連帯・発展 医療保険制度を国民連帯の下でどう発展させていくか	5 原爆被爆者対策の推進 原爆2法の一本化，「被爆者援護法」の施行．手当の所得制限撤廃等
		第2編 制度の概要と基礎統計
		保健医療
		1 結核・感染症対策 結核対策．健診，予防接種，患者管理，伝染予防
	制度・事業	2 難病対策 調査研究の推進．医療施設の整備（国立病院・療養所他），医療費自己負担解消（特定疾患治療研究費，更生医療費，育成医療費等の名目で），特定疾患研究治療対象36．地域保健医療推進
	第1編第2部 **主な厚生行政の動き**	
7 生活保護	**年金改革**	
8 民間地域福祉 民生委員・児童委員，社会福祉協議会，ボランティア活動振興 共同募金	1 改革の視点と内容 人生80年代の年金 ①「65歳現役社会」と現役世代の負担減 ②60歳代前半年金の見直し 支給開始年齢65歳へ（段階的） 雇用保険との併給禁止 在職年金の見直し ③年金額の改善 基礎年金引上げ，障害基礎年金特例（85年改正で漏れた層），厚生年金等（ネット所得スライド）	3 予防接種 予防接種健康被害救済制度．医療費，医療手当，障害（療育）年金，死亡一時金，葬祭料
9 暮らしを支える社会福祉 ①地域改善事業対策 保育所・隣保館運営費など ②災害救助 ③婦人保護事業 ④消費生活協同組合 ⑤生活福祉資金貸付制度		4 精神保健対策 医療対策　通院医療，措置入院，医療保護入院・任意入院等 地域精神保健対策　精神保健センター，精神保健相談，デイケア等，保健所　デイケア，訪問指導等 社会復帰対策　援護寮，福祉ホーム，通所・入所授産施設，福祉工場，グループホーム，通院患者リハビリテーション事業等，精神障害者社会復帰促進センター
援　護		
戦傷病者戦没者遺族等援護法による援護，戦傷病者特別援護法による援護，海外戦没者遺骨収集等，慰霊巡拝，慰霊碑の建立．慰霊友好親善事業，中国残留邦人対策	2 公的年金の一元化 懇談会	
	保健福祉サービスの総合的展開	5 国立病院・療養所の再編成
医療保障	1 ゴールドプランの5年間 介護問題の普遍化 新ゴールドプラン実施開始（利用者本位・自立支援，普遍主義，総合サービス，地域主義）	6 保健所等
公的医療保険制度 健康保険（組合・政府） 日雇労働者特例 船員保険，共済組合 国民医療保険 老人保健（70歳以上）		**薬　事**
		1 医薬品副作用被害救済制度 医療費，医療手当，障害（療育）年金，遺族年金・一時金，葬祭料
	2 子育て支援総合対策 出生率低下と子育て支援総合対策（エンゼルプラン策定） 緊急保育5カ年計画	2 血液事業 成分献血の献血量成人600mlまで
年金保障		3 麻薬対策
1 公的年金制度 国民年金，厚生年金，各共済年金	3 障害者施設の計画的推進 普遍化と重度・重複化	**社会福祉・援護**
		1 実施体制
2 企業年金	4 新しい地域保健の体系化構築へ向けて 保健所法を地域保健法へ，市町村における医療・保健・福祉連携	2 民生委員・児童委員
3 国民年金基金		3 社会福祉法人について
4 年金積立金の運用		4 生活保護制度 保護率減少続け，7.1‰，高齢世帯

表6-10　厚生白書（1988～2000年版）

1995（続き）

増加
5 障害者の状況
6 身体障害者在宅施策
障害の軽減・補正，診査・更生相談対策，補装具，日常生活用具の給付等，在宅介護対策　特別障害者手当等，ホームヘルプ，身体障害者短期入所事業，保健対策　身体障害者健康診査事業，社会参加促進，在宅リハビリテーション対策等，身体障害者相談員の設置，「障害者の明るいくらし」促進事業，障害者や高齢者のやさしいまちづくり推進事業，身障者デイサービス，身障者自立支援事業，在宅重度障害者通所援護，身体障害者通所授産施設，身体障害者スポーツの振興

7 地域福祉施策
社会福祉協議会
在宅サービス実施社協

8 ボランティア活動
9 消費生活協同組合
10 社会福祉施設の状況
老人福祉施設，身体障害者更生援護施設，保護施設，婦人保護施設，児童福祉施設，精神薄弱者授産施設，その他の施設

11 社会福祉施設の整備運営の費用負担
12 福祉マンパワー
都道府県福祉人材センター

13 社会福祉士・介護福祉士
14 災害救助と被災者支援
15 中国残留邦人に対する援護施策
16 慰霊事業
戦没者遺骨収集，慰霊遥拝墓参，慰霊友好親善事業，戦没者慰霊碑建立

17 戦傷病者・戦没者遺族等の援護
戦傷病者戦没者遺族等援護法による援護（年金等），戦傷病者特別援護法による援護（療養給付）

児童福祉
1 保育対策
保育サービス供給促進策，認可保育所，へき地保育所，無認可保育所（事業内，院内，ベビーホテル），ベビーシッター，多様な保育の推進（乳児保育，延長保育，障害児保育，一時保育）

2 健全育成対策
子どもにやさしい街づくり事業，児童厚生施設（放課後児童対策事業），児童手当，児童育成事業（児童手当制度拠出金による事業）

3 障害児（者）施策
児童の施設　精神薄弱児施設，自閉症児施設，盲児施設，ろうあ児施設，難聴幼児通園施設，肢体不自由児施設・通園施設，肢体不自由児療護施設，重症心身障害児施設，心身障害児通園事業
国立療養所（進行性筋萎縮症児・重症心身障害児病床）
精神薄弱者のための施設　精神薄弱者援護施設，精神薄弱者授産施設，精神薄弱者福祉ホーム，通勤寮，精神薄弱者自活訓練事業，精神薄弱者福祉工場，デイサービス
在宅障害児（者）に対する在宅施策
早期発見・早期療育　健診，育成医療
通所・通園事業　心身障害児各種通園施設・通園事業，重症心身障害児通園モデル事業，精神薄弱者授産施設，精神薄弱者デイサービス事業
在宅サービス　補装具の交付，日常生活用具の給付，ホームヘルプ，ショートステイ事業，心身障害児・者地域療育拠点施設事業
社会参加　精神障害者地域生活援助事業（グループホーム），精神障害者地域生活支援事業，精神障害者社会活動総合推進事業，精神障害者スポーツの振興，在宅精神障害者通所授産事業
就労関連　職親制度，精神障害者社会自立促進事業
総合的サービス　相談指導，療育手帳制度

4 母子保健対策
市町村への一元化，健診，保健指導，医療援助，その他

5 母子家庭等の福祉対策
所得保障　遺族・遺族基礎年金，児童扶養手当，自立のための施策　母子寡婦福祉資金貸付，自立促進事業，売店等設置許可
住宅対策　公営住宅，生活指導等
母子寮，母子福祉センター，母子休養ホーム，母子相談員，母子家庭介護人派遣事業

医療保障
1 国民医療費
2 医療保険制度の財政状況
3 国民医療費の将来推計
4 医療保険制度

年金保障
1 公的年金制度の体系・変遷
2 年金額
3 国民年金基金
4 年金積立金の運用
5 年金制度の国際比較
6 年金財政の将来見通し
7 年金相談

老人保健福祉
1 高齢者保健福祉サービス
ホームヘルプ，ショートステイ，デイサービス，在宅介護支援センター，特別養護老人ホーム，老人保健施設，ケアハウス，高齢者生活福祉センター，老人訪問介護ステーション

2 老人保健制度
3 老人保健事業（ヘルス）
4 老人保健施設
5 老人訪問看護事業

1996

総説（問題認識）

（副題）家族と社会保障——家族の社会的支援のために

戦後日本の家族変動．少子・高齢社会が現実のものとなる．家族の変容は家族に対する社会的支援の必要性を高める．緊急課題は，高齢者扶助機能，養育機能の低下．個人の尊厳と自由に基づく社会保障制度の確立と応分の負担．新たな高齢者介護制度，育児支援と少子化への対応

制度・事業

第1編第2部 主な厚生行政の動き

障害者施策の新たな展開——地域におけるノーマライゼーションの実現を確実なものとするために

リハビリテーション理念に基づき「ノーマライゼーション思想」実現

1 障害者プランの策定－ノーマライゼーション7カ年計画

1994年厚生省に障害者保健福祉施策推進本部設置
①障害者施策推進体制の再編成．市町村への権限の一元化．障害縦割り別から総合サービスの確立へ
市町村サービスを広域圏域，都道府県が連携．グループホーム，福祉ホーム整備，ヘルパー増員等数値目標．関係省庁一丸となってプランを策定
②96年度予算での推進
グループホームの充実・公営住宅の活用．地域密着の就労・活動の場として小規模作業所．地域における障害児療育システムの構築．ホームヘルパー派遣，ショートステイ，デイサービス充実．相談・調整機能の整備

2 精神保健法から精神保健福祉法へ

95年に改正案可決制定．96年度から全面実施．障害者の自立と社会経済活動への参加促進援助（福祉）
精神障害者保健福祉手帳制度による福祉支援．精神障害者福祉ホーム．精神障害者福祉工場を法に明記．精神医療の公費負担を保険優先に改め

る等

3 今後の課題
96年7月に障害保健福祉部を大臣官房に設置・一元的運営

社会・経済の変化に対応した年金制度の確立（一元化）

1 公的年金制度の意義と仕組み

2 年金制度をめぐる新たな動向
①公的年金制度の一元化
②96年度物価スライド特例法
③基礎年金番号を97年から実施

3 企業年金と国民年金基金
厚生年金基金，税制適格退職者年金，国民年金基金

よりよい医療を目指して

1 新しい時代の医療サービス

2 転機を迎えつつある医療保険制度
①医療保険審議会95年中間取りまとめ
社会的入院解消と新たな高齢者介護システムの創設．老人保健制度の見直し（世代間公平＝高齢世代の負担増），患者の自己負担の再検討（患者のコスト意識）．薬剤使用の適正化．国民健康保険制度の見直し（広域単位化）．健康保険制度の改革

3 国立病院・療養所の目指すべき方向
「国立病院・療養所の政策医療，再編成等に関する懇談会」報告95年
①がん，循環器など高度先駆的医療
②結核，重症心身障害，進行性筋ジストロフィー，ハンセン病など歴史的・社会的経緯から引き続き担う
③難病，エイズ等の専門医療
④臨床研究，教育研修
⑤先駆的医療政策の実践

4 医薬品・医療機器等の安全
①血液製剤の安全確保
②薬物乱用防止策
③エイズ問題への取組み
④らい予防法の廃止
これまでの予防対策の反省．すでに療養所生活を送る入所者の生活保障
らい→ハンセン病へ

5 難病への新しい取組み
「公衆衛生審議会成人病難病対策部会」最終報告95年．難病定義の明確化（希少性，原因未解明，治療法未確立，長期療養必要），QOLの向上を目指した福祉施策の充実

戦後50年を迎えた援護策

1 戦没者遺族等への援護施策
①戦没者遺族への援護施策
②中国残留邦人に対する援護施策

2 原子爆弾被爆者への援護施策
95年被爆者実態調査実施（4回目）

災害対策の再編成

1 阪神・淡路大震災に対する厚生省の取組み
①災害救助法の適用
②医療の提供体制
③被災地における福祉サービス提供
④災害弔慰金等の支給
災害援護貸付金
⑤義援金の配分

2 厚生省防災業務計画の見直し

第2編 制度の概要及び基礎統計（表6-5参照）

表6-10　厚生白書（1988～2000年版）

1997		1998
総説（問題認識）	バブル崩壊以降解散増える ②国民年金基金の給付設計見直し	総説（問題認識）
（副題）「健康」と「生活の質」の向上をめざして	安全性の確保と生活環境の整備	（副題）少子社会を考える——子どもを産み育てることに「夢」を持てる社会を
新たな感染症の出現．生活習慣病等慢性疾患の増加．現代の「心の不健康」．平均寿命の伸びて要介護高齢者の自立生活支援．健康と生活の質が問われる．技術進歩と社会の調和	1 エイズ問題への取組みと医薬品等の安全確保 HIV感染訴訟和解．発症前も医療費自己負担なし．障害年金検討	日本は結婚や子育てに「夢」をもてない国になっている．21世紀日本を男女が共に暮らし子どもを産み育てる「夢」が持てる社会へ．個人の自立を基本とし，「多様性と連帯」の社会，職場，学校．互いを支え合える家族．住民参加と分権型社会
	新たな福祉施策の展開	
制度・事業	1 子育て支援と 児童家庭福祉体系の見直し ①緊急保育対策等5カ年事業 低年齢児保育，夜間保育 ②児童福祉法等の一部改正成立 保育政策（選択できる保育所，保育料負担の公平化，保育所での子育て相談），放課後児童健全育成事業を明記．児童自立支援施策の推進（児童福祉施設の機能・名称変更，教護院→児童自立支援施設，養護施設→児童養護施設へ，児童相談所の機能強化），児童家庭支援センターの創設，母子家庭施策（母子寮を母子生活支援施設へ）	
第1編第2部 主な厚生行政の動き		制度・事業
社会保障の構造改革		第1編第2部 主な厚生行政の動き
1 社会保障構造改革の方向 ①社会保障関連8部会中間報告 制度横断的再編による効率化（安全網として無駄を省く）．個人の自立と利用者本位の仕組み．公私の適切な役割分担と民間活力導入 全体としての公平・公正の確保 ②社会保障に係る給付と負担 国民負担率50％以下		社会保障の構造改革
		1 社会保障構造改革の枠組み ①社会保障構造改革の方向 制度横断的再編による効率化（安全網の重複や隙間の解消） 個人の自立と利用者本位の仕組み 公私の適切な役割分担と民間活力導入 全体としての公平・公正の確保 ②財政構造改革と社会保障 国民負担率50％以下
2 介護保険制度の創設に向けて 高齢者の介護と福祉を再編成し，利用者本位の仕組みの創設，社会的入院の是正．社会保障構造改革の第一歩 ①制度案概要：2000年度から実施 市町村保険者，40歳以上被保険者 保険料は所得段階ごと定額．年金天引又は医療保険と一括徴収．要介護者，要支援者へ保険給付．要介護認定．利用者負担．総給付費1/2公費負担 ②介護サービス基盤の整備	2 ノーマライゼーション理念に基づく障害者施策の推進 障害保健福祉部設置，障害者プラン以降の動向．市町村レベル策定遅れ	
	広がる国際協力と 情報化の推進	2 介護保険法の創設と介護サービス供給体制の整備 ①法のねらい 利用者がサービスを選択できない福祉制度と社会的入院などにより医療サービスが非効率的な点を是正．社会保険制度により給付と負担が明確 介護を医療から切り離し，医療制度改革も実施 ②方法 市町村保険者による要介護認定．要介護度に応じた保険給付上限設定 ケアプランを本人または支援者が作成 ③自己負担 定率1割負担 ④介護支援専門要員（ケアマネージャー）の養成等検討 ⑤介護サービス供給体制の整備 新ゴールドプランの進展．地域の実情に応じた施策の展開，都市部と過疎地，既存施設利用等．健康づくりや生きがい対策も重要
3 医療制度改革をめざして ①医療保険制度の改正（97年2月） 本人1割負担を2割へ．外来薬剤費の一部負担導入．老人保健法改正（外来1回毎一部負担の導入，薬剤費負担導入）．国民保険法改正（外来薬剤費一部負担導入） ②難病対策 市町村の訪問介護者派遣制度，短期入所制度等国庫補助，「難病情報センター」設置	1 世界福祉構想と国際協力 2 中国残留邦人への援護施策 中国残留邦人への帰国支援，一時帰国旅費支給，定着・自立の促進	
4 年金改革への展望 ①厚生年金基金制度の見直し	第2編 制度の概要及び基礎統計（表6-5参照）	

1998（続き）		1999
3 21世紀に向けての医療制度改革 ①医療費を取り巻く情勢と抜本的改革の必要 医療保険財政の悪化 ②臓器移植法の成立 ③難病対策の総合的推進 重症患者に重点の療養支援体制・医療費公費負担の効率化．重症患者以外は一部自己負担を導入 4 年金制度改革をめざして ①年金業務 未納者問題，サービス向上 ②年金福祉事業団の廃止 行革の一環（すでに大規模保養基地業務から撤退） 5 社会福祉の基礎構造改革 国民誰もが福祉の対象となる＝普遍化．社会福祉基礎構造改革の論点とりまとめ ①サービス提供者と利用者の対等関係 ②個人の多様な需要への地域の総合的支援 ③サービスの質と効率性 ④多様な提供主体の参入 ⑤住民参加 ⑥サービス内容や事業運営の情報公開 6 障害保健福祉施策の総合的見直し ①精神保健福祉士法の制定 97年，98年4月より施行．精神障害者の社会復帰のための相談，退院後の住居や再就労についての助言・指導，日常生活への適応のための訓練等を行う ②長野パラリンピック 健康と安全を守るための取組み 1 新興・再興伝染病対策 ①エイズ対策 ②結核対策 2 医薬品の安全確保対策の推進 ①HIV感染者を障害者として認定 98年より ②薬物等の乱用防止対策 ③血液事業のあり方の見直し 国内自給，安全性の確保，適正使用，有効利用，透明性 3 地域保健法の全面施行 保健所業務のうち，母子保健サービ	スや栄養相談等市町村業務へ 保健所はより広域的な専門的・技術的拠点へ 4 生涯にわたる健康づくりへ向けて 健康日本21計画（仮称）を2000年から実施へ準備 新たな厚生行政の枠組みに向けて 1 中央省庁の再編に向けての動き ①中央省庁等改革基本法案可決 98年2月．厚生省と労働省の統合 ②地方分権と規制緩和 地方分権推進委員会の4次にわたる勧告．機関委任事務制度の廃止等 第2編 制度の概要及び基礎統計（表6-5参照）	総説（問題認識） （副題）社会保障と国民生活 社会保障の目的：生活保障，個人の自立支援，家族機能の支援．社会保障の機能：①社会的安全装置（社会的セーフティネット），②所得再分配，③リスク分散，④社会の安定，経済の成長．21世紀へ①生活インフラとして今後も強化，②世代間連帯，③少子化家族変貌への対応，④厚労合併による効果，⑤地域活性化 制度・事業 第1編第2部 主な厚生行政の動き 21世紀に向けての年金制度改正 1 改革の必要性 年金審議会取りまとめ．現行2階建て年金制度枠組みは維持し，給付抑制へ．保険料は年収の20％程度まで，その枠内で給付水準調整 比例報酬部分開始年齢引上げ，60代後半在職年金の導入等．国民年金半額免除制度．学生納付の特例．基礎年金国庫負担率を1/2へ 2 企業年金制度の改正 介護保険制度の円滑な施行 1 介護保険制度の円滑な施行 ①介護サービス基盤体制の整備 ②要介護認定の実施 ③政省令等整備，市町村への援助 ④広域的取組みの支援 ⑤介護支援員（ケアマネ）の養成 2 介護保険創設と介護サービス供給体制整備 ①新ゴールドプランの状況 ②新ゴールドプラン達成への取組み 予算確保，地域実情，介護保険を見据えた施策展開 信頼できる医療制度の確立 1 医療保険抜本改革の検討 診療報酬体系，薬価基準，高齢者医療制度．医療提供体制見直し，急性期と慢性期の病床区分 2 末期医療患者の生活の質向上 3 臓器移植の推進

1999（続き）		2000
4 難病対策 重症患者に重点を置き，対策拡充 5 国立病院・療養所の独立行政法人化の準備 **社会福祉の基礎構造改革と障害保健福祉施策の見直し** 1 社会福祉基礎構造改革 ①社会福祉事業法等関係法改正準備 ②地域福祉権利擁護制度開始（社協） ③施設整備業務等の再点検 2 障害保健福祉施策の見直し ①「今後の障害者福祉施策のあり方について」等意見具申 措置制度を利用制度へ．社会参加の促進．施設体系の見直し（重症と一般の区別廃止等） ②知的障害児・者の地域生活支援，対象要件の緩和 デイサービス，小規模作業所の法的位置づけ等 ③精神保健福祉施策の見直し 精神保健福祉法の改正．人権に配慮した医療の確保．仮入院制度の廃止．保護者による，自傷他傷監督義務廃止．精神障害者の保健福祉の充実 精神保健センターの機能強化 精神障害者地域生活支援センターを社会復帰施設として法定化．ホームヘルプ，ショートステイを法定化等 **少子化への対応と子育て支援施策の推進等** 1 少子化への対応 「少子化への対応を推進する国民会議」設置 2 子育て支援施策の推進 ①保育施策の充実 待機児童問題，多様な保育サービスの推進，保育所と幼稚園の連携 ②その他の子育て支援 子育て支援基金，減税，教育・児童福祉施策連絡協議会設置 3 児童の健全育成対策等の推進 ①児童・青少年の居場所づくり推進 ②児童自立対策の充実 ③施設への入院保護から自立へ ④児童虐待 予防対策と早期発見，早期対策 ⑤母子家庭施策等の充実	児童扶養手当の支給要件緩和，所得限度額見直し 母子家庭就労事業の開始 ⑥母子保健の課題 生殖医療技術，出生前診断への対応 乳児突然死症候群等への対応 **健康と安全を守る取組みと生活環境の整備** 1 新たな感染症対策 感染症新法の制定（個別法を統合），エイズ対策（HIV感染者問題の反省），結核対策等 2 医薬品等の安全対策の推進 ①血液事業のあり方見直し 3 薬物乱用防止対策 4 生涯にわたる健康づくりと地域保健 ①健康づくり・生活習慣病対策 ②地域保健対策 **新たな厚生行政の展開に向けて** 1 戦没者慰霊事業の推進 2 中国残留邦人への援護施策 3 省庁統合，名称は厚生労働省 **第2編 制度の概要及び基礎統計（表6-5参照）**	**総説（問題認識）** （副題）新しい高齢者像を求めて──21世紀の高齢社会を迎えるにあたって 高齢者や高齢社会通念の払拭，自立し選択する高齢者．高齢化の世界的進行と国際交流．全世代がふれあう社会．社会保障構造改革と介護保険の定着．医療制度改革，年金制度確立，子育て支援施策推進 **制度・事業** **第1編 第2部** **社会保障構造改革に向けた取組** **介護保険制度の定着に向けて** 1 円滑な実施のための対策 ①高齢者の保険料に関する特別措置 半年無徴収，後1年間1/2へ軽減 ②医療保険者に対する特別措置（財政支援） ③低所得高齢者の利用負担の軽減 ④家族介護支援対策 ⑤介護予防・生活支援対策 ⑥介護基盤整備対策 2 介護サービス供給対制の整備 ①ゴールドプラン21策定方針決定 活力ある高齢者像の構築，介護サービス質・量の確保，住民相互に支えあう地域づくり，契約サービスが利用者本位として定着するよう信頼確保 ②痴呆性高齢者支援対策 痴呆対応共同生活型介護（グループホーム） 早期相談・診療体制と権利擁護 ③介護予防・生活支援事業の創設 「在宅高齢者保健福祉推進支援事業」を廃止．メニューから地域が選択 **信頼できる年金制度の確立** 1 2000年年金制度改革 ①国民年金・厚生年金制度 年金額改定．裁定後の年金額は賃金スライドは使わない．老齢厚生年金の支給開始年齢の引上げ，60歳代後半の在職老齢年金制度導入．国民年金保険料の半額免除制度導入．学生の国民年金保険料納付の特例 育児休業中厚生年金保険料の事業主

2000（続き）	
負担の免除 ②費用 基礎年金国庫負担率を1/2へ ③標準報酬額の上限下限の改定 総報酬制の導入（賞与等も含める） ④厚生年金基金制度：規制緩和 ⑤年金積立金の自主運用 年金福祉事業団の解散．社会福祉・年金事業団が一部事業継承	生活保護制度創設50周年．保護率はやや増加．高齢者・単身者中心へ水準は相当な程度に達している．他の社会保障制度との関連で役割分担の議論
2 確定拠出年金制度の創設	2 障害保健福祉施策の新たな展開 基礎構造改革の一環としての見直し ①措置制度から利用（支援費支給）方式へ ②知的障害者・障害児福祉事務を市町村へ委譲 ③身体障害者生活訓練等事業法定化
21世紀に向けた医療制度改革	
健康保険制度等の一部改正案の提出 ①老人の薬剤費一部負担廃止，医療費1割負担制導入 ②薬価・診療報酬改定	3 精神保健福祉施策の見直し 改正法の施行
少子化への対応など子育て支援施策の推進	新たな厚生行政の展開に向けて
	1 厚生労働省の設置 2001年 ①児童家庭局と女性局の統合 「雇用均等・家庭児童局」へ ②社会保障審議会設置
1 少子化対策基本方針策定	
2 新・エンゼルプランの策定 3つの柱 ①多様な需要に応える保育サービスの整備 ②子育てに関する相談支援体制整備 ③母子保健医療体制	2 厚生行政の国際的展開 ①戦没者慰霊事業の推進 ②中国残留邦人への援護施策
	第3部 健やかで安全な生活の確保
	健やかな生活を支える取組み
3 児童手当の拡充 現行3歳未満から義務教育就学前まで．3歳以上は全額公費負担	1 生活習慣病対策と地域保健
	2 新たな感染症対策 ①結核 ②インフルエンザ ③エイズ
4 その他の子育て支援 ①児童虐待の防止に関する決議 99年衆議院 ②児童養護施設等の機能強化 ③母子家庭策等の充実	3 臓器移植対策等の推進 ①難病対策 ②HIV感染と医薬品健康被害
社会福祉の新たな展開	4 医薬品等の安全対策の推進 ①血液事業の見直し ②薬物乱用防止対策
1 社会福祉基礎構造改革 ①社会福祉事業等の一部を改正する法案提出 いわゆる8法改正案（2000年3月） 社会福祉の共通基盤の見直し．福祉サービスの「利用制度化」．利用者保護（権利擁護）．サービスの質向上．社会福祉法人の設立緩和．地域福祉の推進．公益質屋法は廃止 ②その他社会福祉施策 ホームレス対策（「ホームレス問題に対する当面の対応策」取りまとめ　自立支援センター運営費予算計上）	第2編 制度の概要及び基礎統計（表6-5参照）

表6-10 厚生白書（1988〜2000年版）

表6-11 厚生労働白書（2001〜10年版）

2001

総説（問題認識）	2 難病対策等の推進	法の廃止
（副題）生涯にわたり個人の自立を支援する厚生労働行政	①ハンセン病問題の解決に向けて国家賠償請求訴訟への控訴を行わない決定．「ハンセン病問題」の全面的解決に向けて閣議決定．「ハンセン病療養所入所者等に対する補償金の支給等に関する法律」 ②臓器移植の推進	②円滑な労働移動の促進 雇用対策法の改正．計画的な再就職支援を事業主に義務づけ．募集・採用時の年齢制限緩和
生活習慣病や心の問題が国民の心身を脅かしている．生涯を通じた健康づくり，介護予防，障害を持っても残存能力の維持・向上．厳しい経済情勢の下，若年層と高齢層の失業が悪化．単独世帯が増加するなど家族や地域社会も変化．個人と社会の変化の中で，多様な場とのつながりが求められている．厚生労働者の誕生によって，すべての国民の生涯にわたる生活保障．社会保障は個人の自立を支えるセーフティネット．個人の自立は，心身の健康や経済自立，その支援によって実現する	3 新たな感染症対策 ①予防接種法の見直し ②結核対策の総合的推進 ③エイズ対策の推進 ④総合的な肝炎対策の推進 ⑤HIV感染問題と医薬品による健康被害への反省	4 雇用保険制度の適切な運営 雇用保険制度の改正（1999）以降の内容（年齢による現行給付日数体系を見直し，中高年等「解雇・倒産」に重点化〔一般離職者は年齢区分なし，解雇等は年齢4段階〕．再就職手当の所定給付日数区分廃止．支給残日数の1/3の額．育児休業給付，介護休業給付の充実） ①保険料率の見直し（12/1000へ） ②国庫負担の引上げ（1/4へ）
制度・事業	4 医薬品の安全性の確保 ①血液事業の見直し 自給率向上，安全性向上 ②薬物乱用防止対策	労働者の職業能力の開発・向上と能力発揮の環境整備
主な厚生労働行政の動き	労働者が安心して快適に働くことができる環境整備	1 新たな職業能力開発体系整備 ①職業能力開発促進法の改正 労働者の自発的なキャリア形成を促す．職業能力評価制度の整備 ②第7次職業能力開発基本計画 若年者，中高年齢者，パートタイム，派遣労働者，在宅就業，障害者等に対する効果的な職業能力開発．学生，主婦，自営業者等に対する職業能力開発の的確な対応等
安心・信頼してかかれる医療の確保	1 労働条件の確保・改善 ①労災かくしの排除 ②未払賃金立替事業 ③賃金・労働時間対策 労働時間短縮，最低賃金の適正運営	
1 医療保険制度の改革 健康保険制度等の改革（老人の患者負担の見直し．定額から定率負担へ定率1割，外来月額上限3000円，入院月額上限37200円．高額療養費の見直し，保険料率上限の見直し）	2 労働者の安全と健康の確保 ①労働者の健康確保等（メンタルヘルス等） ②化学物質による健康障害防止	
2 医療提供制度の見直し 入院医療を提供する体制の整備．病床区分の見直し（長期療養患者のための「療養病床」，それ以外の「一般病床」に区分）	3 迅速・適正な労災補償の実施 ①「過労死」「過労自殺」労災補償 ②労働福祉事業 労災保険で行っている事業	2 現下の雇用情勢に対応した能力開発（IT化や学卒未就業者対策）
	労働者の職業の安定	3 職業能力開発のための各施策（教育訓練給付金等）
3 政策医療を担う 国立病院・療養所 国立病院・療養所は，高度かつ専門的な医療センターやハンセン病療養所を除き，独立行政法人に移行	1 労働力需給のミスマッチ解消	男女がともに能力を発揮し，安心して子どもを産み育てることができる社会づくりの推進（労働省女性局と厚生省児童家庭局が統合＝雇用均等・児童家庭局設置）
健やかで安全な生活の確保	2 雇用機会の創出と雇用の安定 ①地域実情に即した雇用創出・安定 ②労働者等の特性に応じた雇用の安定・促進 介護労働者の雇用管理の改善等について，若年者の雇用の促進，外国人労働者の就労環境の整備 ③産業の特性に応じた雇用の安定 建設，林業，港湾労働者	1 女性が能力を発揮できる雇用環境の整備 ①仕事と育児・介護の両立支援対策の推進 育児・介護休業法の一部を改正する法律案 ②多様な就業ニーズを踏まえた女性の能力発揮の促進 パートタイム，在宅ワーク，家内労働
1 健康づくり対策 ①健康日本21の推進 ②生活習慣と健康づくり ③心の健康づくり対策 思春期児童等の心の健康づくり対策，ひきこもり等の社会問題，心的外傷ストレス障害（PTSD） ④職域における生活習慣病等対策 職場におけるメンタルヘルス対策	3 失業なき労働移動の支援 ①特定不況業種等雇用安定特別措置	

＊紙幅の関係で表現は白書どおりではなく簡略化したところがある。

2001（続き）		2002
2 少子化対策の推進 ①新エンゼルプラン 重点的に推進すべき少子化対策の実施計画 ②保育施策等の充実 保育所入所受け入れの拡充 ③児童手当の拡充 ④児童虐待対策や配偶者からの暴力への対応 発生予防，早期発見・早期対応，保護・指導及びアフターケア 配偶者からの暴力防止被害者保護法成立（2002年より施行）〔厚労省では売防法による婦人保護で対応〕 ④健やか親子21（母子保健） 思春期の保健対策の強化と健康教育の推進，妊娠・出産の安全と快適さの確保と不妊への支援．小児保健医療水準を維持・向上．子どもの心の安らかな発達促進と育児不安軽減 **障害者の自立・社会参加と地域福祉の推進** 1 障害者プランの推進 2 障害者雇用の推進 ①職業リハビリ ②知的・精神障害者の雇用促進 3 障害保健福祉施策の見直し 身障者福祉法・知的障害者福祉法・児童福祉法改正（措置制度から利用制度へ〔支援費制度〕，知的障害者及び障害児福祉の市町村委譲，身体障害者生活訓練等事業，知的障害者デイサービス事業など障害者の地域生活を支援する事業の法定化） 4 地域福祉の推進 ①社会福祉基礎構造改革の推進 地域福祉権利擁護事業の普及，苦情解決制度の定着促進，第三者評価事業の推進，地域福祉計画の策定，社会福祉法人に関する規制の見直し ②ホームレス対策 （ホームレスの社会問題化） 当面の対策（宿所，食事の提供，健康管理，生活相談・指導等） ③生活保護 5 戦没者の追悼と 　中国残留邦人対策 ①国主催の戦没者追悼式典 ②戦没者慰霊事業	③中国残留邦人等への援護施策 中国残留孤児の調査，中国残留邦人帰国支援，定着・自立の促進 樺太残留邦人問題への対応 **高齢者が生きがいを持ち安心して暮らせる社会づくり推進** 1 高齢者雇用の推進 ①高齢者雇用安定法の改正（65歳までの安定雇用） ②高齢者雇用対策の取組み 中高年齢者の再就職の援助・促進，高齢者の社会参加の促進，シルバー人材センター，自営開業ほか 2 長期的に安定した信頼される年金制度確立 ①確定給付企業年金法，確定拠出年金法の成立 ②公的年金制度の一元化 ③年金資金の自主運用 年金福祉事業団解散，厚生省の運用 3 介護保険制度の定着 ①より良い制度に育てていくための取組み 制度の運用面での改善（ケアマネ支援，介護認定のあり方等），介護サービスの質向上への取組み，身体拘束廃止，サービス評価手法の検討痴呆性高齢者への介護の充実 ②ゴールドプラン21の推進 ③介護予防・生活支援の自治体の取組みへの支援（保険対象外者） 介護予防教室等の介護予防事業，生活習慣病予防のための運動指導事業ひきこもり予防生きがい活動支援通所事業，高齢者食生活改善事業など配食サービス事業，外出支援サービス事業，軽度生活援助 **行政体制の整備等** 1 規制改革と地方分権の推進 2 公益法人への指導監督 3 情報化の推進 4 情報公開 5 政策評価の取組み	**総説（問題認識）** （副題）現役世代の生活像——経済的側面を中心として 人口構造の変化と現役世代．少子高齢化率が増加，生産年齢人口減少という変動期．経済成長の低迷とも相まって現役世代に将来不安．日本型雇用慣行の変化，多様化する働き方（若年者非正規雇用率の増加），共働率の増加，パートタイマーの増加若年層と中高年齢層の所得資産の格差拡大 **制度・事業** **主な厚生労働行政の動き** **わが国の社会保障の現状** 1 社会保障を取り巻く環境変化 国民の「安心」生活の「安定」を支えるセーフティネット．社会保障制度の役割は今後ますます高まる 2 社会保障の所得再分配効果 ジニ係数の改善度過去最高 3 今後の社会保障制度改革 ①社会保障の支え手を増やす ②高齢者も能力に応じて負担 **国民が安心できる医療の確保** 1 持続可能な医療保険制度確立 ①健康保険法等の一部を改正する法律案の国会提出 各制度・世代を通じた給付と負担の見直し（本人も7割給付で保険間の給付率を統一．3歳未満乳幼児は8割，低所得者軽減措置拡大），後期高齢者への施策の重点化，老人医療の対象年齢を75歳以上に段階的引上げ，公費負担の割合を3割から5割に段階的に引上げ 国民健康保険の財政基盤の強化 **健やかな生活を送るための取組み** 1 心身ともに健やかな生活を支える取組み ①健康日本21の推進 ②健康づくりのための取組み たばこ，アルコール対策 ③国民の心の健康づくり対策 思春期児童等の心の健康づくり対策 自殺防止対策

表6-11　厚生労働白書（2001〜10年版）

2002（続き）

④職域における生活習慣病等対策 2 難病・感染症対策の推進 ①難病対策の推進 「調査研究の推進」「医療施設の整備」「医療費の自己負担の軽減」 ②ハンセン病問題の解決に向けて 「国立ハンセン療養所等退所者給与金」事業 ③臓器移植等の推進 3 新たな感染症対策 ①予防接種法の改正 ②結核対策の見直し ③エイズ対策の推進 ④総合的な肝炎対策の推進 **医薬品，食品の安全性の確保** 1 薬事法及び採血及びあっせん業取締法一部改正 ①「安全な血液製剤の安定供給の確保等に関する法律」に改正 2 HIV問題，クロイツフェルト・ヤコブ病問題の反省 ①訴訟の和解成立 ②各種恒久対策の推進 3 薬物乱用防止対策 **労働者の職業の安定** 1 総合雇用対策 ①雇用対策法等の一括改正 特定不況業種等関係労働者の特別措置法の廃止．業種を問わず，離職者への再就職や職業能力開発支援へ ②総合雇用対策の策定と 雇用対策臨時特例法 雇用の受け皿整備，ミスマッチ解消，セーフティネット整備 2 労働力需給ミスマッチ解消 ①公共職安の需給調整機能の強化 ②官民連携雇用情報システムの構築 「しごと情報ネット」 ③民間労働力需給調整システム整備 中高年者は派遣期間を3年に延長等 3 失業なき労働移動の支援 4 雇用機会の創出と雇用の安定 ①中小企業・新規成長分野等における雇用機会の創出 ②地域の実情に即した雇用対策 緊急地域雇用創出特別交付金創設等 ③若年者対策の推進	④多様な雇用管理改善対策の推進 外国人労働者 建設・港湾・林業労働者 ⑤雇用保険制度の充実 訓練延長給付の拡充 雇用保険三事業の見直し **労働者の職業能力の開発・向上と能力発揮の環境整備** 1 労働者のキャリア形成のための労働市場の整備 ①職業能力開発促進法改正，第7次職業能力開発基本計画策定 2 現下の雇用情勢に対応した能力開発 ①失業者の早期再就職実現のための職業能力開発の展開 3 職業能力開発のための各施策 **安心して働ける環境づくり** 1 多様な働き方を可能とする労働環境整備 ①労働条件の確保改善 ②未払い賃金立替払事業 ③労働時間の短縮 ④最低賃金制度の適正な運営 ⑤テレワーク等 2 健康で安心して働ける 職場づくり ①労働者の健康確保対策 過重労働対策，メンタルヘルス対策 産業保健推進センター等 ②「過労死」等の労災認定 **安心して子どもを産み育て，意欲をもって働ける社会環境の整備** 1 子育て支援策の充実 ①新エンゼルプラン 待機児童ゼロ作戦の推進 ②子育て支援策の充実　放課後児童健全育成事業 保育所公設民営，放課後児童クラブ「つどいの広場」事業 ③母子保健施策の推進 母子手帳の見直し（父親育児参加，虐待予防等の観点），「健やか親子21」の推進 2 仕事と育児・介護の両立支援対策の推進	①育児・介護休業法の一部改正施行 ②育児休業，介護休業を取りやすく，職場復帰しやすい環境づくり ③育児や介護をしながら働き続けやすい環境整備 3 雇用分野における男女の均等な機会と待遇の確保対策の推進 4 多様な就業ニーズを踏まえた女性能力発揮促進 5 児童虐待対策及び配偶者からの暴力への対策の充実 ①児童虐待に対する取組み 発生予防，早期発見・早期対応，保護・指導，アフターケア ②配偶者からの暴力への対応 配偶者暴力相談支援センターとしての婦人相談所の機能強化 6 総合的な母子家庭等対策推進 母子家庭等対策を再構築．「きめ細やかな福祉サービスの展開」と「自立の支援」 子を監護しない親からの養育費の支払い確保を図る．児童扶養手当制度，所得額と手当額との関係の見直し **障害者施策と地域福祉の推進** 1 障害者雇用の促進 法定雇用率の推進 2 障害者保健福祉施策の推進 ①障害者プランにもとづく施策推進 ②精神障害者居宅生活支援事業 精神障害者居宅生活支援（ホームヘルプ）・短期入所（ショートステイ）・地域生活援助（グループホーム），業務は市町村を窓口として実施 ③障害者福祉サービスの仕組み見直し「支援費制度」へ移行 障害者福祉サービスについて「措置制度」から「支援費制度」に2003年4月から移行する 3 地域福祉の推進 ①地域福祉計画策定の支援 地域福祉計画は2003年4月から施行 ②福祉人材の質の向上 ③地域福祉権利擁護事業の普及 ④福祉サービスに関する苦情解決事業，第三者評価事業の推進 ⑤ボランティア活動の振興 ⑥社会福祉法人制度の適正な運用

2002（続き）	2003
⑦生活福祉資金の拡充 ⑧生活保護制度 被保護者は増加傾向 ⑨ホームレス対策の推進 「ホームレスの自立の支援に関する特別措置法」成立 4 戦没者の追悼と 　中国残留邦人対策 ①国主催の戦没者追悼式典 ②戦没者慰霊事業 ③中国残留邦人等への援護施策 **高齢者が生きがいを持ち安心して暮らせる社会づくり推進** 1 高年齢者雇用の推進 ①高年齢者雇用対策の取組み 定年引下げ，継続雇用による65歳までの雇用の確保 中高年齢者の再就職の援助・促進 高齢者の社会参加の促進 2 介護保険制度の定着（高齢者保険料負担の徹底） ①よりよい制度にしていくための取組み 介護サービスの質向上（痴呆性高齢者対応，身体拘束廃止への取組み，ケアマネの支援・質向上） 要介護認定のあり方の検討 3 ゴールドプラン21と介護予防生活支援の取組み推進 4 長期的に安定した信頼される年金制度の構築 ①公的年金制度を巡る状況 社会保障審議会年金部会発足 給付と負担水準，そのバランスの検討．基礎年金国庫負担割合を3分の1から2分の1へ．女性と年金問題，国民年金未加入・未納問題等論点 ②企業年金等 確定給付企業年金法，確定拠出年金法の施行 **行政体制の整備** 1 政策医療を担う国立病院・療養所：統合再編と独立法人化準備 2 規制改革の推進 医療事務の効率化，福祉分野は規制改革の積極的な取組み．職業紹介，派遣，有期契約見直し	**総説（問題認識）** （副題）活力ある高齢者像と世代間の新たな関係の構築 高齢者は，おおむね健康，経済面でも恵まれている反面，単独世帯が増え，社会の中で人間関係は希薄であり，就業の機会も不況で得にくいという現実がある．他方，結婚の変化，現役世代の長時間労働，子育て世代の生活の苦しさ等が子育て力を削ぎ，児童虐待や出生率にも影響が及んでいる．こうした課題に対して，①高齢者の就労と社会参加，②働き方の見直し（ワークライフバランス），③高齢者の地域福祉活動での活躍，④「世代間の新たな支え合い」の仕組みを社会全体で作る **制度・事業** **主な厚生労働行政の動き** **安心して子どもを産み育て，意欲を持って働ける社会環境の整備** 1 子育て支援対策の充実 ①児童福祉法の一部改正法律案 現行の児童福祉法は主として，要保護児童や保育に欠ける児童に着目今回改正は専業主婦家庭の孤立と負担感，地域の子育て機能低下に対応「次世代育成支援対策推進法」も同時に成立 ②増大する保育需要に対する取組み 都市部等の保育所等の入所待機に対応するため待機児童ゼロ作戦．PFI方式や学校の余裕教室等活用による公設民営保育所の設置支援．保育所分園の設置要件の緩和．駅ビル等における保育所設置に対応した施設設備基準の緩和．パートタイムなどに対応した新しい保育事業（特定保育）の創設 ③放課後児童健全育成事業の推進 放課後児童クラブの増設 ④母子保健施策の推進 健やか親子21，小児医療の充実 2 仕事と育児・介護の両立支援対策の推進 ①育児・介護休業法の円滑な施行 育児のための勤務時間短縮等の対象となる子の年齢1歳から3歳への引上げ．子の看護のための休暇の制度の導入の努力義務の創設 3 雇用の分野における男女の均等な機会と待遇の確保 4 多様な就業ニーズを踏まえた女性の能力発揮の促進 パートタイム労働対策，在宅ワーク対策，家内労働対策 5 児童虐待対策及び配偶者からの暴力への対策の充実 ①児童虐待への取組み 発生予防，早期発見・早期対応，保護・指導，アフターケア ②配偶者からの暴力への対応 配偶者暴力相談支援センターとして婦人相談所の機能強化 6 総合的母子家庭対策等の推進 母子・寡婦福祉法等の見直し（2002年成立，2003年4月より施行）母子相談員の名称を母子自立支援員に改める．配置が市町村に拡大，業務も職業能力向上と求職支援へ児童扶養手当支給と母子自立支援策を一体的に行う **労働者の職業の安定** 1 雇用情勢の変化に対応した機動的かつ効果的な対策の展開 ①キャリア・コンサルタントによるきめ細やかな相談 ②学校等と連携した中高生の職業体験，インターンシップやトライアルの実施等，若年者の総合的な雇用・職業能力開発対策の推進 ③業界・企業での多様就業型ワークシェアリングのモデル開発事業 2 良好な雇用機会創出・確保等 ①地域実情を踏まえた雇用対策の推進 緊急地域雇用創出特別交付金事業 ②地域に貢献する事業を行う法人設立支援 雇用保険受給資格者の創業支援，建設業の成長分野進出支援，緊急対応型ワークシェアリング実施の支援 3 雇用保険制度の安定的運営の確保 ①受給者増による財政赤字 ②改正雇用保険法等の円滑な施行

表 6-11　厚生労働白書（2001〜10年版）

2003（続き）		
早期再就職の促進（就業促進手当創設），パートと一般の給付内容一本化，再就職困難層の給付の重点化 保険料率の見直し（1.6％へ） ③雇用保険三事業の見直し 労働移動支援助成要件緩和，雇用調整助成金支給限度日数縮減 創業支援を追加等 4 若年者の就職に向けた総合的な雇用対策の推進 ①在学中から職業体験機会の充実 ②新規学卒者等に対する就職支援策の推進 ③若年失業者対策の強化 2003年6月には文部科学省・厚生労働省・経済産業省・内閣府の4府省により，若年失業者等の増加傾向の転換を目標とした「若年自立・挑戦プラン」を取りまとめ 5 安心して働ける雇用環境整備 ①外国人雇用対策の推進 ②母子家庭の母等に対する雇用面での支援 ③北朝鮮国被害者雇用対策 ④駐留軍関係離職者漁業離職者対策 ⑤多様な雇用改善対策 建設，港湾，林業労働者，「農林業をやってみよう」プログラム 労働者の職業能力の開発・向上と能力発揮の環境整備 1 労働者のキャリア形成支援の推進 安心して働ける環境づくり 1 厳しい経済情勢下での労働条件の確保・改善 ①労働時間の法定基準等の遵守 ②未払賃金立替払事業 ③最低賃金制度の適正な運営 2 多様な働き方を可能とする労働環境の整備等 労働基準法改正（有期労働契約，裁量労働制等），労働者が主体的に多様な働き方を選択できる可能性を拡大し，働き方に応じた適正な労働条件を確保し，労働契約や労働時間などのルールを整備 3 健康で安心して働ける職場づくり	①労働者の健康確保対策 過重労働防止，メンタルヘルス対策 ②「過労死」等の労災認定 「脳・心臓疾患の認定基準」及び「精神障害の判断指針」あり 高齢者が生きがいをもち安心して暮らせる社会づくりの推進 1 高年齢者の雇用の推進 定年の引上げ，継続雇用制度の導入等による65歳までの雇用の確保 2 介護保険制度の着実な実施 ①介護報酬の見直し 自立支援の観点に立った居宅介護支援（ケアマネジメント）の確立 自立支援を指向する在宅サービスの評価 施設サービスの質の向上と適正化 ②基準の見直し（運営基準） ③介護をめぐる課題 介護予防・リハビリ，要介護認定，新たな認定ソフトでの認定へ，ケアマネジャーへの支援・資質の向上 サービスの質の向上，介護サービスの適正化 3 長期的に安定した信頼される年金制度の構築 ①公的年金をめぐる状況 年金改革の骨格に関する方向性と論点（基礎年金税方式とする体系，定額公的年金と上乗せ私的年金組み合わせ，所得比例年金と補足的給付の組み合わせ） ②基礎年金国庫負担の引上げ ③少子化，女性の社会進出，就業形態の変化に対する対応 国民が安心できる医療の確保 1 持続可能な医療保険制度確立 ①医療制度改革の更なる推進 基本方針策定，保険者の再編・統合 高齢者医療制度，診療報酬体系 2 安心で質の高い医療の提供体制の充実 医薬品，食品の安全性の確保 1 医薬品，医療機器等の安全性の確保 ①「薬事法及び採血あっせん業取締法の改正」	安全な血液製剤の安定供給の確保等について ②HIV問題及びクロイツフェルト・ヤコブ病問題と医薬品・医療用機器等による健康被害への反省 ③薬物乱用防止対策 健やかな生活を送るための取組み 1 心身ともに健やかな生活を支える取組み ①健康づくりにむけた様々な取組み ②国民の心の健康づくり 思春期児童等の心の健康づくり対策 心的外傷後ストレス障害（PTSD）対策，自殺予防対策 2 難病・感染症対策等の推進 ①難病対策の推進 特定疾患治療研究事業について 低所得者への配慮，外部評価機関の設置，難病患者認定適正化 ②ハンセン病問題の解決に向けて 全国中学生へのパンフレット作成 ③臓器移植等の推進 ④新たな感染症対策 結核対策の見直し（結核予防法の一部改正〔ツベルクリン反応とBCG接種廃止〕），エイズ対策の推進，総合的な肝炎対策 ⑤原爆被爆者対策の推進 在外被爆者に対する支援の実施 障害者施策と地域福祉の推進 1 障害者雇用対策の推進 ①障害者雇用率制度の推進による雇用の拡大 ②職業リハビリテーションの充実 ③障害者基本計画の策定（10年間） 2 障害保健福祉施策の推進 ①障害者基本計画，重点施策実施5カ年計画の推進 予防と治療／医学的リハビリテーション，地域における生活支援サービス拠点の整備，精神障害者の退院・社会復帰に向けた施策の充実 障害者の自立・社会参加のための雇用・就業確保 ②障害者福祉サービスの支援費制度への移行 ③精神保健福祉施策の推進 精神障害者の地域生活の支援 ④身体障害者補助犬法成立

2003（続き）	2004	
3 社会的な支援を要するさまざまな人たちの社会環境の整備 ①社会福祉基礎構造改革の推進 福祉サービス利用者支援の仕組み整備, 地域福祉計画の策定 ②福祉サービスを担うさまざまな主体 社会福祉士・介護福祉士など質の高い人材養成. 社会福祉法人の改善ボランティアセンターへの支援 ③低所得者に対する支援の拡充 ホームレス自立支援法による実施計画の策定. 生活福祉資金貸付制度 生活保護制度（受給者数は毎年過去最高を更新中） 4 戦没者の追悼と中国残留邦人対策 ①国主催の戦没者追悼式典 ②戦没者慰霊事業 ③中国残留邦人等への援護施策 行政体制の整備 1 政策医療を担う国立病院・療養所 2 規制改革の推進	総説（問題認識） （副題）現代生活を取り巻く健康リスク──情報と協働でつくる安全と安心 健康リスクを下げていく取組み. 安全な食. 現代生活に伴う健康問題の解決に向けて（感染症への対応, アレルギー性疾患対策, 過重労働対策, 心の健康問題への対応）. 組織的・体系的な医療安全対策の促進 社会全体で健康リスクを低減するために, リスクに備える重層的ネットワークの構築, 情報の収集・分析・提供と協働が必要 制度・事業 主な厚生労働行政の動き 安心して子どもを生み育て, 意欲を持って働ける社会環境の整備 1 次世代育成支援対策 ①次世代育成支援対策関連3法案 児童手当法改正（支給対象年齢を小学3学年の修了まで引上げ）, 児童福祉法改正（児童虐待防止対策等の充実, 児童相談体制の充実, 児童施設・里親等見直し, 司法関与の強化, 新たな小児慢性特定疾患対策の確立等の措置）, 育児介護休業法等改正（育児及び介護休業の対象労働者の拡大, 育児休業期間の延長, 介護休業の取得回数制限の緩和, 子の看護休暇制度の創設, 給付の支給範囲の拡大等の措置） ②地域の子育て支援 地域行動計画の策定・すべての都道府県, 市町村に義務化, 地域子育て支援事業（つどいの広場, 「病後児保育」, 育児支援家庭訪問, 子育て支援基盤整備事業, 子育て支援総合推進モデル市町村事業） ③母子保健施策の推進 新たな小児慢性特定疾患対策の確立 対象疾患等の見直し（10から11へ）, 通院対象者（重症者）の追加, 軽症患者の除外, 重症患者への重点化, 対象年齢の整理（18歳未満から20歳未満へ）, 患者負担を求める. 不妊治療の経済的支援	2 児童虐待防止対策など児童の保護・支援の充実 ①児童虐待防止対策の充実に向けた取組み 発生予防, 早期発見・対応, 保護・支援, 社保審児童部会「児童虐待の防止等に関する専門委員会」報告, 今後の児童虐待防止対策の基本的考え方 ②児童虐待防止対策充実の取組み 育児支援家庭訪問事業の創設. 養護施設の小規模グループケア, 家族支援専門員の配置等 ③児童虐待防止法の改正 児童虐待定義の明確化, 国及び地方公共団体の責務強化, 児童虐待の通告義務の範囲の拡大. 児童の安全の確認及び安全の確保に万全を期する 3 仕事と家庭の両立支援対策の推進 ①多様な保育需要に対応するための取組み 保育所の緊急整備補助の実施. 待機児童が50名以上いる市区町村等には待機児童解消計画の策定義務. 構造改革特区の要請（少子化・過疎化などを理由）. 保育所と幼稚園を合同で保育することの容認. 保育所の私的契約児の弾力的な受け入れ容認 保育の実施に係る事務の教育委員会への委任. 公立保育所の給食の外部搬入方式の容認. 幼稚園と保育所の保育室の共用化の特例 ②放課後児童健全育成事業の実施 ③仕事と家庭の両立の推進のための各種施策 育児休業取得率等の目標値（男性10%, 女性80%）を設定. 子の看護のための休暇制度及び小学校就学の始期までの勤務時間短縮等の導入の促進 4 女性の能力発揮支援及び多様な就業ニーズへの支援 ①パートタイム労働指針の改正 パートタイム労働法に基づく指針の改正. 正社員との均衡等を考慮して処遇すること. 正社員への転換に関する条件の整備など 5 母子家庭施策と配偶者からの暴力への対策の充実

表6-11　厚生労働白書（2001～10年版）

2004（続き）

① 総合的な母子家庭施策の推進
「母子家庭の母の就業の支援に関する特別措置法」により、子育て・生活支援事業、就業支援策、養育費確保、児童扶養手当等の経済的支援
② 配偶者からの暴力への対策
婦人相談所一時保護所に同伴乳幼児の対応を行う指導員配置。「配偶者からの暴力の防止及び被害者の保護に関する法律」改正（子どもも接近禁止命令の対象とするなど保護命令制度の充実等）

労働者の職業の安定

1 早期再就職促進のための支援策
① ミスマッチ解消のための緊急対応策
非自発的失業者一人一人を対象とした求職者活動計画（就職実現プラン）の策定による個別総合的な就職支援、就職支援ナビゲーターの増員による就職支援の強化
② 公共職業安定機関における早期再就職支援策の強化
③ 雇用関係情報の積極的提供等
④ 民間活力の積極的活用等による労働力需給調整
「職業安定法及び労働者派遣事業法」改正

2 失業者の特性に応じたきめ細かな就職支援の実施
（民間委託による長期失業者の就職支援）緊急雇用創出特別基金を活用

3 地域主導による雇用対策の促進
「ワンストップ相談窓口」の設置
「地域再生雇用支援ネットワーク事業」の創設

4 若者自立・挑戦プランの推進
① 教育段階から職業定着に至るキャリア形成・就職支援の実施
② 日本版デュアルシステムの導入
③ 若年者向けキャリア形成支援推進
④ 若年労働市場の整備
新規学卒者支援、若年失業者等に対する支援、地域との連携・協力による若年者就職支援対策の展開、若者自立挑戦プラン（やる気のある若者を育てる）

5 安心して働ける環境づくり
① 良好な雇用の機会の創出・確保等
② 労働移動・人材確保対策の推進

③ 不就労・不法就労対策の強化

労働者の職業能力の開発・向上

1 労働者のキャリア形成促進

2 若者自立・挑戦プランに基づく職業能力開発の推進

安心して働ける環境づくり

1 厳しい経済情勢下での労働条件確保・改善等
① 労働時間に関する法定基準遵守
② 未払賃金立替払事業
③ 最低賃金制度の適正な運営

2 多様な働き方を可能とする労働環境整備等
① 改正労働基準法の施行
有期労働契約の締結更新及び雇止めルール化
② 労働時間の短縮等
③ 仕事と生活の調和のための環境整備

3 健康で安心して働ける職場づくり
「過労死」等及び精神障害等の労災認定

高齢者が生きがいを持ち安心して暮らせる社会づくりの推進

1 高齢者の雇用の推進
① 高年齢者雇用安定法の改正
65歳までの定年の引上げ、継続雇用制度の導入等、シルバー人材センターの一般労働者派遣事業可能に

2 健康で豊かな高齢社会のために
① 高齢者の生きがい支援
壮年期からの健康づくり、高齢者に対する生活支援、介護予防
② 介護保険制度施行後に見えてきた課題
介護予防の重要性、在宅サービスの充実、痴呆性高齢者ケア、負担の水準・公平性、制度持続可能性

3 長期的に安定した信頼される年金制度の構築
① 年金制度の改正
基礎年金国庫負担割合の2分の1への引上げ、保険料水準固定方式
年金額の伸びを自動的に調整する仕組みを導入、厚生年金標準報酬分割制度の導入（離婚時等の年金分割）、遺族年金制度の見直し、障害年金の

改善、短時間労働者への厚生年金の適用拡大、国民年金保険料の徴収対策の強化等
② 企業年金の安定と充実

障害者施策と地域福祉の推進

1 障害者雇用対策の推進
① 障害者雇用対策基本方針に基づく施策の推進
障害の重度化や多様化、障害者の高齢化等にも対応
② 障害者雇用率制度の推進による雇用の拡大
③ 職業リハビリテーションの充実
④ 精神障害者施策の推進
⑤ 障害者が働きやすい多様な働き方への支援（在宅就労）
⑥ 職業能力開発の推進

2 障害者保健福祉施策の推進
① 障害者基本計画・重点施策実施5カ年計画の施策推進
② 支援費制度による障害者（児）の地域生活支援
独立行政法人国立コロニーのぞみの園の縮小、地域移行
③ 精神保健福祉施策の推進

3 社会的な支援を要するさまざまな人たちの社会環境整備
① 社会福祉基礎構造改革の推進
福祉サービス利用者支援の仕組み整備、地域福祉計画の策定
② 福祉サービスを担う様々な主体
社会福祉士・介護福祉士など質の高い人材養成、社会福祉法人の改善
ボランティアセンターへの支援
③ 低所得者に対する支援の拡充
ホームレス自立支援法による実施計画の策定、生活福祉資金貸付制度、生活保護制度、社保審「生活保護基準のあり方委員会」による見直し

4 戦没者の追悼と中国残留邦人対策
① 国主催の戦没者追悼式典
② 戦没者慰霊事業
③ 中国残留邦人等への援護施策

国民が安心できる医療の確保

1 持続可能な医療保険制度
健康保険法の一部を改正する法律に基づく基本方針閣議決定
① 保険者の再編統合

2004（続き）	2005	
②高齢者医療制度 ③診療報酬体系 2 安心で質の高い医療提供体制の整備 ①医療機関の機能分化と連携 一般病床と療養病床，訪問看護の推進（モデル事業開始） **医薬品・医療機器等の安全性確保** 1 HIV問題及びクロイツフェルト・ヤコブ病問題と医薬品・医療品機器等による健康被害への反省 2 血液事業 輸血医療の安全性確保 3 薬物乱用防止対策 **健やかな生活を送るための取組み** 1 難病対策等の推進 ①難病対策の推進 「調査研究の推進」「医療施設の整備」「医療費の自己負担の軽減」「地域における保健医療福祉の充実・連携」「生活の質の向上を目指した福祉施策の推進」，重症難病患者対策に重点を移した施策 ②ハンセン病問題の解決に向けて 退所者給与金，死没者名誉回復のための改葬費支給等 ③臓器移植の推進 ④総合的な肝炎対策 **行政体制の整備** 1 政策医療推進のための新たな仕組み ①国立病院・療養所の独立行政法人化 国立高度医療センター，ハンセン療養所は国立維持	総説（問題認識） （副題）地域とともに支えるこれからの社会保障 地域によって様々な国民生活の姿と取組み，社会保障サービスと地域差に対する考え方，多様性としての地域差（介護保険上乗せ横出し・雇用対策）、是正すべき地域差（一定水準別，負担公平型），全国的な観点に立って底上げが必要な地域差（出生率，失業率）．社会保障における国と地方自治体の役割分担・連携．地域における多様な実施主体・担い手との連携・協力．自治会町内会医療法人や社会福祉法人，民間事業者，NPO等，専門職 制度・事業 **第2部 主な厚生労働行政の動き** **安心して子どもを産み育て，意欲を持って働ける社会環境の整備** 1 次世代育成支援対策 ①「少子化社会対策大綱」「子ども・子育て応援プラン」策定 ②次世代育成支援対策関連3法の改正 児童手当法（小学3年まで），育児介護休業法，児童福祉法 ③次世代育成支援に向けた各種の施策展開 仕事と家庭の両立支援と働き方の見直し（育児休業制度等，母性健康管理対策），地域の子育て支援（「つどいの広場」事業の推進「全国中学校区約6割の実施目標」），保育の多様な保育需要に対応するための取組み）：保育園児と幼稚園児の合同保育，私的契約時の弾力的受け入れ，保育事務の教育委員会への委任，給食の外部搬入容認，幼稚園と保育所の保育室共用 ④母子保健施策の推進 ⑤母子家庭等ひとり親家庭への支援 2 児童虐待防止対策など児童の保護・支援の充実と配偶者からの暴力への対策の充実 ①児童虐待防止法及び児童福祉法改正	「子ども自立支援計画ガイドライン」作成．児童相談は市町村業務，児相はより専門的対応へ重点化．虐待定義の見直し．要養護児童の司法関与 ②配偶者からの暴力対策の取組状況 休日・夜間電話相談事業，関係機関とのネットワークの整備，職員に対する専門研修，心理療法担当職員の配置，夜間警備の実施，母子生活支援施設，民間シェルターへの一時保護委託．婦人相談所一時保護所への同伴乳幼児の対応を行う指導員配置 **高齢者が生きがいを持ち安心して暮らせる社会づくり推進** 1 長期的に安定した年金制度の構築 ①2004年改正の円滑な実施 厚生年金保険料の引上げ，国民年金保険料の引上げ，確定拠出年金の拠出限度額の引上げ ②特定障害者への特別障害給付金の支給 障害基礎年金等の無受給障害者への特別な福祉的措置 ③社会保険庁の改革 2 高齢者の雇用の推進 高齢者雇用対策の取組み（65歳までの雇用確保．中高年齢者の再就職の援助・促進．高齢者の多様な就業・社会参加の促進） 3 健康で豊かな高齢社会のために ①介護保険制度の改革 介護保険法等の一部改正（2005） 「予防重視型システム」への転換（地域包括ケアセンター設置の推進）施設入所者の利用者負担の見直し（居住費・食費の利用者負担），新たなサービス体系の確立（「地域密着型サービス」を創設「地域包括ケア」，「小規模多機能型居宅介護」や「夜間対応型訪問介護」），サービスの質の確保・向上，被保険者・受給者の範囲（年齢の引下げ） ②認知症の正しい理解の普及 痴呆から認知症へ用語の見直し（2004年検討会） **雇用のミスマッチの縮小のための雇用対策の推進** 1 地域における雇用創造の支援

表6-11 厚生労働白書（2001〜10年版）

2005（続き）		
2 民間との共同・連携による就職支援 成果への評価に基づく民間委託長期失業者就職支援．市場化テストモデル事業（キャリア交流プラザ，求人開拓等） 3 労働移動，人材確保対策の推進 建設労働，港湾労働対策，効果的労働異動の推進．良好な雇用機会創出「農林業をやってみよう」プログラム 4 安心して働ける雇用環境整備 外国人雇用対策の推進．雇用保険制度の安定的運営の確保等 **若者を中心とした人間力の強化** 1 若者自立・挑戦プランの推進 ①若者自立・挑戦プラン ジョブカフェ就職支援機能強化．日本版デュアルシステムの拡充．学卒，若者向けの実践的能力評価 ②「若者人間力強化プロジェクト」の推進 若者の人間力を高める国民運動．フリーター・無業者に対する働く意欲の涵養・向上．若者自立塾創出事業 ③学生生徒に対する職業意識形成支援，就職支援の強化 ④若者に対する就職支援・職場定着の推進 ⑤ものづくり立国の推進 2 企業ニーズに対応した職業能力開発の推進 3 キャリア形成支援の条件整備 **安心して働ける環境づくり** 1 労働条件の確保・改善等 未払賃金立替払事業．最低賃金制度の適正な運営 2 多様な働き方を可能とする労働環境整備 ①仕事と生活の調和のための環境整備 ②労働時間対策 ③パートタイム労働対策 ④ワークシェアリング 3 健康で安心して働ける職場づくり ①労働者の健康確保対策 過重労働対策・メンタルヘルス対策	③化学物質による労働者の健康被害防止（アスベスト等） 「過労死」等及び精神障害の認定（基準，判断指針） ③労災保険法及び労働保険徴収法の改正 労災保険の通勤災害保護制度の対象の通勤範囲（複数就業者の事業場間の移動，単身赴任者の赴任先住居と帰省先住居との移動を追加） ④労働保険の適用促進 労働保険（労災と雇用保険）は，すべての事業に適用を徹底 4 公正な働き方の推進 雇用の分野における男女の均等な機会と待遇の確保 **国民が安心できる医療の確保** 1 持続可能な医療保険制度確立 基本的考え（給付の平等，負担の公平，効率的サービス） ①医療の地域特性を踏まえた医療費適正化 ②地域の医療水準に見合った適正な保険料の設定 ③保険財政運営の安定化 改革の第一歩として国民健康保険法の改革準備（都道府県への財政調整権限の委譲と給付費に対する都道府県負担の導入） 高齢者医療制度は前期高齢者と後期高齢者（75〜）を区分 2 安心で質の高い医療提供体制の整備 3 国立高度専門医療センターにおける政策医療推進 **健やかな生活を送るための取組み** 1 国民健康づくり運動，健康日本21の推進 生活習慣病対策，自殺予防対策等 2 難病・感染症対策の推進 ①難病対策 「調査研究の推進」「医療施設の整備」「医療費の自己負担の軽減」「地域における保健医療福祉の充実・連携」「生活の質（QOL）の向上を目指した福祉施策の推進」，重症難病患者対策に重点を移した施策 ②リウマチ・アレルギー対策	③エイズ（AIDS/後天性免疫不全症候群） ④ハンセン病問題の解決に向けて（第1回シンポ） ⑤結核対策の見直し 高齢者や地域格差拡大に重点化 ⑥原爆被爆者対策の推進 保険・医療・福祉にわたる総合的な援護施策．在外被爆者については渡日する際の旅費等を助成．国内で許可された被爆者援護法手当は，出国後も支給継続 ⑦総合的な肝炎対策の推進 C型肝炎等緊急総合対策 **障害者施策と地域福祉の推進** 1 障害者雇用対策の推進 ①障害者雇用促進法一部改正 精神障害者も障害者雇用率に含める ②雇用率制度の推進等による雇用機会の拡大 ③職業リハビリテーションの充実 精神障害者施策の推進 ④地域における福祉的就労から一般就労への移行促進 地域障害者就労支援事業ハローワークで実施 ⑤障害者の職業能力開発の促進 2 障害保健福祉施策の推進 ①障害者自立支援法の成立 法案における就労支援の推進 ②発達障害支援策の推進 自閉症，アスペルガー，学習障害，注意欠陥多動性障害など ③精神保健福祉施策の推進 3 社会的な支援を要する様々な人たちへの社会環境整備 ①低所得者や災害被災者に対する支援 生活保護制度，基準見直し．ホームレス対策．生活福祉資金貸付制度災害救助法 ②福祉サービスを担う多様な主体 社会福祉法人制度の見直し，自立化検討．イコールフッティング論 ③福祉サービス利用体制の整備 地域福祉権利擁護事業，サービスの第三者評価，地域福祉計画 4 戦没者の追悼と中国残留邦人対策 ①国主催の戦没者追悼式典

2005（続き）	2006	
②戦没者慰霊事業の推進 ③中国残留邦人等への援護施策	**総説（問題認識）** （副題）持続可能な社会保障制度と支え合いの循環——「地域」への参加と「働き方」の見直し	う．地域における子育て支援（相談や親子のつどいの場を提供］）．認定こども園に関する特例（学校法人，社会福祉法人いずれも可．直接契約） ④児童虐待防止対策など子どもの保護・支援の充実と配偶者からの暴力への対策の充実
医薬品，食品の安全性確保	人口減少社会を迎えて，経済の低成長．1人あたりGDP横ばい．若年層所得資産低い．家族・地域・雇用変化．単独世帯の増加．非正規雇用増加．雇用の変動とセーフティネット（若年者，女性，高齢者，障害者）．老人福祉から尊厳ある高齢期の自立へ．国民の健康維持実践とその基盤作り．障害者の保護から自立，児童保護からすべての子ども対策へ．地域の支え合いと働き方の見直し	児童虐待防止対策の取組み （発生予防，早期発見・早期対応，保護・自立支援）
1 医薬品・医療機器等の安全性の確保 ①薬剤師教育6年制へ ②HIV問題及びクロイツフェルトヤコブ病問題と医薬品・医療機器等による健康被害への反省 ③血液事業 献血車の被害救済 ④薬物乱用防止対策 脱法ドラッグ対策 ⑤化学物質の安全対策について		配偶者からの暴力対策（休日・夜間電話相談事業．関係機関とのネットワークの整備．職員に対する専門研修．心理療法担当職員の配置．夜間警備の実施．母子生活支援施設，民間シェルターへの一時保護委託．婦人相談所一時保護所への同伴乳幼児の対応を行う指導員の配置） ⑤母子家庭等ひとり親家庭への支援 福祉事務所等に母子自立支援プログラム策定員を配置．母子自立支援員等と連携し，児童扶養手当受給者に対する個別の面接・相談を実施する母子自立支援プログラム策定事業を全国展開 ⑥母子保健施策の推進 「健やか親子21」の推進，食育の推進，子どもの心の健康相談，小児医療・周産期医療の充実 ⑦経済的支援 児童手当制度の改正（強化）（支給対象年齢小学校終了まで．所得制限の緩和，支給率引上げ．公費負担費用分担．国1/3，地方2/3へ）
2 食品安全性確保のための対策	**制度・事業**	
行政体制の整備	第2部 主な厚生労働行政の動き	
1 規制改革の推進		
2 情報開示	生涯にわたり元気で活動的に生活できる社会の構築	
	1「健康フロンティア戦略」の推進 ①「働き盛りの健康安心プラン」等生活習慣病対策等の推進 ②女性のがん緊急対策（乳がん対策） ③「介護予防10カ年戦略」 家庭や地域で行う介護予防対策．地域で支える「認知症ケア」．認知症ケアの人材育成	
	次世代育成支援対策の更なる推進	**フリーター，ニート等若者の人間力の強化と職業能力開発の推進**
	1 次世代育成支援対策 ①仕事と家庭の両立と働き方の見直し ②地域の子育て支援 （つどいの広場，子育てセンター） ③保育（多様な保育需要への取組み） 待機児童数が50人以上いる市町村，3年間で受け入れ増大．延長保育や休日保育など数値目標を盛り込んで，充実を図る．構造改革特区に関する特例措置．保育所の保育室にて保育所児と幼稚園児を合同保育容認．保育の実施に係る事務の教育委員会への委任．幼稚園と保育所の保育室の共用化の特例．「就学前の子どもに関する教育，保育等の総合的な提供の推進に関する法律」成立（就学前の子どもに教育・保育を一体的に行	1 職業能力開発促進法の改正 2「若年の自立・挑戦のためのアクションプラン（改訂版）」 ①「フリーター20万人常時雇用化プラン」 地域の関係者との連携によるジョブカフェ（一連の就職支援）．若年者トライアル雇用事業の実施．日本版デュアルシステム（実務・教育連結）の拡充．ハローワークにおけるフリーター常用就職支援事業．フリーター等若者に対する農業就業の支援の実施

表6-11 厚生労働白書（2001～10年版）

2006（続き）		
②ニート等若者の働く意欲と能力を高めるための総合的な取組み 若者自立塾事業の推進．ニート等の自立を支援するための地域体制（若者サポステ），若者の就業の悩みへの専門相談体制 ③若者に対する職業意識形成支援・就職支援強化 ④若者の人間力を高めるための国民運動の推進（国民会議） 3 企業ニーズ等に対応した職業能力開発の推進 4 キャリア形成支援のための条件整備	被保険者・受給者の範囲（年齢の引下げ）についての議論．高齢者虐待防止対策の推進 2 高齢者雇用対策 ①65歳までの雇用確保 ②中高年齢者再就職支援 ③高齢者の多様な就業・社会参加 3 持続可能で安心できる年金制度の構築 ①年金改正後の課題 基礎年金国庫負担割合の引上げ．短時間労働者への厚生年金の適用拡大 ②被用者年金制度の一元化に向けた議論	な人たちへの支援と福祉サービス提供のための基盤整備 ①低所得者や災害の被災者支援 生活保護制度（自立支援プログラム），生活福祉資金貸付制度，ホームレスに対する支援 災害の被災者に対する支援 ②質の高いサービス提供のための基盤整備 地域福祉権利擁護事業 第三者評価，苦情解決 ③福祉サービスを担う人材の確保と養成 ④地域福祉の推進とボランティア
雇用のミスマッチの縮小等のための雇用対策の推進	4 安定的で効率的な年金制度の運営の確保 社会保険庁改革について	4 戦没者の追悼と中国残留邦人対策 ①国主催の戦没者追悼式典 ②戦没者慰霊事業 ③中国及び樺太残留邦人の帰国支援及び定着・自立の促進
1 雇用情勢に対応した機動的・効果的な対策	障害者の自立支援と地域福祉の推進	
2 地域における雇用創造の支援	1 障害保健福祉施策の推進 ①障害者自立支援法施行 ②障害者の就労支援施策の充実強化 就労移行支援事業．就職後の職場定着支援等を有期限で実施．就労継続支援事業（A型）加算制度付き（雇用契約に基づく就労が可能な者へ一般就労への移行支援），就労継続支援事業（B型）加算制度付き（一般企業等の雇用に結びつかない者や，一定年齢に達している者に対し，雇用契約は結ばずに就労の機会を提供） ③発達障害者支援策の推進 ④精神保健福祉施策の推進 ⑤自殺予防対策 うつ病対応が必要	安心安全な職場づくり
3 地域に密着した産業雇用の再生・強化 雇用保険受給者の自立支援を通じた雇用機会の創出．効果的な労働移動支援．建設労働，港湾労働対策 「農林業をやってみよう」プログラム等実施		1 労働条件の確保・改善等 未払賃金立替払事業．最低賃金制度の適正運営
		2 健康で安心して働ける職場づくり アスベスト対策．過労死や精神障害の予防の取組み．労働保険の適用徴収
4 民間との共同・連携による就職支援 成果への評価に基づく民間委託長期失業者就職支援．市場化テストモデル事業（キャリア交流プラザ，求人開拓等）．民間活力利用による労働力需給調整機能強化		3 多様な働き方を可能とする労働環境整備 ①労働契約法制・労働時間法制のあり方検討 ②短時間正社員制度の普及 ③パートタイム労働対策
5 安心して働ける雇用環境整備 ①外国人雇用対策の推進 ②生活保護受給者及び児童扶養手当受給者に対する就労支援 ハローワーク等において実施．就職支援ナビゲーターによる支援．トライアル雇用の活用．公共職業訓練の受講あっせん．生業扶助等を活用した民間の教育訓練講座の受講など ③雇用保険制度の安定的運営	2 障害者の雇用・就労支援と職業能力開発の充実 ①障害者雇用促進法一部改正の施行 精神障害も雇用率に ②雇用率制度の推進と雇用機会拡大 ③職業リハビリテーション ④地域における福祉的就労から一般就労へ ⑤障害者の職業能力の開発 一般公共職業能力開発施設への受け入れの促進．障害者職業能力開発校における職業訓練の推進	4 公正な働き方の推進 ①男女雇用機会均等確保対策の推進 男女雇用機会均等法の一部改正（性差別禁止の範囲拡大．セクシャルハラスメント対策），労働基準法の一部改正（女性の坑内労働の規制緩和）
		安全・安心で質の高い医療の確保
		1 医療供給体制の改革 在宅医療の推進．医師偏在問題．医療安全対策
高齢者が生きがいを持ち安心して暮らせる社会の実現		2 感染症・疾病対策 ①難病対策
1 持続可能な介護保険制度の構築と関連施策	3 社会的な支援を必要とする様々	

2006（続き）	2007	
②リウマチ・アレルギー対策 ③エイズ対策 ④ハンセン病問題の解決へ向けて ハンセン病補償法改正．国外療養所入所者も対象 ⑤臓器移植の推進 ⑥新型インフルエンザ対策 ⑦原爆被爆者対策 ⑧総合的肝炎対策 3 安定的で持続可能な医療保険制度 ①健康保険等の一部改正成立 医療費適正化の総合的推進．医療給付範囲の見直し．療養病床の食費居住費見直し．乳幼児の患者負担軽減 新たな後期高齢者医療制度創設 75歳以上（2010～）．前期高齢者（65～74）に係る財政調整制度の創設（2010～）．都道府県を単位とした保険者の再編統合．政府管掌保険の公法人化（全国保険協会）設立（2010～）．都道府県ごとに地域で保険料率設定．地域型健保組合の促進 **医薬品，食品の安全性確保** 1 医薬品・医療機器等の安全性確保 ①薬事法一部改正（販売体制，違法ドラッグ） ②HIV問題及びクロイツフェルトヤコブ病問題と医薬品・医療機器等による健康被害への反省 各種恒久対策（患者・遺族への支援）医療体制整備，弔意事業 ③医薬品・医療機器等の安全性・有効性の確保 ④血液事業（献血者の減少・献血者健康の被害救済） ⑤薬物乱用防止対策 2 食品安全性確保のための対策 国民へのわかりやすい情報提供．食育の推進 **行政体制の整備** 医療・福祉・雇用・労働分野の規制改革の推進．情報化の推進．社会保険庁の信頼回復の取組み	**総説（問題認識）** （副題） 医療構造改革の目指すもの 我が国の保健医療の現状と課題：①高齢化の進行と医療費の増大．②生活習慣病の重要性の増大．保健医療・介護をめぐる地域差の存在 医療構造改革の目指すもの：①予防の重視．②国民の安心を保障する医療の推進．③保険基盤の安定化と保険者機能の発揮による医療費適正化 **制度・事業** **主な厚生労働行政の動き** **心身ともに健康な生活と安心で質の高い効率的な医療の確保等のための施策の推進** 1 「健康日本21」による生活習慣病対策等の推進 2 「介護予防10カ年戦略」による効果的な介護予防対策 ①家庭や地域で行う介護予防対策 ②効果的介護予防プログラムの開発 ③骨折予防対策の推進 ④脳卒中対策の推進 ⑤地域で支える「認知症ケア」 3 「食育」の推進 4 感染症・疾病対策の推進 ①難病対策 研究・医療施設・医療費負担軽減・福祉との連携・QOL ②リウマチ・アレルギー対策 ③エイズ対策 ④ハンセン病問題の解決へ向けて 4月に「国立ハンセン病資料館」を再オープン ⑤臓器移植の推進 ⑥新型インフルエンザ対策 ⑦原爆被爆者対策 被爆者援護法による健康診断，公費医療給付，各種手当，葬祭料，福祉事業（相談・日常生活支援・原爆養護ホーム等）．2007年の最高裁判決で未払手当の支給を進めている ⑧総合的肝炎対策の推進 5 安全・安心で質の高い医療提供体制の充実 6 安定的で持続可能な医療保険	**制度運営の確保** 医療保険制度改革の円滑な推進 ①医療費適正化 ②保険給付の内容・範囲の見直し ③新たな高齢者医療制度の創設 ④都道府県単位の保険者の再編統合 ⑤中医協の見直し **少子化の流れを変えるための更なる次世代育成支援対策の展開** 1 次世代育成支援対策の更なる推進 2 すべての家庭を対象とした地域子育て支援対策 ①地域子育て支援体制の強化 ②総合的な放課後児童対策 「放課後こどもプラン」の創設 3 待機児童ゼロ作戦など保育サービス充実 ①待機児ゼロ作戦 ②多様なニーズへの保育サービス ③幼稚園と保育所の連携 認定こども園 4 仕事と子育ての両立など仕事と生活のバランスのとれた働き方の実現 5 児童虐待防止対策等子どもの保護・支援の充実と配偶者からの暴力への対策の充実 ①児童虐待防止対策 発生予防，早期発見・早期対応，保護・自立支援 ②児童虐待防止法及び児童福祉法改正成立 裁判官の許可状の下に立ち入り調査強化．保護者に対する面会・通信の制限，つきまとい禁止．保護者に対する指導に従わない場合の措置等 ③配偶者からの暴力対策 婦人相談所一時保護所等退所者への身元保証人確保．配偶者からの暴力の防止及び被害者の保護法の改正（市町村の基本計画策定．配偶者暴力相談支援センター設置努力義務．保護命令制度の充実） 6 母子保健施策の充実 ①「健やか親子21」の推進 ②子どもの心の健康支援

表6-11　厚生労働白書（2001～10年版）

2007（続き）

③周産期医療の充実 ④マタニティーマークの配布 ⑤不妊治療に対する支援 7 母子家庭等自立支援対策 ①子育て生活支援（身元保証人確保対策事業の創設） ②就業支援（在宅就業機会を得るための支援事業の創設） ③母子家庭の母を雇用する企業への寄付の税制優遇 ④養育費の確保（「養育費相談支援センター」の創設） ⑤母子家庭等就業・自立支援センター養育費専門相談員配置 8 児童手当の拡充 3歳児未満手当額を一律月1万円に **安心・安全な職場づくりと公正かつ多様な働き方の実現** 1 アスベスト対策 2 安心・安全な職場づくり ①労働条件の確保改善等 労働時間の法廷遵守，未払賃金立替払事業，最低賃金制度の適正な運営 ②健康で安心して働ける職場づくり 労働者の健康確保対策（過労死など過重労働による健康障害の防止．心身両面の健康保持増進対策．産業保健活動の活性化），労災補償（過労死等及び精神障害等の認定．アスベストによる健康被害の救済等 3 公正かつ多様な働き方の推進 ①仕事と生活の調和のための環境整備 ②労働契約法，労基法一部改正成立 ③最低賃金制度の見直し（改正案） 地域別最低賃金のあり方．地域ごとに地域別最低賃金決定（必要的設定）．生活保護との整合性も考慮するよう決定基準を明確化．派遣労働者は派遣先地域（産業）最賃適用 ④パートタイム労働対策の推進 「短時間労働者の雇用管理の整理の改善等に関する法律の一部を改正する法律」成立（均衡のとれた待遇の確保の促進．通常の労働者と同視すべき短時間労働者への差別的取扱禁止），通常の労働者への転換の推進，苦情処理・紛争解決援助等） ⑤男女雇用機会均等対策の推進 改正「男女雇用機会均等法等」施行	⑥両立支援対策の推進 育児休業制度等の周知定着，育児・介護での退職者への再就職支援 **各世代に必要とされる能力の開発・向上の促進** 1 成長過程にある若者の職業人としての自立の促進 2 社会の中核である壮年者層の能力開発の促進 3 高齢者のキャリア形成の支援 地域における創業を支援する能力開発の推進．起業等を支援するための多様な職業訓練機会の確保 4 キャリア形成支援のための能力開発基盤整備 公共職業訓練，キャリアコンサルティングの推進 **フリーター，ニート等若者の人間力の強化の推進** 1 「フリーター25万人常時雇用化プラン」の推進 ①ジョブカフェにおける就労支援 ②若者トライアル雇用事業実施 ③日本版デュアルシステム推進 ④ハローワークの常用就職支援事業 ⑤フリーター等若者に対する農業就業支援 2 若者の働く意欲と能力を高めるための総合的な取組み ①ニート等の自立を支援するための地域体制の構築 ②若者自立塾事業の推進 ③若者の就業の悩みへの専門相談体制（臨床心理士等） ④若者の人間力を高めるための国民運動の推進 3 学生から職業人への円滑な移行の実現 「キャリア教育等推進プラン」策定 **雇用のミスマッチの縮小等のための雇用対策の推進** 1 雇用対策法・地域雇用開発促進法改正 若者，女性，高齢者，障害者等の就業促進．外国人の適正な雇用管理 地域を2類型に再編，支援を重点化 ①雇用情勢が特に厳しい地域	②雇用創造意欲の高い地域 2 成長分野における労働力確保 ①成長分野への円滑な労働移動推進 ②労働力の定着を図る雇用環境改善 ③建設労働対策 ④港湾労働対策 3 ハローワークサービス見直し 4 各種就労支援対策の推進 外国人，生活保護・児童扶養手当受給者，刑務所出所者等 5 雇用保険法の一部改正 ①高年齢雇用継続給付国庫負担廃止 ②雇用保険率の引下げ ③労働者福祉事業の廃止 ④短時間労働被保険者区分を廃止・受給資格要件を一本化 受給資格要件は離職理由で2区分（12カ月と6カ月へ） **高齢者が生きがいを持ち安心して暮らせる社会の実現** 1 改正介護保険の推進 地域包括ケア体制の構築．予防重視型（総合相談・権利擁護・包括的ケアマネ・介護予防ケアマネ） 高齢者虐待防止対策 2 高年齢者等の雇用・就業対策の充実 ①65歳までの雇用確保 ②中高年齢者の再就職の援助支援 ③高年齢者の多様な就業・社会参加の促進 3 持続可能で安心できる年金制度の構築 ①制度改正後の課題 ②被用者年金制度の一元化，パートの厚生年金拡大国会提出，継続審議 **障害者の自立支援と地域福祉の推進** 1 障害者就労支援施策充実強化 ①一般就労への移行推進 ②工賃水準の向上 ③精神保健福祉施策の推進 発達障害者支援施策の推進 2 障害者に対する雇用・就労支援と職業能力開発推進 ①雇用率制度の推進等による雇用機会の拡大

2007（続き）	2008	
②職業リハビリテーションの充実 ③地域における福祉就労から一般就労への移行 ④障害者の職業能力開発の推進 3 社会的な支援を要する様々な人たちへの支援と福祉サービスの提供のための基盤の整備 ①低所得者や災害被災者支援 生活保護制度（受給者数・保護率共に上昇）（自立支援プログラムの推進，全地域で就労個別支援計画），生活福祉資金貸付制度，ホームレスに対する支援，災害被災者支援 ②質の高い福祉サービス提供のための基盤の整備 権利擁護事業を「日常生活自立支援事業」に改め，福祉サービスの第三者評価，苦情解決，「社会福祉士及び介護福祉士法」等の改正，地域の様々なニーズに対応した福祉活動の推進（ボランティア活動の振興，消費生活協同組合法の改正） 4 戦没者の追悼と中国残留邦人対策 ①国主催の戦没者追悼式典 ②戦没者慰霊事業の推進 ③中国残留邦人等への援護施策 **医薬品・食品の安全対策** 1 医薬品・医療機器等の安全性確保 ①HIV問題及びクロイツフェルトヤコブ病問題と医薬品・医療機器による健康被害への反省 ②医薬品医療機器等の安全性確保 ③血液事業（献血制限） 献血者の被害救済 ④薬物乱用防止対策 2 国民の健康保護のための食品安全性対策の推進 ①健康危機管理体制の強化 ②自殺予防対策の推進 **行政体制の整備** 社会保険庁の廃止，日本年金機構へ	**総説（問題認識）** （副題）生涯を通じた自立と支え合い——暮らしの基盤と社会保障を考える 社会保障改革の視点（生涯を通じた自立と支え合い）社会経済との調和（世代間・世代内の公平性の確保．現役世代を対象とした施策の積極的展開）家族形態の変化に対応した制度等の構築．社会保障と他の公共政策との連携強化．長寿社会の生き方・働き方の再設計，地域社会における共助や交流 **制度・事業** **第2部** **主な厚生労働行政の動き** **心身ともに健康な生活と安心で質の高い効率的な医療の確保等のための施策の推進** 1「新健康フロンティア戦略」の推進 2「健康日本21」による生活習慣病対策と食育の推進 3「介護予防10カ年戦略」による介護予防対策の推進 ①家族や地域で行う介護予防対策 ②効果的な介護予防プログラムの開発・普及 ③骨折予防対策の推進 ④脳卒中対策 ⑤地域で支える「認知症ケア」 4 感染症・疾病対策の推進 ①難病対策 研究・医療施設・医療費負担軽減・保健福祉との連携・QOL．難治性疾患克服研究事業の対象疾患に新たに7疾患を追加 ②リウマチ・アレルギー対策 ③エイズ対策 ④ハンセン病問題の解決へ向けて 「ハンセン病問題解決の促進に関する法律」成立 ⑤臓器移植等の適切な実施 ⑥新型インフルエンザ対策 ⑦原爆被爆者対策の推進 被爆者援護法による健康診断，公費医療給付，各種手当，葬祭料，福祉	事業（相談・日常生活支援・原爆養護ホーム等）．2008年4月より新たな認定基準による審査（前年度の20倍認定） ⑧総合的な肝炎対策の推進 5 安定的で持続可能な医療保険制度運営の確保 医療保険制度改革施行 ①乳幼児に対する窓口負担軽減措置が義務教育前までに拡大 ②医療保険で療養病床入院の65歳以上70歳未満の患者の食事負担見直し，新たに居住費（光熱水費相当）を負担 ③新たな後期高齢者医療制度の創設（2008年4月） 75歳以上高齢者対象の新たな医療制度（長寿医療制度）創設．5割公費，4割現役世代，1割自己負担ルール．65〜74歳までは制度間調整で対応 ④都道府県単位を軸とした保険者の再編統合 公法人である全国保険協会（協会けんぽ）が設立．（2008.10）協会が保険者となり地域に応じて保険料等や事業を決定．都道府県単位を軸とした保険者の再編・統合が目的 **公正かつ多様な働き方の実現と働く人たちの安全の確保** 1 公正かつ多様な働き方の実現 ①仕事と生活の調和 仕事と家庭の両立支援対策の推進（次世代育成支援対策推進法「一般事業主行動計画」策定・届け出）．育児休業・介護休業法の普及・定着，両立しやすい職場環境づくりの支援，育児介護等のために退職した者への再就職支援 ②安心・納得した上で多様な働き方を実現できる労働環境整備 改正労働契約法の施行 ③パートタイム労働者の均衡ある待遇の推進 改正「短時間労働者の雇用管理の改善等に関する法律」施行 ④短時間正社員制度の普及定着推進 ⑤非正規労働者の正社員化機会拡大 ⑥職場の男女雇用機会均等の推進 ⑦労働者派遣事業の適正な運営確保

表6-11 厚生労働白書（2001〜10年版）

2008 (続き)

日雇派遣指針等の周知徹底	の度合いに対応した効果的な就職支援．実践的能力開発（トライアル雇用，日本版デュアルシステム）．フリーター・ニートを始めとする若者の自立支援（2007年「地域若者サポートステーション」を設置．2008年アウトリーチ等のモデルプログラム事業の設置拡充．「若者自立塾」事業の推進．若者の人間力を高めるための国民運動の推進）	特定保育 ③認定こども園制度 ④総合的な放課後児童対策（放課後子どもプラン）
2 安心・安全な職場づくり ①労働条件の確保・改善 未払賃金立替払事業．最低賃金制度の適正な運営 ②健康で安心して働ける職場づくり 労働者の健康確保対策（過労死など過重労働による健康障害の防止．心身両面での労働者の健康保持増進対策．粉じん障害防止対策．産業保健活動の活性化），化学物質による労働者の健康被害の防止対策，労災補償（過労死等及び精神障害等の認定にあたっては「脳・心臓疾患の認定基準」及び「精神障害等の判断指針」），「石綿による健康被害の救済に関する法律の一部を改正する法律」成立．請求期限を3年間延長，遺族補償給付の権利消滅した者も救済対象へ		4 母子保健施策の充実 ①健やか親子21 ②子どもの心の健康支援 ③周産期医療の充実 ④妊婦検診支援 地方自治体の公費支援の促進 ⑤マタニティマーク ⑥不妊治療に対する支援
	2 女性の意欲・能力をいかした再就職・起業の実現 ①マザーズハローワークの機能強化と全国展開 ②女性の起業に対する支援の拡充	5 児童虐待への対応など要保護児童対策等の充実 ①児童虐待防止対策の取組み 発生予防，早期発見・早期対応，保護・自立支援．改正児童虐待防止法の施行 ②社会的養護体制の見直し 里親と養子里親制度の改正 小規模住居型児童養育事業の創設 要保護児童対策地域会議の機能強化 児童相談所の家庭支援機能の強化 児童自立生活援助事業の見直し 施設内虐待の防止．都道府県内の里親や養護施設提供体制の計画的整備 ③配偶者からの暴力対策の取組み 婦人相談所一時保護委託費の増額 婦人保護施設からの退所支援 ④改正配偶者からの暴力防止法施行
3 雇用保険制度の見直し （前年改正）	3 障害者の職業的自立に向けた就労支援の総合的推進 ①障害者雇用促進法改正案継続審議 ②雇用率の推進による雇用拡大 ③職業リハビリテーションの充実 ④雇用・福祉・教育等の連携による就労支援強化 一体的支援のため「障害者就業・生活支援センター」 ⑤障害者の職業能力開発の促進	
経済社会の活力の向上と地域の活性化に向けた雇用・能力開発対策の推進		
1 経済社会の活力の向上へ向けた人財立国実現 ①職業生活を通じた能力開発 ジョブ・カード制度の本格的実施（フリーターや子育て終了後の女性，母子家庭の母親等が企業における実習と教育訓練機関等における職業訓練を受け，職業能力評価，職務経歴等の情報を「ジョブ・カード」として活用），公共職業訓練の推進（離職者，在職者，学卒者訓練の実施） ②ものづくり立国の推進 ③現場の実践力となる若者の育成 日本版デュアルシステムの推進，企業実習と職業訓練 ④介護分野における雇用管理改善の推進	4 困難な状況を克服し，再就職をめざす人たちへ支援 ①リストラ等による退職者 ②早期再就職の緊急度の高い求職者への一貫支援 ③生活保護・児童扶養手当受給者への就労支援 ④刑務所出所者に対する就労支援 ⑤「70歳まで働ける企業」の普及	6 母子家庭等自立支援対策推進 ①母子家庭等就業・自立センターへ在宅就業推進事業追加 都道府県，指定都市以外の一般市でも就業自立支援事業 ②高等技能促進費等事業に入学支援修了一時金創設 ③就業準備支援コースの創設 ④児童扶養手当一部停止措置を就業意欲のある者には非実施
	人口減少社会の到来を踏まえた少子化対策の総合的推進	
	1 総合的な次世代育成支援対策の推進	高齢者がいきいきと安心して暮らせる社会の実現
	2 地域の子育て支援対策の推進 ①つどいの広場と地域子育てセンターの再編による拠点整備 ②生後4カ月までの全戸訪問（こんにちは赤ちゃん事業）	1 介護保険制度と関連施策推進 ①「介護保険及び老人福祉法」の一部改正 悪質業者の不正などにより事業規制の見直し ②高齢者虐待防止策
新たなチャレンジを目指す若者等への支援		
1 若者の人間力の強化と働く意欲の向上 フリーター25万人常用雇用化プラン実現．年長フリーターの常時就職支援（25歳から34歳）．就職意識	3 多様な保育サービスの充実と総合的な放課後児童対策 ①待機児童解消に向けた取組み ②多様なニーズへの保育サービス 延長保育，夜間・休日保育，一時・	2 いくつになっても働ける社会

352　第6章　戦後日本の社会福祉事業の異集合（2）

2008（続き）		2009
の実現 ①65歳までの雇用機会の確保 ②「70歳まで働ける企業」の普及 ③団塊の世代等定年退職者の再就職支援 ④シルバー人材センターの推進等 3 持続可能で安心できる年金制度の構築 ①基礎年金国庫負担割合引上げ（37.3%） ②年金積立金の管理・運用体制 ③国際化への対応 障害者の自立支援と地域福祉の推進 1 障害者就労支援施策の充実強化 ①一般就労への移行促進 ②「工賃倍増5カ年計画」による福祉就労の底上げ ③精神保健福祉施策の推進 精神障害者の社会復帰支援 地域移行支援員の配置 2 発達障害者支援施策の充実 ①発達障害者の地域支援体制 「子どもの心の拠点病院機構推進事業」実施 ②発達障害者への支援手法開発普及 ③発達障害者の就労支援の推進 3 社会的な支援を要する様々な人たちの社会環境整備 ①低所得者や災害の被災者に対する支援 生活保護制度（根拠ある生活保護基準の設定〔検証のルール化〕，公平・公正な運用，きめ細かな自立支援〔自立支援プログラム〕） 生活福祉資金貸付制度（自立支援対応資金），ホームレスに対する支援 災害の被災者に対する支援 ②福祉サービスを担う人材の養成と確保 福祉人材確保対策の推進，社会福祉士・介護福祉士法改正の施行 ③地域における様々なニーズに対応した福祉活動等推進 地域福祉の再構築（「地域における『新たな支え合い』を求めて」報告，地域福祉活性化事業等の実施） 改正消費生活協同組合法の施行	4 戦没者の追悼と中国残留邦人対策 ①国主催の戦没者追悼式典 ②戦没者慰霊事業の推進 ③中国残留邦人等への援護施策 国民の安心と安全のための施策の推進 1 C型肝炎訴訟等への対応 ①「特定フィブリノゲン製剤及び特定血液凝固第XI因子製剤によるC型肝炎感染被害者を救済するための給付金の支給に関する特別措置法」成立．一律救済 ②HIV問題及びクロイツフェルトヤコブ病問題と医薬品・医療機器等による健康被害への反省 ③各種恒久対策の推進 2 より良い医薬品を安全に提供するための対策 ①医薬品等の安全対策 ②献血事業 ③薬物乱用防止対策 3 国民の健康保護のための食品安全対策 4 自殺予防対策の推進	総説（問題認識） （副題）暮らしと社会の安定に向けた自立支援 自立した生活の経済的基盤のためのセーフティネット．人口構造変化（少子高齢化），足下の厳しい経済情勢．企業における変化と働き方の変化．若者の自立支援．高年齢者の生活と雇用の安定のための支援．障害者の自立支援，母子家庭の自立支援非正規労働者で生活困難に直面した人々等に対する支援．生活困窮者の自立支援，生活保護受給者等の自立支援．ホームレスの自立支援 制度・事業 第2部 主な厚生労働行政の動き 健康な生活と安心で質の高い医療の確保等のための施策の推進 1 医師確保，救急医療等安全安心な医療供給体制の充実 2 総合的健康づくり施策の推進 ①生活習慣の改善に向けた国民運動の展開 ②女性の健康づくり対策の推進 ③こころの健康づくり 認知症対策の一層の推進．うつ病対策の一層の推進 ④介護予防の一層の推進 家族や地域で行う介護予防対策．効果的な介護予防プログラムの開発・普及．脳卒中対策の推進 ⑤歯の健康づくりと食育の推進 3 感染症・疾病対策の推進 ①難病対策 研究・医療施設・医療費負担軽減・保健福祉との連携・QOL ②リウマチ・アレルギー対策 ③エイズ対策 ④ハンセン病問題の解決に向けて 「ハンセン病問題解決の促進に関する法律」施行 ⑤臓器移植等の適切な実施 ⑥新型インフルエンザ対策 ⑦原爆被爆者対策の推進 甲状腺機能低下症と慢性肝炎・肝硬変を積極認定の対象疾病に ⑧総合的な肝炎対策の推進

表6-11 厚生労働白書（2001〜10年版）

2009（続き）

インターフェロン療法の促進のための医療費の助成．肝炎ウイルス検査の促進．肝疾患診療連携拠点病院など診療体制の整備 4 安定的で持続可能な医療保険制度運営の確保 ①医療保険制度改革（2008年改革） 制度の円滑な運営のための取組み（低所得者に対する保険料の軽減，年金からの保険料の支払いに係る改善〔年金天引きを選択に〕，70〜74歳の窓口負担の見直し〔1割据え置き〕）．長寿医療制度の見直し検討 医療費適正化計画の総合的な推進 ②その他の施策 出産育児一時金の見直し 働く人を大切にする雇用・労働施策の推進 1 困難な状況を克服し再就職や安定雇用を目指す人たちへの支援 ①「緊急人材育成・就職支援基金」の創設 雇用保険適用外者への職業訓練，再就職，生活支援．職業訓練を受講する者のうち，①主たる生計者，②世帯年収が一定以下などの要件を満たすものについて，訓練期間中の生活を保障する「訓練・生活支援給付」 ②公共職業訓練の推進 ③住居喪失離職者等に対する支援 ④派遣労働者，非正規労働者に対する支援 時限措置として「派遣労働者雇用安定化特別奨励金」設置．直接雇用する派遣先に対して奨励金を支給 ⑤中小企業の就職困難者の雇入れに対する支援 就職困難者を雇入れの中小企業事業主に支給金（従来の1.5倍） ⑥現下の経済情勢における基準行政の対応 2 ジョブ・カード制度の普及推進 3 中小企業の人材確保支援ものづくり立国 4 若者の雇用・生活の安定と働く意欲の向上 ①フリーター常用雇用化プラン等の	推進 年長フリーター（25〜34歳）等に対する常時就職支援等の実施 ②若者の応募機会の拡大 ③若年求職者に対する職業能力開発日本版デュアルシステム，年長フリーター自立能力開発システム等推進 ④地域で支援を必要とする若者等のチャレンジ支援 「若者サポートステーション」「若者自立塾」事業の実施．学校段階における職業意識形成支援 ⑤内定取り消し問題の対応を含む新規学卒者就職支援 仕事と生活の調和と公正かつ多様な働き方の実現 1 仕事と生活の調和の実現 ①企業における次世代育成支援の取組みの一層の推進 ②仕事と家庭の両立ができる環境整備の推進 ③テレワークの普及促進 2 持続的なキャリア形成の実現 ①生涯にわたる自立的なキャリア形成の環境整備 ②女性の意欲・能力をいかしたキャリアの継続と再就職・起業 マザーズハローワーク事業の拠点の拡充と機能の強化．女性の起業に対する支援の実施 3 公正かつ多様な働き方を実現できる労働環境の整備 ①労働者派遣事業の適正運用の確保 ②製造業の請負事業の雇用管理の改善・適正化の推進 ③派遣労働者等の能力開発・キャリア形成の仕組みの整備 ④有期労働者の処遇の改善等 ⑤パートタイム労働者の均衡待遇確保，短時間正社員制度等 ⑥職場における男女雇用機会均等の推進 男女雇用機会均等法の確実な施行．職場におけるセクシャルハラスメント対策の推進．妊娠・出産等を理由とする解雇その他への厳正な対処 4 安心・安全な職場づくり ①労働条件の確保・改善等 労働基準法の改正（労働時間に係る	見直し．2010年施行）．労働契約法の周知（未払賃金立替払事業，最低賃金制度の適正な運営） ②働く人々の安全と健康の確保 化学物質による労働者の健康被害の防止対策，産業保健活動の推進，メンタルヘルス対策及び過重労働による健康障害防止対策 ③労災補償の現状 過労死等及び精神障害等の認定．アスベストによる健康被害の救済等 5 雇用保険制度の見直し 「雇用保険法等の一部を改正する法律案」が成立 ①有期契約労働者の受給資格要件（現行1年）を6カ月に緩和 ②倒産，解雇や雇止めによって離職し，重点的に再就職の支援が必要な場合，個別に給付日数を60日分延長可能 ③非正規労働者の適用基準「1年以上の雇用見込み」を「6カ月以上の雇用見込み」など適用範囲を拡大 人口減少社会の到来を踏まえた少子化対策の推進 1 総合的な次世代育成支援対策の推進 2 地域の子育て支援 3 児童虐待への対応など要保護児童対策等の充実 ①児童虐待防止対策の取組み 発生予防，早期発見・早期対応　保護・自立支援 ②児童福祉法等の改正による児童虐待防止対策及び社会的養護体制 ③配偶者からの暴力対策 外国人被害者への通訳者養成研修 ④改正「配偶者からの暴力防止・被害者保護法」施行 4 母子家庭等自立支援対策推進 経済危機対策に基づき高等技能訓練費の引上げ等 5 母子保健施策の充実 ①健やか親子21 ②子どもの心の健康支援 ③妊婦検診支援 ④マタニティマーク ⑤不妊治療に対する支援

2009（続き）

高齢者等がいきいきと安心して暮らせる社会の実現

1 介護保険制度の着実な実施と関連施策の推進
① 介護保険制度の定着
② 持続可能な制度構築に向けた取組
③ 多様な主体によるサービスの提供
④ 事業者規制の見直し
⑤ 高齢者虐待防止施策
⑥ 介護人材処遇改善の取組み（報酬改定率＋3.0％）

2 いくつになっても働ける社会の実現
① 65歳までの雇用機会の確保
②「70歳まで働ける企業」の普及促進
③ 団塊の世代をはじめ定年退職者等の再就職支援の実施
④ シルバー人材センター事業の推進
⑤ 高年齢者等職業安定対策基本方針の策定

3 持続可能で安心できる年金制度の構築
① 基礎年金国庫負担割合引上げ
基礎年金の最低保障機能の強化．被用者年金一元化等法律案は廃案
② 年金積立金の管理・運用体制
③ 国際化への対応

4 地域における様々なニーズに対応した福祉活動等
① 地域福祉の再構築
「安心生活創造事業」地域ネットワークや情報発信等
② 消費生活協同組合
③ 地域生活定着支援事業の実施（刑務所出所者）
④ ひきこもり対策推進事業の実施

5 生活保護制度の適正実施等
① 生活保護制度
国と地方の協議による改善案．自立支援の充実・強化．漏給防止・濫給防止対策の推進
② 住居を失った離職者への新たなセーフティネット
住宅手当緊急特別措置事業創設（最長6カ月まで）（離職者・就労能力及び意欲のある住居喪失者・おそれのある者）
生活福祉資金貸付制度の見直し

（「総合支援資金」を創設するなど資金種類の整理・統合），臨時特例つなぎ資金貸付事業創設
ホームレス支援策の拡充（ホームレス緊急一時宿泊事業，相談員増設）
災害の被災者に対する支援

6 福祉・介護サービス従事者の確保・養成の推進
① 主な取組み内容
介護福祉士等修学資金貸付制度の拡充，潜在的有資格者等養成支援事業，職場体験事業，福祉・介護人材定着支援事業，福祉・介護人材マッチング支援事業，キャリア形成訪問指導事業
② 介護福祉士・社会福祉士制度の見直し
③ 介護分野における雇用管理改善の推進

7 戦没者の追悼と中国残留邦人対策
① 国主催の戦没者追悼式典
② 戦没者慰霊事業
③ 中国残留邦人等への援護施策

障害者の自立支援の推進

1 障害者の自立生活を支援するための施策
利用者負担の見直し，障害者の範囲・障害程度区分の見直し等の「障害者自立支援法等の一部改正法案」が審議末了廃案

2 精神障害者の地域移行を支援するための施策の推進
① 精神障害者の地域移行の推進
精神保健医療福祉の在り方等に関する検討．精神保健福祉士の在り方等に関する検討

3 発達障害者支援施策の推進
発達障害者の地域支援体制の確立
発達障害者への支援手法の開発や普及啓発の着実な実施．発達障害者に対する就労支援の推進

4 障害者の職業的自立に向けた就労支援の総合的推進
① 改定障害者雇用促進法の施行
② 雇用率制度の推進等による雇用機会の拡大
③ 障害者に対する就労支援の推進

雇用・福祉・教育等の連携による就労支援の強化．障害特性に応じた支援策の充実・強化
④ 障害者に対する職業能力開発の推進「工賃倍増5カ年計画」の推進

国民の安全と安心のための施策の推進

1 医薬品・医療機器による健康被害への反省
① C型肝炎訴訟への対応
特別救済措置法に基づく感染被害者の救済
② HIV問題及びクロイツフェルトヤコブ病問題と医薬品・医療機器による健康被害への反省
各種恒久対策（医療，患者・遺族支援，弔意）の推進

2 医薬品・医療機器の安全対策，提供体制
① 薬物乱用防止対策
麻薬・覚せい剤等対策
違法ドラッグ対策
② 血液事業について
「献血推進の在り方に関する検討会」
今後の献血推進方策
③ 化学物質の安全対策

3 自殺対策の推進

国際社会への貢献と外国人労働者問題等への適切な対応

外国人労働者問題等への適切な対応（日系人等定住外国人就労環境の改善及び離職者支援．専門的・技術的分野の外国人の就業促進，経済連携協定に基づく外国人看護師・介護福祉士候補者の円滑かつ適正な受入れ）

行政体制の整備

1 年金問題等への対応

2 社会保険・労働保険徴収事務一元化

表6-11　厚生労働白書（2001～10年版）

2010

総説（問題認識）	③児童虐待防止の取組み	年7月より）（雇用保険適用外者への無料の職業訓練〔基金訓練〕と訓練期間中の生活給付である「訓練・生活支援給付」〔単身者10万円〕の実施）、ハローワーク機能の抜本的強化 ③セーフティネット・生活支援 雇用保険法の改正（非正規労働者の適用基準を「31日以上の雇用見込み」に緩和） 住宅・生活支援等、離職者住居支援給付金、就労支援を併せた入居初期費用等の資金貸付、住宅手当緊急特別措置事業（住宅手当）、生活福祉資金貸付制度の見直し（離職者などへ適用）、臨時特例つなぎ資金貸付事業、ホームレス支援策の拡充、ワンストップサービス・デイ、年末年始生活総合相談 ④緊急雇用対策・緊急経済対策
（副題）厚生労働省改革元年	④配偶者からの暴力の防止及び被害者の保護等の推進	
1 厚生労働省の反省点 ①旧社会保険庁等をめぐる問題 年金記録問題、収賄事件、不適正保険料免除等、組織ガバナンス、職員の責任感・使命感の欠如、「国民目線」から外れた役所文化 ②薬害肝炎事件（血液製剤による薬物肝炎訴訟）	**5 ひとり親家庭の自立の支援** 「児童扶養手当法」改正（2010.5） 父子家庭への適用	
	6 母子保健 「健やか親子21」、子どもの心の健康支援、妊婦検診出産費用の軽減、不妊に悩む夫婦への支援	
2 厚生労働省改革の取組み 内部改革の取組み	**7 仕事と子育ての両立支援** 育児・介護休業法改正の施行、「イクメンプロジェクト」の推進	
制度・事業	**健康な生活と安心で質の高い医療の確保**	
第2部 現下の政策課題への対応	**1 質の高いサービスの安定的な提供**	
国家の危機管理への対応——新型インフルエンザ 適切なサーベイランスの実施、医療体制・薬品の確保、ワクチン、広報、健康管理対策室	**2 感染症や疾病などへの対策** ①難病対策 研究・医療施設・医療費負担軽減・保健福祉との連携・QOL ②リウマチ・アレルギー対策 ③エイズ対策 ④ハンセン病問題の解決へ向けて 6月22日を「らい予防法による被害者の名誉回復及び追悼の日」 ⑤臓器移植等の適切な実施 ⑥結核対策 ⑦予防接種対策 ⑧原爆被爆者対策の推進 国外からの認定申請も可能とした ⑨総合的な肝炎対策の推進	**2 職業能力の開発を支援する仕組み** ①公共職業訓練の推進 ②ジョブ・カード制度の推進 ③労働者のキャリア形成を支援する環境整備 ④職業能力評価制度の普及促進 ⑤ものづくり立国の推進
参加型社会保障の確立に向けて		
1 社会保障の役割の再定義 保護型から参加型（ポジティブ・ウェルフェア） ①本人の能力を最大限に引き出し、労働市場、地域社会や家庭への参加を促すことを目的とする ②「国民の皆様の思い」にこたえるために 働き手を増やす、地域で暮らし続ける、格差・貧困を少なくする、質の高いサービスを利用する ③参加型社会保障と新成長戦略 経済への波及効果・新経済成長戦略との好循環		**3 若者の自立の実現** ①新規学卒者に対する就職支援 ②フリーター等正規雇用化プラン ③ニートなどの若者の職業的自立の支援 地域若者サポートステーションの拡充、若者自立塾事業の実施
	3 半世紀を超える国民皆保険の運営 ①国民健康保険法の改正 各種保険料上昇抑制措置、財政支援 ②高齢者医療制度改革 後期高齢者医療制度の廃止と新たな制度の検討 ③その他の施策 失業者の保険料軽減など	**4 女性の就業希望の実現** ①女性のキャリア継続 ②女性の起業への支援 ③マザーズハローワークの拠点拡充と機能強化
2 誰もが安心して暮らせる社会保障制度の実現		**5 地域の雇用機会の確保と中小企業支援**
3 ナショナルミニマムの構築		
4 少子化社会への対応——子育て支援策を中心に ①子ども手当の創設 ②地域の子育て支援 「子ども・子育て新システムの基本制度案要綱」決定、幼保一体化を含めた新たな次世代育成支援、待機児童解消に向けた保育サービスの充実と総合的な放課後児童対策の推進	**厳しい経済環境の下における雇用・生活安定の確保**	**安心・納得して働くことのできる環境整備**
	1 雇用状況の改善の緊急対策 ①雇用の維持（雇用調整助成金の拡充） ②雇用の創出・再就職支援 「緊急雇用創出事業」、「緊急人材育成・就職支援基金」の創設（2009	**1 安心・納得して自らの働き方を選択できる環境整備** ①労働者派遣法改正案提出 継続審議 ②パートタイム労働者の均衡待遇確保等と短時間正社員制度の導入・

2010（続き）

定着促進 ③職場における男女雇用機会均等の推進（職場におけるセクシュアルハラスメント対策の推進．妊娠・出産等を理由とする解雇その他への厳正な対処） 2 仕事と生活の調和 ①仕事と家庭の両立支援 ②企業における次世代育成支援の取組みの一層の推進 ③テレワークの普及促進 3 安心・安全な職場づくり ①労働条件の確保・改善等 改正労働基準法の円滑な施行．現下の経済情勢における労働基準行政の対応．労働契約法の周知．未払賃金立替事業．労災かくし対策 ②最低賃金制度の適正運営と引上げ ③働く人々の安全と健康の確保 労働者の健康確保のための対策充実 ④労災補償の現状 過労死等及び精神障害等の認定．石綿による健康被害の救済等（労災保険法に基づく保険給付及び「特別遺族給付金」支給）	②無年金・低年金者対策など諸問題への対応 ③確定拠出年金制度等の整備 ④適格退職年金の廃止へ向けての移行促進 5 地域福祉の再構築 ①「安心生活創造事業「セーフコミュニティ」への取組み ②消費生活協同組合 ③地域生活定着支援事業 ④ひきこもり対策推進事業 6 生活保護制度の適正な実施等 ①増加する生活保護受給者等への取組み 自立支援・就労支援，就労意欲喚起事業．住宅手当緊急特別措置事業（住宅手当） ②生活保護費負担金の適正化 ③母子加算廃止の復活 ④災害の被災者に対する支援 7 戦没者の追悼と中国残留邦人に対する援護施策 ①国主催の戦没者追悼式典 ②戦没者慰霊事業 ③中国残留邦人等への援護施策	①C型肝炎訴訟への対応 特別救済措置法に基づく感染被害者の救済 ②HIV問題及びクロイツフェルトヤコブ病問題 各種恒久対策（医療，患者・遺族支援，弔意）の推進 2 薬物乱用防止対策 3 医薬品・医療機器の安全対策・提供体制 ①血液事業，ワクチンの供給体制等 献血の啓発キャンペーン ②化学物質の安全対策 4 食品安全対策 5 自殺対策の推進 「自殺・うつ病プロジェクトチーム」
高齢者をはじめとする人々がいきいきと安心して暮らせる福祉社会の実現	**障害者の地域生活の支援**	**国際社会への貢献と外国人労働者問題などへの適切な対応**
1 安心で質の高い介護サービスの確保 ①介護保険制度の定着と持続可能な制度構築への取組み 地域包括ケアの推進 ②サービスの質の確保向上のための取組み ③高齢者虐待防止施策 ④介護職員の処遇改善に向けた取組み等 2 福祉・介護人材確保対策 3 いくつになっても働ける社会の実現 ①65歳までの雇用機会の確保 ②「70歳まで働ける企業」の普及推進 ③中高年齢者等の再就職支援の実施 ④高年齢者の多様な就業・社会参加の促進 4 50年を迎える国民皆年金の運営 ①新たな年金制度へ向けての検討	1 障害者の保健福祉政策 ①障害者総合支援法への検討 2 精神障害者に対する地域生活への移行支援 3 発達障害者に対する支援 ①発達障害者に対する地域支援体制の確立 ②発達障害者への支援手法の開発や普及啓発 ③発達障害者の就労支援 4 障害者の職業的自立に向けた就労支援の総合的推進 ①雇用率制度の推進等による雇用機会の拡大 ②障害者に対する就労支援の推進 ③障害者に対する職業能力開発 ④福祉施設における「工賃倍増5カ年計画」の推進 **国民の安全と安心のための施策の推進** 1 医薬品・医療機器による健康被害への対応	1 外国人研修・技能実習制度の適正な実施 「出入国管理及び難民認定法」の改正．2010年7月施行（在留資格「技能実習」を新設，研修生に労働関係法令を適用） 2 外国人労働者問題への適切な対応 ①日系人をはじめとする定住外国人に関する就労環境の改善及び離職した場合の支援 ②専門的・技術的分野の外国人の就業促進 ③経済連携協定に基づく外国人看護師・介護福祉士候補者の円滑かつ適正な受け入れ **行政体制の整備** 1 年金記録問題等への対応 日本年金機構発足 2 社会保険・労働保険徴収事務の一元化 3 厚生労働分野におけるITの活用 社会保障・税に関わる番号制度検討

表6-11 厚生労働白書（2001～10年版）

第7章
社会福祉のトポス

1 異集合とその変遷の意味

1.1 社会福祉の多様な事業集合とその変遷

　本書では，現代社会の表層にある社会福祉を，総理府に置かれていた社会保障制度審議会（制度審）が定義した「広義の社会保障（社会保険，公的扶助，社会福祉，公衆衛生，援護）」に「関連制度」として位置づけられることが多い雇用政策，教育政策，刑事政策の一部を加え，さらに戦災，自然災害，公害，薬害などの補償や援護にも目配りして取り上げ，その「年々」の事業集合とその内容を見てきた。第4, 5, 6章で述べてきたその「年々」の事業集合は，さしあたり制度審の定義にあるような「広義」「狭義」「関連制度」という位置づけで「安定」的に経緯しているわけでなく，きわめて多様な事業とその集合名で登場し，しかもいくつかの事業が結びついたり，解き放たれたりしながら，まるで「生き物」のように変形している。変形は現在もむろん進行中である。
　この場合，事業の集合は，必ずしも事業の目的や手法，対象属性と一致しているわけではない。たとえば，同じ戦争被害者としての原爆被爆者への援護は，戦没者遺族・戦傷者の援護とは，異なった集合に位置づけられている。災害援護もむろん，別の集合に位置づけられる。障害への対応は，障害者福祉だけで

なく児童福祉，雇用対策の分野に分散され，他方で障害児と障害者の一元化も打ち出されていく。児童福祉は長く「児童と家庭の福祉」として，母子・寡婦福祉を含みつつ，その後いったん分解され，再び「児童福祉」集合が形作られるが，その要素集合は変わっていく。

同様に，法制度と事業集合は一致していない。「3法（救貧）→6法（防貧）→パラダイム転換」という段階論は，3法時代の各法律と行政の位置づけの決定的な差異を見逃している。救貧の中心をなしたのは，新生活保護法へ変形していく生活保護制度の諸事業（傍系の〈施設収容〉を含めて），戦前の〈経済保護事業〉の系譜に連なる「低所得者福祉」，及び失業保険と失業対策の諸事業であった[1]。「救貧段階」という言葉は，無造作に，「救貧程度」としてイメージされやすいが，この「段階」では，失業対策事業と生活保護制度の「併用」が可能になったことによって，「救貧」がかろうじて成り立ったことに注意を促したい。

これに対して，児童福祉法は，「児童局」の独立を基盤に独自のカテゴリカルな事業を積み上げていく。たとえば保育所は，当初要保護事業の1つとされ「保育に欠ける児童」カテゴリーを作り上げるが，それは一般教育制度としての幼稚園との差異化を図るためであって，必ずしも貧困を指していたわけではない。保育事業は，しだいに自立し，児童福祉の筆頭事業として転形されていく。これに対して，身体障害者福祉法は，「局」として自立しえなかったこと，資源も少なく，〈施設収容系列〉としては保護施設への依拠が高かった。何よりも大きかったのは障害者雇用対策を労働省に委ねたことである。障害者雇用対策はしだいに労働省雇用対策の目玉の1つとなっていったことは，すでに見てきたとおりである。

カテゴリカルな社会福祉への脱皮の象徴としての1963年老人福祉法も，生活保護法から養護老人ホームを移し，特別養護老人ホームを位置づけた程度で，その特養の数も設立当初はきわめて少なかった。「高齢者問題」に対応したのは，地方自治体の積極的な高齢対策の推進であり，とくに老人医療無料化が多くの自治体で進んだ。これらのプレッシャーの中で，厚生省は1972年に「老人医療費支給制度」を「あくまで老人福祉措置」として，「老人福祉法の中」に創設するに至る。ここで老人福祉の新たなカテゴリーとして「ねたきり老人」と「ひとり暮らし老人」「老後生きがい対策」の3つが登場し，その後の老人保健法の成立，その老人保健事業の一部と「老人福祉」が結合した「老人

保健福祉」集合の形成が続いていくことになったわけである。この一連の変化の契機としての「老人医療費支給制度」は老人福祉法成立から約10年後，1988年「老人保健福祉」集合は25年を経た時点で成立している。

　精神薄弱者福祉法は，精神障害との線引きを一応成功させるが，これが意味をもっていくのは，その後の「重症心身障害児」問題への注目と，この施設の法制化が児童福祉法内でなされてからである。これが「心身障害者対策基本法」に帰着していくが，当初めざされたのは施設建設，とくにコロニー建設である。また〈重度・重症・特定〉への関心の高まりは，原因不明の疾患による重症心身障害や難病（特定疾患）への医学研究を促し，国立療養所や病院の「専門病棟」への収容委託と医学研究への「協力」としての給付助成が実現するに至る。したがって，ここでのカテゴリカルの意味は，そのような〈重度・重症・特定〉への専門治療や原因究明研究に回収されるようなものとしてあることに注意しておきたい。母子・寡婦福祉法に至っては，事業集合としては長く「児童」と結合し，売春防止法による婦人保護事業が果たした役割に比べると，影が薄い。

　むろんこの3法，6法という表現は狭義の社会福祉の世界での話である。「救貧」（それ自体簡単なことではなかったことを再度強調しておきたい）から「予防」としての1958,59年の国民皆保険・皆年金制度の成立という段階設定ではどうだったか。国民全体をカバーしようとしたこの2つの社会保険の成立は，その前後に，優生保護法による人口調節の推進，結核予防法の改正，1964年（東京オリンピックの年）精神衛生法改正案の国会提出（翌年成立）など，社会防衛としての公衆衛生体制の強化による公費負担医療の拡大があり，1957年原爆医療法，その原爆医療法における「特別被爆者制度」導入（1960）等，〈予防〉だけでなく戦争被害の〈補償〉問題への対応があった。他方で国民年金は当分の間，福祉年金という名前のもう1つの公的扶助に支えられていくしかなかった。同じ時期に導入されていく「不良環境地区改善事業」「地方改善事業」などの事業は，労働省の多様な特別雇用対策と重なり合いながら，エネルギー転換を基礎に進んだ炭鉱閉山，同和問題，都市のドヤ街等新旧の「問題地区」への緊急対応を担った。

　こうした法と事業の齟齬や，中心事業とその周辺での現実的対応は，本書が「行政報告」としての白書を素材にアナログ的に捉えたから見えてきたものともいえる。とくに法との齟齬は，結局のところ行政報告から見たから，行政組

織に基づく事業集合の捉え方だという反論が可能かもしれない。むろんその側面はある。だが行政組織も不変ではなく，政策変更の戦略に沿って組織の変更が行われていることも，すでに見たとおりである。つまり，事業集合の変形に伴って行政組織が変更されることもある。「老人保健福祉」はその点で成功し，他方「障害者保健福祉」は部の段階で留まり，いち早く局となった児童は厚生労働省でも雇用均等家庭児童局となり，あまりに多様な事業を取り込むに至っている。

1.2　異集合とその変形を促したもの

　それでは，こうした異なった事業集合とその変形を促していったものは何だろうか。それが必ずしも目的や手段，あるいは対象属性だけで「自然」に形成されてはいないことは，すでに指摘してきた。また第2章で論じたように，社会問題の把握，社会福祉ニーズへの変換，具体的政策手段と利用資格等の決定をめぐる権力構造とそれへの抵抗が，その背後にあったことはいうまでもなかろう。とはいえ，ここで扱った中央政府の行政報告としての白書の限界から，それらの権力構造や対抗の構図を詳細に論ずることはできない。第4〜6章で示したのは，そうしたものの結果としての，事業「集合」という塊の変化である。ここでは年々の白書に示された異集合とその変形を促していったものとして，次の4つを挙げておくに留めたい。

　第1は，すでに他の先進国で，あるいは戦前から形成されてきた社会保障や社会福祉の諸制度のモデルが存在しており，戦後の厳しい社会情勢や社会問題の提起の中で，そうした既存のモデルのいくつかの動員がなされた。第4章で菅沼を引用して強調したように，被占領期の資源整備の原則は「自力更生」であり，占領軍が積極的にモデルと資源を用意したわけではない。したがって，その「自力資源」の制約の中で，まず既存モデルのいくつかが参照され，事業集合のある種の「経路」が作られていくことになる。

　この場合，厚生白書について見れば，第1回発行後も1967年頃までは，事業集合の入れ替えが頻繁になされている。いわゆる社会福祉6法成立後も，その6つが社会福祉事業集合を作ったわけではなかった。変化が明確になるのは1968年頃からであり，未成立ながら早くも児童手当の位置づけを含めて「年金保険＋公的扶助＋児童手当」による「所得保障事業集合」「社会福祉事業集合」，「健康の増進と疾病予防」に「援護事業」が加わったものが，81年まで

安定的に継続していく。この「安定」した事業集合の型は，ベヴァリッジ報告が下敷きにあり，先進国へのキャッチアップが一応成功したことが「誇らし気に」示されているともいえる。これを崩していったのは「パラダイム転換」の中軸をなした高齢者介護サービスを嚆矢とする，〈サービス系列〉の取り入れである。このサービスも，ベヴァリッジの第6番目の巨悪として先進国で注目されたコミュニティ・サービスがモデルとしてあり，日本では国レベルで80年代後半という遅い時期でのキャッチアップとなった。

　第2に，とはいえモデルは当初から日本的解釈をもっていたか，途中で日本的転換がなされた。国民皆保険・皆年金体制より先に，「救貧段階」で成立した失業保険（→雇用保険）制度は，当時の経済の二重構造や農民層分解の日本的特殊性から，本来半失業状態と認定される日雇労働者や農村の季節労働者をも被保険者としてカバーし，日雇労働者については健康保険にも拡大している。さらに各種特別失業対策は，産業構造転換を基盤としながらも，「措置法」という形態で，その場凌ぎの役割を果たしていかざるをえなかった。

　他方で，国保・国年とは別に被用者保険が分立し，その一元化問題は，基礎年金や老人保健医療成立後，現在まで継続している。また上の先進国型「所得保障事業集合」を誇示しながらも，生活保護制度は，国民保険からの「適用除外」としたことに典型的なように，保険の補完という位置取りを必ずしも明確に与えられなかった。生活保護費の半分は医療扶助であり，医療保険をも補完する位置にありながら，生活保護制度の7つ（後に介護を含めて8つ）の扶助と複雑な加算及び傍系の保護施設から構成される，一種のパーフェクトな「別世界」を形成してしまい，「被保護層」というカテゴリーで貧困をその中に取り込んでしまった。他方，国民福祉年金や，後の介護保険の「境界層」，あるいは求職者支援法の訓練給付費支給などの「事実上の公的扶助」は，あくまで社会保険制度の内部に留められたのである。

　また，当初「生産年齢人口の重圧」という問題意識から優生保護法による受胎調整（優生保護手術）の推進，結核をはじめとする伝染病予防，「らい予防法」への拘り，精神障害への対応，難病や重症心身障害への対応など，公衆衛生が果たした「社会防衛」の役割は大きい。原爆医療は戦争補償でありながら，この医療保健の要素集合の位置を与えられ，ハンセン病，難病，重症心身障害者は，国立療養所等の専門病棟へ配置されていく。

　さらに，国レベルではやや遅く取り入れられた高齢者介護サービスについて

も，主婦を動員したマンパワーの確保，社会保険という手法の当てはめによる資源確保，「脱施設化」ではなく，施設とともに提起されたコミュニティ・ケアなど，いずれも日本的転換である。なお，介護を主軸としたパラダイム転換が，「措置から契約へ」をスローガンとしたことも，必ずしも他国の参照とはいえない。措置のままサービスを拡大し，利用者本位を掲げている国は少なくないからである。

なお「援護」事業集合は，〈補償の系列〉の事業であるが，原爆被爆者や災害救助，医薬品被害等とは区別された位置づけをもち，社会福祉事業集合の中を出たり入ったりしている。

第3は，社会保障財政問題である。この問題は日本だけでなく，ヨーロッパ諸国では，福祉国家の黄金時代から脱工業社会へ移行する過程で，経済停滞と若者の長期失業などの新たな貧困・社会的排除問題に直面した。この変化の局面で，社会福祉の財政負担が大きな問題となっていった。この打開策が「第3の道」ともいわれた福祉多元化とワークフェアやアクティベーションへの転換である。日本ではこのような福祉国家全体に共通する問題をバブル経済で先送りしたが，甘く見通した人口構造の急激な変化＝少子高齢化とバブル経済崩壊の中で，多元化や地方分権，及びワークフェア路線のキャッチアップを試みるようになる。雇用対策と職業能力開発の拡大，サービス供給における「計画」の取り入れ等を端緒とし，一時期はその日本的解釈として「家族という含み資産」に着目するが，それを許さない社会変動の中で，地方分権化，民営化を進め，公的供給をセーフティネットとしてのみ持続させる「社会保障の構造改革」が取り組まれた。厚生労働省への移行後は，このセーフティネットへの制限と軌を一にした「就労自立」をゴールとした社会福祉の再編成が本格化し，社会福祉も財政経済計画の中に取り込まれていくことになる。

第4は，地方政府と当事者・家族組織あるいは支援団体やマスメディアからの圧力，あるいは訴訟による影響である。ただし，これは白書にはほとんど記載がない。白書に示された例外の1つは，地方政府による老人医療費無料化の実施が，「老人保健福祉」という事業集合の形成を促し，老人保健法，介護保険法の流れとなっていった経過である。とはいえ，中央政府は決して「老人医療費の無料化」とはいわず，当初あくまで医療費の自己負担分の公費助成として「老人福祉」の事業集合に仮置きしたのである。その後，保険原理と市場化を導入して，多元主義の先駆形態となった介護保険は，その意味では地方政府

が推進した老人福祉とは異質なものとなった。このような「換骨奪胎」の例はほかにもある。とくに社会福祉サービスの取り込みや，厚生労働省となってからの「若者問題」への対応において，地方政府や NPO などの good practice を白書が掲載する形で普及させていくが，法制化する場合は，good practice の中に含まれていた，生き生きとした実践の芽は，異なった方向へ伸ばされていった。これについては第 2 章の最後に触れたとおりである。

当事者や家族会，さらには弁護士等専門家を含んだ支援組織が，直接の交渉，ないしは訴訟で，具体的な事業を政治的争点にしていくこともむろん少なくない。白書における対象者の拡大や事業の位置づけの変化で確認できるのは，失業対策年鑑における失業対策廃止への全日本自由労働組合の強い「抵抗」，原爆被爆者対策に代表される訴訟などである。むろんこれ以外も，重度障害者・難病対策の推進には親の会や当事者の運動があったこと，ハンセン病，精神障害者対策の過剰な社会防衛的側面への患者会などからの批判が「らい予防法」の廃止や 3 障害の一元化の展望などにつながっていったことは周知のところである。ただしこれら当事者・家族，支援団体等のアピールは，むろん白書には記載されていない。逆に，「重症心身障害児」や知的障害者対策が開始された 1960 年代前半に，人口問題審議会が「人口資質向上に関する決議」を行ったことは記載され，優生保護法による中絶の容認が見てとれる。このため親の会の内部でさえも「出生予防」の重要性が語られていたと，堀智久は指摘している[2]（堀 2014: 93）。社会福祉の各事業が同時代に矛盾しつつ存在している一端が明らかであると同時に，第 2 章で述べたような社会福祉をめぐる権力構造の中で，「抵抗」勢力もそれに絡め取られている側面に注目する必要がある。

1.3 対象カテゴリー

事業集合の形成・解体・転形の中で，対象カテゴリーも変化していったことは，これまでの分析でも明らかである。ここで，まとめとして指摘したいのは次の 3 つの特徴である。

第 1 は，社会問題を社会福祉事業として取り上げていくプロセスの初期には，その問題にさしあたってつけられた具体的な対象カテゴリー名は問題を類推する「何か」を幾分でも残しているが，事業が法制度化されると「無意味なカテゴリー」へ転化していく傾向にあることである。頻繁に出てくる「要保護者（児童，女子）」「要援護（援護が必要な人びと）」「要支援」「要介護」「求職者」な

どのカテゴリーは，保護や介護，支援（援護）が必要だといっているだけで，問題や対象者のカテゴリーではないし，そこから具体的な支援や保護の内容が類推されるようなものでもない。第1章でニードのオモテとウラとして，社会福祉のニードはその充足手段や判定基準と一体的にしか表現されえないと述べた。だがこれらの「要」はその充足手段すら示していない。「要保護児童」は内容区分があるが，それはしだいに変化していき，「要保護児童」それ自体が「児童の健全育成」に取り込まれてしまう。老人福祉分野における「ねたきり老人」「痴呆性老人」「ひとり暮らし老人」という初期の区分は，「生き生きした」問題の名残[3]を残していたが，介護保険はこれを「要介護」「要支援」という無味乾燥なカテゴリーに転換し，そこに1, 2, 3, 4, 5という「介護度ランク」の数字を貼りつけることになった。これは「要」が判定基準を示していないので，数字でそれを割り振ったといえよう。国民年金の「被保険者」区分も第1号，2号，3号の数字であるが，これは資格区分である。

「失業者」から「求職者」への転換は，前者が失業問題という社会的意味を残していたとすれば，後者は「すすんで職探しをする人」という個人的な努力の姿勢への転換を意味した。売春防止法の「(元)売春婦」という対象カテゴリーは，「要保護女子」とされることによって，その内容をDV被害者からホームレスまで限りなく拡大させることができた。なお，こうした変化は，元のカテゴリーが「差別的」であるとか「不適切」であるということで説明がつくかもしれないし，その「ソフト化」といえるかもしれない。「特殊教育」の「特別支援教育」への転換は，このソフト化の側面と，さらに障害区分も撤廃して個別ニーズに寄り添うことがインクルーシブな障害児教育であることを強調しようとした側面がある。が，後者は先の「求職者」同様，社会問題を個人問題にすり替える危険をもっているとも言えよう。誤解を恐れずにいえば，これらの「無意味なカテゴリー」や個人問題への傾斜に比べて，刑務所における性別，年齢別，疾病障害別区分のほうが「ごく普通の人間」を扱っているようにさえ見えてくる。むろん，M級とかW級といった「符丁」はやや滑稽であるが。

第2に，対象カテゴリーの定義を曖昧にしたまま事業が始まって，後から再定義を行って整理することがある。公害や難病対策がこれである。また精神薄弱者を精神障害の一類型とした後，修正をすることもある。さらに，いったん定まったある対象カテゴリーに，「適格者」と「それ以外」，「重度」と「それ

以外」,「一般」と「特定」,「前期高齢者」と「後期高齢者」のような区分が途中から挿入される例もある。こうした「挿入」の多くは，事業の縮小，財政負担を減らす，あるいは施設やワーカーなどの「非柔軟な資源」の限界等の目的でなされている。他方，雇用保険における離職理由による「一般受給資格者」（自己都合）と「特定受給資格者」（倒産解雇）の区分は，たんなる「重度」ではなく，品格区分に近いことはすでに述べたとおりである。むろん雇用保険や失業対策はダイレクトに労働市場と関係しているので，それへの「配慮」が常に伴わざるをえないことがある。

第3に，定まった対象カテゴリーに「準」「等」などをつけて，融通無碍にその内容拡大を図る場合もある。たとえば母子と父子を一緒にして「ひとり親」とはいわず「母子世帯等[4]」にするとか「準母子」というような区分が持ち込まれている。先の「重度」「特別」優先の区分導入が，資源配分の差別化だとすると，これらは，資源配分の拡大であるが，適当なカテゴリー名を「わざとつけずに」「準」や「等」で乗り切っていくことになる。なぜそうかは興味深い点であるが，本書では，そういう特徴があるというに留めておきたい。

2　社会福祉のトポス

以上は，戦後日本の白書に現れた，社会福祉の事業集合それ自体の形成・解体・転形と，その中における対象カテゴリーの変化の特徴を説明したにすぎない。これらの異なった事業集合や対象カテゴリーとして出現する社会福祉を，さらに深く理解するためには，社会総体と社会福祉の関係に目を転じなければならないだろう。すなわち，社会総体との関係において，社会福祉がどのような場所＝トポスを形成していったのかを探る必要がある。社会福祉が異なった事業集合を形成・解体・転形し，一応それぞれの対象カテゴリーを定義・再定義しているとすると，社会との位置関係も単純ではないだろうが，ここではこれをあえて単純化して，「一般化」と「特殊化」という概念を用いて考察してみたい。序章で述べたように「一般化」とは，当該社会で一般的に行われており，望ましいと認知されている労働や生活の様式を前提とし，それらの「一般的様式」をより安定的なものとして維持させることを明らかな目標として，社会福祉が社会にそのトポスを獲得することを意味している。

この場合序章でも注意したように，「一般化」と「特殊化」という社会への接合形式の違いは，いわゆる「普遍化」・「普遍主義」や「制度モデル」・「残与モデル」という区別とは異なる。「一般化」とは「誰もが，いつでも」という意味ではなく，あるいは所得制限を伴わないというような意味でもなく，一般的な労働と生活の様式の安定に寄与することをストレートな目標として，社会にそのトポスを承認させたものを指す。

　他方で「特殊化」とは，このような一般的な労働や生活様式で営まれている社会のメインストリームにではなく，そのような一般的様式とは異なった「特殊」あるいは「特別」な「場所」への接合を社会が容認していく形式を意味している。ただし，以下で詳しく述べていくように，「一般化」と「特殊化」はきれいに二分されるものではなく，「一般化」の中にもいくつかの「区分」があり，また「特殊化」の形式が「一般化」に転化していくことや，その逆もある。なお，事業集合との関連では，「一般化」形式をとった要素集合が，「一般化」形式の大集合を形成することもあるが，その中項目，小項目として配列された要素集合である1つの事業が「一般化」形式で社会に承認されている場合もあれば，「特殊化」形式として容認されている場合もある。

2.1 「一般化」形式によるトポス

　福祉国家の中核をなす社会保険と社会福祉サービスのいくつかは，「一般化」形式でそのトポスを獲得している。ラウントリーの「普通の労働者家族」のライフサイクルにおける貧困「リスク」とその保険原理に基づく「予防」としての所得保障は，代表的な「一般化」形式のトポスである。皆年金制度による年金保障は，老後を代表とする労働市場からの排除に対応した所得保障を「一般化」の形式で位置づけたものであり，児童手当もまた，養育費による貧困「リスク」の予防の「一般化」である。「年金＋児童手当＋公的扶助」の所得保障大集合が，日本でも意識的に形成された時期があるのは，その後の解体のもつ意味を今無視すれば，この要素集合の組み合わせとしての大集合が「一般化」形式によるトポスの一時的獲得を示したものといえよう。ここでは，公的扶助もミーンズテスト付きではあるが，居宅保護，現金給付原則という「一般化」形式を保持し，社会保険の補完としての位置を白書レベルで承認されたと見なしうる。失業保険（雇用保険），労災保険，最低賃金制度やその他の労働者保護もまた，当該社会の一般的労働生活の維持を明確な目標とした「一般化」形式

で社会へ位置づけられている。

　公共事業としても位置づけられる医療制度に至っては，皆保険による受診・治療を「一般化」形式で承認することによって成立し，また健康診断などの予防活動，その他保健事業がこれらの「一般化」に付随していった。この場合「予防・早期発見・早期介入」をその特徴とする保健事業の手法は，「一般的な労働と生活」を安全に維持していくための，もっとも社会に承認されやすい「一般化」形式であるといえる。「予防・早期発見・早期介入」→「健康維持」（たとえば「健康日本21」）はこの「一般化」形式の「受け入れられやすい」日本的スローガンであり，とりわけ，予防接種，老人保健福祉による検診や介護予防，同じく母子保健事業の母子検診などは，地域保健として住民を「ソフトに統制」していくようにさえなる。

　繰り返し述べてきたように日本では，介護サービスの拡大を社会保険原理で支える手法を採用し，なおそのうえで，上に述べた「予防・早期発見・早期介入」の一環として介護予防を含んだ「老人保健福祉」事業集合が，介護サービスの「一般化」形式によるそのトポスを社会の中に拡大させていった。この〈サービス系列〉では，当初保育所が教育制度としての幼稚園との差異化によって「保育に欠ける児童」というカテゴリーを形成せざるをえず，「特殊化」の形式でそのトポスを与えられたものが，「少子化」対策を背景に，今日では児童福祉の育成事業からも飛び出し，幼保一元化の方向を進めるなど，「一般化」形式によるトポスに変化している。

　これらの「一般化」形式による社会福祉のトポスの獲得の核心は，個々人の労働や生活を支えることを媒介とはしているが，その手法が当該社会の「一般的な労働・生活様式」に親和的であり，なおかつその総体の維持に「直接」寄与することが承認されているということである。たとえば社会保険という手法は，個人の拠出を条件とした給付であるため，近現代社会の生活の基本原則である自助努力の評価が可能である。近年の介護予防からさらに積極的な「元気高齢者」をめざした「予防・早期発見・早期介入」の保健活動もまた，「自立」できる高齢者層をより分厚く形成するという意味で，稼働層の負担を軽減する可能性をもつ。保育所は母子保健活動の強化と並んだ少子化対策の切り札の1つであるばかりでなく，「女性労働力の活用」という意味で，労働市場への積極的貢献を強調することができる。また地域で「私生活」空間を占有し，そこを拠点に社会関係を築いていけるという意味では，施設ではなく，在宅型のサ

ービス手法がこの「一般化」形式に該当しよう。

　ところが，「一般的な労働と生活」に親和的であり，その総体としての維持に直接寄与する，というこの同じ性格が，「一般化」形式による社会福祉の中に，その「一般的な労働と生活」がもつ「格差」や矛盾をそのままもち込んでしまうという現象が引き起こされることがある。戦後日本の労働市場の二重構造や農民層分解の不徹底が，多様な労働者層を形成していったことは，これまで見てきたとおりである。またポスト工業社会への移行に伴って，よりフレキシブルな労働者を「標準」とする労働基準法の改正もあり，非正規労働者をより広く社会保険制度へ包摂していかざるをえない圧力がかかっていく。そうすると「標準」は格差を伴いつつ分節化され，序列化されていき，社会保険等もこの格差をその内に取り込むことにならざるをえない。

　その一例が医療保険や年金保険等被用者保険における「制度の分立」である。たとえば年金保険は，国民年金を基礎年金としつつも，その上に乗る各種共済組合の長期保険と厚生年金保険の一元化は，長く課題として引きずり，ようやく本書執筆時にその統合が図られた。だが，長く分立してきた被用者年金の比例部分を保障するため，働いていた時期の「格差」が年金給付にもち込まれた。また，この「格差」とは別に，厚生年金や共済年金の第2号被保険者の無職の配偶者＝第3号被保険者には国民年金の給付がついてくるが，第1号被保険者は，夫婦でそれぞれ保険料を支払っても，それぞれの一律の国民年金が支払われるのみである。

　これに対して，医療保険制度は，現物サービス給付であるため，年金ほどの格差を生み出さないように見えるが，任意給付や保健事業による助成などの格差はある。また，医療保険の種類が「予防・早期発見・早期介入」事業への参加の程度に影響を与えているとした，近年の調査研究がある。本書では取り上げていないが，「健やかで安全な生活の確保」などの大集合の要素事業である「健康日本21」に含まれるがん検診事業と保険種類の関係を明らかにした大阪府立成人病センターがん予防情報センターの田淵らの2010年の国民生活基礎調査データを分析した調査研究がそれである。検診受診率と加入医療保険種別の関係を見たところ，共済組合本人では胃・乳・子宮がん検診において受診率が50％を超えているのに対して，市町村国保や「その他」では16～33％の低い受診率となっている。また大腸がん検診では共済組合，組合健保，協会けんぽ，市町村国保，その他（生活保護）の順で受診率は下がっているという結果

が示されていることは興味深い（田淵貴大等 2012，大阪府立成人病センターがん予防情報センター HP）。

　失業保険（雇用保険）の給付区分の変遷については詳しく見てきたとおり，複雑に展開されてきている。半失業と規定できるような日雇労働者や季節労働者の失業保険への包摂，さらにはその後の非正規労働増大の下での短時間労働者への適用拡大は，その「一般化」の形式を労働市場の「現実」に対応させてきたともいえる[5]。つまり，その「一般化」形式の容認は労働市場の現実との関わりで，「一般化」形式のトポスを序列化させていく。他方で，そのような「現実」の容認は，保険収支を常に危うくするので，この危機を，年齢や離職理由による給付日数の差異化の導入によって乗り越えようとしてきた。繰り返し述べてきたように離職理由による差異化は，やや時代錯誤的な雇用主へのロイヤリティに基盤があり，その意味では，失業（雇用）保険は「一般化」の形式の中に，「特殊化」を混在させたトポスに転じたとさえいえるかもしれない。

　この「一般化」と「特殊化」の混在は，生活保護制度にも当てはまる。生活保護制度は，その建前からいえば，先に述べたように居宅保護，現金給付を原則とし，「国民の権利」として設定された所得保障であり，たとえばジンメルが「貧者扶助」において述べたような，貧者の権利がまったく存在しない時代とは一線を画している（ジンメル＝居安訳〔下〕1994: 67）。言い換えれば，普通の生活の最低限保障として登場したわけである。保険原理によらない「扶助」としての最低生活保障が「一般化」形式のトポスを確保できたのは，一定の拠出を条件とし，特定の「保険事故」のみへの保障である保険原理の限界がはじめから予定されていたからにほかならない。繰り返すように，日本でも「年金＋公的扶助（生活保護）＋児童手当」という〈所得保障系列〉の事業集合形成がありえたのは，このような所得保障における異なった原理相互の補完関係によるトポスの「一般化」形式が一時的にせよ認められた時代があったからである。

　他方で，生活保護は社会保険と切り離された独自の「世界」を形成し，保険の補完としての「一般化」形式において不安定な位置にあった。戦後しばらくは，生活保護の保障水準の低さから，失業対策事業としての「特殊化」された形式のトポスと重なり合うことで，その「一般化」形式をかろうじて保った。その傍らで国民年金における福祉年金という別の公的扶助の経過的導入＝「特殊化」形式のトポスの形成があった。近年では求職者支援給付という新たな公

的扶助の雇用保険への位置づけ等がなされたが，これらと生活保護の関係は定かではない。また，生活保護法における保護施設の多くは，〈施設収容系列〉の現物給付であり，「一般的な生活様式」の保障ではない。これは戦後の「居所のない人びと」への対応であったばかりでなく，そのような「居所のない人びと」が多様な形[6)]で，その内部からも外部からも出現する可能性を常にもつ大都市行政においては，今日まで施設の一定数を確保する努力が強いられている。このように，生活保護制度においては，建前としての「一般化」形式に，現実的な「特殊化」形式が一貫して混じり合って経過している。なお，近年強調されている，現金給付の代わりのバウチャー方式や，現物支給の拡大，さらにはプリペイドカードでの提供などの提案は，「一般化」形式による生活保護のトポスの不安定さを，さらに強めるものである。

最後につけ加えるべきは，「一般的な労働と生活」が家族の相互扶助，とりわけ女性の家事や育児・介護の責任を前提に成り立っているので，「一般化」形式の在宅型，ないしは地域型社会福祉サービスは，何らかの家族の「参加」を期待し，その上に展開されるという矛盾も内包している。在宅介護サービスなどはその典型である。

2.2 「特殊化」形式によるトポス

「特殊化」形式で社会にそのトポスを得た典型の1つは，先に述べた「普通教育」の義務化の猶予・免除の対極に位置する「特殊教育」（特別支援教育）であろう。就学免除・猶予は，「普通教育」の不完全性を意味したが，「特殊教育」というまさに「特殊化」形式のトポスが，その不完全性を隠す役割を果たしてきた。「特殊教育」は「養護学校義務化」を経て，「個に応じた平等」と「場の平等」の両者の葛藤の中で，「特別支援学校・学級」に転形し，より「一般化」の形式を求めていくが，第6章で述べたように，その本質はあいかわらず「普通教育」に対する「特殊教育」である。ただし，「通級」の仕組みや，あらゆる障害種別を取り除き，「個別ニーズ」に寄り添うという理念がより表面に出てくることによって，その「特殊化」形式が不明瞭になっていく。もっとも，ここでの個別化は，時として「普通学級」の中での障害児の「孤立」を生み出すなど，障害児としてのアイデンティティ形成の困難を生じさせる矛盾の指摘もある。

さらに，重度障害，難病を抱えた子どもたちの教育は，病院や療養所の「専

門病棟」内での「療育」という別の「特殊化」形式を要請し，あるいは「非行」児童へは教護院（児童自立支援施設）等での教育が別途用意されねばならない側面にも注意を向けたい。また，経済的困難を抱えた家庭の子どもたちへの就学援助事業，スクールソーシャルワークの導入等も，義務教育の普通教育ではこぼれ落ちる問題への「特殊化」形式としての社会福祉の展開と見なすことができよう[7]。

「特殊化」形式の別の典型は，遺棄・虐待・非行その他の理由によって「普通の生活」から排除された子どもたちを「要保護児童」として保護収容する児童施設，知的障害児・者のコロニーや療護施設などの生涯型生活施設，女性や母子世帯の一時保護や「婦人更生施設」，先に挙げた生活保護の保護施設（宿泊所も含む），ホームレスの自立支援センターやシェルター，刑余者の社会復帰施設，などの施設・病棟群である。この「特殊化」形式の意味は，さしあたりは「普通の生活」とは異なった集団生活の場の提供とそこでの社会的保護やケア，または特別な治療や矯正機能（近年は自立支援機能）にある。シェルター機能や保護機能をもつこれらの「特殊化」形式は，特定個人・家族や集団が排除・遺棄され，または暴力に晒されているとき，当該個人・家族，集団の保護だけでなく，一般社会の安全にとっても不可欠なものと認識されていく。

ところで障害分野の諸事業は「障害者基本法」やノーマライゼーション理念の強調，「自立生活運動」の展開等から，地域での「普通の生活」のサポートに全面的に転換したかのように考えられるかもしれない[8]。むろん「障害保健福祉」集合として，「措置から契約へ」の流れに乗り，高齢者介護と並ぶ，パラダイム転換の一翼に位置づけられてきたことは事実である。障害者雇用対策も，IT化を基礎に重度障害者まで取り込むかのようなスローガンを掲げている。とはいえ，3障害の一元化＋難病をここに取り込むという間口の拡大と，その障害・疾病の種別や「重度化」の程度によって，現実の事業の社会への結合形式が，おしなべて「一般化」形式に転じているわけでもないし，そうなるべきかどうかのコンフリクトがありえよう。繰り返すように，日本のコミュニティ・ケアという「一般化」形式は，施設という「特殊化」形式の拡大を伴って進んだ。介護事業にいまだ施設が欠かせないように，障害分野にも施設や病棟の利用がなくなったわけでもないし，障害別教育がなくなったわけでもない。ただ形式上「選択」可能になったわけである。

なお，「要保護児童」については，白書のはじめの頃は①両親がいない，不

幸な家庭で育てられた児童，②心身に障害のある児童，③いわゆる問題児，という定義を行い，「健全児童対策」とは区別してきたが，児童福祉行政の中で保育所だけが突出しだすのとほぼ同時に，「健全児童対策」の中に取り込まれていったことは，すでに見たとおりである。確かに〈予防・早期発見・早期介入〉という保健的手法をここにも当てはめれば，非行予防も虐待予防も児童健全育成のカテゴリーに含まれうるだろう。だが，そのような予防が役に立たなかった場合，つまりすでに虐待されたり，非行に走る子どもたちが存在しているとき，その健全育成の内容や手法は当然異なっていく。児童館や児童図書・映画等の推薦が「一般化」形式をとるのに対して，「要保護児童」への対応は「特殊化」形式をとって，社会にそのトポスを要請するしかないのである。

　ちなみに，妊娠した女性が，妊婦検診を受けずに，病院へ飛び込みで出産するような「事件」がある。これは，先のがん検診事業よりさらに深刻な母子保健事業の「敗北」を示す「事件」であろう。大阪産婦人科医会がこの問題を取り上げ，2010年から大阪府内の「分娩のできる施設」を対象に調査を行っているが，5回目にあたる2013年調査の報告書「未受診や飛び込みによる出産等実態調査報告書」（大阪産婦人科医会 2014）では，250出産のうち1例の頻度でこのような「事件」が発生しており，67.6％が未婚，出産前に母子手帳を取得していなかったものが半数を超えていたという。「未受診」でも「飛び込み」でも，ともかく医療機関で出産したために，母子の予後は全般には改善しているが，退院後自宅での突然死亡例も複数報告されている。報告書では，厚生労働省の「子ども虐待による死亡事例等の検証」結果を引用して，両者が貧困や複雑な家庭事情，情報の決定的不足等を背景にもつ関連のある「社会問題」であるという問題提起をしている。このような出産や虐待の実態に対して，一般的な母子保健事業はほとんど無力であり，そこに母子や家族に対しての何らかの「特殊化」の形式による「保護」や「援助」がトポスを与えられていく可能性をもつのである。たとえば，熊本の慈恵病院の「こうのとりのゆりかご」などは，一般的な母子保健の無力さを補う民間の努力であるが，その利用について賛否両論あり「特殊化」形式としてさえ，日本社会は受け入れるのに時間を要した[9]。

　さらに「普通の生活」との隔たりの極端な例はハンセン病療養所のような「隔離」施設の歴史であろう。戦後「らい」患者にも，選挙権が与えられ，その管轄も警察から地方衛生部へと変更され，治療薬の国内生産も開始されたに

もかかわらず，なお全患者の国立療養所収容を前提とし，外出規制，所長による謹慎処分などを含んだ「らい予防法」の持続と患者の「徹底管理」は，社会防衛＝社会の安全を口実としたトポスの形成を，戦後社会にも長く容認させていった。隔離期間の長短の差はあれ，結核療養所，精神病院，初期には知的障害者の施設収容もまた，同じく社会の安全が求めていく「特殊化」形式のトポスである。むろん，こうした「隔離」や措置入院などに際しては，この「特殊化」形式への「応答としての公費負担」が容認されていく。なお，優生保護法による人工妊娠中絶は，この法律の経済理由によって「一般化」形式を与えられるが，「優生保護」思想それ自体が，障害等の積極的排除をめざすものであり，敢えていえば，「特殊化」形式すら放棄した「近代的間引き」＝完全排除に加担していく可能性をもつものであった。このほか，犯罪白書で確かめた刑務所・少年刑務所は，むろん社会防衛そのものであるが，その中で「矯正」「更生」が模索され，社会福祉と類似の収容者分類が行われていることに注意したい。この分類別矯正・更生は，社会福祉の施設の「特殊化」形式ときわめて類似している。

　社会防衛とは異なるが，難病対策も，治療方法の開発等に資するため，難病患者データ収集を効率的に行い，治療研究を推進するという目的がはじめにあり，これに対応して長期の療養による医療費の経済的な負担が大きい患者を支援することが容認されてきた「特殊化」形式である。もともと「難病」対策はその「疾患」内容において重症心身障害や薬害，公害被害等とも重なり合っているために，その政策形成自体，社会福祉の分業としてはわかりにくいところがある。だが，この対策導入とその一部「特定疾患」に公費負担をつけたのが，「治療研究」という大義であったと理解すれば，そのわかりにくさは氷解しよう。なお，先に述べたように現在難病は障害分野に吸収されつつある。

　さらに「特殊化」形式として挙げておかねばならないのは，失業対策（雇用対策）における「特別失業対策」（特別雇用対策）事業の系譜である。むろんその前の「緊急失業対策」もまた戦後の貧困と失業への緊急的一時的という意味での「特殊化」形式による事業であった。この緊急的一時的という「特殊化」形式による「緊急失業対策」は，対抗する組合との闘争の中で引き延ばされ，終焉までかなりの時間を費やしている。これへの政策の応答は「適格者」フィルターを強めていくことであった。「特別失業対策」（特別雇用対策）は戦後の一時期だけでなく，エネルギー転換による炭鉱業の廃止，交通網の整備や国鉄

民営化などによる失業者対応，農林漁業者の雇用労働者化，「特別地区（寄せ場）」の日雇労働者，「同和地区」住民，外国人労働者，母子世帯，ホームレス等，多様な「特別」対象を「名指しして」実施された。しかし，これらはあくまで「特別措置法」であり，「特定業種」「特定地域」「特定個人」への，時間を限定した「特殊化」形式を崩すことがない，という意味で社会の承認を獲得することになる。

この系譜の一部に講和条約締結以降の1952年より始められ，60年代初め頃まで記載のある「海外移住対策」がある。これは外務省「移民局」が主導した国策による集団移住であるが，労働省職業安定局は農業・漁業，高級技術者等の「企業移民」以外の労働者を扱った。1980年代半ばに国本伊代らが行った南米ボリビア・サンファン地区の日本人移住者の調査によれば，移住後は営農が主であったが，炭鉱閉山とその離職者問題や離島問題を抱えていた長崎県出身者の割合が高かったという（国本 1989: 97-98）。つまり海外移住も，農業者の転業対策だけでなく旧産炭地の失業労働者対策も重なり合っていたことになる。

ところで，これまで見てきたように，雇用対策の中心は「高年齢者」→「障害者」→「若者」と変遷するが，雇用対策の力点は一般雇用の困難な層にあり，それ自体「終身雇用制」のもとでの「就職困難層」への「特殊化」形式のトポスとも考えられる。このうち「障害者」は当初「失業特別対策」の中に組み入れられていたものが，一般失業対策の1つに位置づけ直されている。この意味は「就職困難層」ではあるが「臨時措置」扱いを脱することに成功したということであろう。なお「高年齢者」対策はしだいに「定年延長」の色彩を強めていき，これは労働生活の一般的なあり方の変更を企業に求めるという意味で「一般化」形式に変化している。「若者」対策は，職業能力の開発対策を進めたという意味では「一般化」形式のトポスに位置づくように見えるが，後に見るように，このターゲットは「ニート」等と呼ばれた一部の若者にあり，一定の年齢による定義と無就業ないしは半失業状態を前提にした「若者サポートステーション」などの「就労前支援」等，通常の職業能力開発や職業紹介とは異なった「特殊化」形式で社会に容認されている。

以上の「特殊化」形式とは異なった系譜として〈補償の系列〉と表現してきた「特殊化」形式によるトポスがある。戦傷病者や戦死者遺族，原爆被爆者，公害や薬害被害者，予防接種被害者等，社会が作り出した不可逆的な「被害」

がすでに存在している場合，その補償としての所得保障や医療保障が社会にそのトポスを容認される。いわゆる「援護」行政は，戦没者遺族，戦傷病者への補償を，占領終了以降，拡大し続けていったものである。個人への補償のみならず，海外遺骨収集や慰霊塔建設等も含み，また北朝鮮への帰還事業，中国残留邦人への対応，元日本兵の発見を契機とした未帰還者調査など多様な内容を含んでいる。なお，1997年版だけは，中国残留邦人を「広がる国際協力と情報化の推進」に包含しているが，これは不思議な仕分けである。

　他方で，原爆被爆者対策は，今日まで戦争犠牲者援護の集合には配置されておらず，「健康増進」ないしは「保健医療」の要素事業となって経過してきたことはすでに述べた。唯一の例外は1996年版の「主な厚生行政の動き」の中で，「戦没者等」「中国残留邦人」「原爆被爆者」の3要素を並べて「援護」とした時のみである。これは「戦後50年を迎えた援護策」とタイトルにあるように，記念的なもので，翌年からはこのような集合は見られない。このように原子爆弾被爆者を援護から切り離した理由は，当初「原爆被爆者の健康・生活の両面の窮状に着目した特別の社会保障制度」であり，「国内居住者に適用」という解釈を厚生省がもっていたためと説明されている（厚生省50年史編集委員会 1988: 1669-70）。つまり，国家補償の視点は弱く，社会保障の「特殊化」形式という理解が当初なされていた。しかし，広島市へ強制連行されて被爆した韓国人孫振斗氏が不法入国して原爆医療を求めたことから，いわゆる「孫振斗訴訟」に発展した。この1978年最高裁判決では「原爆医療法は，いわゆる社会保障法としての性格のほか，特殊の戦争被害について戦争遂行主体であった国が自らの責任によりその救済を図るという一面をも有するという点では実質的に国家補償的配慮を制度の根底に有し」と明確に述べ，また日本に居住地がなくても国家補償に適合すると判示した（同上: 1669-1670，及び孫振斗訴訟最高裁判決文）。被爆者対策は，その後手当や介護，葬祭料などを含めた援護措置法に発展し，「援護」の性格を明確にしていく。だが，これは，いずれ終了することを含意した措置法としての「特殊化」形式を維持しており，むろん福島原発等による被害をその視野には含んでいない。

　血液製剤によるHIVをはじめとする医薬品被害者救済事業は「薬事」「医薬品」の事業集合の要素，予防接種被害は「感染症対策」の中に含まれてきたことは，これまでの記述のとおりである。このうち予防接種被害救済事業は，感染症予防としての予防接種が国家による強制として罰則つきで行われる[10]な

ど，一般化形式の「予防」的医療・保健事業の過剰な介入が生み出した被害への「尻拭い」であり，国，とくに厚生省（厚生労働省）の補償責任として「特殊化」形式の補償のトポスを要請せざるをえない。感染症対策だけでなく，がん等のワクチンの奨励は「健康増進」計画によって，国家の後押しで進められてきている。したがって，被害が出現した場合国の責任が問われ，補償のトポスが広がっていく可能性をもつ。厚生省（厚生労働省）自身が承認した医薬品被害はもとよりである。

　ところで，これらの補償を内実とする「特殊化」形式による社会福祉のトポスの困難は，補償範囲の確定にあり，誰を，どの程度補償するかについての「特定化」が求められ，その「特定化」の内容を含めてのトポスを社会は容認することになる。ここでは，たとえばハンセン病の例のような「特殊化」形式とは逆に，「特定化」は，より高い補償を社会が容認したことを意味する。このため，①その前提としての被害の因果関係，②「誰」を被害者として認定するかが，まず大きな問題となる。しかも，いったん「誰」の範囲を決めても，先述したような訴訟や調査結果によって，「誰」の範囲は変化していく。たとえば原爆医療法は，当初長崎市，広島市及びその隣接指定区域の被爆者へ「健康手帳」を配布し，認定疾病への医療給付，無料の健康診断を実施していたが，1960年に「特別被爆者制度」を創設し，爆心地から2km以内の被爆者を特別被爆者とし，認定以外の疾病も含めて医療費の自己負担を無料化した。すでに見てきたように，この「特別被爆者の範囲要件」はしだいに拡大せざるをえなくなり，ついに1974年に「特別被爆者」を一般被爆者から区分する制度の廃止に至っている。なお，途中で環境省所掌となる公害被害への国と企業責任による補償も「特殊」化形式は同じである。これらの，「誰」の限定→訴訟→「誰」の範囲の拡大という，訴訟合戦の長期のプロセスは，被爆者への補償だけでなく，公害や薬害等にも当てはまる。

2.3　「一般化」「特殊化」形式のトポスの統合としての社会福祉

　以上述べてきたように，「一般化」形式と「特殊化」形式の区分は，ある典型として描けるが，その境界は固定しているものではなく，「特殊化」形式から「一般化」形式のトポスへ変化することもある。他方で「一般化」形式の中に「一般的な労働と生活」の格差がもち込まれれば，「一般化」形式とはいえ，その社会福祉のトポスは序列化されていくことになる。さらに財政事情によっ

て社会福祉のトポスが分節化されていくことも，むろんある。第2章で見てきたニーズの序列づけ，すぐ前に指摘した「重度」への重点化の多くは，財政抑制の圧力の中で，序列化を促した例である。たとえば「一般化」形式にのって展開される介護保険制度は，保険財政の厳しさの中で，特別養護老人ホームなどのサービスは，「重度」に限定する方向が打ち出されている。ちなみに特別養護老人ホームは，介護保険の「一般化」形式にもかかわらず「特殊化」形式を残したトポスである。この特養の人気が高く「待機者」を増加させているのは，いわゆる老々介護や，ひとり暮らし高齢者世帯の増大＝「一般的な労働と生活」それ自体の変容が一方の極にあり，他方で地域での訪問あるいは通所型サービスの24時間展開が「かけ声」倒れになっているからであろう。それゆえ，また施設重視とコミュニティ・ケアが仲良く進んでいく。

こうした変化は絶えず生じているが，ここで重要なことは，「特殊化」形式によるいくつかのトポスと，「一般化」形式による，それ自体もグレードをもったトポスの双方が，社会に必要とされ，一定の関連の下で社会福祉という多面体を構成しているということである。

ところで，このように述べると，先にも注意を促したように，普遍主義と選別主義，あるいは制度化と残余化等のお馴染みの二分法が想起され，いかにも「特殊化」は「一般化」形式より，「劣っている」と思われるかもしれない。実際，すでに何度も述べてきたように，「特殊化」形式のトポスで，「当事者」の抵抗が生じ，そのカテゴリーのマイルド化や「当事者の参加」「第三者評価」などの変化が起こっているのは事実である。「一般化」形式でも可能なことを，スティグマをつけるために「特殊化」形式をもち込むこともある。こうしたことだけを見ていくと，どのような社会福祉も限りなく「ノーマル」に扱われることがその増進を意味するようにも思われるが，ここでは「一般化」形式と「特殊化」形式の区分を，あらかじめその優劣で価値づけしてはいない。これはあくまで「一般的な労働と生活」の様式と親和性からの区分にすぎない。すでに指摘したように「一般化」形式が，その反作用として「一般」のもつ格差や矛盾をもち込むことがある。また，「一般」それ自体の変貌もある。他方「特殊化」形式において，重度などへの「特別化」や補償が，「一般」に上乗せされた給付内容を意味する場合もある。この2つの形式は，それ自体変化している社会福祉の多様な事業集合と社会との接合関係を分析するための概念であり，「望ましさ」を示しているわけでは必ずしもない。

この点で，すでに第2章でも引用したジンメルの「貧者扶助」についての論述は示唆的である[11]。ここではやや詳しく見ておきたい。「貧者扶助は自発的に行われるにせよ法律によって強制されるにせよ，貧者を社会の有害な積極的な敵とするためではなく，彼の押し下げられた力をふたたび社会にとって生産的なものとし，彼の子孫の退廃化を防止するために行われる」（ジンメル＝居安訳〔下〕1994: 65）。この扶助は直接個人に向けられるために，他の公共事業と区別されるが，ここでの個人の状況（貧困そのもの）は目的ではなく，手段でもなく「貧者によって脅かされる危険と損失とを，達成可能な共同福祉から除去するための手段」でしかない（同上: 66）。貧者扶助が貧者の個々の利益に基礎を置くのであれば，貧者のための富の移動が平均化を達成する前に停止しなければならない限界は原理的には存在しないが，貧者扶助は決して富者と貧者の分化を廃止しようとしてはいないし，個人の平等化をめざしてはいない。（同上: 66，アンダーライン筆者，以下同様）。この「総体」としての貧民救済は，「あまりに少しを受けるべきでない」という関心と「あまりに多くを受けるべきでない」という異なった関心が存在する。犯罪への態度も同様に，すなわち被害者の保護ばかりでなく犯人さえも保護することに触れ，処罰への限度の設定は，被害者の願望ではなく社会的利害に対応するという（同上: 86-87）。

　ジンメルは，貧者扶助は「総体」として見れば彼らを社会の「敵」とするのではなく，そうすることによって生じる損失や危険を「共同福祉から除去するための手段」であることを強調する。この場合，国家救済の前提には，むろん家族の扶養義務の履行が含まれるが，これは扶養義務をもつものの「身分相応の生計」を危うくしない範囲で行われなければならない。なぜなら個人がその「身分相応の」位置から転落することは，社会に損害を与えるからである（同上: 69）。日本の生活保護バッシングへの大いなる反論であるような指摘であるが，ここではたんなる自助努力ではなく，社会のメンバーがそれぞれ「身分相応」の位置から転落することは，社会にとって不利益だと判断されているわけである。

　ジンメルはさらに進んで，「貧者はたんに貧者であるばかりでなくまた国民でもあり」（同上: 70），したがって，究極の目的が公共の福祉にあるとしても，彼もまたその成員の一員として，その公共の福祉に織り込まれていることをも強調する。言い換えると，「貧者」という地位は，貧困によって決定されるのではなく，貧困を修正しようとする「社会——総体もしくは個々の諸個人かい

ずれか——が扶助によってそれに反応することによって」（同上: 97）のみ獲得されるので，「貧者扶助は彼を超越しているこの目的論的な系列の中に立ちながら，それでも全体に有機的に所属する要素であり，しかもひとたびあたえられた基礎にもとづいて，この目的過程のなかに織り込まれた要素である」（同上: 71）ということになる。とはいえ，貧者が公共の福祉以外の何も受け取らないということではなく，「彼の経済活動がふたたび可能とされ，彼の体力が衰弱から守られ，彼の衝動が無法にはびこることから逸らされることによって，彼の社会圏の全体は実際にはそれなりに，それが彼になしたことへの反応を受ける」（同上: 71）とも述べている。ジンメルの「貧者」は，貧困という状態ではなく，あらゆる階層から押し出されて[12]，<u>社会にとっての脅威となった存在</u>として描かれている。つまり，そのトポスはいったん社会と対立し，その外部に置かれるが，「この外部というのは——簡単に表現すれば——たんに内部の特殊な形式にすぎない」ことになる（同上: 91）。

　むろん，以上のジンメルの考察は，その時代的限定と，本書でいう「特殊化」形式の「貧者扶助」の範囲での議論であり，貧者が受け取る福祉は，権利ではなくその「反応」という位置づけに終始している。本章で考察した「一般化」形式の社会福祉のトポスの多くは，ジンメルの時代よりはるかに多くの国民の一般生活の中に「予防」として浸透し，「貧困」への対応も「権利」への反応としての形式を備えるようになっている。その意味で社会福祉のトポスは，一般社会のその内にあって，その社会の利益を維持すると共に，利用者の利益もたんなる全体の利益の「反応」以上のものとなっていると考えておく必要はある。

　他方，「一般化」とは異なった「特殊化」形式のトポスは「一般」の「補完」というだけでなく，「補償」や「保護」，「特別対策」としての対象の「特定化」，施設や病床への収容，矯正，治療研究への貢献など「特殊な手法」を不可避とし，そのようなものとして社会総体にとって承認されてきた。場合によって「特殊化」形式は「一般化」形式がもつ限度を超えた給付やサービスを「特定の対象」へもたらす可能性を含む。「特殊化」形式と「一般化」形式による社会福祉のトポスは区別されるが，ジンメルにならえば，社会福祉は，この「一般化」と「特殊化」形式の双方の異なったトポスの多面体として，社会総体の有機的な部分となっていると考えることができる。

　ただし，このような理解には少数の例外をつけ加えておかねばならないだろ

う。「特殊化」形式が社会総体の利益のために，「近代的間引き」（優生保護法）や「失業対策としての海外移住」を引き受けた場合，そのトポスは当該社会の内部，ないしはこの世界のどこにも見いだすことはできないからである。

3 空間からみた社会福祉のトポス

3.1 社会空間と社会福祉のトポス

　本書で用いてきたトポスという概念は，本来「場所」を示すものであるが，社会福祉のトポスもむろん社会空間の中の特定の場所と関係する。いま，第2節で述べてきたような「一般化」形式のトポスと「特殊化」形式のトポスの区別と統合を意識して，その社会空間を図式化するとすれば，とりあえず図7-1のようなものが描けよう。

　「一般化」形式の社会福祉は，「一般的な労働と生活」を維持継続するために，社会の中心にある「一般的な労働と生活」の空間にそのトポスを得るが，「一般的な労働と生活」それ自体の格差や序列に呼応して，「一般化」のトポスの空間も序列化されていく。したがって「一般化」の意味は，決してフラットな「空間」を意味しておらず，図7-1のような段差と中心からの社会的距離をもった空間になる。また，繰り返して述べるように，「特殊化」形式と「一般化」形式の間は，必ずしも，明確な実線で仕切れない。他方「特殊化」形式のいくつかは，ほとんど社会の周縁部に配置されるが，そうではなく「特別」の補償の位置を得る場合もある。また，ジンメルが述べたように，「特殊化」形式の社会福祉のトポスも，図7-1の太線の外縁で区切った，ある社会空間の内側にあり，「一般化」形式のトポスと共に，社会総体を形成する要素となっている。だが，一部の「特殊化」形式の事業を社会の枠からはみ出して描いたのは，すぐ前で述べた，当該社会からの排除の例を意識してのことである。

　ところで，空間をもう少し具体的にイメージしてみよう。「一般化」形式のトポスの「一般化」の意味は，そのトポスが「一般的な労働と生活」の空間に置かれ，したがって，予防や保障，またはサービス利用が，たとえば居宅や就労の場，近隣地域の中で，さらには家族の責任において，一定の負担（保険料と費用負担や料金，さらには家族介護やその他の家事労働）を伴いつつなされるとい

図7-1 社会福祉のトポス

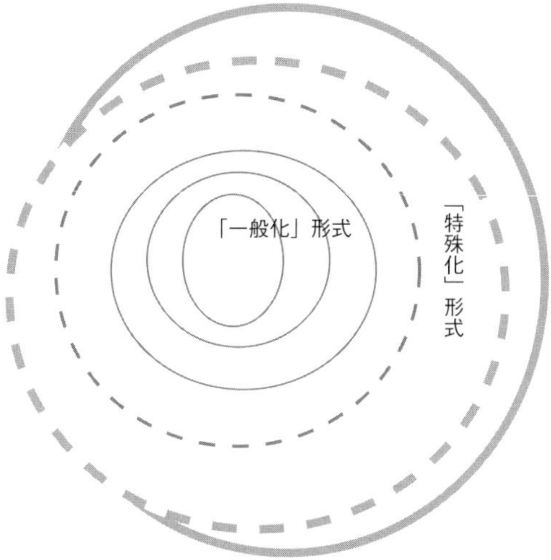

（図：二重の点線円で囲まれた「特殊化」形式の領域の中に、実線円で囲まれた「一般化」形式の領域がある）

うことになる。これに対して，「特殊化」形式のトポスが置かれる具体的空間は，きわめて多様である。一方では「一般化」と同様な空間にそのトポスがある場合もあるが，病院・療養所，福祉施設，矯正施設，特別支援学校・学級などの，「特別な空間」が用意されることもある。補償の場合も，遺族補償などであれば「一般」の生活空間においてその給付を受けることができようが，何らかの被害で入退院を繰り返すような場合は，病院や療養所，その他の施設空間を必要とすることもある。

　その1つの例は，しだいに「政策医療」の空間と定義づけられていった国立病院・療養所，研究所という空間である。第4章で見てきたように，占領期にいち早く国立少年教護院（国立教護院），国立光明寮が設置されている。講和条約以降も，国立精神衛生研究所，国立らい研究所の設立がある。この国の直接管理に基づく「特殊」な病院・療養所，研究所は，それぞれの設立経緯の違いにもかかわらず，国家の社会防衛の砦としての空間である点で共通している。

　国立病院・療養所は，その後も重症心身障害児，進行性筋萎縮症児にその「専門病棟」で「療育・育成医療」のための空間を提供している。重度知的障害児のための「秩父学園[13]」は1958年という早い時期に設置されており，また国立コロニーとしては重度知的障害者のための「のぞみの園[14]」が開設され，以降のコロニー建設を先導した。「秩父学園」も「のぞみの園」も，たんに収

3　空間からみた社会福祉のトポス　383

容施設であるばかりでなく，他の施設の「指導的」役割や人材育成，研究などの機能を併せもった空間であったことも重要である。重症心身障害児の病院・療養所への委託は，当初「研究委託」とされていた。難病の医療費助成と同じロジックである。なお，国立病院・療養所，研究所は 2004 年度以降多くが独立法人化する中で，国立ハンセン病療養所と国立高度医療センターは維持されている。これらの「特殊化」形式における国の強い意志が感じられる措置である。

3.2 特定の問題をもつ地域空間

このような「特別な空間」への収容とは別に，「特定の問題を持つ地域空間」が「特殊化」形式の具体的空間となってもいる。「旧産炭地域」「同和地区」「不良環境地区（都市スラム）」「特別地区（日雇の寄せ場）」「アイヌ（ウタリ）地区」「漁村スラム」「へき地」等は「地方改善事業」また失業特別対策（特別雇用対策）事業の「対象空間」となり，環境改善や就労対策が長期に展開されている。後に，社会福祉は地域福祉へと転形していくが，その場合の地域空間は，特定地域を意味するわけではない。たんに地方分権化を示しているにすぎない。だが「地方改善事業」や失業特別対策の対象となった地域空間は，具体的な地名をもち，経済発展に対する「遅れ」あるいは，その経済成長によって作り出された「問題地域」として名指しされることになる。

なお，2001 年度以降，国レベルでもようやく「ホームレス対策」が展開されていくが，ホームレスは，その「労働と生活」の場を失ったがゆえに「公共空間」にしかその生存の空間を持ちえない存在であり，このため「公共空間」の「不法占有」を「問題視」されることになる。ホームレス自立支援法は，「公共空間」をめぐる攻防の中で，ホームレスの「自立」と地域社会の「安全」の双方を目標に掲げざるをえないことになる。2008 年度のいわゆるリーマンショックによる世界的不況を背景に，「住居を失った離職者」カテゴリーがここに追加される。だが，白書レベルの記述では，彼らを排出した会社の「寮」や「借り上げアパート」「ネットカフェ」などに起居するホームレス予備軍の「特定空間」はその関心の外にある。これらは先の図 7-1 では「特殊化」形式の破線と社会の枠組みの実線の中間に位置し，「特殊化」形式の社会福祉の対象ですらないことに注意したい。逆に，先に述べた「海外移住」による雇用対策は，場合によって村，島，町単位の地域空間移動を示す。なお外国人労働者

対策はこの移住策と表裏一体にあり，この両者において社会の空間的境界線は不明瞭となる。

　以上述べてきた施設としての「特定空間」も，「問題地区」としての特定空間の多くも，そのトポスは中央からの地理的距離から見て，「周縁」部分に置かれているのが普通である。施設や特殊病棟の地理的位置は，「隔離」の場合はむろんのこと，そうではない場合も，「一般的な労働と生活」を営む地域住民との軋轢となり，なるべく「離れたところ」に建設せざるをえないことが少なくない。これには建設コストの問題も絡んでいる。中心部の便利な土地は，経済市場との競争の中で，社会福祉の領域には常に不利であろう。この用地問題から，かつての結核療養所が精神病院となり，さらに高齢者施設へ転換していくというような例は決して珍しくない。ただし，都市化が進むと，かつての「周縁部」が地理的には「周縁部」ではなくなるため，施設と新住民とのコンフリクトが生じていく可能性が生まれていく。また，都市部の用地不足から，行政圏域をこえた「施設委託」も生まれていく。空間はこのような意味で，日常の「われわれ」すべての空間であるがゆえに，その占有をめぐってコンフリクトが生じ，一部の社会福祉事業をその周縁部に釘づけにする可能性を高めるのである。

　なお，「都市スラム」やホームレス，またその予備軍は，地理的には必ずしも「周縁」にあるわけではないが，その社会的距離は中心から遠く，社会の「周縁」といってよかろう。社会福祉が用意する彼らのためのシェルターも，なるべく都市の片隅に置かれる。これも地域住民を刺激させないためである。図7-1の「特殊化」形式の破線と社会の枠である実線が重なり合ったところが，それらの周縁部のトポスである。「特殊化」形式のある部分がネガティブなレッテルを貼られやすいのは，こうした地理的・社会的「周縁化」とも関係している。

4　社会福祉の現代的トポスとワークフェア

4.1　「就労自立」と「地域における個別支援」

　さて，社会福祉のいわゆる「パラダイム転換」は，「老人保健福祉」の大集

合の形成と介護保険の「契約型」サービスを社会福祉サービスの中にもち込んだことを意味した。が、実は、それが一要素となっていた「社会保障の構造改革」の進行に従って、「メガトレンド」は、「一般化」形式による社会保障の制度持続をいかに行っていくかにあり、このための財政調整や制度組み替えにあったことが露わになっていく。老人保健制度や介護保険それ自体、医療保険制度の延命策にほかならず、過剰に演出されたサービスの「措置から契約へ」の転換にだけあったわけではない。しかも行政改革による、厚生省と労働省の合体によって、最初は形式的に、だが2000年代半ば頃から明確に、「就労自立」の強調、雇用対策と社会保障給付・サービス抑制が結びついていくようになる。また地方分権化が同時に進んだこともあって、社会福祉は「地域福祉」として読み替えられていくことになった。

　この「就労自立」と「地域福祉化」を、福祉国家の危機以降の「ワークフェア（ないしアクティベーション）」という世界的潮流のキャッチアップ策と位置づけることも可能であろう。実際、ヨーロッパのワークフェアやアクティベーションと呼ばれる福祉国家の再生策は、分権化、契約による利用者の就労計画への参加、「個別ニーズ」にそった「個人化されたプログラム」の実施とその評価など、現代の日本で模索されているいくつかの事業のお手本になるようなプログラムを実施してきている。第6章の表6-11の記載には、ジョブ・カード制度[15]、日本版デュアルシステム[16]、トライアル雇用など、やや舌をかみそうな事業名が並んでいる。また、マザーズハローワーク、わかものハローワーク、高齢者雇用相談室（シニアコーナー）などのハローワークの分節化が進んだ。本書で扱った2010年度以降は、生活保護との連携による「就労サポートナビ」など、地方政府とハローワークの連携も進み、さらに2011年の求職者支援法、2013年の生活困窮者自立支援法が続いていく。前者には、ごく短期間ではあるが、事実上の生活給付と就業訓練のセットというワークフェアの核心が含まれ、後者は、生活保護の手前の「経済困窮者」への個人別自立プログラムの計画化とその実施が、地方自治体行政と民間社会福祉の共同事業として位置づけられた。

　もっとも「自立支援」という方向性そのものは、2000年の「社会福祉の基礎構造改革」に先行している。第6章で述べたように、措置を継続させた児童施設にもその名称や目的に「自立支援」が付加されていった。ただし、これも2010年度より後のことであるが、障害者自立支援法は障害者総合支援法（2012

成立，2013施行）とタイトルを変え，障害者のみ「自立」を外すことに成功したことにも注意しておきたい[17]。

　ワークフェアや，とくに北欧型アクティベーションへの評価は日本でも高いが，ジョエル・ハンドラーは北欧も含めたヨーロッパのワークフェアの調査を通して，ヨーロッパの場合，一応福祉国家は健在であり，ワークフェアは「マージナルな人びとのところで生じている。すなわち長期失業と社会的に排除された人びとである。福祉給付を得るため，彼らはワークフェア契約を要求される」(Handler 2004: 209) と，ワークフェアの意図がヨーロッパの福祉国家全体に及ぶというより，社会的排除という概念で把握されだした長期失業者や公的扶助受給者など限定された人びとへのプログラムであることを喝破している。つまり排除された人びとへの社会的包摂策である。日本の場合も2010年度以降法制化された事業は，まさにそれらのマージナルな人びと，とりわけ失業，半失業の若者に向かったことはいうまでもない。

　ハンドラーはヨーロッパではワークフェアの成功事例も少なくないが，ワークフェアには「リスク」が伴わざるをえないことを強調している（同上: 199-200）。その中には，個別化された地方プログラムにおけるケースワーク導入に係るリスクや，利用者のうち「最良部（クリーム部分）」だけが掬いとられていきやすいリスクがある。前者は先のジンメルの指摘，すなわち「個人的な価値の吟味を全く放棄する」国家救済と「自立的で経済的に価値ある個人を作り出すという理想」の私的救済の現代的ドッキングとしてのワークフェアの手法が孕む問題である。

　「ワークフェアは個人化されたプログラムである。成功するには，扶助を申請した個人が，正確に評価され，関連したトレーニング，教育，労働機会が提供されねばならず，その後の行動が，制裁を科す前に，個人的に，正確に評価されねばならない。焦点をあてられた人びとは，次第に大きく不均一になりはじめ，雇用には大きな障壁が伴っていく。それゆえ，戦略が多様であっても，ケースワークが，一つの共通の要素として使用されはじめる。ワークフェアはケースワークを取り入れることを不可避とする。給付は，ケアと統制に結びついていく。その結果ケースワーカーへの期待水準は高まる。しかし，これらのワーカーはマクロ経済や住宅，交通，子どものケア，健康，税と給付（貧困の罠）などがクライエントにどう影響しているかについてほとんど知らない。」（同上: 266）

またハンドラーは，このように導入され，期待されたワーカーたちと利用者との間にワークフェアやアクティベーションについての「相互の明確な動機」づけが必要であるが，この相互関係は「脆弱である」とも述べている（同上: 266)。というのは，第3章で引用したように，クライエントとワーカーの間には，決定的なパワーの不均衡と資源の不平等があるからである。このような不均衡を前提に契約レジームをもち込むのはリスキーだと指摘する。
　「契約は通常，おおまかにいって平等な資源を持った人びとによって自発的に結ばれる。取引関係が不平等の場合は介入が必要となる。良い例が労働契約である。権力が不均衡なクライエント－エージェンシー関係に契約レジームが持ち込まれたことは何を意味するだろうか？」（同上: 221)。要するに契約は，「積極的労働政策には当てはまらない。給付を得るために，彼らは出された条件を受け入れねばならないだけである」（同上: 265）からだ。むろん，たとえばスウェーデンでは，個人のアクティベーションプランとその契約は，その権利と義務を明記することが強調されているが，「ある参加者は契約があることさえ知らなかったし，他方で別の参加者は彼らの意見が（交渉によって）取り入れられていると発言している」（同上: 264）と述べ，このような役人の裁量はどこからくるのかと疑問を呈している。
　もう1つのリスクの「最良部分だけ取り上げること」は，よく知られている「就労自立」可能な人にのみ焦点が当てられやすいことを意味している。ハンドラーは「アクティベーションの落とし穴は，仕事，サービス，訓練へのアクセスは，フィールドレベルの役人がより効果を競うように，事前の知見で雇用のされやすさに基づいて否定される人がでるかもしれないということだ。…（略）…だから，アクティベーションは，貧困や剥奪のぎりぎりのところにいる人びとに最も効果がある。下の方にいる人びとではない」（同上: 207)。その背後には，現場の役人たちのトップに対する「説明責任」がある。トップは，実績を統計によって測ることを必要とするため，「フィールドレベルの役人は，これらの割り当てられた統計を満たすようにプレッシャーをかけられる」（同上: 265)。この結果「ドロップアウトした人びとを無視したり，非難する傾向がある」（同上: 200）ことになる。
　こうした問題は，日本におけるワークフェア路線のキャッチアップ策においても無視されるべきではなかろう。個別計画と個別援助の取り入れは生活困窮者自立支援法そのものであり，制裁とのセットは求職者支援法そのものである

からである。ただし幸か不幸か，この2つの制度には，短期の生活給付や住宅給付があるだけで，本格的な所得保障が伴っていない。このため，ハンドラーの懸念が薄まるということはあるかもしれない。しかし，雇用保険，生活保護や児童扶養手当と結びついた就労自立支援はそうはいくまい。もっとも雇用保険の離職理由別差異化や生活保護や児童扶養手当の「見直し」による入り口規制が強まれば，成果が挙げられそうな人が見つからない，という皮肉な結果になる可能性もある。

　なお，個別計画と個別援助の取り入れは，すでに介護保険において経験済みであり，特別支援教育などの「個別ニーズ」への寄り添いは，ワークフェア路線のキャッチアップ以前からの「パラダイム転換」に含まれていた「トレンド」ではある。ワークフェアの観点からの同じものの取り入れは，「就労自立」との引き換え契約としてあり，「人間力の欠けた若者」やホームレスたちへの社会の「いらだち」が背景にある点に相違があろう。

　他方で「地域における個別支援」は，分権化の大義だけでなく，名目上脱施設の方向とも結びついていたため，「就労自立」より抵抗なく受け入れられているようである。ここでの「地域」は多様性が前提にされてはいるが，繰り返し述べるように，「特定地域空間」を意味していない。あえていえば，高齢者施設，障害者施設，病院などからの脱施設化＝「地域福祉化」という面と，「地域で支える」＝家族や地域住民の見守りや通報といった「協力」に主眼が置かれている。障害者の自立生活運動などが地域での「ノーマルな生活」を標榜してきたことが，この方向の社会福祉的「正しさ」のお墨付きを与えてきたのかもしれない。だが一方で，施設資源拡大を重視せざるをえない現実がありながら，コロニーの縮小・改編，病床や病院の機能分化などが進むのは，「ハコもの」と，それに付随する人的資源のコストの削減がその背景にある。前述した用地不足もここに加わる。直接「就労自立」と関わらないように思われる児童の施設も含めた「自立支援施設」化は，このコスト問題抜きには考えにくい[18]。

　もちろん，地域の「ノーマルな生活」が個別支援によって確保されれば，すべて解決かという問題もある。アメリカ合衆国の「精神遅滞の歴史」を研究したジェームズ・トレント Jr. は，この地域移行について，大規模施設に収容され「精神遅滞」というレッテルを貼られてきた人びとが，そのレッテルをはがされ，コミュニティの日常生活に自然に溶け込めたという朗報もあるが，別の

人びとにとっては朗報ではなかったと，注意深く述べている（トレント Jr.＝清水等監訳 1995: 233）。「我々はコミュニティの中で生活するなどともってまわった言い方をするが（下線筆者），多くの人たちにとってそれは（ノーマルな人でも，精神遅滞の人でも）"孤独な群衆"の中で生活することを意味するのである。かつて精神遅滞者としてラベルを貼られた人々の中には，コミュニティ生活の"ノーマルなパターン"に統合するにあたり，問題に直面した人もいる。しかし，それは別に驚くことではない。またある者は，刺激の多い新しい生活環境に適応している。…（略）…その他に州政府あるいは営利ないし非営利の団体の運営する"コミュニティの入所施設"に再入所した人もいる。また今度は，刑務所や監獄に入る羽目になった者もいる」（同上: 233-234）。このような事例は，日本でも多く発見されよう。介護保険による地域での通所事業に付随した，保険外サービスとしての「お泊まりデイ」という形容矛盾のサービスの地域での普及，ホームレス自立支援事業によるセンター退所後の地域の宿泊所への再入所，「脱法ハウス」や老朽アパートへの入居，他県の法外施設への再入所，移り住んだアパートでの孤立や孤独死等々を含んで考えれば，「地域福祉化」がすべての解になるというわけにはいくまい。とりわけ，ハンドラーのいうような「排除された人びと」は，地方政府の主導する「就労自立」の方向づけの中で，施設に入ろうと，地域に出ようと，縁辺的なトポスしか容認されない可能性が高い。

4.2　現代社会福祉のトポス

そこで，今述べてきた「自立支援」「地域における個別支援」の方向が，社会総体の中に置かれた社会福祉のトポスと，どう関係することになるか，もう少し論を進めてみよう。今，先の図7-1を簡略化して，①「一般化」形式による社会福祉のトポスと，②「特殊化」形式における社会福祉のトポス，及び社会総体の枠の簡単な構造を図7-2としておく。この場合，まず，①の「一般化」形式による制度持続が社会保障の構造改革の中心にあり，したがってこの①におけるより合理的な制度設計と，しかもその給付水準をセーフティネットまで圧縮した改革ができるかどうかが，今日の日本の社会保障構造改革の第1の論点となっていることは繰り返し述べてきた。これを矢印Aで示しておく。日本版ワークフェアである「自立支援」は，この部分の問題であるというよりは，②の「特殊化」形式ないしは①と②のグレーゾーンにあるような社会福祉

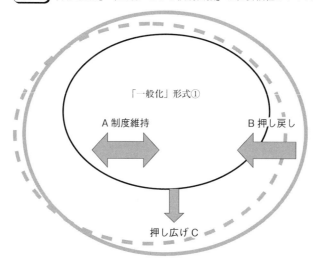

図7-2 「自立支援」・「地域における個別支援」と社会福祉のトポス

のトポスの一部から，または，①にも②にもグレーゾーンにもそのトポスを得ることができないような「排除された人びと」を，「就労」や「人間力強化」を目標とした個別計画によって①の領域へ「押し戻す」という役割を果たすことが期待されている。「特殊化」形式は多様なトポスをもつので，ここでの押し戻しはすべてに関わるわけではない。たとえば補償などは，押し戻しにはなりにくいし，社会防衛的な対策もむろんそうである。施設収容や病院への長期入院，雇用保険の切れた，あるいは保険のない失業者（半失業者），ホームレスやその予備軍，外国人労働者，高年齢者，障害者の一部，生活保護受給者や，児童扶養手当受給者，とりわけ「人間力がないとされた若者」が具体的対象となっており，アクティベートされていく可能性をもつ。このような「押し戻し」を矢印Bとして示しておく。

他方で，矢印Cは，「個人のアクティベーション」ではなく，①の「一般的な労働と生活」の縁取りを広げていくような動きを意味している。「一般社会が変わる」方向である。否，正確にいえば，「一般社会」はすでに変貌しているのであるから，この変貌した「一般社会」それ自体を認めて，それを社会福祉に反映させていくような，仮に「現実社会にあわせた①の押し広げ」の役割としておきたい。すでに高齢者だらけ，単身世帯ばかりの社会における「労働と生活のあり方」，障害者個々人の自立生活の自助努力を強いるのではなく，

4　社会福祉の現代的トポスとワークフェア

その環境の改善，非正規労働者と正規労働者の二分法を超えていく「労働環境のありかた」等々である。それはこの図7-2では省略した「一般化」形式における社会福祉のトポスがもつ格差や序列の再検討を当然含まざるをえない。
　「自立支援」オンパレードとなった観のある社会福祉サービスの領域で障害者総合支援法だけが「自立」の文字を脱ぎ捨てられたことを先に指摘した。それは，地域での自立生活だけでなく，いわゆる「バリアフリー」などのまちづくりや，多様な労働のあり方の議論が，この分野では不可避であり，それらの蓄積を「対抗」力として，「自立」の呪縛から逃れることができたのかもしれない。そうだとすれば，それは矢印Cの「押し広げ」の方向を部分的に拓いた例として考えることができる。別の例としては，非正規労働者への社会保険の拡大や，地域包括支援におけるサービスつき高齢者住宅の重視なども，この矢印Cの方向に含みうるだろう。ただし，非正規労働者への社会保険の拡大は，①のトポスの格差や序列を，さらに広げる結果をもたらすおそれもあり，サービスつき高齢者住宅がどのような意味で「地域」と関わるかはほとんど未知数である。
　ともあれ，「自立支援」・「地域における個別支援」という「トレンド」を過大に考えすぎないほうがよいかもしれない。また「押し戻しB」や「押し広げC」の成功・不成功については今後の大きな研究課題ではあるが，本書の範囲では，その評価はまだできない。これらについては，終章で社会福祉の基本問題の1つとして，検討するに留めたい。

☆ 注
1) 本来はここに住宅政策が入らねばならないが，本書はそこにまで言及していない。
2) 「中絶容認」だけでなく，親の会は「親の心構え」＝親としての規範を強調する姿勢も見せていると，堀は指摘している。それは運動のレトリックではなく，それこそが親の愛情であり，それゆえ施設が必要であるという根拠づけにもなったという（堀2014: 95-96）。
3) それゆえ，「ねたきり」ではなく「ねかせきり」だというような反論が生じるなど，その問題把握への姿勢も問われることになった。
4) おそらく，母子でもなく父子でもない，たとえば祖母やその他の養育者が養育する等の理由を行政はもち出すであろう。
5) 序章の注3で取り上げた岩崎（2002）は「自立-援助」の範型が，現代の労働の揺らぎの中で変化していく可能性を示唆している。そうした展望がないわけでもなかろうが，

現実には労働市場の矛盾はそのまま社会福祉へもち込まれる。社会福祉の「一般化」形式による社会への埋め込みの矛盾でもある。

6) たとえば「病院退院後の帰来先無し」「雇止めによる会社の寮からの退出」「DVなどで逃げてきた女性や母子」「刑期を終えたが行くあてのない人たち」「友人や親類のアパートに居候していたが追い出された」等々の人びとである。

7) ただし，すでに指摘したように「学校給食」は義務教育の中で，文部省と厚生省の連携で「一般化」形式のトポスを獲得できた希有な例である。むろんその地域差は大きかったと記載はされている。

8) たとえば，障害判定自体，その「理想論」はあるが，実際には旧態然依としたものであることに，再度注意してほしい。

9) このため，「こうのとりのゆりかご」の場合，県レベルでの検証会議が行われ，報告書がまとめられている。だがヨーロッパでは「匿名出産」すら実施されている段階である。むろんどの時点かで「実名」が明らかにされなければならないだろうが，とりあえず母子の健康を優先するわけである。

10) 予防接種自体は，健康被害の出現によって，罰則なしの義務化→努力義務規定→接種奨励の「一類疾病」と，努力義務なし（個人の判断）の「二類疾病」へ変化していく。

11) ジンメルは『社会学——社会化の諸形式についての研究』の中で「貧者扶助（保護）」を多様な側面から論じている（ジンメル＝居安訳〔下〕1994）が，この内容は，社会福祉理解にとって重要な論点を多く含んでいる。たとえば，貧困という客観的状態への「個人的な価値の吟味を全く放棄する」国家救済と「自立的で経済的に価値ある個人を作り出すという理想」（同上：88）を掲げた私的救済という二重の社会の態度，同じく犯罪対策における厳しい処罰か，犯人の「贖罪・教育・無害化」か，という二重の態度の存在の考察は，現在なお新しい。前者はジンメルにおいては救貧法とCOSなどの慈善の組織化が念頭に置かれているが，現代福祉国家においては「多元主義」や多様なソーシャルワークの導入が想起されるし，後者は少年非行や売春防止法における婦人保護の扱いや，刑務所における分類収容と更正保護を論じるときの両極ともいえる。

12) このジンメルの階層と貧困及び貧民の位置づけは，江口英一等の貧困の階層論ときわめて多くの類似点をもっている。

13) 近年「秩父学園」は「国立障害者リハビリテーションセンター自立支援局」に統合されている。

14) のぞみの園は2004年度に縮小され，独立法人へ移行した。

15) 職歴，教育訓練歴，資格免許，自己PR，志望動機などと，キャリアコンサルタントによる証明を書いたカード。

16) 教育と職業訓練を同時に進めるシステム。

17) 日本弁護士連合会によれば「2004年に国から自立支援法が提唱された当時，障がい者制度は介護保険に統合することが企図された。実際，介護保険法と自立支援法の体裁は酷似しており，障害程度区分などは，介護保険法の要介護認定の引き写しであり，障がい者の特性を無視した欠陥制度であった。介護保険法は，高齢者のADL（日常生活動作）の能力を維持したり高めて，支援を受けることなく『独力』で生活出来ることを『自立』と理解するのに対して，権利条約を基礎として国際的に理解されている障がいのある人の『自立』は，積極的に公的支援も活用しながら生き生きと主体的に社会参加

することであり，根幹において相反する基盤に立っており，『統合』は今まで確認されてきた障がいのある人の社会参加の権利や地域での自立生活の実現を危うくするものといわざるを得ない」とその「自立」観の違いを強調している（日本弁護士連合会 2011, http://www.nichibenren.or.jp/activity/document/civil_liberties/year/2011/2011_3.html）

18) あるいは児童の施設の場合は，先に述べたような虐待増加による入所児童の増大から，施設入所期間を短くしていくという側面と，「家族」にまだ何かを期待して，そこへ早く帰そうとするという意味で，「日本型福祉社会」の名残りがあるのかもしれない。この「家族」幻想が，施設事業名の変更＝自立支援施設化を促したと考えるのは穿ちすぎであろうか。

終 章

社会福祉の基本問題

　前章では,「一般化」と「特殊化」形式という概念を使って,社会福祉という「多面体」とその社会における多様なトポスの存在を確認し,それらは相互に矛盾している場合もあることを考察してきた。それは,多様なトポスの意味づけが社会の側にあるからである。では,なぜ社会は,本書で仮に名づけた「一般化」と「特殊化」という2つの異なった形式で,社会福祉という多面体をその不可欠の要素として承認しているのだろうか。終章では,まずこの点を,社会福祉を正当化する2つの異なったゴール,すなわち「社会の利益」と「個人の利益」との関連で再考する。次に,ジンメルが「あまりに少しを受けるべきでない」が「あまりに多くを受けるべきでない」と表現した社会福祉の水準問題と関わって,現代日本の社会保障の構造改革の中で白書が強調し始めたセーフティネットの意味をあらためて検討する。最後に,前章でも触れた「地域福祉化」の中で再びクローズアップされている寄り添い型の「個別支援」と,福祉国家の制度化の前提にある「見知らぬ他人との連帯」という社会福祉の2つの系譜の矛盾を問い直して,本書の締め括りとしたい。

1　なぜ「一般化」形式と「特殊化」形式があるのか

　ジンメルの考察の対象となった「貧者扶助」はむろん「特殊化」形式のトポ

スである。ジンメルはこの救済の不可避性について「社会の脅威」の除去を挙げ，それが社会にもたらす利益だと述べている。だが同時にそれは「貧者」にとっても健康の回復や労働市場への復帰などが見込まれるような「個人の利益」が，「反応」としてついていくことになる。社会福祉の歴史の発端にあったのは，このような「特殊化」形式における社会福祉のトポスである。

　近代社会の成立はその長い（国によるその長さの違いはあれ）移行過程をもっているが，この移行過程で発生した多くの「貧民」・「浮浪者」や「スラム」への何らかの「処理」を不可避とした。それは生まれ出ようとしている近代社会にとっての「脅威」であり，それゆえ公私の「救済」が，あくまで「特殊化」形式で，社会の周縁に位置づけられた。言い換えると，近代社会は，近代の自助原理だけで成立できず，そこからこぼれ落ちた問題を引き受ける「特殊化」形式の諸事業を，その発端から近代社会の内側に位置づけずには存在できなかったのである。ここで「特殊化」形式をとるのはあくまで近代の中心原理との「遠さ」であり，またその空間的トポスも社会の「内でありながら外」であるような「周縁」を作っていくことになる。この典型は，救貧院における院内救済であろう。この場合は市民権の剝奪を伴っていた。「社会の脅威」は，むろん犯罪・非行及びその予備軍，感染症，「浮浪」，障害（精神障害や知的障害），売春，児童売買，都市スラムの存在などにも広がり，それらへの警戒＝処罰とともに，救済，施療，教育，矯正，回復，保護等を担う社会福祉の模索が始まっていく。これらの模索は，その「反応」として近代的労働者としての陶冶に寄与するという期待も当然含まれ，救貧院の子どもたちは，教育され，工場へ送り出されることになる。

　「社会の脅威」の別の側面は，近代国家による「国民化」からの「逸脱」への対応である（西澤 2005: 44-46）。その典型は，結婚制度，義務教育制度，日本の場合は戸籍制度の導入と，そこからの「逸脱」者への「対応」の必要であった。内縁関係の解消，私生児の戸籍登録，スラムへの「特殊（貧民）学校」（これは障害児ではなく貧児の学校）の試み，障害児への特殊教育の模索など，「国民化」のための装置は，貧者やスラムにも及んでいくようになる。なぜなら，国家が統制できない人びとと空間の存在は，国家にとっての脅威だったからであり，隅々までの「国民化」が要請されたからである。安宿や下宿などの登録，スラム調査などの「監視」による統制とともに，救済や教育，施療等の事業が公私の団体で試みられていく。したがって，この近代の発端での「特殊

化」の形式で進められた社会福祉事業の意味は，近代社会の原理から「遠い」ものでありながら，近代社会及び近代国家の確立のためには，「なくてはならないもの」であったということになる。

　むろん，近代社会の自助原理を補ったのは，基本的には家族における相互扶助である。とくに戦前日本の場合，相互扶助は家族共同体の自発的なものであるばかりか，上記「国民化」のプロセスの中で，国家の支配の一部として位置づけられた。たとえば，日本初の精神病者に関する法律である精神病者監護法 (1900年) では「私宅監置[1)]」が重要な処遇法であった。これを詳細に取り上げた橋本明の研究では，国が細かく「私宅監置」の手続きや監護室の標準形態を定め，監視していた，という (橋本 2011: 193)。つまり国の制度でありながら，その末端として家族が責任の一部を負ったことになる。ちなみに橋本によれば，「監置」「監護」という言葉は処罰でも保護でもない，その「中間」として選択されたという (同上: 27)。きわめて興味深い言葉である。

　また，家族だけではなく，企業内福利や労働者・市民の互助活動も自助原理を支えた。労働者の互助活動や企業の福利厚生は，それ自体社会福祉の1つのルーツである。貧困も障害も非行予備軍も，可能な限り家族や互助団体の内部に庇われていく。とはいえ，産業革命を経た後も，近代資本主義社会の工場制度や炭鉱で働く労働者の労働時間や衛生状態は過酷なものであった。「世界の工場」を自負した英国でも19世紀半ば頃よりようやく本格的な労働時間の規制と児童労働の禁止を含んだ工場法を前進させていく。他方で不熟練労働者が拡大するにつれ，その賃金は低下し，家族や労働者相互の互助では庇いきれない問題が社会へ提起されざるをえなくなる。英国でいえば，20世紀初頭に取り組まれた有名なチャールズ・ブースと，シーボーム・ラウントリーの貧困調査は，まさに近代工場制度の内部で働く「ワーキングプアの発見」であり，ジンメルがプロレタリアートの貧困とは区別した「貧者」だけでなく，賃金労働者の貧困解決が社会へ要請されていくことになった。この場合，「貧者」への救済とは異なった形式の救済が要求されていかざるをえない。なぜなら，彼らは近代工場制度の「普通の労働者」であり，国民であるにもかかわらず，疾病，養育費による圧迫，引退後の貧困が，その普通のライフサイクルの中で生じていたことが明るみに出されたからである。こうして，公衆衛生制度，学校給食制度，住宅改良などの社会改良とともに，社会保険制度が「一般化」形式で社会にそのトポスを与えられていく。社会保険は，民間保険や労働者の互助活動

の中にあった保険原理を社会保険として再構築したものである。その画期性は「拠出」と「給付」という市場原理に近い原則をもっていたことであり，しかも保険事故の発生前に加入・保険拠出があるという意味で「予防」の原理であったことにある。租税による補完が不可欠だったとはいえ，これらの特徴は「一般化」形式のトポスとして容認されるに十分であった。むろん，一連の社会改良は，台頭する「社会主義への脅威」への対応でもあり，資本主義を一部修正しても，社会主義への防波堤となって，当該社会を守ろうとするものであった。ドイツがいち早く導入した疾病保険，老齢年金に加えて，英国では1911年には世界最初の強制保険としての失業保険を成立させている[2]。

　だが，この英国の失業保険は，その後失業が増大する中で保険原理の限界を露わにし，延長給付や無契約給付を拡大して社会保険制度そのものを危うくした。1934年の失業法は，この保険原理の危機を，失業保険と，これとは区別されたミーンズテストを条件とする失業扶助をセットにして乗り切ろうとしたものである。この場合，失業扶助は国家による貧困救済であるが，「貧者」救済である救貧法とは一線を画し，その後ミーンズテストの緩和も図られていく。したがって英国では，同じ時代に「貧者」への救済と労働者の「失業」への扶助が同時に存在していた。つまり前者は「貧者」への「特殊化」形式であり，後者はあくまで近代資本主義社会の一方での主役としての労働者の生活を守るという意味で，保険と扶助のセットという「一般化」形式をとったわけである。

　第二次世界大戦後の福祉国家の形成は，たとえば英国では救貧法を解体し「一般化」形式の国民扶助を社会保険の補完物とすることによってスタートした。「予防」としての社会保険や医療サービスは中間層までカバーして拡大し，その「一般化」形式を不動のものとしていく。とはいえ，それらの「予防」があっても，「社会の脅威」がなくなったわけではない。どの国においても，感染症患者の隔離，精神障害者や知的障害者の扱い，非行問題への対処，児童虐待，ホームレスの増加などにおいて，どのような対処が適当かについて社会の態度や関心は両極に振れる。80年代のヨーロッパでは，若者（とくに移民層の子弟）の長期失業が共通の「社会の脅威」として取り上げられ，この場合はヨーロッパ連合（EU）全体として，「社会的排除」への対応＝「社会的包摂」策の実施が試みられた。ここから一時保護や治療，回復施設，契約としてのワークフェア・プログラムなどの「特殊化」形式による新たな社会福祉の諸事業が生まれていく。

むろん「社会の脅威」以外にも，何らかの社会の責務として，特別の資格や補償としての社会福祉が「一般化」形式より上積みされた保障や補償を約束することがある。あるいは，より「専門化」された社会福祉施設や病院が，難病や重度の障害者・児の専門的処遇や「療育」を引き受け，併せて治療研究費を獲得するような「特殊化」もありうる。さらに「一般的な労働と生活」それ自体の変貌の中で，介護施設などの需要はいまだに高い。

　こうして，「一般化」と「特殊化」によって社会に埋め込まれた社会福祉のトポスは，いずれも総体としての「社会の利益」という一点に収束していくように見える。「一般化」形式は「一般的な労働と生活」を守ることによって，「特殊化」形式は「社会の脅威」への対処や「特別の資格」付与によって，共に「社会の利益」に向かっていく。確かに「社会の利益」は２つの形式による社会福祉の正当化としても便利な概念である。それでは，何が「社会の利益」なのか。何が「社会の脅威」なのか。それは誰が決めるのだろうか。

2 「社会の利益」

　本書が素材とした白書は，中央政府の行政報告であり，さしあたりは，これらの行政当局が社会を代表して，時々の問題意識や政策動向を示したものとして扱ってきた。つまり，第３章で引用したように，スピッカーの「公式の過程」としての国家の判断である。「社会の利益」や「社会の脅威」についての具体的判断は，地方政府や民間事業者，さらには現場ワーカーに一部委ねられていく。それらが「判断」できる根拠は，政治家，官僚，専門家のもつ権力である。とはいえ，そこに市民や当事者からの「抵抗」がないわけではない。「権力を行使する側とそれへ対抗する側の，つまりＡとＢの関係があり，その関係の中で権力の現れ方も変化していく」（Handler 2004: 255）ことは基本であろう。これに加えて，社会経済動向の大きな変化，人口構造の変化，大災害，国際動向，訴訟，事件やスキャンダル（とその報道）なども，政府の「公式の過程」における決定に何らかの影響を与えずにはおかない。とりわけ「特殊化」形式でそのトポスを得た事業は，こうした社会の「出来事」の影響を受けやすい。たった１つの「事件」が非行少年の扱いに大きな影響を及ぼすかもしれないし，訴訟の結果が被害者の補償の範囲を広げていくかもしれない。不況

の中の失業率や保護率の増加は，その原因が社会にあるにもかかわらず，失業している人びとや被保護層の増大自体を「社会の脅威」として見なす傾向を生み出していく。

「一般化」形式で最後のセーフティネットとしてのトポスを用意された生活保護について，近年絶えずその手法を「特殊化」する提案が政治家からなされているが，それは「被保護者」イメージが「不正受給」事件の報道などを媒介に悪化しているからであろう。「被保護者」「外国人」「障害者」「失業者」「非行少年」等としてカテゴライズされた人びとへの社会のまなざしは，その「包摂・保護・回復」から「排除・処罰」までの両極の間をしばしば揺れていく。マスメディアやインターネットなどが，その揺れの幅を大きくしていくことも少なくない。ある新聞社やテレビ局が，今日は「被保護者」の「不正」を糾弾したとしても，明日は「貧困」の解決を求めた記事や番組を「平気で」全国へ流すことは珍しくない。

本書で描いた，社会福祉の異なった事業集合やその転形は，「AとBの対抗関係」としての権力構造を基礎としつつも，上記のような多様な影響の中で，国家が，「その時々に」下した「社会の利益」の判断の結果でしかないのかもしれない。その意味で何が「社会の利益」か，は必ずしも自明のことではない。

むろん福祉国家の建設にあたっては，階級・階層対立を緩和すること＝平等への希求があり，社会福祉が市民連帯を育て，「社会主義への脅威」への対抗力となるという意味での「社会の利益」が理念として強調されたことは事実である。T.H. マーシャルにせよベヴァリッジにせよ，戦争という異常な時代における「国民統合」の「束の間の実現」を目の当たりにして，戦後の「国民統合」の手段として（戦争の代わりに）社会福祉に期待したといわれている。だが，この「国民統合」をめぐっては，少なくとも次の2つの問題が指摘されている。1つは「誰を国民とするか」であり，もう1つは，社会福祉による「国民統合」が不平等を是正したかという問題である。

もともと社会福祉のトポスが，「一般化」形式と「特殊化」形式で社会に容認されていった事実は，正確にいえば「国民統合」や「平等」のためではない。すでに指摘したように，「特殊化」形式の中でも，感染症や非行，犯罪などの「脅威」からの社会防衛の系列にある社会福祉は，ハンセン病療養所や精神障害者の強制入院などの極端に周縁化したトポスを福祉国家の下で位置づけてきた。そればかりか，海外移住労働者や，優生保護法による堕胎など，そのトポ

ス自体を当該社会が拒否する政策が社会福祉の一部をなしてきた。こうしたことは，日本だけではない。

　たとえば，福祉国家の天国とさえいわれるスウェーデンにおいて，一般児童手当を手厚く発展させていった傍らで，戦前に成立した「特定の精神病患者，精神薄弱者，その他の精神的無能力者の不妊化に関する法律」が 1970 年代まで続き，不妊手術が行われてきたことが 1997 年になって発覚した。この「スキャンダル」について分析した市野川容孝は次のような鋭い考察を行っている。「福祉国家は，少なくとも二つの理由から優生政策を正当化する。かつて M. フーコーは，福祉国家に内在する矛盾を『無限の要求に直面する有限なシステム』として表現したが，そうした矛盾ゆえに，福祉国家は，有限な財源の効果的配分を目指して，誰が子どもを産むに値するか，誰が生れるに値するか，さらには誰が生きるに値するかという人間の選別に着手するのであると同時に，福祉国家は，児童手当の支給，あるいは障害者施設の拡充といった形で，従来は家族という私的領域に委ねられていた人間の再生産過程を支援する分，逆にその過程に深く介入する権利を手にするのである」(市野川 1999: 170)。

　英国では戦前から児童養護施設の子どもたちが旧大英帝国傘下の国々へ労働力として送り出されていたが，戦後福祉国家の下でも，有力な児童施設やキリスト教会が介在する形で 1967 年まで「児童福祉法の下での児童移民」が続いていたことが，1 人のソーシャルワーカーによって告発され，彼らの「身元探し」が実施された (ハンフリーズ＝都留訳 2012: 8-28, 342-351)[3]。これは前の章でも述べた日本の戦後の南米移住と同様，国家戦略であったが，日本は「生産年齢人口の重圧」の解消＝失業対策の 1 つであったのに対して，英国は逆に旧植民地国への安い児童労働の提供と，ローデシアにおける白人人口の維持という人種差別政策を目的にもっていた点で異様である。ともあれ，上記 2 つの「スキャンダル」の例は，市野川のいうように「誰を国民とするか」の選別を不可避とする社会福祉の基本問題を極端な形で表したものともいえる。

　第 2 に，福祉国家がより平等な社会を実現させたかどうかも，今日では疑われている。T. H. マーシャルのテキストと自らのその批判を並べて収録した『シティズンシップと社会的階級』において，トム・ボットモアは，本書第 2 章で述べたような「ある社会の完全な成員」資格としてのマーシャルのシチズンシップが「形式的」に与えられていたとしても，それが「実質的」なものになりにくいことを，移民層，ジェンダー，貧困の 3 つと関わらせて議論してい

る（マーシャル／ボットモア＝岩崎・中村訳 1993: 134-165）。このうち貧困は，ベヴァリッジにおいてもマーシャルにおいても，その除去＝平等化の達成が福祉国家のめざすべき方向とされたわけだが，1980 年代から貧困は再び増大しており，貧困な人びとは貧困だけでなく道徳的に批判されるようになり，そのシチズンシップの制約が生じていると述べている（同上: 162-164）。本書で繰り返し述べた「一般化」形式の生活保護の中に入り込んだ「特殊化」形式と同じである。この 80 年代の新たな貧困の拡大と財政危機を背景に，福祉国家の危機論が登場し，ワークフェアやアクティベーションの新政策の導入を許していくのである。

　このように，福祉国家建設当時の「社会の利益」が「国民統合」による社会の安定をめざしていたとしても，それが今日批判されているのは，もともとそれが理念にすぎず，実際は多様な「社会の脅威」へのその時々の「社会の利益」を国家がその時々に判断してきたからだともいえる。クリストファー・ピアソンは，そもそも「福祉国家がたんなる『平等を推進するための手段』だったことは一度もなく，福祉国家に存在する制度や運用をめぐる紛争は，社会的諸勢力の均衡と市場の権威（の変化）の双方を常に反映する傾向を持っていたのである」（ピアソン＝田中・神谷訳 1996: 352-353）といいきる。つまり，その理念はともあれ，「社会の利益」の内容は最初から自明なものでなく，権力闘争や利害関係などによって揺れ動いていくようなものであるということになる。

　これに加えて，社会主義の脅威が去り（もっとも最近は別の脅威が台頭しているのかもしれないが），グローバリゼーションの中で，一国というよりはヨーロッパ連合のような経済社会連合（その脆弱性はあるものの）が形成されている現代にあっては，「国民」や「社会構成員」の範囲が曖昧にならざるをえない。実際ヒトとモノがグローバルに移動する頻度が異常に高くなった現代においては，感染症や麻薬犯罪等はグローバルな「脅威」となっており，生殖医療の進化とその応用もグローバルに実施されている。そうだとすれば 1 つの福祉国家の社会防衛・統合戦略だけで対応できるものではなくなっているともいえよう。実際，ヨーロッパでは社会福祉政策についても EU レベルでの調和が模索されてきている。

　とはいえ，ピアソンは福祉国家が縮小するという見通しは間違っているとも述べている。「どのような福祉国家体制を実現すべきか」という問題はあるが，国家による社会福祉の管理や供給を細小にすることはできない。なぜなら「じ

つのところ国家は市民的諸権利を請け負う唯一の機関であり，そのため，ある意味では，国家権力は必然的に強化されざるをえない」(同上: 377) という矛盾があるからである。先に述べたように，ハンドラーも，ヨーロッパの福祉国家は「排除された人びと」へのワークフェアを付加したが，「一応福祉国家は健在である」と述べている。

「福祉国家は健在」であり，国家による「社会の利益」の時々の判断が続いているのは，ピアソンのいうように国家が唯一の市民的権利の請負機関であるという現実もあるが，いったん福祉国家ができ上がってしまうと，福祉国家そのものを持続させることが「社会の利益」になっていくというような転倒が起きている可能性もある[4]。近年の日本の場合は後者に近いのではなかろうか。

これまで見てきた白書の捉え方では，作り上げてきた諸制度，とくにその「一般化」形式の中心である社会保険制度の「持続可能性」が，少子高齢化や財政問題の中で危うくなっていることが重要視されている。あえていえば，それが「社会の脅威」であり，これを克服することが「社会の利益」という捉え方である。これに比べると，若者だけでなく高齢層の階層分化の拡大等も含んだ不平等による「社会の脅威」への反応は相対的に弱い。したがって，格差を縮小して「社会の利益」を守るというよりは，財政の枠内で持続可能な社会保険制度にするために，国民の自立と「支え合い」が必要だという転倒したロジックになっている。ここでは何のために社会保険制度を持続させるのかは問題ではなくなってしまう。このような転倒の中では，財政政策の観点からの社会福祉の「見直し」に対抗して，社会福祉の「社会の利益」の正当性を主張することは困難になっていこう。

3　「個人の利益」

他方，社会福祉から受ける「個人の利益」は今日飛躍的に増大している。むろん，それは「社会の利益」のたんなる「反応」ではなく，社会保険にせよ多様なサービスにせよ，税や社会保険料負担を基礎とした，当然受けるべき給付として捉えられるようになる。とりわけ，中流層まで広がったサービスが，事業所との契約を通して提供されるようになると，福祉の権利は，消費者としての権利に容易に転換されていく。このため，個別的な「損得勘定」がここに持

ち込まれ,「自分の損得」を基準にした要求が生まれやすくなる。つまり「人々の注意を（サービスの）集団的供与から消費者としての個人的関心へとそらせて」(マーシャル／ボットモア＝岩崎・中村訳 1993: 177) いく傾向が生まれるわけである。

　上で述べた感染症対策などへの社会防衛的手法を除けば,社会福祉給付のもたらす「個人の利益」のほうが,「社会の利益」より明確である。人びとは,社会福祉と「社会の利益」との関係よりも,「自分の利益」に敏感になりがちである。たとえば「特殊化」形式で社会に承認される社会福祉の特別給付や補償は羨望の的となりやすい。公害や薬害等の補償や,大型災害の義援金すら,その多寡によって人びとの感情的対立を招くことはしばしば経験されている。また,拠出に基づく社会保険給付は「当然」として考えられるが,税による給付は,特定の人びとに「個人の利益」が偏って与えられているような「不公平」感を市民に植えつけることがある。児童扶養手当や生活保護給付を得ている人びとは,行政機関だけでなく,隣人からも,それが「正しく使われているか」,日々「監視」されていく。このため現業機関から国家までの権力装置は「公平や平等の観点」という言葉を,これらの市民からの反感をベースに用いることが少なからずある。つまり,被保護層は,生活保護を受けないで頑張っている一般の低所得層との,児童扶養手当利用者は夫から扶養費を受け取っている家庭などとの,「公平の観点」からその給付が「見直されて」いくことになる。

　さらに,施設や社会サービスの担い手という「非柔軟」な資源の制約を背景に,保育所や特別養護老人ホームの「入所者」と「待機者」の間に溝が作られていく。筆者は,交通費の優遇がある障害者に付き添うボランティアから,なぜ自分だけ正規運賃を支払わなければならないのか疑問に思う,といわれたことがある。ここにはニーズのオモテもウラもなく,「社会の利益」もない。社会福祉で「誰」が「得」をしているか「損」をしているかだけが,「消費者」としての個人の関心事になるわけである。

　そこで,より多く税を支払っている人びとは,自分の税金で,「かれら」の社会福祉給付が賄われていると考えるようになりやすい。だが福祉国家が貧困者だけを有利にしたという考えについては,多くの反論がある。それは貧困層を利したというより,実は中流層に有利であったことは,今や福祉国家論の常識となっている[5] (ピアソン＝田中・神谷訳 1996: 252-254)。ピアソンは,たとえ

ばサッチャー時代の英国でさえ,「口先ではターゲット化をとなえていたにもかかわらず,福祉国家の再構築は,極貧層やもっとも国家に依存した人びとへの給付水準を圧縮し,大衆福祉国家のメインストリームであり人気のある(教育,医療,年金)については少なくとも部分的に擁護」(Pierson 1998 2nd ed.[6]: 181)してきたと述べている。だが,社会福祉からもっとも多く利益を受けているこの中流層は,あまりそのことを自覚せず,社会福祉は「特殊化」形式のトポスや「一般化」形式であってもグレードの低いトポスで社会福祉を享受している「かれらのもの」だと思いやすい。同じく中流層に属する官僚や専門家から構成される社会福祉の権力装置もそのような「思い込み」に傾きがちである。この「思い込み」は,ターゲット化が貧困層への給付削減に向かえば向かうほど,逆に強くなる。だが,このような「思い込み」によって社会福祉の諸政策が立案されたり変更されるのは危険だと,ジョン・ヒルズは最近の著書で主張している(Hills 2015: 264-268)。

　ヒルズのこの著書は,社会福祉政策や税制度及びその変更が,「誰」に「どのような作用」をもたらしたかを,英国世帯パネル調査(British Household Panel Survey)をはじめとする多数の調査データを用いて,人びとの長期の「人生の軌跡」の中で実証しようとしたものである。上で述べた「思い込み」の広がりを懸念してか,一般の人びとにもわかりやすいように,弁護士事務所で働く中流家族と労働者家族出身の母子家庭という架空の2つのモデル家庭[7]を作り,その「損得勘定」分析の体裁を取っている[8]。ここでも,あえてこの「損得勘定」結果だけを紹介しておこう。

　この2つのモデル家族の2010年時点の「損得勘定」計算では,中流家庭は児童手当やNHSサービスなどの福祉給付を受けているが,これらを差し引いた国への純支払いは,給与所得から差し引かれる年金料等を除いても約16万2000ポンド,他方で母子家庭はほぼ同額の16万1000ポンドが国からの純給付となっている。つまり,この1年時点の決算では,あたかも「われわれ」が「かれら」を助けたかのごとく,豊かな層から貧困層への再分配が行われている(同上: 14-18)。次にこの2つのモデル家族の1代目,つまり親世代の生涯にわたる長期の「損得」計算をすると,中流家族には約75万4000ポンド,労働者家族には約54万1000ポンドの給付がなされている。むろん中流家族の1代目は89万6000ポンドの税等を支払っているが,この支払った税等の84%以上が給付としてバックされている勘定になる。他方で労働者家族は支払額の

3 「個人の利益」　　405

162％がバックされている。この両者の差が階層間の移転である。だが，結果としての生涯所得差は中流家族が労働者家族の2.7倍という結果となった。これはそもそも英国の市場の不平等が大きいことが原因である，とヒルズは指摘している。(同上: 47-48)。

このように，ヒルズの「損得勘定」では，予想に反して多くの人びとが福祉国家に依拠し，市場での不平等やライフサイクルの変動を，福祉政策や税制度によって，ある程度修正されていることが示された。ヒルズが使用した福祉国家の給付には，教育，国民保健サービス (NHS)，住宅政策，税優遇策などが広く含まれている。このため福祉国家が「われわれ」に関わるものという結論になりやすかったのかもしれない。またヒルズは最富裕層と極貧層を除いた「われわれ」に注目し，福祉国家の役割をライフサイクル上の再分配に重点を置いて見ているので，その影響もあろう。だが，失業や貧困時のミーンズテスト付き給付を短期に利用した経験をもつ人は18歳以上人口の半分を占める(同上: 52) など，多様な人びとが「彼ら」としての経験をもつことも実証している。こうして，この本のタイトル"Good Times, Bad Times— The Welfare Myth of Them and Us"が示しているように，その政策は「良い時も悪い時も」ある，多くの人びととの人生と関わっているのであって，けっして「かれら」のためだけではない，ということになる。

日本には，このような国家規模で，社会保障給付と負担，税，所得と消費などの事実を長期縦断的に把握できるパネル調査がないので，「損得勘定」を当てはめるとどうなるかはわからない。だが，白書のレベルで見たかぎりでは，「われわれ」を多く包含した年金保険，医療保険・保健サービス，介護保険，保育所などの社会福祉給付に焦点がある。逆に英国のように「われわれ」も人生の途上で短期に利用できる多様な社会扶助は存在していない。その意味で，日本は中流層により多くのバックがいっている可能性が高い。

ところでヒルズは，この著書の結論部分で1カ所だけ「国民のセーフティネットと呼ばれたもの」に言及している（同上: 266）。それは近年の福祉削減策によって給付や税制度がめまぐるしく変更され，多くの「われわれ」も引き下げられた水準に合わせていくのに苦労しているが，その影響がもっとも大きいのは失業層である，とこの書ではほとんど言及しなかった少数の人びとの現状に触れた部分においてである。結局，これらの人びとはチャリティ団体のフードバンクに依拠しなければならなくなり，2013〜14年にはその利用者が，前

年の35万人から大きく増加して90万人にも上っているという。「一度は国民のセーフティネットとよばれたものの中に，たとえそんなには大きくないとしても，相当な穴があいている」(同上: 266)とヒルズは指摘している。

4 セーフティネットの意味

　日本においてなお進行中の社会保障の構造改革は，繰り返し述べたように，制度の持続可能性がゴールにあり，その手段として公的保障をセーフティネット（社会的安全装置，または社会的安全網）のレベルに「見直す」方向で取り組まれている。社会的安全装置とか安全網という意味は，もともと福祉国家体制が資本主義の行き過ぎに対する「社会的安全」を保つ装置として制度化されていることを示す。したがってそれは資本主義の修正ではあっても，根本的変革でない以上，市場や国家財政との調和の下でこれをどのように考えるかが問われることになる。上に述べた英国の福祉削減もむろん財政問題がその基礎にある。とはいえ，結婚や家族の形態も，雇用慣行も大きく変化した今日，セーフティネットをもう一度新たに張り直すことは，経済財政だけでなく，社会福祉における「個人の利益」にとっても「社会の利益」にとっても重要であるのは論を待たない。公的供給をセーフティネットのレベルに見直すことも，場合によって必要かもしれない。だが，問題はそのセーフティネットの内容であり，穴があかないレベルにいかに設定するかにある。

　先に引用したジンメルの「あまりに少しを受けるべきでない」という関心と「あまりに多くを受けるべきでない」という異なった関心，という表現は，ジンメルにおいては「身分に相応しい」ということを意味していたが，今「身分」をT. H. マーシャルのいう社会構成員という身分に拡大して「過少でもなく過多でもない」，つまり社会構成員全体のミニマムとしての社会福祉の設定と読み替えるとすれば，セーフティネットとは，少なくともどのような個人にとっても，このミニマムの確保が可能であり，それが「個人の利益」と「社会の安全＝利益」の双方をつなぐ装置となる，と一応考えることができよう。ネットに穴があくとは，このミニマムが保障されないことであり，それは社会の安全装置の故障＝社会が脅威にさらされ，「個人の利益」が損なわれることを意味する。実際，ベヴァリッジの福祉国家の青写真にあったのは，このような

あくまでミニマムとしての所得保障であった。周知のように，自由主義者ベヴァリッジは，ミニマム以上はボランタリズムに委ねるべきだと考えていた。では，現代においてミニマムをどう設定するのか。これがセーフティネットという言葉をあえて持ち出す場合の基本問題であろう。

　国による差異はあるものの，福祉国家の危機以前は，経済の好調に支えられて，社会福祉の拡大への社会の合意が得やすかったといわれているが，その場合はこうした基本問題は隠されやすい。むろん，ジンメルのいうように，社会福祉は社会を根本から変革するものではないし，ピアソンが手厳しく指摘したように「福祉国家が『平等を推進するための手段』だったことは一度もなかった」にせよ，社会の不平等が，社会福祉によってある程度修正されると期待されてきたし，その努力が試みられてもきた。社会福祉サービスの「普遍主義」的な展開は，日本で流布したような「いつでも，どこでも，誰にでも」社会福祉の恩恵がしたたり落ちていくような幻想を振りまいた。だが，その黄金時代が去ってしまうと，「過少でもなく過多でもない」水準と範囲の模索，すなわち「社会総体の財布」から容認される社会福祉の限定＝ミニマム設定という基本問題が露わなものになっていく。「福祉国家が健在」であるとすれば，この基本問題こそが，その存続の重要な鍵となっていこう。

　しかし，「過少でもなく過多でもない」水準と範囲の模索はそう容易くない。「過少でもなく過多でもない」とは具体的にどのような内容と水準をもった社会福祉を指すのかは，きわめて難問である。日本に「福祉国家の黄金時代」があったかどうかはさておき，多様な社会福祉の事業集合の形成と解体，「一般化」と「特殊化」の異なった形式による社会との連結が作る多様なトポスによる社会福祉の多面体は，この多面体を貫いて共通基盤となるべきミニマムの設定を回避してきたともいえるからである。

　1999年版厚生白書では，セーフティネットの「重層構造」についての言及があった。再度引用すると，「セーフティネットは単一のものではなく，様々な異なる事態に備えて重層的に整備しておく必要がある。例えば，疾病や負傷に備えた医療のセーフティネットと，高齢期の所得保障というセーフティネット，あるいは要介護状態に対するセーフティネットでは，それぞれ，仕組みも財源も保障する水準に対する考え方も異なってくる。医療保険や年金保険等の社会保険，児童・高齢者・障害者福祉等の社会福祉など，いくつものセーフティネットが重層的に存在することにより，安心した日常生活を送ることができ

る」としたうえで，生活保護制度は，他の制度では救済できないすべての国民に対しての「最後のよりどころ」であり，「最後のセーフティネット」といえる」と述べている。ここでは，重層的セーフティネットは仕組みも財源も保障する水準に対する考え方も異なってくるといっているので，重層性の意味も，セーフティネットの保障水準も不確かである。このため重層的セーフティネットをつなぐ「切れ目のない援助」が必要だというほとんど意味不明の定型句が追加されることになる。要するに，多種の公的福祉政策をセーフティネットと読み替えているだけで，本気で「安全網」を張る必要性を説いているとは，とうてい考えられない。このような安直な表現でセーフティネットを語ることができるのは，福祉国家の入口にあったミニマム保障の考え方が日本では生活保護以外に浸透していなかったからではなかろうか。

　実際，日本の「一般化」形式の中の社会保険による所得保障においては，これまでミニマムという考え方は回避され，従前所得の部分的保障として説明されてきた。1954年の厚生年金改正でその定額部分が生活扶助基準を参照したとされているが，1985年に基礎年金制度が導入されたときに，その「満額」をミニマムとして設定したわけではない。雇用保険もミニマムを想定していない。介護保険も「上限」規制であり，ミニマムは個々の高齢者がその利用料を支払える財布の大きさに依存する。この場合のセーフティネットは，「一般化」形式のもつ「現実の格差」を反映した各人の「それぞれのセーフティネット」でしかない。このため，所得保障におけるミニマム設定は，生活保護，とくに生活扶助基準改訂に委ねられてきた。この扶助基準は，近年地域最低賃金制度がこの参照を始めているだけでなく，就学援助，住民税非課税基準などに応用されてきている。他方で生活保護制度における生活扶助基準は，「一般低所得世帯」の消費水準を参照する相対方式なので（いわゆる水準均衡方式），これらの基準はいわば「参照循環」を作ってしまい，出口をなくしてしまった観が強い。

　なお，本書で扱った2010年版以降に，セーフティネット論がもう一度強調されている。それは，第1のセーフティネットである雇用保険と，最後のセーフティネットとしての生活保護の間に「第2のセーフティネット」を作って「重層化」するという提案である。ここでは主にワーキングプアへのセーフティネットが想定されている。この第2として挿入されたのが，すでに何回か言及している「求職者支援法」と「生活困窮者自立支援法」である。第1のネッ

トは社会保険による給付，第3は公的扶助としての給付であるが，第2はワークフェア契約としての求職者支援と，所得保障はつかない生活困窮者支援（福祉事務所設置自治体の必須事業は，自立相談支援事業と住宅確保給付金事業）であり，後者は生活保護受給前の相談と個別支援計画（生活保護へ行かないように）として位置づけられた。雇用保険と生活保護のセットは，戦前の英国失業法と同じ「保険＋扶助」の伝統的な手法であるが，第2のネットの手法はワークフェアと介護保険的な「個別支援計画」をベースとした，きわめて「異質」な手法によるものであり，このような「異質」な手法は，雇用保険における離職理由による選別や特別失業対策の系譜同様，労働市場への「配慮」（雇用主への配慮）がベースにある。したがってこれらがどのような意味で「重層化」されてセーフティネットとして現実に機能するかは，まったく未知数である。

　さらに，白書がいうように，所得保障以外の分野でも，多様なミニマムが存在している。労働時間規制等の労働基準法，学校，社会福祉施設，病院等の施設や専門職配置の最低基準などである。だが〈補償の系列〉の「過少でもなく過多でもない」をセーフティネットに転換することは無理であろう。金銭給付に「相場」を作ることはできても，医療費支援はいわば「死ぬまで」続けられねばならないからである。さらに〈予防・早期発見・早期介入〉の系譜のサービスの限界は設けにくい。予防や早期発見は，やればやるほどよいわけであって，その面からはキリがないからである。そこにミニマム的なもの，たとえば健診や相談などの回数の設定がなされているのは，むろん資源の制約からである。医療サービスにも「標準治療」や入院期間のガイドラインがあり，これは保険点数と連動するから，やはり資源節約である。ジンメルのいう犯罪者や非行少年への「制裁と保護更正」の適正な配分，虐待やDVなどへの一時保護や家庭再建などのミニマムはどう考えればよいだろうか。「特別支援教育」はどうであろうか。社会防衛にミニマムは設定可能であろうか。

　「非貨幣的ニーズ」の用語を使った三浦は，所得保障のミニマムだけではなく，「社会福祉ミニマム」がありうると述べている（三浦 1985: 204-208）。その説明はやや不明確であって，ミニマムというより利用資格の優先性に近い。医療・保健サービスや介護・介助サービスは，その時代の標準サービス（オプティマム）がなされるべきであるという考え方も根強い。ただし，サービスは，標準サービスであれ，ミニマムであれ，ヒトとハコという「非柔軟」な資源動員が前提されねばならず，このヒトやハコが「分割」できないという限界を常

にもつ。三浦が優先性をミニマム問題としてもち出したのも，実はサービス資源の「非柔軟性」に関わっている。病院，社会福祉施設，矯正施設，そこからの復帰のためのサービス等々について，標準やミニマムが設定できても，ヒトとハコの限界によって，そのミニマムは柔軟に運用されていく可能性が高い。虐待や DV が増えれば，児童相談所や婦人相談所の一時保護所は満杯になり，そこから次を引き受けてくれる施設へ早く入れるために，今度はその施設にいる人びとの早期の押し出しが要請される。行き先がなくても，病院からの退院を迫られ，あるいは刑務所から出所した人は，引き取り手があれば家族へ委ねられ，なければ路上へ行く可能性が高い。これも「地域での自立」といいくるめることはできても，現実にかれらの社会福祉のミニマムは保障されない可能性が高い。したがって，サービスのミニマム設定とそれによるセーフティネットは，ハンドラーがいうように，たんに「列に並ぶ権利」に転換されてしまうか，とめどのない規制緩和で，どのようなハコ，ヒトでも可とするような選択を迫られてしまう可能性が高い。いわゆる「ブラック」な宿泊所や施設が隙間産業としてここに入り込んでくる。

　ミニマム設定は，むろん第 2 章で論じたニードと関わっている。ただしすでにその供給手段と一体化した社会福祉のニードのミニマムは，その手段と一緒にしか考えにくい。ニードのオモテに戻って議論しても，財政問題から突きつけられる削減要求への防波堤にはなりにくい。それゆえ白書がいうような「それぞれのセーフティネット」の「重層化」になるわけであろうが，そこに何らかの「共通項」がなければ，ただ積み重ねても安全なネットにはなりえないのは明らかであろう。この「共通項」としては，所得保障と，本書では扱えなかった税制度という金銭手段によるミニマムをまず考えることがまずその第一歩となると考えられる。税制度は再分配の有力な手段であり，なおかつ社会福祉サービスの費用負担の基準としても使われている。したがって，この税金も含めて，少なくとも所得レベルにおける「共通項」を明瞭な形で設定し直すということである。

　この「共通項」という意味は，たとえば基礎年金，生活扶助，最低賃金，課税最低限などの水準が，同じレベルに並ぶことを意味している。負の所得税やベーシックインカムなどの提案を思い浮かべることができようが，その手前で可能な水準調整である。ここに住宅の最低限（国土交通省の住宅居住最低限を現実に賄える費用＝住宅手当）と，日常生活費を平準化する程度の貯蓄最低限が加

われば，セーフティネットの意味はさらに明確になり，そのネットは強靭なものとなろう。日本では国土交通省の住宅居住最低限設定があるのに，それ以下の住宅に住まなければならない人びとが現実に多いことがセーフティネットの実効性を妨げている。それは戦後日本の社会福祉形成過程の中で児童手当制度のキャッチアップはあっても，住宅市場をコントロールできる家賃手当制度のキャッチアップがなされなかったことと関係している。現在生活困窮者自立支援法で「住居確保給付金」（あえて住宅手当とはしなかったことに注意）が実現したが，それはごく短期のものでしかない。なお児童手当，児童扶養手当，就学援助（もしくは高校までの無償化）等子どもの貧困予防の諸政策も同様に，何らかのレベルを揃えていくことが必要ではなかろうか。

　所得と税によるミニマム設定はサービスのセーフティネットとも強く関連している。拡大した（普遍主義による）社会福祉サービスの利用者負担（その中には「ホテルコスト」とか「食費負担」もある）や，あるいは医療や介護の保険の保険料負担問題を，まずは所得のミニマム保障の「共通項」の設定と関連させて整理することが不可欠であろう。たとえば日本の国民健康保険料や介護保険料の負担とサービス自己負担は，基礎年金の多くの部分を奪ってしまっている可能性がある。ちなみに，1960～70年代にさまざまに取り組まれた障害者運動の1つに，介護人派遣事業だけでなく，その介護料の支給を要求した運動があった。この運動の成果の1つとして，1975年から重度障害者のための例外的（災害時のような）特別基準での介護加算支給（現金）が生活保護制度内で行われるようになった。この場合介護料は障害者に支給されるため，障害者の自由を保障したダイレクト・ペイメントと見なされている。全身性障害者として，この公的介護保障運動の先頭に立ってきた新田勲と介護者たちの関係を考察した深田耕一郎は，新田が「『福祉とは保護法ではじまって保護法で終わる』とよくいうのだが，生活保護法への信頼が厚い」（深田 2013: 638）と記している[9]。それは新田の生活の基礎が生活保護費にあるだけでなく，この制度のうちに特別基準での介護料が位置づき，それによって介護者と新田との「人格関係に基づいた福祉活動」が実現しているという意味であろう。ともあれ，ここで注目したいのは，介護サービスを介護料という貨幣で秤量し，そのミニマムを設定することも不可能ではないということである。

　本書で見てきたような，その時々の社会福祉事業の集合形成とその解体のプロセスの中で，いくつかの事業に何らかのミニマム（場合によってはそれ以上）

の設定があったとしても，それらの異集合を貫く上記のような共通項の設定がなければ，「重層化」の意味はない。本書の議論の範囲をあえて超えてつけ加えるとすれば，1つのポイントは，最後のセーフティネットと言われる生活保護の扱いであろう。すなわち，①生活保護のみを切り離して，「最後のセーフティネット」としないこと，②むしろ他の保険制度やサービス保障とリンクした「選別的普遍主義」（星野 2000）の方向で生活保護の各扶助や加算を低所得者全体へ「開放」していくこと，③保護基準は相対比較以外の最低生活基準裁定方法を複数参照して「参照循環」を断ち切ることが，現代のセーフティネットの張り直しの基礎となると考える。

　欧米のワークフェアを調査したハンドラーは，共通項としての所得保障のあり方を，ベーシックインカムに求めている。彼は，その理由として，先にも述べたように，現金にはヒトやハコのように分割できないという制約がないこと，また「それは最低限の生存と地位としてのシチズンシップを保つだけでなく，クライエントに出口のオプションを与える」（Handler 2004: 273）点を挙げている。「出口のオプション」とは，サービスの強制を拒否することができることを意味しており，そもそも「契約」とはそうした「選択可能性」を前提にしていることを強調している[10]。「措置」から「契約」へというスローガンで実施された日本の社会福祉基礎構造改革は，このような「出口のオプション」をどれだけ意識しただろうか。むろん，ハンドラーは「ベーシックインカムが万能薬ではない。それは労働市場と福祉改革のパッケージの一部」（同上: 274）でしかないことも強調している。他方，ピアソンはベーシックインカムの可能性を否定していないが，その政治的支持は，まだほとんどないという現実も指摘している（Pierson 1998 2nd ed.: 194-195）。

　もっとも，社会防衛のミニマム（そのようなものがあるとしたら）はどう考えるのか，過剰防衛をどう防ぐか，市野川のいうような「誰が生れるに値するか，さらには誰が生きるに値するかという人間の選別」はどうなるか，「特別支援教育」を「個別ニード」に分解してしまっていいのか，倉本のいうような「仲間同士の中での育ち合い」をどう考えるかなど，ミニマムでは解決のつきようがない諸課題も当然残っている。とはいえ，こうした社会福祉の多面的側面は，ハンドラーのいうように，共通項とともに考察すべき課題となろう。

　今日の社会保障の構造改革は，このような共通項としてのミニマムの設定の方向ではなく，それぞれの制度の「無駄」探しや水準の引き下げに終始してい

る観がある。このような権力Aに対して，対抗するBもまた，たんに引き下げ反対となりやすい。前章の注17で述べたように「障害者自立支援法」の進展を押しとどめて「障害者総合支援法」に持ち込めたことが，障害者やその関係団体の「自立」への問い直しとその政治的「争点化」にあったとすれば，社会保障の構造改革全体を進めるAも，これに抵抗するBも，より深いミニマムとセーフティネットの検討に裏づけられた提案を政治の場に引きずり出し，それを「争点化」するしかないのではあるまいか。Aが「重層的セーフティネット」というなら，それは具体的にどういうものなのか，どのような意味で「重層」なのか，それによって穴は埋められるのかと，Bも「怒りを持って」厳しく問うべきであろう。

5　「地域」の「個別支援」と「見知らぬ他人」との連帯

　以上述べてきたセーフティネットへの「見直し」は，繰り返してきたように，その実施の多くの部分を地方自治体，地域の住民団体の活動や市場に委ねられている。本書はあくまで中央政府の行政報告である白書の範囲の議論に終始したので，「期待されている」地方やNPO等の活動まで見通すことはできなかった。「地域福祉化」のスローガンの下で，地域で何が起こっているのか，NPO等に委ねられた「個別支援」は何をもたらしているのか等について，たんに政府推奨のgood practiceではなく，その「地域福祉化」や「個別支援」の意味がさらに実証的に再検討されねばならないだろう。
　だが，最後に指摘しておきたいのは，この地域の「身近な人びと」による「支え合い」や寄り添い型「個別支援」の基本的性格は，社会保障の構造改革のねらう「制度の持続」とは，本質的に矛盾するものだという点である。前者は「見知った人びと」の中での「人格的関係」を基礎にした支援を意味し，後者は「見知らぬ他人」の間の連帯の制度の持続にその意味がある。本章の第1節で述べたように，英国における救貧法の展開は，後に失業保険＋失業扶助としての貧困・失業の予防救済のシステムの系譜と一時併存したが，これとは別に，ケースワークの源と呼ばれる慈善組織活動が，救貧法を批判しつつ，異なった手法でそれと共存したことも，よく知られている。すなわち，英国の慈善組織協会（C.O.S）は，救貧法による国家の一律救済を批判して，慈善事業の

組織化・近代化をめざすが、そこで強調されたのは、ケースの個別事情をよく調査して、援助に値する貧民（deserving poor）と値しない貧民（undeserving poor）を区分することであった。また、施与ではなく友愛訪問が奨励された。このような黎明期のケースワークの前提にあった19世紀的価値は、もちろん今日のソーシャルワーク論では否定されている。だが、その基本フレームは、現代の「地域での支え合い」や「個別支援計画」とそれほどの距離があるようにも思われない。ここでは、地方政府ないしはそれから委託を受けた民間組織による対象者の選別がまず存在し、またその支援は「寄り添い」がキャッチフレーズとなるように、地域での親身な「人格的関係」を暗黙の前提にしている。さらにいえば、過度な私生活への介入や、地域における「ケース会議」などによる個人情報の一方的共有などの危険は決して小さくない。

　他方で、社会保障の持続確保のための税制度を含んだ一連の制度改革は、世代を超えた「見知らぬ人びと」との間での「匿名」の連帯の維持を意味している。イグナティエフのいうように、もともと「官僚機構を通じての見知らぬ他人たちのあいだでの所得移転は、贈与関係に随伴する隷属から各人を解放してきたのだ」（イグナティエフ＝添谷・金田訳 1999: 28）し、「福祉国家は、連帯を求めるこのニードを制度化しながらも、資産のある者とそれを必要としている者とを、お互いに見知らぬ他人のままにさせておく。…（略）…もし私たちが道徳的関係の上でも互いに見知らぬ他人同士であることをやめたいと願うならば、私たちはおそらく国家による福祉という仕組みそのものを解体しなければならないだろう」（同上: 27）とまで述べるような性格をもつ。

　匿名の連帯は、福祉国家の所得再分配だけではない。ティトマスは、全世界に開かれた匿名による社会福祉の可能性を、献血制度を例にとって説明している。「多くの（献血をする）人びとにとって、全世界は、家族、親族、あるいは限定された社会的、民族的または職業上の集団や階級に制限されていなかった。（献血者にとっての）全世界は、あらゆる見知らぬ他人である」（Titmuss 1970＝2002: 238）。「全世界が見知らぬ他人である」のは、現代では、臓器移植をする・される人びとにおいても同様であろう。

　さらに、たとえば「政策医療」としての国立病院・療養所の存続、虐待など暴力からの一時保護等の必要は、社会福祉という多面体が、身近な「地域」と「個別支援」にだけ回収されえないことをよく示している。それゆえ、見知らぬ人びとをつなぐ諸制度が、福祉国家の「危機」に直面しても解体されず、む

しろその「持続化」それ自体が日本の「社会保障構造改革」の目的になっているし，基礎自治体だけでなく，都道府県レベル，あるいは国の直接関与の余地がまだ残されている。それでは，これらとは矛盾する地域での相互扶助や「個別支援」が，ほぼ同時に持ち出されてきているのはなぜなのだろうか。社会福祉の歴史に織り込まれた，この相反する性格が，その矛盾を孕んだまま，現代においても再三登場しているのはなぜなのだろうか。

1つの理由は，前章でも述べたように，福祉国家の危機の切り札として出現したワークフェアのターゲットが，「排除された人びと」にあり，その「特殊化」形式による包摂のプロセスに「個別支援計画」が位置づけられたことによる。ここでは，「一般化」形式による社会保障の中心機能の維持（セーフティネットとして）と，その「特殊化」形式の一部に「個別支援」を当てはめる，という意味で矛盾は回避されているという理解が可能となる。前章の図7-2でいえば，Bの方向の強化であり，現代のdeserving poorの新たな析出とそれへの「個別支援」による「押し戻し」という理解である。日本では，やや遅い反応ではあったが，求職者支援法，生活困窮者自立支援法の成立を受けて，この路線への着手が始まっている。このほか，生活保護制度や母子世帯対策などにおける自立支援もここに位置づけられるといえよう。

第2に，介護やその予防における地域ケアの提唱や，ケアマネジメントとして展開されている「個別支援計画」は，福祉国家の財政問題の解決との関わりで理解することが可能であろう。日本は介護を社会保険で制度化し，なおかつその事業者の多元化に踏み切ったので，介護を受ける地域は固定する必要はなく，民間企業のサービス利用も可能である。言い換えれば，介護を家族や地域縁者との「人格関係」から切り離したところに，その制度化の画期的意義があった。にもかかわらず，地域ケアの提唱や「個別支援計画」がすぐ付随した大きな理由は，財政拡大への警戒である。地域（コミュニティ）に戻すというのは，どこの国でも，社会福祉の財源拡大を阻止するうえで，常に有力な方法であったし，これからも有力な方法として模索されよう。とりわけ日本の場合は，「含み資産」としての家族への注目が失敗した後も，分権化のほか，首都圏一極集中化で地方の危機が叫ばれるにしたがって，地域ケアが「地域おこし」という側面と容易に結びついて，「地域」が無条件に歓迎されている状況がある。

第3に考えられることは，人びとが社会福祉に対して持つアンビバレントな要求の存在である。すなわち，見知らぬ他人の中での平等な取り扱いと，「人

格関係」や自分の「ニード」だけを特別に扱ってほしいという要求の両方をもつという，やっかいな問題である。本書でも取り上げた障害や難病を抱えた人びとについての著作に共通するのは，当事者とボランティアとの濃厚な人間関係であり，そこでの愛や喪失の経験である。社会福祉が，このきわめて人間的な要求をも織り込んでいくべきなのかは，難しい問題である。私的親密圏を築けないほど，孤立した人びとが拡大しているのか，ケアワークやソーシャルワークをそれと混同してしまいがちなのかは，わからない。前章図7-2のCのような，現実にあわせた社会福祉の「押し広げ」を拡大していくことによって，私的人間関係と社会福祉の，合理的な切断をうながしていく可能性はないのだろうか。

> 万人を同等者として遇することは，しばしば結局のところ各個人を数字で扱うことに終わる。平等のイデオロギーは，たとい好ましい制度慣行へと翻訳された場合であっても，おそらく非人格性に帰着するだけであろう。もし人が自分は社会に利害関係を有していると実感したいと思うならば，かれらは利害関係は不平等であることを承認して欲しいと望む。つまりかれらは人格としては個別であるということが認知されることを欲するのであり，それぞれの特別のニーズに応えて欲しいと望むのだ。…（略）…いかなる福祉システムであれ，個々人を平等に遇することと個々人を尊敬を持って遇することとのあいだでのこの矛盾を調停することができるかどうかは，依然として決まった答えのない問なのだ」。（イグナティエフ＝添谷・金田訳 1999: 220）

本書はむろんこの問いへの答えを見いだしていない。ここでの作業は，社会福祉が，相互に矛盾し合った価値や手法で，その時々を揺れ動きながらも，今日の社会に多様なトポスで位置づけられてきていることを辿り，解釈することであった。それらの多様性や矛盾を解消する簡単な解はないし，その矛盾に気づかぬふりをして処方箋を急いで書くことが，社会福祉研究であるとは思わない。重要なことは，社会福祉の中にあるそれらの多様性や矛盾を確認すること，あるいはなぜ社会総体がそのように多様な形式で社会福祉をその内部に位置づけるのかを，ていねいに解きほぐしていくことであろう。歯切れが悪いかもしれないが，そこに社会科学としての社会福祉研究の意味と可能性がある。また，

そのような確認と解きほぐしの過程で，相互に矛盾した事業の，どこを批判し，あるいは別の選択肢を提案していくかの糸口が見つかるのではなかろうか。社会福祉の多様性や矛盾の解釈をめざした本書で，筆者がなした唯一の提案＝セーフティネットの共通項の設定は，戦後の白書を素材とした社会福祉のトポスの探求の過程で見いだされたその糸口の1つにすぎないのである。

☆ 注

1) 橋本によれば，「私宅」は必ずしも「自宅」だけを意味したわけではなかったそうである。別の私人へ委託したり，市区町村長の委託で建設された常設の「監置室」も「私宅」とみなされたという（橋本 2011: 28）。
2) 1911年は日本でも工場法が成立した年である。1922年に健康保険法公布があり，また内務省に社会局が設置されて，ようやく社会政策・社会事業の整備が始まる。
3) 本書の題名『からのゆりかご（empty cradles）』とは「ゆりかごから墓場まで」という英国福祉国家のキャッチフレーズを批判したものである。著者マーガレット・ハンフリーズは，もともと知的障害の女性が産んだ子どもを，母親から「取り上げる」ソーシャルワーカーとしての仕事にジレンマを感じていたという。英国では1975年に，養子に出された子どもたちが成人に達した段階で自分の出生証明書を見る権利が認められた。このような「正確な身元」を知る権利を前提に，ハンフリーズは児童移民トラストを1987年に設立して，移民児童の「正確な身元」探しに乗り出すことになる。なおこの実話は近年『オレンジと太陽』という映画になっているが，それより前に，日本でも「遥かなる英国」（日本語タイトル）というBBCドキュメンタリーがテレビで放映されている。筆者は偶然このドキュメンタリーを見て衝撃を受けた。なお，本書の訳者は，その解説で日本の戦後のエリザベス・サンダース・ホームの混血児の海外養子縁組と中国残留孤児とを，この児童移民計画と重ね合わせている。
4) これを経路依存ということもできようが，本書で見たようにその事業集合は変化している。ここで維持したいのは，国民皆保険・皆年金体制であり，雇用保険，介護保険などのメインストリームであることは間違いない。
5) ピアソンは，再分配における中流層の有利だけでなく，ソーシャルワーカー等福祉の専門職が中流層の，とくに女性の職業分野を開拓したことにも言及している。
6) ピアソンのこの著は田中浩・神谷直樹訳，1996年刊行の第2版であるが，かなり書き換えられているので，出典を別にした。
7) この原型になったのは，1989年にグラナダテレビが制作した番組「たかり屋」であり，ステレオタイプな中流世帯と母子世帯を対比させ，どちらが「たかり屋」なのかを競ったゲームショーであったという。
8) この著書は，タイトルからして，ロックグループ・レッドツェッペリンの代表作の名前をつけており，一般市民への啓発を試みているようにみえる。
9) 深田のこの著書のテーマはむろん介護料の話ではない。介護者と障害者の関係をサービスのやりとりとして「わりきらず」，全人格的な関わり合いの中での「相互贈与」と

捉えたところにある。だが，それを支えたのは介護料を含めた公的保障であり，新田はそれを要求して闘ったのである。深田は自立生活センター（CIL）等との対比で，「交換系」と「贈与系」としているが，生活保護や介護料は見知らぬ他人への（あくまで税を介した）贈与であり，それに支えられた介護生活の場での人格的な関係（深田のいう相互贈与）とは区別されねばならない。

10) この「出口のオプション」とは，社会福祉を「成果」だけでなく「プロセス」から評価する意義を説く秋元の言葉では「プロセスの自由」（強いられない自由）（秋元 2010: 165-167）ということになろうか。そうだとすれば，「出口のオプション」は契約型だけでなく，あらゆる社会福祉サービスと関わり合うことになろう。むろん，緊急時や乳幼児の保護等はそうした「出口」は持ちようもないだろうが。

文　献

秋元美世（2007）『福祉政策と権利保障——社会福祉学と法律学との接点』法律文化社
秋元美世（2010）『社会福祉の利用者と人権』有斐閣
圷洋一（2012）『福祉国家』法律文化社
Alcock, P., Erskine, A. and May, M. eds.（1998）*The Student's Companion to Social Policy*, Blackwell.
Alcock, P., Glennerster, H., Oakley, A. and Sinfield, A. eds.（2001）*Welfare and Wellbeing: Richard Titmuss's Contribution to Social Policy*, The Policy Press.
Bachrach, P. and Baratz, M. S.（1970）*Power and Poverty: Theory and Practice*, Oxford University Press.
Bradshaw, J.（1972）The Concept of Social Need, *New Society*, 496.
Bradshaw, J.（1994）The Conceptualisation and Measurement of Need: A Social Policy Perspective in Popay, J. and Williams, G. eds. *Researching the People's Health*, Routledge.
Bradshaw, J.（2001）Methodologies to Measure Poverty: More than One is Best! Paper for International Symposium Poverty Mexico City march 28/29, 2001.
Dahl, R. A.（1968）Power in *International Encyclopedia of the Social Science*, Crowell, Collier and Macmillan.
Dean, H.（2010）*Understanding Human Need*, Policy Press.（邦訳　福士正博訳〔2012〕『ニーズとは何か』日本経済評論社）
Doyal, L. and Gough, I.（1991）*A Theory of Human Need*, Macmillan.
江口英一（1976）「戦後失業対策事業制度をめぐって——社会保障の近代化をめぐって」篭山京編『社会保障の近代化』勁草書房
Esping-Andersen, G.（1999）*Social Foundations of Postindustrial Economies*, Oxford University Press.
エスピン＝アンデルセン，G.（＝渡辺雅男・渡辺景子訳 2001）『福祉国家の可能性』桜井書店
Forder, A.（1974）*Concepts in Social Administration: A Framework for Analysis*, Routledge & Kegan Paul.
Fraser, N.（1989）*Unruly Practices: Power, Discourse and Gender in Contemporary Social Theory*, Polity Press.
藤野豊（2006）『ハンセン病と戦後民主主義——なぜ隔離は強化されたのか』岩波書店
藤田雄大（2014）「難病対策の法制化」『立法と調査』351，参議院事務局調査室
深田耕一郎（2013）『福祉と贈与——全身性障害者・新田勲と介護者たち』生活書院
古川孝順（1998）『社会福祉基礎構造改革』誠信書房
古川孝順（2009）『社会福祉の拡大と限定』中央法規出版
古川孝順（2013）「一番ヶ瀬社会福祉学の成立と意義」岩田正美・田端光美・古川孝順編『一番ヶ瀬社会福祉論の再検討』ミネルヴァ書房
ガルブレイス（＝鈴木哲太郎訳 2006）『ゆたかな社会　決定版』岩波現代文庫
GHQ/SCAP編纂（＝菅沼隆解説・訳 1998）『GHQ日本占領史23　社会福祉』日本図書センター
ギルバート，ニール／ギルバート，バーバラ（＝伊部英男監訳 1999）『福祉政策の未来——ア

メリカ福祉資本主義の現状と課題』中央法規出版
Glennerster, H. (2000) US Poverty Studies and Poverty Measurement: The Past Twenty-five Years, Centre for Analysis of Social Exclusion Paper 42, London School of Economics.
Handler, J. (2004) *Social Citizenship and Workfare in the United States and Western Europe: The Paradox of Inclusion*, Cambridge University Press.
橋本明（2011）『精神病者と私宅監置』六花出版
ハッセンフェルド，イースケル（＝木下武徳訳 2011）「ワーカー・クライエント関係──実践における社会政策」『北星学園大学社会福祉学部北星論集』第 48 号
林正義（2010）「生活保護と地方行財政の現状」『経済のプリズム』No. 78
樋口陽一（1996）『人権』三省堂
Hills, J. (2015) *Good Times, Bad Times: The Welfare Myth of Them and Us*, Policy Press.
平岡公一（2001）「社会福祉の実施方法とその原理──ニーズ充足の過程」岩田正美・武川正吾・永岡正己・平岡公一編『社会福祉の原理と思想』有斐閣
堀智久（2014）『障害学のアイデンティティ』生活書院
星加良司（2012）「裁かれない人がいるのはなぜか？──『責任』をめぐるコンフリクト」中邑賢龍・福島智編『バリアフリー・コンフリクト』東京大学出版会
星野信也（2000）『「選別的普遍主義」の可能性』海声社
星野信也（2002）「社会福祉学の失われた半世紀」『社会福祉研究』第 83 号，鉄道弘済会
法務省『犯罪白書』1960 年版から 5 年おき 2010 年版まで
ハンフリーズ，マーガレット（＝都留信夫・都留敬子訳 2012）『からのゆりかご──大英帝国の迷い子たち』日本図書刊行会
一番ヶ瀬康子（1964）『社会福祉事業概論』誠信書房
市野川容孝（1999）「福祉国家の優生学──スウェーデンの強制不妊手術と日本」『世界』vol. 661，岩波書店
イグナティエフ，マイケル（＝添谷育志・金田耕一訳 1999）『ニーズ・オブ・ストレンジャーズ』風行社
池澤夏樹（2013）「怒りはどこへいった？」コラム「終わりと始まり」朝日新聞 11 月 5 日夕刊
岩永理恵（2011）『生活保護は最低生活をどう構想したか──保護基準と実施要領の歴史分析』ミネルヴァ書房
岩崎晋也（2002）「なぜ『自立』社会は援助を必要とするのか」古川孝順・岩崎晋也・稲沢公一・児島亜紀子『援助するということ──社会福祉実践を支える価値規範を問う』有斐閣
岩崎晋也（2011）「序論──社会福祉原理論研究の活性化にむけて」岩田正美監修・岩崎晋也編『リーディングス日本の社会福祉 1 社会福祉とは何か』日本図書センター
岩田正美（1986）「何が社会福祉の『対象』か──諸概念と認識枠組について」『東京都立大学人文学報』No. 187
岩田正美（1995a）『戦後社会福祉の展開と大都市最底辺』ミネルヴァ書房
岩田正美（1995b）「『不定居の貧困』と戦前期東京の社会事業──特に『労働宿泊所』をめぐって」『社会政策学会年報』39 集，御茶の水書房
岩田正美・山本美香・黒岩亮子・川原恵子・田中恵美子・加藤洋子（2002）「戦後社会福祉対象カテゴリーの変遷──東京都社会福祉事業を事例として」日本女子大学『社会福祉』第 42 号

岩田正美（2005）「政策と貧困——戦後日本における福祉カテゴリーとしての貧困とその意味」岩田正美・西澤晃彦編『貧困と社会的排除——福祉社会を蝕むもの』ミネルヴァ書房

岩田正美（2012）「わが国における公的扶助の位置——社会保障・福祉制度の『孤児』として」『対論社会福祉学 2』中央法規出版

Kahn, A. and Kamerman, S. B.（1976）*Social Services in International Perspective: The Emergence of the Sixth System,* U. S. Department of Health, Education, and Welfare.

Kamerman, S. B. and Kahn, A.（1976）*Social Services in the United States: Policies and Programs,* Temple University Press.

金澤一郎（2011）「今後の難病対策への提言」『保健医療科学』Vol. 60 No. 2

金子隆一（2012）「人口統計の示す日本社会の歴史的転換」（『21 世紀の統計科学』第Ⅰ巻日本統計学会増補 HP 版

Katz, M.（1996）*In the Shadow of the Poor House: A Social History of Welfare in America,* 10th Anniversary Edition, Basic Books.

川口有美子・柳本文貴（2013）「支援の多様な可能性」（トークセッション）『支援』Vol. 3, 生活書院

川原恵子（2005）「福祉政策と女性の貧困」岩田正美・西澤晃彦編『貧困と社会的排除——福祉社会を蝕むもの』ミネルヴァ書房

城戸嘉彦（2014）「日本の公的年金制度・政策とそれらを巡る研究の生成・発展」『季刊社会保障研究』第 50 巻第 1・2 号, 国立社会保障・人口問題研究所

国立社会保障・人口問題研究所『社会保障費統計資料集——時系列整備』1969〜1998 年度

駒村康平・菊池馨実編（2009）『希望の社会保障改革』旬報社

近藤文二（1961）「所得倍増計画と社会保障——わが国における社会保障の問題点」生命保険文化研究所所報 7 巻 1 号, 生命保険文化研究所

厚生労働省『厚生労働白書』2001〜2010 年版

厚生労働省職業安定局『雇用対策年鑑』2003 年度版

厚生省『厚生白書』各年版

厚生省 20 年史編集委員会編（1960）『厚生省 20 年史』厚生問題研究会

厚生省 50 年史編集委員会（1988）『厚生省 50 年史』厚生問題研究会

小山進次郎（1976）『改訂増補 生活保護法の解釈と運用』（復刻版），全国社会福祉協議会

窪田暁子（2013）『福祉援助の臨床——共感する他者として』誠信書房

国本伊代（1989）『ボリビアの「日本人村」』中央大学出版部

倉本智明（2015）「分けられ, 混じり, 混ぜられ, 分かれ」『支援』Vol. 5, 生活書院

Lister, R.（2004）*Poverty,* Polity Press Cambridge.

Lukes, S.（2005）*Power: A Radical View* 2nd edition, Palgrave.

マーシャル, T. H.／ボットモア, トム（＝岩崎信彦・中村健吾訳 1993）『シティズンシップと社会的階級——近現代を統括するマニフェスト』法律文化社

Megone, C. B.（1992）What is Needs? in Corden, A., Robertson, E. and Tolley, K. eds. *Meeting Needs in An Affluent Society: A Multi-disciplinary Perspective,* Avebury.

Mishra, R.（1981）*Society and Social Policy* 2nd edition, Palglave Macmillian.

三井さよ（2011）「かかわりのなかにある支援」『支援』Vol. 1, 生活書院

三浦文夫（1985）『社会福祉政策研究——社会福祉経営論ノート』全国社会福祉協議会

宮島喬（2004）『ヨーロッパ市民の誕生――開かれたシティズンシップへ』岩波新書
水島治郎（2012）『反転する福祉国家――オランダモデルの光と影』岩波書店
文部科学省『文部科学白書』2001, 2005, 2009, 2010年度版
文部省『教育白書』1953, 59, 64, 70, 75, 80, 88, 90, 91, 95, 2000年度版
文部省（1972）『学制百年史』帝国地方行政学会
村田文世（2009）『福祉多元化における障害当事者組織と「委託関係」――自律性維持のための戦略的組織行動』ミネルヴァ書房
長勢甚遠（氏原正治郎序）（1987）『シルバー人材センター』労政行政研究所
中川清（2000）『日本都市の生活変動』勁草書房
中野聡子（2012）「聴覚障害者のアイデンティティ・トラブル」中邑賢龍・福島智編『バリアフリー・コンフリクト』東京大学出版会
二木立（2015）「『地域包括ケアシステム』の法・行政上の出自と概念拡大の経緯を探る」『文化連情報』444号
西澤晃彦（2005）「排除による貧困――東京の都市下層」岩田正美・西澤晃彦編『貧困と社会的排除――福祉社会を蝕むもの』ミネルヴァ書房
野口廣（2007）『トポロジー 基礎と方法』ちくま学芸文庫
野口廣（2009）『トポロジーの世界』ちくま学芸文庫
岡部耕典（2014）「生きて稼ぐ，と〈支援〉をめぐる試論」『支援』Vol.4, 生活書院
岡村重夫（1983）『社会福祉原論』全国社会福祉協議会
岡野伸治・渡邉由紀子（2011）「海外移住資料館の収蔵する戦後海外移住実務機関作成業務資料等の紹介」『海外移住資料館 研究紀要』第6号
大河内一男（1940）『社会政策の基本問題』日本評論社
大野更紗（2012）『困ってるひと』ポプラ文庫
尾上浩二・岡部耕典・山下幸子（2013）「パーソナルアシスタンスのこれまでとこれから」『支援』Vol.3, 生活書院
大阪産婦人科医会（2014）「未受診や飛び込みによる出産等実態調査報告書」
ピアソン，クリストファー（＝田中浩・神谷直樹訳 1996）『曲がり角にきた福祉国家――福祉の新政治経済学』未来社
Pierson, C. (1998, 2nd edition) *Beyond The Welfare State?: The New Political Economy of Welfare*, Polity Press.
ピンカー，ロバート（＝栃本一三郎訳 1983）「社会政策とは何か」『季刊社会保障研究』第19巻第2号
Reisman, D. (1977) *Richard Titmuss: Welfare and Society*, Heinemann.
労働省職業安定局『失業対策年鑑』1946～1955年度までの各年度版, 1960, 63, 66, 74, 75, 80, 85, 88, 90, 95, 2000年度
定藤邦子（2011）『関西障害者運動の現代史――大阪青い芝の会を中心に』生活書院
斉藤弥生（2014）『スウェーデンにみる高齢者介護の供給と編成』大阪大学出版会
坂田周一（2003）『社会福祉における資源配分の研究』立教大学出版会
坂田周一（2015）「社会政策と租税支出――ティトマス『福祉の社会的分業』60周年に寄せて」『立教大学コミュニティ福祉学部紀要』第17号
澤田誠二（2009）「教育における日本的平等観再考――障害児教育をめぐる運動言説の社会学

的分析をてがかりに」『東京大学大学院教育学研究科紀要』49
社会保障制度審議会（1950）『社会保障制度に関する勧告』
志田利（1963）「複雑化する対象とマヒ状態の機能――児童相談所の現状と問題点」『社会事業研究』第3号，日本社会事業大学社会福祉学会
下夷美幸（2008）『養育費政策にみる国家と家族』勁草書房
失業対策審議会編（1955）『日本における雇用と失業』東洋経済新報社
ジンメル，ゲオルク（＝居安正訳 1994）『社会学――社会化の諸形式についての研究』上下，白水社
副田義也（2008）『福祉社会学宣言』岩波書店
スピッカー，ポール（＝武川正吾・上村泰裕・森川美絵訳 2001）『社会政策講義――福祉のテーマとアプローチ』有斐閣
菅沼隆（2005）『被占領期社会福祉分析』ミネルヴァ書房
隅谷三喜男編（1991）『社会保障の新しい理論を求めて』東京大学出版会
田淵貴大・中山富雄・津熊秀明（2012）「日本におけるがん検診受診率格差――医療保険のインパクト」『週刊日本医事新報』No. 4605
田多英範（2011）「福祉国家と国民皆保険・皆年金体制の確立」
『季刊・社会保障研究』Vol. 47 No. 3
高澤武司（2000）『現代福祉システム論――最適化の条件を求めて』有斐閣
高沢武司（2005）『福祉パラダイムの危機と転換』中央法規出版
田中恵美子（2009）『障害者の「自立生活」と生活の資源――多様で個別なその世界』生活書院
田中聡一郎・駒村康平（2013）「（消費増税時の低所得者対策）高齢者への偏重避けよ」日本経済新聞 2013 年 11 月 15 日朝刊
寺脇隆夫（2008）「身体障害者福祉法（1949.12）の立案過程の検討（上）」浦和大学・浦和短期大学部『浦和論叢』第 39 号
寺脇隆夫編（2010）『戦後創設期/社会福祉制度・援護制度史資料集成（第Ⅰ期）』柏書房
セイン，パット（＝深澤和子・敦監訳 2000）『イギリス福祉国家の社会史』ミネルヴァ書房
Titmuss, R. M. (1958) *Essays on 'The Welfare State,'* George Allen & Unwin Ltd.
Titmuss, R. M. (1970＝2002) *The Gift Relationship* Vol. 7, The Palgrave Macmillan, Edition of the Writings on Social Policy and Welfare of Richard M. Titmuss.
Titmuss, R. M. (1974 Abel-Smith, B. and Titmuss, K. eds.) *Social Policy: An Introduction*, Pantheon Books.
東京都（1954）『都政十年史』
東京都養育院（1974）『養育院百年史』
トレント，J. W. Jr.（＝清水貞夫・茂木俊彦・中村満紀男訳 1995）『「精神薄弱」の誕生と変貌』（下）学苑社
堤健造（2008）「外国人と社会保障」国立国会図書館調査及び立法考査局『人口減少社会の外国人問題――総合調査報告書』
氏原正治郎（1976）「失業保険制度の限界と機能――その歴史を顧みて」篭山京編『社会保障の近代化』勁草書房
Walton, R. (1969) Need: A Central Concept, *Social Service Quarterly*, 43（1）.

渡辺一史（2013）『こんな夜更けにバナナかよ——筋ジス・鹿野靖明とボランティアたち』文春文庫
ウェーバー，マックス（＝阿閉吉男・脇圭平訳 1987）『官僚制』恒星社厚生閣
Wiggins, D. (1987) *Needs, Values, Truth,* Blackwell.
Wilensky, H. L. and Lebeaux, C. N. (1958) *Industrial Society and Social Welfare,* Russell Sage Foundation.
ウィレンスキー，ハロルド（＝下平好博訳 1984）『福祉国家と平等——公共支出の構造的・イデオロギー的起源』木鐸社
山下幸子（2008）『「健常」であることを見つめる——1970年代障害当事者/健全者運動から』生活書院
矢野隆夫・富永雅和（1975）『心身障害者のためのコロニー論——その成立と問題点』日本精神薄弱者愛護協会
横塚晃一（立岩真也解説＝2007）『母よ！殺すな』生活書院

あ と が き

　本書は，2015年3月に日本女子大学を定年退職した私の「卒業論文」として書き上げたものである。かつて，退職の際には退職記念論文集が定番であり，現在でもそのような本が同僚や教え子によって編まれることがある。私の場合は，日本女子大学社会福祉学科・社会福祉学会の紀要『社会福祉』で同様の配慮をしていただいた。とはいえ，自分の研究のまとめをしなければ格好がつかない，というのが定年間近になった私の率直な気持ちであった。とくに，東京都立大学時代の終わり頃から社会福祉原論の授業をもつようになり，日本女子大学では1993年度からの非常勤講師時代も含めて，22年間社会福祉原理論という授業を担当した。この授業は学生がよく落ちることで有名であり，教務の担当者も今年は何％でしょうかねなどとつぶやいていたほどであるが，実は試されていたのは，私自身の社会福祉論であることは常に自覚していた。そうであれば，その「総括」こそ，退職記念にふさわしいものであるはずである。
　もともと社会福祉学科卒業の私にとって，「社会福祉とは何か」という問いは身近であるとともに，常に難しいものであった。研究者を志向したのも，それが，わからなかったからに他ならない。むろん，研究者として生きていくためには，研究も教育も多様な領域をこなす必要があった。私は，常勤職につくまでは，当時銀座にあった「財団法人・国民経済研究協会」（現在は解散）の地域経済部で臨時雇いの調査員として小零細企業調査に明け暮れたが，その成果の1つに国民金融公庫の調査月報に載せてもらった「玩具産業」という報告がある。まだIT導入前の，問屋制家内工業下の玩具産業を扱ったものだ。初職である大阪市立大学では，所属した社会福祉学科生活経済講座の主テーマであった家計論を学ぶために，毎日研究室で統計局の家計調査を眺め，そのうち戦後の自治体や労働組合等の家計調査の収集に取りかかったりもした。その合間に恩師たちからの「注文」に応えて，調査を手伝ったり，書いたりしてきた。私への分担執筆等の「注文」は，多分誰に頼んだらよいかわからないか，断られたりして，そういえば岩田がいた，というような案配で回ってきたのではないかと思う。絶句するような「お題」もあったが，断るほど偉くも実力もなかったので，おおむね何でも挑戦した。若い頃の私のポリシーは，「受注生産」の期限を守ること，「受注」以外に，自分自身のための論文を，年1本は書く

こと，というものであって，そのような職人的な仕事の仕方に，なにがしかの満足も感じていたように思う。

むろん，私は大学，大学院のゼミでは，恩師・江口英一先生の調査の兵隊の1人として付いて回っていたので，貧困調査が基礎にあった。大阪市大時代に「サラ金被害者」調査を手がけたのも，従来の貧困とは違う大衆消費社会の貧困を描いてみたい気持ちがあったからである。とはいえ，本書でも強調したように，貧困はそれへの政策とセットで把握してはじめて意味をもつものであって，単発的ないくつかの調査は，社会福祉研究に強くつながるものではなかった。社会福祉と貧困への本格的なアプローチが可能になったのは，東京都立大学時代である。

私が赴任した当時の都立大学は，社会福祉の3つの講座をつくってはいたが，それらをどの学部にどのように位置づけるか，まだ議論が続いているような時期にあった。言い換えると「社会福祉は学問なのか」という本音が学内に充満していたといってよい。そうした圧力の中で，多彩な領域から集まった3講座のメンバーは，共同研究や議論をよく行った。その頃，当時の教授陣のお1人であった故・窪田暁子先生を介して，ある更生施設（生活保護）の倉庫に眠っていた1952年開設当初からの退所者記録の整理分析の話が持ち込まれた。この分析のためには，戦後の保護施設の歴史研究と大都市福祉行政を把握することが不可避であった。退所者カードの転記やデータ整理と並行して，当時の職員の方たち，東京都の政策立案に関わった方たち，他の古い施設へのインタビューや資料収集を行った。ここで，貧困研究と生活保護行政，とりわけ大都市における施設形態を保持した生活保護行政とが，ある特殊な形をもって結びついている構図が頭の中に浮かんできた。この経緯については1995年に出版した『戦後社会福祉の展開と大都市最底辺』のはしがきで述べたので繰り返さないが，このとき，メガトレンドだけではない傍系も含めた，全体としての「社会福祉とは何か」をもう一度きちんと考えたいと思ったのである。

幸か不幸か，この出版に前後して，ホームレスが急増し，私はホームレス調査に魅入られてしまい，2000年頃までは，ひたすら新宿をほっつき歩くことになった。しかも「貧困」ブームが到来し，駆け出し時代のポリシーはどこへやら，期限も守れないまま，貧困についての原稿を書きまくるという日々が続くのである。それでも，東京都立大学時代は，毎年自分のために1つは書く，という原則はおおむね守っていた。それらの多くが社会福祉についての習作に

なったのは，冒頭で書いたように，社会福祉の授業を担当したということもあるが，同時に同僚であった研究好きの先生方とのスリリングな議論，また，東京都立大学の南大沢移転後開設された大学院社会福祉学専攻の院生たちとの熱い議論が，それを促したといえる。皆私よりはるかに能力も高く，博識で，議論し出せば時間も忘れるという案配だった。当時の都立大は，社会福祉学界においては新参者であったから，いくつかの「流派」とは離れた自由の中で社会福祉を語ることができる環境にあった。こうした環境が，分野を問わず手当たり次第に，内外の文献を読みまくる習慣を与えてくれた。元々，系統的に学んできたといえるのは，貧困論，生活構造論（家計論），そして大学紛争直後の大学院の複数のゼミで取り組んだ初期マルクスぐらいのものであったから，どれも興味深いものであった。社会学，経済学，都市人類学，教育学，政治学，法学，むろんソーシャルポリシーの雑多な作品群の中に，「社会と個人」について，私の心に響くような議論をすでに創り上げていた著者たちを見いだしたことは幸運だった。その何人かの研究者への深い傾倒と私淑が，「調査屋」としての私を，議論の世界へ誘ってくれたのだと思う。

　日本女子大学へ移ってから，当時の院生たちと一緒に，高澤武司先生のご著書を取り上げ，東京都の民生局事業概要から，その事業を取り出して，3法時代の解釈への反論を試みたことがある。本書のねらいとほぼ同じであり，ただ分析枠組みや手法の洗練度は低く，ベタな事実からの反証という程度であった。第1稿は日本女子大学の紀要に院生たちとの共同で，研究ノートとして掲載した。本書で利用した敗戦直後の時期の民生局事業概要の表は，その共同研究の成果である。当初は，続けて大都市社会福祉事業論をやってみたい気持ちがあったのだが，東京は二重行政でもあり，区部を追いかける必要があることから断念してしまった。今回の「卒業論文」は，中央省庁の白書を使い，ややこだわりのある枠組みと分析視角を明確にした点に違いがある。ちなみに，女子大の紀要へ書いたのはこれを含めて2回であるから，毎年自分のために1つ，というポリシーは，すでにどこかへ行ってしまっていた。

　厚生白書といえば，学部時代に演習の素材に取り上げられたことがあった。当時は役所の文書など何も役に立たないし，面白くもないと，取り上げた先生を恨めしく思った。若いということは無知と同義である。どのような素材も，目的とその視角次第で，面白くなることがまったくわかっていなかった。そのようなわけで，私自身，白書をその初年版から通して読むのは今回がはじめて

の経験であり，しかも失業対策年鑑や犯罪白書，教育白書との読み合わせは興味深いものであった。事業集合として縦断調査のように積み重ねてみようというアイディアや，社会との接合関係をトポスとして示してみたいという枠組みは，比較的早く頭に浮かんだ。これまで多様な貧困調査とその分析において方法論を鍛えてきたおかげである。問題は，東京都民生局の作業と異なって，定年前に1人で取り組むという無茶をやったことにある。むろん，その不安はあったので，2013年に修士課程へ入ったばかりの阿部里美さんを言葉巧みに誘い入れ，厚生白書の当該部分を指定して，エクセルへ入れてもらった。このとき，運悪く厚労省のHPにアップされていた白書データベースが休止となってしまうというアクシデントがあった。数カ月後に立派なデータベースとなって復旧したのだが，作業時期として考えていた夏休みは，結局図書館に2人でこもって，冊子版からの写し替えを行うことになった。さらなる悲劇は，復旧後のデータは検索しやすいが，ページが入っているわけではないし，要約版だけの年もあり，結局何度も紙媒体へ戻るという作業を繰り返す羽目になったことである。老眼も進み，注意力散漫となったせいか，何回か見返すうちに，引用文が間違っていたり，年がズレていたりと，さんざんなことであった。視力が落ちたことは間違いない。中途難聴の身にとって，随分危ういことをやったものである。

　こういう根気のいる作業は，若いときにやるべきであったと，何度思ったことだろうか。それは作業のしんどさだけでなく，こうした「全体像」をもっと早くに把握しておくべきであったという，さらに本質的な後悔を含んでのことである。かなりのミスがあるかもしれないという不安を抱えつつも，また，この「あとがき」を書いている再校の段階でなお赤を入れ続けていても，本書を出版するのは，とくに若い方々に，日本の戦後社会と社会福祉事業集合の「全体像」から社会福祉を把握するという手法に触れていただき，これを批判的に発展させていただきたいと願うからに他ならない。狭い「たこ壺」の専門研究が時として間違いを犯すのは，「全体」が見えていないからである。

　書きたいものを存分に書いてもよいと言ってくださった有斐閣編集部には感謝の言葉も見つからない。むろんそう言っていただいたのは書く前のことである。第5章，第6章の表の存在が知れてからは，編集部も後悔されたのではないだろうか。とくに詳細表については，ホームページにでも置いてもらったら，

という意見もあったと漏れ聞いているが，担当の松井智恵子さんが頑張ってくださった。松井さんとは，表のことで，何度もやりとりをし，私も，どうやったらいちばんうまく収まるか，校正刷りの文字数を数えては削りの繰り返しだった。また，間違いの多い私を細かい校正作業でサポートしてくださった校正者の方々，印刷所の皆様の陰のご協力があり，今回ほどそれらの力強い存在を感じたことはなかった。深く御礼申し上げたい。

何事も，後悔先に立たずで，校正刷りと格闘しつつ，いったい私は何を「卒業」することになったのかと自問し，否これこそ締め切り寸前に滑り込み提出する卒論の本質そのものなのだ，と言い訳もしてみる混乱の極みにあると，本書への当初の意気込みもつい萎んでしまう。が，冷静に考えれば，私が社会福祉についてこれまで考えてきたことの多くは，既存の研究，とりわけメガトレンドをトレースした社会福祉論への違和感から発しており，これへの批判こそが，本書の強い動機であった。十分こなれない表現ではあれ，白書の事業集合変化とトポスの裏づけをもって，書きたいことの大枠は，大体書くことができたかと思う。最後の章は予定にはなかったが，松井さんの強い勧めで付け加えた。この部分も，かねてよりもやもやと考えていたことであった。

歯切れよい結論にする予定は最初からなかった。社会福祉は，それ自体歯切れが悪いのである。だから，社会福祉が異なった要素の多面体であり，そのように社会が社会福祉のトポスを承認しているということが伝わり，さらに社会福祉は「個人の利益」と「社会の利益」という2つのゴールの中で，「あまりに少しを受けるべきでない」が「あまりに多くを受けるべきでない」水準を求めて彷徨い，あるいは「個別支援」の強調と「見知らぬ他人」との連帯の矛盾を常に内包しているようなものであることを，感じ取ってもらえれば，私のねらいはほぼ達成されたことになる。社会福祉を研究する醍醐味は，実はこのような「矛盾」をていねいに解きほぐすことにあるように思う。ていねいに解きほぐすには，1つひとつの概念への慎重な態度が不可欠である。「地域」をキーワードにした事業の花盛りの昨今，多くの研究者も「地域」へ走って「地域おこし」を社会福祉と錯覚し，「人間の尊厳」と「権利」を併記して，その両者の微妙なズレに気がつかないようでは，「社会福祉」の学問的未来は遠いと，定年退職者はつい案じるのである。

なお，校正の段階で書き直したいくつかの部分の法律等の扱いについて，早稲田大学大学院の菊池馨実教授，日本女子大学の増田幸弘教授にSOSを発信

し，丁寧なご教示をいただいたことは有り難いことであった。また，先にも述べたが，東京都民生局事業概要に共に取り組んだ，山本美香，加藤洋子，黒岩亮子，田中恵美子，川原恵子の各氏，今回のデータ作成協力者の阿部里美さんにも再度御礼申し上げたい。

　すでにこの「あとがき」に書いてきたように，私の教員生活と研究に刺激を与えてくださった元同僚の諸先生，院生，学生の皆さんとの出会いがなければ，本書を書くこともなかったに違いない。あらためて深く感謝申し上げ，この「卒業論文」をお世話になった皆様に「提出」することをお許しいただきたいと思う。

　　　2015年11月

　　　　　　　　　　　　　　　　　　　　　　　　　　　　岩田　正美

索　引

―――― 事項索引 ――――

◆あ　行

アイヌ（ウタリ）集落（地区）　171-173, 180, 384
愛隣（地区）　173, 175, 176, 180, 226
　――東田町交番焼打事件　176
青い芝の会　92
アクティベーション　364, 388, 402
朝日訴訟　87
新たなセーフティネット（第2のセーフティネット）　283, 295
新たな貧困　364
育児休業給付　257, 294
育成医療　157
育成法　107, 121
いじめ　259, 288, 295
遺族補償　383
一時保護所　165
逸　脱　259, 396
「一般化」形式／「特定化」形式（一般化／特殊化）　16, 132, 367-369, 371, 373-376, 379, 381-386, 390, 395, 397, 398, 405
一般カテゴリー化　57
一般病床　271, 292
一般扶助　131
医薬品被害者救済事業　377
医療保険（制度）　55, 149, 177, 215, 251, 261, 273, 370
インカム・サポート　84
インクルーシブ　287, 366
院内救済　50, 396
薄っぺら（なニーズ）　38-40
英国国民保健サービス（NHS）　170
英国失業法　410
嬰児殺　232
エイズ　292
ALS（筋萎縮性側索硬化症）　93
NPO　26, 70, 80, 87, 94, 95
エリザベス救貧法　52
エリートインテグレーション　287
LD（学習障害）　284
エンゲル方式　63

援　護　12, 102, 124, 157, 179, 359, 364, 377
援　助　8
エンゼルプラン　249
応益負担／応能負担　67
大河内理論　21, 27
オプティマム（最適）　30, 410

◆か　行

海外遺骨収集　377
海外移住（移民）　133, 174, 376, 384, 400
　　企業移民　132
介護休業給付　257, 294
外国人労働者　232, 376, 384
介護扶助　253
介護保険　55, 57, 61, 65, 93, 94, 252, 253, 269, 270, 273, 290, 291, 363, 366, 379, 386, 389, 390, 393, 409, 412, 418
　――境界層措置　253, 297
　――第1号被保険者　252, 291
　――第2号被保険者　252, 291
　――要介護状態区分　61
　――要介護認定　61, 80
介護予防　270, 293, 369
核家族化　140, 202
格　差　137, 149, 177, 370
格差縮小方式　63
隔　離　27, 374
加算制度　178
貸　付　44, 50
課税台帳（転用）　63, 67
家族という含み資産（福祉における含み資産）　206, 364
価値（選択）　11, 22, 30, 31
学校給食　121, 122, 397
家庭児童センター　254
家庭内暴力（DV）　45, 269, 270, 288, 290, 366, 411
家庭奉仕委員派遣（事業）　161, 216
カテゴリカル　56, 62, 154
稼働能力　65, 67, 68, 80, 137, 138
貨幣的ニード（ズ）／非貨幣的ニード（ズ）　5,

433

　　　　　31, 32, 34, 35, 47, 48, 410
簡易宿泊所(ドヤ)　172
完全雇用　66
感染症　12, 13, 26, 45, 167, 170, 398, 400
官僚的措置　83, 85, 87, 95
機会均等　228, 281
企業福祉　3
規制・禁止・防止　44, 45
季節労働者　219, 363, 371
帰属証明　65, 68, 70
北朝鮮への帰還事業　377
基本的ニーズ(ベーシックニーズ)　36, 37
義務教育　121, 373, 396
虐　待　411
キャッチアップ政策　153, 177, 178
救護院(児童自立支援施設)　373
救護法　50, 111, 133
求職者支援給付　371
求職者支援法(制度)　50, 55, 66, 71, 174, 253,
　　　284, 363, 386, 388, 409, 416
旧生活保護法　70, 111, 119
救　貧　50, 52, 104, 105, 119, 133, 360, 361,
　　　363, 393, 398, 414
救貧時代(段階)　133, 151
教育訓練給付　257, 294
教育政策　12, 359
教育の機会均等　159
教科書の無償給与　121
狭義の社会保障　5
狭義の社会福祉　7, 55, 69, 81, 251, 361
行刑法　259, 296
教護院　254
共済年金　370
矯正(施設)　232, 375, 383
行政年次報告　13
業績達成モデル　3
共同作業所　131, 132
緊急失業対策(法)　120, 129-131, 133, 173,
　　　175, 375
緊急人材育成支援事業　295
緊急人道支援　79
緊急地域雇用創出特別交付金　282
金銭給付　44-50
近代社会の自助原理　397
近代的間引き　375, 382
空間(社会空間)　171, 382-385
クライアント(クライエント)　16, 32, 35, 83,

　　　84, 87, 88, 387, 388
グローバリゼーション　66, 402
軍人恩給　124
訓練給付費支給　363
訓練・生活支援給付　284
ケアマネジメント　416
計画化　251
経験主義　17-19, 21
経済9原則　129
経済秩序外的存在　20
経済の二重構造　176
経済保護事業　117, 124, 133, 171, 360
刑事施設・受刑者の処遇等に関する法律
　　　288, 296
刑事政策　12, 359
刑務所出所者(刑余者)　45, 54, 71, 103, 272,
　　　283, 294, 373
契　約　388, 403, 413
契約型サービス　386
系　列　16
　経済保護の──　16, 117
　サービス──　215, 218, 249, 290, 363, 369
　施設収容──　16, 120, 133, 134, 147, 148,
　　　360, 372
　所得保障──　148, 207, 290, 291, 371
　ベヴァリッジ型〈所得保障──〉　217, 241,
　　　289
　補償の──　16, 169, 170, 180, 215, 271, 293,
　　　364, 376, 410
ケースワーク(ワーカー)　79, 387, 414
血　液　170
　血液銀行(事業・市場)　102, 170
　献　血　170, 180, 415
結　核　12, 26, 102, 123, 134, 167, 179, 292,
　　　363
　──予防法　124, 136, 167, 361
　──療養所　45, 375, 385
欠格条項　68, 70
現金給付　31, 32
健康日本21　369, 370
健康被害救済制度　214, 293
健康保険　149, 169, 179, 217, 252
原子爆弾被爆者特別措置法(原爆特別措置法)
　　　250
原子爆弾被爆者に対する援護法(被爆者援護法)
　　　250
原子爆弾被爆者の医療等に関する法律(原爆医

療法） 136, 169, 179, 214, 250, 361, 377, 378
健全育成　165
健全児童対策　374
原爆症認定　62, 214
　特別被爆者（制度）　36, 62, 169, 179, 292, 361, 378
　認定疾病被爆者　169, 292
原爆被爆者（対策）　214, 271, 292, 359, 364, 365, 376, 377
原爆被爆者健康手帳　62
現場裁量　83, 86
現物給付　31, 32
憲法 25 条　69
権　利　389
権　力　8, 84, 86-89, 95, 362, 365, 388, 399, 402, 405, 414
公安の維持　168
公営住宅法　120
公益（社会の福祉）　169, 179
公益質屋法　254
公害（対策）　12, 102, 169, 180, 359, 366, 376, 378
高額療養費制度　215
広義の社会福祉　3
広義の社会保障　5, 12, 359
公共空間　384
公共事業　129
公共事業計画原則　125
公共職業安定所　129
公共職業補導所　129
公共の福祉　380, 381
合計特殊出生率　180, 270
高校中退　259, 295
公式の過程　75-77, 80, 83, 89, 91, 399
公衆衛生（保健）　12, 13, 27, 102, 116, 157, 167, 169, 177, 179, 293, 359, 361, 363, 397
工場法　397, 418
更　生　71, 375
更生医療　157
更生課（社会局更生課）　118, 134
更生施設　54, 119, 168
『厚生省 50 年史』　98
『厚生省 20 年史』　13, 98, 110
厚生年金（保険）　149, 370, 409
厚生年金基金　253
更生保護　136, 232, 295

構造的水準（年金の）　217
公的介護保障運動　412
公的年金（制度）　59, 60, 63, 65, 148, 178, 206
公的扶助　6, 12, 45, 50, 147, 271, 284, 295, 359, 362, 368, 371, 387
高等学校等就学支援金　288
高度経済成長　140, 176, 181, 201
校内暴力　259, 288, 295
高年齢雇用継続給付　257, 294
高年齢者　132, 219, 227, 255-257, 282, 293, 294, 376, 391
こうのとりのゆりかご　374, 393
公立高校の授業料無償化　288
高齢化　6, 109, 137, 138, 140, 151, 153, 176, 177, 206, 207, 213, 219, 239, 254, 260, 289, 364, 403
高齢者医療（制度）　149, 271, 292
　後期高齢者　271
　後期高齢者医療制度　271, 292
　前期高齢者　271
高齢者雇用　269, 294, 386
高齢者保健福祉　13, 273, 293
港湾労働法（対策）　174
国際児童年　202
国際障害者年　202
国際婦人年　202
国籍要件　69
国民化　396
国民皆保険・皆年金（制度, 体制）　69, 119, 136, 147, 148, 176, 177, 206, 361, 418
国民健康保険　70, 149, 252, 412
国民所得倍増計画　152, 173
国民統合　400, 402
国民年金（基礎年金）　70, 141, 149-151, 217, 253, 292, 366, 370, 409, 412
　受給権者カテゴリー　217
　――第 1 号被保険者　217, 291, 370
　――第 2 号被保険者　217, 291, 370
　――第 3 号被保険者　217, 291, 370
国立病院・療養所　116, 158, 383
個人の自立　260
個人の利益　403, 404
戸　籍　69, 396
子育て支援　248, 249, 270, 289
国庫負担率　253, 296
子ども・子育て支援（法）　74-76, 213
こども手当　281

事項索引　435

個に応じた平等　287, 372
個別支援(計画)　385, 389-392, 395, 410, 414-416
個別ニーズ(ド)　85, 88, 258, 287, 386, 389, 413
コミュニティ　4, 7, 363
米騒動　26
雇用開発事業　219
雇用均等家庭児童局　362
雇用失業対策(雇用政策)　12, 174, 226, 359
雇用促進事業団　174
雇用対策(事業, 法)　102, 173, 174, 281, 283, 360, 364
雇用福祉事業　219, 283
雇用保険(制度, 法)　5, 65, 66, 71, 80, 219, 226, 283, 284, 367, 371, 389, 409, 418
　——の求職者カテゴリー　219
　　一般求職被保険者　226, 294
　　短期雇用特例被保険者　226, 294
　　短期労働被保険者　257
　　通常労働被保険者　257
　　日雇労働被保険者　226, 294
　——の離職理由別区分
　　一般被保険者　257
　　就職困難者　226, 257
　　特定受給資格者　257, 294, 367
　　特定理由離職者　71, 283, 294
ゴールドプラン　→長寿社会十カ年戦略
コロニー　157, 159, 179, 361, 373, 389
　国立——　161, 383
混血児問題　121, 122, 167
困　難　25-27
コンフリクト　385

◆さ　行
災　害　102
財・サービス給付　48
財政収支　149, 296
財政福祉　3
在宅介護サービス　372
在宅(福祉)サービス　216, 218, 248, 250, 251
最低生活基準　78, 138, 413
最低賃金制度　368
最適基準　36
裁　量　77, 82-86
サービスつき高齢者住宅　24, 392
産炭地域(旧産炭地域/地区)　171, 172, 176,

180, 384
3法(福祉3法)　360, 361
残　余　3, 379
CIL(自立生活センター協議会)　93
GHQ(指令)　13, 110, 111, 133
シェルター　373
支援区分認定　80
支援費制度　254, 293
資　格　67, 68, 80
事業集合　9, 15, 16, 97, 102, 289, 359, 360, 362, 365
　一般教育——　121, 122
　一般身体障害者——　118, 134
　援護——　124, 364
　健康・医療——　141
　公衆衛生——　123, 134
　高齢者保健福祉——　203
　失業(雇用)対策——　120, 125, 129-134
　児童福祉——　122, 133, 134
　社会福祉——　158, 290, 362, 364
　障害者雇用対策——　179
　所得保障——　362, 371
　生活保護——　119, 129, 148
　低所得対策——　124, 133
　特殊教育——　122
　「特定地域」——　176
　福祉年金——　150, 178
　婦人保護——　124
　保健医療——　377
　保健福祉——　361, 362, 364, 369, 373, 385
資　源　1, 8, 9, 11, 14-16, 34-36, 40, 41, 44, 46-53, 80, 83, 87, 367, 388, 404, 410
自殺対策　281
自助努力　369
システム・ブレイク　105, 107, 109, 135, 176
次世代育成支援　270, 290
施　設　44, 47, 49, 50, 54, 57, 61, 69-71, 107, 119-121, 155, 157-159, 165, 251, 361, 364, 373, 383, 389-391, 399, 411
自然災害(被害)　12, 169, 359
慈善組織活動　414
私宅監置　397
シチズンシップ　→シティズンシップ
失　業　129, 406
失業者多発地域対策　173, 180
失業対策(雇用対策)　120, 125, 130-133, 256, 375

失業特別対策（特別雇用対策）事業　173-176,
　　376, 384
失業法（失業扶助）　398
失業保険（雇用保険）　120, 129-131, 133, 148,
　　219, 294, 360, 363, 368, 371, 398
疾病対策　167, 169
疾病保険　398
シティズンシップ（シチズンシップ）　16, 68,
　　70, 401, 402
児童移民　401, 418
児童虐待　45, 255, 270, 281, 290, 293, 398
児童局　118
児童自立支援施設　254
児童相談所　165, 255, 411
児童手当（制度，法）　45, 136, 141, 148, 153,
　　177, 207, 215, 217, 270, 281, 289, 290, 362,
　　368, 412
児童の健全育成　164, 213, 248, 290, 366, 374
児童福祉（法）　45, 53-56, 67, 70, 74, 75, 103,
　　107, 118, 119, 121, 133, 136, 156, 157, 164,
　　165, 255, 270, 281, 290, 360, 361
児童扶養手当　45, 69-71, 136, 155, 178, 283,
　　294, 389, 391, 412
児童養護施設　70, 254
自閉症児　158
島の貧困　176
市民的権利　403
シャウプ勧告　129
社会学（的）アプローチ　18, 21
社会関係の主体的側面　29
社会市場　48, 49
社会生活の基本的要求　28, 29, 36
社会政策　1, 11, 20
社会的ニード　29, 30, 32, 34
社会的排除　364, 387, 398
社会的反作用　34, 35, 64
社会的分業　52
社会的包摂　287, 387, 398
社会的問題　27
社会の脅威　396, 398-400, 402, 403
社会の構成員　69
社会の利益　399, 400, 402-404
社会福祉　2, 3, 6-8, 12, 14, 17, 22, 102, 271,
　　272, 289, 290, 293, 359, 400, 417, 418
社会福祉学　20-22
社会福祉（の）基礎構造改革　241, 253, 255,
　　257, 271, 272, 386, 413

社会福祉協議会　125
社会福祉経営論　14, 15
社会福祉サービス　4, 48, 69, 81, 365, 368, 408
社会福祉士及び介護福祉士法　218, 291
社会福祉事業区分　67
社会福祉事業体系試案　54
社会福祉事業法　107, 116, 251, 254, 291
社会福祉資源　46, 47
　　――の柔軟性／非柔軟性　46-51
　　――の分割可能性　48
　　――リアルな資源　46-50, 54
社会福祉政策研究　21, 28
社会福祉政策の本質論　21
社会福祉相談窓口　291
社会福祉ニード　34, 44, 64, 366
社会福祉のトポス　9, 14, 16, 367, 369, 378,
　　381-383, 390, 391, 396, 398, 400, 418
社会福祉法　79, 254, 271
社会復帰調査官　288, 296
社会防衛　134, 363
社会保険（制度）　6, 12, 45, 65, 66, 69, 102, 141,
　　359, 368, 369, 397, 403, 409
社会保障　5, 6, 147
社会保障（の）構造改革　251, 252, 260, 273,
　　290, 364, 386, 390, 407, 413, 416
社会保障財政　206, 296
社会保障審議会　78, 96
社会保障制度審議会　5, 12, 32, 96, 359
社会問題　27, 33, 58, 80, 365
　　――の構築　25-27
若年非正規雇用　260, 289
周　縁　382, 385, 396, 400
就学援助　228, 288
就学免除・猶予　45, 228, 295, 372
住居確保給付金　66, 284, 410, 412
重症心身障害（児）　153, 156, 158, 173, 292,
　　361, 365, 383
就職困難者（層）　226, 257, 294, 376
就職促進給付　219, 226
住宅手当緊急特別措置事業　284, 295
住宅扶助　90, 91
重度加算　157
重度・重症・特定　157-159, 179, 214, 255,
　　258, 271, 361
重度精神薄弱児・者収容棟　158
重度精神薄弱児扶養手当法　156
住民税非課税基準　409

事項索引　437

住民登録　69
就労自立（支援）　95, 364, 386, 388-390
出生率　180, 239
準母子　54
障害支援区分　61, 77
障害者運動　95, 412
障害者加算　150
障害者基本法　248, 250, 373
障害者雇用対策　227, 360
障害者総合支援法（障害者自立支援法）　53,
　　55, 57, 60, 61, 63, 64, 77, 80, 82, 84, 86, 94, 95,
　　271, 288, 296, 386, 392, 414
障害者手帳　84, 96
障害者の雇用の促進等に関する法律（障害者雇
　　用促進法）　255, 294
　　――における「就労している障害者」　256
障害者の「抵抗」運動　91
障害者福祉　359
障害程度区分　77
障害等級　59, 60
障害に配慮した教育　258
障害年金　80
障害（者）保健福祉　249, 250, 252, 254, 255,
　　269, 273, 291, 293, 362, 373
少産少死　138, 140, 177, 201
少子化　239, 248, 260, 281, 289, 369
少子化社会対策基本法　270
少子高齢化　140, 364
情緒障害児短期治療施設　165
少年刑務所　375
少年非行　238, 259, 288, 295, 393
消費生活協同組合法　117
省令（施行規則）　73, 74, 87
条　例　73-75, 87
職業安定法　120, 129, 133, 161, 173
職業訓練受講給付金　71
職業訓練法　175, 227
職業転換給付金　174
職業能率開発促進法　227
職業能力開発　102, 281, 282, 294, 364
職業補導　131, 133
職業リハビリテーション　255
所得のミニマム保障　412
所得保障　147, 177, 368, 411
自力更生　111, 133
自　律
　　個人的――　37, 38

批判的――　37, 38
自立支援　68, 386, 390, 392, 416
自立支援センター　373
自立助長　119
自立生活運動　92, 94, 96, 373, 389
自立生活センター（CIL）　94, 419
シルバーサービス振興会　217
シルバー人材センター　227
新結核予防法　123
進行性筋萎縮症（進行性筋ジストロフィー）
　　158, 292, 383
人工妊娠中絶（中絶）　122, 139, 140, 177, 365,
　　375
人口ボーナス　181
人口問題　122, 138, 201
新ゴールドプラン　249
心身障害（児・者）　153, 157, 227, 250
心身障害者雇用対策　293
心身障害者対策基本法　155-157, 159, 161,
　　165, 178, 179, 248, 361
心神喪失者等医療観察法　288, 296
新生活保護法　107, 119, 133, 360
身体障害者雇用促進法　161, 174, 179, 255
　　――第1種求職登録者　161
　　――第2種求職者　161
身体障害者手帳　59, 70, 82
身体障害者福祉（法）　55, 56, 59, 107, 118, 120,
　　129, 133, 134, 136, 157, 360
水準均衡（方式）　63, 409
スクールソーシャルワーク（ワーカー）　295,
　　373
スティグマ　379
ストーカー行為法　288
スモン病　214
スラム　102, 120, 171, 176, 180
生活困窮者　261
生活困窮者緊急援護要綱　111, 119
生活困窮者自立支援法（制度）　55, 64, 66, 95,
　　284, 386, 388, 409, 412, 416
生活福祉資金貸付制度　55
生活保護　45, 63, 66, 69, 77, 80, 84, 85, 87, 90,
　　119, 125, 132, 136, 147-149, 154, 177, 203,
　　217, 240, 253, 255, 271, 272, 283, 284, 289,
　　290, 293, 294, 360, 363, 371, 386, 389, 391,
　　400, 404, 409, 413, 416
　　――基準　58, 63, 78, 79, 84, 91, 95, 215
　　――必要即応の原則　150

——法　54, 55, 57, 68, 69, 71, 77, 78, 124,
　　133, 155, 168, 178, 360, 372
　——補足性の原理　119
『生活保護法の解釈と運用』　68
生活問題　27-29
政策医療　292, 383, 415
生産年齢人口の重圧　138, 176
生産力説　20
青少年犯罪　103
精神衛生（精神保健）　102, 123, 136, 156, 167,
　　168, 178, 179, 361
精神障害者　156, 365, 398, 400
精神薄弱者更生施設　157
精神薄弱者福祉法　136, 153, 156, 157, 165,
　　178, 361
精神病院　45, 375, 385
精神病者監護法　397
精神保健福祉士　254, 291
精神保健福祉法　254, 291
精神保健法　249, 291
生存権　148
正当化（正当性）　27, 33, 35, 43, 50
制度化　379
制度的再分配モデル　3
生別母子／死別母子　71
政令（施行令）　73-75, 87
世帯更生資金貸付制度　124
積極的雇用対策　175
絶対的ニード／手段的ニード　4
セーフティネット　240, 251, 261, 283, 284,
　　290, 364, 390, 395, 400, 407-410, 412-414,
　　416, 418
　　社会的安全装置（社会的セーフティネット）
　　　240, 296, 407
　　　最後の——　240
　　　重層的——　409, 414
全国社会福祉協議会　125
全国消費実態調査　63
戦後社会福祉論争　20
戦後体制　105, 107, 109, 110, 118, 119, 135,
　　136, 149, 176
全日本自由労働組合　365
選別主義　45, 379
選別的普遍主義　253, 421
戦没者遺族・戦傷病者等援護　124, 141, 177,
　　359, 377
専門化（対応）　154-156, 177-179, 399

専門職　49, 85
専門的措置　83, 85-87
相互扶助　397
相対所得基準　62, 63
相対的剥奪指標　62
贈与の権利　181
ソーシャル・アドミニストレーション　30,
　　31, 36
ソーシャルワーク　4, 21, 28, 44, 48
措置　254, 291, 297
措置から契約へ　290, 297, 364, 373, 386, 413
その他の福祉　172
孫振斗訴訟　377

◆た　行
待機児童　89, 90
待機者　48, 49
第三者評価　272, 379
第3セクター（方式）　107, 256
第3の道　364
退職者医療制度　217
対人サービス　207
第2の公的扶助　150, 151, 178
第2のセーフティネット　66, 284, 409
ダイレクト・ペイメント　50, 412
多元主義（福祉多元主義）　47, 203, 251, 290,
　　364, 393
脱施設（化）　364, 389
男女雇用機会均等法　54, 227
地域移行支援　57
地域空間　384
地域ケア　416
地域権利擁護制度　254, 291
地域最低賃金制度　409
地域生活支援事業　77
地域生活定着事業　272
地域における個別支援　389-392
地域福祉　254, 271, 272, 293, 384, 386, 389,
　　390, 395, 414
　　——計画　272
　　——権利擁護事業　272
地域包括ケア（システム）　261, 270, 293, 297,
　　392
地域包括支援センター　254
地域保健（法）　213, 249, 369
知的障害者　55, 398
地方改善事業　171, 172, 176, 180, 361, 384

事項索引　439

地方交付税　78
地方自治体単独事業　107
地方分権　261, 272, 364, 386
地方分権一括法　204
地方保健所　116
中央社会福祉審議会　78, 96
中央優生保護審査会　293
中高年齢者　173, 175
中国残留孤児・残留邦人　269, 271, 293, 377, 418
中進国　137, 176
中流層　404-406, 418
長期欠席者(長欠児童)　122
長期失業者　387
長寿社会十カ年戦略(ゴールドプラン)　199, 240, 249
治療研究　375
抵　抗　399
低所得階層(層)　171, 176
定率負担　67
出稼ぎ労働者　175
適格基準　130-132
適用除外　252
出口のオプション　413, 419
伝染病　123
東京山谷(地区)　175
　──マンモス交番焼打事件　176
東京都民生局事業概要　13, 110
東京養育院　53
統合教育(インクルーシブ教育)　228, 287
登校拒否　259, 295
当事者の参加　379
同和対策事業特別措置法　173
同和対策審議会　172
同和問題・同和地区(被差別部落)　102, 171, 172, 174, 180, 361, 376, 384
特殊学級　158, 159
特殊教育(特別支援教育)　122, 134, 157, 159, 164, 179, 228, 258, 284, 288, 366, 372, 389, 413
特定疾患　157, 158, 179, 214, 292
特定地区　272
特定の精神病患者、精神薄弱者、その他の精神無能力者の不妊化に関する法律　401
特定不況業種等関係労働者の特別措置法　282
特定不況業種・特定不況地域雇用安定措置法　227, 294
特定理由離職者　283
特別支援学校・学級　284, 295, 372, 383
特別支援教育就学奨励制度　288
特別児童扶養手当　45, 136, 161
特別対策(特別失業／雇用対策)　131, 132, 164, 173-175, 180, 226, 256, 282, 294, 361, 363, 375
　──の高年齢者　227, 256
　──の合法的な外国人　256
特別地区(対策)　174, 376, 384
特別養護老人ホーム　155, 178, 360, 379, 404
匿名の連帯　415
ドッジライン　129
トポス　9, 15, 382
ドヤ(街)　136, 172, 173, 175, 361

◆な　行

ナショナルミニマム　271
難　病(対策)　26, 77, 82, 102, 157, 179, 214, 250, 271, 292, 361, 363, 366, 373, 375, 417
　──重症患者　250, 292
　──重症患者以外　250, 292
ニーズ　→ニード
『ニーズ・オブ・ストレンジャーズ』　38
日常生活用具給付事業　63
ニート　281, 376
ニード(ニーズ)　14-16, 27-30, 33-35, 40, 43, 44, 60, 207
　──の充足手段　58, 64
　──の操作的定義(概念)　29-32
　　規範的ニード　31
　　基本的最低基準　30
　　ナショナル・ニード　30, 33
　　比較ニード　30, 31
　　表出されたニード　31
　　フェルト・ニード　30-34
　──の判定基準　58, 61, 62, 79
日本型雇用慣行　260, 289
日本型福祉社会(論)　206, 239, 394
日本患者同盟　123
日本自由労働者組合　130
日本障害者雇用促進協会　256
人間力　282, 294, 391
認定こども園　75
ねたきり老人　156, 360, 366
ネットカフェ　79, 384

ノーマライゼーション　249, 373

◆は　行
売血　170
売春防止法　45, 54, 71, 103, 124, 136, 155, 178, 270, 361, 366, 393
排除　287, 391
バウチャー　44, 50, 372
派遣労働者　284
パーソナル・ソーシャルサービス　4-7
バタヤ部落　172, 180
発達障害　281
発達保障　38
ハードなサービス／ソフトなサービス　44
場の平等　287, 372
パラダイム転換　55, 61, 250, 360, 363, 385
犯罪被害者　259
　　　——等基本法　288
ハンディキャップ層（主体的不利）　174, 176
反貧困運動　95
被害者参加制度　288
被害者支援員制度　288
ひきこもり　272
非行　45, 54, 71, 118, 165, 238, 373, 398, 399
非正規労働　261, 282, 283, 294, 370, 371, 392
ひとり親家庭　290
ひとり暮らし老人　156, 360, 366
批判的自律　37, 39
日雇労働者　129, 130, 172, 175, 217, 219, 363, 371, 376
　　　——健康保険（制度）　131, 149, 215, 217
　　　——失業保険　130
　　　——保険　120, 133, 219, 226
標準基準　86
平等　400, 401
ビルトイン・スタビライザー　296
比例年金　378
品格　65, 68, 70, 258
貧困　6, 18, 34, 46, 52, 59, 62, 64, 137, 402
貧困（不利）や格差　138
貧者扶助　380, 381, 393, 395
フィールド　17-19, 21
賦課方式　153
不完全就業層　176
福祉元年　107, 135, 199
福祉国家　3, 5, 12, 14, 47, 50, 52, 70, 129, 136, 149, 176, 296, 364, 368, 387, 398, 400-406, 415
　　　——の危機　206, 386, 402, 408, 415
　　　——のキャッチアップ　207
福祉資本主義システム　3
福祉事務所　78, 79, 81, 85, 91, 117, 218, 254, 284, 291, 295
福祉社会学　18, 21, 22
福祉年金（無拠出国民年金）　150, 151, 155, 178, 361, 371
　　　障害——　150, 217, 292
　　　母子——　71, 150, 217, 292
　　　老齢——　151
福祉レジーム　4
福祉6法（社会福祉6法）　55, 79, 107, 136, 176, 178, 362
福利課・福利事業　117, 118
婦人更生施設　54, 155, 373
婦人相談所（センター）　155, 270, 411
婦人（更生）保護　103, 134, 155, 178, 361, 393
普通教育　372
不登校　228
普遍主義　122, 134, 217, 253, 257, 291, 297, 379, 412
普遍的ニーズ論　39
フリーター　281
不良環境地区（都市スラム）　171, 173, 180, 384, 385, 396
不良環境地区改善事業　171, 180, 361
分配的正義　10
分類（分業）　52-57
　　　——収容　53, 232
ベヴァリッジ報告（プラン）　3, 147, 152, 177, 363
へき地　171-173, 180, 384
ベーシックインカム　411, 413
ベビーブーム　122
保育　270, 281, 290
保育所　67, 74, 75, 79, 80, 121, 165, 254, 281, 297, 360, 369, 374, 404
保育に欠ける児童（子）　165, 213, 270, 360, 369
保育必要認定　75
法外援護　79
放課後児童（の）健全育成　254, 270, 281
法定受託事務　77-79
防貧　104, 105, 109, 360
保健医療　216

事項索引　441

保健事業　　12, 13, 369
保健所　　123, 134, 164, 249
保険料拠出履歴　　65
保護司　　295
保護の補足性　　68
母子及び寡婦福祉法　　55, 360, 361
母子加算　　150
母子家庭　　281, 283
母子検診　　369
母子生活支援施設(母子寮)　　54, 119, 121, 133, 155, 254
母子年金　　71
母子福祉資金貸付制度　　124
母子福祉法　　136, 153, 155, 178
母子保健(衛生)　　13, 116, 148, 164, 249, 281, 369, 374
補償　　12, 27, 45, 50, 136, 180, 359, 361, 378, 383, 391, 399
ポスト工業社会　　47, 48, 70, 370
補装具交付　　157
ホームレス　　39, 40, 79, 102, 272, 366, 373, 376, 385, 389, 391, 398
ホームレス自立支援法(事業)　　55, 71, 79, 86, 384, 390
ホームレス対策　　176, 256, 384
ボランティア　　26, 80, 92, 259, 272, 417
ポリオ　　167

◆ま 行
マーケット・バスケット　　62, 63, 111, 133
マニトフ旋風　　123
麻薬　　170
マンパワー　　207, 218, 289
未帰還者調査　　377
未帰還者・留守家族等援護法　　124
水俣病　　62, 110
ミニマム(保障)　　407-413
ミーンズテスト　　55, 71, 284, 295, 398, 406
民生委員　　124
無拠出年金　　178
無差別平等　　132, 133, 150, 178
盲・ろうあ児教育　　159

◆や 行
夜間中学　　122
薬害　　12, 102, 169, 359, 376, 378
家賃手当制度のキャッチアップ　　412

雇止め　　283, 294
優生保護　　12, 13, 102, 122, 123, 134, 139, 168, 179, 214, 293, 361, 363, 365, 375, 382, 400
養護学校(級)　　122, 158, 159, 295
養護学校義務化　　228, 372
養護施設　　119, 254
養護老人ホーム　　57, 155, 178, 360
要支援　　366
幼稚園　　75, 360
幼保一元化　　369
要保護児童　　164, 165, 270, 291, 366, 373, 374
要保護女子　　155, 178
要養護児童　　270, 281
養老院　　57
寄せ場　　172, 174, 175, 180
予防　　361, 381, 398
予防重視(型システム)　　261, 293
予防接種(法)　　123, 214, 293, 369, 377, 393
予防接種被害(救済)　　123, 169, 376, 377
予防・早期発見・早期介入　　157, 369, 370, 374, 410

◆ら 行
らい(ハンセン病)　　12, 102, 116, 118, 123, 167, 214, 249, 292, 363, 365, 374, 378
――予防法　　214, 249, 292, 363, 365, 375
――(ハンセン病)療養所　　45, 116, 134, 374, 400
ライシャワー大使事件　　168
ライフサイクル　　406
離職理由　　294
リハビリテーション　　157
療育・育成医療　　157, 158, 179, 373, 383
療養所(国立療養所)　　116, 158, 383
療養病床／療養型病床群　　251, 271, 292
隣保事業　　173
列に並ぶ権利　　48, 49, 411
老後生きがい対策　　156, 360
労災保険(法)　　59, 60, 80, 368
老人医療費支給制度　　155, 203, 215, 290, 360, 361
老人医療(費)無料化　　155, 360, 364
老人福祉　　216, 241, 252, 290, 364, 365
老人福祉法　　55, 57, 95, 136, 153, 155, 178, 240, 248, 360
老人福祉法等8法改正(福祉関係八法改正)　　241, 250

老人保健医療(対策)　216, 241
老人保健制度(法)　216, 251, 252, 290, 360, 364
老人保健福祉　200, 241, 248, 249, 251, 269, 290, 291, 293, 361, 362, 364, 369, 385
労働基準法　370
労働者派遣法　227
労働者福祉　174
老齢加算　150
老齢年金　125, 151, 398

◆わ 行
若 者　294, 376, 398
若者サポートステーション　376
若者支援　95
若者問題　282, 294, 365
ワーキングプア　63, 397, 409
ワークフェア(ないしアクティベーション)
　　50, 283, 364, 386, 387, 398, 402, 403, 413, 416
　——契約　410
　——路線のキャッチアップ策　388, 389

――――― 人 名 索 引 ―――――

◆あ 行
秋元美世　82, 84, 419
圷洋一　41
アースキン(Angus Erskine)　19
イグナティエフ(Michael Ignatieff)　38, 39, 415
池澤夏樹　41
市野川容孝　401, 413
一番ヶ瀬康子　28, 54, 67
糸賀一雄　159
岩崎晋也　23, 392
岩永理恵　111, 150
ウィレンスキー(Harold Wilensky)　3
ウェブ夫妻(Sidney Webb, Beatrice Webb)　17
ウォルトン(Ronald Walton)　30, 32
氏原正治郎　130, 219, 226, 227
内野正幸　42
江口英一　130, 131, 401
エスピン=アンデルセン(Gøsta Esping-Andersen)　4, 48, 50
遠藤政夫　219
大河内一男　20
大友信勝　22
大野更紗　81, 82
岡部耕典　181
岡村重夫　10, 28-30, 36
オーシャンスキー(Mollie Orshansky)　62
尾上浩二　95
オルコック(Pete Alcock)　11, 18, 19

◆か 行
金子隆一　180
カマーマン(Sheila Kamerman)　4, 5
川口由美子　92-94
カーン(Alfred Kahn)　4
菊池馨実　96
岸本英太郎　24
城戸喜子　181
木村忠二郎　157
ギルバート(Neil Gilbert, Barbara Gilbert)　3
国本伊代　376
窪田暁子　34
倉本智明　287, 288, 413
グレナスター(Howard Glennerster)　62
ゴフ(Ian Gough)　36-40
駒村康平　63, 67, 96
小山進次郎　68
近藤文二　152

◆さ 行
最首悟　181
坂田周一　14, 15, 23, 32, 35, 41, 46, 47, 55
真田是　28
澤田誠二　228, 287
澤田隆司　93
鹿野靖明　92-94, 96, 158
下夷美幸　71
ジンメル(Georg Simmel)　34, 35, 64, 371, 380-382, 387, 393, 395-397, 407, 408, 410
菅沼隆　110, 111, 362
スピッカー(Paul Spicker)　4, 7, 19, 34, 35, 73, 399
隅谷三喜男　5, 6
セイン(Patricia Thane)　53

人名索引　443

セン（Amartya Sen）　36
副田義也　18, 21, 22

◆た 行
タウンゼント（Peter Townsend）　62
高澤（高沢）武司　55-57, 62, 105, 107, 109, 110, 116, 121, 135, 138, 148, 154, 155, 176, 199, 203, 238, 296
武川正吾　34
田多英範　148, 149
田中聡一郎　63, 67
田淵貴大　370
ダール（Robert Dahl）　88
堤健造　70
ティトマス（Richard Titmuss）　2, 3, 10, 11, 13, 19, 23, 71, 170, 181, 415
ディーン（Hartley Dean）　41
寺脇隆夫　118
ドイヤル（Len Doyal）　36-41
トレント Jr.（James Jr. Trent）　389

◆な 行
中野聡子　287
二木立　297
新田勲　96, 412

◆は 行
橋本明　397, 418
橋本みさお　95
ハッセンフェルド（Yeheskel Hasenfeld）　83, 85-88, 95
林正義　78
バラック（Peter Bachrach）　88
バラッツ（Morton Baratz）　88, 94
ハンドラー（Joel Handler）　48, 49, 86, 87, 89, 387, 388, 390, 403, 411, 413
ハンフリーズ（Margaret Humphreys）　418
ピアソン（Christopher Pierson）　402-404, 408, 413, 418
樋口陽一　40, 42
平岡公一　32, 34, 35
ヒルズ（John Hills）　405, 406
ピンカー（Robert Pinker）　18

フォーダー（Anthony Forder）　30-34, 36, 40, 46-48
深田耕一郎　96, 412, 418
フーコー（Michel Foucault）　401
藤野豊　119
ブース（Charles Booth）　17, 397
ブラッドショウ（Jonathan Bradshaw）　31, 32, 34, 36, 41, 62
古川孝順　105-107, 109, 135, 155, 203, 204, 238
フレイザー（Nancy Fraser）　39, 40
ベヴァリッジ（William Beveridge）　4, 17, 52, 55, 207, 363, 400, 402, 407
星加良司　168
星野信也　21-23, 297
ボットモア（Tom Bottomore）　401
堀智久　365, 392

◆ま 行
マーシャル（Thomas Humphrey Marshall）　68, 400-402, 407
マズロー（Abraham Maslow）　28
マルクス（Karl Marx）　11
三浦文夫　5, 14, 21, 22, 28-32, 34, 35, 40, 46, 47, 55, 410
ミシュラ（Ramesh Mishra）　7, 8, 11, 12, 14, 17, 18, 21, 27
水島治郎　70
三井さよ　85, 88

◆や 行
柳本文貴　92

◆ら 行
ライシャワー（Edwin Reischauer）　168
ライズマン（David Reisman）　19
ラウントリー（Seebohm Rowntree）　17, 62, 368, 397
ルークス（Steven Lukes）　88, 89
ルボー（Charles Lebeaux）　3

◆わ 行
渡辺一史　159

● 著者紹介

岩田 正美（いわた　まさみ）

日本女子大学名誉教授。中央大学大学院経済学研究科修了。日本女子大学博士（社会福祉学）。東京都立大学人文学部助教授，教授を経て，1998 年日本女子大学人間社会学部教授，2015 年定年退職。主な著書として，『戦後社会福祉の展開と大都市最底辺』（1995 年。第 4 回福武直賞，社会政策学会学術賞受賞），『ホームレス/現代社会/福祉国家』（2000 年），『現代の貧困――ワーキングプア/ホームレス/生活保護』（2007 年），『社会的排除――参加の欠如と不確かな帰属』（2008 年）などがある。

2001 年より 2011 年まで厚生労働省社会保障審議会委員。2011 年より同審議会「生活保護基準部会」臨時委員等歴任。2012 年より一般社団法人・日本社会福祉学会会長。

社会福祉のトポス
社会福祉の新たな解釈を求めて
Topos of Social Welfare

2016 年 1 月 15 日　初版第 1 刷発行

著　者	岩　田　正　美
発行者	江　草　貞　治
発行所	株式会社　有　斐　閣

郵便番号 101-0051
東京都千代田区神田神保町 2-17
電話 (03)3264-1315〔編集〕
　　 (03)3265-6811〔営業〕
http://www.yuhikaku.co.jp/

印刷・大日本法令印刷株式会社／製本・牧製本印刷株式会社
© 2016, IWATA Masami. Printed in Japan
落丁・乱丁本はお取替えいたします。
★定価はカバーに表示してあります。
ISBN 978-4-641-17416-0

JCOPY　本書の無断複写（コピー）は，著作権法上の例外を除き，禁じられています。複写される場合は，そのつど事前に，(社)出版者著作権管理機構（電話03-3513-6969，FAX03-3513-6979，e-mail:info@jcopy.or.jp）の許諾を得てください。